Papier/Krönke • Grundkurs Öffentliches Recht 1

Hans-Jürgen Papier/Christoph Krönke

Grundkurs Öffentliches Recht 1

Grundlagen, Staatsstrukturprinzipien, Staatsorgane und -funktionen

4., neu bearbeitete Auflage

CFM C.F. Müller

Professor em. Dr. Dres. h.c. Hans-Jürgen Papier ist entpflichteter Universitätsprofessor an der Ludwig-Maximilians-Universität München. Bis zu seiner Emeritierung im Jahr 2011 war er dort Inhaber des Lehrstuhls für Öffentliches Recht, insbesondere deutsches und bayerisches Staats- und Verwaltungsrecht sowie Öffentliches Sozialrecht. Prof. Papier war von 1998 bis 2010 Richter des Bundesverfassungsgerichts, zunächst dessen Vizepräsident, ab 2002 dann Präsident.

Professor Dr. Christoph Krönke war von 2009 bis 2020 wissenschaftlicher Mitarbeiter und Akademischer Rat a.Z. an den Lehrstühlen von Prof. Dr. Hans-Jürgen Papier und von Prof. Dr. Martin Burgi am Institut für Politik und Öffentliches Recht der Ludwig-Maximilians-Universität München. Seit 2020 ist er Professor für Öffentliches Recht an der Wirtschaftsuniversität Wien.

Bibliografische Information der Deutschen Nationalbibliothek

Die Deutsche Nationalbibliothek verzeichnet diese Publikation in der Deutschen Nationalbibliografie; detaillierte bibliografische Daten sind im Internet über <http://dnb.d-nb.de> abrufbar.

Print: ISBN 978-3-8114-5518-4
ePub: ISBN 978-3-8114-8724-6

E-Mail: kundenservice@cfmueller.de
Telefon: +49 6221 1859 599
Telefax: +49 6221 1859 598

www.cfmueller.de

Satz: TypoScript, München
Druck: Westermann Druck Zwickau, Zwickau

Vorwort

Die ersten beiden Auflagen unseres „Grundkurses Öffentliches Recht“ wurde ausweislich der anhaltend positiven Rückmeldungen gerade aus dem Kreise der Studierenden durchweg wohlwollend aufgenommen. Sehr gerne legen wir daher eine nunmehr dritte Aktualisierung des vorliegenden Bandes zu den Staatsgrundlagen und zum Staatsorganisationsrecht vor, die in Anbetracht der seit 2019 ergangenen Rechtsprechung des Bundesverfassungsgerichts sowie der teils erheblichen Rechtsänderungen geboten erscheint. Hervorzuheben sind insbesondere etwa die Entscheidungen des Gerichts zum Verhältnis von nationalem Recht und Unionsrecht (Recht auf Vergessen I und II, PSPP), zum Klimaschutzgesetz sowie zum Recht auf Chancengleichheit der Parteien. Aber auch die zwischenzeitlich erfolgten Rechtsänderungen, zumal im Wahlrecht, bedurften einer sorgfältigen Einarbeitung. Dabei haben wir freilich darauf geachtet, die Ausführungen – ganz im Sinne des Leitsatzes der Studienbücher des Verlages („Jura auf den Punkt gebracht“) – weiterhin sehr schlank zu halten, um den Studierenden in den Anfangssemestern, aber auch den Examenskandidaten klare Linien aufzuzeigen. Wer an der einen oder anderen Stelle zur Vertiefung gerne einen Blick in ein ausführlicheres Lehrbuch werfen möchte, dem/der sei das Werk von Christoph Degenhart zum Staatsorganisationsrecht wärmstens empfohlen, das in der Schwerpunkte-Reihe des Verlags C.F. Müller erscheint. Zu danken haben wir insbesondere Elissa Tschachler, LL.M. (WU), die sehr wertvolle Vorarbeiten mit Blick auf die Aktualisierung der Nachweise geleistet hat.

München/Wien, im Juli 2022

Hans-Jürgen Papier
Christoph Krönke

Vorwort zur ersten Auflage

Der auf zwei Teilbände angelegte „Grundkurs Öffentliches Recht“ geht auf die vorlesungsbegleitenden Materialien zu der gleichnamigen, auf je zwei Semester verteilten Lehrveranstaltung zurück, die die Autoren an der Ludwig-Maximilians-Universität München seit dem Sommersemester 2010 fortwährend angeboten beziehungsweise unterstützend begleitet haben – der Autor *Papier* als Veranstalter, der Autor *Krönke* als sein wissenschaftlicher Mitarbeiter. Der anhaltende rege Zuspruch, den die Materialien von Seiten der Studierenden erfahren haben, hat die Verfasser dazu veranlasst, den „Grundkurs Öffentliches Recht“ trotz der bekanntlich bestehenden Fülle des Angebots an verfassungsrechtlichen Lehr- und Studienbüchern zu veröffentlichen. Obwohl dazu eine umfassende Neubearbeitung der Lehrmaterialien erforderlich gewesen ist, wird an deren Konzeption prinzipiell festgehalten.

Zu danken ist daher in erster Linie den Teilnehmern der Grundkurse selbst, die durch ihr Interesse an den behandelten Themen und ihre wertvollen, teils auch kritischen Anmerkungen zu den vorlesungsbegleitenden Materialien wichtige Beiträge zu deren steter Verbesserung und Überarbeitung geleistet haben. Dank gilt vor allem aber Frau Corinna Aschenbrenner, Herrn Roman Kaiser, Frau Veronika Kufner, Herrn Lukas Muffler sowie Frau Sophie Sallaberger, die das fertige Manuskript eingehend und sorgfältig durchgesehen haben.

München, im Juli 2012

Hans-Jürgen Papier
Christoph Krönke

Inhaltsverzeichnis

Abkürzungsverzeichnis

Die im Folgenden aufgeführten Abkürzungen sind (vor allem) im juristischen Schrifttum üblich und werden größtenteils auch im Rahmen der beiden Grundkurs-Bände gebraucht:

a.A.	andere Ansicht
AbgG	Gesetz über die Rechtsverhältnisse der Mitglieder des Deutschen Bundestages (Abgeordnetengesetz)
Abs.	Absatz
AEUV	Vertrag über die Arbeitsweise der Europäischen Union
a.F.	alte Fassung
AG	Aktiengesellschaft oder Amtsgericht
AO	Abgabenordnung
AöR	Archiv des öffentlichen Rechts
ArbG	Arbeitsgericht
ArbGG	Arbeitsgerichtsgesetz
Art.	Artikel
AtomG	Gesetz über die friedliche Verwendung der Kernenergie und den Schutz gegen ihre Gefahren (Atomgesetz)
Aufl.	Auflage
BAG	Bundesarbeitsgericht
BauGB	Baugesetzbuch
BayGO	Gemeindeordnung für den Freistaat Bayern
BayPAG	Polizeiaufgabengesetz Bayern
BayVerfGH	Bayerischer Verfassungsgerichtshof
BayVerfGHE	Amtliche Sammlung der Entscheidungen des Bayerischen Verfassungsgerichtshofs
Bd.	Band
Begr.	Begründer
BFH	Bundesfinanzhof
BGB	Bürgerliches Gesetzbuch
BGH	Bundesgerichtshof
BGHSt	Amtliche Sammlung der Entscheidungen des Bundesgerichtshofs in Strafsachen
BGHZ	Amtliche Sammlung der Entscheidungen des Bundesgerichtshofs in Zivilsachen
BSG	Bundessozialgericht
BV	Verfassung des Freistaates Bayern
BVerfG	Bundesverfassungsgericht
BVerfGE	Amtliche Sammlung der Entscheidungen des Bundesverfassungsgerichts

BVerfGG	Gesetz über das Bundesverfassungsgericht
BVerfGK	Amtliche Sammlung ausgewählter Entscheidungen der Kammern des Bundesverfassungsgerichts
BVerwG	Bundesverwaltungsgericht
BVerwGE	Amtliche Sammlung der Entscheidungen des Bundesverwaltungsgerichts
BWahlG	Bundeswahlgesetz
BWahlO	Bundeswahlordnung
ders.	derselbe
d.h.	das heißt
dies.	dieselben
DVBl.	Deutsches Verwaltungsblatt
EG	Europäische Gemeinschaft
EGBGB	Einführungsgesetz zum Bürgerlichen Gesetzbuch
EGMR	Europäischer Gerichtshof für Menschenrechte
Einl. ALR PR	Einleitung zum Allgemeinen Landrecht für die Preußischen Staaten
EMRK	Konvention zum Schutze der Menschenrechte und Grundfreiheiten (Europäische Menschenrechtskonvention)
EStG	Einkommensteuergesetz
EU	Europäische Union
EuGH	Europäischer Gerichtshof
EUV	Vertrag über die Europäische Union
EuZBLG	Gesetz über die Zusammenarbeit von Bund und Ländern in Angelegenheiten der Europäischen Union
f.	folgende Seite
ff.	folgende Seiten
FG	Finanzgericht
FGO	Finanzgerichtsordnung
Fn.	Fußnote
FS	Festschrift
GewO	Gewerbeordnung
GG	Grundgesetz
GmbH	Gesellschaft mit beschränkter Haftung
GOBRat	Geschäftsordnung des Bundesrates
GOBReg	Geschäftsordnung der Bundesregierung
GOBT	Geschäftsordnung des Bundestages
GVG	Gerichtsverfassungsgesetz
HGrG	Gesetz über die Grundsätze des Haushaltsrechts des Bundes und der Länder (Haushaltsgrundsätzegesetz)
h.M.	herrschende Meinung
Hrsg.	Herausgeber

i.a.R.	in aller Regel
i.d.R.	in der Regel
i.e.	das heißt (lat. *id est*)
i.E.	im Ergebnis
i.e.S.	im engeren Sinne
IfSG	Gesetz zur Verhütung und Bekämpfung von Infektionskrankheiten beim Menschen (Infektionsschutzgesetz)
IGH	Internationaler Gerichtshof
IntVG	Gesetz über die Wahrnehmung der Integrationsverantwortung des Bundestages und des Bundesrates in Angelegenheiten der Europäischen Union (Integrationsverantwortungsgesetz)
i.Ü.	im Übrigen
i.V.m.	in Verbindung mit
i.w.S.	im weiteren Sinne
i.S.v.	im Sinne von
JA	Juristische Arbeitsblätter
Jura	Juristische Ausbildung
JuS	Juristische Schulung
JZ	Juristenzeitung
Kammerbeschl.	Kammerbeschluss
LAG	Landesarbeitsgericht
lat.	lateinisch
LG	Landgericht
lit.	Buchstabe (lat. *littera*)
LSG	Landessozialgericht
m.w.N.	mit weiteren Nachweisen
Neudr.	Neudruck
n.F.	neue Fassung
NJW	Neue Juristische Wochenschrift
Nr.	Nummer
NStZ	Neue Zeitschrift für Strafrecht
NVwZ	Neue Zeitschrift für Verwaltungsrecht
NVwZ-RR	Neue Zeitschrift für Verwaltungsrecht – Rechtsprechungs-Report
OLG	Oberlandesgericht
OVG	Oberverwaltungsgericht
PartG	Gesetz über die politischen Parteien
PUAG	Gesetz zur Regelung des Rechts der Untersuchungsausschüsse des Deutschen Bundestages

Rn.	Randnummer
RStV	Staatsvertrag für Rundfunk und Telemedien (Rundfunkstaatsvertrag)
S.	Satz (bei der Zitierung von Rechtsnormen) oder Seite(n) (bei der Zitierung von Literatur oder Entscheidungen)
SG	Sozialgericht
SGG	Sozialgerichtsgesetz
SJZ	Süddeutsche Juristenzeitung
StAG	Staatsangehörigkeitsgesetz
StGB	Strafgesetzbuch
StGH	Staatsgerichtshof
StPO	Strafprozessordnung
str.	streitig
StVG	Straßenverkehrsgesetz
StVO	Straßenverkehrsordnung
u.a.	unter anderem
UAbs.	Unterabsatz
Urt.	Urteil
u.U.	unter Umständen
v.a.	vor allem
VersammlG	Gesetz über Versammlungen und Aufzüge (Versammlungsgesetz)
VG	Verwaltungsgericht
VGH	Verwaltungsgerichtshof
vgl.	vergleiche
VwGO	Verwaltungsgerichtsordnung
VwV	Verwaltungsvorschrift
VwVfG	Verwaltungsverfahrensgesetz
WahlprüfG	Wahlprüfungsgesetz
WRV	Weimarer Reichsverfassung
ZaöRV	Zeitschrift für ausländisches öffentliches Recht und Völkerrecht
z.B.	zum Beispiel
ZJS	Zeitschrift für das Juristische Studium (verfügbar unter www.zjs-online.com)
ZPO	Zivilprozessordnung

Zur Arbeit mit dem „Grundkurs Öffentliches Recht"

1 Die Heranführung an die Rechtswissenschaft im Allgemeinen und an das öffentliche Recht im Besonderen erfolgt in den ersten Semestern des rechtswissenschaftlichen Studiums zu einem erheblichen Teil über das **Staats- und Verfassungsrecht**, das in sämtlichen Bundesländern zu den Pflichtfächern in der ersten und zweiten juristischen Staatsprüfung gehört und den Gegenstand der beiden Bände „Grundkurs Öffentliches Recht" bildet. Im vorliegenden ersten Band dieses „Grundkurses" werden die **Grundlagen des (öffentlichen) Rechts**, die **Staatsstrukturprinzipien** und das **Recht der Staatsorganisation** behandelt, der zweite Band beschäftigt sich mit den Grundrechten.

2 Die Auseinandersetzung mit den Staatsgrundlagen und dem Recht der Staatsorganisation ist zu Beginn des Studiums gleichermaßen **notwendig** – das Staats- und Verfassungsrecht bildet die Grundlage aller Rechtsgebiete, nicht nur des öffentlichen Rechts –, aber auch **anspruchsvoll**: Beim **Staatsorganisationsrecht** handelt es sich in weiten Teilen um **„politisches" Recht**, da es dem politischen Willensbildungsprozess unter den obersten Staatsorganen einen verbindlichen rechtlichen Rahmen verleiht. Dies erweckt bei Studienanfängern oftmals den Eindruck, Vorlesungen und Grundkurs im Staatsrecht seien eine Fortsetzung des Politik- und Sozialkundeunterrichts aus der gymnasialen Oberstufe. Auch das Staatsorganisationsrecht ist indes **unmittelbar geltendes und anwendbares Recht**, und die Erfassung der spezifisch juristischen Aspekte des Staatslebens fällt gerade in den Anfangssemestern schwer, zumal die Vermittlung grundlegender juristischer Arbeitsmethoden erst im Laufe jener Anfangszeit erfolgen soll und ihre Beherrschung somit nicht vorausgesetzt wird. Darüber hinaus sind viele Rechtsnormen des Staats- und Verfassungsrechts **sehr abstrakt gefasst** und **besonders konkretisierungsbedürftig** und für den Anfänger daher nicht in gleichem Maße „griffig" wie etwa die Vorschriften des Bürgerlichen Gesetzbuchs (BGB) oder des Strafgesetzbuchs (StGB). Diese Umstände sorgen insgesamt dafür, dass dem Studienanfänger der Einstieg in das öffentliche Recht nicht selten schwerer fällt als die Beschäftigung mit dem Zivilrecht und dem Strafrecht: Während es dort bereits um alltägliche und sehr lebensnahe Rechtsfragen geht – man denke etwa an die Prüfung kaufrechtlicher Gewährleistungsansprüche im Zivilrecht oder die Beurteilung der Strafbarkeit eines Ladendiebes im Strafrecht – befasst man sich in der Lehrveranstaltung Öffentliches Recht noch hochtrabend und abseits des Lebens „normalsterblicher" Bürger mit den schwer greifbaren Staatsstrukturprinzipien aus Art. 20 GG („Demokratie", „Rechtsstaat", „Bundesstaat", „Sozialstaat" und „Republik"), mit den spezifischen Statusrechten eines Bundestagsabgeordneten oder mit den sehr technisch anmutenden Fragen der Gesetzgebungskompetenzen und des Gesetzgebungsverfahrens.

3 Diesen Schwierigkeiten soll im Rahmen dieses Bandes in folgender Weise begegnet werden: In § 1 ist den eigentlichen Staatsgrundlagen und dem Staatsorganisationsrecht eine grundsätzliche Einführung in das Recht vorangestellt. Dabei soll vor allem das grundlegende juristische „Handwerkszeug" vermittelt werden, das auch und gerade für

die Befassung mit dem Staatsrecht unerlässlich ist. Der „Grundkurs Öffentliches Recht“ nimmt die Bezeichnung der Reihe („Start ins Rechtsgebiet“) sowie den Leitsatz sämtlicher Studienbücher des Verlags („Jura auf den Punkt gebracht“) beim Wort. Den Lesern soll ein **erster Zugriff auf das Rechtsgebiet des Staatsrechts** verschafft und eine **Grundlage für das weitere Studium** mitgegeben werden. Daher wird eine **Überfrachtung** mit Details und Rechtsprechungsinhalten, die bei einem solchen ersten Zugriff eher abschreckend wirkt, vermieden. Weiterführende **Literatur- und Rechtsprechungshinweise** erfolgen mit Bedacht, um eine gezielte Vertiefung zu ermöglichen – letztere Hinweise im Übrigen, wenn möglich, unter Angabe des Namens, der den Entscheidungen auf der von *Axel Tschentscher* herausgegebenen, überaus hilfreichen Seite www.verfassungsrecht.ch zugewiesen worden ist. Die Darstellungen werden auf die **wesentlichen juristischen Fragen** beschränkt, wie sie von den Studenten im Rahmen der in den Anfangssemestern zu erbringenden Leistungsnachweise ernstlich verlangt werden können; auf ausschweifende allgemeine Ausführungen soll dagegen möglichst verzichtet werden, um das Augenmerk von Beginn an auf spezifisch juristische Gehalte zu lenken. Insbesondere die **historischen und geistesgeschichtlichen Determinanten** des geltenden Staats- und Verfassungsrechts werden nicht abstrakt und gesondert dargestellt, sondern erläuternd in den jeweiligen Kontext eingeflochten. Die Prüfungen wichtiger und schwieriger Fallkonstellationen sollen schließlich anhand von **Beispielsfällen** veranschaulicht werden, bei deren Lösung auf eine klare Strukturierung der Subsumtionsschritte geachtet wird.

4 Der „Grundkurs Öffentliches Recht“ richtet sich daher zunächst an **Studenten der Anfangssemester**, die sich mit den beiden Bänden in das Staats- und Verfassungsrecht der Bundesrepublik Deutschland einarbeiten möchten. Zugleich kann er aufgrund der Straffung des Stoffes und der Auswahl vor allem prüfungsrelevanter Fragen aber auch **Examenskandidaten** nahegelegt werden, die ihr vorhandenes Wissen zügig auffrischen möchten, zumal die Kenntnisse im Verfassungsrecht im Laufe des Studiums nicht erweitert, sondern allenfalls vertieft werden.

5 Schließlich sei noch eine vor allem an die Studienanfänger gerichtete Vorbemerkung erlaubt: Die Beschäftigung mit dem Staats- und Verfassungsrecht ist gewiss nicht nur notwendig und anspruchsvoll, sondern kann vor allen Dingen auch **spannend** sein. Als **Grundlage unserer Rechtsordnung** stellt das Staats- und Verfassungsrecht das rechtliche Ausgangsmaterial für die Auseinandersetzung mit zahlreichen **grundlegenden politischen, gesellschaftlichen, rechtlichen und persönlichen Fragen** der Gegenwart. Brisanz und Aktualität sind in diesem Rechtsgebiet daher garantiert.

1. Teil

Grundlagen und Grundbegriffe

§ 1 Recht und Rechtsquellen

A. Der Begriff des Rechts in der Rechtswissenschaft

Was ist Recht? – Bevor man dazu ansetzt, diese Frage zu beantworten, sollte man sich zunächst vergewissern, wer sie stellt und weshalb er sie stellt. Den Rechtsphilosophen etwa, der sich mit dieser Frage eine Aussage über das Verhältnis zwischen Recht und Gerechtigkeit erhofft, wird man nicht mit derselben Definition des Rechts zufrieden stellen können, die man einem Rechtssoziologen geben würde, der mit dieser Frage auf die soziale Wirksamkeit des Phänomens Recht abzielt. Das Recht ist Gegenstand unterschiedlicher wissenschaftlicher Disziplinen, die unterschiedliche Anliegen verfolgen und daher auch unterschiedliche Erwartungen an eine Rechtsdefinition stellen. Blendet man die konkrete Aufgabe einer Definition des Rechts aus oder fragt ganz allgemein und global „Was ist Recht?", sieht man sich mit einer **Unzahl verschiedener Aussagen zum Rechtsbegriff** konfrontiert, die nicht selten aneinander vorbeigehen; es herrscht dann „Tohuwabohu".[1] 6

Dem **Juristen** wird die Frage nach dem Recht durch das **Grundgesetz** gestellt. **Art. 20 Abs. 3 GG** bestimmt, dass die vollziehende Gewalt und die Rechtsprechung an **„Gesetz und Recht"** gebunden sind. Das Grundgesetz verlangt daher, dass der Jurist den Begriff des Rechts definieren kann.[2] Es setzt einen **klaren Rechtsbegriff** voraus und erlaubt es – allen Definitionsproblemen zum Trotze – nicht, sich auf die verlegene Behauptung zurückzuziehen, dass ja jeder „weiß, was gemeint ist, wenn von Recht die Rede ist";[3] die Beantwortung der Frage nach dem Recht mit einem lapidaren *„I know it when I see it"*[4] wird der in Art. 20 Abs. 3 GG angeordneten strengen Rechtsbindung nicht gerecht. Dabei ist das Recht als Gegenstand dieser Rechtsbindung und der Rechtswissenschaft im Allgemeinen grundsätzlich sehr viel einfacher einzugrenzen, als es zunächst scheint. Die Rechtswissenschaft sucht in ihrem Kern nicht nach einer Globaldefinition des Rechts, sondern ermittelt allein das **„real angewandte Recht eines konkreten Staates"**.[5] Die Fähigkeit, diese seine begrenzte Aufgabe zu erfüllen, gestand auch *Immanuel Kant* dem Juristen zu: „Was Rechtens sei *(quid sit iuris)*, d.i. was die Gesetze an einem gewissen Ort und zu einer gewissen Zeit sagen oder gesagt haben, kann [der Rechtsge- 7

---

1 So die Charakterisierung von *Struck*, Ancilia Iuris 2009, 99 (99 f.), in Anlehnung an die biblische Vorstellung vom chaotischen Urzustand der Erde.

2 Vgl. *Rüthers/Fischer/Birk*, Rechtstheorie, 12. Aufl. 2022, § 2 Rn. 52.

3 *Röhl/Röhl*, Allgemeine Rechtslehre, 3. Aufl. 2008, S. 18.

4 So die berühmt gewordene Ausflucht von *Potter Stewart*, Richter am Supreme Court der Vereinigten Staaten, in seinem Sondervotum zu *Jacobellis v. Ohio* 378 U.S. 184 (1964), als es darum ging, den Begriff „Pornografie" zu definieren.

5 *Rüthers/Fischer/Birk*, Rechtstheorie, 12. Aufl. 2022, § 2 Rn. 53.

lehrte] wohl angeben (…)“.[6] Das **Recht** in diesem Sinne ist, so lässt sich hier vorläufig festhalten, die **Gesamtheit der in einer bestimmten Rechtsordnung aktuell geltenden Rechtsnormen**.[7]

Unter **Normen** versteht man abstrakt-generell gefasste „Soll“-Sätze, also an einen prinzipiell unbegrenzten Kreis von Adressaten gerichtete („generelle“) und für eine prinzipiell unbegrenzte Zahl von Situationen gedachte („abstrakte“) Verhaltensregeln, die den Normadressaten ein bestimmtes Verhalten ge- oder verbieten. Eine **Rechtsnorm** bezeichnet in der Rechtswissenschaft speziell eine **abstrakt-generelle Regelung**, die einer der **anerkannten Erkenntnisquellen** des objektiven Rechts entspringt.[8]

8 Als Recht begreift die Rechtswissenschaft somit, in einem sehr formalen Sinne, die geltende **Rechtsordnung insgesamt**.[9] Man spricht insoweit auch vom **Recht im objektiven Sinne**. Mit diesem objektiven Rechtsbegriff lässt sich formal ausdrücken, was in Art. 20 Abs. 3 GG insgesamt als „Gesetz und Recht“ bezeichnet ist, und dessen Bindungswirkung die vollziehende und die rechtsprechende Gewalt hiernach unterworfen sind.[10] Der Kreis der die Rechtsordnung konstituierenden geltenden Rechtsnormen wird dabei durch die **Rechtsquellenlehre** vorgegeben.[11]

Daneben wird der **Begriff des Rechts** in der Rechtswissenschaft auch in anderen Zusammenhängen gebraucht:

Ein „Gegenbegriff“ zum objektiven Recht scheint zunächst der Begriff des **subjektiven Rechts** zu sein. Darunter versteht man die **einem Einzelnen** von der Rechtsordnung verliehene „Rechtsmacht“.[12] Ein subjektives Recht ist demnach eine **individuelle Berechtigung**. „Subjektiv“ ist ein solches Recht insofern, als es dem Einzelnen personal zugeordnet, also „sein“ Recht ist. Wichtige subjektive Rechte im öffentlichen Recht sind etwa die **Grundrechte** des Grundgesetzes, Art. 1 bis 19 GG.[13] **Relevanz** gewinnt die Figur des subjektiven Rechts im **öffentlichen Recht** vor allem im Hinblick auf die Rechtsweggarantie des Art. 19 Abs. 4 S. 1 GG, der dem Einzelnen den **Rechtsweg** zu den Gerichten nicht bei jeder Verletzung objektiven Rechts eröffnet, sondern nur dann, wenn er darzulegen vermag, „in *seinen* Rechten“ verletzt zu sein. Auch im **Privatrecht** lassen sich verschiedene Formen subjektiver Rechte unterscheiden, insbesondere etwa **absolute**, also gegenüber jedermann *(erga omnes)* wirkende, subjektive Rechte (z.B.: das zivilrechtliche Eigentum, § 903 BGB) und **relative**, also nur gegenüber einzelnen Personen *(inter partes)* wirkende, subjektive Rechte (z.B.: Ansprüche, vgl. die Legaldefinition in § 194 Abs. 1 BGB).[14] Die **Funktion** der subjektiven Rechte sowohl im öffentlichen als auch im Privatrecht besteht vor allem darin, dem Einzelnen einen **rechtlich geschützten Bereich persönlicher Freiheit** zu sichern.[15] Die Begriffe des objektiven und des subjektiven Rechts sind dabei im Übrigen **nicht** als **Gegensätze** zu verstehen. Sie überschneiden

---

6 *Kant*, Die Metaphysik der Sitten, Erster Teil: Metaphysische Anfangsgründe der Rechtslehre, Einleitung, § B.
7 Vgl. auch die „Arbeitshypothese“ von *Rüthers/Fischer/Birk*, Rechtstheorie, 12. Aufl. 2022, § 2 Rn. 53.
8 Vgl. zu diesem Begriff und zum Aufbau der Rechtsnormen ausführlich unten Rn. 55.
9 Vgl. *Rüthers/Fischer/Birk*, Rechtstheorie, 12. Aufl. 2022, § 2 Rn. 61.
10 Vgl. zur Bindung an „Gesetz und Recht“ gemäß Art. 20 Abs. 3 GG auch unten Rn. 227 f.
11 Vgl. dazu ausführlich unten Rn. 14 ff.
12 Siehe dazu und zum Folgenden *Sodan/Ziekow*, Grundkurs Öffentliches Recht, 9. Aufl. 2020, § 71 Rn. 1.
13 Vgl. *Papier/Krönke*, Grundkurs Öffentliches Recht 2, 4. Aufl. 2020, § 1 Rn. 10.
14 Vgl. *Rüthers/Fischer/Birk*, Rechtstheorie, 12. Aufl. 2022, § 2 Rn. 64.
15 Vgl. *Rüthers/Fischer/Birk*, Rechtstheorie, 12. Aufl. 2022, § 2 Rn. 66.

sich vielfach, da jede individuelle Rechtsposition, also jedes subjektive Recht, sich aus einer bestimmten Rechtsnorm ergibt, die wiederum Teil der geltenden Rechtsordnung, also des objektiven Rechts, ist.

Neben dem Begriffspaar des objektiven und des subjektiven Rechts unterscheidet man des Weiteren zwischen **formellem** und **materiellem Recht**. Das **materielle Recht** erfasst alle Rechtsnormen, die Regelungen zum **Inhalt** von subjektiven Rechten und Rechtsverhältnissen treffen. So ist z.B. die Vorschrift des Art. 38 Abs. 1 S. 2 GG eine materiell-rechtliche Norm, da sie den Status und die Rechte des einzelnen Abgeordneten inhaltlich festlegt. **Formelles Recht** (oder: **Verfahrensrecht**) sind dagegen nach traditionellem Verständnis Rechtsnormen, die der Verwirklichung und Durchsetzung von anderen (nämlich: materiellen) Rechtsnormen **dienen** (sog. dienende Funktion des Verfahrensrechts). So gehören z.B. die Vorschriften über das Organstreitverfahren (Art. 93 Abs. 1 Nr. 1 GG i.V.m. §§ 13 Nr. 5, 63 ff. BVerfGG) zum formellen Recht, da sie der (verfassungsgerichtlichen) Durchsetzung bestimmter Rechte von Verfassungsorganen oder Teilen von ihnen dienen, etwa auch der Rechte des Abgeordneten aus Art. 38 Abs. 1 S. 2 GG. Das **Prozessrecht** schließlich ist besonderes formelles Recht, das speziell der **gerichtlichen** – und nicht auch der behördlichen – Durchsetzung (materiellen) Rechts dient.

Aus der oben genannten formalen Definition des Rechts im objektiven Sinne ergibt sich 9
freilich eine Reihe weiterer, im Folgenden darzulegender Fragen, insbesondere:

- Was sind die charakteristischen äußeren Merkmale des Rechts und wodurch unterscheidet es sich von anderen Normensystemen (vgl. dazu unten B.)?
- Woraus genau ergeben sich die „geltenden Rechtsnormen" (vgl. dazu unten C.)?
- Wie verhalten sich die verschiedenen Rechtsnormen zueinander (vgl. dazu unten D.)?
- Wie ist eine Rechtsnorm aufgebaut und wie wird der Normtext ausgelegt (vgl. dazu unten E.)?

B. Externe Charakterisierung des Rechts und Abgrenzung zu anderen Normensystemen

Die externe Charakterisierung des Rechts und seine Abgrenzung zu anderen Normen- 10
systemen wird für den Juristen praktisch kaum relevant. Seine Sicht auf das Recht ist ganz überwiegend eine Innenansicht, eine **Binnenperspektive**, da ihm der Kreis der für ihn verbindlichen Rechtsnormen, wie bereits erwähnt, durch die Rechtsquellenlehre vorgegeben ist und sich die ihm obliegende Rechtsfindung somit weitgehend auf eine Rechts*inhalts*findung beschränkt. Dennoch gehören zur Abrundung einer Darstellung zum Rechtsbegriff stets auch einige Bemerkungen zur **Außenperspektive** auf das Recht.

I. Charakteristika des Rechts

11 Als ein System verbindlicher Verhaltensregeln dient das (objektive) Recht der **Ordnung des menschlichen Zusammenlebens**.[16] Aus dem Begriff des „Rechts" ersichtlich steht diese Ordnung insgesamt unter dem Anspruch von **inhaltlicher Gerechtigkeit**, sie soll also eine „gerechte" Ordnung sein.[17] Kennzeichnend ist ferner, in äußerlicher Hinsicht, dass die Befolgung von rechtlichen Geboten und Verboten mit Hilfe **staatlichen Zwanges** durchsetzbar ist.[18] Funktionell betrachtet ist das Recht damit in jedem politischen Gemeinwesen das zentrale **„Herrschaftsinstrument"** zur Ordnung, Steuerung und Gestaltung des Zusammenlebens der Menschen in der Gemeinschaft.[19]

Der Begriff der **Herrschaft** ist hier ohne negative Konnotation zu lesen. Gemeint ist damit die in jeder funktionierenden Staatsgemeinschaft vorhandene und erforderliche Möglichkeit, die gemäß der jeweiligen staatlichen Ordnung zustande gekommenen politischen Willensentscheidungen des jeweiligen Inhabers der Herrschaftsgewalt (des Souveräns) zu vollziehen.[20] Der Herrschaftsbegriff findet sich auch in den klassischen politischen Herrschaftsformen wieder: Die Begriffe der Demokratie und der Aristokratie, der Monarchie und der Oligarchie etwa beruhen auf den griechischen Begriffen für Herrschaft und Macht (griech. *kratós* bzw. *arché*).

II. Abgrenzung zu anderen Normensystemen

12 Neben dem Recht existieren noch andere Arten von Verhaltensregeln, die das menschliche Zusammenleben ordnen, insbesondere die Verhaltensregeln der **Sitten**, der **Moral** („Sittlichkeit"), aber auch der verschiedenen **Religionen** und **Weltanschauungen**.[21] Seinen genannten Eigenarten entsprechend unterscheidet sich das Recht von diesen Regelsystemen äußerlich vor allem durch seine Verbindlichkeit und effektive Wirksamkeit, die sich aus der **Durchsetzbarkeit** rechtlicher Ge- und Verbote mit Hilfe staatlicher Zwangsmittel ergibt. Innerlich zeichnet sich das Recht gegenüber den genannten anderen Normensystemen dadurch aus, dass es jedenfalls im Grundsatz an der **Idee der Gerechtigkeit** ausgerichtet ist und nicht etwa – anders als moralische oder religiöse Verhaltensregeln – an der Verwirklichung des „Guten" oder eines „göttlichen Willens". Die Frage, was man genau unter Gerechtigkeit zu verstehen hat, ist freilich mehr philosophischer als rechtswissenschaftlicher Natur. Schließlich wird man auch sagen können, dass sich rechtliche von anderen Normen durch einen hohen Grad an **„Reflexivität und Spezifität"** abheben:[22] Während etwa Moralvorstellungen überwiegend relativ unreflektiert

---

16 Vgl. *Rüthers/Fischer/Birk*, Rechtstheorie, 12. Aufl. 2022, § 3 Rn. 72.

17 Vgl. dazu insbesondere *Radbruch*, Rechtsphilosophie, Studienausgabe, 2. Aufl. 2003, S. 34 ff. Eine solche Verknüpfung von Recht und Gerechtigkeit dagegen prinzipiell ablehnend *Kelsen*, Reine Rechtslehre, Studienausgabe zur 1. Auflage 1934 (2008), S. 25 ff., einer der einflussreichsten Vertreter des Rechtspositivismus.

18 Vgl. zur Charakterisierung des Rechts als „Zwangsnorm" insbesondere etwa *Kelsen*, Reine Rechtslehre, Studienausgabe zur 1. Auflage 1934 (2008), S. 37 f., 40 ff.

19 So treffend *Rüthers/Fischer/Birk*, Rechtstheorie, 12. Aufl. 2022, § 3 Rn. 72 ff. (91).

20 Vgl. *Rüthers/Fischer/Birk*, Rechtstheorie, 12. Aufl. 2022, § 3 Rn. 78.

21 Vgl. zum Folgenden *Brox/Walker*, Allgemeiner Teil des BGB, 45. Aufl. 2021, § 1 Rn. 1 ff.

22 Vgl. dazu *Vesting*, Rechtstheorie, 2. Aufl. 2015, § 2 Rn. 32.

und unspezifisch gefasst sind, unterliegen Rechtsnormen vor und nach ihrer Ingeltungsetzung meist intensiven und kritischen Betrachtungen und zeichnen sich durch eine besonders ausdifferenzierte, oftmals geradezu technisch anmutende Begrifflichkeit aus.

Trotz ihrer Verschiedenheit weisen jene Normensysteme **vielfältige Berührungspunkte** 13
zur Rechtsordnung auf. So werden etwa in bestimmten gesetzlichen Vorschriften Rechtsfolgen an die „Sittenwidrigkeit" einer bestimmten Handlung oder eines Rechtsgeschäfts geknüpft, also **auf an sich außerrechtliche Normen Bezug genommen**, und auch bestimmte Bräuche und Verkehrssitten werden bisweilen vom Gesetz zum rechtlichen Beurteilungsmaßstab erhoben. Umgekehrt können auch Rechtsnormen **Einfluss auf außerrechtliche Normen**, etwa moralische Anschauungen haben. Schließlich wird man vielfach **inhaltliche Übereinstimmungen** von rechtlichen mit brauchtümlichen, moralischen und religiösen Regeln feststellen können; letztere tragen dann, als „Motive des Rechtsgehorsams"[23], dazu bei, dass rechtliche Normen umso eher auch ohne staatliche Zwangseinwirkung befolgt werden.

Beispiel: Gesetzliche Bezugnahmen auf außerrechtliche Normen: An zahlreichen Stellen nimmt die Rechtsordnung Bezug auf die „Sitten" als außerrechtliches Normensystem. In Art. 2 Abs. 1 GG etwa wird an das „Sittengesetz" als Einschränkung der allgemeinen Handlungsfreiheit angeknüpft. Vor allem aber im Privatrecht finden sich Verweise auf die „guten Sitten": So gewährt etwa § 826 BGB Schadensersatz im Falle einer vorsätzlichen sittenwidrigen Schädigung, und gemäß § 138 Abs. 1 BGB ist ein Rechtsgeschäft, das gegen die guten Sitten verstößt, nichtig. Nach § 346 HGB sind bei der Beurteilung der Handlungen von Kaufleuten „die im Handelsverkehr geltenden Gewohnheiten und Gebräuche" zu berücksichtigen, und bei der Auslegung von Verträgen ist gemäß § 157 BGB auch die „Verkehrssitte" beachtlich. – **Einfluss von Rechtsnormen auf moralische Anschauungen:** Im Zusammenhang mit der Strafbarkeit der Abtreibung hat das Bundesverfassungsgericht ausgeführt: „Schon die bloße Einführung einer solchen Strafandrohung hat Einfluss auf die Wertvorstellungen und die Verhaltensweisen der Bevölkerung".[24] Von einer Streichung des strafrechtlichen Inzestverbots (§ 173 StGB) wurde bei der Reformierung jener Vorschrift im Jahre 1973 unter anderem auch deswegen abgesehen, weil man befürchtete, „das Bewusstsein von der Abnormität solchen Verhaltens" könne schwinden, „insbesondere, wenn von Massenkommunikationsmitteln der Geschwisterinzest als Modeform sexuellen Verhaltens propagiert würde".[25] – **Außerrechtliche Verhaltensregeln als „Motive des Rechtsgehorsams":** Nicht allein die Strafandrohungen etwa für Mord (§ 211 StGB) oder Diebstahl (§ 242 StGB) sichern die Befolgung der Verbote des Tötens und des Stehlens; entsprechende Verbote existieren auch in den Moralvorstellungen der meisten Gesellschaften sowie in den Verhaltensregeln der Weltreligionen und sorgen regelmäßig für eine besondere Hemmschwelle mit Blick auf Übertretungen. Umgekehrt ist die Hemmschwelle zum Verstoß gegen (straf)rechtlich sanktionierte Gebote dort eine geringere, wo eine entsprechende moralische Anschauung nicht existiert – etwa im Hinblick auf „Schwarzfahren", auf falsche Angaben in Steuererklärungen oder auf den Download von „Raubkopien" aktueller Kinofilme oder Musik aus dem Internet; umgangssprachlich ist hier teilweise von „Kavaliersdelikten" die Rede.

23 So *Kelsen*, Reine Rechtslehre, Studienausgabe zur 1. Auflage 1934 (2008), S. 43.
24 BVerfGE 39, 1 (57) – „Schwangerschaftsabbruch I".
25 Zitiert nach BVerfGE 120, 224 (229).

C. Rechtsquellen

14 Als **Rechtsquellen** im engeren Sinne (oder: **Rechts*erkenntnis*quellen**) bezeichnet man die Entstehungsgründe und Formen des objektiven Rechts (den „Erkenntnisgrund für etwas als Recht“[26]). Die Rechtsquellen geben dem Juristen den Kreis derjenigen Rechtsnormen vor, die er der Entscheidung eines konkreten Falles nach „Gesetz und Recht“ (Art. 20 Abs. 3 GG) von Verfassungs wegen zugrunde zu legen hat. Sie hängen dementsprechend eng mit der speziell der Rechtswissenschaft aufgegebenen Frage „Was ist Recht?“ zusammen. Der Katalog der in Deutschland anerkannten Rechtsquellen beruht zu ganz überwiegenden Teilen auf einem **breiten Konsens**; nur in praktisch sehr seltenen, für die Wissenschaft natürlich umso interessanteren Fällen herrscht Streit darüber, welche Normen für die konkrete juristische Fallentscheidung maßstäblich sind.

Bisweilen wird der Begriff der **Rechtsquellen** auch **in einem weiteren Sinne** gebraucht. Neben den für den Juristen besonders relevanten, weil seinen Entscheidungsmaßstab festlegenden **Rechts*erkenntnis*quellen** ist die Rede von Rechts*erzeugungs*quellen und Rechts*wertungs*quellen.[27] Die **Rechts*erzeugungs*quellen** bezeichnen die mitunter sehr unterschiedlichen tatsächlichen „Bedingungen und Einflussfaktoren“ der Entstehung bestimmter Rechtsnormen, also z.B. die in einem Gemeinwesen vorherrschende Religion, das Klima, den Zeitgeist, die Sozialmoral sowie die Rechtswissenschaft selbst;[28] man spricht insofern auch von „soziologischen Rechtsquellen“, die bei der historischen Auslegung von Rechtsnormen durchaus eine Rolle spielen können.[29] Mit dem Begriff der **Rechts*wertungs*quellen** werden dagegen die – teils meta-rechtlichen – inhaltlichen Maßstäbe und Gründe für die Setzung bestimmter Rechtsnormen erfasst, als z.B. „Vernunft, Natur der Sache, Rechtssicherheit, Gleichheit, Gerechtigkeit“ usw.;[30] sie können unter Umständen für die teleologische Auslegung einer Rechtsnorm relevant werden.[31]

15 Nach herkömmlicher Auffassung werden grundsätzlich zwei Gruppen von Rechtsquellen unterschieden: das **geschriebene Recht** (I.) und das **Gewohnheitsrecht** (II.). Neben diesen klassischen Formen staatlichen Rechts werden verschiedene **weitere Rechtsquellen** diskutiert bzw. anerkannt (III.).

Statt des Ausdrucks „geschriebenes Recht“ findet sich bisweilen auch der Begriff des **positiven Rechts** (von lat. *ponere* = setzen, *positum* = gesetzt). Dieser Begriff ist mehrdeutig. Im hier gemeinten Sinne wird der Begriff des positiven Rechts als **Gegenbegriff zum Gewohnheitsrecht** verwendet, welches, im Gegensatz zu dem in jenem Sinne positiven Recht, nicht in einem **förmlichen Rechtsetzungsverfahren** – etwa nach Art. 76 ff. GG – gesetzt wird, sondern durch ständige Übung und Rechtsüberzeugung der von ihm betroffenen Kreise rechtsverbindliche Geltung erlangt. Dane-

26 So die vielzitierte Formulierung von *Ross*, Theorie der Rechtsquellen, 1929, S. 292.

27 Vgl. zum Folgenden grundlegend *Ross*, Theorie der Rechtsquellen, 1929, S. 290 ff.; zu den Begriffen *Ossenbühl*, Gesetz und Recht – Die Rechtsquellen im demokratischen Rechtsstaat, in: Isensee/Kirchhof (Hrsg.), Handbuch des Staatsrechts, Band V, 3. Aufl. 2007, § 100 Rn. 1 ff.

28 *Ossenbühl*, Gesetz und Recht – Die Rechtsquellen im demokratischen Rechtsstaat, in: Isensee/Kirchhof (Hrsg.), Handbuch des Staatsrechts, Band V, 3. Aufl. 2007, § 100 Rn. 2.

29 *Rüthers/Fischer/Birk*, Rechtstheorie, 12. Aufl. 2022, § 6 Rn. 217. Vgl. zur historischen Auslegung einer Rechtsnorm unten Rn. 61.

30 *Ossenbühl*, Gesetz und Recht – Die Rechtsquellen im demokratischen Rechtsstaat, in: Isensee/Kirchhof (Hrsg.), Handbuch des Staatsrechts, Band V, 3. Aufl. 2007, § 100 Rn. 3.

31 Vgl. zur teleologischen Auslegung einer Rechtsnorm unten Rn. 63.

ben wird der Ausdruck „positives Recht" als **Gegenbegriff zum Naturrecht** verwendet.[32] So verstanden erfasst das positive Recht das durch einen bestimmten **Rechtserzeugungstatbestand** gesetzte Recht. Recht erzeugen kann dabei sowohl ein staatlicher Gesetzgeber als auch – unter besonderen Voraussetzungen – eine Gewohnheit der am Rechtsverkehr Beteiligten. Allein das (durch Vernunft, Moral oder religiöse Überzeugung begründete) „Naturrecht" soll vom „positiven Recht" in diesem Sinne nicht erfasst sein. Sofern man die Geltung naturrechtlicher Rechtssätze überhaupt anerkennt,[33] lassen sich diese dann als „überpositiv" bezeichnen, da sie unabhängig vom Vorliegen eines Rechtserzeugungstatbestands Geltung beanspruchen und das positive Recht im Konfliktfall verdrängen können.

I. Die geschriebenen Rechtsquellen des deutschen Rechts

Die geschriebenen Rechtsquellen des deutschen Rechts lassen sich – entsprechend dem jeweiligen Normgeber – einteilen in die **Verfassung** (auf Bundesebene: das Grundgesetz), die **formellen Gesetze**, **Rechtsverordnungen** und **Satzungen**. Diese Aufteilung gilt sowohl für das **Bundesrecht** als auch für das **Recht der Länder**.[34] **16**

1. Die Verfassung (im formellen Sinne)

Die **Verfassung** ist die von der verfassungsgebenden Gewalt oder, im Falle von Verfassungsänderungen, von den Gesetzgebungsorganen in einem besonderen Verfahren erlassene und in einer besonderen Urkunde niedergelegte „rechtliche Grundordnung des Staates".[35] Die Verfassung der Bundesrepublik Deutschland ist das **Grundgesetz**. Es bildet die Grundordnung des deutschen Staates und kann nur in einem besonderen Verfahren (vgl. Art. 79 Abs. 1 S. 1, Abs. 2 GG) und nur zu einem gewissen Grad (vgl. Art. 79 Abs. 3 GG) geändert werden.[36] Auch die Bundesländer haben eigene Landesverfassungen, in denen die rechtlichen Grundordnungen der Länder festgelegt sind. **17**

Die verfassungsgebende Gewalt (der sog. ***pouvoir constituant***) ist in Deutschland, aus der Präambel des Grundgesetzes sowie aus Art. 146 GG ersichtlich, das Volk der Bundesrepublik Deutschland; sie ist zu unterscheiden von der verfassten Staatsgewalt (der sog. ***pouvoir constitué***), die in Deutschland gemäß Art. 79 GG innerhalb der dort genannten Grenzen zu Änderungen der Verfassung grundsätzlich berechtigt ist.[37]

Mitunter wird zwischen Verfassung im formellen und materiellen Sinne unterschieden: **18**
Der **materielle** Verfassungsbegriff stellt auf den Inhalt der Normen ab, d.h. Verfassung im materiellen Sinne sind alle die rechtliche Grundordnung des Staates konstituierenden Normen. Der **formelle** Verfassungsbegriff betrifft dagegen die besondere äußere Form

32 Vgl. dazu ausführlich unten Rn. 32 ff.
33 Vgl. dazu die Erläuterung und Kritik des Rechtspositivismus von *R. Dreier*, NJW 1986, 890 ff.
34 Vgl. zur Rangfolge der Rechtsquellen sowie zum Verhältnis von Bundesrecht und Landesrecht ausführlich unten Rn. 44 ff., 254 f.
35 *Maurer/Waldhoff*, Allgemeines Verwaltungsrecht, 20. Aufl. 2020, § 4 Rn. 15.
36 Vgl. zum Grundgesetz als der Verfassung der Bundesrepublik ausführlich unten Rn. 88 ff.
37 Siehe dazu etwa *Degenhart*, Staatsrecht I Staatsorganisationsrecht, 37. Aufl. 2021, § 1 Rn. 18 f., sowie ausführlich unten Rn. 95 f.

und den besonderen Rang der Verfassung sowie das besondere Verfahren ihres Erlasses bzw. ihrer Änderung. Als **Rechtserkenntnisquelle** ist immer die **Verfassung im formellen Sinne** angesprochen.

Nicht zu verwechseln ist diese Kategorisierung mit der Unterscheidung von **formellem** und **materiellem Verfassungsrecht**.[38] Diese Differenzierung bezieht sich auf den **Regelungsgegenstand der Normen** der formellen Verfassung: Das **materielle Verfassungsrecht** erfasst demnach alle Verfassungsrechtsnormen, die rechtliche Vorgaben zum *Inhalt* von Akten der Staatsgewalt formulieren. So sind z.B. die Grundrechte des Grundgesetzes überwiegend materiell-verfassungsrechtliche Normen, da sie inhaltliche Anforderungen an unterverfassungsrechtliche Gesetze, Verwaltungsakte und sonstige Akte der öffentlichen Gewalt stellen. Das **formelle Verfassungsrecht** trifft dagegen rechtliche Vorgaben für das *Zustandekommen* und die *Form* staatlicher Akte. So gehören z.B. die Vorschriften über das Gesetzgebungsverfahren (Art. 76 ff. GG) zum formellen Verfassungsrecht, da sie Anforderungen an das Zustandekommen von Parlamentsgesetzen stellen.

2. Formelle Gesetze

19 Die **überragend wichtige Rechtserkenntnisquelle** im demokratischen Rechtsstaat ist, wie bereits aus Art. 20 Abs. 3 GG („Gesetz und Recht") sowie aus Art. 97 Abs. 1 GG („nur dem Gesetze unterworfen") ersichtlich wird, das (formelle) Gesetz.[39] **Formelle Gesetze** sind diejenigen Hoheitsakte, die von den in der Verfassung vorgesehenen Gesetzgebungsorganen im Rahmen des in der Verfassung vorgesehenen förmlichen Gesetzgebungsverfahrens erlassen worden sind.[40] In der Bundesrepublik Deutschland sind dies die **Parlamentsgesetze**, also auf Bundesebene die vom Bundestag und – soweit im Grundgesetz seine Mitwirkung vorgeschrieben ist – vom Bundesrat im Gesetzgebungsverfahren nach den Art. 76 bis 78 GG beschlossenen Akte.[41] Gleiches gilt auf Landesebene: In Bayern etwa sind formelle Landesgesetze die durch den Landtag oder durch einen Volksentscheid gemäß den Art. 70 ff. der Bayerischen Verfassung erlassenen Akte.

20 Nicht jedes formelle Gesetz enthält allerdings inhaltlich eine abstrakt-generelle Regelung und kann damit als Rechtsnorm in dem oben definierten – materiellen – Sinne bezeichnet werden. So hat etwa das Haushaltsgesetz gemäß Art. 110 Abs. 2 GG keine abstrakt-generelle Regelung zum Gegenstand; es legt vielmehr den konkreten Haushaltsplan für einen ganz bestimmten Zeitraum fest. Dieser Umstand führt zu der Unterscheidung von Gesetzen im formellen und materiellen Sinne.[42] **Gesetz im materiellen Sinne** ist jede **Rechtsnorm**, also jede rechtlich geltende abstrakt-generelle Regelung. Während der formelle Gesetzesbegriff also auf die Form des Zustandekommens eines

38 Vgl. dazu auch *Maurer*, Staatsrecht I, 6. Aufl. 2010, § 1 Rn. 44.

39 Aus diesem Grunde widmet etwa *Degenhart*, Staatsrecht I Staatsorganisationsrecht, 37. Aufl. 2021, § 3 Rn. 141 ff., einen gesamten Abschnitt seines Lehrbuchs allein dem Gesetz.

40 Vgl. *Degenhart*, Staatsrecht I Staatsorganisationsrecht, 37. Aufl. 2021, § 3 Rn. 149.

41 Vgl. zum Begriff und Aufbau der Rechtsnorm unten Rn. 54 ff.

42 Vgl. zu dieser Unterscheidung und ihrer Herkunft eingehend *Maurer*, Staatsrecht I, 6. Aufl. 2010, § 17 Rn. 7 ff.

Rechtsaktes abstellt, bezieht sich der materielle Gesetzesbegriff auf den Inhalt eines Rechtsaktes. Beide Begriffe schließen sich freilich nicht aus – die meisten formellen Gesetze sind zugleich auch Gesetze im materiellen Sinne.

Je nach Zusammenhang werden in der Rechtsordnung unterschiedliche Gesetzesbegriffe gebraucht. Das **Grundgesetz** etwa verwendet einen **formellen Gesetzesbegriff.**[43] Das **Bürgerliche Gesetzbuch** (BGB) legt demgegenüber den Begriff des **Gesetzes im materiellen Sinne** zugrunde, vgl. Art. 2 des Einführungsgesetzes zum Bürgerlichen Gesetzbuche (EGBGB): „Gesetz im Sinne des Bürgerlichen Gesetzbuchs und dieses Gesetzes ist jede Rechtsnorm.“.

3. Rechtsverordnungen

Rechtsverordnungen sind Rechtsnormen, die – in Abweichung vom Grundsatz der Gewaltenteilung[44] – von Organen der **Exekutive** erlassen werden. Die Verordnungsgebung auf Bundesebene ist in Art. 80 GG geregelt: Gemäß Art. 80 Abs. 1 GG können die Bundesregierung, ein Bundesminister oder die Landesregierungen durch formelles Gesetz zum Erlass von Rechtsordnungen ermächtigt werden.[45] Entsprechendes sieht auf Landesebene beispielsweise Art. 55 Nr. 2 der Bayerischen Verfassung vor. Der **Sinn und Zweck** der Möglichkeit, der vollziehenden Gewalt die Befugnis zur Setzung von Rechtsnormen zu übertragen, liegt vor allem darin, den **parlamentarischen Gesetzgeber** zu einem gewissen Grade vom Erlass allzu detaillierter Regelungen – insbesondere etwa im technisch-naturwissenschaftlichen Bereich – **zu entlasten**, die von der sachlich und örtlich jeweils zuständigen Verwaltung mit dem entsprechenden Sachverstand getroffen und auch „rascher und einfacher auf dem neuesten Stand“[46] gehalten werden können.[47] **21**

Beispiel: Auf der Grundlage des Art. 80 Abs. 1 GG wurde das Bundesministerium für Verkehr zum Erlass der **Straßenverkehrsordnung** (StVO) ermächtigt, vgl. § 6 Abs. 1 des Straßenverkehrsgesetzes (StVG). – Die in § 18 des Arbeitsschutzgesetzes (ArbSchG) enthaltene Verordnungsermächtigung wurde vielfach genutzt, um **Arbeitsschutzverordnungen** zu erlassen, in denen für bestimmte Bereiche des Arbeitslebens spezifische Regelungen zum Schutz der Beschäftigten getroffen worden sind, z.B. in den Verordnungen über Arbeitsstätten (ArbStättV) und über Sicherheit und Gesundheitsschutz auf Baustellen (BaustellV), in den Verordnungen zum Schutz der Beschäftigten vor Gefährdungen durch Lärm und Vibrationen (LärmVibrationsArbV) und durch künstliche optische Strahlung (OStrV) usw.

4. Satzungen

Satzungen sind Rechtsnormen, die von einer „juristischen Person des öffentlichen Rechts im Rahmen der ihr gesetzlich verliehenen Autonomie mit Wirksamkeit für die **22**

---

43 Vgl. *Degenhart*, Staatsrecht I Staatsorganisationsrecht, 37. Aufl. 2021, § 3 Rn. 149.
44 Vgl. dazu ausführlich unten Rn. 220 ff.
45 Vgl. dazu ausführlich unten Rn. 382 ff.
46 BVerfGE 101, 1 (35) – „Hennenhaltungsverordnung“.
47 Vgl. dazu *Maurer*, Staatsrecht I, 6. Aufl. 2010, § 17 Rn. 141; *ders./Waldhoff*, Allgemeines Verwaltungsrecht, 20. Aufl. 2020, § 4 Rn. 20 ff.

ihr angehörigen und unterworfenen Personen" [48] – kurz: **zur Regelung ihrer „eigenen Angelegenheiten"**[49] – erlassen werden.

Eine **juristische Person** ist die rechtliche Verselbständigung einer Personenmehrheit, die von der Rechtsordnung im Wege einer Fiktion mit eigener Rechtspersönlichkeit ausgestattet wird und daher Trägerin von Rechten und Pflichten sein kann. **Gegenbegriff** ist die – prinzipiell von sich aus rechtsfähige – **natürliche Person**, also jeder Mensch. **Juristische Personen des öffentlichen Rechts** sind zum einen die (mitgliedschaftlich verfassten) **Körperschaften des öffentlichen Rechts** (insbesondere die Gebietskörperschaften, also Gemeinden, Landkreise usw., aber auch Personalkörperschaften, etwa Universitäten, Rechtsanwaltskammern usw.), die (nicht mitgliedschaftlich verfassten) **rechtsfähigen Anstalten des öffentlichen Rechts** (also etwa öffentlich-rechtliche Rundfunkanstalten, Sparkassen usw.) sowie die **Stiftungen des öffentlichen Rechts**.[50] Ihnen allen ist gemeinsam, dass sie als rechtlich verselbständigte Einheiten Verwaltungsaufgaben wahrnehmen und damit exekutive Hoheitsgewalt ausüben.

23 **Sinn und Zweck** der Einräumung einer solchen **Satzungsautonomie** an eine juristische Person des öffentlichen Rechts ist es zum einen, „den entsprechenden gesellschaftlichen Gruppen die Regelung solcher Angelegenheiten, die sie selbst betreffen und die sie in überschaubaren Bereichen am sachkundigsten beurteilen können, eigenverantwortlich zu überlassen und dadurch den **Abstand zwischen Normgeber und Normadressat** zu verringern"; zugleich wird der **Gesetzgeber** auch hier „davon **entlastet**, sachliche und örtliche Verschiedenheiten berücksichtigen zu müssen, die für ihn oft schwer erkennbar sind und auf deren Veränderungen er nicht rasch genug reagieren könnte".[51]

Beispiel: Die Studien- und Prüfungsordnungen für Juristen an den Universitäten sind Satzungen, die Regelungen zur Ausgestaltung des Studiengangs Rechtswissenschaft an den jeweiligen Universitäten treffen. – Auch ein Bebauungsplan ist eine Satzung, die von den Gemeinden auf der Grundlage von § 10 Abs. 1 des Baugesetzbuches (BauGB) zur verbindlichen Regelung der baulichen und sonstigen Nutzung der Grundstücke in der Gemeinde erlassen wird, vgl. § 1 Abs. 1 BauGB.

II. Gewohnheitsrecht im deutschen Recht

24 Auch das sog. **Gewohnheitsrecht** wird allgemein als Erkenntnisquelle des objektiven Rechts betrachtet. Zur Anerkennung einer bestimmten (ungeschriebenen) Norm als Gewohnheitsrecht müssen zwei Voraussetzungen vorliegen: Erforderlich ist

- **objektiv** eine „längere tatsächliche **Übung**", die eine „dauernde und ständige, gleichmäßige und allgemeine sein muss" (= Gewohnheit, lat. *consuetudo*)
- und die **subjektiv** „von den beteiligten Rechtsgenossen **als verbindliche Rechtsnorm anerkannt** wird" (= Rechtsgeltungswille, lat. *opinio iuris*).[52]

48 BVerfGE 10, 20 (49 f.) – „Preußischer Kulturbesitz".
49 BVerfGE 33, 125 (157) – „Facharzt".
50 Vgl. *Sodan/Ziekow*, Grundkurs Öffentliches Recht, 9. Aufl. 2020, § 60 Rn. 2 ff. (Körperschaften), Rn. 27 (Anstalten) und Rn. 28 (Stiftungen).
51 BVerfGE 33, 125 (156 f.) – „Facharzt" (ohne Hervorhebungen im Original).
52 BVerfGE 22, 114 (121) – „Entziehung der Verteidigungsbefugnis".

Gewohnheitsrecht ist grundsätzlich **auf allen Ebenen denkbar**, auf denen auch geschriebenes Recht existiert, d.h. auf Verfassungsebene, auf der Ebene der formellen Gesetze usw. Im Einzelnen sind dabei allerdings Besonderheiten zu beachten. 25

So ist auf **Verfassungsebene** zusätzlich erforderlich, dass die in Rede stehende ungeschriebene Rechtsnorm nach Überzeugung der beteiligten Verfassungsorgane bzw. Organteile „den Rang und die Bindung von Verfassungsrecht" hat.[53] Als **Verfassungsgewohnheitsrecht** wird im Schrifttum regelmäßig etwa der **Grundsatz der Diskontinuität** qualifiziert.[54] – Auf der Ebene des **einfachen Gesetzesrechts** stellt sich das Problem, ob Gewohnheitsrecht den Anforderungen des **Gesetzesvorbehalts** genügt;[55] mit Blick auf vorkonstitutionelles Gewohnheitsrecht wird dies vom Bundesverfassungsgericht bejaht, bezüglich nachkonstitutionellen Gewohnheitsrechts dagegen verneint.[56] Auf der Ebene des **Satzungsrechts**, also mit Blick auf die Herausbildung gewohnheitsrechtlicher Normen durch juristische Personen des öffentlichen Rechts bzw. deren Mitglieder, besteht eine begriffliche Besonderheit – Gewohnheitsrecht bezeichnet man hier als sog. **Observanz**.[57]

Anders als früher hat das Gewohnheitsrecht heute nur noch sehr **begrenzte Bedeutung**. Grund dafür ist zum einen die Regelungsdichte der geschriebenen Rechtsnormen, die kaum mehr Raum für gewohnheitsrechtliche Normen lassen, sowie zum anderen die „rasche Änderung der Verhältnisse und Anschauungen in einer pluralistischen Gesellschaft", die es nur schwerlich ermöglicht, eine auf Dauer angelegte, allgemeine Übung zu etablieren.[58] 26

Beispiel: Eine gewohnheitsrechtlich anerkannte und noch ungeschriebene Rechtsnorm ist der Aufopferungsanspruch bei bestimmten hoheitlichen Eingriffen in Rechtsgüter des Einzelnen, wie er etwa den §§ 74, 75 der Einleitung zum Allgemeinen Landrecht für die preußischen Staaten (Einl. ALR PR) entnommen wurde.[59]

III. Weitere Rechtsquellen

Neben diesen herkömmlichen Rechtsquellen des deutschen Rechts gibt es noch weitere besondere Entstehungsgründe und Erscheinungsformen von Recht, die man als mögliche Rechtsquellen andenken kann bzw. die als solche anerkannt sind. Sie sollen im Folgenden kurz dargestellt werden. 27

1. „Richterrecht" als eigenständige Rechtsquelle?

Die Rechtsprechung ist aus Art. 20 Abs. 3, Art. 97 Abs. 1 GG ersichtlich nur mit der **Anwendung** von „Gesetz und Recht", nicht aber mit deren Setzung betraut.[60] Allerdings 28

53 *Maurer*, Staatsrecht I, 6. Aufl. 2010, § 1 Rn. 45.
54 Vgl. *Maurer*, Staatsrecht I, 6. Aufl. 2010, § 1 Rn. 45; *Jarass*, in: Jarass/Pieroth (Hrsg.), GG Kommentar, 17. Aufl. 2022, Art. 39 Rn. 5.
55 Vgl. zum Gesetzesvorbehalt ausführlich unten Rn. 137, 228 ff.
56 Vgl. BVerfGE 22, 114 (121) – „Entziehung der Verteidigungsbefugnis".
57 Vgl. *Maurer/Waldhoff*, Allgemeines Verwaltungsrecht, 20. Aufl. 2022, § 4 Rn. 33.
58 *Maurer/Waldhoff*, Allgemeines Verwaltungsrecht, 20. Aufl. 2020, § 4 Rn. 34.
59 Vgl. BGHZ 9, 83 (88); 16, 366 (374).
60 Vgl. zum Folgenden *Maurer/Waldhoff*, Allgemeines Verwaltungsrecht, 20. Aufl. 2020, § 4 Rn. 42. Eine ausführliche Auseinandersetzung mit den Phänomenen des Richterrechts und der richterlichen Rechtsfortbildung findet sich etwa bei *Rüthers/Fischer/Birk*, Rechtstheorie, 12. Aufl. 2022, § 6 Rn. 235 ff., § 23 Rn. 822 ff.

wird der Richter bei der Anwendung der geschriebenen Rechtsregeln auf den konkreten Einzelfall bisweilen feststellen, dass diese Regelanwendung zu einem Ergebnis führt, welches – entweder „am Plan des Gesetzes selbst“ oder aber „an den Erfordernissen der Gesamtrechtsordnung“ gemessen – als unbefriedigend erscheint, dass die gesetzlichen Regeln also eine „planwidrige“ oder sonst **„behebungsbedürftige Unvollständigkeit“** (oder: „Lücke“) aufweisen.[61] In solchen Fällen erschöpft sich die Tätigkeit des Richters nicht in der schlichten Anwendung der geschriebenen Gesetze; vielmehr entwickelt er selbst „rechtliche Maßstäbe“, um den Einzelfall einer angemessenen („gerechten“) Lösung zuzuführen.[62] Die als Ergebnis dieser **„schöpferischen Rechtsfindung“**[63] (oder: „Rechtsfortbildung“) des Richters zustande gekommenen Rechtsnormen lassen sich zusammenfassend als **Richterrecht** bezeichnen.

Diese **Aufgabe zur „Rechtsfortbildung“** ist dem Richter teils auch im Gesetz ausdrücklich aufgetragen, vgl. etwa die in § 132 Abs. 4 GVG vorgesehene Zuständigkeit eines Großen Senats des Bundesgerichtshofs für die „Fortbildung des Rechts“. Die praktisch wichtigsten methodischen Instrumente zur rechtsfortbildenden Ausfüllung von Gesetzeslücken sind die **Analogie** und die **teleologische Reduktion**.[64]

29 Das **Bundesverfassungsgericht** hat in seiner berühmten ***Soraya*-Entscheidung**, ausgehend von dem in **Art. 20 Abs. 3 GG** verwandten, auffälligen Begriffspaar **„Gesetz und Recht“**, zur Befugnis der Gerichte zur Rechtsfortbildung und zu ihrer verfassungsrechtlichen Beurteilung ausgeführt: „Die traditionelle Bindung des Richters an das Gesetz … ist im Grundgesetz jedenfalls der Formulierung nach dahin abgewandelt, dass die Rechtsprechung an ‚Gesetz und Recht‚ gebunden ist (Art. 20 Abs. 3). Damit wird nach allgemeiner Meinung ein enger Gesetzespositivismus abgelehnt. (…) Gegenüber den positiven Satzungen der Staatsgewalt kann unter Umständen ein Mehr an Recht bestehen, das seine **Quelle in der verfassungsmäßigen Rechtsordnung als einem Sinnganzen** besitzt (…); es zu finden und in Entscheidungen zu verwirklichen, ist Aufgabe der Rechtsprechung. (…) Die Aufgabe der Rechtsprechung kann es insbesondere erfordern, Wertvorstellungen, die der verfassungsmäßigen Rechtsordnung immanent, aber in den Texten der geschriebenen Gesetze nicht oder nur unvollkommen zum Ausdruck gelangt sind, in einem Akt des bewertenden Erkennens … ans Licht zu bringen und in Entscheidungen zu realisieren.“[65]

Das Bundesverfassungsgericht hatte im Fall **Soraya** über die Verfassungsmäßigkeit der (noch immer bestehenden) zivilgerichtlichen Rechtsprechung zu entscheiden, nach der bei schweren Verletzungen des allgemeinen Persönlichkeitsrechts Schadensersatz in Geld auch für immaterielle Schäden verlangt werden konnte, obgleich dies gesetzlich nicht vorgesehen ist, vgl. § 253 BGB (damals: § 847 BGB a.F.). Der Bundesgerichtshof hatte die Erforderlichkeit eines solchen Schadensersatzanspruchs

---

61 *Larenz/Canaris*, Methodenlehre der Rechtswissenschaft, 3. Aufl. 1995, S. 193 und S. 246. Vgl. zum Begriff der „planwidrigen Unvollständigkeit“ bereits *Elze*, Lücken im Gesetz, 1916, S. 3 ff.

62 Vgl. *Maurer/Waldhoff*, Allgemeines Verwaltungsrecht, 20. Aufl. 2020, § 4 Rn. 42.

63 BVerfGE 34, 269 (287) – „Soraya“.

64 Vgl. dazu noch immer grundlegend und eingehend *Larenz/Canaris*, Methodenlehre der Rechtswissenschaft, 3. Aufl. 1995, 187 ff. (zur Analogie S. 202 ff., zur teleologischen Reduktion S. 210 ff.).

65 BVerfGE 34, 269 (286 f.) – „Soraya“.

aus dem Schutzauftrag des verfassungsrechtlichen Persönlichkeitsrechts gemäß Art. 2 Abs. 1 i.V.m. Art. 1 Abs. 1 GG abgeleitet und die Regelungen des Deliktsrechts somit grundrechtskonform fortgebildet.[66]

In den Ausführungen des Bundesverfassungsgerichts wird deutlich, dass bei der richter- 30
lichen Rechtsfortbildung an sich **keine „neuen" Rechtsnormen** entstehen, sondern dass der Richter die rechtlichen Maßstäbe aus der bereits bestehenden verfassungsmäßigen Rechtsordnung in ihrer Gesamtheit zu entnehmen hat. „Richterrecht" bildet somit, jedenfalls nach herrschender Auffassung, nur das bereits bestehende, wenngleich nicht in dieser Form niedergeschriebene Recht ab und ist daher selbst **keine eigenständige Rechtsquelle**. Für andere Gerichte und für die vollziehende Gewalt sind richterrechtlich generierte Normen somit nicht bindend i.S.v. Art. 20 Abs. 3 GG. Die **eigentliche Quelle** jener Normen sind dabei entweder der **Plan des Gesetzgebers** selbst, der über den Grundsatz der Gesetzesbindung des Richters (Art. 97 Abs. 1 GG) die Fortbildung des lückenhaften Gesetzestextes gebietet, oder aber **allgemeine Rechtsgrundsätze**, die der geltenden Rechtsordnung immanent sind und insbesondere etwa den **Grundrechtsbestimmungen** der Art. 1 bis 19 GG zugrunde liegen, mit denen das Grundgesetz „eine **objektive Wertordnung** aufgerichtet hat".[67]

Die rechtsschöpferischen Formen der Rechtsfindung werden somit letztlich dadurch gedanklich ermöglicht und verfassungsrechtlich legalisiert, indem der **Gegenstand der richterlichen Erkenntnis „verdoppelt"** wird, indem also – unter Anknüpfung an die scheinbare Dichotomie von „Gesetz und Recht" in Art. 20 Abs. 3 GG – jenseits des auslegungsfähigen Gesetzes ein Mehr an Recht, ein „zweiter Code" hinter den im gesetzlichen Text niedergelegten Normen anerkannt wird.[68]

Gleichwohl ist die **praktische Bindung** an durch obere und höchste Gerichte formu- 31
lierte richterrechtliche Regeln nicht zu unterschätzen, zumal die Prozessordnungen (ZPO, VwGO usw.) selbst den Entscheidungen dieser Gerichte eine Leitfunktion zuweisen, um die Einheitlichkeit der Rechtsauslegung und -anwendung im Bundesgebiet zu sichern.[69] Die Prozessordnungen sind daher so ausgestaltet, dass die Instanzgerichte möglichst nicht von der Rechtsauffassung der oberen und höchsten Gerichten abweichen und dass unterschiedliche Rechtsauffassungen zwischen den Obergerichten und den obersten Gerichten vermieden werden. Die Gerichte weichen daher praktisch nur ausnahmsweise von der Rechtsprechung der Obergerichte und der obersten Gerichte ab, wenn die Aussicht besteht, dass jene Gerichte ihre frühere Rechtsauffassung aufgeben werden.

---

66 Vgl. zur grundrechtskonformen Rechtsfortbildung *Papier/Krönke*, Grundkurs Öffentliches Recht 2, 4. Aufl. 2020, § 3 Rn. 54.

67 BVerfGE 7, 198 (205) – „Lüth". Vgl. zu dieser Grundrechtsfunktion ausführlich *Papier/Krönke*, Grundkurs Öffentliches Recht 2, 4. Aufl. 2020, § 3 Rn. 53 ff.

68 Vgl. (kritisch zu dieser „Verdoppelung") *Müller/Christensen*, Juristische Methodik, Band II, 3. Aufl. 2012, S. 199 ff.

69 Vgl. zum Folgenden *Rüthers/Fischer/Birk*, Rechtstheorie, 12. Aufl. 2022, § 6 Rn. 243 ff.

Beispiele für entsprechende Ausgestaltungen des Verfahrensrechts finden sich in allen Prozessgesetzen.[70] Möchte etwa ein in letzter Instanz entscheidendes Oberlandesgericht von der Entscheidung eines anderen Oberlandesgerichts oder des Bundesgerichtshofs abweichen, so ist es gemäß **§ 121 Abs. 2 GVG** verpflichtet, die Sache dem Bundesgerichtshof vorzulegen. – Verweisen ein Oberverwaltungsgericht (in Baden-Württemberg, Bayern und Hessen tragen diese die Bezeichnung „Verwaltungsgerichtshof") oder das Bundesverwaltungsgericht im Rahmen der Berufung oder Revision eine Sache zurück an ein Verwaltungsgericht bzw. ein Oberverwaltungsgericht, so ist dieses gemäß **§ 130 Abs. 3 VwGO** bzw. **§ 144 Abs. 6 VwGO** an die rechtliche Beurteilung des verweisenden Gerichts gebunden.

2. „Naturrecht" als Quelle überpositiven Rechts?

32 Ob das geltende objektive Recht neben dem in der Verfassung, den formellen Gesetzen, Rechtsverordnungen und Satzungen niedergeschriebenen Recht, dem durch Gewohnheit gesetzten Recht sowie den im Wege der richterlichen Rechtsfortbildung zu Tage geförderten allgemeinen Rechtsgrundsätzen noch weitere, **überpositive Rechtsnormen** umfasst,[71] ist seit je her stark umstritten und berührt die rechtsphilosophische Seite der Frage „Was ist Recht?". Hinter der Suche nach überpositiven Rechtsnormen steht zumeist das Anliegen, die Rechtsetzung durch den Staat **inhaltlich** an bestimmten **fundamentalen Normen** zu messen, die über der gesetzten („positiven") Rechtsordnung stehen, also einer „Inhaltskontrolle" zu unterwerfen.[72] Zumeist geht es dabei um ganz grundlegende **Menschenrechte**, denen jedes staatlich gesetzte Recht entsprechen müsse.

33 In der Rechtsordnung der Bundesrepublik Deutschland ist die Frage nach der Geltung überpositiven Rechts **weitgehend entschärft**. Das Grundgesetz hält in **Art. 1 Abs. 2 GG** fest, dass sich das deutsche Volk zu den „unveräußerlichen Menschenrechten als Grundlage jeder menschlichen Gemeinschaft" bekenne. Jene unveräußerlichen Rechte sind, in Umsetzung dieses Bekenntnisses, zu größten Teilen in den positivierten **Grundrechtsgewährleistungen** der **Art. 1 bis 19 GG** enthalten, an die alle Staatsgewalt, aus **Art. 1 Abs. 3 GG** ersichtlich, rechtlich unmittelbar gebunden ist.[73] Darüber hinaus bildet Art. 1 Abs. 2 GG „die Grundlage für die verfassungsrechtliche Pflicht, auch bei der Anwendung der deutschen Grundrechte die **Europäische Menschenrechtskonvention** in ihrer konkreten Ausgestaltung als Auslegungshilfe heranzuziehen",[74] und sichert den Schutz der fundamentalen Menschenrechte damit zusätzlich ab.

34 Besondere Bedeutung hat die Frage nach überpositivem Recht außerdem bei den **strafrechtlichen Aufarbeitungen** des **NS-Regimes** und des **SED-Regimes** erlangt. Hier stellte sich – ohne damit freilich die Verbrechen und die Unmenschlichkeit beider Regime unter Verharmlosung des Nationalsozialismus gleichstellen zu wollen – jeweils das Problem, dass viele der aufzuarbeitenden Taten nach der geschriebenen Rechtsord-

70 Vgl. zu den folgenden Beispielen auch *Rüthers/Fischer/Birk*, Rechtstheorie, 12. Aufl. 2022, § 6 Rn. 246.
71 Vgl. zum Begriff des überpositiven Rechts bereits oben Rn. 15.
72 Vgl. *Rüthers/Fischer/Birk*, Rechtstheorie, 12. Aufl. 2022, § 6 Rn. 263.
73 Vgl. *Jarass*, in: Jarass/Pieroth (Hrsg.), GG Kommentar, 17. Aufl. 2022, Art. 1 Rn. 27.
74 BVerfGE 111, 307 (329) – „Görgülü" (ohne Hervorhebungen im Original). Vgl. ebenso bereits BVerfGE 74, 358 (370) – „Unschuldsvermutung" sowie jüngst BVerfGE 128, 326 (366 ff.) – „Sicherungsverwahrung". Vgl. zur Europäischen Menschenrechtskonvention sogleich unten Rn. 37.

nung der damaligen Systeme möglicherweise gar nicht strafbar waren, so dass eine Bestrafung der Täter gegen den in Art. 103 Abs. 2 GG niedergelegten Grundsatz *Nulla poena sine lege* zu verstoßen drohte.[75] Der Bundesgerichtshof griff dabei, mit Billigung des Bundesverfassungsgerichts, die Definition des positiven Rechts durch *Gustav Radbruch* (1878-1949) auf, wonach dieses eine Ordnung sei, „die ihrem Sinn nach bestimmt ist, der Gerechtigkeit zu dienen".[76] In Rechtsnormen gekleidete Vorschriften, die überhaupt nicht diesem Sinn gewidmet sind, seien „überhaupt kein Recht".[77] Damit sollte jedoch nicht etwa der prinzipielle Vorrang des Naturrechts statuiert werden, sondern nur dann der Rechtscharakter des positiven Rechts in Frage gestellt werden, wenn „der Widerspruch des positiven Gesetzes zur Gerechtigkeit ein so unerträgliches Maß erreicht, dass das Gesetz als ‚unrichtiges Recht' der Gerechtigkeit zu weichen hat" (sog. ***Radbruch*'sche Formel**).[78] Solche Fälle extremen Unrechts sah der Bundesgerichtshof etwa bei der Beurteilung der Tötungshandlungen durch Grenzsoldaten der DDR (sog. **Mauerschützen-Fälle**); die handelnden Grenzsoldaten konnten sich aus diesem Grunde vor den bundesdeutschen Gerichten nicht auf die an sich einschlägige Vorschrift des § 27 Abs. 2 des DDR-Grenzgesetzes berufen, die jedenfalls nach der Staatspraxis der DDR den Schusswaffengebrauch im Falle einer „Republikflucht" zu rechtfertigen vermochte.[79]

3. Völkerrecht und Europarecht

Schließlich ist die Frage aufzuwerfen, wie sich das **Völkerrecht** und das **Europarecht** 35
in das System der herkömmlichen Rechtsquellen einpassen lassen. Dabei kann im Grundsatz festgehalten werden: Die durch das Grundgesetz errichtete staatliche Rechtsordnung zeichnet sich, wie bereits ein flüchtiger Blick auf die Art. 23 ff. GG zeigt, durch eine **„offene Staatlichkeit"**[80] aus, steht dem Völkerrecht und dem Europarecht also prinzipiell aufgeschlossen gegenüber.

a) Völkerrecht

Das Völkerrecht ist eine eigene, vom innerstaatlichen Recht zunächst verschiedene 36
Rechtsordnung. Als **Völkerrecht** bezeichnet man die Summe der Rechtsnormen, welche die **Beziehungen zwischen den Staaten** und anderen Völkerrechtssubjekten untereinander regeln.[81] Die Normen des Völkerrechts berechtigen und verpflichten daher in erster Linie Staaten als die primären Völkerrechtssubjekte.

75 Vgl. zum Folgenden eingehend *Papier/Möller*, NJW 1999, 3289 (3290 ff.).
76 *Radbruch*, SJZ 1946, 105 (107).
77 *Radbruch*, SJZ 1946, 105 (107).
78 *Radbruch*, SJZ 1946, 105 (107).
79 Vgl. BGHSt 39, 1 (14 ff.) – „Mauerschützen I"; diese Rechtsprechung bestätigend BVerfGE 95, 96 (135 ff.) – „Mauerschützen".
80 Grundlegend *Vogel*, Die Verfassungsentscheidung des Grundgesetzes für die internationale Zusammenarbeit, 1964, S. 42. Vgl. dazu auch den Beitrag von *Wahl*, JuS 2003, 1145 ff.
81 Vgl. *Jarass*, in: Jarass/Pieroth, GG Kommentar, 17. Aufl. 2022, Art. 25 Rn. 1; *Gröpl*, Staatsrecht I, 13. Aufl. 2021, § 2 Rn. 81.

Die anerkannten **Quellen des Völkerrechts** sind in Art. 38 Abs. 1 lit. a) bis c) des Statuts des Internationalen Gerichtshofs (IGH-Statut) niedergelegt. Es handelt sich um die **völkerrechtlichen Verträge**, das **Völkergewohnheitsrecht** sowie die sog. **allgemeinen Rechtsgrundsätze**.

37 Das **Verhältnis des Völkerrechts zum nationalen Recht** hat das Bundesverfassungsgericht wie folgt beschrieben: „Dem Grundgesetz liegt deutlich die klassische Vorstellung zu Grunde, dass es sich bei dem Verhältnis des Völkerrechts zum nationalen Recht um ein Verhältnis zweier unterschiedlicher Rechtskreise handelt und dass die **Natur dieses Verhältnisses** aus der Sicht des nationalen Rechts **nur durch das nationale Recht selbst bestimmt** werden kann; dies zeigen die Existenz und der Wortlaut von Art. 25 und Art. 59 Abs. 2 GG.“[82] Hiernach ist – ausgehend von den genannten grundgesetzlichen Regelungen – zu unterscheiden: Gemäß **Art. 25 GG** gehört nur das Völkergewohnheitsrecht zum innerstaatlichen objektiven Recht. **Völkerrechtliche Verträge** dagegen entfalten im deutschen Recht keine unmittelbare Rechtswirkung, sondern bedürfen einer sog. **Transformation** in das deutsche Recht durch ein formelles Gesetz, welches die innerstaatliche Geltung des jeweiligen Vertrags anordnet (sog. **Transformationsgesetz**). Völkerrechtliche Verträge der Bundesrepublik haben somit nach ihrer Umsetzung in innerstaatliches Recht den Rang eines **einfachen Bundesgesetzes**.

Auf Bundesebene erfolgt die **Transformation** in aller Regel zusammen mit der nach **Art. 59 Abs. 2 S. 1 GG** erforderlichen **Zustimmung** der Bundesgesetzgebungsorgane zur Ratifikation des Vertrages (sog. Zustimmungsgesetz), für die der Bundespräsident nach außen zuständig ist, Art. 59 Abs. 1 S. 2 GG. Für die Bundesrepublik Deutschland **wichtige völkerrechtliche Verträge** sind etwa die **Gründungsverträge der Europäischen Union**, also der Vertrag über die Arbeitsweise der Europäischen Union (AEUV) sowie der Vertrag über die Europäische Union (EUV), und die Konvention zum Schutze der Menschenrechte und Grundfreiheiten bzw. **Europäische Menschenrechtskonvention** (EMRK).

38 Die Einordnung völkerrechtlicher Verträge (bzw. ihrer Umsetzungsakte) als einfache Bundesgesetze hat zur Folge, dass sie durch später erlassene, ihnen widersprechende Bundesgesetze geändert werden können[83] – und zwar auch dann, wenn dies im Außenverhältnis als völkerrechtswidriger Akt einzustufen ist. Eine solche **einseitige „Überschreibung“ völkerrechtlicher Verträge** durch den nationalen Gesetzgeber (sog. **Treaty Override**) wurde im Schrifttum teilweise als verfassungsrechtlich unzulässig angesehen, u.a. weil Art. 59 Abs. 2 Satz 1 GG eine Zustimmung zu völkerrechtlichen Verträgen prinzipiell nur im Ganzen (und nicht lediglich in Teilen) vorsehe und der einseitige „Bruch“ völkerrechtlicher Verträge überdies dem Grundsatz der Völkerrechtsfreundlichkeit des Grundgesetzes widerspreche. Das Bundesverfassungsgericht hat diese Überlegungen indes abgelehnt und die Befugnis des Gesetzgebers zum Treaty Override gar als unmittelbaren **Ausfluss des Demokratieprinzips** nach Art. 20 Abs. 1 und 2 GG (und damit als verfassungsrechtliches Erfordernis) angesehen: Da Demokratie nämlich

---

82 BVerfGE 111, 307 (318) – „Görgülü“. Vgl. zum Ganzen *Schweitzer/Dederer*, Staatsrecht III, 12. Aufl. 2020, § 2 Rn. 60 ff.

83 Gemäß dem *lex posterior*-Grundsatz (dazu sogleich unten Rn. 51) ist dann das später erlassene Bundesgesetz vorrangig anzuwenden.

„Herrschaft auf Zeit“ sei, müssten spätere Gesetzgeber „Rechtsetzungsakte früherer Gesetzgeber revidieren können“, auch wenn diese Akte der Umsetzung völkerrechtlicher Verpflichtungen dienten; damit sei es „nicht zu vereinbaren, wenn ein Parlament die Gesetzgeber späterer Legislaturperioden binden und in ihren Möglichkeiten beschränken könnte, gesetzgeberische Entscheidungen der Vergangenheit aufzuheben oder zu korrigieren, weil dadurch politische Auffassungen auf Dauer festgeschrieben würden“.[84]

b) Europarecht

Das Europarecht stellt ebenfalls eine **eigene Rechtsordnung** dar und verfügt über ein 39
eigenes System von Rechtsquellen. Es umfasst die eben genannten völkervertraglichen Grundlagen der Europäischen Union, das europäische Gewohnheitsrecht und die allgemeinen Rechtsgrundsätze (sog. **Primärrecht**) sowie das von den Organen der Union geschaffene **sekundäre Recht**, vor allem also Verordnungen und Richtlinien, vgl. Art. 288 AEUV. Bestimmte Normen des Unionsrechts, darunter insbesondere die in Verordnungen enthaltenen Regelungen, vgl. Art. 288 Abs. 2 AEUV, sind **unmittelbar anwendbar** und entfalten Rechtswirkungen auch im deutschen innerstaatlichen Recht.[85] Die Normen des europäischen Unionsrechts sind daher, vereinfacht gesprochen, in sehr viel stärkerem Maße **mit dem innerstaatlichen Recht „verzahnt“** als völkerrechtliche Normen. Sprachlich kommt diese besonders enge Verzahnung der europäischen mit den mitgliedstaatlichen Rechtsordnungen nicht zuletzt auch in der Bezeichnung **„Europäische Integration“** zum Ausdruck.

Bis hier hin etwas unverständlich

D. Normkonflikte und ihre Auflösung

I. Zwei Formen von Normkonflikten: Unvereinbarkeit und Kollision

Aufgrund der Vielzahl an Rechtsquellen, der fortwährenden Setzung neuer Rechtsnor- 40
men sowie der oftmals komplexen Regelungssystematik von Gesetzen kommt es ständig zu **Normkonflikten**, die aufgelöst werden müssen. Es lassen sich grundsätzlich zwei Formen von Normkonflikten unterscheiden:[86]

Zum einen kann eine Norm mit den Vorgaben einer anderen Norm **unvereinbar** sein. 41
Dies ist dann der Fall, wenn eine Norm – die „Vorgabenorm“ oder „maßstabgebende Norm“ – einen Maßstab für die Rechtmäßigkeit bestimmter anderer Normen – der „determinierten Normen“ oder „maßstabgebundenen Norm“ – formuliert und eine die-

84 So BVerfGE 141, 1 (21 f.) – „Treaty Override“.
85 Vgl. zum Recht der Europäischen Union ausführlich unten Rn. 482 ff.
86 Vgl. zu einer vergleichbaren, im Schrifttum nur selten sauber durchgeführten Unterscheidung *Engelbrecht*, Die Kollisionsregel im föderalen Ordnungsverbund, 2010, S. 110 ff., 115 f.

ser determinierten Normen die von der Vorgabenorm aufgestellten Anforderungen nicht erfüllt.[87] Im Regelfall stehen die Vorgabenormen im Rang über den determinierten Normen; die Unvereinbarkeit einer maßstabgebundenen Norm mit den Vorgaben einer höherrangigen Maßstabsnorm führt dann zur **Rechtswidrigkeit** der determinierten Norm.[88] Die Kategorie der Unvereinbarkeit bzw. der Rechtswidrigkeit ist gewiss nicht auf die Relation zwischen zwei Rechtsnormen beschränkt, sondern kann zwischen verschiedenen Formen von Hoheitsakten bestehen, etwa auch zwischen einer Norm und einem Verwaltungsakt.

Beispiel: Art. 80 Abs. 1 S. 3 GG formuliert im Hinblick auf den Erlass einer Rechtsverordnung die Vorgabe, dass der Verordnungsgeber in der Verordnung deren Rechtsgrundlage i.S.v. Art. 80 Abs. 1 S. 1 GG anzugeben hat. Eine Rechtsverordnung, die nicht ausdrücklich anführt, auf welcher formellgesetzlichen Grundlage sie beruht, ist mit jener verfassungsrechtlichen Vorgabe unvereinbar und daher rechtswidrig, genauer: verfassungswidrig.

42 Eine **Normkollision** liegt demgegenüber vor, wenn sich zwei oder mehrere Rechtsnormen „in ihrem Regelungsbereich" zumindest teilweise überschneiden und – jedenfalls nach herrschender Meinung – „bei ihrer Anwendung zu verschiedenen Ergebnissen" führen können.[89] Im Unterschied zu den Fällen der Unvereinbarkeit – dort richtet sich die maßstabgebende Norm zumindest nicht nur an den Adressaten der maßstabgebundenen Norm, sondern auch an deren Normgeber – sind die Adressaten zweier kollidierender Normen stets deckungsgleich. Von der Normkollision in diesem Sinne lässt sich die bloße **Normkonkurrenz** abgrenzen, die dann vorliegt, wenn eine Überschneidung der Regelungsbereiche vorliegt, ohne dass die Anwendung der Normen zu unterschiedlichen Ergebnissen führt;[90] ein auflösungsbedürftiger Konflikt von Normen liegt darin freilich nicht.

Beispiel: Macht der Bund von seiner Gesetzgebungszuständigkeit im Bereich des Jagdwesens aus Art. 74 Abs. 1 Nr. 28 GG in zulässiger Weise Gebrauch, so können die Länder gemäß Art. 72 Abs. 3 S. 1 Nr. 1 GG eine abweichende Regelung treffen. In diesem Fall überschneiden sich das Bundes- und das Landesjagdrecht und es liegt eine **Normkollision** vor. Sie wird in Art. 72 Abs. 3 S. 3 GG zugunsten der später erlassenen Regelung aufgelöst. – Eine reine **Normkonkurrenz** liegt demgegenüber etwa vor, wenn ein Grundrecht einer Landesverfassung und ein Grundrecht des Grundgesetzes inhaltsgleich sind. Diese Konstellation erfasst die Regelung des Art. 142 GG.

43 Liegt ein durch Auslegung nicht vermeidbarer Normkonflikt vor, muss dieser Konflikt im Interesse der **Widerspruchsfreiheit der Rechtsordnung** aufgelöst werden.

---

87 Vgl. zur Terminologie *Korioth*, in: Dürig/Herzog/Scholz (Hrsg.), GG, 97. EL 2022, Art. 31 Rn. 10 f.; *Engelbrecht*, Die Kollisionsregel im föderalen Ordnungsverbund, 2010, S. 115.

88 Siehe dazu sogleich unten Rn. 44 ff.

89 Vgl. BVerfGE 96, 345 (364) – „Landesverfassungsgerichte".

90 Dies entspricht im Wesentlichen dem „Konkurrenzmodell" von *Engelbrecht*, Die Kollisionsregel im föderalen Ordnungsverbund, 2010, S. 110 ff.

Ob überhaupt ein Normkonflikt vorliegt, also ein Fall der Unvereinbarkeit oder der Normkollision, ist zunächst durch **sorgfältige Auslegung** der in Rede stehenden Normtexte zu ermitteln.[91] So ist etwa eine mit den Vorgaben einer anderen Norm augenscheinlich unvereinbare Norm oftmals einer Konformauslegung zugänglich. Außerdem regeln scheinbar kollidierende Normen ihr Verhältnis zueinander oftmals auch selbst, so dass überhaupt kein Fall einer Normkollision vorliegt.

II. Die Auflösung von Unvereinbarkeiten

Ausgangspunkt der Auflösung von Unvereinbarkeiten zwischen Rechtsnormen (und sonstigen Rechtsakten) ist die **Lehre vom Stufenbau der Rechtsordnung**. Sie geht davon aus, dass die verschiedenen Rechtsquellen einen je unterschiedlichen Rang besitzen. Für die Rechtsordnung der Bundesrepublik Deutschland wird dieser Stufenbau gerne, in Anlehnung an die Gedanken von *Adolf Merkl* und *Hans Kelsen*, anhand der folgenden **„Normenpyramide"** schematisch dargestellt:[92] 44

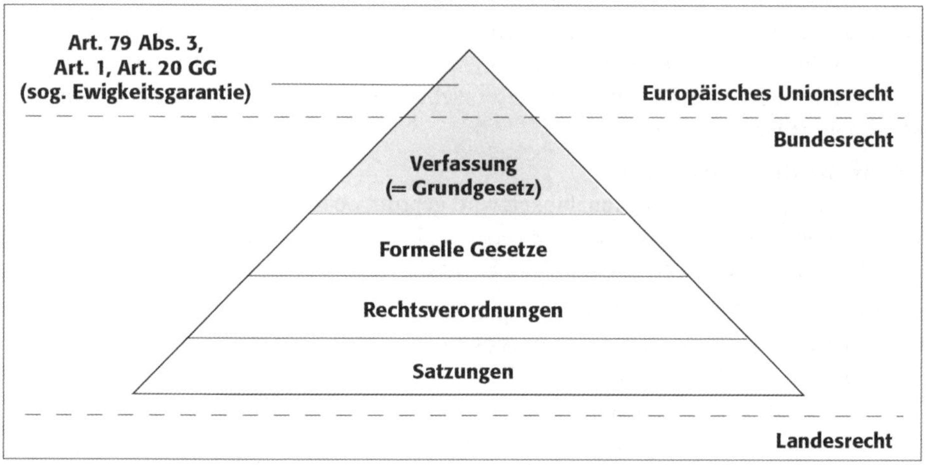

Die Rangfolge der Rechtsquellen auf Bundesebene lässt sich dabei auf die Rangfolge der entsprechenden Rechtsquellen auf Landesebene übertragen. Für das Verhältnis zwischen **Bundes- und Landesrecht** gilt, wie sich auch aus der **Kollisionsregel des Art. 31 GG** („Bundesrecht bricht Landesrecht.") ableiten lässt: Jede landesrechtliche Norm, auch landesverfassungsrechtliche Normen, geht damit einer entgegenstehenden bundesrechtlichen Norm nach, selbst wenn es sich nur um eine bundesrechtliche Satzung handelt.[93] 45

91 Vgl. dazu sogleich unten Rn. 59 ff.

92 Vgl. etwa die entsprechenden Darstellungen der Normenhierarchie bei *Sodan/Ziekow*, Grundkurs Öffentliches Recht, 9. Aufl. 2020, § 4 Rn. 21; *Augsberg/Augsberg/Schwabenbauer*, Klausurtraining Verfassungsrecht, 4. Aufl. 2021, S. 25; *Katz/Sander*, Staatsrecht, 19. Aufl. 2019, § 1 Rn. 8. Siehe zu dem hier angedeuteten Verhältnis des nationalen Rechts zum Unionsrecht ausführlich unten Rn. 491.

93 Vgl. zum Verhältnis von Bundesrecht und Landesrecht unten Rn. 254 f.

46 Ist eine bestimmte Rechtsnorm mit den Vorgaben einer höherrangigen maßstabgebenden Rechtsnorm nicht vereinbar, so ist die niederrangige maßstabgebundene Norm **rechtswidrig**. Umgekehrt bezeichnet die **Rechtmäßigkeit** einer Norm ihre Vereinbarkeit mit höherrangigen maßstabgebenden Rechtsnormen. Geht es um die Vereinbarkeit mit einer Vorschrift des Grundgesetzes, so spricht man nicht von Rechtmäßigkeit bzw. Rechtswidrigkeit, sondern, spezieller, von **Verfassungsmäßigkeit** bzw. Verfassungswidrigkeit. Die **Rechtmäßigkeit einer Rechtsnorm** wird, wie auch die Rechtmäßigkeit aller sonstigen hoheitlichen Akte, in juristischen Studienarbeiten grundsätzlich **dreistufig geprüft**:

Prüfungsaufbau: Rechtmäßigkeit einer Rechtsnorm (oder sonstiger hoheitlicher Akte)

1. Rechtsgrundlage

Untergesetzliche Rechtsnormen (Rechtsverordnungen, Satzungen) sowie hoheitliche Akte, mit denen keine Rechtsnormen gesetzt werden (insbesondere Verwaltungsakte, Realakte), bedürfen in aller Regel einer gesetzlichen Grundlage, da sie ansonsten mit dem (höherrangigen) **Rechtsstaatsprinzip aus Art. 20 Abs. 3 GG** in Konflikt geraten.[94]

Die **Verfassungsmäßigkeit formeller Gesetze** wird dagegen üblicherweise nur zweistufig geprüft, da der Gesetzgeber aus Art. 70 ff. GG ersichtlich über ein originäres Gesetzgebungsrecht verfügt und zur Gesetzgebung somit **keiner besonderen Rechtsgrundlage** bedarf.

2. Formelle Rechtmäßigkeit

Im Rahmen der formellen Rechtmäßigkeit wird geprüft, ob die betreffende Norm gegen die Vorgaben höherrangiger Rechtsnormen verstößt, die sich auf die **Zuständigkeit** des rechtsetzenden Organs, das **Verfahren** und die **Form** der Rechtsetzung beziehen.

Mit Blick auf ein formelles Gesetz beispielsweise ergeben sich die **Zuständigkeit** des Bundes bzw. der Länder für die Gesetzgebung aus den Art. 70 bis 74 GG, die Anforderungen an das **Verfahren** aus den Art. 76 bis 79 GG und die Vorgaben für die **äußere Form** der Normsetzung aus Art. 82 GG.

Entsprechendes gilt im Übrigen auch für die formelle Rechtmäßigkeit von sonstigen hoheitlichen Maßnahmen, die keine Akte der Rechtsetzung darstellen.

3. Materielle Rechtmäßigkeit

Im Rahmen der materiellen Rechtmäßigkeit wird geprüft, ob die betreffende Rechtsnorm (bzw. der betreffende sonstige hoheitliche Akt) im Einklang mit höherrangigen maßstabgebenden Rechtsnormen steht, die **inhaltliche** Anforderungen an die Rechtsnorm (bzw. den sonstigen hoheitlichen Akt) enthalten.

Solche inhaltlichen Anforderungen ergeben sich insbesondere aus den **Grundrechten**, Art. 1 bis 19 GG. Dies gilt insbesondere auch für formelle Gesetze, vgl. Art. 20 Abs. 3 und Art. 1 Abs. 3 GG.

94 Vgl. zu dem damit angesprochenen Vorbehalt des Gesetzes ausführlich unten Rn. 137, 228 ff.

47 Die Folge der Rechtswidrigkeit einer Rechtsnorm ist stets die **Nichtigkeit der Norm** (sog. „Nichtigkeitsdogma“[95]). Man spricht insoweit von einem **Geltungsvorrang** des höherrangigen Rechts. Ein anderes gilt für die Unvereinbarkeit einer nationalen Rechtsnorm mit den Vorgaben einer unmittelbar anwendbaren europarechtlichen Vorschrift. In einem solchen Fall ist die nationale Rechtsnorm nicht nichtig, sondern wird lediglich nicht angewendet. Man spricht daher von einem sog. **Anwendungsvorrang** des Europarechts.[96]

Für die **Rechtswidrigkeit anderer Hoheitsakte**, die keine Rechtsnormen sind, sieht die Rechtordnung nicht automatisch die Nichtigkeitsfolge vor. Insbesondere sind etwa **rechtswidrige Verwaltungsakte** nur im Ausnahmefall nichtig, wenn sie offensichtlich an einem besonders schwerwiegenden Fehler leiden, vgl. § 44 Abs. 1 VwVfG. Im Regelfall bedarf es daher zusätzlicher Rechtshandlungen, um den rechtswidrigen Verwaltungsakt aus der Welt zu schaffen: Einerseits kann der von dem Verwaltungsakt betroffene Bürger Widerspruch einlegen (vgl. §§ 68 ff. VwGO) und/oder den Verwaltungsakt klageweise anfechten (vgl. §§ 42, 113 Abs. 1 VwGO); andererseits kann die zuständige Behörde den rechtswidrigen Verwaltungsakt gemäß § 48 Abs. 1 VwVfG zurücknehmen.

48 Von den materiell-rechtlichen Konsequenzen der Nichtigkeit einer rechtswidrigen Norm zu unterscheiden ist die Frage, wer befugt ist, die **Nichtigkeit** einer rechtswidrigen Norm **verbindlich festzustellen**, die Norm also zu „verwerfen“ (sog. **Normverwerfungskompetenz**). Hier ist zu unterscheiden: **Formelle Gesetze** (des Bundes) genießen aufgrund der unmittelbaren demokratischen Legitimation des parlamentarischen Gesetzgebers einen besonderen Stellenwert. Sie darf allein das **Bundesverfassungsgericht** verwerfen. Dies ergibt sich insbesondere aus **Art. 100 Abs. 1 GG**, der ein Gericht dazu verpflichtet, ein entscheidungserhebliches Gesetz, das es für verfassungswidrig hält, dem Bundesverfassungsgericht vorzulegen. **Untergesetzliches Recht** kann dagegen auch durch alle anderen **Gerichte** – nicht: durch Behörden – verworfen werden, allerdings nur **relativ verbindlich** mit Wirkung für und gegen die Beteiligten des jeweiligen Rechtsstreits. **Allgemeinverbindlich** kann die Rechtswidrigkeit untergesetzlicher Normen (des Landesrechts) lediglich durch ein **Oberverwaltungsgericht** (in Baden-Württemberg, Bayern und Hessen tragen diese die Bezeichnung „Verwaltungsgerichtshof“) festgestellt werden, vgl. **§ 47 VwGO**.

III. Die Auflösung von Normkollisionen

49 Zur Auflösung von Normkollisionen bieten sich **verschiedene Grundsätze** an, je nachdem, ob es sich um gleichrangige Normen oder um Normen verschiedener Rangstufen handelt:

50 Kollidieren **Rechtsnormen verschiedener Rangstufen**, so bietet sich zur Auflösung der Kollision –gemäß der Lehre vom Stufenbau der Rechtsordnung – der sog. ***lex superior*-Satz** an, wonach die höherrangige Rechtsnorm der niederrangigen Norm vorgeht (lat.: *Lex superior derogat legi inferiori.*). Speziell für das Verhältnis zwischen **Bundesrecht und Landesrecht** (jeglicher Stufe) gilt die Kollisionsnorm des **Art. 31 GG**: „Bundesrecht bricht Landesrecht.“

---

95 *Augsberg/Augsberg/Schwabenbauer*, Klausurtraining Verfassungsrecht, 4. Aufl. 2021, S. 25 und S. 50.
96 Vgl. zum Verhältnis von Unionsrecht und nationalem Recht unten Rn. 491.

Beispiel: Sofern man die Bestimmung des Art. 93 Abs. 1 Nr. 2 GG („bei *Meinungsverschiedenheiten oder Zweifeln* über die ... Vereinbarkeit von Bundesrecht oder Landesrecht mit diesem Grundgesetze“) so auslegt, dass sie keinen Raum für einfachgesetzliche Konkretisierungen lässt und gegenüber der Vorschrift des § 76 Abs. 1 Nr. 1 BVerfGG („wegen seiner ... Unvereinbarkeit mit dem Grundgesetz ... *für nichtig hält*“) weniger strenge Voraussetzungen an den erforderlichen Antragsgrund eines Normenkontrollantrags zum Bundesverfassungsgericht stellt, wird § 76 Abs. 1 Nr. 1 BVerfGG durch Art. 93 Abs. 1 Nr. 2 GG insoweit gemäß dem ***lex superior*-Grundsatz** verdrängt. Geht man demgegenüber mit dem Bundesverfassungsgericht[97] davon aus, dass § 76 Abs. 1 Nr. 1 BVerfGG die Bestimmung des Art. 93 Abs. 1 Nr. 2 GG insofern in zulässiger Weise konkretisiert, liegt keine Normkollision, sondern eine **bloße Normkonkurrenz** vor, die nicht zur Verdrängung des § 76 Abs. 1 Nr. 1 BVerfGG führt. Im Gegenteil: Vorrangig ist in solchen Fällen die **rangniedrigere Rechtsnorm** anzuwenden – sofern diese freilich nicht mit höherrangigen Rechtsnormen kollidiert oder gegen höherrangige Maßstabsnormen verstößt. Andernfalls würde sich das rechtsanwendende Gericht oder Verwaltungsorgan über die Verbindlichkeit der in aller Regel konkreter und ausführlicher formulierten rangniedrigeren Rechtsnorm hinwegsetzen.[98] Demnach ist **§ 76 Abs. 1 Nr. 1 GG vorrangig anzuwenden**.

51 Sind auf einen konkreten Fall zwei **Rechtsnormen der gleichen Rangstufe** nebeneinander, also konkurrierend anwendbar, und ergibt sich dabei eine Kollision, so werden grundsätzlich zwei Anknüpfungspunkte herangezogen, um diese Normkollisionen aufzulösen: der Zeitpunkt des Normerlasses und der Inhalt der kollidierenden Normen.

Rechtstechnisch dürfte es sich dabei überwiegend um spezifische **Auslegungsregeln** handeln, nach denen die kollidierenden Rechtsnormen interpretiert werden. Dem jeweiligen Normgeber wird dabei unterstellt, die stillschweigende Absicht gehabt zu haben, keine widersprüchlichen Regelungen treffen zu wollen.

52 An den **Zeitpunkt des Normerlasses** knüpft der sog. ***lex posterior*-Satz** (lat.: *Lex posterior derogat legi priori.*) an. Er besagt, dass eine später erlassene Rechtsnorm der früher erlassenen Rechtsnorm vorgeht. Logisch zwingend ist dieser Satz freilich nicht. Ihm liegt vielmehr die Vermutung zugrunde, dass der Gesetzgeber mit einer bestimmten normativen Festsetzung eine früher getroffene, entgegengesetzte Anordnung im Zweifel **nicht mehr gelten lassen** und also stillschweigend außer Kraft setzen möchte.[99]

Beispiel: Eine verfassungsgesetzliche Form des *lex posterior*-Satzes liegt der Kollisionsnorm des Art. 74 Abs. 3 S. 3 GG zugrunde.

53 Auf den **Inhalt** und die **systematische Verortung** der kollidierenden Rechtsnormen stellen dagegen die Kriterien der Spezialität und der Subsidiarität ab: Nach dem **Spezialitätsgrundsatz** (sog. ***lex specialis*-Satz**, lat.: *Lex specialis derogat legi generali.*) sollen speziellere Rechtsnormen den allgemeineren Rechtsnormen vorgehen. **Subsidiär** ist eine Rechtsnorm, wenn sich ihr – zumeist sehr weit gefasster – Regelungsbereich mit anderen Normen überschneidet, sie aber nur dann – als „Auffangnorm“ – zur Anwendung kommen

97 Vgl. BVerfGE 96, 133 (137) – „Antragsgrund“.
98 Vgl. *Maurer/Waldhoff*, Allgemeines Verwaltungsrecht, 20. Aufl. 2020, § 4 Rn. 59.
99 Vgl. *Rüthers/Fischer/Birk*, Rechtstheorie, 12. Aufl. 2022, § 22 Rn. 772.

soll, wenn diese anderen Normen nicht eingreifen. Da der Gedanke des Stufenbaus der Rechtsordnung in diesen Fällen inhaltlich begründeter Kollisionsauflösung allerdings – anders als im Anwendungsbereich des *lex superior*-Satzes – nicht greift und auch die Vermutung eines Außer-Geltung-Setzens durch den Gesetzgeber nach Art des *lex posterior*-Satzes nicht gilt, verliert die jeweils **nachrangige Norm** dabei nicht ihre Geltung, sondern bleibt **lediglich im Einzelfall unangewendet**.

Beispiele: Zur Beantwortung der Frage, ob der Bund oder die Länder für den Erlass eines bestimmten Gesetzes oder dessen Vollzug zuständig sind, kommen sowohl Art. 30 GG als auch die Art. 70 ff. GG oder die Art. 83 ff. GG in Betracht. Allerdings betreffen die Art. 70 ff. GG bzw. die Art. 83 ff. GG speziell die Staatsfunktionen der Gesetzgebung und des Gesetzesvollzugs sowie die Aufteilung dieser Funktionen zwischen dem Bund und den Ländern. Sie sind daher als ***leges speciales*** vorrangig anzuwenden. – Der Schutzbereich der allgemeinen Handlungsfreiheit aus Art. 2 Abs. 1 GG ist denkbar weit formuliert und erfasst an sich auch Handlungen, die von besonderen Freiheitsrechten geschützt werden – etwa durch die Meinungsfreiheit (Art. 5 Abs. 1 S. 1 GG), die Versammlungsfreiheit (Art. 8 Abs. 1 GG) oder die Berufsfreiheit (Art. 12 Abs. 1 GG). Dennoch kommt die allgemeine Handlungsfreiheit nur dann zur Anwendung, wenn kein spezifisches Freiheitsrecht betroffen ist. Als „Auffanggrundrecht" ist die allgemeine Handlungsfreiheit gegenüber den übrigen Freiheitsrechten **subsidiär**.

E. Die Rechtsnorm als elementares Bauteil der Rechtsordnung

Aus der Definition des objektiven Rechts als Gesamtheit der geltenden Rechtsnormen 54
ergibt sich, dass die Rechtsnorm das **elementare Bauteil der Rechtsordnung** darstellt.[100] Der Umgang mit der Rechtsnorm zählt in der Ausbildung, aber auch in der Praxis zum unverzichtbaren Tagesgeschäft des Juristen.

I. Begriff der Rechtsnorm

Eine **Rechtsnorm** ist eine abstrakt-generelle Regelung, die einer der anerkannten 55
Erkenntnisquellen des objektiven Rechts entspringt. **Regelung** meint jede verbindliche Anordnung einer Rechtsfolge. Diese **Rechtsfolge** kann darin bestehen, dass Rechte oder Pflichten begründet, geändert oder aufgehoben werden oder dass Rechte, Pflichten oder rechtserhebliche Tatsachen verbindlich festgestellt werden.[101] **Abstrakt** ist eine solche Regelung, wenn sie potenziell für eine Vielzahl von Fällen getroffen wird. **Generell** ist die Regelung, wenn sie sich potenziell an eine Vielzahl von Adressaten richtet. Gegenstück zu einer abstrakt-generellen Regelung ist die konkret-individuelle Regelung, die eine Rechtsfolge für einen ganz bestimmten Lebenssachverhalt – also konkret – und an einen oder mehrere bestimmte Adressaten gerichtet – also individuell – ausspricht.

100 Vgl. *Rüthers/Fischer/Birk*, Rechtstheorie, 12. Aufl. 2022, § 4 Rn. 92.
101 Vgl. *Maurer/Waldhoff*, Allgemeines Verwaltungsrecht, 20. Aufl. 2020, § 9 Rn. 6.

Beispiel: Art. 16 Satz 1 des bayerischen Polizeiaufgabengesetzes (BayPAG) betrifft die Platzverweisung („Die Polizei kann zur Abwehr einer Gefahr eine Person vorübergehend von einem Ort verweisen oder ihr vorübergehend das Betreten seines Orts verbieten."). Er ist eine **Rechtsnorm**, da er als Bestandteil eines formellen Landesgesetzes einer anerkannten Rechtsquelle entstammt und für eine *unbestimmte Vielzahl* möglicher Situationen – also „abstrakt" – grundsätzlich *jeder* im Vollzugsdienst tätigen Dienstkraft der Polizei gegenüber prinzipiell *jeder Person* – also „generell" – die Befugnis zuspricht, eine Platzverweisung auszusprechen, soweit die Tatbestandsvoraussetzungen des Art. 16 Satz 1 BayPAG vorliegen. Erteilt dagegen ein Vollzugsbeamter auf der Grundlage dieser Norm *einer bestimmten Person* – also „individuell" – einen Platzverweis für *einen bestimmten Ort* – also „konkret" –, trifft er dem Adressaten der Platzverweisung gegenüber eine **konkret-individuelle Regelung**. Wenn eine solche Einzelfallregelung, wie im Falle eines Platzverweises, auf Rechtswirkung gegenüber dem Bürger gerichtet ist, handelt es sich um einen sogenannten **Verwaltungsakt**. Der Verwaltungsakt bildet die zentrale Handlungsform der öffentlichen Verwaltung, mit der die Verwaltung die in den von ihr zu vollziehenden Rechtsnormen vorgesehenen abstrakt-generell geregelten Rechtsfolgen für den Einzelfall konkretisiert und individualisiert. Siehe dazu die Legaldefinition des Verwaltungsakts in § 35 Satz 1 VwVfG: „Verwaltungsakt ist jede Verfügung, Entscheidung oder andere hoheitliche Maßnahme, die eine Behörde zur Regelung eines Einzelfalls auf dem Gebiet des öffentlichen Rechts trifft und die auf unmittelbare Rechtswirkung nach außen gerichtet ist."

II. Aufbau der Rechtsnorm

56 Die Bandbreite der möglichen formalen Gestaltung von Rechtsnormen ist äußerst vielfältig und erlaubt es kaum, den Prototypen einer Rechtsnorm abzubilden. Gleichwohl lässt sich sagen, dass eine **vollständige Rechtsnorm** stets aus **zwei Bestandteilen** besteht, die miteinander bedingungsmäßig („konditional", von lat. *conditio* = Bedingung) verknüpft sind: Tatbestand und Rechtsfolge. Der **Tatbestand** einer Rechtsnorm beschreibt in abstrakt-genereller Weise die Bedingungen für den Eintritt der Rechtsfolge. **Rechtsfolge** ist dann dasjenige, was von Rechts wegen sein soll.

Beispiel: Die Wahl des Bundespräsidenten richtet sich grundsätzlich nach Art. 54 GG. Die Bestimmung des **Art. 54 Abs. 6 S. 1 GG** sieht vor: „Gewählt ist, wer die Stimmen der Mehrheit der Mitglieder der Bundesversammlung erhält." **Rechtsfolge** ist dabei die rechtswirksame **Wahl zum Bundespräsidenten** („Gewählt ist"). **Tatbestandlich** setzt diese voraus, dass ein Kandidat „die **Stimmen der Mehrheit der Mitglieder der Bundesversammlung** erhält".

III. Anwendung einer Rechtsnorm und Auslegung des Normtextes

1. Die Anwendung einer Rechtsnorm im Gutachtenstil

57 Die **Anwendung** einer Rechtsnorm bedeutet, für einen bestimmten Lebenssachverhalt einen gesetzlichen Tatbestand zu finden, dem der fragliche Sachverhalt „untergeordnet" werden kann (sog. **Subsumtion**, von lat. *subsumere* = unterordnen). Die Anwendung einer Rechtsnorm erfolgt im Rahmen juristischer Studienarbeiten im sog. **Gutachtenstil**, also im Stile der gutachtlichen Beantwortung einer Rechtsfrage. Die einzelnen Schritte der Subsumtion im Gutachtenstil lassen sich wie folgt aufteilen:[102]

102 Vgl. dazu auch die Veranschaulichung der Subsumtion anhand des Beispiels einer Bundeskanzlerwahl nach Art. 63 GG bei *Gröpl*, Staatsrecht I, 13. Aufl. 2021, § 1 Rn. 35 ff.

Subsumtionsschritte (Gutachtenstil)	**Beispiel:** Im Rahmen einer Schlussabstimmung im Bundestag über den Entwurf eines das Grundgesetz ändernden Gesetzes stimmen von den 590 anwesenden der insgesamt mit Überhang- und Ausgleichmandaten derzeit 736 Mitglieder des Bundestages 400 Abgeordnete für den Entwurf. Ist das verfassungsändernde Gesetz mit dem erforderlichen Quorum beschlossen worden?
Gedanklich erster Schritt: Auffinden der anwendbaren Norm Vor der eigentlichen Subsumtion ist gedanklich die auf den konkreten Sachverhalt anwendbare Rechtsnorm aufzufinden, die ihrer Rechtsfolge nach auf die gestellte Rechtsfrage antwortet. Kommen mehrere gleichartige Rechtsnormen zur Beantwortung der Rechtsfrage in Betracht, kann ausdrücklich festgestellt werden, welche dieser Normen zur Anwendung kommt.	Einschlägig ist hier die Vorschrift des Art. 79 Abs. 2 GG, die, in Abweichung von der Grundregel des Art. 42 Abs. 2 GG, das für Beschlüsse des Bundestages speziell über verfassungsändernde Gesetze erforderliche Quorum festlegt.
1. Obersatz Im Obersatz wird, unter Anknüpfung an die gestellte Rechtsfrage, die **mögliche konkrete Rechtsfolge** formuliert, die sich für den zu beurteilenden Fall ergeben könnte, und zwar i.d.R. unter Angabe der Rechtsnorm und unter Aufzählung der erforderlichen tatbestandlichen Voraussetzungen.	Das verfassungsändernde Gesetz ist mit dem erforderlichen Quorum beschlossen worden, wenn dem Gesetz gemäß Art. 79 Abs. 2 GG mindestens zwei Drittel der Mitglieder des Bundestages zugestimmt haben.
2. Definition und Auslegung der einzelnen Tatbestandsmerkmale Die **Tatbestandsmerkmale** der Rechtsnorm sind einzeln aufzuführen, zu definieren und auszulegen.[103] Die Aufgliederung der einzelnen Merkmale des gesetzlichen Tatbestands, ihre Definition und das Aufzeigen verschiedener Auslegungsmöglichkeiten erfordert bei der Anwendung umfangreicher Normen sowie in problematischen Fällen mitunter **ausführliche Darstellungen**. Vielfach werfen einzelne Tatbestandsvoraussetzungen ihrerseits eine Rechtsfrage auf, die sich erst als Rechtsfolge einer anderen Norm ergibt (sog. **Vorfrage**). Die Beantwortung dieser Vorfrage erfolgt dann wiederum, eingebettet in die Prüfung der Hauptfrage (**„inzident“**, von lat. *incidere* = hineinfallen), durch eine weitere Subsumtion. Hieraus ergibt sich der für juristische Falllösungen typische „verschachtelte“ Aufbau des Gutachtens.	Die Zahl der „Mitglieder des Bundestages“ bestimmt sich, aus Art. 121 GG ersichtlich, nach der gesetzlichen Mitgliederzahl und nicht etwa nach der Zahl der zur Zeit der Abstimmung anwesenden Mitglieder. Die gesetzliche Mitgliederzahl des Bundestages beträgt gemäß § 1 Abs. 1 S. 1 des Bundeswahlgesetzes (BWahlG) 598 Mitglieder, allerdings „vorbehaltlich der sich aus diesem Gesetz ergebenden Abweichungen“, d.h. insbesondere zuzüglich etwaiger Überhang- und Ausgleichmandate nach § 6 Abs. 4 und 5 BWahlG. Die Mitgliederzahl des Bundestages beträgt somit 736; die Mehrheit von zwei Dritteln liegt daher bei 491 Abgeordneten.

103 Vgl. zur Auslegung der Rechtsnorm sogleich ausführlich unten Rn. 59 ff.

3. Subsumtion Der konkrete Lebenssachverhalt ist den definierten und ausgelegten Tatbestandsmerkmalen **„unterzuordnen“** (sog. Subsumtion im eigentlichen Sinne).	Für den Entwurf haben nur 400, also nicht die erforderlichen 491 Abgeordneten gestimmt, d.h. dem Gesetz haben nicht zwei Drittel der Mitglieder des Bundestages zugestimmt.
4. Schlusssatz/Ergebnis Schließlich ist die **konkrete Rechtsfolge** zu formulieren.	Das verfassungsändernde Gesetz ist nicht mit dem nach Art. 79 Abs. 2 GG erforderlichen Quorum beschlossen worden.

58 Anders erfolgt die Subsumtion dagegen im sog. **Urteilstil**. Hier wird das Ergebnis der Subsumtion vorweggenommen. Der Urteilstil ist im Rahmen juristischer Studienarbeiten in aller Regel nur dort zulässig, wo das Ergebnis der Normanwendung offensichtlich ist.

2. Die Auslegung des Normtextes

a) Auslegung nach der klassischen juristischen Methodenlehre

59 Da sich der exakte Gehalt des Textes einer Rechtsnorm oder einzelner Tatbestandsmerkmale oftmals nicht von selbst in einer Weise erschließt, die eine Subsumtion unter die Norm ohne Weiteres erlaubt, bedarf es regelmäßig einer **Auslegung** des Normtextes, um die Rechtsnorm im Einzelfall anzuwenden. Dabei werden, in Anlehnung an *Friedrich Carl von Savigny* (1779–1861),[104] üblicherweise **vier klassische Auslegungsmittel** unterschieden, nämlich

- die grammatische,
- die historische,
- die systematische und
- die teleologische Auslegung.

Beispielsfall 1: Auslegung von Verfassungsrecht[105]. Der Bund erlässt ein Gesetz zur Regelung der Berufsausbildung des Altenpflegers und des Altenpflegehelfers (AltPflG). § 3 AltPflG legt als Ziel der Ausbildung zum Altenpfleger die Vermittlung der Kenntnisse und Fähigkeiten zur selbständigen Pflege älterer Menschen fest. Dies umfasse vor allem die Mitwirkung bei der Behandlung kranker alter Menschen, die Erhaltung und Wiederherstellung individueller Fähigkeiten, Gesundheitsvorsorge und Ernährungsberatung, umfassende Sterbebegleitung sowie die Betreuung und Beratung der alten Menschen in ihren persönlichen und sozialen Angelegenheiten. § 10 AltPflG regelt demgegenüber das Ausbildungsziel des Altenpflegehelfers. Ihm sollen die Kenntnisse und Fähigkeiten zur qualifizierten Pflege unter Anleitung einer Pflegefachkraft nahegebracht werden. Dies betreffe insbesondere Alltagshilfen und hauswirtschaftliche Tätig-

104 Angeknüpft wird dabei an vier von *F. C. von Savigny*, System des heutigen römischen Rechts, 1840, Bd. I, S. 213, und Bd. III, S. 244 hervorgehobene Elemente der Auslegung. Vgl. kritisch zu dieser verkürzten Rezeption von *Savignys* Methodenkonzeption *Rüthers/Fischer/Birk*, Rechtstheorie, 12. Aufl. 2022, § 22 Rn. 698 ff.

105 Nach BVerfGE 107, 62 (105 ff.) – „Altenpflegegesetz“.

keiten sowie grundpflegerische Aufgaben wie Körperpflege, Nahrungsaufnahme und psychosoziale Betreuung. In der Gesetzesbegründung stützt sich der Gesetzgeber auf seine Kompetenz zur Regelung der „Zulassung zu ärztlichen und anderen Heilberufen" gemäß Art. 74 Abs. 1 Nr. 19 GG. – Handelt es sich bei den Berufen des Altenpflegers und des Altenpflegehelfers jeweils um einen „Heilberuf" i.S.v. Art. 74 Abs. 1 Nr. 19 GG?

Die **grammatische** Auslegung bildet für gewöhnlich den Ausgangspunkt der Normtextinterpretation: Es wird zunächst versucht, den exakten Gehalt einer Rechtsnorm am **Wortlaut** des Normtextes festzumachen. Dabei können, je nach Gegenstand der Norm, der allgemeine Sprachgebrauch oder aber auch eine bestimmte Fachsprache maßgebend sein. 60

Zu Beispielsfall 1 (Rn. 59): Die Berufe des Altenpflegers und des Altenpflegehelfers lassen sich nicht ohne Weiteres unter den Begriff des „Heilberufs" i.S.v. Art. 74 Abs. 1 Nr. 19 GG subsumieren; dieser Begriff bedarf zunächst der Auslegung. Ausgangspunkt ist dabei die Auslegung nach dem Wortlaut. „Heilberufe" werden sowohl umgangssprachlich als auch in der Fachsprache nicht reduziert auf die „Heilung" von „Krankheiten" im engeren Sinne, sondern erfassen darüber hinausgehend auch die helfende Betreuung von Menschen mit gesundheitlichen Problemen, seien diese heilbar oder nicht, also die Betreuung nur pflegender, lindernder Art.[106] Soweit ein Beruf einen in diesem Sinne heilkundlichen Schwerpunkt aufweist, kann er dem Wortlaut nach unter den Begriff des „Heilberufs" gefasst werden.

Die **(subjektiv-)historische** Auslegung stellt zur Ermittlung des Normgehalts auf den subjektiven **Willen des Gesetzgebers** ab. Dazu werden vor allem die sogenannten Gesetzgebungsmaterialien herangezogen, also insbesondere die in den Drucksachen der Parlamente (z.B. „BT-Drucks.") festgehaltenen Begründungen der Gesetze, die dokumentierten Beratungen in den Parlamenten, etwaige frühere, möglicherweise anderslautende Entwürfe des betreffenden Normtextes usw.[107] 61

Zu Beispielsfall 1 (Rn. 59): Die Entstehungsgeschichte des Art. 74 Abs. 1 Nr. 19 GG selbst hilft für die Auslegung des Begriffs des „Heilberufs" kaum weiter. Zur Zeit der Grundgesetzentstehung existierte allerdings bereits das auch später noch fortbestehende Heilpraktikergesetz, welches den Begriff der „Heilkunde" enthielt und diesen als „Tätigkeit zur Feststellung, Heilung oder Linderung von Krankheiten, Leiden oder Körperschäden bei Menschen" definierte.[108] Auch hierin deutet sich ein eher weit gefasster, nicht auf Heilung im engeren Sinne gerichteter Begriff des „Heilberufs" an. Zudem diente das Heilpraktikergesetz damals wie heute der Abwehr von Gefahren, die vor allem von fachlich ungeeigneten Personen für die Gesundheit der Patienten ausgehen.[109] Dies spricht dafür, vor allem solche Tätigkeiten einem „Heilberuf" zuzuordnen, mit denen potenziell Gefahren für die Patienten verbunden sind.

106 Vgl. BVerfGE 107, 62 (108) – „Altenpflegegesetz".
107 Vgl. *Gröpl*, Staatsrecht I, 13. Aufl. 2021, § 4 Rn. 196.
108 Vgl. BVerfGE 107, 62 (106) – „Altenpflegegesetz"
109 Vgl. BVerfGE 107, 62 (106 f.) – „Altenpflegegesetz".

62 Die **systematische** Auslegung zielt darauf ab, die Rechtsnorm im Zusammenhang mit anderen Regelungen zu betrachten. Sie beruht auf der Annahme, dass das Gesetz und die gesamte Rechtsordnung widerspruchsfrei aufgebaut sind und die auszulegende Rechtsnorm folglich nicht in Widerspruch zu anderen Rechtsnormen stehen kann.[110]

Zu Beispielsfall 1 (Rn. 59): Die drei in Art. 74 Abs. 1 Nr. 19 GG nebeneinander stehenden, dem Bund zugewiesenen Teilgebiete („Maßnahmen gegen gemeingefährliche und übertragbare Krankheiten“, „Zulassung zu ärztlichen und anderen Heilberufen und zum Heilgewerbe“, „Verkehr mit Arzneien, Heil- und Betäubungsmitteln und Giften“) haben gemeinsam, dass sie jeweils den Schutz der Bevölkerung vor bestimmten Gesundheitsgefahren betreffen. Hier bestätigt sich die Tendenz, den „Heilberufen“ vor allem Tätigkeitsfelder zuzuweisen, die in besonderem Maße Gefahren für die Patienten bergen.

63 Die **(objektiv-)teleologische** Auslegung (von griech. *télos* = Ziel) stellt schließlich auf den objektiven, in dem auszulegenden Rechtsnormtext selbst zum Ausdruck kommenden **Sinn und Zweck** der Norm ab. Bisweilen wird zwar nicht zu Unrecht die Frage aufgeworfen, ob die objektiv-teleologische Auslegung wirklich zu den **Auslegungs*mitteln*** zu rechnen ist oder ob die Ermittlung des objektiven Normzwecks nicht vielmehr das eigentliche **Auslegungs*ziel*** bildet.[111] In der Tat ist es nicht immer einfach, den Sinn und Zweck einer Norm separat und ohne Rückgriff auf die historische Gesetzesbegründung oder den systematischen Regelungszusammenhang zu bestimmen. Aus diesen Schwierigkeiten wird man aber lediglich schließen dürfen, dass sich die genannten Auslegungsmittel wechselseitig ergänzen und daher mitunter nicht trennscharf voneinander abgegrenzt werden können, dass historische, systematische und objektiv-teleologische Argumentationen vielfach fließend ineinander übergehen.[112] Gleichwohl lässt sich auch der – möglicherweise im Wege der historischen oder systematischen Auslegung ermittelte – objektive Sinn und Zweck einer Vorschrift durchaus als Leitlinie und Grundlage verselbständigter Auslegungsargumente heranziehen, um den exakten Gehalt eines Normtexts näher zu konkretisieren. Zudem ist die teleologische Argumentation fester, eigenständiger Bestandteil des klassischen Auslegungskanons, so dass sie in juristischen Studienarbeiten **regelmäßig erwartet** wird, wenn sie sich im Einzelfall anbietet.

Zu Beispielsfall 1 (Rn. 59): Sinn und Zweck der Vorschrift des Art. 74 Abs. 1 Nr. 19 GG ist es, in Anknüpfung an die systematische Zusammenschau der dort genannten drei Regelungsgebiete und an die zur Zeit der Grundgesetzentstehung existierenden gesetzlichen Regelungen über die Heilkunde, dem Bund unter Abweichung von der Grundregel des Art. 70 Abs. 1 GG die Gesetzgebungskompetenz für Bereiche zu verleihen, in denen der Bevölkerung Gesundheitsgefahren drohen, die nicht auf das Gebiet eines bestimmten Landes begrenzt sind. Zur Eindämmung, Beherrschung und Kontrolle dieser Gefahren soll Art. 74 Abs. 1 Nr. 19 GG eine bundeseinheitliche Regelung auch der Heilberufe erlauben.[113]

---

110 Vgl. *Gröpl*, Staatsrecht I, 13. Aufl. 2021, § 4 Rn. 195.

111 So insbesondere *Rüthers/Fischer/Birk*, Rechtstheorie, 12. Aufl. 2022, § 22 Rn. 725 ff. Vgl. vor diesem Hintergrund auch BVerfGE 62, 1 (38 ff., 45 ff.) – „Bundestagsauflösung I“.

112 Vgl. ebenso bereits BVerfGE 11, 126 (130) – „Nachkonstitutioneller Bestätigungswille“; aus dem Schrifttum *Hesse*, Grundzüge des Verfassungsrechts der Bundesrepublik Deutschland, 20. Aufl. 1995, § 2 Rn. 54.

113 Vgl. BVerfGE 107, 62 (108 f.) – „Altenpflegegesetz“.

Eine festgelegte **Rangfolge** der genannten Auslegungsmittel gibt es nicht, zumal sie sich, wie eben gesehen, durchaus wechselseitig ergänzen können. Man mag sie somit als **prinzipiell gleichrangig** betrachten. Dabei ist es unschädlich, wenn die Auslegungsmittel im Einzelfall zu unterschiedlichen Ergebnissen führen, denn die juristische Argumentation im Allgemeinen und auch die Auslegung unbestimmt gefasster Normtexte im Besonderen leben gerade vom **Für und Wider unterschiedlicher Standpunkte**, die vom Rechtsanwender gegeneinander abgewogen werden müssen. Er hat im Streitfall letztlich zu entscheiden, welcher Argumentation das stärkere Gewicht zukommt und den Vorzug vor einer anderen Auslegung des Normtextes verdient. 64

Zu Beispielsfall 1 (Rn. 59): Vor dem Hintergrund dieser Normtextauslegung fragt sich zunächst, ob der Beruf des **Altenpflegers** unter den Begriff der „Heilberufe" subsumiert werden kann. Zwar dürfte dessen gesetzlich umschriebene Tätigkeit zumeist nicht in der Krankheitsheilung im eigentlichen Sinne bestehen. Allerdings fallen auch schwerpunktmäßig pflegende, lindernde Tätigkeiten am Menschen unter den weit gefassten Begriff des Heilberufs, zumal wenn daraus mögliche Gefährdungen für den Patienten resultieren können, denen mit einer Zulassungsregelung nach Art. 74 Abs. 1 Nr. 19 GG begegnet werden muss. Soweit der Altenpfleger unmittelbar in die Behandlung kranker alter Menschen einbezogen wird, auf die Reaktivierung bestimmter kognitiver und körperlicher Fähigkeiten der alten Menschen hinwirkt und durch Gesundheitsvorsorge und Ernährungsberatung den körperlichen Zustand der Patienten verbessert und Krankheiten vorbeugt, übernimmt er pflegerisch-heilkundliche Aufgaben, deren nicht fachgerechte Ausführung zudem erhebliche Gesundheitsgefahren für die Patienten bedeuten können. Dieser Tätigkeitsbereich des Altenpflegers entspricht somit in jeder Hinsicht der oben vorgenommenen Auslegung des Begriffs des „Heilberufs" i.S.v. Art. 74 Abs. 1 Nr. 19 GG. Dass der Altenpfleger zusätzlich an der rein sozialen, nicht-heilkundlichen Betreuung der alten Menschen mitwirkt, ist bei der Subsumtion unter Art. 74 Abs. 1 Nr. 19 GG unschädlich, da ein Schwerpunkt seiner Tätigkeit jedenfalls im heilkundlichen Bereich liegt und separate Regelungen von heilkundlichem und rein sozialem Aufgabenfeld durch den Bund und die Länder den Sachzusammenhang des einheitlichen Berufsbildes des Altenpflegers sprengen würden.[114]

Anders ist der Beruf des **Altenpflegehelfers** zu beurteilen. Der im Gesetz umschriebene typische Tätigkeitsbereich des Altenpflegehelfers besteht darin, den alten Menschen Alltagshilfen zu stellen und hauswirtschaftliche Aufgaben zu erledigen und grundpflegerische Dienste wie Körperpflege, Nahrungsaufnahme und psychosoziale Betreuung zu leisten. Einen unmittelbaren Bezug zu pflegerisch-heilkundlichen Tätigkeiten wird man darin kaum sehen können, zumal die Aufgaben des Altenpflegehelfers keine für Heilberufe typischen besonderen Gefährdungen für die Patienten bergen. Der Beruf des Altenpflegehelfers fällt daher nicht unter den Begriff des „Heilberufs" i.S.v. Art. 74 Abs. 1 Nr. 19 GG.[115]

b) Verfassungsauslegung und verfassungskonforme Auslegung

Im Grundsatz lassen sich die genannten klassischen Auslegungsmittel gewiss auch auf die Auslegung von verfassungsrechtlichen Normtexten übertragen und anwenden. Allerdings 65

114 Vgl. zur Gesetzgebungskompetenz des Bundes kraft Sachzusammenhangs unten Rn. 282.
115 Vgl. ausführlich BVerfGE 107, 62 (109 ff.) – „Altenpflegegesetz".

stellen sich bei der Auslegung von Verfassungsrechtsnormen im Allgemeinen oftmals besondere Probleme, die auf die **Eigenarten des Verfassungstextes** zurückgeführt werden können:[116] Zahlreiche Bestimmungen des Grundgesetzes sind **in hohem Maße unbestimmt gefasst**, so dass die Wortlautauslegung schnell an natürlich-sprachliche Grenzen stößt. Auch die Auslegung der Verfassungsnormen vor dem Hintergrund ihrer Entstehungsgeschichte und ihres Sinns und Zwecks führt regelmäßig nicht weiter, da die Urheber des Verfassungstextes vielfach **bewusst und gewollt offene Formulierungen** gewählt haben und den Verfassungsrechtsnormen damit ein vorgefasster Gehalt, eine „Sinnentschiedenheit" oftmals fehlt.[117] Schließlich bereitet es vielfach Schwierigkeiten, systematische Argumente zur Ermittlung der Gehalte des Verfassungstextes zu finden: Während sich einfachgesetzliche Rechtssätze regelmäßig „in einen Kosmos schon bestehender strukturgleicher Regelungen, d.h. in den Zusammenhang einer ausgeformten gesetzlichen Rechtsordnung" einfügen, steht die Verfassung **„für sich und notwendigerweise allein"**.[118] Der Grund für das häufige Fehlgehen der herkömmlichen Auslegungsmethoden in Ansehung der Verfassungsrechtsnormen liegt darin, dass in all denjenigen Fällen, für deren Entscheidung die Verfassung selbst keine eindeutigen Maßstäbe enthält – mithin also in allen Fällen, in denen eine Verfassungsinterpretation erforderlich ist –, die Verfassung und ihre Urheber regelmäßig noch keine Entscheidung getroffen haben, ein **vorgefasster objektiver Wille der Verfassung** und ein **vorgefasster subjektiver Wille der Verfassungsgeber** mit Blick auf den zu entscheidenden Einzelfall also in Wahrheit **gar nicht existieren**.[119] Die Anwendung der Verfassungsrechtsnormen kann sich aus diesem Grunde nicht allein darin erschöpfen, den Willen der Verfassung und ihrer Urheber nachzuvollziehen und unter den vorfindlichen Verfassungsinhalt zu subsumieren. Verfassungsinterpretation erfordert – nicht immer, aber häufig[120] – auch rechtsschöpferische **„Konkretisierung"**; der Inhalt der zu interpretierenden Verfassungsrechtsnorm ist dann nicht schon mit ihrer Setzung, sondern erst mit ihrer Anwendung vollendet.[121]

66 In der Rechtsprechung des **Bundesverfassungsgerichts** haben sich verschiedene spezielle Argumentationsfiguren herausgebildet, auf die das Gericht bei der Konkretisierung unbestimmt gefasster Verfassungsrechtsbestimmungen regelmäßig zurückgreift. *Konrad Hesse* hat diese Argumentationsfiguren als **Prinzipien der Verfassungsinterpretation** zusammengestellt und dabei vor allem die folgenden Grundsätze hervorgehoben, die allesamt die verfassungssystematischen Gesamtzusammenhänge in den Blick nehmen und sich daher letztlich auch als **spezielle Ausprägungen der systematischen Auslegung** begreifen lassen:[122]

---

116 Vgl. zum Folgenden im Ansatz auch BVerfGE 62, 1 (45) – „Bundestagsauflösung I".
117 *Böckenförde*, NJW 1976, 2089 (2091).
118 *Böckenförde*, NJW 1976, 2089 (2091).
119 Vgl. dazu *Hesse*, Grundzüge des Verfassungsrechts der Bundesrepublik Deutschland, 20. Aufl. 1995, § 2 Rn. 56.
120 Vgl. zu dieser Einschränkung zutreffend *Ossenbühl*, in: Merten/Papier (Hrsg.), Handbuch der Grundrechte, Band I, 2004, § 15 Rn. 10 ff. (13).
121 *Hesse*, Grundzüge des Verfassungsrechts der Bundesrepublik Deutschland, 20. Aufl. 1995, § 2 Rn. 60.
122 Vgl. zum Folgenden grundlegend *Hesse*, Grundzüge des Verfassungsrechts der Bundesrepublik Deutschland, 20. Aufl. 1995, § 2 Rn. 70 ff. Siehe zu den Besonderheiten der Grundrechtsinterpretation ausführlich *Papier/Krönke*, Grundkurs Öffentliches Recht 2, 4. Aufl. 2020, § 3 Rn. 27 ff.

- Nach dem **Grundsatz der Einheit der Verfassung** ist jede Verfassungsnorm so zu interpretieren, dass sie nicht im Widerspruch zu anderen Verfassungsnormen steht.[123]
- Auf dem Gedanken der Einheit der Verfassung beruht der für die Verfassungsinterpretation überragend wichtige **Grundsatz praktischer Konkordanz** (von lat. *concordia* = Eintracht, Einigkeit). Demnach sind kollidierende Verfassungsrechtsgüter einander so zuzuordnen, dass sie beide zu **optimaler Wirksamkeit** gelangen, d.h. beiden Rechtsgütern muss jeweils eine Grenze gesetzt werden; diese Grenzziehung muss im konkreten Fall stets **verhältnismäßig** sein.[124] Es geht also letztlich darum, einen verhältnismäßigen Ausgleich zwischen widerstreitenden Verfassungsrechtsnormen zu finden.[125]
- Des Weiteren lässt sich noch der **Grundsatz funktioneller Richtigkeit** nennen, wonach sich jedes Verfassungsorgan[126] im Rahmen der ihm durch die Verfassung zugewiesenen Aufgaben halten muss und die Auslegung einer Verfassungsrechtsnorm nicht zu einer Verschiebung der verfassungsmäßigen Funktionsverteilung führen darf.[127]

Nicht zu verwechseln mit der Verfassungsauslegung ist das Gebot der **verfassungskonformen Auslegung**. Dieses betrifft nicht die Auslegung des Verfassungstextes, sondern die Auslegung einer im Rang unter der Verfassung stehenden Rechtsnorm. Nach dem Gebot der verfassungskonformen Auslegung dürfen von zwei oder mehreren Auslegungsmöglichkeiten, die sich bei der Auslegung der unterverfassungsrechtlichen Rechtsnormen unter Anwendung der herkömmlichen juristischen Auslegungsmethoden anbieten, nur diejenigen Auslegungsvarianten des Normtextes zugrunde gelegt werden, die sich als mit den Vorgaben des Verfassungsrechts vereinbar („verfassungskonform“) erweisen. Auch die verfassungskonforme Auslegung lässt sich als **Spezialform der systematischen Auslegung** begreifen, da sie bei der Auslegung des Textes einer einfachrechtlichen Norm den die gesamte Rechtsordnung umspannenden verfassungsrechtlichen Rahmen berücksichtigt und dadurch Widersprüche zwischen einfachem Recht und höherrangigem Verfassungsrecht zu vermeiden sucht. 67

Die verfassungskonforme Auslegung setzt freilich voraus, dass eine Rechtsnorm nach den herkömmlichen Auslegungsregeln **überhaupt einer verfassungskonformen Auslegung fähig** ist. Ist die in Rede stehende Norm dagegen erkennbar verfassungswidrig, so darf sie nicht durch eine verfassungskonforme, aber gesetzeswidrige *contra legem*-Auslegung (von lat. *contra legem* = gegen das Gesetz) „gerettet“ werden. Das Bundesverfassungsgericht hat dazu ausgeführt: „Die verfassungskonforme Auslegung findet ihre Grenzen … dort, wo sie zu dem Wortlaut und dem klar erkennbaren Willen des Gesetzgebers in Widerspruch treten würde (…). Der **Respekt vor dem demokratisch legitimierten Gesetzgeber** verbietet es, im Wege der Auslegung einem nach Wortlaut und Sinn eindeutigen Gesetz einen entgegengesetzten Sinn zu verleihen oder den normativen Gehalt

123 Vgl. *Hesse*, Grundzüge des Verfassungsrechts der Bundesrepublik Deutschland, 20. Aufl. 1995, § 2 Rn. 71.
124 Vgl. *Hesse*, Grundzüge des Verfassungsrechts der Bundesrepublik Deutschland, 20. Aufl. 1995, § 2 Rn. 72.
125 Vgl. zum Grundsatz der Verhältnismäßigkeit ausführlich unten Rn. 242 f.
126 Vgl. zum Begriff des Verfassungsorgans unten Rn. 76.
127 Vgl. *Hesse*, Grundzüge des Verfassungsrechts der Bundesrepublik Deutschland, 20. Aufl. 1995, § 2 Rn. 73.

einer Vorschrift grundlegend neu zu bestimmen. Eine solche Korrektur des Gesetzes würde auch dem Sinn des Art. 100 Abs. 1 GG zuwiderlaufen, der die Autorität des parlamentarischen Gesetzgebers im Verhältnis zur Rechtsprechung wahren soll."[128]

Literaturhinweise:

Zu A. und B.	*Rüthers/Fischer/Birk*, Rechtstheorie, 12. Aufl. 2022, § 2 Rn. 48 ff. (zur Vertiefung)
Zu C.	*Sodan/Ziekow*, Grundkurs Öffentliches Recht, 9. Aufl. 2020, § 4 Rn. 5 ff. *Maurer/Waldhoff*, Allgemeines Verwaltungsrecht, 20. Aufl. 2020, § 4 Rn. 1 ff. *Rüthers/Fischer/Birk*, Rechtstheorie, 12. Aufl. 2022, § 6 Rn. 217 ff. (zur Vertiefung)
Zu D.	*Sodan/Ziekow*, Grundkurs Öffentliches Recht, 9. Aufl. 2020, § 4 Rn. 18 ff. *Rüthers/Fischer/Birk*, Rechtstheorie, 12. Aufl. 2022, § 6 Rn. 270 ff. und § 22 Rn. 770 ff. (zur Vertiefung)
Zu E.	*Gröpl*, Staatsrecht I, 13. Aufl. 2021, § 1 Rn. 38 ff. und § 4 Rn. 192 ff. *Rüthers/Fischer/Birk*, Rechtstheorie, 12. Aufl. 2022, § 4 Rn. 92 ff., § 21 Rn. 677 ff. und § 22 Rn. 696 ff. (zur Vertiefung)

128 BVerfGE 90, 263 (275) – „Ehelichkeitsanfechtung" (ohne Hervorhebung im Original).

§ 2 Staatsrecht und Verfassungsrecht

A. Das Staatsrecht der Bundesrepublik Deutschland

Traditionell hat der Begriff des Staatsrechts in der deutschen Rechtswissenschaft einen hohen Stellenwert. Nicht selten wird das öffentliche Recht insgesamt als Staatsrecht in einem weiteren Sinne umschrieben, wie etwa die Selbstbeschreibung der im deutschsprachigen Raum bedeutsamsten Vereinigung der im Fach des öffentlichen Rechts tätigen Hochschullehrer und Habilitierten, der „Vereinigung der Deutschen Staatsrechtslehrer", zeigt. Die eigentliche Darstellung des öffentlichen Rechts beginnt daher klassischerweise mit dem „Staatsrecht". **68**

I. Staatsrecht und Staatsrechtswissenschaft

Das **Staatsrecht** ist ein Ausschnitt des objektiven Rechts und bezeichnet die Gesamtheit der Rechtsnormen, die **69**

- die **Grundlagen** eines bestimmten Staates,
- den Aufbau und die Tätigkeit seiner obersten **Organe**,
- die **Staatsfunktionen** sowie
- die **grundlegenden Rechte der Bürger** gegenüber dem Staat

regeln.[1] Das Staatsrecht bezieht sich dabei nicht auf irgendeinen Staat, sondern immer auf einen konkreten Staat, also auf die Bundesrepublik Deutschland, die Französische Republik, das Königreich Spanien usw. Wenn im Folgenden also Bezug auf das Staatsrecht genommen wird, so soll damit grundsätzlich das **Staatsrecht der Bundesrepublik Deutschland** gemeint sein.

Dementsprechend beschäftigt sich die deutsche **Staats*rechts*wissenschaft** (oder traditionell: die Staats*rechts*lehre) speziell mit dem (Staats-)Recht der Bundesrepublik.[2] Die Perspektive der Staatsrechtslehre auf den Staat ist somit eine **„Binnenperspektive"**, da es stets um den Staat in derjenigen Form und Ausgestaltung geht, die er durch „sein" Staatsrecht erhält.[3] **70**

Mit dem Staat schlechthin beschäftigt sich demgegenüber die **Allgemeine Staatslehre**. Vor dem Hintergrund der verschiedenen tatsächlichen Erscheinungsformen und der theoretischen Entwürfe staatlicher bzw. staatsähnlicher Gemeinwesen setzt sie sich auseinander mit sämtlichen Aspekten des Phänomens „Staat", also insbesondere mit seinem begriffsprägenden Wesen, seinen Funktionen sowie seinen Organisations- und Handlungsformen.[4] Die Perspektive der Staatslehre auf den Staat ist somit eine **„Außenperspektive"**. **71**

---

1 Vgl. dazu und zum Folgenden *Maurer*, Staatsrecht I, 6. Aufl. 2010, § 1 Rn. 29.
2 Vgl. *Gröpl*, Staatsrecht I, 13. Aufl. 2021, § 2 Rn. 80 und Rn. 109 ff.
3 *Gröpl*, Staatsrecht I, 13. Aufl. 2021, § 2 Rn. 80. Vgl. auch *Maurer*, Staatsecht I, 6. Aufl. 2010, § 1 Rn. 2.
4 Vgl. *Maurer*, Staatsrecht I, 6. Aufl. 2010, § 1 Rn. 3.

Hier zeigt sich der besondere Charakter der Rechtswissenschaft als einer **normativen Wissenschaft**. Damit ist gemeint, dass es der Rechtswissenschaft nicht, wie den **Realwissenschaften** (z.B. den Naturwissenschaften, aber auch der Politikwissenschaft und der Soziologie), darum geht, zu untersuchen, was *ist*, sondern den Rechtsanwender (z.B. in der Verwaltung, in den Gerichten, in der Gesetzgebung) vor allem dabei unterstützen möchte, festzustellen, was *sein soll*. Um die reale Entstehungsgeschichte und die reale Wirkung bestimmter Normen geht es der Rechtswissenschaft zunächst nur insoweit, als sich daraus Rückschlüsse auf ihren normativen Gehalt ziehen lassen, also auf das, was *gesollt* ist. Da sich die Rechtswissenschaft dabei nicht nur auf rein deskriptive, wertfreie Aussagen beschränken kann – etwa auf die Beschreibung und systematische Erfassung des geltenden Rechts –, sondern vielfach auch **Werturteile** formulieren muss – etwa im Hinblick auf die Frage, wie zwei kollidierende Grundrechte im Einzelfall gegeneinander abzuwägen sind –, wird die **Wissenschaftlichkeit der Rechtswissenschaft** seit je her unter Verweis auf die darin angeblich liegende mangelnde Rationalität in Zweifel gezogen.[5] Diese Kritik verkennt freilich, dass der Rechtsanwendungsprozess – zumal mit Blick auf unbestimmt gefasste Normtexte oder lückenhafte Regelungen – keinen streng logisch-mathematischen Regeln folgen kann, sondern zwangsläufig gewisse Wertungsspielräume eröffnet. Die Rechtswissenschaft ist bemüht, gerade diese Wertungen so weit als möglich zu rationalisieren.[6]

II. Der Staat in der deutschen Staatsrechtswissenschaft

1. Der klassische „dreielementare Staatsbegriff" von Georg Jellinek

72 In bislang wohl unerreichter Einfachheit und Plausibilität hat das komplexe Phänomen „Staat" begrifflichen Niederschlag im „dreielementaren Staatsbegriff" *Georg Jellineks* (1851–1911) gefunden. Trotz seiner in der heutigen staatsrechtswissenschaftlichen Diskussion nur noch begrenzten Bedeutung zählt das Staatsverständnis *Jellineks* noch immer zum „Allgemeingut" der deutschen Staatsrechtslehre, auf das gerne argumentativ rekurriert wird.[7]

Als herrschend wird man diesen Staatsbegriff weiterhin im Bereich des **Völkerrechts** – also des *zwischen*staatlichen Rechts – bezeichnen dürfen, wo es gewisser außerrechtlicher Kriterien bedarf, an denen empirisch festgemacht werden kann, welche Gebilde als Staaten und damit als Adressaten völkerrechtlicher Normen überhaupt in Betracht kommen.[8]

73 *Jellineks* Ausgangspunkt war zunächst der **soziale Staatsbegriff**, also der Begriff des Staates aus realwissenschaftlicher Sicht. Staat sei demnach **„die mit ursprünglicher Herrschermacht ausgerüstete Verbandseinheit sesshafter Menschen"**.[9] Der Staat wird damit im Wesentlichen durch die folgenden, durchaus aufeinander bezogenen **drei Elemente** gekennzeichnet:

---

5 Vgl. etwa den berühmten Vortrag von *Julius von Kirchmann*, Die Wertlosigkeit der Jurisprudenz als Wissenschaft (1847), Neudr. 1990.

6 Vgl. zum Ganzen ausführlich etwa *Rüthers/Fischer/Birk*, Rechtstheorie, 12. Aufl. 2022, § 7 Rn. 280 ff.

7 Vgl. zur Anschlussfähigkeit von *Jellineks* Staatsbegriff für die heutige Staats- und Verfassungslehre eingehend *Kersten*, Georg Jellinek und die klassische Staatslehre, 2000, S. 303 ff.

8 Vgl. *Maurer*, Staatsrecht I, 6. Aufl. 2010, § 1 Rn. 6.

9 *G. Jellinek*, Allgemeine Staatslehre, 3. Aufl. 1913, Neudr. 1976, S. 180 f. (mit Hervorhebungen im Original).

- Jeder Staat verfügt über ein bestimmtes **Staatsgebiet**, also einen „räumlich abgegrenzten, ausschließlichen Herrschaftsbereich",[10] in dem sich die Staatsgewalt voll entfalten kann.
- Jeder Staat hat ein **Staatsvolk**, also die die Gesamtheit der „dem Staate zugehörigen Menschen",[11] die zur herrschaftlichen und zugleich genossenschaftlichen[12] Verwirklichung der Staatszwecke in einer Verbandseinheit zusammengeschlossen ist.
- Jeder Staat übt schließlich **Staatsgewalt** aus, also die originäre, das heißt: nicht von einer anderen Macht abgeleitete „Herrschergewalt" über das Staatsgebiet und die darauf befindlichen Menschen, wobei das Herrschen in diesem Sinne die „Macht unbedingter Durchsetzung des eigenen Willens gegen anderen Willen" bezeichnet.[13]

Beispiel: Der britische Major Paddy Roy Bates besetzte im Jahr 1967 eine frühere englische Flakstellung aus dem Zweiten Weltkrieg, die sechs Meilen vor der britischen Küste auf zwei Betontürmen befestigt war und 47 x 13 Meter maß. Der Major rief dort das „Fürstentum Sealand" aus, erklärte sich zum Staatsoberhaupt („Fürst Roy"), gab dem Fürstentum eine Verfassung und verlieh einigen Dutzend Personen die Staatsangehörigkeit des Fürstentums. Als Staat im völkerrechtlichen Sinne wurde das Fürstentum gleichwohl nie anerkannt:[14] Dem Fürstentum fehlt es an einer effektiven „Staatsgewalt", bezogen auf ein Staatsgebiet und ein Staatsvolk. Bei der aus dem Meer ragenden Plattform handelt es sich nicht um ein „Staatsgebiet" – als solches kann nur ein Teil der Erdoberfläche angesehen werden. Überdies hat das Fürstentum kein „Staatsvolk", das aus sich selbst heraus Bestand hat.

An diesen sozialen Staatsbegriff schließt *Jellinek* seinen **juristischen Staatsbegriff** an: 74
„Als Rechtsbegriff ist der Staat demnach **die mit ursprünglicher Herrschermacht ausgerüstete Körperschaft eines sesshaften Volkes** oder, um einen neuerdings gebräuchlich gewordenen Terminus anzuwenden, **die mit ursprünglicher Herrschermacht ausgestattete Gebietskörperschaft**."[15] Der Unterschied zum sozialen Staatsbegriff liegt dabei in der rechtlichen Konstruktion des Staates als „Körperschaft" bzw. „Gebietskörperschaft". Der Staat wird von der Rechtsordnung als **juristische Person** („Körperschaft") gedacht und damit zum **Rechtssubjekt** – also zum möglichen Träger von Rechten und Pflichten – fingiert,[16] um den Staat rechtlich fassbar zu machen und ihn in rechtliche Beziehungen zum Einzelnen sowie, allgemeiner, zu anderen Rechtssubjekten und -objekten setzen zu können.

---

10 *G. Jellinek*, Allgemeine Staatslehre, 3. Aufl. 1913, Neudr. 1976, S. 179.
11 *G. Jellinek*, Allgemeine Staatslehre, 3. Aufl. 1913, Neudr. 1976, S. 406.
12 Vgl. zum genossenschaftlichen Aspekt des Verbandsbegriffs *Kersten*, Georg Jellinek und die klassische Staatslehre, 2000, S. 274 ff.
13 *G. Jellinek*, Allgemeine Staatslehre, 3. Aufl. 1913, Neudr. 1976, S. 180.
14 Vgl. zum Sachverhalt des berühmten Sealand-Falls und zur nachfolgenden Bewertung VG Köln, DVBl. 1978, 510 (510 ff.); LG Potsdam, Urt. v. 9.2.2006, 27 Ns 214/05, juris, Rn. 1 und 4.
15 *G. Jellinek*, Allgemeine Staatslehre, 3. Aufl. 1913, Neudr. 1976, S. 183 (mit Hervorhebungen im Original).
16 Vgl. zum Begriff der juristischen Person bereits oben Rn. 22.

2. Die Konstruktion des Staates als juristische Person(en)

75 In *Jellineks* juristischem Staatsbegriff deutet sich bereits an, dass es aus der rechtlichen, innerstaatlichen „Binnenperspektive" genügt, wenn **das Recht den Staat als solchen begreift**. Äußere Kriterien zur Erfassung des Staates sind insoweit an sich nicht erforderlich. Um den Staat rechtlich greifbar zu machen, genauer: um ihn zum potenziellen Adressaten von Rechtsnormen, also zum Rechtssubjekt zu machen, wird der Staat als juristische Person (des öffentlichen Rechts) betrachtet. Als solche begegnet er dem Juristen im Rahmen der Anwendung von Gesetz und Recht.

Als juristische Person gibt es **den „Staat" schlechthin** in der **deutschen Rechtsordnung** allerdings nicht. Staatsqualität haben unter dem Grundgesetz der **Bund** und die einzelnen **Länder**.[17] Daneben kennt die deutsche Rechtsordnung zwar zahlreiche **weitere juristische Personen des öffentlichen Rechts**, die ebenfalls hoheitliche Gewalt ausüben – etwa die wie Bund und Länder als Gebietskörperschaften einzuordnenden Gemeinden, ferner die Universitäten oder die Sozialversicherungsträger.[18] Gleichwohl ist deren Hoheitsgewalt nicht ursprünglich im Sinne der Drei-Elemente-Lehre, sondern von der originär-staatlichen Herrschaftsgewalt des Bundes bzw. der Länder abgeleitet. Ihre Tätigkeit ist deswegen zwar dem Staat, genauer: dem Bund bzw. den Ländern, im weiteren Sinne zuzurechnen – und daher insbesondere unmittelbar an den Grundrechten zu messen, vgl. Art. 1 Abs. 3 GG; sie werden aber trotz ihres körperschaftlichen Status selbst nicht als „Staaten" wahrgenommen. Dieser Umstand wäre ohne Rückgriff auf die Drei-Elemente-Lehre kaum zu erklären und zeigt, dass diese auch im Rahmen der rechtlichen „Binnenperspektive" auf den Staat eine gewisse Relevanz behält.

76 Eine juristische Person ist eine Fiktion und als solche nicht selbst handlungsfähig; sie bedarf vielmehr eigener **Organe** (von griech. *organon* = Werkzeug). Auch der Staat als juristische Person benötigt daher **Staatsorgane** (Verwaltungsbehörden, Gerichte etc.). Zu den obersten Staatsorganen etwa des Bundes zählen der Bundestag (Art. 38 ff. GG), der Bundesrat (Art. 50 ff. GG), die Bundesversammlung (Art. 54 GG), der Bundespräsident (Art. 54 ff. GG), die Bundesregierung (Art. 62 ff. GG), der Gemeinsame Ausschuss (Art. 53a GG) sowie das Bundesverfassungsgericht. Da die organisatorischen und funktionellen Grundlagen dieser obersten Staatsorgane in der Verfassung selbst geregelt und ausgestaltet sind, spricht man auch von **Verfassungsorganen**.[19]

3. Der Verfassungsstaat

77 Die rechtliche Fassbarkeit des Staates ist Voraussetzung für das heutige Leitbild des Staates, des **Verfassungsstaats**. Bereits *Jellinek* stellte fest: „Jeder dauernde Verband bedarf einer Ordnung, der gemäß sein Wille gebildet und vollzogen, sein Bereich abgegrenzt, die Stellung seiner Mitglieder in ihm und zu ihm geregelt wird. Eine derartige Ordnung heißt eine Verfassung."[20] Der Gedanke der Verfasstheit der Staatsgewalt hat sich seither gewiss von der förmlichen Ordnungsfunktion der Verfassung gelöst und

---

17 Vgl. dazu etwa *Möllers*, Staat als Argument, 2. Aufl. 2011, S. 152 (insbesondere Fn. 8).
18 Siehe dazu ausführlich oben Rn. 22.
19 Vgl. *Maurer*, Staatsrecht I, 6. Aufl. 2010, § 12 Rn. 23.
20 *Jellinek*, Allgemeine Staatslehre, 3. Aufl. 1913, Neudr. 1976, S. 505.

mehr und mehr an Eigenwert gewonnen. Der Verfassungsstaat **modernen Zuschnitts** ist seiner Idee nach auf die **„Herrschaft des Rechts“** angelegt und unterscheidet sich von anderen Staatstypen dadurch, dass die wesentlichen Staatsstrukturen und -zwecke sowie die Ausübung der Staatsgewalt in einer Verfassung als der rechtlichen Grundordnung des Staates **rechtlich festgelegt und geordnet** („verfasst“) sind, wobei die Verfassung ein „System der rechtsstaatlichen **Bindungen, Begrenzungen und Kontrollen**“ schafft und den Staat so zum „Instrument der Bürgerfreiheit“ macht[21] – zumal wenn die Verfassung dem Bürger grundrechtliche Freiheiten gewährleistet. Dies kommt im Grundgesetz, der Verfassung der Bundesrepublik Deutschland, nicht zuletzt in Art. 1 GG zum Ausdruck, der in seinem Absatz 3 alle Staatsgewalt an die Grundrechte als unmittelbar geltendes Recht bindet und den Verfassungsstaat damit über die in Art. 20 Abs. 3 GG vorgesehene, **formale Verfassungsbindung** hinaus auch **materiell-inhaltlich auflädt**. Im heutigen Bilde des Verfassungsstaats sind förmlich-äußere und materiell-inhaltliche Gesichtspunkte daher nahezu untrennbar miteinander verwoben.

Geschichte

Zur Geschichte von Verfassungsstaat und Verfassung: Obgleich sich die Idee eines rechtstextlich fixierten Rahmens für die Ausübung politischer Herrschaft leicht bis zu den vorstaatlichen Herrschaftsgebilden des Mittelalters zurückverfolgen ließe – man denke nur an die englische ***Magna Charta Libertatum*** (1215) oder die **Goldene Bulle** (1356) hierzulande – und selbst in den vorstaatlichen Gemeinwesen des antiken Griechenlands verschriftlichte Grundordnungen existierten – z.B. die in Athen durch **Solon** eingeführten grundlegenden Gesetze, festgehalten auf Holztafeln (ca. 590 v. Chr.) –, wird die Geburtsstunde der Verfassung und damit auch des **Verfassungsstaates im modernen Sinne** auf das Jahr 1776 datiert, als der Konvent von Virginia im Zuge der Loslösung vom Vereinigten Königreich eine Erklärung verabschiedete, die allen Menschen bestimmte grundlegende und unveräußerliche Rechte zuerkannte, als *„basis and foundation of government“*.[22] In dieser ***Bill of Rights* von Virginia** (1776) lag nichts Geringeres als die „erste [gesamthafte] und verfassungskräftige Positivierung von Grundrechten“,[23] die zum Vorbild weiterer Rechteerklärungen und Verfassungen in Nordamerika, aber auch in Frankreich werden sollte – dort insbesondere der ***Déclaration des droits de l'homme et du citoyen*** (1789) sowie der ersten **französischen Verfassung von 1791**. Die Verfassungsgebung in **Deutschland** – genauer: in den süddeutschen Ländern **Bayern** (1818), **Baden** (1818), **Württemberg** (1819) und **Hessen-Darmstadt** (1820) – wurde wiederum maßgeblich durch die Entwicklung nach der französischen Revolution angestoßen. Die erste Verfassung auf Reichsebene bildete, abgesehen von der nie in Kraft getretenen **Paulskirchenverfassung** (1849), die **Bismarck'sche Reichsverfassung** (1871). Nach dem Ersten Weltkrieg wurde dann eine Nationalversammlung gewählt, die im Nationaltheater in Weimar zusammentrat und die **Weimarer Reichsverfassung** (1919) verabschiedete. Diese hatte insofern große Bedeutung für das nach dem Zweiten Weltkrieg erarbeitete und schließlich am 23. Mai 1949 ausgefertigte und verkündete **Grundgesetz**, welches unsere Vorstellung vom modernen Verfassungsstaat im formellen und materiellen Sinne wie keine andere Verfassung der deutschen Geschichte prägt, als der Grundgesetzgeber die tatsächlichen und vermeintlichen Schwächen der Weimarer Reichsverfassung bewusst vermeiden wollte.

---

21 So anschaulich *Isensee*, Staat und Verfassung, in: Isensee/Kirchhof (Hrsg.), Handbuch des Staatsrechts, Band II, 3. Aufl. 2004, § 15 Rn. 171 und 173.

22 Zitiert nach *Stern*, Die Idee der Menschen- und Grundrechte, in: Merten/Papier (Hrsg.), Handbuch der Grundrechte, Band I, 2004, § 1 Rn. 25.

23 *Kingreen/Poscher*, Grundrechte Staatsrecht II, 37. Aufl. 2021, § 2 Rn. 23.

4. Verdrängung des Staates durch die Verfassung?

78 Die umfassende rechtliche Verfasstheit des Staates wirft die Frage auf, ob die Staatsrechtslehre den **Staat als Kategorie überhaupt noch benötigt**, ob er nicht vielmehr **durch die Verfassung abgelöst** worden ist, ob sich also ein „Staatsrecht ohne Staat" entwickelt hat, das sich – ohne bei der Lösung verfassungsrechtlicher Probleme noch auf den „Staat" als (juristisches) Argument angewiesen zu sein[24] – nur noch auf das Verfassungsrecht beschränken darf.[25] Es lassen sich insoweit die klassische **„etatistische Staatsrechtslehre"** (von franz. *État* = Staat) und die **„konstitutionelle Staatsrechtslehre"** (von lat. *constitutio* = Verfassung) unterscheiden:[26] Während erstere bei der Auslegung des Verfassungsrechts auf die der Verfassung vorausliegenden, „vorrechtlichen" Staatszwecke rekurrieren darf, muss für letztere der Verfassungstext und die dort positivierten Staatszwecke ausschlaggebend bleiben.[27]

Beispiele: Relevanz für die verfassungsrechtliche Argumentation können die vorrechtlichen Staatszwecke etwa bei der **Ausbalancierung von Freiheit und Sicherheit** gewinnen, also bei der Frage, welche **Schutzpflichten** den Staat zur Abwehr von Gefährdungen für den Einzelnen und die Allgemeinheit treffen, inwieweit der Staat zur Erfüllung dieser Schutzpflichten **Grundrechtseingriffe** vornehmen darf und wie das Schutzbedürfnis und die Freiheitsrechte dabei gegeneinander abzuwägen sind. Bei der Auslegung der in solchen Fällen entscheidenden Verfassungsnormtexte werden diese nicht selten (ausdrücklich oder stillschweigend) **mit Staatstheorien „aufgeladen"**, die im Verfassungstext selbst keinen Niederschlag gefunden haben.

III. Die systematische Verortung des Staatsrechts in der deutschen Rechtsordnung

79 Das Staatsrecht gehört zum Bereich des öffentlichen Rechts, dessen Gegenbegriff das Privatrecht bildet (vgl. dazu sogleich 1.). Innerhalb des öffentlichen Rechts ist das Staatsrecht von anderen öffentlich-rechtlichen Rechtsgebieten zu unterscheiden (vgl. dazu unten 2.).

1. Die Unterscheidung von öffentlichem Recht und Privatrecht

80 Durch die deutsche Rechtsordnung zieht sich eine Trennlinie zwischen zwei großen Rechtsgebieten, dem öffentlichen Recht und dem Privatrecht, die kennzeichnend ist für den Verfassungsstaat des Grundgesetzes, in dem die Staatsgewalt (verfassungs-)rechtlich geordnet und begrenzt ist. Die im **öffentlichen Recht** anzutreffenden Regelungen über die Aufgaben und Befugnisse der Träger hoheitlicher Gewalt und über die Rechtsbeziehungen dieser Hoheitsträger zu den Bürgern werden getrennt von den im **Privat-**

---

24 Vgl. dazu insbesondere die Einleitung der eingehenden Untersuchung von *Möllers*, Staat als Argument, 2. Aufl. 2011, S. 1 ff.

25 Vgl. (kritisch) *Isensee*, Staat und Verfassung, in: Isensee/Kirchhof (Hrsg.), Handbuch des Staatsrechts, Band II, 3. Aufl. 2004, § 15 Rn. 6.

26 So *Kersten*, Georg Jellinek und die klassische Staatslehre, 2000, S. 9 f.

27 Vgl. jeweils referierend *Kersten*, Georg Jellinek und die klassische Staatslehre, 2000, S. 348 f.

recht vorfindlichen Ausgestaltungen der subjektiven Rechte der Einzelnen und der Rechtsbeziehungen der Bürger untereinander.[28] Die Begrenztheit der verfassten staatlichen Gewalt und der dadurch gesicherte Freiraum der Einzelnen bestimmen letztlich auch die **unterschiedlichen Ordnungsprinzipien** der beiden Rechtsgebiete:[29] Das Privatrecht geht von dem Grundsatz aus, dass der einzelne Bürger über die Gestaltung seiner Rechtsbeziehungen selbst bestimmen darf (sog. **Privatautonomie**). Ausdruck dieser persönlichen und wirtschaftlichen Freiheit sind insbesondere die Vertragsfreiheit, die Eigentumsfreiheit und die Testierfreiheit.[30] Das öffentliche Recht ist demgegenüber an der Aufgabe ausgerichtet, die Ausübung der **Staatsgewalt** zu **ordnen** und – den Bürgern gegenüber – zu **begrenzen**.

Das **Strafrecht** ist im Grunde ein spezieller Teil des Öffentlichen Rechts. Aufgrund der ihm eigenen Zielsetzung und seiner ausdifferenzierten Dogmatik hat sich das Strafrecht allerdings weitgehend verselbständigt und wird daher zumeist auch als drittes großes Rechtsgebiet neben dem öffentlichen Recht und dem Privatrecht genannt.

Die **Abgrenzung** von öffentlichem Recht und Privatrecht kann im Einzelfall durchaus Schwierigkeiten bereiten und erfordert ein klares Abgrenzungskriterium. Nach der herrschenden **Sonderrechtstheorie** (oder: modifizierten Subjektstheorie, Zuordnungstheorie) ist das öffentliche Recht die Gesamtheit derjenigen Rechtsnormen, die zumindest ***einen* Träger hoheitlicher Gewalt *als solchen* berechtigen oder verpflichten**.[31] Normen des öffentlichen Rechts sind insoweit „Sonderrecht" des Staates, als sie, im Unterschied zu privatrechtlichen Vorschriften, **nicht jedermann** berechtigen oder verpflichten. 81

Beispiele: Die Befugnis zur Erteilung einer **polizeirechtlichen Platzverweisung** wird durch Art. 16 Abs. 1 S. 1 BayPAG[32] nicht jedermann zugeordnet, sondern allein einer im Vollzugsdienst tätigen Dienstkraft der Polizei, d.h. es wird einseitig ein Träger hoheitlicher Gewalt als solcher zur Erteilung einer Platzverweisung berechtigt. Art. 16 Abs. 1 S. 1 BayPAG ist daher eine Norm des öffentlichen Rechts. – Nach den **kaufrechtlichen Vorschriften der §§ 433 ff. BGB** kann grundsätzlich jedermann im Rahmen eines Kaufvertrages berechtigt und verpflichtet werden. Die Vorschriften sind daher allesamt dem Privatrecht zuzuordnen. Zwar können auch Träger staatlicher Gewalt grundsätzlich in den Formen des Privatrechts tätig werden – Schulbeispiel ist hier etwa der Kauf von Büromaterialien für Verwaltungseinrichtungen; der Hoheitsträger wird von den kaufrechtlichen Normen dann jedoch nicht *als solcher* berechtigt und verpflichtet, sondern wird grundsätzlich behandelt *wie jedermann*, also wie jeder privatrechtlich handelnde Bürger auch.

---

28 Vgl. *Badura*, Staatsrecht, 7. Aufl. 2018, S. 11.

29 Vgl. dazu auch *Gröpl*, Staatsrecht I, 13. Aufl. 2021, § 3 Rn. 95 f., der insoweit von unterschiedlichen „Regelungszielen" spricht.

30 Vgl. *Badura*, Staatsrecht, 7. Aufl. 2018, S. 12.

31 Vgl. zu dieser und anderen Abgrenzungstheorien statt vieler und m.w.N. *Maurer/Waldhoff*, Allgemeines Verwaltungsrecht, 20. Aufl. 2020, § 3 Rn. 10 ff. (13), der die Sonderrechtstheorie in ihrer heutigen Form auf *Hans J. Wolff* (1898-1976) und *Otto Bachof* (1914–2006) zurückführt.

32 Vgl. dazu bereits das Beispiel zu Rn. 55.

82 Mit Blick auf juristische Studienarbeiten hat diese Abgrenzung von öffentlichem Recht und Privatrecht vor allem **Bedeutung in verwaltungsrechtlichen Konstellationen.**[33] Insbesondere gilt dies für die Bestimmung des Rechtswegs, der bei öffentlich-rechtlichen Streitigkeiten gemäß § 40 Abs. 1 S. 1 der Verwaltungsgerichtsordnung (VwGO) zu den Verwaltungsgerichten und bei privatrechtlichen Streitigkeiten gemäß § 13 GVG zu den ordentlichen Gerichten führt.

2. Die Einordnung des Staatsrechts innerhalb des öffentlichen Rechts

83 Neben dem Staatsrecht umfasst das deutsche öffentliche Recht außerdem das Verwaltungsrecht sowie, in einem weiteren Sinne, das Steuerrecht, das Sozialrecht, das gesamte Prozessrecht (also Verfassungs-, Verwaltungs- und Prozessrecht)[34] und das Strafrecht.[35] Die **Kernmaterie** des öffentlichen Rechts (oder: Öffentliches Recht im engeren Sinne) bilden allerdings das **Staats- und Verwaltungsrecht**.[36] Schematisch lässt sich dies etwa wie folgt darstellen:[37]

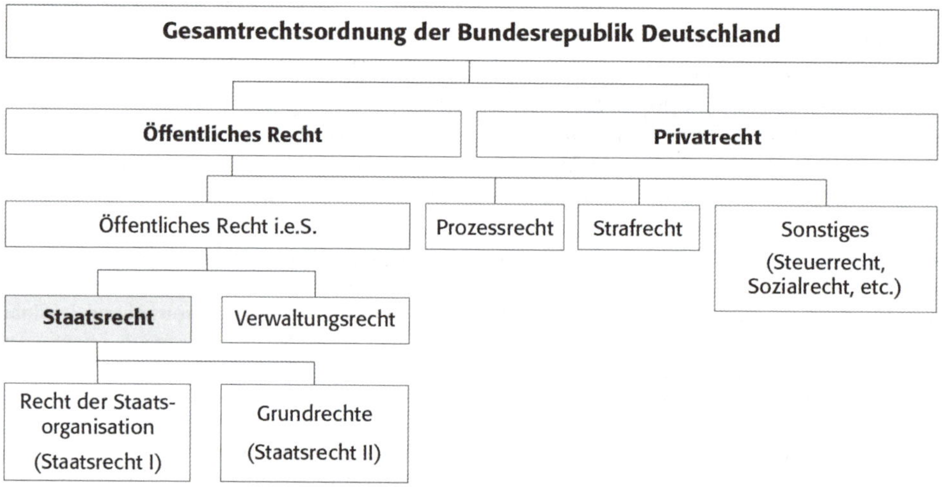

a) Die Abgrenzung von Staatsrecht und Verwaltungsrecht

84 Das Staatsrecht bezeichnet, wie bereits oben festgestellt wurde, die Gesamtheit der Rechtsnormen, welche die Grundlagen des Staates, den Aufbau und die Tätigkeit seiner

---

33 Vgl. zum Überblick über die möglichen Problemfälle etwa *Sodan/Ziekow*, Grundkurs Öffentliches Recht, 9. Aufl. 2020, § 67 Rn. 10 ff.

34 Vgl. zum Begriff des Prozessrechts bereits oben die Erläuterungen zu Rn. 8.

35 Vgl. *Maurer*, Staatsrecht I, 6. Aufl. 2010, § 1 Rn. 25 f.

36 Vgl. *Maurer*, Staatsrecht I, 6. Aufl. 2010, § 1 Rn. 28, 31.

37 Vgl. die ähnlichen Darstellungen etwa bei *Sodan/Ziekow*, Grundkurs Öffentliches Recht, 9. Aufl. 2020, § 67 Rn. 1; *Maurer*, Staatsrecht I, 6. Aufl. 2010, § 1 Rn. 28.

obersten Organe, die Staatsfunktionen sowie die grundlegenden Rechte der Bürger gegenüber dem Staat zum Gegenstand haben.[38] Die Regelungen über die Grundlagen, die Organe und die Funktionen des Staates werden dabei unter dem Begriff des **Staatsorganisationsrechts** im weiteren Sinne („Staatsrecht I") zusammengefasst, die grundlegenden Rechte der Bürger gegenüber dem Staat sind die **Grundrechte** („Staatsrecht II").

Wie das Staatsrecht hat auch das Verwaltungsrecht einen bestimmten Ausschnitt des 85
Staates zum Gegenstand, betrifft allerdings, im Gegensatz zum Staatsrecht, nicht die Grundlagen des Staates, den Aufbau und die Tätigkeit der obersten Staatsorgane oder die Grundrechte.[39] Das **Verwaltungsrecht** bezeichnet vielmehr die Gesamtheit der Rechtsnormen, welche den Inhalt der Tätigkeit der **öffentlichen Verwaltung**, die von der Verwaltung dabei zu beachtenden Verfahrensregeln sowie die Organisation der Verwaltung zum Gegenstand haben. Unabhängig davon, welchen Begriff von „Verwaltung" man dieser Definition zugrunde legt,[40] ergibt sich daraus, dass die verwaltungsrechtlichen Normen einen besonderen Bezug zum **Aufbau** und zu **Form und Inhalt der Tätigkeit von Behörden** haben. Der Inhalt der Behördentätigkeit besteht dabei in der **Ausführung von Bundes- und Landesgesetzen** (vgl. dazu die grundlegende Verteilung der Verwaltungskompetenzen in den Art. 83 ff. GG), aber auch – auf der Ebene der Gemeinden und Gemeindeverbände – in Ausübung der **kommunalen Selbstverwaltung** (Art. 28 Abs. 2 GG) sowie in der sog. **gesetzesfreien Verwaltung**, die keinen gesetzlichen Bindungen unterliegt (z.B. bei der Vergabe von Subventionen).

b) Die Abgrenzung von Staatsrecht und Verfassungsrecht

Das **Verfassungsrecht** ist die Summe der sich aus der geschriebenen Verfassung im for- 86
mellen Sinne ergebenden Rechtsnormen sowie das sog. Verfassungsgewohnheitsrecht.[41] Daran zeigt sich, dass die Begriffe des Staatsrechts und des Verfassungsrechts **andersartige Bezugspunkte** haben: Während das Staatsrecht all diejenigen Rechtsnormen bezeichnet, die **inhaltlich** den Staat als **Gegenstand** haben, erfasst das Verfassungsrecht alle Rechtsnormen, die **formal** einer bestimmten **Rechtsquelle**, nämlich der Verfassung im formellen Sinne und dem Verfassungsgewohnheitsrecht, entspringen.[42] Die Begriffe des Staatsrechts und des Verfassungsrechts schließen sich daher auch nicht aus, sondern bilden ihrem logischen Verhältnis nach „zwei sich überschneidende Kreise", die sich praktisch ganz überwiegend decken. So sind einerseits nicht alle, wohl aber **die meisten staatsrechtlichen Normen verfassungsrechtlichen Ursprungs**. Andererseits ist theoretisch auch denkbar, dass **Rechtsnormen mit formellem Verfassungsrang** erlassen werden, die **inhaltlich keinen staatsrechtlichen Gegenstand** regeln; eine solche Rechtsnorm enthält das Grundgesetz allerdings bislang nicht.[43]

---

38 Siehe oben Rn. 69.
39 Vgl. dazu und zum Folgenden *Maurer*, Staatsrecht I, 6. Aufl. 2010, § 1 Rn. 31.
40 Vgl. zum Begriff der Verwaltung etwa *Maurer/Waldhoff*, Allgemeines Verwaltungsrecht, 20. Aufl. 2020, § 1 Rn. 1 ff.
41 Vgl. dazu bereits oben Rn. 17 f. (zur Verfassung im formellen Sinne) und Rn. 24 f. (zum Verfassungsgewohnheitsrecht).
42 Vgl. dazu und zum Folgenden *Maurer*, Staatsrecht I, 6. Aufl. 2010, § 1 Rn. 43.
43 So auch *Maurer*, Staatsrecht I, 6. Aufl. 2010, § 1 Rn. 43.

Beispiele: Staatsrechtliche Normen, die nicht zugleich Verfassungsrang genießen, finden sich etwa im Abgeordnetengesetz (AbgG), im Bundeswahlgesetz (BWahlG), im Parteiengesetz (PartG), im Staatsangehörigkeitsgesetz (StAG) sowie im Gesetz über die parlamentarischen Untersuchungsausschüsse (Untersuchungsausschussgesetz – PUAG).[44]

B. Das Verfassungsrecht der Bundesrepublik Deutschland

87 Die überragend wichtigste Quelle des Staatsrechts der Bundesrepublik Deutschland ist das Verfassungsrecht – allem voran ihre geschriebene Verfassung, das **Grundgesetz**. Allgemein war die Verfassung oben als die von der verfassungsgebenden Gewalt oder, im Falle von Verfassungsänderungen, von den Gesetzgebungsorganen in einem besonderen Verfahren erlassene und in einer besonderen Urkunde niedergelegte rechtliche Grundordnung des Staates umschrieben worden.[45] Zudem war das Verfassungsrecht als traditionell ranghöchste Ebene im gestuften Aufbau der Rechtsordnung qualifiziert worden.[46] Diese **Charakteristika des Verfassungsrechts** lassen sich im Folgenden anhand des Grundgesetzes veranschaulichen und vertiefen.

I. Das Grundgesetz als „rechtliche Grundordnung“ der Bundesrepublik Deutschland: Ein Überblick über die wesentlichen Regelungen

88 Dass das Grundgesetz die rechtliche Grundordnung des Staates Bundesrepublik Deutschland bildet, zeigt ein **Überblick über seine wesentlichen Regelungen**.[47] Zu diesen Regelungen gehören zunächst sämtliche **Artikel** des Grundgesetzes. Die einleitende **Präambel** (von lat. *praeambulare* = vorangehen) enthält unterschiedliche Aussagen: Während sich die abschließende Bestimmung des Geltungsbereichs des Grundgesetzes durchaus als rechtsverbindliche Anordnung lesen lässt, wird man den übrigen Aussagen nicht mehr als Orientierungspunkte für die Auslegung des eigentlichen Normtextes entnehmen können.[48]

Zu Beginn des Studiums scheinen bei Studierenden oftmals Berührungsangst und Scheu im Umgang mit dem Grundgesetz zu herrschen – wenn denn überhaupt ein Text des Grundgesetzes in die Vorlesung oder Übung mitgebracht wird. Gerade in den Anfangssemestern ist es jedoch besonders wichtig, das juristische Handwerk an und mit dem Gesetz zu lernen. Da das Grundgesetz als unser „Verfassungsgesetz“ überragende Bedeutung hat und nicht nur unverbindliche politische Leitsätze, sondern ebenso unmittelbar geltende, wenn auch bisweilen etwas unbestimmter gefasste Rechtsnor-

---

44 Siehe dazu und zu weiteren Beispielen *Gröpl*, Staatsrecht I, 13. Aufl. 2021, § 3 Rn. 115; *Maurer*, Staatsrecht I, 6. Aufl. 2010, § 1 Rn. 38 ff.

45 Vgl. oben Rn. 17.

46 Vgl. dazu die grafische Darstellung der Normenpyramide, Rn. 44.

47 Vgl. zum Folgenden auch die Übersichten bei *Gröpl*, Staatsrecht I, 13. Aufl. 2021, § 4 Rn. 177 ff.; *Maurer*, Staatsrecht I, 6. Aufl. 2010, § 5 Rn. 10 ff.

48 Siehe zur Erläuterung der Präambel ausführlich *Maurer*, Staatsrecht I, 6. Aufl. 2010, § 5 Rn. 1 ff.

men enthält wie etwa das Bürgerliche Gesetzbuch oder das Strafgesetzbuch, sollte man sich frühzeitig an die **Arbeit an und mit dem Text des Grundgesetzes** gewöhnen. Auch insofern ist es erforderlich, den Aufbau des Grundgesetzes im Folgenden ins Bewusstsein zu rufen.

An die Spitze des eigentlichen Verfassungsrechtstextes hat der Grundgesetzgeber die **Grundrechte (Art. 1 bis 19 GG)** gestellt, welche zusammen mit den außerhalb dieses Abschnitts niedergelegten subjektiven Rechten – den sogenannten **grundrechtsgleichen Rechten** (z.B. das Wahlrecht aus Art. 38 Abs. 1 S. 1 GG) – die **grundlegenden Rechte des Bürgers gegenüber dem Staat** bilden. Damit kommt die für den modernen Verfassungsstaat demokratisch-rechtsstaatlichen Zuschnitts typische überragende Bedeutung der – als Bestandteile des Verfassungsrechts nun besonders bestandskräftigen (vgl. Art. 79 Abs. 2 GG) und für alle drei Staatsgewalten unmittelbar geltenden (vgl. Art. 1 Abs. 3 GG) – Grundrechte auch symbolisch zum Ausdruck. 89

Der Grundgesetzgeber reagierte (auch) durch diese Aufwertung der Grundrechte auf die **Schwächen der Weimarer Reichsverfassung** (1919) und setzte bewusst ein Zeichen der **Abkehr vom grundrechtsverachtenden Regime des Nationalsozialismus**. Zwar hatte bereits die Weimarer Reichsverfassung (1919) einen umfassenden Katalog von Grundrechten enthalten. Allerdings war deren rechtliche Wirkung gegenüber den Grundrechten des Grundgesetzes deutlich begrenzter, da zahlreiche (vor allem klassische) Grundrechtsbestimmungen durch den einfachen Gesetzgeber deutlich einfacher abgeändert werden konnten, als dies heute der Fall ist.[49] Die Grundrechte der Weimarer Reichsverfassung konnten daher während der Zeit des Nationalsozialismus, der den Grundrechten ideologisch offenkundig keinen Platz einräumte, ohne Schwierigkeiten praktisch ignoriert werden.

Der mit **„Der Bund und die Länder“** betitelte **zweite Abschnitt** des Grundgesetzes **(Art. 20 bis 37 GG)** enthält verschiedene, teils sehr wesentliche Bestimmungen zu den Grundlagen der Rechtsordnung der Bundesrepublik und geht daher über das im Titel angedeutete Verhältnis zwischen dem Bund und den Ländern weit hinaus. In **Art. 20 GG** etwa sind fünf der insgesamt sechs sog. **Staatsstrukturprinzipien** – neben der in Art. 1 GG geregelten Menschenwürdegarantie sind dies die Grundsätze der Demokratie, des Rechtsstaats, der Bundestaatlichkeit, der Sozialstaatlichkeit und der Republik –, also die wesensprägenden Grundzüge der staatlichen Rechtsordnung, niedergelegt. Sie werden zum Teil auch in **Art. 28 GG** aufgegriffen und als verbindliche Strukturgrundsätze auch der Rechtsordnungen der Länder vorgegeben. Des Weiteren unterliegen „die in Art. 1 und 20 GG niedergelegten Grundsätze“ dem Schutz der Ewigkeitsgarantie des Art. 79 Abs. 3 GG. Anders als die Weimarer Reichsverfassung greift das Grundgesetz in **Art. 21 GG** außerdem die **politischen Parteien** auf und verleiht ihnen in Abs. 1 einen besonderen verfassungsrechtlichen Status – nicht ohne ihnen allerdings in Abs. 2 zugleich gewisse Vorgaben und Schranken zu setzen. Auch die Möglichkeiten und Grenzen der **Übertragung von Hoheitsrechten** auf die **Europäische Union (Art. 23 GG)** und andere zwischenstaatliche Einrichtungen (Art. 24 GG) sowie das Nebeneinander von **Bund und Ländern (insbesondere Art. 30 und 31 GG)** werden in diesem Abschnitt grundsätzlich geregelt. 90

---

49 Vgl. dazu ausführlich *Dreier*, Die Zwischenkriegszeit, in: Merten/Papier (Hrsg.), Handbuch der Grundrechte, Band I, 2004, § 4 Rn. 20 ff.; zum Überblick *Papier/Krönke*, Grundkurs Öffentliches Recht 2, 4. Aufl. 2020, § 2 Rn. 23.

91 Die folgenden Abschnitte über die Verfassungsorgane und die Staatsfunktionen decken den **Kernbereich des Staatsorganisationsrechts** ab:[50] In den **Abschnitten drei bis sechs** wendet sich das Grundgesetz den (wichtigsten) **Verfassungsorganen des Bundes (Art. 38 bis 69 GG)** zu – dem Bundestag (Art. 38 bis 48 GG), dem Bundesrat (Art. 50 bis 53 GG), dem Bundespräsidenten (Art. 54 bis 61 GG) und der Bundesregierung (Art. 62 bis 69 GG) – und regelt dabei, in Grundzügen, die Bildung und Zusammensetzung dieser Organe sowie ihre Aufgabenbereiche und Zuständigkeiten. In den **Abschnitten sieben bis neun** finden sich grundlegende Regelungen über die Ausübung der **Staatsfunktionen (Art. 70 bis 104 GG)**, namentlich die Bestimmungen über die Gesetzgebung – also über die Gesetzgebungszuständigkeiten (Art. 70 bis 74 GG), das Gesetzgebungsverfahren (Art. 76 bis 78 GG), die besonderen Vorgaben für verfassungsändernde Gesetze (Art. 79 GG), die Rechtsetzung durch die Exekutive in Form der Verordnungsgebung (Art. 80 GG) sowie die Ausfertigung und Verkündung von Gesetzen und Rechtsverordnungen (Art. 82 GG) –, die Bestimmungen über den Gesetzesvollzug – insbesondere über die verschiedenen Formen der Ausführung von Bundesgesetzen und die wesentliche Ausgestaltung dieser Vollzugsformen (Art. 83 bis 91 GG) – und die Bestimmungen über die Rechtsprechung (Art. 92 bis 104 GG) – zu denen auch die für die Fallbearbeitung in den Anfangssemestern wichtigen Regelungen in Art. 93 GG und Art. 100 GG zählen, welche die Zuständigkeiten des Bundesverfassungsgerichts festlegen.

92 Für die Ausbildung eher sekundär, praktisch aber höchst bedeutsam ist der **zehnte Abschnitt**, der die sog. **Finanz- und Haushaltsverfassung (Art. 104a bis 115 GG)** der Bundesrepublik Deutschland enthält.[51] Hervorhebung verdienen dabei insbesondere die Verteilung der Steuergesetzgebungskompetenzen zwischen dem Bund und den Ländern in Art. 105 GG, die Steuerertragsaufteilung in Art. 106 GG, der Finanzausgleich unter den Ländern (Art. 107 GG) sowie die sog. „Schuldenbremse" (Art. 109 Abs. 3 GG) und die Haushaltsgrundsätze (Art. 110 GG). Ebenfalls von untergeordneter Bedeutung im Studium ist der **Abschnitt Xa** über den **Verteidigungsfall (Art. 115a bis 115l GG)**.

93 Der **elfte Abschnitt** enthält schließlich verschiedene **Übergangs- und Schlussvorschriften**. Teilweise finden sich hier einzelne auch in der Ausbildung relevante Vorschriften, insbesondere etwa das sog. Staatskirchenrecht in Art. 140 GG i.V.m. Art. 136 bis 139 und 141 der Weimarer Reichsverfassung sowie die für Beschlussfassungen durch den Bundestag relevante Größe der „Mehrheit der Mitglieder des Bundestages" (Art. 121 GG).

II. Verfassungsgebung und Verfassungsänderung

94 Neben seinem staatsgrundlegenden Gehalt zeichnet sich das Verfassungsgesetz gegenüber einfachen Gesetzen auch dadurch aus, dass es **in einem jeweils besonderen Verfahren zu erlassen und zu ändern** ist. Die Normen des Grundgesetzes genießen des-

50 Vgl. *Gröpl*, Staatsrecht I, 13. Aufl. 2021, § 4 Rn. 181.
51 Vgl. *Gröpl*, Staatsrecht I, 13. Aufl. 2021, § 4 Rn. 184.

wegen einen besonders hohen Grad an **Bestandsfestigkeit**.[52] Überdies sind sämtliche Verfassungsgesetze in einer besonderen Verfassungsurkunde zu inkorporieren (sog. **Inkorporationsgebot**).

Das **Inkorporationsgebot** sorgt dafür, dass die deutsche Verfassungsordnung nicht „ruinenhaft" zersplittert ist, sondern alle Verfassungsbestimmungen in einer einzigen Verfassungsurkunde – dem Grundgesetz – zusammengefasst sind. Ein Gegenbeispiel ist etwa das österreichische Rechtssystem, dessen Verfassungsbestimmungen nicht nur in der „Stammverfassung", dem Bundesverfassungsgesetz (B-VG), enthalten sind, sondern über hunderte Gesetze hinweg verstreut sind (z.B. im österreichischen Datenschutzgesetz, das neben einfachgesetzlichen Regeln in § 1 ein Datenschutzgrundrecht als Verfassungsbestimmung enthält).

1. Verfassungsgebung und -aufhebung durch die verfassungsgebende Gewalt

In der Präambel des Grundgesetzes wird zu seinem **Erlass** festgestellt, dass „sich das Deutsche Volk kraft seiner verfassungsgebenden Gewalt dieses Grundgesetz gegeben" hat. Entsprechendes ist in Art. 146 GG für die **Aufhebung** des Grundgesetzes vorgesehen: Hiernach verliert das Grundgesetz nur dann seine Gültigkeit, wenn „eine Verfassung in Kraft tritt, die von dem Deutschen Volke in freier Entscheidung beschlossen worden ist".[53] Von Erlass und Aufhebung des Grundgesetzes durch die verfassungsgebende Gewalt des Volkes sind die **Änderungen** des Grundgesetzes zu unterscheiden (vgl. dazu sogleich unten 2.). 95

Das Grundgesetz folgt damit im Grundsatz der **Lehre von der verfassungsgebenden Gewalt**, die im Zuge der französischen Revolution aufgestellt worden ist. Nach dieser auf die berühmte Schrift *„Qu'est-ce que le tiers-état?"* („Was ist der Dritte Stand?") von *Abbé Sieyès* (1748-1836) zurückzuführenden Lehre ist die **verfassungsgebende Gewalt** (sog. *pouvoir constituant*) von der **verfassten Gewalt** (sog. *pouvoir constitué*) zu unterscheiden. Die erstgenannte ist als originäre, der Verfassung vorausliegende Größe dazu berufen, die rechtliche Grundordnung des Staates festzulegen. Nach der Idealvorstellung der Lehre von der verfassungsgebenden Gewalt wählt dabei das **Volk** eine verfassungsgebende Versammlung und nimmt die von dieser ausgearbeitete Verfassung durch Volksentscheid an. Zu bemerken ist freilich, dass diese Lehre weder deskriptiv den tatsächlichen Vorgang der Verfassungsgebung festhält, noch zwingende normative Vorgaben für die „richtige" Verfassungsgebung setzen kann; sie stellt vielmehr „gewisse Mindestbedingungen für eine **nach demokratischen Grundsätzen legitime Verfassunggebung** auf".[54] In Abgrenzung von dem – durch die König Louis XIV. zugeordnete Bemerkung *„L'État, c'est moi."* („Der Staat bin ich.") auf den Punkt gebrachten – absolutistischen Staatsverständnis setzt die Lehre von der verfassungsgebenden Gewalt damit voraus, dass nicht etwa ein Monarch von Gottes Gnaden, sondern allein das Volk als Träger der originären Staatsgewalt in Betracht kommt und berufen ist, die rechtliche 96

52 Vgl. *Degenhart*, Staatsrecht I Staatsorganisationsrecht, 37. Aufl. 2021, § 1 Rn. 16 f.

53 Vgl. dazu BVerfGE 123, 267 (332) – „Lissabon-Vertrag": „Es ist allein die verfassungsgebende Gewalt, die berechtigt ist, den durch das Grundgesetz verfassten Staat freizugeben, nicht aber die verfasste Gewalt."

54 So treffend *Badura*, Staatsrecht, 7. Aufl. 2018, S. 16 (ohne Hervorhebungen im Original).

Grundordnung des Staates festzulegen. Der verfassungsgebenden Gewalt gegenübergestellt ist die **verfasste Gewalt**, also diejenige Staatsgewalt, die erst durch die Verfassung begründet und auf ihrer Grundlage ausgeübt wird.

Ob die **Entstehung des Grundgesetzes** nach dem Ende des Zweiten Weltkriegs (1939–1945) den von ihm selbst formulierten Anforderungen gerecht geworden ist, wird gelegentlich in Zweifel gezogen.[55] Auf folgende Umstände wird hier regelmäßig hingewiesen:

Zum einen waren an der Erarbeitung des Grundgesetzes die **drei Militärgouverneure der Westalliierten** in nicht unerheblichem Maße **beteiligt**: Als nach Kriegsende während der Besatzungszeit deutlich wurde, dass eine Einigung zwischen den Westmächten und der Sowjetunion über die Zukunft Deutschlands nicht erzielt werden konnte, waren es die drei westlichen Militärgouverneure, die den Ministerpräsidenten der deutschen Länder die sog. **Frankfurter Dokumente** (1948) überreichten, die insbesondere den Auftrag zur Einberufung einer verfassungsgebenden Versammlung enthielten;[56] von der Genehmigung der Militärgouverneure sollte letztlich auch das Inkrafttreten der auszuarbeitenden Verfassung abhängen.

Des Weiteren wird kritisiert, dass auch das **Verfahren der Verfassungsgebung** selbst nicht der Idealvorstellung der Lehre von der verfassungsgebenden Gewalt gerecht wird: Von den deutschen Landtagen – und nicht vom Volk selbst – wurden im August 1948 die Abgeordneten des **Parlamentarischen Rates** gewählt, der – unter Vorsitz *Konrad Adenauers* – mit der Ausarbeitung der Verfassung betraut werden sollte. Den Beratungen dieses Rates lag der **Verfassungsentwurf von Herrenchiemsee** (1948) zugrunde, der durch einen von den Ministerpräsidenten der Länder eingesetzten Sachverständigenausschuss auf der Insel Herrenchiemsee vom 10. bis 23. August 1948 erarbeitet worden war.[57] Nachdem das „Grundgesetz“ vom **Parlamentarischen Rat** und von **zehn der elf Landtage** angenommen worden war – allein der bayerische Landtag lehnte den Entwurf ab, erklärte aber zugleich, dass „die Rechtsverbindlichkeit dieses Grundgesetzes auch für Bayern“ anerkannt werde[58] –, wurde es schließlich am 23. Mai 1949 ausgefertigt und verkündet. Es trat gemäß Art. 145 Abs. 2 GG mit dem Ablauf des Tages seiner Verkündung in Kraft. Eine **Volksabstimmung** über das Grundgesetz hat es **nicht** gegeben.

Schließlich wird bisweilen angemerkt, dass bereits die **bewusst gewählte Bezeichnung „Grundgesetz“** dessen Charakter als echte Verfassung in Abrede stelle: Mit der Bezeichnung „Grundgesetz“ hatten die Ministerpräsidenten der westdeutschen Länder den geschichtlich klar belegten Begriff der „Verfassung“ vermieden, da sie ihr eigentliches Ziel, welches – wie aus den sog. **Koblenzer Beschlüssen** ersichtlich – auf die Schaffung eines gesamtdeutschen Staates gerichtet war, an sich nicht durch die Bildung eines nur westdeutschen Staates konterkarieren wollten. Es wurde daher wenigstens sprachlich dokumentiert, dass „nicht eine endgültige Verfassung für einen westdeutschen Staat, sondern nur ein zeitliches und räumliches **Provisorium** geschaffen werden sollte“.[59]

Trotz dieser Einwände genügt die Entstehung des Grundgesetzes den Anforderungen an eine **nach demokratischen Grundsätzen legitime Verfassungsgebung**: Die alliierten Westmächte hatten der deutschen Seite jedenfalls keine inhaltlichen Vorgaben gemacht, die diese nicht auch selbst wollten.[60] Des Weiteren kann einer Verfassung grundsätzlich auch dann eine hinreichende Legitimation zuteil werden, wenn das Volk nicht – wie es das Idealbild der Lehre von der verfassungsgebenden

55 Vgl. zum Folgenden *Maurer*, Staatsrecht I, 6. Aufl. 2010, § 3 Rn. 30 ff.
56 Vgl. *Maurer*, Staatsrecht I, 6. Aufl. 2010, § 3 Rn. 16 ff.
57 Vgl. *Maurer*, Staatsrecht I, 6. Aufl. 2010, § 3 Rn. 21.
58 Zitiert nach *Maurer*, Staatsrecht I, 6. Aufl. 2010, § 3 Rn. 24.
59 *Badura*, Staatsrecht, 7. Aufl. 2018, S. 32 (ohne Hervorhebung im Original).
60 Vgl. *Maurer*, Staatsrecht I, 6. Aufl. 2010, § 3 Rn. 31.

Gewalt angeblich vorsieht – unmittelbar am Entstehungsakt beteiligt ist. Entscheidend ist vielmehr die Akzeptanz der Verfassung im Volk, die das Grundgesetz – wie sich insbesondere schon anhand der hohen **Wahlbeteiligung von 78,5 % bei der ersten Bundestagswahl** sowie anhand des Umstandes belegen lässt, dass die Wähler dabei „ganz überwiegend die das Grundgesetz tragenden Parteien gewählt haben“ – ohne Zweifel erfahren hat.[61] Schließlich vermag auch der gelegentliche Verweis auf die bewusst gewählte Bezeichnung „Grundgesetz“ dem Verfassungscharakter des Grundgesetzes nicht zu schaden, da sich die Ministerpräsidenten im Klaren darüber waren, dass das Grundgesetz **inhaltlich**, wie oben gezeigt, eine **vollwertige Verfassung** darstellen würde.

2. Verfassungsänderung durch die verfasste Gewalt

Anders als der Erlass und die Aufhebung sind schlichte **Änderungen** des Grundgesetzes zwar durch Parlamentsgesetze möglich, also durch die **verfasste Staatsgewalt**. Allerdings unterliegen diese Änderungen besonderen Anforderungen. Im Gegensatz zu einfachen Gesetzen, die im Regelfall gemäß Art. 42 Abs. 2 S. 1 GG mit einfacher Mehrheit beschlossen werden können, bedarf eine **Verfassungsänderung** einer **qualifizierten Mehrheit** von jeweils zwei Dritteln der Stimmen der Bundestags- und Bundesratsmitglieder, **Art. 79 Abs. 2 GG**, berechnet nach der gesetzlichen Mitgliederzahl, nicht nach der Zahl der jeweils anwesenden Mitglieder, vgl. Art. 121 GG. 97

Keiner Änderung unterliegen allerdings die in **Art. 79 Abs. 3 GG** genannten grundlegenden Verfassungsgrundsätze (sog. **Ewigkeitsgarantie**), im Einzelnen 98

- die **föderale Ordnung** der Bundesrepublik,
- die grundsätzliche **Mitwirkung der Länder bei der Gesetzgebung**,
- die **Unantastbarkeit der Menschenwürde** (Art. 1 Abs. 1 i.V.m. Art. 79 Abs. 3 GG), einschließlich des Menschenwürdekerns jedes anderen Grundrechts, und die **grundsätzliche Bindung aller drei Gewalten an die Grundrechte** (Art. 1 Abs. 3 i.V.m. Art. 79 Abs. 3 GG),
- die in **Art. 20 GG** niedergelegten (sonstigen) **Staatsstrukturprinzipien in ihren Grundsätzen** sowie
- die Vorschrift des **Art. 79 Abs. 3 GG** selbst.

Das Bundesverfassungsgericht legt die Vorschrift des Art. 79 Abs. 3 GG ihrem Wortlaut entsprechend („die in den Artikeln 1 und 20 niedergelegten *Grundsätze berührt* werden“) eng aus. Ausgeschlossen ist daher **nicht jede Änderung** der in Art. 1 und 20 GG niedergelegten Grundsätze in ihrer konkreten, verfassungsrechtlich positivierten Gestalt, sondern vielmehr „eine **prinzipielle Preisgabe** der dort genannten Grundsätze“; der Gesetzgeber ist daher nicht gehindert, „durch verfassungsänderndes Gesetz auch elementarste Verfassungsgrundsätze systemimmanent zu modifizieren.“[62] Zur Begründung führt das Gericht beispielhaft aus, dass in Art. 20 Abs. 2 und 3 GG nicht das Rechtsstaatsprinzip an sich niedergelegt ist, „sondern nur ganz bestimmte Grundsätze des Rechtsstaatsprinzips“, nämlich der Grundsatz der Gewaltenteilung (Abs. 2) und der Grundsatz der Bindung der Gesetzgebung an die verfassungsmäßige Ordnung bzw. der vollziehenden Gewalt und der Rechtsprechung an Gesetz und Recht (Abs. 3); dem Rechtsstaatsprinzip lassen sich aber, so das Gericht,

---

61 *Maurer*, Staatsrecht I, 6. Aufl. 2010, § 3 Rn. 32.

62 BVerfGE 30, 1 (24) – „Abhörurteil“. Diese Rechtsprechung ist in der Literatur nicht unbestritten, vgl. statt vieler *Maurer*, Staatsrecht I, 6. Aufl. 2010, § 22 Rn. 20.

darüber hinaus noch weitere Grundsätze entnehmen, z.B. das Rückwirkungsverbot und der Grundsatz der Verhältnismäßigkeit.[63]

99 Eine **Änderung** oder **Aufhebung** eines dieser **änderungsfesten Teile** des Grundgesetzes darf, als Konsequenz der Regelung in Art. 79 Abs. 3 GG, nur dann erfolgen, wenn sich das Volk gemäß **Art. 146 GG** eine **neue Verfassung** gibt.

Eine solche Verfassungsneugebung wäre mit **enormen Schwierigkeiten und Unwägbarkeiten** verbunden und ließe sich kaum auf einzelne änderungswürdige Teile des Grundgesetzes begrenzen (z.B. auf eine Suspendierung von Akten der europäischen Integration von den Anforderungen des Art. 79 Abs. 3 GG). Schon das Verfahren einer solchen Neugebung, die historisch meist als revolutionärer Akt erfolgte, wäre völlig offen. Vor allem aber wird man nicht verhindern können, dass im Zuge dieser Verfassungsgebung der gesamte Inhalt des Grundgesetzes auf den Prüfstein gestellt würde. Die Diskussion über entsprechende Änderungen würde höchst wahrscheinlich mehrere Jahre oder Jahrzehnte dauern.

100 Insgesamt bewirkt die Vorschrift des Art. 79 GG, dass bestimmte Verfassungsänderungen selbst gegen die Verfassung verstoßen können. Die geänderten Rechtsnormen sind dann **verfassungswidriges Verfassungsrecht**. Sie sind, wie grundsätzlich alle verfassungswidrigen Gesetze, **nichtig**.

III. Vorrang des Grundgesetzes

101 Als Rechtsquelle obersten Ranges innerhalb der Rechtsordnung der Bundesrepublik Deutschland geht das Grundgesetz allen niederrangigen Rechtsnormen und sonstigen Rechtsakten vor. Dieser **Vorrang der Verfassung** wird durch **Art. 20 Abs. 3 GG** festgelegt und in **Art. 1 Abs. 3 GG** speziell für die Grundrechte formuliert. Der besondere Rang der Verfassung wird verfahrensrechtlich durch eine **starke Verfassungsgerichtsbarkeit** abgesichert.[64]

Literaturhinweise:

Badura, Staatsrecht, 7. Aufl. 2018, S. 2 ff.

Maurer, Staatsrecht I, 6. Aufl. 2010, §§ 1 bis 3, § 5 (zur Vertiefung)

---

63 BVerfGE 30, 1 (24 f.) – „Abhörurteil“.

64 Vgl. dazu ausführlich unten Rn. 449 ff.

2. Teil

Staatsstrukturprinzipien

Teil 5

§ 3 Grundsätzliches zu den Staatsstrukturprinzipien

A. Begriff und Funktionen der Staatsstrukturprinzipien

Mit dem Begriff der **Staatsstrukturprinzipien** werden im Folgenden die **elementaren Rechtsprinzipien** der mit dem Grundgesetz errichteten verfassungsmäßigen Staatsordnung bezeichnet, die in **Art. 1 Abs. 1** (Garantie der Menschenwürde) und **Art. 20 GG** (Grundsätze der Demokratie, des Rechtsstaats, der Bundestaatlichkeit, der Sozialstaatlichkeit und der Republik) niedergelegt worden sind und in Art. 23 Abs. 1 und Art. 28 Abs. 1 GG (teilweise) aufgegriffen und durch die Ewigkeitsgarantie des Art. 79 Abs. 3 GG gegenüber dem verfassungsändernden Gesetzgeber als unveränderbar abgesichert werden. Sie werden mitunter etwa auch als „verfassungsrechtliche Grundentscheidungen"[1], als „Strukturprinzipien"[2] oder als „Leitprinzipien"[3] bezeichnet.[4] In der Sache bestehen dabei keine Unterschiede. 102

Rechtsprinzipien sind ihrem Tatbestand und/oder ihrer Rechtsfolge nach in hohem Maße unbestimmte Rechtsnormen, die nicht ohne Weiteres auf einen konkreten Fall angewendet werden können, sondern der Konkretisierung bedürfen. Diese Konkretisierung hin zu im konkreten Einzelfall anwendungsfähigen Normen – auch **Rechtsregeln** genannt –, denen die Entscheidung des Einzelfalls unmittelbar entnommen werden kann, obliegt in erster Linie dem **Gesetzgeber**, im Rahmen der Ausfüllung von Gesetzeslücken[5] oder bei der Auslegung unbestimmt gefasster gesetzlicher Tatbestände aber ausnahmsweise auch dem **Richter**. Die Rechtsprinzipien werden somit als normative Grundentscheidungen verstanden, welche die tragenden Elemente eines einheitlichen **inneren Systems der Rechtsordnung** bilden.[6] Von den Rechtsprinzipien (oder -grundsätzen) in diesem normstrukturellen Sinne sind die allgemeinen Rechtsgrundsätze des Völkerrechts und des Unionsrechts zu unterscheiden: Das „Grundsätzliche" jener Rechtsgrundsätze liegt nicht in ihrer normtextlichen Fassung, sondern in ihrer Verbreitung in verschiedenen Rechtsordnungen.[7]

Neben ihrer mehr symbolischen, hier nicht näher auszubreitenden Funktion als **identitätsstiftende Merkmale** der Bundesrepublik Deutschland als solcher erfüllen die Staatsstrukturprinzipien vor allem eine überragend wichtige rechtstechnische Funktion als **systembildende Elemente unserer verfassungsmäßigen Ordnung**. An ihnen orien- 103

---

1 *Maurer*, Staatsrecht I, 6. Aufl. 2010, § 6 Rn. 2.
2 *Stern*, Staatsrecht I, 2. Aufl. 1984, S. 551.
3 *Hesse*, Grundzüge des Verfassungsrechts der Bundesrepublik Deutschland, 20. Aufl. 1995, § 4 Rn. 114.
4 Vgl. mit weiteren Umschreibungen *Maurer*, Staatsrecht I, 6. Aufl. 2010, § 6 Rn. 2.
5 Vgl. bereits oben Rn. 30.
6 Vgl. zur Bedeutung der Rechtsprinzipien für die Systembildung insbesondere *Canaris*, Systemdenken und Systembegriff in der Jurisprudenz (1969), 2. Aufl. 1983, S. 40 ff., 46 ff.
7 Vgl. zu den allgemeinen Rechtsgrundsätzen des Völkerrechts oben Rn. 36, zu den allgemeinen Rechtsgrundsätzen des Unionsrechts oben Rn. 39 und unten Rn. 487.

tieren sich wesentlich der Aufbau, die Organisation und die Tätigkeit des Staates sowie das grundlegende Verhältnis zwischen dem Staat und seinen Bürgern. Dieser systembildende Einfluss der Staatsstrukturprinzipien lässt sich an zahlreichen **Bestimmungen und Normkomplexen des Grundgesetzes**, insbesondere des Staatsorganisationsrechts, aufzeigen, die sich als **Ausgestaltungen** einzelner oder mehrerer jener elementaren Strukturprinzipien erweisen.

Beispiele: Die Mitwirkung des aus Vertretern der Landesregierungen zusammengesetzten Bundesrates bei der Bundesgesetzgebung ist (auch) ein Ausfluss des Bundesstaatsprinzips – wenn auch möglicherweise kein verfassungsrechtlich zwingender.[8] – Das in Art. 80 Abs. 1 S. 2 GG festgeschriebene Bestimmtheitsgebot, wonach Gesetze, mit denen die Exekutive zum Erlass von Rechtsverordnungen ermächtigt wird, „Inhalt, Zweck und Ausmaß" der Ermächtigung bestimmen müssen, lässt sich sowohl auf das Demokratieprinzip als auch auf das Rechtsstaatsprinzip zurückführen: Zum einen soll der demokratisch unmittelbar legitimierte parlamentarische Gesetzgeber selbst über die wesentlichen Fragen entscheiden, die in der Verordnung geregelt werden sollen. Zum anderen soll der Bürger als betroffener Verordnungsadressat im Interesse rechtsstaatlich gebotener Vorhersehbarkeit schon aus der gesetzlichen Ermächtigung ersehen können, in welchen Fällen und in welche Richtung die Exekutive von ihrer Verordnungsermächtigung Gebrauch machen wird.

104 In dieser systembildenden Funktion entfalten die Staatsstrukturprinzipien auch für die Rechtsanwendung **verbindliche Rechtswirkungen**, die auch im Rahmen juristischer Studienarbeiten zu beachten sein können, sei es

– (eher selten) als **selbst unmittelbar anwendbare Rechtsnormen**, sei es

Beispiel: Beschließt der Bundestag ein verfassungsänderndes Gesetz, mit dem die Wahlperiode in Abweichung von Art. 39 Abs. 1 S. 1 GG auf sechs Jahre verlängert werden soll, so muss diese Verfassungsänderung inhaltlich wegen **Art. 79 Abs. 3 GG** unmittelbar an den zwingenden **Vorgaben des Demokratieprinzips** gemessen werden.[9]

– in Gestalt bestimmter Unterprinzipien oder sonstiger **Konkretisierungen**, die **unmittelbare Rechtswirkungen** zeitigen, sei es

Beispiel: Als besondere Ausprägung des **Rechtsstaatsprinzips** hat vor allem der **Verhältnismäßigkeitsgrundsatz** überragende Bedeutung für die Fallbearbeitung.[10] Insbesondere die Prüfung der verfassungsrechtlichen Rechtfertigung von Grundrechtsbeschränkungen erfordert es in aller Regel, zu fragen, ob sich die Grundrechtsbeschränkung als verhältnismäßig erweist.[11]

– als **rechtsverbindliche Auslegungsvorgaben** bei der Anwendung von Verfassungsbestimmungen oder Gesetzen durch die vollziehende und die rechtsprechende Gewalt.

Beispiel: Bei der Prüfung der Frage, ob eine gesetzliche Ermächtigung „Inhalt, Ausmaß und Zweck" der Ermächtigung i.S.v. **Art. 80 Abs. 1 S. 1 GG** hinreichend bestimmt festlegt, ist zu berücksichtigen, dass dem in jener Vorschrift konstituierten Bestimmtheitsgebot das Demokratie- und das Rechtsstaatsprinzip zugrunde liegt, und sind die Anforderungen des Bestimmtheitsgebots dementsprechend auszulegen.

---

8 So etwa *Jarass*, in Jarass/Pieroth (Hrsg.), GG Kommentar, 17. Aufl. 2022, Art. 20 Rn. 23 und *Kment*, in Jarass/Pieroth (Hrsg.), GG Kommentar, 17. Aufl. 2022, Art. 79 Rn. 14.

9 Vgl. zur Wahlperiode näher unten Rn. 183.

10 Vgl. zum Verhältnismäßigkeitsgrundsatz ausführlich unten Rn. 242 ff.

11 Siehe dazu auch *Papier/Krönke*, Grundkurs Öffentliches Recht 2, 4. Aufl. 2020, § 7 Rn. 149 ff.

B. Abgrenzung der Staatsstrukturprinzipien von Staatszielbestimmungen

Staatszielbestimmungen sind, nach der von der Sachverständigenkommission Staatszielbestimmungen/Gesetzgebungsaufträge vorgelegten Definition, „Verfassungsnormen mit rechtlich bindender Wirkung, die der Staatstätigkeit die fortdauernde Beachtung oder Erfüllung bestimmter Aufgaben – sachlich umschriebener Ziele – vorschreiben“.[12] Wichtige Staatszielbestimmungen sind insbesondere die Verwirklichung der **europäischen Integration (Art. 23 Abs. 1 S. 1 GG)** sowie der **Umwelt- und Tierschutz (Art. 20a GG)**. Auch wenn sich die aus Staatszielbestimmungen folgenden Aufträge teilweise mit grundrechtlichen Schutzpflichten decken und mit Grundrechtsgewährleistungen zusammenspielen können, vermitteln sie prinzipiell **keine subjektiven Rechte**, sondern haben ausschließlich objektiv-rechtliche Gehalte. 105

Beispiel: Das **Klimaschutzgesetz** des Bundes wurde von mehreren Personen mit der Begründung angegriffen, dass die darin enthaltenen Maßnahmen zur Minderung der Treibhausgasemissionen und zur Begrenzung der globalen Erderwärmung unzureichend seien. Das Bundesverfassungsgericht erachtete die Verfassungsbeschwerden für zulässig, soweit mit ihnen die Verletzung einer grundrechtlichen Pflicht zum Schutz vor Beeinträchtigungen durch Umweltbelastungen aus Art. 2 Abs. 2 S. 1 GG (Recht auf Leben und körperliche Unversehrtheit) sowie eine Verletzung des u.a. aus Art. 2 Abs. 1 GG folgenden Rechts auf intertemporale Freiheitssicherung geltend gemacht wurden. Mit Blick auf das Recht auf intertemporale Freiheitssicherung führte das Gericht aus, dass dieses unzureichenden Klimaschutzmaßnahmen insoweit entgegenstünde, als dadurch immer dringender notwendige und dann noch einschneidendere Schutzmaßnahmen auf die Zukunft verschoben würden.[13] Eine solche eingriffsähnliche Vorwirkung auf die Freiheitsrechte bedürfe einer verfassungsrechtlichen Rechtfertigung, zu deren Anforderungen (aus grundrechtsdogmatischer Perspektive: „Schranken-Schranken“)[14] u.a. die Wahrung des objektiv-rechtlichen Schutzauftrags aus Art. 20a GG zähle.[15] Eine Berufung unmittelbar auf Art. 20a GG lehnte das Bundesverfassungsgericht demgegenüber explizit ab, da Art. 20a GG keine subjektiven Rechte enthalte.[16]

Die **Bindungswirkung** der Staatszielbestimmungen – und damit auch ihre Bedeutung als Maßstab einer Verfassungsmäßigkeitsprüfung – ist allerdings stark eingeschränkt und bezieht sich in aller Regel ausschließlich auf die durch sie vorgenommenen **Zielvorgaben**; die Wahl der Mittel und der Konkretisierung bleibt dagegen den staatlichen Organen überlassen.[17] Gewisse Bedeutung erlangen Staatszielbestimmungen – neben der im Beispiel zur Rn. 105 erläuterten Funktion als **„Schranken-Schranken“** – insbesondere als **Rechtsfertigungsgründe** für Grundrechtsbeschränkungen. 106

12 *Bundesminister des Inneren/Bundesminister der Justiz* (Hrsg.), Staatszielbestimmungen, Gesetzgebungsaufträge. Bericht der Sachverständigen-Kommission, 1983, S. 21. Vgl. dazu *Maurer*, Staatsrecht I, 6. Aufl. 2010, § 6 Rn. 9.

13 BVerfGE 157, 30 (Rn. 117) – „Klimaschutz“.

14 Zum Begriff *Papier/Krönke*, Grundkurs Öffentliches Recht 2, 4. Aufl. 2020, § 7 Rn. 145.

15 BVerfGE 157, 30 (Rn. 183 ff.) – „Klimaschutz“.

16 BVerfGE 157, 30 (Rn. 112) – „Klimaschutz“.

17 Vgl. *Maurer*, Staatsrecht I, 6. Aufl. 2010, § 6 Rn. 12.

Beispiel: Um die Akzeptanz für raumgreifende Windenergieanlagen in der Bevölkerung zu fördern, existieren verschiedene Instrumente einer **Bürgerbeteiligung bei Windparks**. So schreibt etwa der Landesgesetzgeber in Mecklenburg-Vorpommern zwingend vor, dass Windenergieanlagen jeweils nur durch eine eigens dafür zu gründende Projektgesellschaft errichtet und betrieben werden dürfen, und dass der Vorhabenträger kaufberechtigten Anwohnern und Gemeinden mindestens 20 % der Anteile an der jeweiligen Gesellschaft nach Maßgabe näherer gesetzlicher Vorgaben zum Kauf anbieten muss. Alternativ kann der Vorhabenträger den Kaufberechtigten auch andere Möglichkeiten wirtschaftlicher Teilhabe geben, namentlich über einen vergünstigten lokalen Stromtarif oder eine Ausgleichsabgabe. Der Gesetzgeber greift damit in die Berufsfreiheit der Vorhabenträger aus Art. 12 Abs. 1 GG ein.[18] Wie das Bundesverfassungsgericht festgestellt hat, verfolgt er dabei allerdings ein legitimes, auf **Art. 20a GG** gründendes Gemeinwohlziel:[19] Wenn ein substanzieller Teil der durch Windenergieanlagen erzeugten Wertschöpfung in der Region verbleibt, darf davon ausgegangen werden, dass die Bevölkerung vor Ort eher dazu geneigt ist, die mit solchen Anlagen verbundenen Eingriffe in das Landschaftsbild zu akzeptieren – und dass mithin der politische und rechtliche Widerstand gegen den **klimaschonenden** Ausbau von Windenergie gesenkt werden kann.

107 Von den Staatszielbestimmungen unterscheiden sich die Strukturprinzipien vor allem dadurch, dass sie nicht nur Vorgaben für das (vorwiegend legislative) Staatshandeln formulieren, sondern **systembildende Elemente der verfassungsmäßigen Ordnung selbst** sind. Sie bringen außerdem, anders als die Staatszielbestimmungen, in identitätsstiftender Weise das **staatstypische Selbstverständnis der Bundesrepublik** auf den Punkt und machen sie erst zu dem, „was sie ist".[20]

Literaturhinweise:

Gröpl, Staatsrecht I, 13. Aufl. 2021, § 5 Rn. 226 ff.

Maurer, Staatsrecht I, 6. Aufl. 2010, § 6 Rn. 1 ff. (zur Vertiefung)

Wichtige Rechtsprechung:

Zu B. BVerfGE 157, 30 – „Klimaschutz"
(Recht auf intertemporale Freiheitssicherung – Staatsziel Umwelt- und Klimaschutz)

18 Vgl. zur Systematik der Prüfung einer Grundrechtsverletzung noch eingehend *Papier/Krönke*, Grundkurs Öffentliches Recht 2, 4. Aufl. 2020, § 7 Rn. 125 ff.

19 Vgl. zum Folgenden BVerfG NVwZ 2022, 861 (868 ff.).

20 *Maurer*, Staatsrecht I, 6. Aufl. 2010, § 6 Rn. 9.

§ 4 Demokratie

In Art. 20 Abs. 1 GG stellt das Grundgesetz fest: „Die Bundesrepublik ist ein **demokratischer** Bundesstaat.“ Dieser verfassungsrechtliche Demokratiebegriff ist in mehrfacher Hinsicht **spezifisch** zu verstehen: 108

Zum einen begreift das Grundgesetz Demokratie als **Form der staatlichen Herrschaft**.[1] 109
Vor diesem Hintergrund lässt sich eine Erläuterung des verfassungsrechtlichen Prinzips der Demokratie zutreffend mit der wörtlichen Übersetzung jener Vokabel einleiten, also mit dem Verständnis von Demokratie als **Herrschaft des Volkes** (von griech. *demos* = Volk und *kratía* = Herrschaft) **im Staat**.

Ein Anderes ist demgegenüber gemeint, wenn von der **„Demokratisierung“ gesellschaftlicher Strukturen** die Rede ist, etwa der Wirtschaft und der Arbeitswelt, der Bildung, des Wissens und der Kunst, der Medien und des Internets usw.[2] Es geht dabei um die Übertragung von Grundgedanken der Staatsform Demokratie – also politische Herrschaft „von unten“ statt „von oben“ – auf gesellschaftliche Phänomene, insbesondere durch den Abbau autoritärer Elemente und die Förderung von Partizipation. Auch das **Grundgesetz** selbst sieht teilweise eine Übertragung demokratischer Grundgedanken auf Gebilde vor, die selbst nicht Staaten sind: So fordert **Art. 21 Abs. 1 S. 3 GG**, dass die innere Organisation von Parteien **„demokratischen Grundsätzen“** genügen muss. Entsprechendes sieht **Art. 23 Abs. 1 S. 1 GG** für die Organisation der Europäischen Union vor. Wenngleich indes das **Funktionieren der Demokratie als Staatsform** auch von gewissen außer- oder vorrechtlichen Voraussetzungen, von einer „demokratischen Kultur“ abhängig und eine Demokratisierung gesellschaftlicher Strukturen daher prinzipiell durchaus wünschenswert sein mag, so kann daraus **nicht** der Schluss gezogen werden, dass das demokratische Prinzip des Grundgesetzes diese gesellschaftlichen Demokratisierungen **verfassungsrechtlich gebietet**.[3]

Zum anderen hat das demokratische Prinzip als **Rechtsprinzip** im Grundgesetz eine eigene, **grundgesetzspezifische Ausgestaltung** erfahren. Wenngleich die Staatstheorie viele unterschiedliche und mitunter gewiss auch erstrebenswerte Demokratiemodelle hervorgebracht hat und es in Vergangenheit oder Gegenwart tatsächlich zahlreiche demokratisch organisierte Staaten gegeben hat oder gibt, die dem Grundgesetz möglicherweise sogar Vorbild waren oder sind, ist die demokratische Herrschaftsorganisation der Bundesrepublik Deutschland zunächst allein auf diejenige Ausgestaltung verwiesen, die ihr durch die einzelnen Bestimmungen des Grundgesetzes konkret verliehen worden ist.[4] Um diese soll es im Folgenden allein gehen. 110

Der Umstand etwa, dass die Bundesverfassung der Schweizerischen Eidgenossenschaft – anders als das Grundgesetz – in ihren Art. 136 bis 142 Möglichkeiten zur Durchführung von Volksinitiativen und Referenden über Verfassungsänderungen, also erhebliche **direktdemokratische Elemente** vor-

1 Vgl. zum Begriff der Herrschaft bereits oben Rn. 11.
2 Siehe dazu *Böckenförde*, Demokratie als Verfassungsprinzip, in: Isensee/Kirchhof (Hrsg.), Handbuch des Staatsrechts, Band II, 3. Aufl. 2004, § 24 Rn. 9.
3 Ebenso *Böckenförde*, Demokratie als Verfassungsprinzip, in: Isensee/Kirchhof (Hrsg.), Handbuch des Staatsrechts, Band II, 3. Aufl. 2004, § 24 Rn. 9.
4 Vgl. *Hesse*, Grundzüge des Verfassungsrechts der Bundesrepublik Deutschland, 20. Aufl. 1995, § 5 Rn. 127.

sieht, bedeutet nicht, dass auch das demokratische Prinzip des Grundgesetzes grundsätzlich für die Einführung solcher Elemente in der Bundesrepublik Deutschland auf Bundesebene streitet.

A. Ausgangspunkt: Der Grundsatz der Volkssouveränität, Art. 20 Abs. 2 S. 1 GG

111 Das Grundgesetz geht von der Demokratie im Sinne von Volksherrschaft aus und bestimmt, gleichsam auf einer „ersten Konkretisierungsstufe“[5] des Demokratieprinzips, in **Art. 20 Abs. 2 S. 1 GG**: „Alle Staatsgewalt geht vom Volke aus.“ Das demokratische Prinzip des Grundgesetzes erteilt damit zunächst eine Antwort auf die Frage, wer **Träger der Staatsgewalt** ist, und weist diese Trägerschaft grundsätzlich dem Volk zu. In Art. 20 Abs. 2 S. 1 GG verwirklicht sich damit die Idee der **Volkssouveränität**. Diese besagt im **Ausgangspunkt**, dass jedenfalls die Errichtung und Organisation der politischen Herrschaft auf das Volk selbst zurückgeführt werden kann, das Volk also **Inhaber der verfassungsgebenden Gewalt** sein und bleiben muss. Auch auf die **Ausübung der verfassten Staatsgewalt** zielt das Prinzip der Volkssouveränität bereits ab, das heißt, auch diese muss sich in irgendeiner Weise auf das Volk zurückführen lassen.[6]

Der Grundsatz der Volkssouveränität und die Formel von der Herrschaft des Volkes rufen zunächst das Bild einer sich in sämtlichen Fragen einigen, „homogenen“ Masse hervor, die die Staatsgeschicke lenkt.[7] Dies entspricht indes weder der politischen Realität noch dem Leitbild eines demokratischen Gemeinwesens und demokratisch getroffener Entscheidungen. Demokratie ist auf **Meinungsvielfalt** angelegt, auf einen „Wettbewerb und Wettstreit unterschiedlicher Ansichten“.[8] Dennoch ist es in jedem staatlichen Gemeinwesen unverzichtbar, dass ein **einheitlicher politischer Wille gebildet** wird, um die **Entscheidungs- und Handlungsfähigkeit des Gemeinwesens** zu sichern. In einer Demokratie werden Entscheidungen daher nach dem **„Mehrheitsprinzip“** getroffen, vgl. nur Art. 42 Abs. 2 S. 1 GG.[9]

Das Grundgesetz kennt **verschiedene Formen** der Mehrheit, an die das Demokratieprinzip je nach **Bedeutung und Tragweite** der zu treffenden Entscheidung erhöhte Anforderungen stellt, vgl. etwa Art. 42 Abs. 2 S. 1 GG einerseits („Mehrheit der abgegebenen Stimmen“) und Art. 79 Abs. 2 GG andererseits („Zustimmung von zwei Dritteln der Mitglieder des Bundestages“). Die Ausgestaltung der erforderlichen Mehrheit, des sog. **Quorums** (von lat. *quorum* = von denen, von welchen), kann auch im Rahmen einer Fallbearbeitung verfassungsrechtlich zu beurteilen sein: Ist z.B. die Verfassungsmäßigkeit eines verfassungsändernden Gesetzes zu prüfen, welches für bestimmte Entscheidungen ein gewisses Quorum voraussetzt, so muss – als Bestandteil der materiellen Verfassungsmäßigkeitsprüfung am Maßstab des Demokratieprinzips (Art. 20 Abs. 1 und 2 i.V.m. Art. 79 Abs. 3 GG) – ermittelt werden, ob die Bedeutung und Tragweite der ermöglichten Entscheidung in einem angemessenen Verhältnis zu dem vorgeschriebenen Quorum steht.

---

5 *Maurer*, Staatsrecht I, 6. Aufl. 2010, § 7 Rn. 20.

6 Vgl. etwa *Badura*, Staatsrecht, 7. Aufl. 2018, S. 372; *Degenhart*, Staatsrecht I Staatsorganisationsrecht, 37. Aufl. 2021, § 2 Rn. 26. Allein auf die Inhaberschaft der verfassungsgebenden Gewalt abstellend dagegen *Böckenförde*, Demokratie als Verfassungsprinzip, in: Isensee/Kirchhof (Hrsg.), Handbuch des Staatsrechts, Bd. II, 3. Aufl. 2004, § 24 Rn. 5.

7 Vgl. dazu auch *Maurer*, Staatsrecht I, 6. Aufl. 2010, § 7 Rn. 58 f.; *Gröpl*, Staatsrecht I, 13. Aufl. 2021, § 6 Rn. 304.

8 *Gröpl*, Staatsrecht I, 13. Aufl. 2021, § 6 Rn. 304.

9 *Maurer*, Staatsrecht I, 6. Aufl. 2010, § 7 Rn. 58.

Zur **Festsetzung des Quorums** muss das Gesetz notwendigerweise mindestens zwei Aussagen treffen:[10] Zum einen ist eine Aussage mit Blick auf den **Anteil der Zustimmungen** erforderlich. Denkbar sind hier als Quoren

- die **einfache Mehrheit** (= die Mehrheit der Stimmen, also 50 % + eine der Stimmen), z.B. Art. 42 Abs. 2 S. 1, Art. 63 Abs. 2 S. 1 GG, sowie
- **qualifizierte Mehrheiten**, vor allem die etwa die Zwei-Drittel-Mehrheit, z.B. Art. 79 Abs. 2 GG.

Zum anderen ist eine Aussage zu der bei der Berechnung der erforderlichen Mehrheit **zu berücksichtigenden Bezugsgröße** notwendig.[11] Denkbar sind hier

- die **Abstimmungsmehrheit** (= die Mehrheit der abgegebenen Stimmen), z.B. Art. 42 Abs. 2 S. 1 GG,
- die **Mitgliedermehrheit** (= die Mehrheit der Mitglieder, sog. absolute Mehrheit), z.B. Art. 63 Abs. 2 S. 1, Art. 79 Abs. 2 GG, sowie
- die (praktisch kaum bedeutsame) **Anwesenheitsmehrheit** (= die Mehrheit der anwesenden Mitglieder).

Die Begriffe der Staatsgewalt und des Volkes im Sinne des Art. 20 Abs. 2 S. 1 GG liegen sämtlichen Ausprägungen des demokratischen Prinzips zugrunde und kehren im Folgenden somit ständig wieder, etwa als Gegenstand des Erfordernisses hinreichender demokratischer Legitimation, als persönlicher Bezugspunkt für das aktive Wahlrecht aus Art. 38 Abs. 1 S. 1 GG usw. Sie sind daher vorab zu definieren: **112**

Der Begriff der **Staatsgewalt** umfasst nach der Rechtsprechung des Bundesverfassungsgerichts „jedenfalls alles amtliche Handeln mit Entscheidungscharakter";[12] er dürfte jedoch, darüber hinaus gehend, „die Wahrnehmung der dem Staat zukommenden bzw. von ihm tatsächlich in Anspruch genommenen Aufgaben insgesamt" abdecken,[13] also **jede Form der Tätigkeit eines Hoheitsträgers** erfassen.[14] **113**

Unter dem **Volk** ist das **deutsche Volk**, also die Gesamtheit der „deutschen Staatsangehörigen und den ihnen nach Art. 116 Abs. 1 GG gleichgestellten Personen" zu verstehen.[15] **Nicht** gemeint sind dagegen – nach nicht unumstrittener, aber herrschender Meinung – die von der Staatsgewalt **„Betroffenen"**;[16] denn traditionell wird die Zuordnung zum Staatsvolk als dem Träger der Staatsgewalt durch das **„rechtliche Band der Staatsangehörigkeit"** begründet, zumal es die Staatsangehörigen sind, die „mit dem politischen Leben und Schicksal des Staates, den sie bilden und tragen, als seine Mitglieder auf Dauer verknüpft" sind.[17] Bestätigt wird dieser traditionelle Ansatz durch den Vergleich mit ähnlichen, den Volksbegriff aufgreifenden Bestimmungen des Grundgesetzes – insbesondere mit der Präambel, mit Art. 33 Abs. 1 und 2, Art. 56 und Art. 146 GG.[18] **114**

---

10 Vgl. zum Folgenden insbesondere *Maurer*, Staatsrecht I, 6. Aufl. 2010, § 7 Rn. 59 ff.
11 Vgl. *Maurer*, Staatsrecht I, 6. Aufl. 2010, § 7 Rn. 60.
12 BVerfGE 83, 60 (73) – „Ausländerwahlrecht II".
13 *Böckenförde*, Demokratie als Verfassungsprinzip, in: Isensee/Kirchhof (Hrsg.), Handbuch des Staatsrechts, Band II, 3. Aufl. 2004, § 24 Rn. 12.
14 Vgl. ähnlich weitgehend bereits BVerfGE 47, 253 (273) – „Gemeindeparlamente".
15 BVerfGE 83, 37 (51 ff.) – „Ausländerwahlrecht I".
16 Vgl. *Maurer*, Staatsrecht I, 6. Aufl. 2010, § 7 Rn. 23.
17 *Böckenförde*, Demokratie als Verfassungsprinzip, in: Isensee/Kirchhof (Hrsg.), Handbuch des Staatsrechts, Band II, 3. Aufl. 2004, § 24 Rn. 26 (ohne Hervorhebung im Original).
18 Vgl. *Maurer*, Staatsrecht I, 6. Aufl. 2010, § 7 Rn. 23.

B. Die Ausübung der Staatsgewalt durch das Volk, Art. 20 Abs. 2 S. 2 GG

115 Das Grundgesetz konkretisiert die Idee der Volkssouveränität in **Art. 20 Abs. 2 S. 2 GG** weiter:[19] Die Staatsgewalt „wird vom Volke in Wahlen und Abstimmungen und durch besondere Organe der Gesetzgebung, der vollziehenden Gewalt und der Rechtsprechung ausgeübt." Das demokratische Prinzip des Grundgesetzes erschöpft sich somit nicht in der Zuweisung des Ursprungs und der letztlichen Trägerschaft der Staatsgewalt. Dem Volk wird zudem, auf einer zweiten „Konkretisierungsstufe",[20] auch die aktuelle **Ausübung der Staatsgewalt** zugesprochen, und zwar

- **unmittelbar** durch **Wahlen** und **Abstimmungen** (vgl. dazu unten E. und F.) sowie
- **mittelbar** durch die **Staatsorgane** (vgl. dazu insbesondere unten C. und D.).

C. Die Notwendigkeit „demokratischer Legitimation" aller Staatsgewalt

116 Eine zentrale verfassungsrechtliche Forderung des demokratischen Prinzips des Grundgesetzes liegt in der **Rückführbarkeit aller Staatsgewalt auf das Volk**. Jede Äußerung der Staatsgewalt muss somit ihren Ausgangspunkt im Willen des Volkes finden und auf diese Weise prinzipiell durch den Volkswillen anerkannt und gebilligt („legitimiert") sein.[21] Anders formuliert: Jede Wahrnehmung staatlicher Aufgaben und jede Ausübung staatlicher Befugnisse müssen einen bestimmten Grad an **demokratischer Legitimation** aufweisen.

Der Begriff **Legitimation** leitet sich, wie auch der Begriff der „Legalität", von dem lateinischen Wort für „Gesetz" (lat. *lex*) ab und wäre daher wörtlich mit „Gesetzmäßigkeit" zu übersetzen. Legitimation meint indes **nicht** die bloße **Übereinstimmung mit den Gesetzen** – darauf zielt der Begriff **Legalität** ab –, sondern bezeichnet den Umstand, dass ein bestimmter Zustand, eine bestimmte Person bzw. Personenmehrheit oder ein bestimmtes Handeln (das sog. Legitimationsobjekt) durch eine bestimmte Instanz (das sog. Legitimationssubjekt) **anerkannt** wird oder worden ist. Demokratische Legitimation meint daher grundsätzlich die Anerkennung bestimmter staatlicher Organe oder Handlungen (Legitimationsobjekt) durch das Volk (Legitimationssubjekt).

117 Das demokratische Prinzip des Grundgesetzes verlangt allerdings **nicht**, dass stets ein **Maximum** an demokratischer Legitimation erreicht wird. Es genügt vielmehr, wenn die Ausübung der Staatsgewalt durch die Organe der Gesetzgebung, der vollziehenden Gewalt und der Rechtsprechung ein **hinreichendes** Niveau an demokratischer Legitimation aufweist. Entscheidend ist dabei nach ständiger Rechtsprechung des Bundesverfassungsgerichts, dass „das Volk einen **effektiven Einfluss** auf die Ausübung der Staatsge-

19 Vgl. *Maurer*, Staatsrecht I, 6. Aufl. 2010, § 7 Rn. 20.
20 *Maurer*, Staatsrecht I, 6. Aufl. 2010, § 7 Rn. 20.
21 Vgl. *Maurer*, Staatsrecht I, 6. Aufl. 2010, § 7 Rn. 26.

walt durch diese Organe hat“.[22] Dabei kann das verfassungsrechtlich gebotene Legitimationsniveau je nach Bedeutung der Staatstätigkeit variieren und gerade in Bezug auf für das Gemeinwesen **wesentliche Entscheidungen** besonders hoch sein. Je intensiver staatliche Entscheidungen insbesondere etwa **Grundrechte** berühren, desto **höher** muss das Legitimationsniveau sein.[23]

I. Faktoren demokratischer Legitimation

Grundsätzlich werden **drei Faktoren** demokratischer Legitimation unterschieden, die in ihrem Zusammenwirken das konkrete demokratische Legitimationsniveau der im Einzelfall in Rede stehenden staatlichen Tätigkeit bilden:[24] **118**

1. Abstrakte Legitimation: Die institutionelle und funktionelle demokratische Legitimation

Eine gewisse **„institutionelle und funktionelle demokratische Legitimation“** beziehen die Organe der gesetzgebenden, der vollziehenden und der rechtsprechenden Gewalt jeweils aus dem Umstand, dass die verfassunggebende Gewalt selbst in Art. 20 Abs. 2 S. 2 GG jene drei staatlichen Gewalten errichtet und ihnen verfassungsrechtlich je eigene Funktionen zugewiesen hat.[25] Jede der drei Gewalten, einschließlich ihrer Untergliederungen, ist somit als Institution und in ihrer jeweiligen (gesetzgeberischen, vollziehenden oder rechtsprechenden) Funktion demokratisch legitimiert und muss zumindest prinzipiell nicht erst durch das (unmittelbar personell demokratisch legitimierte) Parlament zur Ausübung ihrer jeweiligen Befugnisse ermächtigt werden. Aus dem Erfordernis demokratischer Legitimation darf somit **nicht** fälschlicherweise ein „Gewaltenmonismus in Form eines **allumfassenden Parlamentsvorbehalts**“ abgeleitet werden.[26] **119**

2. Konkrete Legitimation: Die organisatorisch-personelle und die sachlich-inhaltliche demokratische Legitimation

Diese aus Art. 20 Abs. 2 S. 2 GG abgeleitete, sehr allgemeine und grundsätzliche Form der demokratischen Legitimation **ersetzt** allerdings **nicht** die **konkrete demokratische Legitimation** der jeweiligen Organbesetzung und ihrer Entscheidungen; sie wird erst durch die sog. organisatorisch-personelle und die sog. sachlich-inhaltliche demokratische Legitimation vermittelt:[27] **120**

22 BVerfGE 83, 60 (71 f.) – „Ausländerwahlrecht II“.
23 BVerfGE 146, 164 (210) m.w.N. – „IHK-Pflichtmitgliedschaft“.
24 Vgl. zum Folgenden eingehend *Böckenförde*, Demokratie als Verfassungsprinzip, in: Isensee/Kirchhof (Hrsg.), Handbuch des Staatsrechts, Band II, 3. Aufl. 2004, § 24 Rn. 14 ff.
25 BVerfGE 49, 89 (125) – „Kalkar I“.
26 BVerfGE 49, 89 (125) – „Kalkar I“ (ohne Hervorhebung im Original).
27 Vgl. *Böckenförde*, Demokratie als Verfassungsprinzip, in: Isensee/Kirchhof (Hrsg.), Handbuch des Staatsrechts, Band II, 3. Aufl. 2004, § 24 Rn. 15.

a) Organisatorisch-personelle demokratische Legitimation

121 Zum einen erfordert die verfassungsrechtlich notwendige demokratische Legitimation eine „ununterbrochene Legitimationskette vom Volk zu den mit staatlichen Aufgaben betrauten Organen und Amtswaltern“,[28] und zwar im Hinblick auf das **konkret ausgeübte Amt**. Man spricht insoweit von **organisatorisch-personeller demokratischer Legitimation**. Dabei muss die Legitimation, wie der Begriff der „Kette“ veranschaulicht, „**nicht** in jedem Fall durch **unmittelbare Volkswahl** erfolgen“.[29] Es genügt in aller Regel eine **mittelbare demokratische Legitimation**, die durch eine lückenlose Reihe „individueller Berufungsakte vom Amtswalter bis hin zum Volk“ zurückgeführt werden kann.[30] In der parlamentarischen Demokratie des Grundgesetzes sind daher die durch Wahlen **unmittelbar personell demokratisch legitimierten Parlamente** notwendige Glieder innerhalb jeder organisatorisch-personellen Legitimationskette.

Beispiel: Eine derartige Legitimation wird etwa für einen im Hauptzollamt München tätigen Beamten der Bundesfinanzverwaltung vor allem über die Kette „Beamter-Leiter des Hauptzollamtes-Bundesfinanzminister-Bundeskanzler-Bundestag-Volk“ hergestellt:[31] Sein konkretes Amt ist dem Finanzbeamten im Wege der Ernennung durch den Leiter des Hauptzollamtes verliehen worden. Dieser handelte dabei für den Bundesminister der Finanzen, welcher seinerseits vom Bundeskanzler vorgeschlagen wurde (Art. 64 Abs. 1 GG). Der Bundeskanzler selbst wurde vom Bundestag gewählt (Art. 63 Abs. 1 GG), dessen Mitglieder schließlich vom Bundesvolk (Art. 38 Abs. 1 GG) gewählt wurden. Als zentrales Glied in der Legitimationskette erweist sich dabei der unmittelbar demokratisch legitimierte Bundestag.

b) Sachlich-inhaltliche demokratische Legitimation

122 Die sog. **sachlich-inhaltliche demokratische Legitimation** führt die Ausübung der Staatsgewalt schließlich ihrem Inhalt nach auf das Volk zurück. Sie kann grundsätzlich in zweierlei Hinsicht hergestellt werden:[32]

123 Ein Instrument zur Herstellung sachlich-inhaltlicher demokratischer Legitimation bildet die in **Art. 20 Abs. 3 GG** niedergelegte **Bindung** der vollziehenden und der rechtsprechenden Gewalt an die **förmlichen Gesetze**. Da das **Gesetzgebungsrecht** – auf Bundesebene gemäß Art. 77 Abs. 1 GG – beim personell unmittelbar demokratisch legitimierten Parlament liegt, bestimmt dieses in ganz erheblichem Maße die Form und den Inhalt der Tätigkeiten von Exekutive und Judikative und legt ihnen im konkreten Einzelfall jeweils sachlich-inhaltliche demokratische Legitimation bei, die mit den Mitteln der Aufsicht und des Rechtsschutzes auch effektiv durchgesetzt werden kann.

---

28 BVerfGE 47, 253 (275) – „Gemeindeparlamente“.
29 BVerfGE 47, 253 (275) – „Gemeindeparlamente“.
30 *Böckenförde*, Demokratie als Verfassungsprinzip, in: Isensee/Kirchhof (Hrsg.), Handbuch des Staatsrechts, Band II, 3. Aufl. 2004, § 24 Rn. 16.
31 Vgl. das ähnliche Beispiel bei *Gröpl*, Staatsrecht I, 13. Aufl. 2021, § 6 Rn. 270.
32 Vgl. zum Folgenden *Böckenförde*, Demokratie als Verfassungsprinzip, in: Isensee/Kirchhof (Hrsg.), Handbuch des Staatsrechts, Band II, 3. Aufl. 2004, § 24 Rn. 21 f.

An dem Zusammenspiel der rechtsstaatlichen Bindung an das Gesetz und der Rückkoppelung der politischen Herrschaft an das Volk zeigt sich eine starke **Verschränkung** des **Demokratieprinzips** mit dem in Art. 20 Abs. 3 GG verankerten **Rechtsstaatsprinzip**.[33] Erst dieses „Nebeneinander von Rechtsstaat und Demokratie“ stellt die notwendige Legitimation der Ausübung politischer Herrschaft her.[34]

Zum anderen wird die Ausübung der Staatsgewalt inhaltlich durch ein **System von Verantwortlichkeiten und Sanktionen** auf den Willen des Volkes zurückgeführt, wiederum bezogen auf das **konkret ausgeübte Amt**:[35] So ist der einzelne Abgeordneten – durch die periodisch wiederkehrenden Wahlen sanktioniert (vgl. Art. 38 Abs. 1 und Art. 39 Abs. 1 S. 1 GG) – dem Volk gegenüber verantwortlich. Weiter besteht, auf Bundesebene, eine Verantwortlichkeit des Bundeskanzlers sowie (mittelbar) der gesamten Bundesregierung gegenüber dem Parlament, die vor allem durch das konstruktive Misstrauensvotum (Art. 67 GG) sowie die Rechte des Bundestages zur Zitierung (Art. 43 GG) und zur Bildung von Untersuchungsausschüssen (Art. 44 GG) sanktioniert ist. Auch die nachgeordneten Behörden und sonstigen Organe sind in ein System von Verantwortlichkeiten und Sanktionen eingebunden: Hier sorgen insbesondere die verschiedenen Weisungs- und Aufsichtsrechte für eine sachlich-inhaltliche demokratische Legitimation der Tätigkeit nachgeordneter Stellen. 124

Beispiel: Die beschriebene organisatorisch-personelle demokratische Legitimation des im Hauptzollamt München tätigen Beamten wird komplettiert durch die fachlichen und rechtlichen Aufsichts- und Weisungsbefugnisse der Vorgesetzten und der jeweils übergeordneten Behörden sowie die korrespondierenden Pflichten der einzelnen Beamten gegenüber ihren Vorgesetzten und der einzelnen Behörde gegenüber der jeweils übergeordneten Behörde, den entsprechenden Weisungen Folge zu leisten. Durch diesen **hierarchischen Aufbau** der Verwaltung wird die sachlich-inhaltliche demokratische Legitimation hergestellt.[36]

II. Anwendungsbereiche des Legitimationsmodells und Problemfälle

Das Erfordernis hinreichender demokratischer Legitimation gilt, wie bereits oben festgestellt, für **sämtliche Tätigkeiten des Staates**. Da sich die Erscheinungsformen staatlichen Handelns allerdings ganz erheblich voneinander unterscheiden können, stellt sich die Frage, ob die soeben dargestellten Legitimationsfaktoren auf sämtliche Äußerungen staatlicher Herrschaft übertragbar sind. Vor allem anhand der verschiedenen **Erscheinungstypen der vollziehenden Gewalt** lassen sich die Legitimationsanforderungen des demokratischen Prinzips veranschaulichen und mögliche Legitimationsprobleme diskutieren.[37] 125

33 Vgl. zum Rechtsstaatsprinzip ausführlich unten Rn. 217 ff.
34 Vgl. in diesem Sinne auch *Unger*, Das Verfassungsprinzip der Demokratie, 2008, S. 9 f.
35 Vgl. dazu *Böckenförde*, Demokratie als Verfassungsprinzip, in: Isensee/Kirchhof (Hrsg.), Handbuch des Staatsrechts, Band II, 3. Aufl. 2004, § 24 Rn. 21; *Sodan/Ziekow*, Grundkurs Öffentliches Recht, 9. Aufl. 2020, § 6 Rn. 27 ff.
36 Vgl. dazu wiederum das Beispiel bei *Gröpl*, Staatsrecht I, 13. Aufl. 2021, § 6 Rn. 270.
37 Vgl. zur demokratischen Legitimation der Rechtsprechung etwa *Voßkuhle/Sydow*, JZ 2002, 673 ff.

1. Unmittelbare Staatsverwaltung

126 Das herkömmliche Modell demokratischer Legitimation ist in erster Linie auf die klassische **unmittelbare Staatsverwaltung** zugeschnitten.[38] Diese ist durch einen **hierarchischen Aufbau** gekennzeichnet, der eine Rückführung der organisatorisch-personellen Legitimationskette auf das Volk und eine Einbindung der handelnden Personen in ein System von Verantwortlichkeiten und Sanktionen im Grundsatz sicherstellt und ein **hinreichendes Legitimationsniveau** somit **prinzipiell gewährleistet**.[39]

Die grundlegende Unterscheidung von unmittelbarer und mittelbarer Staatsverwaltung zieht sich durch den gesamten Aufbau der **vollziehenden Gewalt**:[40] Sowohl der Bund als auch die Länder können gesetzesvollziehende Tätigkeiten zum einen durch eigene, **hierarchisch gegliederte Behörden** ausüben, im Wege sog. **unmittelbarer Staatsverwaltung**. So hat z.B. die Bundesfinanzverwaltung das Bundesfinanzministerium als oberste Bundesbehörde, der die mittleren Behörden (etwa die Bundesfinanzdirektionen) und die unteren Behörden (etwa die Hauptzollämter) jeweils nachgeordnet sind. Der Bund und die Länder können ihre Verwaltungsaufgaben aber auch durch rechtlich selbständige Organisationsformen wahrnehmen lassen (sog. **mittelbare Staatsverwaltung**). Wichtige Elemente der mittelbaren Staatsverwaltung sind die **Träger der kommunalen Selbstverwaltung** (Gemeinden und Landkreise, ggfs. Bezirke), aber auch sonstige Selbstverwaltungsträger (z.B. Universitäten, Sozialversicherungsträger, Berufskammern).

127 **Legitimationsprobleme** können sich indes auch im Rahmen der unmittelbaren Staatsverwaltung ergeben, wenn

- an staatlichen Entscheidungen auch solche **Personen mitwirken**, die **nicht** durch einen individuellen Berufungsakt **organisatorisch-personell demokratisch legitimiert** sind. Dies wird vor allem dann relevant, wenn
  - die personelle **Zusammensetzung von entscheidungsbefugten Kollegialorganen** in Rede steht und deren Mitglieder auch von nicht organisatorisch-personell demokratisch legitimierten Verbänden und anderen gesellschaftlichen Gruppierungen usw. entsandt oder zumindest vorgeschlagen werden sollen.[41]

    Nach der strengeren Auffassung müssen **sämtliche Mitglieder** des Kollegialorgans individuell demokratisch legitimiert sein, ungeachtet des Einflusses, über den diese innerhalb des Organs verfügen. Demnach könnte man z.B. die Verfassungsmäßigkeit der Zusammensetzung des **Bundespersonalausschusses** (§§ 119 ff. des Bundesbeamtengesetzes – BBG) bezweifeln, da je vier ordentliche und stellvertretende nichtständige Mitglieder jenes Ausschusses gemäß § 120 Abs. 3 BBG aufgrund einer Benennung durch die zuständigen Spitzenorganisationen der Gewerkschaften bestellt werden. Nach der Gegenauffassung genügt es dagegen bereits, wenn die **zur Beschlussfassung erforderliche Mehrheit der stimmberechtigten Mitglieder** des Kollegialorgans durch einen konkret-individuellen Berufungsakt hinreichend demokratisch legitimiert ist.[42] Wenngleich die hinreichende demokratische Legitimation des Bundesperso-

---

38 Vgl. *Maurer*, Staatsrecht I, 6. Aufl. 2010, § 7 Rn. 29.
39 Vgl. zur Erläuterung das Beispiel oben bei Rn. 121 und 124.
40 Vgl. zur Unterscheidung von unmittelbarer und mittelbarer Staatsverwaltung ausführlich unten Rn. 425 ff.
41 Vgl. *Böckenförde*, Demokratie als Verfassungsprinzip, in: Isensee/Kirchhof (Hrsg.), Handbuch des Staatsrechts, Bd. II, 3. Aufl. 2004, § 24 Rn. 17 ff.; an diesen angelehnt *Maurer*, Staatsrecht I, 6. Aufl. 2010, § 7 Rn. 30.
42 So die Auffassung von *Böckenförde*, Demokratie als Verfassungsprinzip, in: Isensee/Kirchhof (Hrsg.), Handbuch des Staatsrechts, Bd. II, 3. Aufl. 2004, § 24 Rn. 19.

nalausschusses im Ergebnis zu bejahen ist – die von den Spitzenorganisationen der Gewerkschaften vorgeschlagenen Mitglieder müssen selbst zwingend Bundesbeamte sein und sind darüber hinaus förmlich durch den Bundespräsidenten zu bestellen –,[43] erscheint die letztgenannte Auffassung insoweit prinzipiell problematisch, als sie im Einzelfall staatliche Entscheidungen erlaubt, die mehrheitlich durch nicht individuell demokratisch legitimierte Personen getragen werden. Vorzugswürdig dürfte daher eine vermittelnde Auffassung sein, die es grundsätzlich genügen lässt, wenn zumindest die Mehrheit der Mitglieder des Kollegialorgans organisatorisch-personell demokratisch legitimiert ist, zusätzlich aber verlangt, dass die konkret getroffenen Entscheidungen des Kollegialorgans jeweils von einer Mehrheit der demokratisch legitimierten Mitglieder getragen sind (sog. **Prinzip der „doppelten Mehrheit“**).[44]

- demokratisch nicht legitimierte Personen oder Vereinigungen **eigenständige Befugnisse zur Mitwirkung** an den Entscheidungen organisatorisch-personell demokratisch legitimierter Hoheitsträger eingeräumt werden sollen, etwa Vorschlags-, Beratungs- oder Zustimmungsrechte.[45]

Derartige Probleme ergeben sich vor allem etwa im Hinblick auf die **Mitbestimmung von Personalvertretungen** im Bereich des öffentlichen Dienstes über an sich innerdienstliche Fragen, die zugleich aber nicht nur unerhebliche Auswirkungen auf die Wahrnehmung des Amtsauftrags der Bediensteten haben. Es geht dabei um eine im Ansatz durchaus legitime Beteiligung der Beschäftigten zur Wahrung ihrer Belange und zur Mitgestaltung ihrer Arbeitsbedingungen, die letztlich für einen angemessenen Interessensausgleich sorgt und den „Betriebsfrieden“ gewährleistet. Für die Bundesbeamten finden sich entsprechende Mitbestimmungsregelungen etwa im Bundespersonalvertretungsgesetz (BPersVG). Das Bundesverfassungsgericht hat in seiner Entscheidung über das Mitbestimmungsgesetz Schleswig-Holstein einen flexiblen demokratieprinzipiellen Maßstab an die Mitwirkungsbefugnisse von Personalvertretungen angelegt, je nachdem, welche Auswirkungen die Entscheidungen auf die Amtsausübung haben.[46] – Gelockert wird die organisatorisch-personelle demokratische Legitimationskette überdies in Fällen formeller und funktionaler **Privatisierung**. Während die **formelle** (oder: Organisations-)Privatisierung Konstellationen betrifft, in denen eine staatliche Aufgabe formal von einer juristischen Person des Privatrechts wahrgenommen wird (z.B. die Versorgung der Bayreuther Bevölkerung mit Energie und Wasser durch die zu 100% im Eigentum der Stadt Bayreuth stehenden Stadtwerke Bayreuth Holding GmbH), bezeichnet die **funktionale** Privatisierung eine Übertragung (vorbereitender oder durchführende) Teilbeiträge zur Erfüllung einer staatlichen Aufgabe an ein Privatrechtssubjekt (z.B. die Beauftragung eines privaten Sicherheitsunternehmens zur Bewachung von Verwaltungsgebäuden). Derartige Aufgabenübertragungen sind aus der Perspektive des Demokratieprinzips nur dann zulässig, wenn sich der staatliche Aufgabenträger hinreichende Auswahl-, Einwirkungs- und Kontrollbefugnisse vorbehält, die auch eine parlamentarische Beboachtung der ordnungsgemäßen Aufgabenerfüllung gewährleisten.[47] Konkret muss die öffentliche Hand die eingeschalteten Privaten über entsprechende gesellschaftsrechtlichen bzw. vergabe- und vertragsrechtlichen Instrumente und Gestaltungen binden.

---

43 Vgl. zutreffend *Hebeler*, in: Battis, BBG, 6. Aufl. 2022, § 120 Rn. 3 f. und § 119 Rn. 5.

44 So offensichtlich auch BVerfGE 93, 37 (72) – „Mitbestimmungsgesetz Schleswig-Holstein“, in Anlehnung an *Böckenförde*, in: Handbuch des Staatsrechts, Bd. II, 3. Aufl. 2004, § 24 Rn. 19 (Fn. 28); ebenso *Maurer*, Staatsrecht I, 6. Aufl. 2010, § 7 Rn. 30.

45 Vgl. *Böckenförde*, Demokratie als Verfassungsprinzip, in: Isensee/Kirchhof (Hrsg.), Handbuch des Staatsrechts, Bd. II, 3. Aufl. 2004, § 24 Rn. 20; ebenso *Maurer*, Staatsrecht I, 6. Aufl. 2010, § 7 Rn. 30.

46 Vgl. grundlegend BVerfGE 93, 37 (70 ff.) – „Mitbestimmungsgesetz Schleswig-Holstein“.

47 Vgl. etwa BVerfGE 130, 76 (Rn. 164 ff.) – „Maßregelvollzug“.

– Organe innerhalb der Verwaltung ausnahmsweise **von Weisungen freigestellt** sind und somit die Verantwortlichkeit des Organs im Sinne der **sachlich-inhaltlichen demokratischen Legitimation** nicht mehr umfassend gewährleistet ist (sog. **ministerialfreie Räume**).[48]

Als klassisches Beispiel im Zusammenhang mit den ministerialfreien Räumen wird wegen der in § 12 Satz 1 des Gesetzes über die Bundesbank (BBankG) geregelten Weisungsfreiheit gemeinhin die **Deutsche Bundesbank (Art. 88 GG)** genannt, deren Aufgaben im Zuge ihrer Eingliederung in das System der Europäischen Systems der Zentralbanken freilich grundlegend neu gestaltet wurden; die Aufgaben und Befugnisse einer Notenbank werden in diesem System, wie in Art. 88 Satz 2 GG ausdrücklich zugelassen, durch die Europäische Zentralbank wahrgenommen, „die unabhängig ist und dem vorrangigen Ziel der Sicherung der Preisstabilität verpflichtet". Hierin kommt der sachlich rechtfertigende Grund für die fehlende Weisungsgebundenheit einer Notenbank und die damit verbundene Abschwächung des Demokratieprinzips zum Ausdruck: Durch eine von anderen wirtschaftspolitischen Zielen (z.B. Stabilisierung der Konjunktur) unabhängige Notenbank soll die Geldwertstabilität gewährleistet werden. Auch im Übrigen sind ministerialfreie Räume **nur ausnahmsweise** verfassungsrechtlich zulässig, wenn die **Eigenart der konkreten Aufgabe**, für die der Amtsträger weisungsfrei gestellt ist, dies **notwendig erfordert** – etwa im **Prüfungswesen**, wo es darum geht, die besondere Sachkunde des Prüfers ungestört in die Prüfungsentscheidungen einfließen zu lassen.[49]

2. Mittelbare Staatsverwaltung

128 Anders als die in die unmittelbare Staatsverwaltung eingegliederten Entscheidungsträger zeichnen sich die Träger der sog. **mittelbaren Staatsverwaltung** dadurch aus, dass ihnen bestimmte hoheitliche Aufgaben zur **eigenverantwortlichen Wahrnehmung** übertragen worden sind, ohne dass sie in ein mit der unmittelbaren Staatsverwaltung vergleichbares Geflecht organisatorisch-personeller und sachlich-inhaltlicher demokratischer Legitimation eingebunden sind. Ihre Legitimation beziehen die verschiedenen Selbstverwaltungsträger zum Teil aus **anderen Legitimationsquellen**, die je nach Selbstverwaltungsträger variieren. Es fragt sich, ob und inwieweit das Handeln dieser Selbstverwaltungsträger dennoch ein hinreichendes Maß an demokratischer Legitimation aufweist, genauer: ob das mit der lockereren Einbindung in die „herkömmliche" demokratische Legitimationskette verbundene Defizit an demokratischer Legitimation durch die zusätzliche Legitimation aus anderer Quelle verfassungsrechtlich kompensiert werden kann.

Beispiel: Die Versorgung der Bevölkerung mit Elektrizität und Wasser fällt in Bayern in den eigenen Wirkungskreis der Gemeinden und wird von diesen in eigener Verantwortung wahrgenommen, vgl. Art. 83 der Bayerischen Verfassung (BV). Bei der Wahrnehmung dieser öffentlichen Aufgaben unterliegt die Gemeinde nur einer beschränkten sachlich-inhaltlichen Kontrolle durch staatliche Aufsichtsbehörden, da diese lediglich die Rechtmäßigkeit der Gemeindetätigkeit, nicht aber die Zweckmäßigkeit überprüfen dürfen, vgl. Art. 109 Abs. 1 der Bayerischen Gemeindeordnung (BayGO). Die sachlich-inhaltliche demokratische Legitimation ist insofern abgeschwächt. Zudem werden die beiden Hauptor-

48 Vgl. *Böckenförde*, Demokratie als Verfassungsprinzip, in: Isensee/Kirchhof (Hrsg.), Handbuch des Staatsrechts, Bd. II, 3. Aufl. 2004, § 24 Rn. 24; *Maurer*, Staatsrecht I, 6. Aufl. 2010, § 7 Rn. 30.

49 Vgl. *Böckenförde*, Demokratie als Verfassungsprinzip, in: Isensee/Kirchhof (Hrsg.), Handbuch des Staatsrechts, Bd. II, 3. Aufl. 2004, § 24 Rn. 24.

gane der Gemeinde – der Gemeinderat und der bzw. die Bürgermeister – in Bayern nicht durch eine ihrerseits vom Landtag organisatorisch-personell unmittelbar demokratisch legitimierte Stelle benannt; vielmehr werden diese durch die Gemeindebürger gewählt, vgl. Art. 17 BayGO.

a) Kommunale Selbstverwaltung

Keine Schwierigkeiten bereitet es, das hinreichende demokratische Legitimationsniveau der Entscheidungen und Handlungen der Träger der **kommunalen Selbstverwaltung** – also der kommunalen Gebietskörperschaften (Gemeinden, die Landkreise usw.) – zu bejahen. Die kommunale Selbstverwaltung ist in **Art. 28 Abs. 2 S. 1 GG** verfassungsrechtlich anerkannt und sogar garantiert, das heißt die eigenverantwortliche Aufgabenwahrnehmung durch die Gemeinden und Kreise ist vom Grundgesetz prinzipiell gewünscht. Auch die Entscheidungen und Handlungen kommunaler Selbstverwaltungsträger erfordern gewiss, ebenso wie die Organe der unmittelbaren Staatsverwaltung, eine effektive demokratische Legitimation.[50] Diese Legitimation beziehen sie allerdings, aus Art. 28 Abs. 1 S. 2 GG ersichtlich, zu erheblichen Teilen aus einer **eigenen Legitimationsquelle**, auf die sich das oben beschriebene Legitimationsmodell ohne Weiteres übertragen lässt. **129**

Die **unmittelbar demokratisch legitimierte „Vertretung“**, die das „Volk“ gemäß Art. 28 Abs. 1 S. 2 GG in den Gemeinden und Kreisen haben muss, ist dabei nicht, wie auf Bundes- oder Landesebene, ein Legislativorgan, sondern ein Exekutivorgan, insbesondere der – bisweilen auch als „Gemeindeparlament“ bezeichnete – **Gemeinderat** (auf Gemeindeebene) und der **Kreistag** (auf Kreisebene) usw. sowie der oder die **Bürgermeister** (auf Gemeindeebene) und der **Landrat** (auf Kreisebene) usw. **130**

Das **Legitimationssubjekt** – im Bund die Gesamtheit der deutschen Staatsangehörigen, auf Landesebene das gesamte jeweilige Landesvolk – ist auf Gemeinde- und Kreisebene die **„Gesamtheit der Bürger“** der betreffenden Gebietskörperschaft,[51] und zwar als ein **örtlich begrenzter Teil des Staatsvolkes**, konkret: die in der betreffenden Gemeinde, dem betreffenden Kreis „wohnenden Deutschen“[52] – die kommunalen Gebietskörperschaften sind selbst keine Staaten und haben dementsprechend kein eigenes Staatsvolk. **131**

Die Einführung eines **Kommunalwahlrechts für Ausländer** ist wegen dieser auch auf Kommunalebene vorgenommenen Anknüpfung des Demokratieprinzips an die deutsche Staatsangehörigkeit grundsätzlich unzulässig;[53] lediglich im Hinblick auf EU-Ausländer eröffnet Art. 28 Abs. 1 S. 3 GG ausdrücklich die Möglichkeit, Ausnahmen von dem Staatsangehörigkeitserfordernis vorzusehen.

b) Funktionale Selbstverwaltung

Problematisch ist demgegenüber die Übertragung des herkömmlichen Modells demokratischer Legitimation auf die Träger der verfassungsrechtlich nur implizit anerkannten **132**

50 Vgl. BVerfGE 47, 253 (271 ff.) – „Gemeindeparlamente“.
51 BVerfGE 47, 253 (272) – „Gemeindeparlamente“.
52 BVerfGE 83, 60 (81) – „Ausländerwahlrecht II“.
53 Vgl. dazu grundsätzlich BVerfGE 83, 60 (70 ff.) – „Ausländerwahlrecht II“.

(vgl. Art. 87 Abs. 2 GG) sog. **funktionalen Selbstverwaltung**. Es geht dabei um die rechtlich selbständigen Körperschaften des öffentlichen Rechts, die, wie auch die kommunalen Selbstverwaltungsträger, auf formell-gesetzlicher Grundlage **eigenverantwortlich hoheitliche Aufgaben wahrnehmen** (z.B. Universitäten, Rechtsanwaltskammern und andere Berufskammern, Sozialversicherungsträger usw.). Anders als die „Volksvertretungen" in den kommunalen Gebietskörperschaften weisen die Entscheidungsorgane jener Selbstverwaltungsträger indes **keine organisatorisch-personelle demokratische Legitimation** auf, zumal ihr Legitimationssubjekt kein örtlich begrenzter Teil des Staatsvolks ist, sondern die von den Selbstverwaltungsaufgaben betroffenen Mitglieder (also z.B. die Mitglieder der Universität, die einer Anwaltskammer angehörigen Rechtsanwälte, die Mitglieder von Industrie- und Handelskammern[54], die Versicherten usw.), die keine Strukturähnlichkeit zum Staatsvolk aufweisen. Es fragt sich, ob das grundgesetzliche Demokratieprinzip diese abgeschwächte demokratische Legitimation toleriert.

133 Das Bundesverfassungsgericht hat in seiner Entscheidung zu dem nordrhein-westfälischen Gesetz über den Lippeverband, eine mit der Wahrnehmung aller wesentlichen wasserwirtschaftlichen Aufgaben betraute öffentlich-rechtliche Körperschaft, insoweit festgestellt: „Außerhalb der unmittelbaren Staatsverwaltung und der ... gemeindlichen Selbstverwaltung ist das Demokratiegebot **offen für andere, insbesondere vom Erfordernis lückenloser personeller demokratischer Legitimation aller Entscheidungsbefugten abweichende Formen** der Organisation und Ausübung von Staatsgewalt. (...) Die funktionale Selbstverwaltung ergänzt und verstärkt ... das demokratische Prinzip. (...) Sowohl das Demokratieprinzip in seiner traditionellen Ausprägung einer ununterbrochen auf das Volk zurückzuführenden Legitimationskette für alle Amtsträger als auch die funktionale Selbstverwaltung als organisierte Beteiligung der sachnahen Betroffenen an den sie berührenden Entscheidungen verwirklichen die sie verbindende **Idee des sich selbst bestimmenden Menschen in einer freiheitlichen Ordnung** (Art. 1 Abs. 1 GG; ...). Das demokratische Prinzip des Art. 20 Abs. 2 GG erlaubt deshalb, **durch Gesetz** – also durch einen Akt des vom Volk gewählten und daher klassisch demokratisch legitimierten parlamentarischen Gesetzgebers – **für abgegrenzte Bereiche** der Erledigung öffentlicher Aufgaben **besondere Organisationsformen der Selbstverwaltung** zu schaffen. Dadurch darf zum einen ein wirksames Mitspracherecht der Betroffenen geschaffen und verwaltungsexterner Sachverstand aktiviert werden. (...) Verbindliches Handeln mit Entscheidungscharakter ist den Organen von Trägern der funktionalen Selbstverwaltung aus verfassungsrechtlicher Sicht aber nur gestattet, weil und soweit das Volk auch insoweit sein Selbstbestimmungsrecht wahrt, indem es maßgeblichen Einfluss auf dieses Handeln behält. Das erfordert, dass die **Aufgaben und Handlungsbefugnisse der Organe in einem** von der Volksvertretung beschlossenen **Gesetz ausreichend vorherbestimmt** sind und ihre Wahrnehmung der **Aufsicht personell demokratisch legitimierter Amtswalter** unterliegt."[55]

---

54 BVerfGE 146, 164 (209 ff.) – „IHK-Pflichtmitgliedschaft".
55 BVerfGE 107, 59 (91 ff.) – „Lippeverband" (ohne Hervorhebungen im Original).

D. Die parlamentarische Demokratie des Grundgesetzes

Der Begriff der **parlamentarischen Demokratie** (oder: der repräsentativen, der mittelbaren Demokratie) hebt, in Abgrenzung zur direkten Demokratie (oder: unmittelbaren) Demokratie, die besondere Bedeutung der Parlamente für die Demokratie des Grundgesetzes hervor.[56] Der Deutsche Bundestag ist auf der Ebene des Bundes das einzige Verfassungsorgan, das über **unmittelbare demokratische Legitimation** durch das Volk verfügt; ebenso sind es auf der Ebene der Länder ausschließlich die Landesparlamente, die unmittelbar vom Volk gewählt werden.[57] Auf Bundesebene schlägt sich dieser denkbar höchste und einmalige Grad an demokratischer Legitimation in der zentralen Stellung nieder, die der Bundestag im Verfassungsgefüge des Grundgesetzes einnimmt (I.). In Anlehnung an diese herausragende Stellung des Parlaments werden dem demokratischen Prinzip des Grundgesetzes rechtliche Vorgaben entnommen, die auch in der Fallbearbeitung relevant werden können (II., III. und IV.). 134

I. Die zentrale Stellung des Bundestages im Verfassungsgefüge des Grundgesetzes

Der hohe Grad an demokratischer Legitimation des Bundestages findet sich in den **besonderen Funktionen** wieder, die das Grundgesetz dem Bundestag zuweist.[58] Diese lassen sich bei einem kurzen Streifzug durch das Grundgesetz leicht benennen. Bereits die in Art. 20 Abs. 3 GG niedergelegte Gesetzesbindung von Exekutive und Judikative weist auf das wohl bedeutsamste Recht des Bundestages hin: So steht es gemäß Art. 77 Abs. 1 GG zunächst allein dem Bundestag zu, **Gesetze zu beschließen**, an die die vollziehende und die rechtsprechende Gewalt gebunden sind. Des Weiteren wirkt der Bundestag maßgeblich an der Übertragung von Hoheitsrechten auf die **Europäische Union** mit, vgl. Art. 23 GG. Das Parlament ist außerdem das zentrale **Forum der politischen Meinungsbildung und Auseinandersetzung**, vgl. dazu die grundsätzlich öffentlichen Verhandlungen des Bundestages, Art. 42 Abs. 1 S. 1 GG. Es übt gegenüber anderen Staatsorganen eine **parlamentarische Kontrolle** aus – insbesondere gegenüber der Regierung innerhalb von deren Verantwortungsbereich, vgl. etwa Art. 43 Abs. 1 GG (Zitierungsrecht) und Art. 44 GG (Bildung von Untersuchungsausschüssen), einschließlich der der Bundesregierung nachgeordneten Behörden (z.B. der Bundesanstalt für Finanzdienstleistungsaufsicht – BaFin) sowie der Tätigkeit von mehrheitlich oder vollständig in der Hand des Bundes befindlichen Unternehmen in Privatrechtsform (z.B. der Deutschen Bahn AG) in Ansehung der gesamten unternehmerischen Betätigung (und nicht nur in Bezug auf die Einwirkungs- und Kontrollrechte der Regierung),[59] aber auch anderen Organen gegenüber, vgl. etwa Art. 13 Abs. 6 GG (Kontrolle der Wohnraumüber- 135

56 Vgl. *Badura*, Die parlamentarische Demokratie, in: Isensee/Kirchhof (Hrsg.), Handbuch des Staatsrechts, Bd. II, 3. Aufl. 2004, § 25 Rn. 34. Siehe zur direkten Demokratie näher unten Rn. 184 ff.

57 Vgl. dazu etwa *Papier*, ZParl 2010, 903 (903).

58 Vgl. zum Folgenden die Übersicht bei *Degenhart*, Staatsrecht I Staatsorganisationsrecht, 37. Aufl. 2021, § 2 Rn. 36 f.

59 Vgl. BVerfGE 147, 50 (Rn. 216 ff.) – „Parlamentarischer Informationsanspruch".

wachung), Art. 45b GG (Wehrbeauftragter des Bundestages) oder Art. 45d GG (Kontrolle der nachrichtendienstlichen Tätigkeit des Bundes). Der Bundestag ist ferner entscheidend beteiligt an der **Regierungsbildung**, vgl. etwa Art. 63 Abs. 1 GG (Kanzlerwahl), und an deren **Ablösung**, vgl. Art. 67 GG (Konstruktives Misstrauensvotum) und Art. 68 GG (Vertrauensfrage), sowie an der **Wahl des Staatsoberhauptes**, vgl. Art. 54 Abs. 3 GG (Wahl des Bundespräsidenten). Schließlich liegt auch das **Budgetrecht** traditionell beim Parlament (vgl. Art. 110 Abs. 2 S. 1 GG).

II. Parlamentsvorbehalte und Wesentlichkeitslehre

136 Eine wichtige rechtliche Konkretisierung des demokratischen Prinzips, die sich aus der unmittelbaren demokratischen Legitimation des Parlaments ableiten lässt, ist der sog. **Parlamentsvorbehalt**, mitunter auch **Wesentlichkeitslehre** genannt. Grundgedanke dieses Parlamentsvorbehalts ist das Gebot, dass **alle für das Gemeinwesen grundlegenden und „wesentlichen" Entscheidungen** dem unmittelbar demokratisch legitimierten **parlamentarischen Gesetzgeber „vorbehalten"** sind und von diesem getroffen werden müssen. In der Fallbearbeitung gewinnt dieses Gebot vor allem in folgenden **drei Bereichen** Bedeutung:

1. Der Wesentlichkeitsgrundsatz als verfassungsrechtliche Grenze der Grundrechtsbeschränkung

137 Zum einen stellt der Wesentlichkeitsgrundsatz eine wichtige **verfassungsrechtliche Grenze der Grundrechtsbeschränkung** dar. Der Gesetzgeber ist demnach verpflichtet, „in grundlegenden normativen Bereichen, zumal im Bereich der Grundrechtsausübung, soweit diese staatlicher Regelung zugänglich ist, alle wesentlichen Entscheidungen selbst zu treffen",[60] und darf insbesondere die **Festlegung der sachlichen Voraussetzungen** für die Vornahme von **Grundrechtseingriffen** und die Regelung der **wesentlichen Eingriffsmodalitäten** nicht durch allzu weit und unbestimmt gefasste Eingriffsermächtigungen der Exekutive überlassen.[61]

Der Parlamentsvorbehalt stellt insoweit eine **materielle Ergänzung** des aus dem Rechtsstaatsprinzip allgemein bzw. aus den einzelnen Grundrechten des Grundgesetzes ableitbaren **förmlichen Vorbehalts des Gesetzes um eine „demokratische Komponente"** dar:[62] Das Rechtsstaatsprinzip fordert in Bereichen, in denen es um für das Gemeinwesen wesentliche Entscheidungen geht, dass Regelungen dem parlamentarischen Gesetzgeber vorbehalten sind (sog. **allgemeiner Vorbehalt des Gesetzes**); insbesondere gilt dies für ein Tätigwerden des Staates, bei dem in Grundrechte eingegriffen wird (sog. **grundrechtlicher Vorbehalt des Gesetzes**).[63] In diesen Bereichen muss sich staatliches Handeln also stets auf ein förmliches Gesetz des Parlaments zurückführen lassen. Vorgaben für den Inhalt dieser formell-gesetzlichen Regelungen und die erforderliche Regelungsdichte treffen diese

60 BVerfGE 49, 89 (126) – „Kalkar I".

61 Vgl. dazu *Papier/Krönke*, Grundkurs Öffentliches Recht 2, 4. Aufl. 2020, § 7 Rn. 156.

62 BVerfGE 49, 89 (126) – „Kalkar I". Vgl. zum Folgenden *Pieroth*, JuS 2010, 473 (477 f.); *Degenhart*, Staatsrecht I Staatsorganisationsrecht, 37. Aufl. 2021, § 2 Rn. 38 f.

63 Vgl. zum Vorbehalt des Gesetzes auch unten Rn. 228 ff.

rechtsstaatlich begründeten Gesetzesvorbehalte zunächst nicht. An diesem Punkt greift nun die demokratiestaatlich begründete Wesentlichkeitslehre ein und ergänzt die formellen Anforderungen jener Gesetzesvorbehalte um die genannten materiellen Vorgaben.

Beispiel: Die Frage, ob der parlamentarische Gesetzgeber eine hinreichend robuste Grundlage für Grundrechtseingriffe geschaffen hatte, stellte sich insbesondere mit Blick auf die verschiedenen Maßnahmen, die von den deutschen Behörden zur Bekämpfung der **COVID-19-Pandemie** getroffen wurden. Rechtsgrundlage war insofern § 28 Abs. 1 S. 1 IfSG, wonach die zuständige Behörde „die notwendigen Schutzmaßnahmen" trifft, „soweit und solange es zur Verhinderung der Verbreitung übertragbarer Krankheiten erforderlich ist". Es wurde vielfach bezweifelt, ob diese gesetzliche Grundlage genügte, um derart weitreichende Grundrechtseingriffe zu gestatten.[64] Die Rechtsprechung hatte eine Verletzung des Wesentlichkeitsgrundsatzes zu Beginn der Pandemie ganz überwiegend unter Verweis auf die Besonderheiten bei der Bewältigung einer sich dynamisch entwickelten epidemischen Lage verneint, zumal sich die Fülle der dringend gebotenen Schutzmaßnahmen, die beim Ausbruch einer übertragbaren Krankheit prinzipiell in Betracht kommen können, nicht von vornherein übersehen lässt.[65] Im weiteren Verlauf mahnten die Gerichte freilich ein Tätigwerden des parlamentarischen Gesetzgebers an,[66] der dann Ende 2020 tatsächlich einige Konkretisierungen bezüglich der wichtigsten zulässigen Schutzmaßnahmen in § 28a und § 28b IfSG eingefügt hat (u.a. mit Abstandsgebot, Maskenpflicht, Ausgangs- und Kontaktbeschränkungen, Betriebsschließungen).[67]

2. Das Bestimmtheitserfordernis nach Art. 80 Abs. 1 S. 2 GG

Neben diesen speziell für die Grundrechtsprüfung relevanten Erfordernissen fließen 138
demokratiestaatliche Vorgaben außerdem in die Auslegung der Bestimmtheitsanforderungen nach **Art. 80 Abs. 1 S. 2 GG** ein, wonach jede Ermächtigung der Exekutive zum Erlass von **Rechtsverordnungen** nur in Form einer nach „Inhalt, Zweck und Ausmaß" **hinreichend bestimmten formell-gesetzlichen Grundlage** erfolgen darf. Der parlamentarische Gesetzgeber muss dabei „**selbst entscheiden**, **welche Fragen** innerhalb **welcher Grenzen** und mit **welchem Ziel** durch die Rechtsverordnung geregelt werden sollen".[68]

3. Der Parlamentsvorbehalt für Auslandseinsätze bewaffneter Streitkräfte

Im Hinblick auf **Auslandseinsätze der Bundeswehr** hat das Bundesverfassungsgericht 139
schließlich, vor dem Hintergrund der deutschen Verfassungstradition sowie aus der Zusammenschau verschiedener grundgesetzlicher Bestimmungen, die dem Bundestag verschiedene wichtige Entscheidungs-, Kontroll- und Regelungsbefugnisse mit Blick auf die Steuerung der Streitkräfte zuweisen – vgl. insbesondere die Befugnis zur Feststellung des Verteidigungsfalls in Art. 115a Abs. 1 GG, an die auch die Regelungen in

64 Vgl. etwa *Papier*, DRiZ 2020, 180 (183).

65 Vgl. aus der Anfangszeit der Pandemie z.B. BayVGH, Beschl. v. 30.3.2020, 20 CS 20.611, juris, Rn. 11 ff.; OVG Münster, Beschl. v. 6.4.2020, 13 B 398/20.NE, Rn. 36 ff.; VGH Kassel, Beschl. v. 7.4.2020, 8 B 892/20.N, juris, Rn. 34 ff.

66 Vgl. etwa BayVGH, Beschl. v. 5.11.2020, 20 NE 20.2468, juris, Rn. 11.

67 Vgl. zur Verfassungsmäßigkeit der Regelungen über die „Bundesnotbremse I" in § 28b IfSG a.F. BVerfG, Beschl. v. 19.11.2021, 1 BvR 781/21 u.a., juris, Rn. 153 ff.

68 BVerfGE 123, 39 (78) – „Wahlcomputer". Vgl. bereits BVerfGE 2, 307 (334) – „Gerichtsbezirke". Vgl. zu dieser „Selbstentscheidungsformel" unten Rn. 391.

Art. 87a Abs. 3 GG anknüpfen, sowie die verschiedenen Befugnisse des Bundestages aus Art. 45b, Art. 45d, Art. 87a Abs. 1 S. 2 und Art. 87a Abs. 4 S. 2 GG –, einen ungeschriebenen **wehrverfassungsrechtlichen Parlamentsvorbehalt** hergeleitet:[69] Die auf die Streitkräfte bezogenen Vorschriften des Grundgesetzes seien insgesamt „darauf angelegt, die Bundeswehr als Machtpotential nicht allein der Exekutive zu überlassen, sondern sie als **‚Parlamentsheer,** in die demokratisch rechtsstaatliche Verfassungsordnung einzufügen."[70] Jeder einzelne **„Einsatz bewaffneter Streitkräfte"** im **Ausland** unterliege daher „der konstitutiven, **grundsätzlich vorherigen Zustimmung des Bundestages**".[71] Nur bei **Gefahr im Verzug** ist die Bundesregierung ausnahmsweise berechtigt, „vorläufig allein den Einsatz bewaffneter Streitkräfte zu beschließen, etwa damit die Wehr- und Bündnisfähigkeit der Bundesrepublik durch den Parlamentsvorbehalt nicht in Frage gestellt wird. Sie muss jedoch in einem solchen Fall den Deutschen Bundestag umgehend mit dem so beschlossenen Einsatz befassen und die Streitkräfte auf Verlangen des Bundestages zurückrufen."[72]

Anders ist die Beteiligung des Bundestages an Entscheidungen über die Verwendung der Bundeswehr im **Inland** zu beurteilen. Außerhalb der verfassungsrechtlich vorgesehenen Fälle sind Inlandseinsätze der Bundeswehr unzulässig, vgl. Art. 87a Abs. 2 GG. Außer im Verteidigungs- und im Spannungsfall erlaubt das Grundgesetz solche Inlandseinsätze nur bei Naturkatastrophen und besonders schweren Unglücksfällen (vgl. Art. 35 Abs. 2 und 3 GG) – wobei das Bundesverfassungsgericht neuerdings im Falle eines Ereignisses „von katastrophischem Ausmaß" auf dieser Grundlage auch den Einsatz spezifisch militärischer Mittel erlaubt, sofern dies erforderlich ist[73] – sowie zur Abwehr einer drohenden Gefahr für den Bestand oder die freiheitliche demokratische Grundordnung des Bundes oder eines Landes (vgl. Art. 87a Abs. 4 GG). Abgesehen von den dort ausdrücklich niedergelegten partiellen Mitwirkungsrechten des Parlaments ist dem Grundgesetz nach Auffassung des Bundesverfassungsgerichts ein „**allgemeines Zustimmungsrecht des Deutschen Bundestages** in Bezug auf **konkrete Verwendungen der Bundeswehr im Inland**, seien es bewaffnete oder unbewaffnete Verwendungen, ... **gerade nicht zu entnehmen**".[74]

140 Notwendiger **Gegenstand** dieser obligatorischen, seit 2005 im **Parlamentsbeteiligungsgesetz** (ParlBG) verfahrensmäßig näher ausgestalteten Parlamentsbeteiligung ist dabei **grundsätzlich** die Entscheidung über **jeden konkreten Einsatz** von Streitkräften, sei es im Falle eines Angriffs auf einen NATO-Bündnispartner, sei es im Rahmen von Resolutionen des Sicherheitsrates der Vereinten Nationen[75] oder bei unilateralen Auslandseinsätzen außerhalb von Systemen gegenseitiger kollektiver Sicherheit (Art. 24 Abs. 2 GG)[76].

69 Vgl. zur Herleitung dieses Parlamentsvorbehalts ausführlich BVerfGE 90, 286 (381 ff.) – „Out-of-area-Einsätze".
70 BVerfGE 121, 135 (154) – „Luftraumüberwachung Türkei".
71 BVerfGE 90, 286 (387) – „Out-of-area-Einsätze" (ohne Hervorhebung im Original).
72 BVerfGE 140, 160 (194) – „Evakuierung aus Libyen".
73 Vgl. BVerfGE 133, 241 (263 ff.) – „Einsatz der Streitkräfte im Inland".
74 BVerfGE 126, 55 (71) – „G8-Gipfel Heiligendamm" (ohne Hervorhebungen im Original).
75 Vgl. BVerfGE 90, 286 (387 f.) – „Out-of-area-Einsätze".
76 Vgl. BVerfGE 140, 160 (188) – „Evakuierung aus Libyen".

Allein der Umstand, dass der Bundestag **ursprünglich** gemäß Art. 59 Abs. 2 GG den jeweiligen völkerrechtlichen Verträgen **zugestimmt** hat, die einen Einsatz bewaffneter Streitkräfte prinzipiell durchaus vorsehen – so der Nordatlantikpakt etwa in seinem Art. 5 (im Falle eines erstmals nach den Terrorangriffen vom 11. September 2001 festgestellten Angriffs auf einen Bündnispartner) oder die Charta der Vereinten Nationen z.B. in den Vorschriften des Kapitels VII (Maßnahmen zur Wahrung und Wiederherstellung des Weltfriedens) –, genügt hierfür **nicht**.[77]

Ausnahmsweise keiner Zustimmung des Bundestages bedarf dagegen „die Verwendung von Personal der Bundeswehr für Hilfsdienste und Hilfeleistungen im Ausland, sofern die Soldaten dabei **nicht in bewaffnete Unternehmungen einbezogen** sind"[78] und eine solche Einbeziehung auch **nicht „zu erwarten"** ist,[79] vgl. nun auch die entsprechende Definition des Begriffs „Einsatz" in § 2 Abs. 1 ParlBG.

Ob eine solche nichtzustimmungsbedürftige Hilfsleistung vorlag, hatte das Bundesverfassungsgericht im Jahr 2008 mit Blick auf die **Luftüberwachung über dem Hoheitsgebiet der Türkei** unter Beteiligung deutscher Soldaten in AWACS-Flugzeugen der NATO zu entscheiden, die 2003 im Vorfeld und im Zuge des Irak-Kriegs auf der Grundlage von Art. 4 des Nordatlantikpaktes durchgeführt wurde. Eine Zustimmung des Bundestages zu jener Beteiligung war zuvor nicht eingeholt worden. Das Bundesverfassungsgericht kam zu dem Ergebnis, dass die deutschen Streitkräfte „mit der Teilnahme an diesem Einsatz ungeachtet des Ausbleibens von Kampfhandlungen in bewaffnete Unternehmungen einbezogen" waren, da die Überwachung „von Beginn an einen spezifischen Bezug zu einer aufgrund konkreter Umstände für möglich gehaltenen militärischen Auseinandersetzung mit dem Irak" hatte, die spätestens mit dem Beginn der Kampfhandlungen im Irak greifbar wurden, da „das Umfeld, in dem die NATO-Kräfte in der Türkei operierten", durch den Ausbruch des Irak-Krieges „‚unberechenbar, geworden" sei.[80] In dem Fehlen einer Zustimmung des Bundestages zu der Beteiligung deutscher Soldaten an diesem Einsatz lag somit ein **Verfassungsverstoß**.

4. Kein totaler Parlamentsvorbehalt einseitig zu Lasten anderer Verfassungsorgane

Abgesehen von jenen speziellen Anwendungsfällen des Parlamentsvorbehalts ist indes Vorsicht geboten bei der Annahme eines solchen Vorbehalts. Wenngleich der Bundestag einen besonders hohen Grad an demokratischer Legitimation aufweist, darf dies **nicht** dazu führen, dass zugunsten des Parlaments und zu Lasten anderer, durch das Grundgesetz selbst mit einer gewissen institutionellen und funktionellen demokratischen Legitimation ausgestatteten Verfassungsorgane ein **Totalvorbehalt** besteht, der Bundestag also allen politisch wesentlichen Entscheidung auch jener anderen Verfassungsorgane zustimmen muss. Vielmehr sind die der Regierung durch das Grundgesetz zugewiesenen Funktionen aufgrund ihrer **funktionellen und institutionellen demokratischen Legitimation** grundsätzlich zu respektieren.[81] 141

77 Vgl. BVerfGE 90, 286 (387) – „Out-of-area-Einsätze".
78 BVerfGE 90, 286 (388) – „Out-of-area-Einsätze".
79 BVerfGE 121, 135 (164) – „Luftraumüberwachung Türkei".
80 BVerfGE 121, 135 (169 ff.) – „Luftraumüberwachung Türkei".
81 Vgl. insbesondere BVerfGE 49, 89 (125) – „Kalkar I"; ebenso etwa BVerfGE 68, 1 (109) – „Atomwaffenstationierung". Vgl. zur funktionellen und institutionellen demokratischen Legitimation bereits oben Rn. 119.

III. Verfassungsrechtliche Vorgaben für die Übertragung von Hoheitsrechten und deren Ausübung

142 Die unmittelbare demokratische Legitimation des Bundestages bestimmt ferner ein weiteres, dem Parlamentsvorbehalt verwandtes Anwendungsfeld des grundgesetzlichen Demokratieprinzips, nämlich seine Funktion als Maßstab und Grenze von **Form und Gegenstand der Übertragung von Hoheitsrechten auf zwischen- und überstaatliche Einrichtungen**, insbesondere im Zuge der **Europäischen Integration**.[82] Wenn das Bundesverfassungsgericht in den Entscheidungen zum Vertrag von Maastricht und zum Vertrag von Lissabon gewisse **Integrationsschranken** formuliert hat,[83] so spiegelt sich darin das hinter der gesamten einschlägigen Judikatur des Gerichts stehende Anliegen wider, es dem parlamentarischen Gesetzgeber zu untersagen, die **durch die Wahl zum Bundestag** „bewirkte **Legitimation** von Staatsgewalt und Einflussnahme auf deren Ausübung **durch die Verlagerung von Aufgaben und Befugnissen des Bundestages** so **zu entleeren**, dass das demokratische Prinzip, soweit es Art. 79 Abs. 3 i.V.m. Art. 20 Abs. 1 und 2 GG für unantastbar erklärt, verletzt wird“.[84] Dies gilt vor allem, aber nicht nur für die Übertragung von Hoheitsrechten auf die Europäische Union, sondern auch an andere internationale Einrichtungen, etwa auf die Europäische Finanzstabilisierungsfazilität (EFSF) oder auf den nunmehr allein für die finanzielle Unterstützung von Mitgliedstaaten des Euroraums zuständigen Europäischen Stabilitätsmechanismus (ESM).[85] Über die Begrenzung „selbstentmachtender“ Übertragung von Hoheitsrechten durch den Bundestag hinaus schützt das Demokratieprinzip ferner „vor offensichtlich und strukturell bedeutsamen **Kompetenzüberschreitungen** durch Organe, Einrichtungen und sonstige Stellen der Europäischen Union“ im Rahmen der **Ausübung der übertragenen Hoheitsrechte**.[86]

IV. Erscheinungsformen von „Entparlamentarisierung“

143 Schließlich kann die besondere Stellung des Bundestages auch dann Relevanz gewinnen, wenn es um die verfassungsrechtliche Beurteilung der im Einzelnen durchaus sehr unterschiedlichen Erscheinungsformen sogenannter **Entparlamentarisierung** geht. Gemeinsam ist jenen Erscheinungen, dass **wesentliche politische Entscheidungsbefugnisse** zunehmend **von den Parlamenten wegverlagert** werden und auf andere Entscheidungsträger übergehen. Grundsätzlich unterscheiden lassen sich dabei:[87]

82 Vgl. zu den Grundzügen der Europäischen Integration ausführlich unten Rn. 482 ff.
83 Vgl. zu diesen Integrationsschranken ausführlich unten Rn. 490.
84 BVerfGE 89, 155 (172) – „Maastricht-Vertrag“ (ohne Hervorhebungen im Original).
85 Vgl. zur EFSF BVerfGE 129, 124 (177 ff.) – „Euro-Rettungsschirm“; zum ESM BVerfGE 132, 195 (238 ff.) – „Europäischer Stabilitätsmechanismus“.
86 BVerfGE 142, 123 (191) – „OMT-Programm“.
87 Vgl. zum Folgenden insbesondere *Papier*, Reform an Haupt und Gliedern, in: Frankfurter Allgemeine Zeitung (FAZ) v. 31.1.2003, Nr. 26, S. 8.

- **Kräfteverschiebungen innerhalb des staatlichen Bereichs** von den Parlamenten **hin zu den Regierungen**

  Beispiel: Durch die steigende **Verlagerung von Rechtsetzungskompetenzen auf höhere Ebenen** innerhalb des Staates von den Ländern auf den Bund – etwa infolge der zunehmenden Wahrnehmung konkurrierender Gesetzgebungszuständigkeiten durch den Bund – oder innerhalb der Europäischen Union treten die Parlamente zunehmend Entscheidungsbefugnisse an Exekutivorgane ab: So beschränkt sich die Mitwirkung der Länder an der Gesetzgebung des Bundes auf die entsprechenden Befugnisse des **Bundesrates**, dem die Mitglieder der **Landesregierungen** angehören. Auf Unionsebene verfügt vor allem der aus den Vertretern der **Regierungen der Mitgliedstaaten** zusammengesetzte **Rat** über wichtige gesetzgeberische Befugnisse.

- **Kooperation** staatlicher Stellen mit **gesellschaftlichen** und **wirtschaftlichen** Verbänden und Interessenvertretungen

  Beispiel: Sowohl der vom Bundestag im Jahre 2002 per Gesetz beschlossene Atomausstieg als auch der gesetzlich geregelte vorübergehende „Ausstieg vom Ausstieg" im Jahre 2010 – also die Verlängerung der Laufzeit deutscher Atomkraftwerke – beruhten weitgehend auf **vertraglichen Vereinbarungen** der jeweils amtierenden **Bundesregierung** mit den betroffenen **Energieversorgungsunternehmen**, also privaten Wirtschaftsunternehmen.

Während die nach geltendem förmlichem Verfassungsrecht zulässige Verschiebung von Kompetenzen innerhalb des staatlichen Bereichs mehr verfassungs*politische* Fragen aufwirft, bergen vor allem die **„Entparlamentarisierungen durch Kooperation"** oftmals auch **verfassungs*rechtliche* Probleme**. Zwar werden dabei in aller Regel die durch das Grundgesetz **vorgeschriebenen Formen** staatlichen Handelns **gewahrt**, das heißt: es kommt **nicht** zum **offenen Verfassungsbruch**; die Letztentscheidung bleibt also, formal betrachtet, stets beim Parlament.[88] Die **eigentliche Sachentscheidung** wird indes bereits **jenseits des Parlaments** getroffen, das heißt dem formellen Gesetzesbeschluss des Bundestages wird von vornherein sein **„materielles Substrat" genommen**.[89] Damit entfallen zugleich wichtige, auch verfassungsrechtlich verankerte Funktionen der parlamentarischen Beratung, insbesondere etwa die Gewährleistung von **Öffentlichkeit** und **Transparenz** der politischen Sachdebatte, vgl. Art. 42 Abs. 1 S. 1 GG. 144

Beispiel: Nicht zu Unrecht wurde daher mit Blick auf das Zustandekommen des **Atomausstiegsgesetzes** im Jahre 2002 und des **Gesetzes über die Laufzeitverlängerung der Atomkraftwerke** im Jahre 2010 kritisiert, dass aufgrund des zwischen der jeweiligen Bundesregierung und den Energieversorgern geschlossenen Vertrages ein solcher politischer Druck auf die Mitglieder der Regierungsfraktionen im Bundestag entwickelt worden sei, dass sie in eine **„Ratifikationslage"** geraten seien, in der ihnen – wie im Falle der Ratifikation eines bereits von der Bundesregierung ausgehandelten völkerrechtlichen Vertrages (vgl. Art. 59 Abs. 2 GG) – faktisch keinerlei Möglichkeiten zur Umgestaltung des Gesetzes mehr offenstanden, sondern sie lediglich die Wahl zwischen der Annahme oder der – mit zumindest politisch nachteiligen Folgen verbundenen – Ablehnung des Gesetzes hatten. Die wesentlichen gesetzgeberischen **Sachentscheidungen** wurden daher jeweils mit der Verein-

---

88 Vgl. *Papier*, Reform an Haupt und Gliedern, in: Frankfurter Allgemeine Zeitung (FAZ) v. 31.1.2003, Nr. 26, S. 8.

89 Vgl. etwa *Papier*, Reform an Haupt und Gliedern, in: Frankfurter Allgemeine Zeitung (FAZ) v. 31.1.2003, Nr. 26, S. 8; *Michael*, Rechtsetzende Gewalt im kooperierenden Verfassungsstaat, 2002, 643 ff; *Waldhoff/ von Aswege*, ZNER 2010, 328 (339).

barung zwischen der Bundesregierung und den beteiligten Privaten jedenfalls faktisch **vorweggenommen** und **nicht** mehr durch den unmittelbar demokratisch legitimierten Bundestag **nach ergebnisoffenem parlamentarischem Diskurs getroffen**. Die Verfassungsmäßigkeit dieser Vorgehensweisen ist nach wie vor umstritten.[90]

Teil 11 01.12.2022

E. Die Ausübung der Staatsgewalt in Wahlen

145 Unmittelbar übt das deutsche Volk seine Staatsgewalt auf Bundesebene in erster Linie durch die **Wahlen zum Deutschen Bundestag** aus. Verfassungsrechtlich ergeben sich für diesen Akt demokratischer Legitimation bestimmte Anforderungen, die ihren Ursprung in Art. 20 Abs. 1 und 2 GG haben und in Art. 38 Abs. 1 S. 1 GG (sog. **Wahlrechtsgrundsätze**) näher ausgestaltet worden sind (I.). An diesen Grundsätzen muss sich das auf der Grundlage von Art. 38 Abs. 3 GG (vornehmlich durch das Bundeswahlgesetz – BWahlG) einfachgesetzlich ausgestaltete **Wahlsystem** messen lassen (II.). Mit der **Wahlprüfungsbeschwerde** nach Art. 41 Abs. 2 GG wurde außerdem ein spezielles verfassungsgerichtliches Verfahren geschaffen, um die Recht- und Verfassungsmäßigkeit des Wahlverfahrens zu überprüfen (III.). Schließlich fordert das demokratische Prinzip auch eine gewisse **Periodizität der Wahlen** (IV.).

Wahlen i.S.v. Art. 20 Abs. 2 GG betreffen die *personale* Besetzung der Staatsorgane, **Abstimmungen** dagegen haben politische *Sach*fragen zum Gegenstand.[91] **Gewählt** werden demnach **Personen**, **abgestimmt** wird über **Sachfragen**.

I. Die Wahlrechtsgrundsätze, Art. 38 Abs. 1 S. 1 GG

146 Die Abgeordneten des Bundestages werden durch das deutsche Volk[92] gemäß Art. 38 Abs. 1 S. 1 GG „in **allgemeiner**, **unmittelbarer**, **freier**, **gleicher** und **geheimer** Wahl gewählt". Der vom Bundesverfassungsgericht darüber hinaus entwickelte Grundsatz der **Öffentlichkeit** der Wahl ist im Grundgesetz nicht ausdrücklich erwähnt, lässt sich jedoch aus dem Demokratieprinzip in Verbindung mit dem Grundsatz der Republik und dem Rechtsstaatsprinzip herleiten.[93]

Öffentlichkeit ist nicht im GG erwähnt

Art. 38 Abs. 1 S. 1 GG normiert zum einen **objektiv-rechtlich** die **Wahlrechtsgrundsätze**, denen die einfachrechtliche Ausgestaltung des Wahlrechts und dessen Anwendung genügen müssen. Zum anderen enthält die Vorschrift aber, im Zusammenwirken mit Art. 38 Abs. 2 GG, auch ein **grundrechtsgleiches subjektives Recht**, nämlich das aktive und passive **Wahlrecht**. Gerade als subjektives Recht hat Art. 38 Abs. 1 S. 1 GG besondere Bedeutung im Hinblick auf die Übertragung von Hoheitsrechten im Zuge der **europäischen Integration** sowie im Rahmen der Bekämpfung der

---

90 Vgl. dazu den didaktischen Beitrag von *Krönke*, ZJS 2011, 250 (255 ff.), online verfügbar unter http://www.zjs-online.com/dat/artikel/2011_3_453.pdf.

91 Vgl. *Maurer*, Staatsrecht I, 6. Aufl. 2010, § 7 Rn. 34.

92 Vgl. dazu bereits oben Rn. 114.

93 Vgl. BVerfGE 121, 266 (291) – „Wahlcomputer" sowie unten Rn. 158.

Finanz- und Eurokrise gewonnen.[94] Das Bundesverfassungsgericht hatte bereits im Rahmen seines Urteils zum Maastricht-Vertrag festgehalten: „Das durch Art. 38 GG gewährleistete Recht, durch die Wahl an der Legitimation von Staatsgewalt teilzunehmen und auf deren Ausübung Einfluss zu gewinnen, schließt es … aus, dieses Recht durch Verlagerung von Aufgaben und Befugnissen des Bundestages so zu entleeren, dass das demokratische Prinzip, soweit es Art. 79 Abs. 3 i.V.m. Art. 20 Abs. 1 und 2 GG für unantastbar erklärt, verletzt wird."[95] An diesen Gedanken anknüpfend hat das Gericht im Rahmen seiner Entscheidung zum **„Lissabon-Vertrag"** u.a. geprüft, ob der **Bundestag** auch nach der im Vertrag vorgesehenen Übertragung von Hoheitsrechten an die Europäische Union noch „über ein **hinreichendes Maß an Aufgaben und Befugnissen** verfügte, in denen die legitimierte Handlungsmacht wirken kann", ob „die **Europäische Union** ... **hinreichend demokratisch legitimiert**" ist und ob die Zustimmung zum Lissabon-Vertrag „den **Verlust der Staatlichkeit** der Bundesrepublik Deutschland" zur Folge hätte.[96] In ähnlicher Weise hat es auch die Gesetze über die Errichtung der **„Euro-Rettungsschirme"** einer verfassungsgerichtlichen Überprüfung zugänglich gemacht.[97] Über den „Hebel" des Art. 38 Abs. 1 S. 1 GG hat das Gericht damit wesentliche Teile des an sich objektiv-rechtlichen Demokratieprinzips **„versubjektiviert"** und so eine Geltendmachung von im Rahmen der Übertragung von Hoheitsrechten auf die Union oder auf zwischenstaatliche Einrichtungen begangenen Verstößen gegen wesentliche Inhalte des Demokratieprinzips im Wege einer Verfassungsbeschwerde ermöglicht. In seinen Entscheidungen zur Verfassungsmäßigkeit (!) der Ankündigung der EZB, im Zuge der Euro-Rettung nötigenfalls unbegrenzt Staatsanleihen aufzukaufen (sog. **OMT-Grundsatzbeschluss**), hat das Bundesverfassungsgericht diese Rechtsprechung schließlich – in bedenklich weiter Auslegung der eigenen Prüfungskompetenz – auf die Überprüfung von Unionsrechtsakten am Maßstab des Grundgesetzes übertragen.[98] Mit Urteil vom 5. Mai 2020 hat das Gericht schließlich erstmals eine Handlung der Europäischen Union als Ultra-vires-Akt eingestuft, namentlich das Programm zum Ankauf von Wertpapieren des öffentlichen Sektors (Public Sector Asset Purchase Programme – **PSPP**) der EZB.[99]

Art. 38 Abs. 1 S. 1 GG betrifft allein die Wahlen zum **Deutschen Bundestag**. Soweit es um andere Wahlen geht, ist zu differenzieren: Für Wahlen in den **Ländern, Kreisen und Gemeinden** gelten die Wahlrechtsgrundsätze gemäß **Art. 28 Abs. 1 S. 2 GG** allein als **objektives (!) Recht**; eine einklagbare **subjektive Berechtigung** ergibt sich aus Art. 28 Abs. 1 S. 2 GG **nicht**, und auch ein **Rückgriff** auf **Art. 2 Abs. 1** und **Art. 3 Abs. 1 GG** (in Verbindung mit dem **Demokratieprinzip**) ist mit Blick auf jene Wahlen **unzulässig**, da Art. 38 Abs. 1 S. 1 und Art. 28 Abs. 1 S. 2 GG insoweit ***leges speciales*** sind.[100] Der Einzelne kann sich im Hinblick auf Wahlen in den Ländern, Kreisen und Gemeinden daher nur auf **landesverfassungsrechtlich** vorgesehene subjektiv-rechtliche Gewährleistungen der Wahlrechtsgrundsätze stützen, in Bayern etwa auf Art. 14 Abs. 1 S. 1 BV. – Bei den Wahlen zum **Europäischen Parlament** wird lediglich die Verteilung der Sitzkontingente auf die Mitgliedstaaten unionsrechtlich vorgegeben, die Verteilung des deutschen Sitzkontingents fällt dagegen in die Regelungszuständigkeit des deutschen Gesetzgebers und ist demnach prinzipiell auch am Maßstab des Grundgesetzes zu messen. Zwar findet auch insoweit nicht Art. 38 Abs. 1 S. 1 GG Anwendung; der **Rückgriff** auf **Art. 2 Abs. 1** und **Art. 3 Abs. 1 GG** (in Verbindung mit dem **Demo-**

94 Vgl. zum Folgenden *Papier/Krönke*, Grundkurs Öffentliches Recht 2, 4. Aufl. 2020, § 3 Rn. 49.
95 BVerfGE 89, 155 (182) – „Maastricht".
96 BVerfGE 123, 267 (330 ff., 340 ff.) – „Lissabon".
97 Vgl. BVerfGE 129, 124 (177 ff.) – „Euro-Rettungsschirm" zur EFSF; E 132, 195 (238 ff.) – „Europäischer Stabilitätsmechanismus" zum ESM.
98 Vgl. dazu BVerfGE 134, 366 (382 ff.) – „OMT-Beschluss"; BVerfGE 142, 123 (172 ff.) – „OMT-Programm".
99 BVerfGE 154, 17 – „PSPP-Programm der EZB".
100 So BVerfGE 99, 1 (8 ff.) – „Bayerische Kommunalwahlen", in ausdrücklicher Abkehr von der früheren Rechtsprechung, vgl. dazu BVerfGE 3, 383 (390) – „Gesamtdeutscher Block"; E 71, 81 (94) – „Arbeitnehmerkammern Bremen".

kratieprinzip) ist hier allerdings, anders als auf Landes-, Kreis- und Gemeindeebene, durchaus zulässig. Die Vorschriften des Europawahlgesetzes (EuWG) werden vom Bundesverfassungsgericht dementsprechend am Maßstab jener Vorschriften beurteilt, wobei es deren Auslegung im Bereich des Wahlrechts an Art. 38 Abs. 1 S. 1 GG ausrichtet.[101]

1. Gleichheit der Wahl

147 Der Grundsatz der **Gleichheit** der Wahl fordert, „dass alle Staatsbürger das aktive und passive Wahlrecht möglichst in formal gleicher Weise ausüben können".[102] Mit Blick auf das aktive Wahlrecht bedeutet dies zum einen **Zählwertgleichheit**, d.h. jede abgegebene Stimme zählt gleich.[103] Zum anderen bedeutet dies aber auch **Erfolgswertgleichheit**, d.h. jede abgegebene Stimme muss sich im Wahlergebnis in gleicher Weise niederschlagen.[104]

Beispiele: Die Zählwertgleichheit wäre etwa berührt, „wenn die Stimme eines Vermögenden mehr zählte als die eines weniger Vermögenden, so wie dies im preußischen Klassenwahlrecht der Fall war, wonach Wähler abhängig von der Höhe ihrer Steuerleistung in drei Abteilungen mit sehr unterschiedlichen Stimmengewichten eingeteilt waren".[105] Die **Erfolgswertgleichheit** wird dagegen beispielsweise durch sog. Sperrklauseln beeinträchtigt, vgl. insbesondere die 5 %-Klausel in § 6 Abs. 3 S. 1 Hs. 1 BWahlG. Alle Zweitstimmen, die für solche Parteien abgegeben werden, auf die insgesamt nicht zumindest 5 % aller Zweitstimmen entfallen, werden demnach zwar gleich gewichtet, schlagen sich jedoch wegen § 6 Abs. 3 S. 1 Hs. 1 BWahlG nicht in der Sitzverteilung im Parlament (also im Wahlergebnis) nieder und haben daher – im Gegensatz zu den Zweitstimmen, die auf Parteien entfallen, welche die 5 %-Hürde passieren – keinen Erfolgswert.

148 Der Grundsatz der Wahlgleichheit ist ***lex specialis* zum allgemeinen Gleichheitssatz** aus Art. 3 Abs. 1 GG; ein Rückgriff auf Art. 3 Abs. 1 GG ist daher mit Blick auf die Wahlgleichheit ausgeschlossen. Im Gegensatz zum allgemeinen Gleichheitssatz aus Art. 3 Abs. 1 GG, der eine Ungleichbehandlung grundsätzlich bereits durch sachliche Gründe als gerechtfertigt ansieht, ist der Grundsatz der Wahlrechtsgleichheit als **streng formal** zu verstehen, d.h. **Differenzierungen** im Anwendungsbereich der Wahlrechtsgleichheit unterliegen besonderen Rechtfertigungsanforderungen.

Beispiel: Besonders umstritten ist vor diesem Hintergrund beispielsweise die Frage, ob der Wahlgesetzgeber die Parteien und politischen Vereinigungen dazu verpflichten darf, ihre Wahllisten abwechselnd und paritätisch mit Frauen und Männern zu besetzen (sog. **Paritätsregelungen**). Mit einer solchen Regelung verbunden ist zweifelsohne eine Ungleichbehandlung passiv Wahlberechtigter, indem ihnen der Zugang zu bestimmten Listenplätzen bei der innerparteilichen Kandidatenaufstellung verwehrt wird. Als Rechtfertigungsgrund kommen positive Gleichbehandlungsgebote in

101 Vgl. etwa BVerfGE 129, 300 (316 ff.) – „5 %-Sperrklausel im Europawahlrecht II".
102 BVerfGE 121, 266 (295) – „Landeslisten".
103 Vgl. *Degenhart*, Staatsrecht I Staatsorganisationsrecht, 37. Aufl. 2021, § 2 Rn. 91.
104 Vgl. zu dieser Differenzierung bereits BVerfGE 1, 208 (244) – „7,5 %-Sperrklausel". Vgl. zu den bei der Ausgestaltung der möglichen Wahlrechtssysteme auftretenden verfassungsrechtlichen Problemen, insbesondere mit Blick auf die Erfolgswertgleichheit, unten Rn. 168 ff.
105 BVerfGE 129, 300 (347) – „5 %-Sperrklausel im Europawahlrecht II".

Bezug auf Männer und Frauen in Betracht, wie sie beispielsweise in Art. 3 Abs. 2 S. 2 GG verankert wurden. Gegen eine Rechtfertigung spricht allerdings der besondere Bezug der Wahlrechtsgleichheit zum Demokratieprinzip: Dessen Wesenskern ist es, dass der gesamte Prozess der Meinungsbildung in größtmöglicher Freiheit und ohne staatliche Beeinflussung verläuft. Durch Paritätsregelungen „entzieht der Gesetzgeber dem demokratischen Willensbildungsprozess, der letztlich in die Zusammensetzung der jeweiligen Volksvertretung mündet, jedoch einen wesentlichen Teil, indem er bestimmt, dass es für die Besetzung des Parlaments auf das Geschlecht der Abgeordneten zum einen überhaupt, und zum anderen auf ein bestimmtes Verhältnis der Geschlechter untereinander ankomme".[106]

Beispielsfall 2: Wahlrechtsgleichheit. Gemäß § 5 BWahlG wird in den Wahlkreisen je ein Abgeordneter gewählt, wobei derjenige Bewerber gewählt ist, der die meisten Stimmen auf sich vereinigt. – Verstößt § 5 BWahlG gegen die Wahlrechtsgleichheit?

Für die **Prüfung** der Wahlrechtsgleichheit ergibt sich folgender, strukturell allen Gleichheitssätzen gemeinsamer Prüfungsaufbau:[107] **149**

Prüfungsaufbau: Wahlrechtsgleichheit, Art. 38 Abs. 1 S. 1 GG

Obersatz: „Der Grundsatz der Wahlrechtsgleichheit ist **verletzt**, wenn durch *(die betreffende Rechtsnorm oder Maßnahme)* eine **Ungleichbehandlung in Bezug auf die Wahl** geschaffen wurde und diese Ungleichbehandlung verfassungsrechtlich **nicht gerechtfertigt** ist."

Hier ist stets auf die Einhaltung der **korrekten Terminologie** zu achten: Eine „Verletzung" der Wahlrechtsgleichheit und damit ein Verstoß gegen Art. 38 Abs. 1 S. 1 GG liegt nicht bereits mit einer „Ungleichbehandlung" vor, sondern nur dann, wenn diese Ungleichbehandlung „nicht verfassungsrechtlich gerechtfertigt" ist. Achtung!

Zu Beispielsfall 2 (Rn. 148): Der Grundsatz der Wahlrechtsgleichheit ist verletzt, wenn durch § 5 BWahlG eine Ungleichbehandlung in Bezug auf die Wahl geschaffen wird und diese Ungleichbehandlung verfassungsrechtlich nicht gerechtfertigt ist.

1. Ungleichbehandlung in Bezug auf die Wahl

Zur Feststellung einer Ungleichbehandlung in Bezug auf die Wahl sind zunächst zwei Vergleichsgruppen zu bilden, die sich unter einen gemeinsamen Oberbegriff fassen lassen. In aller Regel sind dies zwei Wählergruppen oder Parteien. Sodann ist die jeweilige Ungleichbehandlung der Vergleichsgruppen zu identifizieren.[108]

106 So VerfG Brandenburg NVwZ 2021, 59 (66) in Bezug auf das Brandenburgische Paritätsgesetz; vgl. ebenso bereits VerfGH Thüringen NvwZ 2020, 1266 (1267 ff.).

107 Vgl. zur Prüfung von Gleichheitssätzen allgemein *Papier/Krönke*, Grundkurs Öffentliches Recht 2, 4. Aufl. 2020, § 13 Rn. 210 ff.

108 Vgl. zu den wichtigsten Ungleichbehandlungen im geltenden Wahlrecht unten Rn. 168 ff.

Zu Beispielsfall 2 (Rn. 148): Die Regelung des § 5 BWahlG führt dazu, dass von den in einem bestimmten Wahlkreis abgegebenen Stimmen *(= Oberbegriff)* all diejenigen Stimmen verfallen und keinen Niederschlag in der Mandatsvergabe finden, die nicht für den Wahlsieger abgegeben worden sind *(= erste Vergleichsgruppe)*. Hierin liegt eine Ungleichbehandlung gegenüber den Stimmen, die auf den Wahlsieger entfallen *(= zweite Vergleichsgruppe)*.

2. Verfassungsrechtliche Rechtfertigung

a) Rechtfertigungsmaßstab

Bei der Prüfung der verfassungsrechtlichen Rechtfertigung ist zwischen der Gleichheit des Zählwerts und der Gleichheit des Erfolgswerts zu unterscheiden:

Abweichungen von der **Gleichheit des Zählwerts** sind angesichts der unbedingten Gleichheit aller Staatsbürger bei der Teilnahme an Wahlen **„generell unzulässig"**, d.h. eine Rechtfertigungsmöglichkeit für solche Ungleichbehandlungen besteht prinzipiell nicht; eine **Ausnahme** hiervon sieht lediglich Art. 38 Abs. 2 Hs. 1 GG vor, der die Wahlberechtigung an die Vollendung des achtzehnten Lebensjahres knüpft und damit die Allgemeinheit der Wahl berührt, einen Spezialfall der Wahlgleichheit.[109]

Abweichungen von der **Gleichheit des Erfolgswerts** lassen sich dagegen verfassungsrechtlich rechtfertigen. Allerdings stellt der Grundsatz der Wahlrechtsgleichheit einen streng formalen Gleichheitssatz dar, der nicht, wie etwa Art. 3 Abs. 1 GG, grundsätzlich eine Rechtfertigung durch vernünftige sachliche Erwägungen genügen lässt. Vielmehr müssen Beeinträchtigungen der Erfolgswertgleichheit „zur Verfolgung ihrer Zwecke … **geeignet und erforderlich** sein, wobei sich ihr erlaubtes Ausmaß nach der Intensität des Eingriffs in das gleiche Wahlrecht richtet", also auch **angemessen** (verhältnismäßig im engeren Sinne) sein muss.[110] Das Bundesverfassungsgericht differenziert dabei mit Blick auf die Angemessenheit der Beeinträchtigung nach dem jeweiligen **Wahlsystem**, da sich die Wahlrechtsgleichheit im Mehrheitswahlsystem und im Verhältniswahlsystem jeweils unterschiedlich auswirkt – dem Wesen des (reinen) Mehrheitswahlsystems entspricht es nämlich gerade, dass die nicht für den Wahlgewinner abgegebenen Stimmen verfallen, das heißt sie haben dort systembedingt keinen Erfolgswert.[111] Maßstab für alle Erfolgswertbeeinträchtigungen ist der **Verhältnismäßigkeitsgrundsatz**.[112]

Zu Beispielsfall 2 (Rn. 148): Von § 5 BWahlG wird die Gleichheit des Erfolgswerts betroffen, da zwar jede Stimme prinzipiell in gleicher Weise zählt, sich letztlich aber nur diejenigen Stimmen im Wahlerfolg – also in der Mandatsvergabe – niederschlagen, die auf den Wahlsieger entfallen sind.

---

109 Vgl. zu diesem sehr strengen Rechtfertigungsmaßstab bei Beeinträchtigungen der Zählwertgleichheit etwa BVerfGE 129, 300 (347 f.) – „5 %-Sperrklausel im Europawahlrecht II". Siehe zur Festlegung des Wahlalters und weiteren Beschränkungen der Allgemeinheit der Wahl unten Rn. 151.

110 BVerfGE 129, 300 (348) – „5 %-Sperrklausel im Europawahlrecht II" (ohne Hervorhebungen im Original).

111 Vgl. zur Unterscheidung von Mehrheitswahlsystem und Verhältniswahlsystem unten Rn. 160 ff. sowie sogleich das Beispiel unter Punkt b). Die maßgebliche Rechtsprechung wird in BVerfGE 120, 82 (102 ff.) – „Sperrklausel Kommunalwahlen" zusammengefasst.

112 Vgl. zu diesem Grundsatz ausführlich unten Rn. 242 f. sowie sogleich Punkt b).

b) Gegebenenfalls: Verhältnismäßigkeit der Erfolgswertbeeinträchtigung
Im Falle einer Zählwertbeschränkung aus hinreichend zwingendem Grunde oder einer Erfolgswertbeeinträchtigung ist dann in einem zweiten Schritt zu prüfen, ob die Ungleichbehandlung durch einen legitimen Grund gerechtfertigt ist, das heißt es muss, wie soeben bereits dargelegt, ein verfassungsmäßig legitimer Zweck verfolgt werden, zu dessen Erreichung die Erfolgswertbeeinträchtigung geeignet und erforderlich ist, und es müssen das erreichte Ziel und die Intensität der Erfolgswertbeeinträchtigung in angemessenem Verhältnis stehen.

Zu Beispielsfall 2 (Rn. 148): Mit der in § 5 BWahlG festgelegten Personenwahl soll zum einen die besondere persönliche Bindung der Abgeordneten an ihren jeweiligen Wahlkreis gewährleistet und damit eine stärkere demokratische Rückkoppelung bewirkt werden. Zum anderen sorgen derartige Elemente der Mehrheitswahl erfahrungsgemäß für eine Stärkung der größeren Parteien und tragen somit dazu bei, dass es im Parlament nicht zu einer übermäßigen Zersplitterung der Parteien kommt. Beide Aspekte sind legitime verfassungsrechtliche Ziele. Die Regelung des § 5 BWahlG ist zudem geeignet und, mangels ersichtlicher milderer, ebenso effektiver Mittel, erforderlich zur Verfolgung dieser Ziele. Auch ist sie angemessen, da sie zwar zu einem ungleichen Erfolgswert der Stimmen führt, alle abgegebenen Stimmen jedoch zumindest die gleiche Erfolgschance haben, da prinzipiell jeder Kandidat die Mehrheit der abgegebenen Stimmen auf sich vereinigen kann. Ergebnis: Die Regelung des § 5 BWahlG verstößt nicht gegen die Wahlgleichheit.

Die Gleichheit der Wahl muss zunächst durch das **geltende Wahlrecht** gewährleistet werden;[113] aber auch alle sonstigen Vorgänge, die „im Zusammenhang mit der Wahl stehen“, sind erfasst; so müssen sich vor allem etwa auch die **Wahlzulassung**, die **Wahlwerbung** und die **Erstattung der Wahlkampfkosten** an der Wahlgleichheit messen lassen.[114] **150**

2. Allgemeinheit der Wahl

Die **Allgemeinheit** der Wahl ist, wie bereits angesprochen, ein Spezialfall der Gleichheit **151**
der Wahl; seine Prüfung verläuft damit parallel zu der soeben beschriebenen Prüfung der Wahlgleichheit.[115] Er gebietet speziell, dass grundsätzlich alle Staatsbürger wahlberechtigt sind und gewählt werden dürfen, und **untersagt** damit „den **unberechtigten Ausschluss** von Staatsbürgern von der Teilnahme an der Wahl“.[116] Die mit einem solchen Ausschluss verbundene Zählwertungleichheit ist, dem formalen Charakter der Wahlgleichheit entsprechend, **generell unzulässig** und lässt sich allein durch einen **zwingenden Grund** rechtfertigen.[117]

Eine verfassungsrechtliche Einschränkung der Allgemeinheit der Wahl sieht zunächst **152**
Art. 38 Abs. 2 GG vor, der die Wahlberechtigung von der Vollendung des 18. Lebens-

113 Vgl. zum geltenden Wahlrecht sogleich unten Rn. 163 ff.
114 *Maurer*, Staatsrecht I, 6. Aufl. 2010, § 13 Rn. 8.
115 Vgl. etwa BVerfGE 28, 220 (225) – „Heimatbund Badenerland“.
116 BVerfGE 36, 139 (141) – „Wahlrecht Auslandsdeutscher“ (ohne Hervorhebung im Original).
117 BVerfGE 28, 220 (225) – „Heimatbund Badenerland“.

jahres abhängig macht und den Stimmen von Minderjährigen damit von vornherein jeden Zählwert nimmt. Hierin liegt eine „von jeher aus zwingenden Gründen als mit dem Grundsatz der Allgemeinheit der Wahl verträglich" angesehene Differenzierung,[118] da die Teilnahme an der demokratischen Willensbildung einen gewissen Grad an Reife und Einsichtsfähigkeit voraussetzt.

153 Auf der Ebene des einfachen Bundesrechts ergeben sich die Ausschlussgründe für das aktive Wahlrecht aus **§§ 12, 13 BWahlG**. Zum einen wird in **§ 12 BWahlG** die Zugehörigkeit zu den Deutschen i.S.v. Art. 116 GG gefordert, die wegen der Anknüpfung des Demokratieprinzips an die Staatsangehörigkeit[119] nicht als Einschränkung des Wahlrechts, sondern als Voraussetzung der Wahlrechtsträgerschaft zu verstehen ist. Zum anderen wird dort, neben dem schon in Art. 38 Abs. 2 GG vorgesehenen Erfordernis der Vollendung des 18. Lebensjahres, **grundsätzlich** eine **Ansässigkeit** im Bundesgebiet von mindestens drei Monaten verlangt. Diese Voraussetzung geht davon aus, dass zur sinngerechten Ausübung des Wahlrechts eine gewisse Nähe und „Vertrautheit mit dem politischen System der Bundesrepublik Deutschland" erforderlich ist.[120] Eine solche Nähe kann – nach Einschätzung des Gesetzgebers – nicht schon wegen der technischen Möglichkeiten, „sich vom Ausland her über die politischen, wirtschaftlichen, sozialen und kulturellen Vorgänge in Deutschland zu informieren", vermutet werden, sondern setzt auch ein **„Mindestmaß an persönlich und unmittelbar erworbener Vertrautheit"** voraus.[121] Diese Einschätzung wird vom Bundesverfassungsgericht prinzipiell gebilligt und als verfassungslegitimes Ziel einer Beschränkung der Allgemeinheit der Wahl betrachtet.

In einer Entscheidung vom Juli 2012 hat das Gericht allerdings festgestellt, dass dieses gesetzgeberische Regelungsziel – also die Sicherung der persönlichen und unmittelbaren Vertrautheit mit den politischen Verhältnissen – nicht „allein mit dem Erfordernis eines früheren **dreimonatigen Aufenthalts** in Deutschland" erreicht werden kann, da auf diese Weise etwa auch Auslandsdeutschen, die lediglich unmittelbar nach ihrer Geburt im Bundesgebiet ansässig waren, eine hinreichende Vertrautheit mit den politischen Verhältnissen zugeschrieben wird.[122] Deutlich geeigneter sei insofern die zusätzliche Festsetzung einer angemessenen Frist zwischen der Wahl und dem Fortzug aus dem Bundesgebiet.[123] Des Weiteren blendete die Regelung des § 12 Abs. 2 a.F. BWahlG nach Ansicht des Gerichts bestimmte Gruppen von Auslandsdeutschen aus, die trotz des Fehlens einer dreimonatigen ununterbrochenen Ansässigkeit im Bundesgebiet mit den politischen Verhältnissen ebenfalls typischerweise persönlich und unmittelbar vertraut sind, etwa weil „als ‚Grenzgänger, ihre Berufstätigkeit in der Bundesrepublik Deutschland ausüben" oder „weil sie durch ihr Engagement in Verbänden, Parteien und sonstigen Organisationen am politischen und gesellschaftlichen Leben der Bundesrepublik Deutschland teilnehmen".[124] Das Bundesverfassungsgericht hatte die Bestimmung des § 12 Abs. 2 a.F. BWahlG deswegen als unangemessene Beeinträchtigung des Grundsatzes der Allgemeinheit der Wahl erachtet und für nichtig erklärt.

---

118 BVerfGE 36, 139 (141) – „Wahlrecht Auslandsdeutscher".
119 Vgl. dazu bereits oben Rn. 114.
120 BVerfGE 132, 39 (56) – „Landeslisten".
121 BVerfGE 132, 39 (56) – „Landeslisten" (ohne Hervorhebung im Original).
122 BVerfGE 132, 39 (57 f.) – „Landeslisten".
123 BVerfGE 132, 39 (58) – „Landeslisten".
124 BVerfGE 132, 39 (59) – „Landeslisten".

Ebenfalls für verfassungswidrig befunden wurden die Wahlrechtsausschlüsse von Personen, für die ein **Betreuer** in allen Angelegenheiten nicht nur durch einstweilige Anordnung bestellt ist **(§ 13 Nr. 2 BWahlG a.F.)**, sowie von Personen, die wegen einer im Zustand der **Schuldunfähigkeit** begangenen Tat in einem psychiatrischen Krankenhaus untergebracht sind **(§ 13 Nr. 3 BWahlG a.F.)**.[125] Zwar zielten die Regelungen auf das prinzipiell legitime Regelungsziel ab, Personen von der Wahl auszuschließen, „die über die erforderliche Einsicht in das Wesen und die Bedeutung von Wahlen nicht verfügen, und damit auf die Sicherung des Charakters der Wahl als eines Integrationsvorgangs bei der politischen Willensbildung des Volkes". Allerdings beschränke der vom Gesetzgeber gewählte Ansatz zur Erreichung dieses Ziels die Rechte der Betroffenen in unzumutbarer Weise. Einerseits setze er, mit Blick auf die Vollbetreuten, „ausschließlich am äußeren Tatbestand der Bestellung eines Betreuers in allen Angelegenheiten" an und blende damit in unsachgerecht typisierender Weise all jene Personen aus, die zwar betreuungsbedürftig sind, für die aber (noch) kein Betreuer bestellt worden ist. Andererseits und in Bezug auf die Untergebrachten schieße der Gesetzgeber über das Regelungsziel hinaus, weil eine Unterbringung auch dann angeordnet werden kann, wenn eine „akute Beeinträchtigung der Schuldfähigkeit" überhaupt nicht vorliegt, sondern „lediglich möglich ist, dass diese durch alltägliche Ereignisse ausgelöst wird".

3. Freiheit der Wahl

Der Grundsatz der **freien Wahl** schützt grundsätzlich vor unzulässigen Einflussnahmen auf den Wähler. Dies bedeutet, wie das Bundesverfassungsgericht festgestellt hat, 154

- „dass der **Akt der Stimmabgabe frei von Zwang und unzulässigem Druck** bleibt, wie es Art. 38 Abs. 1 GG gebietet", aber ebenso,
- „dass die Wähler ihr Urteil in einem **freien, offenen Prozess der Meinungsbildung** gewinnen und fällen können".[126] Dabei ist gewiss zu beachten, dass es im Zuge eines politischen Wahlkampfes naturgemäß zu einer „Verheißung von Vorteilen" und der entsprechenden „Warnung vor Nachteilen bei bestimmten Wahlentscheidungen" kommt[127] und im Interesse eines Meinungswettstreits auch kommen muss. Denn gerade dies ist „**Teil des politischen Prozesses** einer freiheitlichen Demokratie, wie das Grundgesetz ihn versteht".[128] Insofern ist jeder Wahlkampf auch Wahlbeeinflussung; ein Verstoß gegen die Wahlfreiheit liegt daher erst dann vor, wenn zur Wahlbeeinflussung **besondere Umstände** hinzutreten (z.B. Druck, Täuschung etc.).[129]

Dies ist insbesondere etwa dann der Fall, wenn die **Regierung** im Wahlkampf, also bei der dem eigentlich Wahlakt vorausgehenden Willensbildung, einseitig zugunsten der sie tragenden Parteien **unzulässige Wahlwerbung** betreibt[130] oder wenn eine solche **Wahlwerbung von einflussreichen nichtstaatlichen Gruppen** (z.B. Kirchen[131], Gewerkschaften, Arbeitgeberverbände, Unternehmen[132]

125 Vgl. dazu und zum Folgenden BVerfG NJW 2019, 1201 (1202 ff.).
126 BVerfGE 44, 125 (139) – „Öffentlichkeitsarbeit". Insofern ist die Freiheit der Wahl aber i.d.R. durch die Geheimheit der Wahl (dazu sogleich unten 5.) abgesichert.
127 *Hufen*, Staatsrecht II Grundrechte, 9. Aufl. 2021, § 41 Rn. 3 f.
128 BVerfGE 44, 125 (140) – „Öffentlichkeitsarbeit" (ohne Hervorhebung im Original).
129 Vgl. *Maurer*, Staatsrecht I, 6. Aufl. 2010, § 13 Rn. 14.
130 Vgl. BVerfGE 44, 125 (139 ff.) – „Öffentlichkeitsarbeit".
131 Vgl. BVerwGE 18, 14 (15 ff.) – „Hirtenworte".
132 Vgl. BVerfGE 66, 369 (380 ff.) – „Wählerbeeinflussung durch Unternehmen".

usw.) in unzulässiger Weise (durch Druck, Täuschung usw.) betrieben wird.[133] In Bezug auf letztgenannte Fälle ist der Staat gemäß Art. 38 Abs. 1 S. 1 GG dazu verpflichtet, Vorkehrungen zu treffen, damit es nicht zu einer unzulässigen Druckausübung kommt. Dem wird auch durch die strafrechtliche Sanktionierung unzulässiger Wahlbeeinflussung in § 108 StGB Rechnung getragen.[134]

155 Für die **Prüfung** einer Verletzung der grundrechtsgleichen Wahlfreiheit bietet sich, in Anlehnung an die Prüfung von Verletzungen sonstiger grundrechtlicher Freiheiten,[135] folgender Aufbau an:[136]

Prüfungsaufbau: Wahlfreiheit, Art. 38 Abs. 1 S. 1 GG

Obersatz: „Der Grundsatz der Wahlfreiheit ist **verletzt**, wenn durch *(die betreffende Rechtsnorm oder Maßnahme)* die Wahlfreiheit **beeinträchtigt** wurde und diese Beeinträchtigung verfassungsrechtlich **nicht gerechtfertigt** ist."

Auch hier ist die Einhaltung der **korrekten Terminologie** zu beachten: Eine „Verletzung" der Wahlfreiheit und damit ein Verstoß gegen Art. 38 Abs. 1 S. 1 GG liegt nicht bereits mit einer „Beeinträchtigung" der Wahlfreiheit vor, sondern nur dann, wenn diese Beeinträchtigung „nicht verfassungsrechtlich gerechtfertigt" ist.

1. Beeinträchtigung der Wahlfreiheit
In einem ersten Schritt ist zu prüfen, ob die freie Stimmabgabe oder die ihr vorausliegende freie Willensbildung durch eine staatliche Maßnahme oder Unterlassung **beeinträchtigt** worden ist. Dabei ist grundsätzlich zu beachten, dass es aus den oben genannten Gründen besonderer Umstände bedarf, um in einer Wahlbeeinflussung einen Eingriff in die Wahlfreiheit zu sehen.[137]

2. Verfassungsrechtliche Rechtfertigung
Eine Beschränkung der Wahlfreiheit ist nur ausnahmsweise und aus hinreichend **verfassungslegitimen Gründen** zu rechtfertigen. Dabei muss die Beschränkung in **verhältnismäßiger Weise** erfolgen.[138]

4. Unmittelbarkeit der Wahl

156 Der Grundsatz der **Unmittelbarkeit** der Wahl schließt es zunächst aus, dass „zwischen Wähler und Wahlbewerber nach der Wahlhandlung eine Instanz eingeschaltet ist".[139] Damit wird insbesondere die **„indirekte Wahl"** ausgeschlossen, also eine Wahl durch

133 Vgl. *Maurer*, Staatsrecht I, 6. Aufl. 2010, § 13 Rn. 14; *Degenhart*, Staatsrecht I Staatsorganisationsrecht, 37. Aufl. 2021, § 2 Rn. 89.

134 Vgl. *Degenhart*, Staatsrecht I Staatsorganisationsrecht, 37. Aufl. 2021, § 2 Rn. 89, mit Hinweis auf den gelungenen didaktischen Beitrag von *Shirvani/Schröder*, Jura 2007, 143 ff.

135 Vgl. ausführlich zur Grundrechtsprüfung *Papier/Krönke*, Grundkurs Öffentliches Recht 2, 4. Aufl. 2020, § 7 Rn. 127 ff.

136 Vgl. den ähnlichen Prüfungsaufbau bei *Hufen*, Staatsrecht II Grundrechte, 9. Aufl. 2021, § 41 Rn. 2 ff., der allerdings, entgegen dem hier zugrunde gelegten Verständnis, auch die Wahlgleichheit wie ein Freiheitsrecht prüft.

137 Vgl. ebenso *Hufen*, Staatsrecht II Grundrechte, 9. Aufl. 2021, § 41 Rn. 4.

138 Vgl. zum Grundsatz der Verhältnismäßigkeit ausführlich unten Rn. 242 f.

139 BVerfGE 7, 63 (68) – „Listenwahl".

„Wahlmänner", die von den Wählern gewählt werden und ihrerseits den Kandidaten wählen.[140] Darüber hinaus fordert dieser Grundsatz aber auch ein Wahlverfahren, „in dem der Wähler vor dem Wahlakt **erkennen** kann, welche Personen sich um ein Abgeordnetenmandat bewerben und **wie sich die eigene Stimmabgabe** auf Erfolg oder Misserfolg der Wahlbewerber **auswirken kann**".[141]

Bezweifeln könnte man insofern etwa, ob die nach §§ 1 Abs. 2, 6 BWahlG vorgesehene **Wahl nach Listen** mit dem Grundsatz der Unmittelbarkeit vereinbar ist.[142] Zwar geht die Entscheidung über die Liste aus § 28 BWahlG ersichtlich der Wahl voraus, das heißt der Wähler kann vor dem Wahlakt erkennen, wie sich seine Stimmabgabe auswirkt. Allerdings ist es, wie § 48 BWahlG zeigt, denkbar, dass ein Listenkandidat **nach dem Wahlakt aus der Liste oder aus dem Bundestag ausscheidet** (z.B. durch Tod oder infolge Parteiaustritts oder -ausschlusses). Nach der Rechtsprechung des Bundesverfassungsgerichts ist der Grundsatz der Unmittelbarkeit der Wahl im Falle einer Nachbesetzung von Listenplätzen ausgeschiedener Kandidaten oder Mitglieder des Bundestages jedenfalls dann nicht verletzt, wenn das Ausscheiden **auf „Handlungen der Gewählten selbst" zurückzuführen** ist.[143] Mit Blick auf die Nachbesetzung infolge von Parteiausschlüssen dürfte dabei entscheidend sein, dass § 10 Abs. 4 PartG die Möglichkeit zum Ausschluss von Parteimitgliedern an Handlungen des auszuschließenden Mitglieds knüpft und dabei strenge Voraussetzungen für den Ausschluss formuliert.[144]

5. Geheimheit der Wahl

Der Grundsatz der **Geheimheit** der Wahl fordert, dass die Wahlentscheidung des Einzelnen gegenüber anderen unbekannt bleibt. Freilich ist niemand daran gehindert, seine Wahlentscheidung vor oder nach der Wahl öffentlich zu bekunden; die **Stimmabgabe selbst muss jedoch geheim bleiben.**[145] Der Staat ist kraft Art. 38 Abs. 1 S. 1 GG dazu verpflichtet, die Einhaltung des Grundsatzes der Geheimheit der Wahl zu gewährleisten, und hat in Wahrnehmung dieser Pflicht verschiedene Regelungen im Wahl- und Strafrecht erlassen – etwa in §§ 33 Abs. 1, 34 Abs. 1 BWahlG, die eine allgemeine Pflicht der Wahlorgane statuieren, Vorkehrungen zur Wahrung des Wahlgeheimnisses zu treffen, und den Vorgang der Stimmabgabe näher regeln, in §§ 50 Abs. 1, 51 der Bundeswahlordnung (BWahlO), die die Aufstellung von Wahlkabinen und Wahlurnen vorschreiben, und in § 107c StGB, der die Wahlbehinderung unter Strafe stellt. **157**

Der Grundsatz der Geheimheit der Wahl wird vor allem durch die Möglichkeit zur **Briefwahl** berührt, die ihrerseits der Allgemeinheit der Wahl Rechnung tragen soll. Anders als bei der herkömmlichen Stimmabgabe im Wahllokal kann beim Ausfüllen des Stimmzettels im Rahmen der Briefwahl nicht ausgeschlossen werden, dass dem Wähler dabei nicht Dritte „über die Schulter blicken".[146] Der Briefwähler hat deswegen gemäß § 36 Abs. 2 BWahlG eidesstattlich zu versichern, dass er den Stimmzettel persönlich (und unbeeinflusst) ausgefüllt hat, und macht sich strafbar gemäß § 156 StGB, wenn er diese Versicherung falsch abgibt. Nicht zuletzt aufgrund dieser und wei-

140 BVerfGE 7, 63 (68) – „Listenwahl".
141 BVerfGE 95, 335 (350) – „Überhangmandate II".
142 Vgl. zum Folgenden *Maurer*, Staatsrecht I, 6. Aufl. 2010, § 13 Rn. 11.
143 BVerfGE 3, 45 (50) – „Nachrückende Ersatzleute"; E 7, 63 (69) – „Listenwahl".
144 Vgl. ebenso *Maurer*, Staatsrecht I, 6. Aufl. 2010, § 13 Rn. 11
145 Vgl. *Jarass*, in: Jarass/Pieroth (Hrsg.), GG Kommentar, 17. Aufl. 2022, Art. 38 Rn. 22 ff. (m.w.N.).
146 *Degenhart*, Staatsrecht I Staatsorganisationsrecht, 37. Aufl. 2021, § 2 Rn. 88.

terer rechtlicher Sicherungsmaßnahmen hat das Bundesverfassungsgericht die Briefwahl prinzipiell für verfassungsrechtlich zulässig erachtet.[147]

6. Grundsatz der Öffentlichkeit der Wahl

158 Aus Art. 38 Abs. 1 S. 1 in Verbindung mit den verfassungsrechtlichen Grundentscheidungen für Demokratie, Republik und Rechtsstaat (Art. 20 Abs. 1 und 2 GG) hat das Bundesverfassungsgericht schließlich den ungeschriebenen Grundsatz der **Öffentlichkeit** der Wahl abgeleitet,[148] welcher gebietet, „dass alle wesentlichen Schritte der Wahl öffentlicher **Überprüfbarkeit** unterliegen, soweit nicht andere verfassungsrechtliche Belange eine Ausnahme rechtfertigen".[149] Die Öffentlichkeit im Wahlverfahren umfasst dabei „das **Wahlvorschlagsverfahren**, die **Wahlhandlung** (in Bezug auf die Stimmabgabe durchbrochen durch das Wahlgeheimnis) und die Ermittlung des **Wahlergebnisses**".[150]

In seiner Wahlcomputer-Entscheidung stellte das Bundesverfassungsgericht unter anderem fest, dass der **Einsatz der Wahlcomputer** bei der Wahl zum 16. Deutschen Bundestag gegen den Grundsatz der Öffentlichkeit verstoßen hatte, da „diese Wahlgeräte keine wirksame Kontrolle der Wahlhandlung und keine zuverlässige Nachprüfbarkeit des Wahlergebnisses ermöglichten":[151] Zum einen seien die Stimmen, mit Blick auf die **Wahlhandlung**, „nach der Stimmabgabe ausschließlich auf einem elektronischen Speicher erfasst" worden, weshalb nicht nachgeprüft werden konnte, „ob die abgegebenen Stimmen unverfälscht von den Wahlgeräten erfasst wurden".[152] Zum anderen habe die **Ergebnisermittlung** „ausschließlich den Gegenstand eines im Innern der Wahlgeräte ablaufenden Datenverarbeitungsvorgangs" gebildet, so dass nicht nachgeprüft werden konnte, „ob die abgegebenen gültigen Stimmen den Wahlvorschlägen zutreffend zugeordnet und die auf die einzelnen Wahlvorschläge insgesamt entfallenden Stimmen zutreffend ermittelt wurden".[153]

II. Wahlsysteme

159 Auf die nähere **Ausgestaltung des Wahlsystems**, nach dem die Wahl zum Deutschen Bundestag und die Wahlen in den Ländern, Kreisen und Gemeinden sowie die Wahl der deutschen Abgeordneten im Europäischen Parlament erfolgen müssen, hat der Verfassungsgeber bewusst verzichtet und damit „ein Stück materiellen Verfassungsrechts offengelassen, das vom Wahlgesetzgeber auszufüllen ist",[154] vgl. insbesondere etwa zur Bundestagswahl den Regelungsvorbehalt in Art. 38 Abs. 3 GG.

147 Vgl. dazu BVerfGE 59, 119 (125 f.) – „Briefwahl II".
148 Vgl. zur Herleitung ausführlich BVerfGE 123, 39 (68 ff.) – „Wahlcomputer".
149 BVerfGE 123, 39 (39, 1. Leitsatz) – „Wahlcomputer" (ohne Hervorhebung im Original).
150 BVerfGE 123, 39 (68) – „Wahlcomputer" (ohne Hervorhebungen im Original).
151 BVerfGE 123, 39 (85) – „Wahlcomputer".
152 BVerfGE 123, 39 (85) – „Wahlcomputer".
153 BVerfGE 123, 39 (85 f.) – „Wahlcomputer".
154 BVerfGE 95, 335 (349) – „Überhangmandate II".

1. Die verschiedenen Wahlsysteme

Prinzipiell lassen sich zwei Wahlsysteme unterscheiden, die sog. Mehrheitswahl (oder: **160**
Personenwahl) und die sog. Verhältniswahl (oder: Listenwahl):

Bei der **Mehrheitswahl** wird das Wahlgebiet in so viele (möglichst gleich große) Wahl- **161**
kreise aufgeteilt, wie Abgeordnete zu wählen sind, das heißt gewählt wird in jedem Wahlkreis ein Abgeordneter.[155] Gewählt ist dann derjenige Kandidat, der die meisten Stimmen auf sich vereinigen kann.

Es lässt sich noch weiter unterscheiden zwischen der **relativen** Mehrheitswahl, bei der bereits die einfache Mehrheit zum Wahlgewinn genügt, und der **absoluten** Mehrheitswahl, bei der nur die absolute Mehrheit (= 50 % der abgegebenen Stimmen + eine Stimme) zum Wahlgewinn ausreicht.[156]

Bei der **Verhältniswahl** wird das Wahlgebiet nur in einen Wahlkreis oder in wenige, **162**
große Wahlkreise aufgeteilt.[157] Im Wahlgebiet bzw. in den Wahlkreisen werden nicht Personen gewählt, sondern (Partei-)Listen von Personen. Jede Liste erhält anteilig so viele Sitze im Parlament, wie Stimmen auf sie entfallen sind.

Hier lässt sich unterscheiden zwischen **starren** Listen, bei denen der Wähler die einzelne Liste nur mit der Kandidatenreihung wählen kann, die in der Liste vorgesehen ist, und **freien** Listen, bei denen der Wähler Änderungen vornehmen kann, insbesondere etwa einem Kandidaten mehrere Stimmen geben (sog. **Kumulieren**) oder Kandidaten von anderen Listen wählen (sog. **Panaschieren**) kann.[158]

2. Grundzüge des Wahlsystems auf Bundesebene

Gemäß § 1 Abs. 1 S. 2 BWahlG werden die Abgeordneten des Deutschen Bundestages **163**
„nach den Grundsätzen einer mit der Personenwahl verbundenen Verhältniswahl gewählt" (sog. **personalisierte Verhältniswahl**). Von den 598 Abgeordneten werden, so der Grundsatz, mit der sog. **Erststimme** 299 Abgeordnete in den einzelnen Wahlkreisen und mit der sog. **Zweitstimme** 299 Abgeordnete nach Listen gewählt, §§ 1 Abs. 2, 4 BWahlG. Allerdings ist für die Verteilung der grundsätzlich 598 Bundestagssitze nach § 6 BWahlG zunächst allein die Verhältniswahl, also die **Zweitstimme entscheidend**. Denn bei der Berechnung der auf die Listen entfallenden Sitze wird das Verhältnis der Zweitstimmen nicht lediglich auf die nach Listen zu wählenden 299 Sitze hochgerechnet, sondern auf die „Gesamtzahl der Sitze" (§ 1 Abs. 1 BWahlG) von 598 Mandaten, vgl. die entsprechenden Verweise auf diese Größe in § 6 BWahlG.[159]

---

155 Vgl. dazu und zum Folgenden etwa *Maurer*, Staatsrecht I, 6. Aufl. 2010, § 13 Rn. 21; *Gröpl*, Staatsrecht I, 13. Aufl. 2021, § 16 Rn. 945 f.

156 Vgl. insbesondere *Maurer*, Staatsrecht I, 6. Aufl. 2010, § 13 Rn. 21.

157 Vgl. dazu und zum Folgenden wiederum *Maurer*, Staatsrecht I, 6. Aufl. 2010, § 13 Rn. 22; *Gröpl*, Staatsrecht I, 13. Aufl. 2021, § 16 Rn. 945 f.

158 Vgl. insbesondere *Maurer*, Staatsrecht I, 6. Aufl. 2010, § 13 Rn. 22.

159 Vgl. *Lenski*, AöR 134 (2009), 473 (476).

164 Hiernach beruht die mittlerweile hochkomplexe Verteilung der Mandate auf folgenden **Grundgedanken**, die sich vereinfachend als dreistufiges Verfahren darstellen lassen:[160]

165 In einem **ersten Schritt** wird im Rahmen einer **Erstverteilung** die Zahl der insgesamt zu verteilenden Sitze (sog. **Gesamtsitzzahl**) bestimmt, § 6 Abs. 2 bis 4 BWahlG. Jedem Bundesland ist dabei, je nach Bevölkerungszahl, ein bestimmtes Sitzkontingent zugewiesen, das nun in jedem Land auf die Landeslisten der Parteien nach dem Verhältnis der in dem betreffenden Land erzielten Zweitstimmen verteilt wird (§ 6 Abs. 2 BWahlG). Nicht berücksichtigt werden gemäß § 6 Abs. 3 BWahlG die Listen derjenigen Parteien, die nicht mindestens 5 % der Zweitstimmen im Wahlgebiet erhalten (sog. **5 %-Klausel**) oder zumindest drei Wahlkreise gewonnen haben (sog. **Grundmandatsklausel**). An dieser Stelle erfolgt für jede Landesliste eine **Verrechnung** der Erst- mit den Zweitstimmen: Gemäß § 6 Abs. 4 S. 1 BWahlG wird von der Zahl der nach den Zweitstimmen ermittelten Sitze die Zahl der von der Partei in den Wahlkreisen errungenen Sitze (§ 5 BWahlG) abgezogen. Ist die Anzahl der Direktmandate größer als die Zahl der Sitze, die nach den Zweitstimmen auf die betreffende Partei entfallen, so verbleiben diese Mandate gemäß § 6 Abs. 4 S. 2 BWahlG der Partei (sog. **drohende Überhänge** bzw. **„Quasi-Überhangmandate“**[161]).

166 In einem **zweiten Schritt** findet sodann eine **Erhöhung der Gesamtsitzzahl** um eine Unterschiedszahl statt (§ 6 Abs. 5 BWahlG). Dabei wird die Zahl der nach Abzug der erfolgreichen Wahlkreisbewerber (§ 6 Abs. 1 S. 3 BWahlG) verbleibenden Sitze so lange erhöht, bis jede Partei bei einer zweiten Verteilung nach § 6 Abs. 6 BWahlG (dazu sogleich) mindestens die Gesamtzahl der ihren Landeslisten nach § 6 Abs. 5 S. 2 und 3 BWahlG zugeordneten Sitze erhält (§ 6 Abs. 5 S. 1 BWahlG – sog. **Mindestsitzanspruch**). Wenn eine Partei in einem Land mehr Direktmandate errungen hat, als ihr nach den Zweitstimmen zustünden, ist insofern die Zahl der Direktmandate maßgeblich (§ 6 Abs. 5 S. 2 Fall 1 BWahlG); hat eine Partei in einem Bundesland dagegen weniger Direktmandate errungen als ihr nach Maßgabe der Zweitstimmen zustünden, wird der Mittelwert dieser beiden Zahlen gebildet und aufgerundet (§ 6 Abs. 5 S. 2 Fall 2 BWahlG). Dabei wird die Gesamtzahl der Sitze über die in § 1 Abs. 1 S. 1 BWahlG genannte Zahl von 598 Mandaten hinaus angehoben, bis alle Parteien ihren Mindestsitzanspruch erreicht haben. Bei der Anhebung werden drohende Überhänge zugunsten anderer Parteien ausgleichen (sog. **Ausgleichmandate**) – dies allerdings nur, solange mehr als drei Überhänge bestehen, d.h. bis zu drei **Überhangmandate** bleiben unausgeglichen (§ 6 Abs. 5 S. 4 BWahlG).

167 Nach dem Verhältnis der bundesweit auf die Parteien entfallenden Zweitstimmen werden die Sitze im Bundestag sodann in einem **dritten Schritt** im Rahmen der **Zweitverteilung** zunächst auf die **Parteien oberverteilt** (§ 6 Abs. 6 S. 1 BWahlG) und sodann auf die **Landeslisten unterverteilt** (§ 6 Abs. 6 S. 2 bis 8 BWahlG).

---

160 Vgl. für eine eingehendere Darstellung des geltenden Wahlsystems für die Bundestagswahl die Seite http://www.wahlrecht.de/bundestag/index.htm sowie bündig BVerfG, Beschl. v. 20.7.2021, 2 BvF 1/21, juris, Rn. 10 ff.

161 So BVerfG, Beschl. v. 20.7.2021, 2 BvF 1/21, juris, Rn. 11.

Dabei wird von der Zahl der für jede Landesliste ermittelten Sitze wiederum die Zahl der jeweils errungenen Direktmandate abgezogen (§ 6 Abs. 6 S. 3 BWahlG); die Direktmandate verbleiben der Partei indes auch dann, wenn deren Zahl die ihr nach Maßgabe der Zweitstimmen zugeordnete Sitzzahl übersteigt (§ 6 Abs. 6 S. 4 BWahlG).

Zu beachten ist nach Abschluss des beschriebenen Verfahrens auch die **Mehrheitsklausel** in § 6 Abs. 7 BWahlG. Entfallen demnach auf eine Partei, die mehr als die Hälfte der Gesamtzahl der Stimmen errungen hat, nicht mehr als die Hälfte der Sitze, werden ihr weitere Sitze zugeteilt, bis auf sie ein Sitz mehr als die Hälfte der Sitze entfällt.

3. Verfassungsrechtliche Fragen des Wahlsystems aus Bundesebene

Der Verfassungsgeber hat, wie bereits erwähnt, die konkrete Ausgestaltung des Wahlrechts dem einfachen Gesetzgeber überantwortet, vgl. Art. 38 Abs. 3 GG. Zu prüfen ist allerdings stets, ob die einfachgesetzlichen Regelungen des Wahlrechts mit dem Grundgesetz, insbesondere mit den Wahlrechtsgrundsätzen, vereinbar sind. Hier stellen sich gegenwärtig vor allem folgende Fragen: **168**

a) Mehrheitswahl, Verhältniswahl oder kombiniertes System?

Sowohl ein reines Mehrheitswahlsystem, ein reines Verhältniswahlsystem als auch ein kombiniertes System bergen jeweils eigene verfassungsrechtliche Probleme.[162] Elemente der **Mehrheitswahl** beeinträchtigen die **Erfolgswertgleichheit** als Teil der in Art. 38 Abs. 1 S. 1 GG niedergelegten Wahlrechtsgleichheit, da hier alle nicht auf den in einem Wahlkreis mehrheitlich gewählten Kandidaten entfallenen Stimmen im Wahlergebnis keine Berücksichtigung finden, also keinen **Erfolgs*wert*** haben.[163] Dennoch sieht das Bundesverfassungsgericht diesen Aspekt des Mehrheitswahlrechts als rechtfertigungsfähig an, sofern die abgegebenen Stimmen die „gleiche rechtliche **Erfolgs*chance***“ haben; dies sei dann der Fall, wenn „alle Wähler auf der Grundlage möglichst gleichgroßer Wahlkreise, bemessen nach der Zahl der in ihnen zusammengefassten deutschen Bevölkerung, und damit mit annähernd gleichem Stimmgewicht“ an dem Wahlvorgang teilnehmen können.[164] **169**

Die **Verhältniswahl** lässt zwar, im Gegensatz zur Mehrheitswahl, die Erfolgswertgleichheit aller Stimmen unberührt, begünstigt andererseits aber den Einzug vieler kleiner und kleinster Parteien in das Parlament. Dies kann zu einer erschwerten oder gar unmöglichen Mehrheitsbildung und damit zu einer **Beeinträchtigung der Funktionsfähigkeit des Parlaments** und der auf stabile parlamentarische Mehrheiten angewiesenen **Regierung** führen.[165] Ein Mittel zur Sicherung der Handlungsfähigkeit des Parlaments stellt in solchen Fällen insbesondere etwa die Einführung einer **Sperrklausel** dar. **170**

---

162 Vgl. dazu und zur folgenden Gegenüberstellung *Maurer*, Staatsrecht I, 6. Aufl. 2010, § 13 Rn. 23 ff.
163 Vgl. dazu bereits Beispielsfall 2, gelöst oben bei Rn. 149.
164 BVerfGE 95, 335 (353) – „Überhangmandate II“ (ohne Hervorhebungen im Original).
165 Vgl. BVerfGE 51, 222 (236) – „5 %-Klausel“; *Maurer*, Staatsrecht I, 6. Aufl. 2010, § 13 Rn. 24.

171 Zusammenfassend lässt sich festhalten, dass der einfache Gesetzgeber in Ausführung seines in Art. 38 Abs. 3 GG enthaltenen Regelungsauftrags „das Verfahren der Wahl zum Deutschen Bundestag als Mehrheitswahl oder als Verhältniswahl **gestalten** [darf]; er darf auch beide Wahlsysteme miteinander verbinden“[166], sofern er dabei die im Rahmen des jeweiligen Systems geltenden verfassungsrechtlichen Vorgaben beachtet.

b) 5 %-Klausel (§ 6 Abs. 3 S. 1 1. Hs. BWahlG)

172 Verfassungsrechtliche Probleme werfen auch **Sperrklauseln** auf, insbesondere etwa die in § 6 Abs. 3 S. 1 1. Hs. BWahlG enthaltene sog. **5 %-Klausel**. Wenn bei der Verteilung der Sitze nach den Zweitstimmen nur diejenigen Parteien berücksichtigt werden, die mindestens 5 % der gültigen Zweitstimmen erhalten haben, so wird dadurch der Grundsatz des **Gleichheit der Wahl** beeinträchtigt, da sich die unberücksichtigten Zweitstimmen nicht im Wahlergebnis, also in der Mandatsvergabe, niederschlagen und damit keinen Erfolgswert haben. Als zwingender rechtfertigender Grund für diese Ungleichbehandlung der Zweitstimmen erkennt das Bundesverfassungsgericht allerdings die **Funktionsfähigkeit des Parlaments** und der **Regierung** an, da durch solche Sperrklauseln der Einzug kleiner und kleinster Parteien in den Bundestag im Interesse der Bildung von regierungsfähigen Mehrheiten vermieden wird.[167] Dies soll grundsätzlich unabhängig davon gelten, „wie viele Parteien mit welchem Ergebnis an der Sperrklauseln scheitern“.[168] Auch die Einführung einer „Eventualstimme“ zugunsten einer zweiten Partei für den Fall, dass die priorisierte Partei nicht die 5 %-Klausel überspringt, sei verfassungsrechtlich nicht geboten.[169]

Diese Argumentation kann freilich **nicht** ohne Weiteres auf andere Wahlen, etwa in den **Gemeinden** oder zum **Europäischen Parlament**, übertragen werden, da die Funktionsfähigkeit der mit den maßgeblichen Entscheidungsbefugnissen ausgestatteten Organe dort nicht zwingend von stabilen parlamentarischen Mehrheiten abhängt. Dementsprechend hat das Bundesverfassungsgericht etwa die **5 %-Regelung im Kommunalwahlrecht** Schleswig-Holsteins für verfassungswidrig befunden, zumal da die hauptamtlichen Bürgermeister und Landräte dort nun direkt vom Volk (und nicht durch die Gemeinderäte oder die Kreistage) gewählt werden.[170] Auch die in § 2 Abs. 7 EuWG a.F. enthaltene **5 %- bzw. 3 %-Regelungen im deutschen Europawahlrecht** hat das Gericht für verfassungswidrig erachtet:[171] Zum einen sei nicht absehbar, dass die Funktionsfähigkeit des Europäischen Parlaments ohne jene Regelung beeinträchtigt wäre, da sich das Europäische Parlament infolge der mitgliedstaatlichen Kontingentierung ohnehin aus Mitgliedern von über 160 verschiedenen nationalen Parteien zusammensetzt und die parlamentarische Arbeit somit prinzipiell anders gestaltet ist als

166 BVerfGE 95, 335 (349) – „Überhangmandate II“.

167 Vgl. BVerfGE 51, 222 (236 f.) – „5 %-Klausel“.

168 BVerfGE 146, 327 (355) – „Eventualstimme Bundestagswahl 2013“. Bei der Bundestagswahl 2013 wurden 15,7 % – und damit fast jede sechste – der Stimmen für Parteien abgegeben, die nicht die 5 %-Klausel erreichten.

169 BVerfGE 146, 327 (359 ff.) – „Eventualstimme Bundestagswahl 2013“.

170 Vgl. BVerfGE 120, 82 (116 ff.) – „Sperrklausel Kommunalwahlen“.

171 Die in Reaktion auf die Entscheidung zur 5 %-Klausel festgesetzte 3 %-Klausel hat das Bundesverfassungsgericht mit entsprechender Begründung ebenfalls verworfen, vgl. BVerfGE 135, 259 – „3 %-Sperrklausel im Europawahlrecht“. Vgl. zur Anwendbarkeit der verfassungsrechtlichen Wahlrechtsgrundsätze auf die Regelungen des deutschen Europawahlgesetzes bereits oben Rn. 146.

in nationalen Parlamenten.[172] Zum anderen bilde das Europäische Parlament nicht die Grundlage für eine stabile und handlungsfähige „Regierung“, noch sei die europäische Gesetzgebung von einer gleichbleibenden Mehrheit im Parlament abhängig.[173]

c) Grundmandatsklausel (§ 6 Abs. 3 S. 1 2. Hs. BWahlG)

Zu einer Beeinträchtigung der **Gleichheit der Wahl** kann es auch infolge der Regelung des § 6 Abs. 3 S. 1 2. Hs. BWahlG (sog. **Grundmandatsklausel**) kommen, wonach Parteien bei der Sitzverteilung nach Zweitstimmen trotz Unterschreitung der 5 %-Grenze berücksichtigt werden können, wenn sie zumindest drei Direktmandate errungen haben. Denn eine Partei, die diese Voraussetzung erfüllt, hat möglicherweise weniger Stimmen als eine andere Partei, die zwar ebenfalls unter der 5 %-Grenze liegt, aber eben keine drei Direktmandate errungen hat. Auch die Grundmandatsklausel findet allerdings nach der Rechtsprechung des Bundesverfassungsgerichts ihre Rechtfertigung in der **Funktionsfähigkeit des Parlaments**, da der Gesetzgeber damit „der Sperrklauselregelung, die in erster Linie auf die Wahl eines funktionsfähigen Parlaments hinwirken soll, eine andere Zugangshürde zur Seite stellt, die im Zusammenwirken mit jener – ausbalancierend – dem Anliegen einer effektiven Integration des Staatsvolkes dient.“[174] Anders als im Fall der Sperrklauselregelung, die auf den Erfolg bei der Verhältniswahl abstellt, leitet der Gesetzgeber dabei die für den Einzug ins Parlament erforderliche besondere politische Kraft einer Partei aus dem Ausmaß ihres Erfolgs in der Mehrheitswahl ab. Auf diesem Wege kann im Übrigen auch **regionalen „Schwerpunktparteien“** der Einzug in den Bundestag ermöglicht werden.[175] 173

d) Überhangmandate (§ 6 Abs. 5 S. 4 BWahlG)

Verfassungsrechtlich hoch umstritten ist schließlich die Zulässigkeit nicht ausgeglichener **Überhangmandate**. Hierin lässt sich eine Beeinträchtigung der **Wahlrechtsgleichheit** erblicken, denn diejenige Partei, die zusätzlich zu den ihr nach der Zahl der Zweitstimmen zukommenden Sitzen Überhangmandate erhält, wird gegenüber den Parteien, die keine Überhangmandate erhalten, bevorteilt. Das Bundesverfassungsgericht hat hierzu bereits früh ausgeführt: „Durch die Wahl von Abgeordneten in Wahlkreisen soll erreicht werden, dass zumindest die Hälfte der Abgeordneten eine **engere persönliche Beziehung zu ihrem Wahlkreis** hat. Die mit der Zulassung von Überhangmandaten notwendig verbundene Differenzierung des Stimmgewichts findet in diesem besonderen Anliegen der personalisierten Verhältniswahl ihren letzthin **rechtfertigenden Grund**.“[176] 174

Allerdings ist diese „Differenzierung“ des Stimmgewichts nicht uneingeschränkt zulässig, sondern muss sich **„innerhalb des gesetzgeberischen Konzepts“** halten.[177] Sie darf deswegen nicht dazu führen, „dass der Grundcharakter der Wahl als einer am Ergebnis der für 175

172 Vgl. BVerfGE 129, 300 (325 ff.) – „5 %-Sperrklausel im Europawahlrecht II“.
173 Vgl. ausführlich BVerfGE 129, 300 (335 ff.) – „5 %-Sperrklausel im Europawahlrecht II“.
174 BVerfGE 95, 408 (420) – „Grundmandatsklausel“.
175 Vgl. BVerfGE 6, 84 (95 f.) – „Sperrklausel“.
176 BVerfGE 7, 63 (74) – „Listenwahl“. Vgl. bestätigend BVerfGE 131, 316 (365 ff.) – „Landeslisten“.
177 BVerfGE 131, 316 (367) – „Landeslisten“ (ohne Hervorhebung im Original).

die Parteien abgegebenen Stimmen orientierten Verhältniswahl aufgehoben wird".[178] Auch die für den Regelfall gesetzlich bestimmte Gesamtzahl der Abgeordneten (§ 1 Abs. 1 S. 1 BWahlG) sowie die Vorgabe, dass für diesen Regelfall die Legitimation „hälftig persönlichkeitsbezogen, hälftig parteibezogen stattfinden soll" (§ 1 Abs. 2 BWahlG), müssen insoweit Berücksichtigung finden. Das Bundesverfassungsgericht hat hieraus abgeleitet, dass „sich die Zahl der Überhangmandate in Grenzen halten" muss.[179] Im Jahr 2012 hat das Gericht „einen angemessenen Ausgleich zwischen dem Anliegen möglichst proportionaler Abbildung des Zweitstimmenergebnisses im Bundestag und dem mit der Personenwahl verbundenen Belang uneingeschränkten Erhalts von Wahlkreismandaten dann nicht mehr für gewahrt" angesehen, „wenn die Zahl der Überhangmandate etwa **die Hälfte der für die Bildung einer Fraktion erforderlichen Zahl von Abgeordneten** überschreitet" – was einem Betrag von **15 Überhangmandaten** entspricht.[180]

Das **Bundesverfassungsgericht** hatte deswegen mit Urteil vom 25. Juli 2012 die Vorschrift des § 6 Abs. 5 BWahlG a.F. für **mit dem Grundgesetz unvereinbar** erklärt.[181] Bei der Bundestagswahl 2009 war es auf der Grundlage dieser Vorschrift zur Entstehung von insgesamt 24 Überhangmandaten gekommen.

176 Eine Möglichkeit zur Reduzierung der mit der Zulassung von Überhangmandaten verbundenen Differenzierung des Stimmgewichts liegt in einem **Ausgleich der Überhangmandate** durch die Zuteilung einer dem Zweitstimmenverhältnis entsprechenden Zahl von Mandaten an diejenigen Parteien, die keine Überhangmandate errungen haben.[182] Im geltenden Wahlrecht ist die Vergabe solcher **Ausgleichmandate** im Rahmen der Erhöhung der Gesamtsitzzahl gemäß § 6 Abs. 5 BWahlG vorgesehen. Allerdings ist auch dies nur **in begrenztem Umfang** zulässig, da ein vollständiger Ausgleich der Überhangmandate eine „im Einzelnen nicht vorhersehbare Erhöhung der Sitzzahl des Bundestages" erfordern würde, „wodurch – abgesehen von damit verbundenen Praktikabilitätsproblemen – dessen Zusammensetzung das Ziel, die Abgeordneten des Deutschen Bundestages zur Hälfte personenbezogen zu legitimieren, nicht verwirklichen würde und Beeinträchtigungen des föderalen Proporzes zu erwarten wären".[183] Nach dem geltenden Wahlrecht bleiben vor diesem Hintergrund gemäß § 6 Abs. 5 S. 4 BWahlG bis zu drei Überhangmandate unausgeglichen.

III. Rechtsschutz in Wahlangelegenheiten

177 Von den **Rechtsschutzmöglichkeiten** in Wahlangelegenheiten sind – neben den allgemein zu Gebote stehenden Rechtsbehelfen gegen die **Vorschriften** des Wahlrechts (2.) – vor allem die Rechtsbehelfe gegen **einzelne** Entscheidungen oder Maßnah-

178 BVerfGE 131, 316 (367) – „Landeslisten".
179 BVerfGE 95, 335 (365 f.) – „Überhangmandate II".
180 BVerfGE 131, 316 (369 f.) – „Landeslisten" (ohne Hervorhebung im Original).
181 Vgl. ausführlich BVerfGE 131, 316 (357 ff.) – „Landeslisten".
182 Vgl. zu dieser Möglichkeit bereits BVerfGE 95, 335 (348) – „Überhangmandate II".
183 BVerfGE 131, 316 (366) – „Landeslisten".

men, die sich unmittelbar auf eine bestimmte Wahl beziehen, grundsätzlich **restriktiv ausgestaltet** (1.).

1. Rechtsbehelfe gegen „Entscheidungen und Maßnahmen, die sich unmittelbar auf das Wahlverfahren beziehen" (§ 49 BWahlG)

Gemäß **§ 49 BWahlG** können solche Entscheidungen oder Maßnahmen nur mit den im Bundeswahlgesetz und in der Bundeswahlordnung vorgesehenen Rechtsbehelfen sowie im Wahlprüfverfahren gemäß Art. 41 GG, § 48 BVerfGG angegriffen werden. Der **„reibungslose Ablauf einer Parlamentswahl"** erfordere, so die dahinter stehende Überlegung, „dass die Rechtskontrolle der zahlreichen Einzelentscheidungen der Wahlorgane **während des Wahlverfahrens begrenzt** und im übrigen einem **nach der Wahl** stattfindenden **Wahlprüfungsverfahren** vorbehalten bleibt".[184] **178**

a) Rechtsbehelfe vor und während des Wahlverfahrens

Das Bundeswahlgesetz und die Bundeswahlordnung sehen gegen verschiedene Entscheidungen der Wahlbehörden die Möglichkeit einer **Beschwerde** vor, über die das nächsthöhere Wahlorgan entscheidet, z.B. die Möglichkeit einer Beschwerde zum Bundeswahlausschuss gegen die Entscheidung eines Landeswahlausschusses über die Zulassung einer Landesliste, vgl. § 28 Abs. 2 BWahlG.[185] Keine Beschwerdemöglichkeit bestand dabei seit jeher gegen **Entscheidungen des Bundeswahlausschusses** nach **§ 18 Abs. 4 BWahlG** über die Wahlvorschlagsberechtigung von Parteien, einschließlich einer darin enthaltenen Entscheidung über die **Anerkennung einer Vereinigung als „Partei"**. Um die aus **Art. 21 GG** erwachsenden verfassungsmäßigen Rechte von Vereinigungen, deren **Parteieigenschaft** in diesem Rahmen zu Unrecht nicht anerkannt worden ist, zu stärken, wurde nun jüngst die Vorschrift des **Art. 93 Abs. 1 Nr. 4c GG** eingeführt, wonach die Nichtanerkennung einer Partei für die Wahl zum Bundestag nun mit einer Beschwerde zum Bundesverfassungsgericht bereits im Vorfeld der eigentlichen Wahl angegriffen werden kann.[186] **179**

Von diesen begrenzten Beschwerdemöglichkeiten abgesehen entfaltet indes die **Wahlprüfung** nach **Art. 41 GG, § 48 BVerfGG** in Verbindung mit der Vorschrift des **§ 49 BWahlG** als ***das*** **spezielle Verfahren** zur Überprüfung der Entscheidungen und Maßnahmen im Kontext des Wahlverfahrens eine **Sperrwirkung** bezüglich aller sonstiger insoweit in Betracht kommender Rechtsbehelfe. Dementsprechend ist insbesondere die **Verfassungsbeschwerde** gegen „Entscheidungen und Maßnahmen, die sich unmittelbar auf das Wahlverfahren beziehen", **ausgeschlossen**, § 49 BWahlG. **180**

---

184 BVerfGE 16, 128 (129 f.) (ohne Hervorhebungen im Original).
185 Vgl. BT-Drucks. 17/9392, S. 4.
186 Vgl. dazu im Einzelnen BT-Drucks. 17/9392, S. 4.

b) Das Wahlprüfverfahren nach der Wahl, Art. 41 GG, § 48 BVerfGG

181 Für die **verfassungsrechtliche Überprüfung der Bundestagswahl**, einschließlich der wahlrechtlichen Vorschriften, sieht das Grundgesetz in Art. 41 GG eine zweistufige Wahlprüfung vor, die im Wahlprüfungsgesetz (WahlprüfG) und in § 48 BVerfGG näher geregelt ist.[187] Sie beginnt mit dem **Einspruch beim Bundestag** (Art. 41 Abs. 1 GG) und kann im Wege der **Beschwerde zum Bundesverfassungsgericht** (Art. 41 Abs. 2 GG) zu einer verfassungsgerichtlichen Überprüfung führen. Dabei prüft zunächst der Bundestag, ob die Durchführung und das Ergebnis der Wahl mit dem geltenden Recht vereinbar sind; nicht Gegenstand dieser Prüfung ist allerdings die Verfassungsmäßigkeit des einfachen Wahlrechts.[188] Diese wird erst im verfassungsgerichtlichen Verfahren nach Art. 41 Abs. 2 GG geprüft.

In der **Ausbildung** spielt die Wahlprüfung gewiss eine nur **untergeordnete Rolle**. Als Gegenstand von Prüfungsarbeiten kommt sie in der Regel nicht in Betracht.

2. Allgemeine Rechtsbehelfe gegen die Vorschriften des Wahlrechts

182 Von der Sperrwirkung des Wahlprüfverfahrens vor, während und nach der Wahl unberührt bleiben freilich die allgemeinen Rechtsbehelfe gegen **Vorschriften des Wahlrechts**. Eine auf Art. 38 Abs. 1 S. 1 GG gestützte **Verfassungsbeschwerde gegen das Bundeswahlgesetz selbst** dürfte mangels unmittelbarer Betroffenheit des Beschwerdeführers in aller Regel unzulässig sein. Möglich ist dagegen eine Überprüfung des Bundeswahlgesetzes im Wege des **Organstreitverfahrens**, welches jedoch nur den in Art. 93 Abs. 1 Nr. 1 GG, § 63 Abs. 1 BVerfGG genannten Beteiligten offen steht.[189] Auch eine **abstrakte Normenkontrolle** kommt in Betracht.

IV. Periodizität der Wahlen

183 Gemäß **Art. 39 Abs. 1 S. 1 GG** wird der Bundestag jeweils auf **4 Jahre** gewählt. Diese Periodizität der Bundestagswahl ist zur Gewährleistung hinreichender demokratischer Legitimation[190] grundsätzlich erforderlich, damit sich die Abgeordneten immer wieder dem Votum der Wähler stellen müssen (sog. **demokratische Rückkoppelung**).[191] Dem demokratiestaatlichen Interesse an möglichst häufig wiederkehrenden Wahlen steht allerdings das Erfordernis einer gewissen **kontinuierlichen** und damit auch **effektiven Arbeit** des **Bundestages** und der durch ihn gewählten Staatsorgane, insbesondere der **Bundesregierung**, als gewichtiger verfassungsrechtlicher Belang gegenüber.[192]

---

187 Vgl. dazu und zum Folgenden ausführlich *Maurer*, Staatsrecht I, 6. Aufl. 2010, § 13 Rn. 43 ff.; zur Prüfung der Erfolgsaussichten einer Wahlprüfungsbeschwerde *Degenhart*, Staatsrecht I Staatsorganisationsrecht, 37. Aufl. 2021, § 2 Rn. 103 ff.

188 Vgl. zur verfassungsgerichtlichen Billigung dieser Praxis BVerfGE 121, 266 (290) – „Landeslisten".

189 Vgl. dazu BVerfGE 82, 322 (335) – „Gesamtdeutsche Wahl".

190 Vgl. dazu bereits ausführlich oben Rn. 116 ff.

191 Vgl. *Maurer*, Staatsrecht I, 6. Aufl. 2010, § 13 Rn. 51.

192 Vgl. *Maurer*, Staatsrecht I, 6. Aufl. 2010, § 13 Rn. 51.

Denn bereits im weiteren Vorfeld der Bundestagswahl verhalten sich die politischen Akteure in zunehmendem Maße wahltaktisch, so dass sachlich gebotene – aber möglicherweise nicht besonders beliebte – politische Vorhaben oftmals nicht mehr mit der nötigen Gründlichkeit und Sachlichkeit ins Werk gesetzt werden können. Für bestimmte umfangreichere Projekte sowie allgemein für eine **nachhaltige Politik** ist eine gewisse Dauer der Wahlperiode daher unverzichtbar.

Insofern scheint es durchaus angemessen, die Wahlperiode von momentan vier Jahren zu verlängern. Auch bei einer **Legislaturperiode von fünf bis sechs Jahren** dürfte ein maßvoller Ausgleich zwischen der Notwendigkeit demokratischer Legitimation und der gebotenen Kontinuität und Nachhaltigkeit der Politik herrschen.

F. Die Ausübung der Staatsgewalt in Abstimmungen – Elemente direkter Demokratie

Gemäß **Art. 20 Abs. 2 S. 2 GG** übt das Volk die Staatsgewalt nicht nur „in Wahlen" und „durch besondere Organe" aus, sondern auch im Wege von **Abstimmungen**. Diese haben, anders als die auf die personale Besetzung von Staatsorganen gerichteten Wahlen, **Entscheidungen über Sachfragen** zum Gegenstand.[193] Gegenüber der nur mittelbar-demokratischen Ausübung von Herrschaftsgewalt über die Tätigkeit der gewählten Volksvertretungen und der demokratisch legitimierten Amtsträger sind Abstimmungen Elemente der **unmittelbaren Demokratie**. **184**

Die wohl wichtigste und weitreichendste Form der Abstimmung ist der sog. **Volksentscheid**. Er bezeichnet die rechtsverbindliche, in aller Regel in Gestalt eines (einfachen oder verfassungsändernden) Gesetzes ergehende Entscheidung des Volkes über eine bestimmte Sachfrage. Auf Bundesebene besteht die Möglichkeit eines Volksentscheids derzeit nicht (vgl. I.). Im Gegensatz dazu sehen zahlreiche Landesverfassungen die Möglichkeit eines Volksentscheids vor (vgl. II.). **185**

Um den Volksentscheid kreisen einige weitere Begriffe, die auf andere direktdemokratische Elemente verweisen:[194] Zum einen ist das dem Volksentscheid vielfach vorgeschaltete sog. **Volksbegehren** zu nennen, das den Antrag auf Durchführung eines Volksentscheids bezeichnet. Eine **Volksinitiative** ist demgegenüber ein vom Volk in das Parlament eingebrachter Gesetzesentwurf oder ein sonstiges Anliegen, über das das Parlament zu beraten und Beschluss zu fassen hat. Eine **Volksbefragung** ist eine rechtlich nicht verbindliche, politisch jedoch höchst bedeutsame Befragung des Volkes in einer konkreten Sache. Ein **Referendum** schließlich ist die zustimmende oder ablehnende Entscheidung des Volkes über ein bereits ins Werk gesetztes Vorhaben, insbesondere etwa über ein vom Parlament beschlossenes Gesetz oder über einen bereits ausgehandelten völkerrechtlichen Vertrag.

---

193 Vgl. *Maurer*, Staatsrecht I, 6. Aufl. 2010, § 7 Rn. 34 sowie oben Rn. 134 und 145.

194 Vgl. zum Folgenden mit im Einzelnen teils geringfügigen Abweichungen *Sodan/Ziekow*, Grundkurs Öffentliches Recht, 9. Aufl. 2020, § 6 Rn. 17; *Degenhart*, Staatsrecht I Staatsorganisationsrecht, 37. Aufl. 2021, § 2 Rn. 115 und 117; *Maurer*, Staatsrecht I, 6. Aufl. 2010, § 7 Rn. 38.

I. Direktdemokratische Elemente auf Bundesebene

186 Das Grundgesetz enthält Regelungen zu Abstimmungen im Sinne von Art. 20 Abs. 2 S. 2 GG lediglich in **Art. 29 GG**, welcher die Neugliederung des Bundesgebiets betrifft. Aus dem Umstand, dass das Grundgesetz für diesen Fall eine besondere verfassungsrechtliche Regelung vorsieht, wird ganz überwiegend im Umkehrschluss abgeleitet, dass auch Abstimmungen in allen anderen Angelegenheiten einer über Art. 20 Abs. 2 S. 2 GG hinausgehenden, **besonderen verfassungsrechtlichen Regelung** bedürfen, also nicht etwa ohne jede Rechtsgrundlage oder auf der Grundlage eines einfachen förmlichen Gesetzes durchgeführt werden dürfen. Aus der Regelung des Art. 29 GG lässt sich andererseits nicht ableiten, dass das Grundgesetz Abstimmungen in anderen als den dort erfassten Angelegenheiten verbietet. Das Bundesverfassungsgericht hat dementsprechend zu Recht festgestellt, der „Kernbestand" der Demokratie in Gestalt der Herrschaftsausübung in Wahlen könne „ergänzt sein durch plebiszitäre Abstimmungen in Sachfragen, die auch in Deutschland **durch Änderung des Grundgesetzes ermöglicht** werden könnten".[195]

187 Im Rahmen einer solchen möglichen **Verfassungsänderung** sowie bei der dann möglichen **Durchführung konkreter Volksabstimmungen** würden sich freilich gewisse **Probleme** stellen, die durchaus auch Gegenstand juristischer Prüfungen sein können. Zu nennen sind hier insbesondere

– die ausdrückliche Vorgabe in **Art. 79 Abs. 3 Fall 2 GG**, wonach die **„grundsätzliche Mitwirkung der Länder bei der Gesetzgebung"** nicht berührt werden darf,

Hier ist insbesondere umstritten, welche Mindestvorgaben eine „grundsätzliche Mitwirkung" der Länder i.S.v. Art. 79 Abs. 3 GG vorschreibt. Als mögliche Mechanismen zur Beteiligung der Länder werden vor allem etwa die **Einschaltung des Bundesrates** in das Verfahren der Volksgesetzgebung sowie, nach Schweizer Vorbild, gewisse **„Föderalquoren"** diskutiert, also das Erfordernis einer gewissen Beteiligung bzw. Mehrheit in den einzelnen Ländern, wobei der Bürger seine Stimme dann gewissermaßen als „Bundesbürger", zugleich aber auch als „Landesbürger" abgeben würde.[196] Von Befürwortern einer Volksgesetzgebung auf Bundesebene wird das Problem der Länderbeteiligung gelegentlich zu Unrecht als eher rechtstechnische Frage abgetan, denn beide Varianten werfen ernstzunehmende verfassungsrechtliche Bedenken auf. So wird man etwa fragen müssen, ob die Einbindung des Bundesrates nach dem Vorbild des Art. 77 GG – also in Gestalt einer Einspruchsmöglichkeit oder eines Zustimmungserfordernisses im Anschluss an einen Volksentscheid – verfassungspraktisch geeignet wäre, eine Mitwirkung der Länder zu gewährleisten; spricht sich das Volk im Rahmen eines Volksentscheids mehrheitlich klar für ein bestimmtes Vorhaben aus, dürfte es für die Ländervertreter im Bundesrat politisch schwierig werden, dem mehrheitlichen Willen des Bundesvolkes zu Gunsten von Sachinteressen des Landes konsequent entgegen zu treten. Aber auch die im Rahmen der Föderalquoren-Modelle zugrunde gelegte „doppelte" Zählung der einzelnen Stimme als Bundes- und als Landesstimme begegnet zumindest rechtlichen Bedenken, da der durchschnittliche Bürger bei der Abstimmung kaum zwischen den Bundes- und den Landesinteressen unterscheiden wird, die er mit seinem Votum jeweils artikulieren soll, und im Falle eines Konflikts von Bundes- und Landesinteressen im Übrigen wohl auch nur einheitlich abstimmen würde, wenn überhaupt eine Stimmteilung vorgesehen wäre.

---

195 BVerfGE 123, 267 (367) – „Lissabon" (ohne Hervorhebung im Original). Vgl. den entsprechenden Hinweis bei *Degenhart*, Staatsrecht I Staatsorganisationsrecht, 37. Aufl. 2021, § 2 Rn. 116 (mit Fn. 166).

196 Vgl. den höchst lesenswerten Beitrag von *Kühling*, JuS 2009, 777 (778 ff.).

- die Festlegung bestimmter **Quoren**, also einer gewissen Mindestbeteiligung oder einer Mindestzahl von Unterstützern, die das dem Volk zur Entscheidung vorgelegte Vorhaben bzw. das vorgeschaltete Volksbegehren tragen,[197] sowie

  Während eine zu gering festgesetzte Zahl die **demokratische Legitimität** der getroffenen Entscheidung in Frage stellen kann und daher vor allem bei Verfassungsänderungen besondere Quoren notwendig sind – der Bayerische Verfassungsgerichtshof fordert etwa auf Landesebene eine Zustimmung von mindestens 25 % der Stimmberechtigten[198] –, führen zu hoch angesetzte Quoren dazu, dass erfolgreiche Volksentscheide **nahezu unmöglich** werden – etwa in Baden-Württemberg, wo Art. 60 Abs. 5 der Landesverfassung vorschreibt, dass im Rahmen jeder Volksabstimmung mindestens ein Drittel der Stimmberechtigten zustimmen muss.

- **sachlich-gegenständliche Beschränkungen** der Volksgesetzgebung, insbesondere die Herausnahme von Gesetzen, die das **Budgetrecht des Parlaments** erheblich zu beeinträchtigen geeignet sind,[199] sowie die auch im Wege von auf der Grundlage des Grundgesetzes durchgeführten Volksabstimmungen nicht überwindbaren **inhaltlichen Grenzen**, die sich aus der **Ewigkeitsklausel des Art. 79 Abs. 3 GG** ergeben.

  Gerade diese letztgenannten Grenzen der Volksgesetzgebung werden in der aktuellen politischen Diskussion um die Durchführung von Volksabstimmungen über **grundlegende Fragen der europäischen Integration** gerne übersehen. Die Diskussion geht zurück auf die offensichtlich verbreitete Einschätzung, dass das Grundgesetz im Rahmen der Europäischen Integration eine über den gegenwärtigen Integrationsstand hinausgehende Übertragung von Hoheitsrechten nicht mehr zulasse. An den in **Art. 79 Abs. 3 GG** niedergelegten und aus **Art. 23 Abs. 1 S. 3 GG** ersichtlich auch für Maßnahmen im Zuge der Europäischen Integration geltenden **unverbrüchlichen rechtlichen Vorgaben des Grundgesetzes** vermag indes auch ein herkömmlicher Volksentscheid **nichts** zu ändern. Über einen solchen Volksentscheid könnten **nicht mehr Souveränitätsrechte** auf die Europäische Union oder andere supranationale Einrichtungen übertragen werden als über einen **parlamentarischen Gesetzgebungsakt**. Dies könnte allenfalls im Rahmen einer Verfassungsneugebung nach Art. 146 GG erfolgen.

Mögliche Lösungen lassen sich dabei – mit Ausnahme der Frage der nach Art. 79 Abs. 3 **188** GG erforderlichen Länderbeteiligung – den bereits bestehenden landesverfassungsrechtlichen Regelungen entnehmen, die wegen Art. 28 Abs. 1 S. 1 GG ebenfalls demokratischen Grundsätzen zu genügen haben.

II. Direktdemokratische Elemente auf Landesebene

Die Landesverfassungen enthalten Elemente der direkten Demokratie in **deutlich höhe-** **189** **rem Maße als das Grundgesetz**. So sieht etwa die Bayerische Verfassung in **Art. 72 Abs. 1 BV** vor, dass Gesetze „vom Landtag oder vom Volk (**Volksentscheid**) beschlossen“ werden. Zur Durchführung eines Volksentscheids ist gemäß **Art. 74 Abs. 1 BV** ein **Volksbegehren** erforderlich, das von mindestens einem Zehntel der stimmberechtigten Bürger getragen wird. Durch einen solchen Volksentscheid wurden in Bayern etwa die

197 Vgl. zu den verschiedenen Quoren bereits die Anmerkungen oben zu Rn. 111.

198 Vgl. grundlegend und unter Aufgabe seiner früheren Rechtsprechung BayVerfGH NVwZ-RR 2000, 65 (67 ff.).

199 Vgl. zu dieser Frage auf Landesebene insbesondere etwa BayVerfGH, NVwZ-RR 2000, 401 (404).

Möglichkeit von Bürgerbegehren und Bürgerentscheiden auf Kommunalebene eingeführt (1995), der Bayerische Senat abgeschafft (1998) und ein umfassendes Rauchverbot in der Gastronomie durchgesetzt (2010).

G. Politische Parteien

I. Funktionen, Begriff und normative Grundlagen der politischen Parteien

190 **Art. 21 Abs. 1 S. 1 GG** sieht zwar keine Definition des Parteienbegriffs vor, bringt jedoch die **Funktionen** der politischen Parteien gebündelt auf den Punkt: „Die Parteien wirken bei der **politischen Willensbildung des Volkes** mit." Das Bundesverfassungsgericht hat diese ganz offensichtlich herausragende Bedeutung der politischen Parteien für die Willensbildung des Volkes näher konkretisiert und in folgende Worte gefasst: Der freie und offene Prozess der Meinungsbildung und Willensbildung des Volkes „setzt in der modernen **parlamentarischen Demokratie** die Existenz politischer Parteien voraus. Sie sind vornehmlich berufen, die **Aktivbürger** freiwillig zu **politischen Handlungseinheiten** mit dem **Ziel der Beteiligung an der Willensbildung in den Staatsorganen** organisatorisch zusammenzufassen. Aus diesem Grunde hat das Grundgesetz in Art. 21 Abs. 1 Satz 1 ausdrücklich anerkannt, dass die Parteien an der politischen Willensbildung des Volkes mitwirken, und sie damit auch in den **Rang einer verfassungsrechtlichen Institution** erhoben".[200] In diesen Formulierungen, vor allem aber auch in der noch weitergehenden Auffächerung in **§ 1 Abs. 2 des Parteiengesetzes (PartG)** weisen die Verfassungsaufgaben der Parteien in mehrere, fließend ineinander übergehende Richtungen, nämlich

- zum einen auf den **gesellschaftlichen Bereich**, wo die Parteien „auf die Gestaltung der öffentlichen Meinung Einfluss nehmen, die politische Bildung anregen und vertiefen, die aktive Teilnahme der Bürger am politischen Leben fördern, zur Übernahme öffentlicher Verantwortung befähigte Bürger heranbilden",
- um anderen auf den **staatlichen Bereich**, wo sich die Parteien „durch Aufstellung von Bewerbern an den Wahlen in Bund, Ländern und Gemeinden beteiligen, auf die politische Entwicklung in Parlament und Regierung Einfluss nehmen" und „die von ihnen erarbeiteten politischen Ziele in den Prozess der staatlichen Willensbildung einführen",
- sowie gerade auch auf eine **„ständige lebendige Verbindung" dieser beiden Bereiche**, die in einer dezidiert parlamentarisch-repräsentativen Demokratie wie der Bundesrepublik unverzichtbar ist.[201]

200 BVerfGE 44, 125 (145) – „Öffentlichkeitsarbeit" (ohne Hervorhebungen im Original).
201 Siehe zur Vertiefung noch deutlich differenzierter *Lenski*, Parteiengesetz, Kommentar, 2011, § 1 PartG Rn. 5 ff.

Im Rahmen dieser ständigen lebendigen Verbindung beeinflussen sich gesellschaftlicher und staatlicher Bereich **wechselseitig**: Zum einen nehmen die Parteien die verschiedenen Auffassungen und Interessen im Volk auf und bringen diese, gebündelt und kanalisiert, in die staatliche Willensbildung ein.[202] Umgekehrt findet aber auch eine „Rückkopplung zwischen Staatsorganen und Volk" von oben nach unten statt, denn das politische „Programm und Verhalten der Staatsorgane wirken auf die Willensbildung des Volkes ein und sind selbst Gegenstand seiner Meinungsbildung".[203]

Eine Bestimmung des **Begriffs** der politischen Parteien, die jene Funktionen der Parteien bei der politischen Willensbildung des Volkes aufgreift, enthält **§ 2 Abs. 1 PartG**: Demnach sind **Parteien** 191

– „**Vereinigungen** von **Bürgern**,

  Gemäß § 2 Abs. 1 S. 2 PartG können Mitglieder einer Partei nur **natürliche Personen** sein. Werden demnach juristische Personen (z.B. ein Verein, eine GmbH usw.) in die Vereinigung aufgenommen, handelt es sich bereits begrifflich nicht mehr um eine Partei. – § 2 Abs. 3 PartG trägt dem Umstand Rechnung, dass die demokratische Willensbildung den **deutschen Staatsbürgern** vorbehalten ist, und nimmt daher Vereinigungen mit zu starkem Auslandsbezug vom Parteibegriff aus.

– die dauernd oder **für längere Zeit**

  Entscheidend ist insofern die **beabsichtigte**, **nicht** die **tatsächliche Dauerhaftigkeit** der Verfolgung der im Folgenden genannten Ziele. Keine Parteien sind mangels dauerhafter Zielverfolgung z.B. **Volks- oder Bürgerinitiativen**, welche sich nur auf ein einzelnes, konkretes politisches Vorhaben beziehen (z.B. die Initiativen gegen die Realisierung des Bahnhofsprojekts „Stuttgart 21").

– für den Bereich des Bundes oder eines Landes **auf die politische Willensbildung Einfluss nehmen** und **an der Vertretung des Volkes** im Deutschen Bundestag oder in einem Landtag **mitwirken wollen**,

  Eine Partei muss hiernach, zum einen, eine personelle Einflussnahme auf die politische Willensbildung durch die Teilnahme an Bundes- oder Landtagswahlen anstreben; zum anderen ist die Absicht einer auch inhaltlichen Einflussnahme im Bereich des Bundes oder eines Landes erforderlich, wobei keine umfassende inhaltliche Aufstellung zu allen denkbaren politischen Themen verlangt wird.[204] Mangels personeller und inhaltlicher Einflussnahme auf die Willensbildung im Bereich des Bundes oder eines Landes sind insbesondere „Europaparteien" und kommunale Wählervereinigungen (sog. „Rathausparteien"[205], also freie Wählergruppierungen) jedenfalls keine Parteien im Sinne des Parteiengesetzes.[206] Ob der verfassungsrechtliche Begriff der Parteien in Art. 21 GG insofern weiter greift als § 2 Abs. 1 PartG, ist im Schrifttum umstritten. Das Bundesverfassungsgericht hält die in § 2 Abs. 1 PartG enthaltenen Einschränkungen zumindest mit Blick auf kommunale Wählervereinigungen für verfassungskonform.[207]

202 Vgl. *Maurer*, Staatsrecht I, 6. Aufl. 2010, § 11 Rn. 14.
203 BVerfGE 121, 30 (55) – „Parteibeteiligung an Rundfunkunternehmen".
204 Vgl. *Lenski*, Parteiengesetz, Kommentar, 2011, § 2 PartG Rn. 10 f.
205 BVerfGE 6, 367 (372).
206 Vgl. *Gröpl*, Staatsrecht I, 13. Aufl. 2021, § 6 Rn. 374.
207 Vgl. bereits BVerfGE 6, 367 (372 f.); ferner BVerfGE 69, 92 (104, 110) – „Spenden an kommunale Wählergruppen"; E 85, 264 (328) – „Parteienfinanzierung II"; E 99, 69 (78) – „Kommunale Wählervereinigungen". Ablehnend *Lenski*, Parteiengesetz, Kommentar, 2011, § 2 PartG Rn. 14.

– wenn sie nach dem Gesamtbild der tatsächlichen Verhältnisse, insbesondere nach Umfang und Festigkeit ihrer Organisation, nach der Zahl ihrer Mitglieder und nach ihrem Hervortreten in der Öffentlichkeit eine **ausreichende Gewähr für die Ernsthaftigkeit dieser Zielsetzung bieten**."

Bei der Handhabung der Kriterien zur Bestimmung der Ernsthaftigkeit ist freilich eine gewisse Flexibilität geboten. So kann eine Zurückhaltung in einem Bereich (z.B. bei der Zahl der Mitglieder) durch verstärkte Anstrengungen in einem anderen Bereich (z.B. beim Hervortreten in der Öffentlichkeit) ausgeglichen werden.[208] Allein die Präsenz in sozialen Medien reicht allerdings nicht aus.[209]

192 Zwar kann diese einfachrechtliche Vorschrift nicht herangezogen werden, um den Parteienbegriff des Art. 21 GG zu definieren, da Verfassungsrecht grundsätzlich nicht im Lichte niederrangigen Rechts ausgelegt werden darf.[210] Das Bundesverfassungsgericht geht allerdings in ständiger Rechtsprechung davon aus, dass der einfache Gesetzgeber damit den Begriff der Parteien **in verfassungsmäßiger Weise konkretisiert** hat.[211] Bei der Auslegung des verfassungsrechtlichen Parteienbegriffs kann daher auf die oben genannten, der einfachrechtlichen Konkretisierung zugrunde liegenden wesentlichen Merkmale zurückgegriffen werden. Freilich ist die Definition des § 2 Abs. 1 PartG stets im Lichte des Art. 21 GG auszulegen, insbesondere im Hinblick auf die geforderte Ernsthaftigkeit der dort genannten Zielsetzung.[212]

Insbesondere im Rahmen juristischer Studienarbeiten ist gewiss sorgfältig darauf zu achten, dass **nicht** auch nur der **Eindruck** entsteht, **Verfassungsrecht** werde **nach Maßgabe des einfachen Rechts ausgelegt**.

193 **Keine** Fragen des Parteibegriffs sind dagegen insbesondere etwa die demokratische Binnenstruktur (Art. 21 Abs. 1 S. 3 GG) oder die Verfassungswidrigkeit einer Partei (Art. 21 Abs. 2 GG).[213] Ob sich eine Vereinigung prinzipiell auf die parteispezifischen Rechte aus Art. 21 Abs. 1 S. 2 GG berufen kann, hängt daher nicht davon ab, ob sie nach demokratischen Grundsätzen organisiert oder verfassungsmäßig ist.

II. Der rechtliche Doppelstatus der Parteien

194 Trotz ihrer Erhebung „in den **Rang einer verfassungsrechtlichen Institution**"[214] gehören die Parteien „nicht zu den obersten Staatsorganen (…). Sie sind vielmehr frei gebildete,

208 Vgl. BVerfGE 91, 262 (271) – „Parteienbegriff I"; BVerfGE 146, 319 (324) m.w.N. – „Sächsische Volkspartei".
209 BVerfGE 146, 319 (326 f.) – „Sächsische Volkspartei".
210 Vgl. zum Folgenden *Maurer*, Staatsrecht I, 6. Aufl. 2010, § 11 Rn. 28 f.
211 Vgl. dazu BVerfGE 91, 262 (266 f.) – „Parteienbegriff I"; BVerfGE 146, 319 (323) m.w.N. – „Sächsische Volkspartei".
212 Vgl. BVerfGE 89, 266 (270) – „Unabhängige Arbeiterpartei".
213 Vgl. *Maurer*, Staatsrecht I, 6. Aufl. 2010, § 11 Rn. 30.
214 BVerfGE 44, 125 (145) – „Öffentlichkeitsarbeit" (ohne Hervorhebungen im Original). Vgl. zur Genese und Bedeutung dieser Wendung eingehend *Maurer*, Staatsrecht I, 6. Aufl. 2010, § 11 Rn. 21 ff.

im gesellschaftlich-politischen Bereich wurzelnde Gruppen (...), dazu berufen, bei der politischen Willensbildung des Volkes mitzuwirken und in den Bereich der institutionalisierten Staatlichkeit hineinzuwirken."[215] In diesem **„Doppelstatus"** spiegeln sich die beiden oben genannten Wirkbereiche der Parteien – also gesellschaftlicher Bereich einerseits, staatlicher Bereich andererseits – sowie ihre „Vermittlungsfunktion" wider.[216]

Organisiert sind die Parteien bzw. ihre Gebietsverbände[217] in den für Gruppierungen „im gesellschaftlich-politischen Bereich" typischen Rechtsformen, also entweder als **rechtsfähige Vereine i.S.v. § 21 BGB** oder als **nichtrechtsfähige Vereine i.S.v. § 54 BGB**.[218] Unabhängig von der Zuerkennung der Rechtsfähigkeit nach bürgerlichem Recht können Parteien jedenfalls gemäß **§ 3 PartG** im eigenen Namen vor Gericht klagen und verklagt werden. 195

Beispiele: Die Verbände der CDU, der SPD und von Bündnis 90/Die Grünen sind auf Bundesebene als nichtrechtsfähige Vereine organisiert; die CSU und der Bundesverband der FDP dagegen sind eingetragene Vereine.[219]

III. Verfassungsmäßige Rechte der Parteien und ihre prozessuale Durchsetzung

1. Verfassungsmäßige Rechte der Parteien

Dem rechtlichen Doppelstatus der Parteien entsprechend ist zwischen solchen verfassungsmäßigen Rechtspositionen zu unterscheiden, die ihnen kraft ihrer spezifischen Stellung als verfassungsrechtlicher Institution zukommen (a), und solchen, die sie mit allen sonstigen Personenvereinigungen gemeinsam haben – also den Grundrechten und grundrechtsgleichen Rechten des Grundgesetzes (b). 196

a) Parteispezifische Rechte aus Art. 21 Abs. 1 S. 2 GG

aa) Parteispezifische Freiheitsrechte

Den normativen Ausgangspunkt der Rechte der Parteien bildet **Art. 21 Abs. 1 S. 2 GG**, wonach die Gründung der Parteien frei ist (sog. **Gründungsfreiheit**). Darüber hinaus haben die Parteien auch das Recht, die Aufgaben, die ihnen durch **Art. 21 Abs. 1 S. 1 GG** zugewiesen sind, grundsätzlich „staatsfrei" wahrzunehmen (sog. **Betätigungsfreiheit**).[220] Beide Bereiche lassen sich gewiss nicht immer trennscharf unterscheiden und können daher als **„Parteienfreiheit"** zusammengefasst werden; diese umfasst somit 197

215 BVerfGE 20, 56 (100 f.) – „Parteienfinanzierung I".
216 Vgl. zur verfassungsrechtlichen Funktion bereits oben Rn. 190.
217 Vgl. zu dieser Unterscheidung *Lenski*, Parteiengesetz, Kommentar, 2011, § 7 PartG Rn. 2.
218 Vgl. *Maurer*, Staatsrecht I, 6. Aufl. 2010, § 11 Rn. 19.
219 Vgl. *Maurer*, Staatsrecht I, 6. Aufl. 2010, § 11 Rn. 20.
220 Vgl. BVerfGE 20, 56 (99 ff.) – „Parteienfinanzierung I".

- „die **freie Wahl** der **Rechtsform**, der **inneren Organisation** sowie der **Zielsetzung** einschließlich **Name**, **Satzung** und **Programm**,

  Verfassungsrechtliche Schranken finden diese Aspekte der Parteienfreiheit in dem Gebot **demokratischer Binnenorganisation** (Art. 21 Abs. 1 S. 3 GG) sowie in der Möglichkeit des Verbots **verfassungsfeindlicher Parteien** durch das Bundesverfassungsgericht (Art. 21 Abs. 2 GG). **Einfachgesetzlich** sind diese Schranken insbesondere in **§§ 6 ff. PartG** näher ausgestaltet.
- die **Teilnahme an Wahlen** sowie
- die **Verfügung über Einnahmen und Vermögen**",
- in „**personeller** Hinsicht" außerdem „die freie Entscheidung über **Aufnahme** und **Ausschluss** von Mitgliedern bis hin zur **Selbstauflösung** der Partei und der **Vereinigung mit anderen Parteien**".[221]

198 Auch für die einzelnen **Mitglieder der Partei** gewährleistet die Gründungsfreiheit bestimmte, in **§ 10 PartG** näher ausgestaltete **Rechte**,[222] namentlich

- das Recht, einer bestimmten Partei **beizutreten**, in einer Partei **zu verbleiben** oder aus einer Partei **auszutreten**, sowie
- das Recht, sich innerhalb der Partei zu **betätigen**.

199 Die genannten Rechte stehen den Parteimitgliedern zum einen gegenüber dem **Staat** zu, zum anderen aber auch gegenüber der **Partei selbst**.[223] Dabei kann es zu **Konflikten** zwischen den **Rechten der Parteimitglieder** einerseits und der **Organisations- und Programmfreiheit der Partei** andererseits kommen. Bei der Auflösung dieser Konflikte sind die gegenläufigen Rechtspositionen der Betroffenen gemäß dem Grundsatz **praktischer Konkordanz** „jeweils **angemessen zur Geltung** zu bringen".[224] Soweit es um die verfassungsrechtliche Überprüfung konkreter Maßnahmen der Partei gegenüber ihren Mitgliedern geht, beschränkt sich diese allerdings auf eine „Missbrauchs- und Evidenzkontrolle", also auf die Frage, ob die Maßnahmen **grob unverhältnismäßig oder willkürlich** sind.[225]

An diesem Maßstab prüfte das Bundesverfassungsgericht z.B. mehrere Fälle von auf der Grundlage von **§ 10 Abs. 4 und 5 PartG** ergangenen **Parteiausschlüssen** aus der CDU wegen Mitgliedschaft der Betroffenen in der Scientology-Kirche.[226] – Ein ähnlicher Maßstab dürfte auch im Hinblick auf die Überprüfung von Entscheidungen der Parteien über die **Aufnahme** von Mitgliedern Anwendung finden. Diese ist in **§ 10 Abs. 1 S. 1 PartG** geregelt, wonach die Partei auf Grundlage ihrer Satzung über die Aufnahme von Mitgliedern entscheidet. Zwar ist deswegen ein **Aufnahmeanspruch** weder nach einfachem Recht vorgesehen, noch lässt sich ein solcher – jedenfalls nach herrschender Meinung – aus Art. 21 Abs. 1 S. 2 GG herleiten;[227] gleichwohl wird man mit Rücksicht auf die Rechte

---

221 BVerfG (4. Kammer des Zweiten Senats) NJW 2002, 2227 (2227).
222 Vgl. zum Folgenden *Maurer*, Staatsrecht I, 6. Aufl. 2010, § 11 Rn. 38 ff.
223 Vgl. dazu und zum Folgenden *Maurer*, Staatsrecht I, 6. Aufl. 2010, § 11 Rn. 38 ff.
224 BVerfG (4. Kammer des Zweiten Senats) NJW 2002, 2227 (2227, ohne Hervorhebung im Original).
225 BVerfG (4. Kammer des Zweiten Senats) NJW 2002, 2227 (2227).
226 Vgl. BVerfG (4. Kammer des Zweiten Senats) NJW 2002, 2227 (2227 ff.).
227 So auch die Auffassung des Bundesgerichtshofs, vgl. BGHZ 101, 193 (200 ff.); aus dem Schrifttum etwa *Lenski*, Parteiengesetz, Kommentar, 2011, § 10 PartG Rn. 9 ff. (m.w.N. zum Streitstand).

der Betroffenen zumindest die willkürliche Nichtaufnahme als verfassungsrechtlich unzulässig betrachten müssen. – Allgemein ist bei der verfassungsrechtlichen Beurteilung von Maßnahmen, die möglicherweise gegen Art. 21 Abs. 1 S. 2 GG verstoßen, zu beachten, dass ein **Verstoß gegen das Parteiengesetz** nicht automatisch einen Verfassungsverstoß nach sich zieht, sondern nur dann, wenn die betreffende Vorschrift des Parteiengesetzes zugleich eine (verfassungswidrige) Konkretisierung des Art. 21 Abs. 1 S. 2 GG darstellt.

In der **Fallbearbeitung** lässt sich die Prüfung einer Verletzung der genannten parteispezifischen **Freiheitsrechte** durch staatliche Maßnahmen dreistufig aufbauen: Zu prüfen ist demnach 200

- zunächst, ob der in Rede stehende **Zustand** oder die **Tätigkeit** durch Art. 21 Abs. 1 S. 2 GG prinzipiell **geschützt** ist,
- ob dieser Zustand oder diese Tätigkeit **durch eine staatliche Maßnahme beeinträchtigt** wird und
- ob diese Beeinträchtigung **verfassungsrechtlich gerechtfertigt** ist.[228]

bb) Parteispezifisches Recht auf Chancengleichheit

Aus **Art. 21 Abs. 1 i.V.m. Art. 3 Abs. 1 GG** und der „Bedeutung, die der Freiheit der Parteigründung und dem **Mehrparteienprinzip** für die freiheitliche Demokratie zukommt“[229], lässt sich außerdem das Recht der Parteien auf **Chancengleichheit** ableiten. Es steht in engem Zusammenhang mit den aus dem Demokratieprinzip folgenden Grundsätzen der Allgemeinheit und Gleichheit der Wahl (**Art. 38 Abs. 1 S. 1 GG**) und gilt, etwas weiter gehend als die Wahlrechtsgrundsätze, „nicht nur für den Wahlvorgang selbst, sondern auch für die Wahlvorbereitung und den Wettbewerb der Parteien um die Erlangung von Spenden sowie für die Gewährung staatlicher Finanzierungshilfen“.[230] 201

Wie die Wahlrechtsgleichheit wird auch das Recht der Parteien auf Chancengleichheit **„strikt und formal“** verstanden.[231] Differenzierungen lassen sich demnach stets nur durch einen **„besonderen zwingenden Grund“** rechtfertigen.[232] 202

Als einen solchen verfassungslegitimen zwingenden Grund hat das Bundesverfassungsgericht vor allem den Umstand betrachtet, dass die Parteien gerade infolge der freien politischen Meinungs- und Willensbildung **unterschiedliche politische Bedeutung** erlangen und sich bestimmte Parteien dabei auch über die Legislaturperioden hinweg als die stabilen, Regierung oder Opposition **tragenden politischen Kräfte** bewähren können. Um „den Charakter der Wahl als des entscheidenden Integrationsvorganges bei der politischen Willensbildung des Volkes zu sichern“[233] und dafür zu sorgen,

228 Vgl. zur Struktur der Prüfung eines Freiheitsrechts bereits die Erläuterungen zur Wahlfreiheit (Art. 38 Abs. 1 S. 1 GG), oben bei Rn. 155.
229 BVerfGE 6, 273 (280) – „Gesamtdeutsche Volkspartei“ (ohne Hervorhebung im Original).
230 BVerfGE 111, 54 (104 f.) – „Rechenschaftsbericht“.
231 BVerfGE 85, 264 (297) – „Parteienfinanzierung II“.
232 BVerfGE 14, 121 (133) – „FDP-Sendezeit“.
233 BVerfGE 14, 121 (134 ff.) – „FDP-Sendezeit“; E 24, 300 (355) – „Wahlkampfkostenpauschale“.

dass aus den Wahlen stets auch ein Parlament hervorgeht, das in der Lage ist, eine handlungsfähige Regierung zu tragen, sind gewisse **Ungleichbehandlungen der Parteien nach ihrer gegenwärtigen Bedeutung** – z.B. bei der Zuteilung von Sendezeit für Wahlwerbung[234] oder bei der Berechnung der Wahlkampfkostenerstattung[235] – prinzipiell zulässig. In der Regel kann dabei „das **vorhergehende Wahlergebnis** als ein gewichtiges Indiz" herangezogen werden.[236] Die Differenzierung darf jedoch **nicht** dazu führen, dass einzelne Parteien vom politischen Wettbewerb „**gänzlich ausgeschlossen** werden".[237]

203 Praktische Bedeutung gewinnt das Recht der Parteien auf Chancengleichheit insbesondere[238]

- bei der Ausgestaltung des **Wahlrechts**,

  Hier gelten dieselben Maßstäbe, wie sie bereits aus der **Wahlrechtsgleichheit (Art. 38 Abs. 1 S. 1 GG)** abgeleitet wurden. Auch die Prüfung einer Verletzung der Chancengleichheit im Rahmen einer **Fallbearbeitung** erfolgt identisch.[239]

- bei der Gewährung **staatlicher Finanzierungshilfen**,[240]
- bei der Zuteilung von **Sendezeiten für Wahlwerbung** in öffentlich-rechtlichen Rundfunkanstalten[241] sowie etwa bei der Gestaltung von **TV-Diskussionen der Spitzenkandidaten** der Parteien,

  Bei der verfassungsrechtlichen Beurteilung der letztgenannten Fälle, in denen die Sendeanstalten ein bestimmtes **„redaktionelles Konzept"** verfolgen (z.B.: „Duell" der Spitzenkandidaten der beiden stärksten Parteien als „Zweikampf" der einzig wirklich aussichtsreichen Anwärter auf das Amt des Bundeskanzlers), ist allerdings zusätzlich auch die **Rundfunkfreiheit aus Art. 5 Abs. 1 S. 2 GG** in Ansatz zu bringen.[242] Diese räumt den Sendeanstalten einen gewissen Freiraum bei der Programmgestaltung ein.[243]

- bei der Gewährung des Zugangs zu **öffentlichen Einrichtungen** (z.B. Stadthallen) an Parteien für Wahlveranstaltungen etc. sowie

  Auf einfach-rechtlicher Ebene haben die Fachgerichte in diesen Fällen zusätzlich zu den parteienrechtlichen Vorschriften insbesondere auch die **Zulassungsansprüche in den Gemeindeordnungen** zu beachten, vgl. z.B. Art. 21 Abs. 1 S. 1 der Bayerischen Gemeindeordnung (BayGO).

- bei der **Einwirkung von Staatsorganen in den parteipolitischen Wettbewerb** zugunsten oder zulasten bestimmter Parteien.

---

234 Vgl. BVerfGE 14, 121 (134 ff.) – „FDP-Sendezeit".
235 Vgl. BVerfGE 24, 300 (354 f.) – „Wahlkampfkostenpauschale".
236 BVerfGE 14, 121 (137) – „FDP-Sendezeit" (ohne Hervorhebung im Original).
237 BVerfGE 14, 121 (138) – „FDP-Sendezeit" (ohne Hervorhebung im Original).
238 Vgl. zum Folgenden *Maurer*, Staatsrecht I, 6. Aufl. 2010, § 11 Rn. 43 ff.
239 Vgl. dazu ausführlich oben Rn. 149.
240 Vgl. zur Parteifinanzierung sogleich unten Rn. 214 ff.
241 Vgl. BVerfGE 14, 121 (134 ff.) – „FDP-Sendezeit".
242 BVerfG (2. Kammer des zweiten Senats) NJW 2002, 2939 (2939 f., ohne Hervorhebung im Original).
243 Vgl. mit weiterführenden Klausurhinweisen *Degenhart*, Staatsrecht I Staatsorganisationsrecht, 37. Aufl. 2021, § 2 Rn. 58.

Beispielsfall 3: Recht auf Chancengleichheit der Parteien[244]. Die Partei Radikaler Euroskeptiker Deutschlands (PaRa-Partei) tritt bei Wahlen auf Bundes- und Landesebene an und ist vor allem für ihr aus rechtsextrem-nationalistischem Gedankengut gespeistes Ziel bekannt, die Europäische Integration zu stoppen und langfristig den Austritt der Bundesrepublik aus der Europäischen Union sowie der NATO zu bewirken. Die übrigen politischen Parteien meiden wegen dieser und weiterer extremer politischer Positionen jede Form der Zusammenarbeit mit der PaRa-Partei. Im jüngst gewählten Landtag im Land L ist die PaRa-Partei mit 23 von insgesamt 90 Abgeodneten vertreten. Nachdem der Kandidat der bei der Landtagswahl siegreichen A-Partei in zwei Wahlgängen bei der Wahl zum Ministerpräsidenten nicht die erforderliche Stimmenmehrheit im Landtag erhielt, nominierte die Fraktion der B-Partei den Abgeordneten B als weiteren Kandidaten. B wurde mit den Stimmen der B-, C- und der PaRa-Partei im dritten Wahlgang gewählt und nahm die Wahl an. An der Wahl wurde wegen der Mitwirkung von Abgeordneten der PaRa-Partei heftige öffentliche Kritik geübt, bundesweit kam es zu Protesten gegen die PaRa-Partei. Auch Bundeskanzler K, der zugleich Vorsitzender der C-Partei auf Bundesebene ist und dort eine Regierungskoalition mit der A-Partei anführt, äußerte sich zu der Wahl. Er befand sich zu jener Zeit auf Staatsbesuch in Südafrika und gab gemeinsam mit dem Präsidenten der Republik Südafrika eine Pressekonferenz, bei der beide vor den Flaggen der Bundesrepublik Deutschland und der Republik Südafrika an einem Pult mit den Wappen beider Staaten standen. Zu den Vorkommnissen in L bemerkte K Folgendes: „Die Wahl des Ministerpräsidenten in L war ein einzigartiger Vorgang, der mit einer Grundüberzeugung für die C-Partei und auch für mich gebrochen hat, dass nämlich keine Mehrheiten mit Hilfe der PaRa-Partei gewonnen werden sollen. Da dies in der Konstellation, in der im dritten Wahlgang gewählt wurde, absehbar war, muss man sagen, dass dieser Vorgang unverzeihlich ist und deshalb das Ergebnis rückgängig gemacht werden muss. Zumindest gilt für die C-Partei, dass sich die C-Partei nicht an einer Regierung unter dem gewählten Ministerpräsidenten beteiligen darf. Es war ein schlechter Tag für die Demokratie. Es war ein Tag, der mit den Werten und Überzeugungen der C-Partei gebrochen hat.“ – Wenige Tage später äußert sich auch die parteilose Bundespräsidentin P zur PaRa-Partei. Auf einer Diskussionsveranstaltung mit Schülern unter dem Motto „Meet the President“ wird P gefragt, ob sie die Proteste gegen die PaRa-Partei unterstütze, und was sie von einem Verbot der Partei halte. P antwortet auf die Fragen unter anderem wie folgt: „Solange eine Partei nicht verboten ist, darf sie sich auch äußern, und das müssen wir auch ertragen. Eine freie Gesellschaft kann den Irrtum nicht verbieten und kann auch nicht verbieten, dass irrige Meinungen geäußert werden. Die können wir bekämpfen. Und wir bekämpfen die. Und das beruhigt mich. Wir brauchen da auch nicht nur unsere staatlichen Instanzen – die brauchen wir auch manchmal –, aber wir brauchen da Bürger, die auf die Straße gehen, die den Spinnern ihre Grenzen aufweisen und die sagen ‚bis hierher und nicht weiter‚. (…) Ob die Partei verboten werden sollte oder nicht, dazu will ich heute nichts sagen. Ich bin nicht sicher, ob ein Parteiverbot das Allerwichtigste ist. Für mich ist das Allerwichtigste, dass wir weder in der Politik eine einzige Partei haben, die mit denen Bündnisse eingeht, noch dass wir als Bürger in der Gefahr sind, ihnen massenhaft zu folgen. Übrigens: Wir können die Partei verbieten, aber die Spinner und die Ideologen und die Fanatiker, die haben wir dann nicht aus der Welt geschafft.“ – Ist die PaRa-Partei durch die Äußerungen von K und P in ihrem Recht auf Chancengleichheit verletzt?

244 Angelehnt an BVerfGE 136, 323 – „Äußerungsbefugnis Bundespräsident“ und BVerfG, Urt. v. 15.6.2022, 2 BvE 4/20 – „Äußerungsbefugnisse des Bundeskanzlers“, mit jeweils teils wörtlichen Zitaten aus dem Tatbestand.

204 Für die Prüfung zumal der Verletzung des Rechts einer Partei auf Chancengleichheit aus Art. 21 Abs. 1 S. 1 GG durch die Einwikung eines Staatsorgans in den parteipolitischen Wettbewerb hat sich in der jüngeren Rechtsprechung des Bundesverfassungsgerichts ein **spezifischer Prüfungsaufbau** herausgebildet:

Prüfungsaufbau: Verletzung des Rechts einer Partei auf Chancengleichheit aus Art. 21 Abs. 1 S. 1 GG durch die Einwirkung eines Staatsorgans in den parteipolitischen Wettbewerb

Obersatz: „Das Recht der Partei auf Chancengleichheit aus Art. 21 Abs. 1 S. 1 GG ist durch *(die zu bezeichnende behauptete Einwirkung des zu bezeichnenden Staatsorgans in den parteipolitischen Wettbewerb)* verletzt, wenn *(das Staatsorgan)* **in amtlicher Funktion gehandelt** hat, *(die behauptete Einwirkung)* in das Recht der Partei auf Chancengleichheit im politischen Wettbewerb **eingreift** und der Eingriff **nicht gerechtfertigt** ist."

Zu Beispielsfall 3 (Rn. 204): Das Recht der PaRa-Partei auf Chancengleichheit aus Art. 21 Abs. 1 S. 1 GG ist verletzt, wenn die Äußerungen von K und/oder P in amtlicher Funktion getätigt wurden, die Äußerungen in das Recht der PaRa-Partei auf Chancengleichheit im politischen Wettbewerb eingreifen und die Eingriffe nicht gerechtfertigt sind.

a) Handeln in amtlicher Funktion

Da staatliche Funktionsträger, zumal solche in Regierungsämtern, neben ihren Ämtern auch andere Funktionen wahrnehmen, in denen sie sich politisch äußern können und dürfen – insbesondere als Mitglieder und/oder Funktionäre einer Partei, aber auch als Privatpersonen –, ist zunächst zu bestimmen, ob die betreffende Person in amtlicher Funktion gehandelt hat. Eine dem Staat zurechenbare Einwirkung auf den parteipolitischen Wettbewerb liegt überhaupt nur dann vor, wenn der Inhaber eines Amtes Möglichkeiten nutzt, die ihm aufgrund seines Amtes zur Verfügung stehen, während sie den politischen Wettbewerbern verschlossen sind.[245] Eine solcher für die Zurechnung der Maßnahme zum staatlichen Handeln erforderlicher **spezifischer Bezug zu einem öffentlichen Amt** ist etwa gegeben, „wenn die Äußerung unter Rückgriff auf die einem Regierungsmitglied zur Verfügung stehenden Ressourcen erfolgt oder eine erkennbare Bezugnahme auf das Regierungsamt vorliegt und damit die Äußerung mit einer aus der Autorität des Amtes fließenden besonderen Gewichtung versehen wird". Fehlt der Bezug zum Staatsamt, ist die Äußerung des Amtsinhabers dem allgemeinen politischen Wettbewerb zuzurechnen und verfassungsrechtlich unschädlich.[246]

245 Vgl. dazu und zum Folgenden BVerfGE 138, 102 (117 ff.) – „Ministerielle Äußerungsbefugnisse I".

246 Keinen spezifischen Regierungsbezug sah das Bundesverfassungsgericht etwa in einem gegen eine nationalistische Partei gerichteten Wahlaufruf einer Bundesministerin in einem Zeitungsinterview, das diese ohne erkennbare Nutzung von Ressourcen oder Symbolen des Ministeriums gegeben hatte; in dem betreffenden Interviewteil trat sie außerdem sichtlich als Parteivertreterin auf. Vgl. dazu BVerfGE 138, 102 (121 ff.) – „Ministerielle Äußerungsbefugnisse I".

Zu Beispielsfall 3 (Rn. 204): Die Äußerungen von K müssten zunächst in amtlicher Funktion getätigt worden sein. Maßgeblich sind dafür sämtliche Umstände des betreffenden Handelns, einschließlich formeller und inhaltlicher Gesichtspunkte. Zwar hat sich K in seinen Äußerungen überwiegend auf das Gebaren seiner eigenen Partei, der C-Partei, bezogen, und deren Abstimmungsverhalten bei der Ministerpräsidentenwahl in L kritisiert. Insofern könnte man argumentieren, dass er sich weniger als Bundeskanzler, sondern mehr als Vorsitzender der Partei zum Verhalten seiner Parteikollegen aus L geäußert hat. Die äußeren Umstände seiner Äußerungen ordnen diese indes deutlich seiner Regierungsfunktion zu: K äußerte sich im Rahmen einer Pressekonferenz auf Staatsbesuch als Bundeskanzler der Bundesrepublik Deutschland in der Republik Südafrika, vor amtlicher Kulisse mit Flagge und Wappen der Bundesrepublik. Überdies hat K nicht nur das Verhalten der C-Partei, kritisiert sondern festgehalten, dass die Ministerpräsidentenwahl in L insgesamt „unverzeihlich" sei und „rückgängig" gemacht werden müsse. *(a.A. vertretbar)* – Auch die Äußerungen der P sind dieser in ihrer amtlichen Funktion als Bundespräsidentin zuzurechnen. Sie hat sich im Rahmen einer Veranstaltung mit dem Motto „Meet the President" geäußert. Sonstige Funktionen, in denen sie dabei hätte tätig sein können, sind nicht ersichtlich.

b) Eingriff in das Recht der Partei auf Chancengleichheit

Kann eine Maßnahme kraft spezifischen Amtsbezugs einem Staatsorgan zugerechnet werden, ist des Weiteren zu prüfen, ob diese die Chancengleichheit der betroffenen Partei auch **nachteilig beeinflusst**. In jedem Falle als Eingriffe in die Chancengleichheit zu werten sind **negativ-wertende Äußerungen** zu Lasten bestimmter Parteien – z.B. Aufrufe, eine bestimmte Partei nicht zu wählen. Schwieriger zu beurteilen sind Fälle, in denen es um eine **positive** Hervorhebung der eigenen Tätigkeit geht.

Eine ältere Entscheidung des Bundesverfassungsgerichts aus dem Jahr 1977 betraf die sog. **Öffentlichkeitsarbeit der Bundesregierung**, also die positive Information der Bevölkerung über die Regierungstätigkeit. Eine solche Öffentlichkeitsarbeit von Amtsinhabern ist grundsätzlich zulässig und legitim, da sie das Vertrauen der Bevölkerung in das Handeln der Staatsorgane stärken soll und damit letztlich dem demokratischen Prinzip dienlich ist. Das Recht auf Chancengleichheit der Parteien verbiete insofern allerdings, so das Bundesverfassungsgericht, eine **unzulässige Wahlwerbung der Regierung** zugunsten der sie tragenden Parteien, die es einer (zulässigen) an Sachlichkeit orientierten und parteipolitisch **neutralen Informationsarbeit** gegenüberstellte.[247] Für diese Abgrenzung kann auch die zeitliche Nähe zu politischen Wahlen relevant sein, d.h. vor allem in der „heißen Wahlkampfphase" ist insofern eine besondere Zurückhaltung geboten.

247 Vgl. dazu grundlegend BVerfGE 44, 125 (138 ff.) – „Öffentlichkeitsarbeit".

Zu Beispielsfall 3 (Rn. 204): Die Äußerung des K müsste die Chancengleichheit der PaRa-Partei ferner nachteilig beeinflussen. Dagegen könnte wiederum sprechen, dass sich K (auch) auf das Verhalten von Abgeordneten der C-Partei bezogen hat. Allerdings kommt in den Äußerungen des K insgesamt sehr deutlich eine negative Bewertung der Tätigkeit der PaRa-Partei zum Ausdruck, zumal K von einem „schlechten Tag für die Demokratie" gesprochen und damit kundgetan hat, dass jedwede Beteiligung der Partei an der Regierungsmehrheiten und -funktionen demokratieschädlich sei und sich keine demokratische Partei mit der PaRa-Partei zusammentun dürfe. Damit hat K in einseitiger Weise zu Lasten der PaRa-Partei auf den politischen Wettbewerb eingewirkt. – Auch die Äußerungen der P sind für die PaRa-Partei eindeutig nachteilig. Allein die Wortwahl („Spinner", „Ideologen", „Fanatiker") färben die Äußerungen negativ-wertend ein.

c) Verfassungsrechtliche Rechtfertigung

Ist ein spezifischer Amtsbezug und eine nachteilige Beeinflussung der Chancengleichheit gegeben, ist zu überlegen, ob die Maßnahme gerechtfertigt werden kann. Aufgrund der überragenden Bedeutung der Chancengleichheit für den demokratischen Prozess kommt eine Rechtfertigung von Beeinträchtigungen nur unter besonders engen Voraussetzungen zur Realisierung entsprechend gewichtiger Belange von Verfassungsrang in Betracht (aa), unter Beachtung des Prinzips praktischer Konkordanz (bb).

aa) Tragfähige Gründe für eine Beschränkung der Chancengleichheit

Als tragfähige Gründe für eine Beschränkung der Chancengleichheit kommen lediglich

– **amtsspezifische** Gründe oder

  Je nachdem, welches Staatsorgan im konkreten Fall tätig geworden ist, können amtsspezifische Gründe das Einwirken auf den parteipolitischen Wettbewerb legitimieren. So ist beispielsweise der **Bundeskanzler** aus Art. 63, 67 und 68 GG ersichtlich dazu berufen, die **Handlungsfähigkeit der Bundesregierung** zu schützen; überdies obliegt ihm die Erhaltung des **Ansehens der Bundesrepublik** und des Vertrauens in selbige innerhalb der Staatengemeinschaft.[248] – Der **Bundespräsident** hat demgegenüber eine weitreichende **„Repräsentations- und Integrationsaufgabe"**, die ihn dazu ermächtigt, „im Interesse der Wahrung und Förderung des Gemeinwesens das Wort zu ergreifen und die Öffentlichkeit durch seine Beiträge auf von ihm identifizierte Missstände und Fehlentwicklungen – insbesondere solche, die den Zusammenhalt der Bürger und das friedliche Zusammenleben aller Einwohner gefährden – aufmerksam zu machen sowie um Engagement bei deren Beseitigung zu werben".[249]

– die allgemeine Befugnis des betreffenden Staatsorgans zur **Informations- und Öffentlichkeitsarbeit** in Betracht.

  Jedem Staatsorgan und insbesondere den **Mitgliedern der Bundesregierung** steht die Befugnis zu, die **„Politik der Regierung** hinsichtlich getroffener Maßnahmen und künftiger Vorhaben angesichts bestehender oder sich abzeichnender Probleme" **darzulegen** und zu **erläutern**, einschließlich der „Erläuterung und Verteidigung der Regierungspolitik gegen Angriffe und Kritik" sowie der Information zu Fragen und Vorgängen, „die die Bürger unmittelbar betreffen, sowie auf aktuell streitige oder die Öffentlichkeit erheblich berührende Fragen einzugehen".[250]

---

248 Vgl. dazu BVerfG, Urt. v. 15.6.2022, 2 BvE 4/20, Rn. 93 ff. – „Äußerungsbefugnisse des Bundeskanzlers".
249 Vgl. BVerfGE 136, 323 (Rn. 28) – „Äußerungsbefugnis Bundespräsident".
250 Vgl. dazu und zum Folgenden wiederum BVerfG, Urt. v. 15.6.2022, 2 BvE 4/20, Rn. 110 ff. – „Äußerungsbefugnisse des Bundeskanzlers".

Zu Beispielsfall 3 (Rn. 204): Fraglich ist bereits, ob K seine Äußerungen auf legitime Gründe stützen konnte. Anhaltspunkte für drohende Beeinträchtigungen der Arbeitsfähigkeit der Bundesregierung und der Koalition mit der A-Partei sind nicht ersichtlich, insbesondere sind bundesweite Proteste für sich noch nicht geeignet, eine solche Beeinträchtigung zu begründen. Auch für eine Gefährdung des Ansehens Deutschlands in der Welt bestehen vorliegend keine objektiven Anknüpfungspunkte. In Betracht kommt als Grundlage für die Äußerungen daher allenfalls die allgemeine Befugnis des K zur Informations- und Öffentlichkeitsarbeit. Dagegen spricht, dass K hier Vorgänge auf der Landesebene kommentiert hat, während sich die Öffentlichkeitsarbeit des Bundeskanzlers prinzipiell auf die Bundesebene bezieht. Die Äußerungen des K lassen sich allenfalls als inhaltliche und personelle Distanzierung der Bundesregierung vom Programm und vom Personal der PaRa-Partei interpretieren, zu der er sich angesichts des Zusammenwirkens von Abgeordneten auch seiner C-Partei mit der PaRa-Partei bei der Ministerpräsidentenwahl in L veranlasst sah. – Die Bundespräsidentin konnte sich bei ihren Äußerungen zur PaRa-Partei demgegenüber auf die ihrem Amte innewohnende Repräsentations- und Integrationsaufgabe berufen. Demnach obliegt es der Bundespräsidentin grundsätzlich, zur Wahrung und Förderung des Gemeinwesens auch kommunikativ tätig zu werden und die Öffentlichkeit auf von ihr „identifizierte Missstände und Fehlentwicklungen“ zumal mit Relevanz für den Zusammenhalt und das friedliche Zusammenleben der Bürger aufmerksam zu machen sowie „um Engagement bei deren Beseitigung zu werben“.[251] Dies hat sie vorliegend getan, indem sie auf die bedenklichen extremistischen Tendenzen der PaRa-Partei sowie Möglichkeiten zum bürgerlichen Widerstand dagegen hingewiesen hat.

bb) Grenze der Beschränkbarkeit: Praktische Konkordanz

Selbst wenn sich Beschränkungen der Chancengleichheit einer Partei im Einzelfall auf legitime, verfassungsrechtlich anerkannte Gründe zurückführen lassen, muss das handelnde Staatsorgan gleichwohl auf die Belange der Partei Rücksicht nehmen und darf die Chancengleichheit – im Einklang mit dem Gebot praktischer Konkordanz – **nicht in unangemessener Weise beeinträchtigen**. Das Recht auf Chancengleichheit und die gegenläufigen verfassungsrechtlichen Belange sind daher im Einzelfall gegeneinander abzuwägen und in ein angemessenes Verhältnis zu bringen.

Für die **Informations- und Öffentlichkeitsarbeit** der Bundesregierung hat das Bundesverfassungsgericht dabei ein striktes **Neutralitätsgebot** entwickelt. Das Informationsgebaren der Regierung muss demnach in formeller und inhaltlicher Hinsicht an Sachlichkeit orientiert sein. Dagegen stellten „unsachliche, diskriminierende oder diffamierende Äußerungen über Parteien (…), auch wenn diese nur als Reaktion auf erhobene Vorwürfe erfolgen, eine unzulässige einseitige Parteinahme im politischen Wettbewerb dar, die den Grundsatz der Chancengleichheit aus Art. 21 Abs. 1 Satz 1 GG verletzt“.[252] So sah das Bundesverfassungsgericht z.B. die Veröffentlichung einer Pressemitteilung auf der Homepage eines Ministeriums mit parteipolitischer Wertung („Rote Karte für die AfD“) ohne Weiteres als Überschreitung der Grenzen ministerieller Äußerungsbefugnisse an, die die Rechte der betroffenen Partei verletzten.

251 Vgl. BVerfGE 136, 323 (Rn. 28) – „Äußerungsbefugnis Bundespräsident“.
252 Dazu und zum Folgenden BVerfGE 148, 11 (227 f.) – „‚Rote Karte‘ für die AfD“.

Zu Beispielsfall 3 (Rn. 204): Eine durch die Befugnis zur Öffentlichkeitsarbeit gedeckte Äußerung des K müsste die Chancengleichheit der PaRa-Partei in angemessener Weise berücksichtigt und das diesbezüglich geltende Neutralitätsgebot beachtet haben. Dieses Gebot dürfte vorliegend verletzt worden sein, zumal sich K nicht damit begnügt hat, sich und die Bundesregierung von der PaRa-Partei zu distanzieren, sondern der Partei – deutlich weitergehend – die Koalitionsfähigkeit abgesprochen und sie jenseits des demokratischen Spektrums gestellt hat. Wenn man die Äußerungen des K seiner amtlichen Funktion als Bundeskanzler zurechnet, wird man darin eine Verletzung der Rechte der PaRa-Partei sehen müssen. – Die Äußerungen der Bundespräsidentin müssten den Belangen der PaRa-Partei ebenfalls hinreichend Rechnung getragen haben. Zwar hat P zumal durch Verwendung des Wortes „Spinner" ein negatives Werturteil über die PaRa-Partei und ihre Anhänger abgegeben, „das isoliert betrachtet durchaus als diffamierend empfunden werden und auf eine unsachliche Ausgrenzung der so Bezeichneten hindeuten kann".[253] Die Bezeichnung als „Spinner" diente dabei allerdings – parallel zu derjenigen als „Ideologen" und „Fanatiker" – zuspitzend als Charakterisierung von Menschen, die sich ungeachtet der katastrophalen Erfahrungen mit Nationalismus, Faschismus und Krieg auf dem europäischen Kontinent weiterhin für Rechtsextremismus und Isolation einsetzen. Den Teilnehmern der Veranstaltung „Meet the President" sollte auf diese Weise die „Unbelehrbarkeit der so Angesprochenen" verdeutlicht werden, und es sollte appellativ hervorgehoben werden, „dass sie ihre Ideologie vergeblich durchzusetzen hofften, wenn die Bürger ihnen ‚ihre Grenzen aufweisen,". Vor diesem Hintergrund eweisen sich die Äußerungen der P durchaus als angemessen und verletzen die PaRa-Partei nicht in ihren Rechten.

205 Die gleiche Teilhabe von Parteien an öffentlichen Einrichtungen und die Gewährung sonstiger öffentlicher Leistungen ist **einfachgesetzlich** in **§ 5 PartG** geregelt. Aus § 5 Abs. 1 S. 2 und 3 PartG ersichtlich ist dort auch der einfache Gesetzgeber der **abgestuften Chancengleichheit** gefolgt.[254]

Die **Fachgerichte** haben sich somit vorrangig an § 5 PartG als der spezielleren Norm zu orientieren.[255] Für die **verfassungsgerichtliche** Beurteilung ist dagegen allein Art. 21 Abs. 1 GG (i.V.m. Art. 3 Abs. 1 bzw. Art. 38 Abs. 1 S. 1 GG) maßgeblich.

b) Grundrechtliche Positionen

206 Schließlich können sich die Parteien als Vereinigungen natürlicher Personen auch auf die grundrechtlichen Freiheiten berufen, soweit im Einzelfall die Voraussetzungen des **Art. 19 Abs. 3 GG** erfüllt sind. Wichtige Freiheitsgrundrechte sind in diesem Zusammenhang etwa die **Meinungs-, Presse- und Rundfunkfreiheit**[256] (Art. 5 Abs. 1 GG), die **Versammlungsfreiheit** (Art. 8 GG) sowie auch die **Berufsfreiheit** (Art. 12 Abs. 1 GG) und die **Eigentumsfreiheit** (Art. 14 GG).

253 Dazu und zum Folgenden in einem ähnlichen Fall BVerfGE 136, 323 (Rn. 33) – „Äußerungsbefugnis Bundespräsident".
254 Vgl. *Maurer*, Staatsrecht I, 6. Aufl. 2010, § 11 Rn. 44.
255 Vgl. zur vorrangigen Anwendung der rangniedrigeren Norm bereits die Erläuterungen oben zu Rn. 50.
256 Vgl. dazu etwa BVerfGE 121, 30 (56 ff.) – „Parteibeteiligung an Rundfunkunternehmen".

2. Prozessuale Durchsetzung der verfassungsmäßigen Rechte der Parteien

Die Doppelstellung der Parteien als Institutionen des Verfassungsrechts einerseits und als privatrechtliche Vereinigungen andererseits hat gewisse Folgen für ihre Möglichkeiten, ihre verfassungsmäßigen Rechte prozessual geltend zu machen; diese Konsequenzen sollten bereits in den Anfangssemestern bekannt sein. Je nachdem, ob die Partei in ihren **„Jedermanns"-Rechten als zivilrechtliche Vereinigung** oder in ihren **parteispezifischen Rechten als verfassungsrechtliche Institution** betroffen ist, gilt es wie folgt zu differenzieren:[257] 207

- Ist eine Partei durch Maßnahmen der öffentlichen Gewalt wie jede andere zivilrechtlich organisierte Vereinigung – also **wie ein Bürger** – betroffen, sind insbesondere etwa ihre **Grundrechte** berührt, so hat sie die gleichen Rechtsbehelfe wie ein Bürger gegen den Staat: Zunächst hat sie vor den **Fachgerichten**, vor allem also den Verwaltungsgerichten, Rechtsschutz zu suchen und kann, nach Erschöpfung des Rechtswegs (§ 90 Abs. 2 S. 1 BVerfGG), **Verfassungsbeschwerde** zum Bundesverfassungsgericht erheben.

  Beispiele: In diese Kategorie fällt etwa der Rechtsschutz gegen ein Versammlungsverbot oder gegen Versammlungsauflagen für eine von einem Parteiverband veranstaltete Demonstration.[258]

- Soweit die Parteien als **verfassungsrechtliche Institutionen** betroffen sind, ist weiter zu differenzieren:
  - Erfolgt die behauptete **Rechtsverletzung durch ein Verfassungsorgan**, so sind die Parteien nach ständiger Rechtsprechung des Bundesverfassungsgerichts als „andere Beteiligte" i.S.v. Art. 93 Abs. 1 Nr. 1 GG antragsberechtigt in dem insoweit **vorrangigen Organstreitverfahren** vor dem Bundesverfassungsgericht und werden also prozessual behandelt wie Verfassungsorgane.[259]

    Beispiele: Fühlt sich eine Partei durch die formell-gesetzlichen Regelungen über die Wahl zum Deutschen Bundestag (im Bundeswahlgesetz)[260] oder über die Parteienfinanzierung (im Parteiengesetz)[261] in ihren Rechten aus Art. 21 GG verletzt, so kann sie diese Rechtsverletzung im Wege eines Organstreitverfahrens geltend machen, wobei das Verfahren gegen die Gesetzgebungsorgane Bundestag und/oder Bundesrat als Urheber der rechtsverletzenden Regelung zu führen wäre. Ebenso könnte eine unzulässige Wahlwerbung der Bundesregierung für die sie tragenden Parteien von den übrigen Parteien als Verletzung ihrer Rechte aus Art. 21 GG geltend gemacht werden; Antragsgegnerin wäre die Bundesregierung.[262]

  - Erfolgt die behauptete **Rechtsverletzung** dagegen **durch ein anderes staatliches Organ**, welches nicht im Organstreitverfahren vor dem Bundesverfassungsgericht beteiligtenfähig ist (vgl. Art. 93 Abs. 1 Nr. 1 GG, § 63 BVerfGG), insbesondere etwa

---

257 Vgl. dazu die gelungene, im Folgenden leicht abgewandelte Darstellung von *Degenhart*, Staatsrecht I Staatsorganisationsrecht, 37. Aufl. 2021, § 2 Rn. 70 f.

258 Vgl. dazu mit weiteren Beispielen *Degenhart*, Staatsrecht I Staatsorganisationsrecht, 37. Aufl. 2021, § 2 Rn. 70.

259 Vgl. die zur dieser Frage ergangene Plenarentscheidung des Gerichts, BVerfGE 4, 27 (30 f.) – „Klagebefugnis politischer Parteien".

260 Vgl. etwa BVerfGE 4, 27 (27 ff.) – „Klagebefugnis politischer Parteien".

261 Vgl. etwa BVerfGE 85, 264 (283 ff.) – „Parteienfinanzierung II".

262 Vgl. etwa BVerfGE 44, 125 (136 f.) – „Öffentlichkeitsarbeit".

durch eine einfache Behörde oder eine Körperschaft des öffentlichen Rechts, so scheidet eine Geltendmachung der Rechte im Wege des Organstreitverfahrens mangels tauglichen Antragsgegners aus. Den Parteien bleibt dann wiederum nur der Rechtsweg zu den **Verwaltungsgerichten** und ggfs. die Erhebung einer **Verfassungsbeschwerde** zum Bundesverfassungsgericht, um ihre Rechte geltend zu machen.

Beispiele: In diese Fallgruppe fällt insbesondere etwa die Zuteilung von **Sendezeiten für Wahlwerbung** oder die Einbindung in eine **TV-Debatte** der Spitzenkandidaten im öffentlich-rechtlichen Rundfunk. Zwar werden hierbei speziell Rechte der Parteien als solche berührt, nämlich die **Chancengleichheit aus Art. 21 Abs. 1 S. 2 GG**, und nicht lediglich „Jedermanns"-Rechte; gleichwohl kann die Partei kein (vorrangiges) Organstreitverfahren anstrengen, da kein tauglicher Antragsgegner in Betracht kommt. Auch mit Blick auf Versagungen des Zugangs zu sonstigen **öffentlichen Einrichtungen** und der Gewährung **öffentlicher Leistungen**, welche die **parteispezifische Chancengleichheit aus Art. 21 Abs. 1 S. 2 GG** berühren, ist eine Partei daher wie ein Bürger zunächst auf den Verwaltungsrechtsweg verwiesen.[263]

IV. Die Behandlung verfassungswidriger und -feindlicher Parteien, Art. 21 Abs. 2 bis 4 GG

1. Verbot verfassungswidriger Parteien, Art. 21 Abs. 2 GG

208 Die Programmfreiheit und Betätigungsfreiheit der Parteien findet ihre inhaltlichen verfassungsrechtlichen Grenzen in Art. 21 Abs. 2 bis 4 GG. Im Mittelpunkt steht hier zunächst die Regelung zu **verfassungswidrigen Parteien** in **Art. 21 Abs. 2 GG**. Demnach sind Parteien, „die nach ihren Zielen oder nach dem Verhalten ihrer Anhänger darauf ausgehen, die **freiheitliche demokratische Grundordnung** zu beeinträchtigen oder zu beseitigen oder den **Bestand der Bundesrepublik Deutschland** zu gefährden, ... **verfassungswidrig**". Über die Verfassungswidrigkeit einer Partei zu entscheiden ist gemäß **Art. 21 Abs. 4 1. Alt. GG** allein das **Bundesverfassungsgericht** befugt, und zwar im Rahmen eines speziellen Verbotsverfahrens nach §§ 13 Nr. 2, 43 ff. BVerfGG. Diese Möglichkeit des Parteiverbots ist Ausdruck der verfassungsrechtlichen Grundentscheidung für die **streitbare Demokratie**, als Antwort auf den demokratischen Relativismus der Weimarer Demokratie, welche bekanntlich „von Beginn an die Zielscheibe heftigster antidemokratischer und antiparlamentarischer Angriffe von rechts und links" war.[264]

209 Zu den grundlegenden Prinzipien der **freiheitlichen demokratischen Grundordnung** rechnet das Bundesverfassungsgericht **zumindest** „die Achtung vor den im Grundgesetz konkretisierten Menschenrechten, vor allem vor dem Recht der Persönlichkeit auf Leben und freie Entfaltung, die Volkssouveränität, die Gewaltenteilung, die Verantwortlichkeit der Regierung, die Gesetzmäßigkeit der Verwaltung, die Unabhängigkeit der Gerichte, das Mehrparteienprinzip und die Chancengleichheit für alle politischen Parteien mit

263 Vgl. dazu – wenn auch nicht in dieser Deutlichkeit – *Degenhart*, Staatsrecht I Staatsorganisationsrecht, 37. Aufl. 2021, § 2 Rn. 70; deutlicher dagegen *Maurer*, Staatsrecht I, 6. Aufl. 2010, § 11 Rn. 59.

264 *Papier/Durner*, AöR 128 (2003), 340 (343).

dem Recht auf verfassungsmäßige Bildung und Ausübung einer Opposition.“[265] Der **Bestand der Bundesrepublik** bedeutet dagegen insbesondere ihre „staatsrechtliche Existenz“ und ihre „territoriale Integrität“.[266]

Mit Blick auf die Voraussetzung, dass die Partei **„darauf ausgehen“** muss, die Prinzipien der freiheitlichen demokratischen Grundordnung zu **beeinträchtigen** oder zu **beseitigen** usw., hat das Bundesverfassungsgericht festgestellt, eine Partei sei „nicht schon dann verfassungswidrig, wenn sie diese obersten Prinzipien einer freiheitlichen demokratischen Grundordnung nicht anerkennt, sie ablehnt, ihnen andere entgegensetzt“; es müsse „vielmehr eine **aktiv kämpferische, aggressive Haltung** gegenüber der bestehenden Ordnung hinzukommen; sie muss planvoll das Funktionieren dieser Ordnung beeinträchtigen, im weiteren Verlauf diese Ordnung selbst beseitigen wollen“.[267] Dazu ist freilich **nicht** erforderlich, dass die Partei ihren **Kampf** gegen die Ordnung bereits **tatsächlich aufgenommen** hat; die Möglichkeit des Parteiverbots nach Art. 21 Abs. 1 S. 2 GG soll „Gefahren rechtzeitig abwehren, mit deren Eintreten nach der **bisher in Reden und Handlungen sichtbar gewordenen allgemeinen Haltung** der Partei gegenüber der freiheitlichen demokratischen Grundordnung gerechnet werden muss“.[268] In Anbetracht des Ausnahmecharakters des Parteiverbots als „präventives Organisations- und nicht als bloßes Weltanschauungs- oder Gesinnungsverbot kann ein ‚Darauf Ausgehen, allerdings nur angenommen werden, wenn **konkrete Anhaltspunkte von Gewicht** vorliegen, die es zumindest **möglich** erscheinen lassen, dass das gegen die Schutzgüter des Art. 21 Abs. 2 GG gerichtete Handeln einer Partei **erfolgreich** sein kann (Potentialität)“.[269] Als konkrete Anhaltspunkte kommen dabei „die Situation der Partei (Mitgliederbestand und -entwicklung, Organisationsstruktur, Mobilisierungsgrad, Kampagnenfähigkeit, finanzielle Lage), ihre Wirkkraft in die Gesellschaft (Wahlergebnisse, Publikationen, Bündnisse, Unterstützerstrukturen), ihre Vertretung in Ämtern und Mandaten, die von ihr eingesetzten Mittel, Strategien und Maßnahmen sowie alle sonstigen Umstände“ in Betracht.[270] 210

Die Anforderungen an das „Darauf Ausgehen“ waren letztlich die entscheidende verfassungsrechtliche Hürde, an der der letzte Verbotsantrag gegen die **Nationaldemokratische Partei Deutschlands (NPD)** im Jahr 2017 scheiterte. Zwar stellte das Bundesverfassungsgericht nach umfangreicher Prüfung fest, dass die NPD „nach ihren Zielen und dem Verhalten ihrer Anhänger die Beseitigung der freiheitlichen demokratischen Grundordnung“ anstrebe.[271] In Anbetracht der relativen Bedeutungslosigkeit der Partei fehle es indes an konkreten Anhaltspunkten von Gewicht, die ein Erreichen der von der NPD verfolgten Ziele zumindest möglich erscheinen lassen.

---

265 BVerfGE 2, 1 (21 f.) – „SRP-Verbot“; BVerfGE 5, 85 (140) – „KPD-Verbot“.
266 *Degenhart*, Staatsrecht I Staatsorganisationsrecht, 37. Aufl. 2021, § 2 Rn. 61.
267 BVerfGE 5, 85 (141) – „KPD-Verbot“ (ohne Hervorhebung im Original).
268 BVerfGE 5, 85 (142) – „KPD-Verbot“ (ohne Hervorhebung im Original).
269 BVerfGE 144, 20 (Rn. 585) – „NPD-Verbot“ (ohne Hervorhebung im Original), in Abweichung von BVerfGE 5, 85 (143) – „KPD-Verbot“.
270 BVerfGE 144, 20 (Rn. 587) – „NPD-Verbot“.
271 Vgl. dazu und zum Folgenden eingehend BVerfGE 144, 20 (Rn. 845 ff.) – „NPD-Verbot“.

2. Ausschluss verfassungsfeindlicher Parteien von der Parteienfinanzierung, Art. 21 Abs. 3 GG

211 Über das Verbot verfassungswidriger Parteien hinaus ist in **Art. 21 Abs. 3 GG** seit Juli 2017 außerdem die Möglichkeit vorgesehen, Parteien, die nach ihren Zielen oder dem Verhalten ihrer Anhänger **„darauf ausgerichtet“** sind (also nicht, wie Art. 21 Abs. 2 GG es formuliert, „darauf ausgehen“), die freiheitliche demokratische Grundordnung zu beeinträchtigen oder zu beseitigen oder den Bestand der Bundesrepublik Deutschland zu gefährden, von der **staatlichen Parteienfinanzierung auszuschließen**. Über den Ausschluss von in diesem Sinne „nur“ **verfassungsfeindlichen Parteien** entscheidet wiederum allein das **Bundesverfassungsgericht**, **Art. 21 Abs. 4 2. Alt. GG**, § 13 Nr. 2a BVerfGG.

Angeregt wurde die Regelung in Art. 21 Abs. 3 GG letztlich durch eine Formulierung in der Entscheidung des Bundesverfassungsgerichts zum (nicht ausgesprochenen) **NPD-Verbot**, wonach „unterhalb der Ebene des Parteiverbots liegende Sanktionen – etwa die Kürzung oder Streichung staatlicher Finanzmittel – (...) nach der geltenden Verfassungslage ausgeschlossen“ seien.[272] Dabei sprach das Gericht explizit die Möglichkeit des verfassungsändernden Gesetzgebers an, abweichende Regelungen zu treffen.

3. Parteienprivileg

212 Der **abschließende Charakter** der Regelungen in Art. 21 Abs. 2 bis 4 GG hat zur Konsequenz, dass keine staatliche Behörde und kein Gericht geltend machen darf, eine Partei sei verfassungswidrig oder verfassungsfeindlich, solange die betreffende Partei nicht vom Bundesverfassungsgericht für verfassungswidrig erklärt und verboten worden ist. Man spricht insoweit von dem sogenannten **Parteienprivileg**. Daran ändert richtigerweise auch der unterhalb der Schwelle der Verfassungswidrigkeit angesiedelte Ausschluss „nur“ verfassungsfeindlicher Parteien von der staatlichen Parteienfinanzierung nach Art. 21 Abs. 3 GG nichts. Die Ausschlussmöglichkeit darf als verfassungsrechtlich explizit geregelte Ausnahme von dem im Übrigen strikt geltenden Parteienprivileg nicht als Anknüpfungspunkt für sonstige Diskriminierungen nicht verbotener Parteien herangezogen werden.[273]

Relevant wird dies insbesondere in Fällen, in denen nicht verbotenen extremistischen Parteien der Zugang zu öffentlichen Einrichtungen und sonstigen Leistungen verwehrt oder ein Versammlungsverbot verhängt wird. Die entscheidende Stelle darf sich dabei wegen Art. 21 Abs. 2 bis 4 GG **nicht** auf das **Argument** stützen, die **Partei** sei **verfassungswidrig** oder **-feindlich**. Die Thematik hatte nach der NPD-Verbotsentscheidung bzw. der Einführung des Art. 21 Abs. 3 GG neue Relevanz gewonnen, da einige öffentliche Stellen die Regelung als Grundlage dafür betrachtet hatten, nicht verbotene rechtsextreme Parteien beim Zugang zu öffentlichen Einrichtungen zu diskriminieren. Einen Höhepunkt (bzw. rechtsstaatlichen Tiefpunkt) erreichte die Diskussion mit der Weigerung der Stadt Wetzlar, der NPD die Stadthalle für eine Parteiveranstaltung zu überlassen. Obwohl das Bun-

---

272 BVerfGE 144, 20 (Rn. 625) – „NPD-Verbot“.

273 Vgl. ebenso etwa *Hecker*, NVwZ 2018, 787 (788 f.); VGH Hessen, Beschl. v. 23.2.2018, 8 B 23/18, juris, Rn. 4, jeweils zu dem sogleich im Text angesprochenen Fall „Stadt Wetzlar“.

desverfassungsgericht die Stadt per einstweiliger Anordnung und unter Androhung und Festsetzung von Zwangsgeld zur Überlassung verpflichtete, blieb die Stadt bei ihrer ablehnenden Haltung.[274]

V. Das Gebot demokratischer Binnenstruktur, Art. 21 Abs. 1 S. 3 GG

Gemäß **Art. 21 Abs. 1 S. 3 GG** muss die „innere Ordnung" der Parteien „demokratischen Grundsätzen entsprechen". Dies folgt aus der Funktion der Parteien für den freien demokratischen Willensbildungsprozess.[275] Die innerparteiliche Ordnung muss sich daher insbesondere an den **Wahlrechtsgrundsätzen** orientieren.[276] 213

VI. Grundzüge der Parteienfinanzierung

1. Bedeutung und Arten der Parteienfinanzierung

Die Möglichkeiten der Parteien, am demokratischen Wettstreit um die Gunst der Wahl- und Abstimmungsbürger erfolgreich teilzunehmen, hängen nicht zuletzt von den ihnen zur Verfügung stehenden finanziellen Mitteln ab. Das Recht der Parteienfinanzierung bildet daher einen **politisch äußerst heiklen Rechtsbereich**. 214

Die finanziellen Mittel einer Partei, die diese für die Wahrnehmung ihrer in Art. 21 Abs. 1 S. 1 GG wurzelnden verfassungsmäßigen Funktionen benötigt, stammen vor allem aus 215

- den **Beiträgen der Parteimitglieder**,
- **Spenden** und
- **staatlichen Zuwendungen** (entweder in Form von unmittelbaren Zuwendungen oder von mittelbarer Finanzierung durch steuerliche Begünstigung der entrichteten Mitgliedsbeiträge und der Parteispenden,), vgl. **§ 18 PartG**.[277]

2. Verfassungsrechtliche Vorgaben für die Parteienfinanzierung

Das Grundgesetz regelt die Parteienfinanzierung nicht. Allerdings hat das Bundesverfassungsgericht aus der in **Art. 21 Abs. 1 S. 1 GG** verankerten **verfassungsmäßigen Funktion der Parteien** bestimmte **Vorgaben** hergeleitet, welche die Regelungen über die Parteienfinanzierung erfüllen müssen: 216

- **Parteispenden** (auch juristischer Personen) sind grundsätzlich „**in beliebiger Höhe zulässig**. Gefahren für den Prozess der politischen Willensbildung, die sich hieraus ergeben können, beugt **Art. 21 Abs. 1 S. 4 GG** vor, der von den Parteien unter anderem verlangt, über die Herkunft ihrer Mittel **öffentlich Rechenschaft** zu geben."[278]

---

274 Siehe dazu die Pressemitteilung des Bundesverfassungsgerichts vom 26. März 2018 sowie BVerfG, Beschl. v. 24.3.2018, 1 BvQ 18/18, juris.
275 Vgl. *Gröpl*, Staatsrecht I, 13. Aufl. 2021, § 6 Rn. 385.
276 Vgl. dazu *Maurer*, Staatsrecht I, 6. Aufl. 2010, § 11 Rn. 46.
277 Siehe dazu *Maurer*, Staatsrecht I, 6. Aufl. 2010, § 11 Rn. 48.
278 BVerfGE 85, 264 (315) – „Parteienfinanzierung II" (ohne Hervorhebungen im Original).

– Die **steuerliche Begünstigung von Mitgliedsbeiträgen und Spenden** als mittelbare Form der staatlichen Parteienfinanzierung unterliegt dagegen verfassungsrechtlichen Grenzen, die sich aus dem Recht der Parteien auf **Chancengleichheit** und der **Wahlrechtsgleichheit** der Bürger ergeben. Die Begünstigung darf nur in einer **Höhe** erfolgen, „die **für den durchschnittlichen Einkommensempfänger erreichbar** ist"; andernfalls „wird der Bürger mit hohem Einkommen in seiner Möglichkeit, durch Zuwendungen an Parteien auf die politische Willensbildung Einfluss zu nehmen, gegenüber dem Bürger mit geringerem Einkommen steuerlich begünstigt".[279]

Beispiel: Eine steuerliche Begünstigung sieht etwa § 10b Abs. 2 S. 1 EStG vor, wonach entrichtete Mitgliedsbeiträge und Spenden von der Einkommensteuer abgesetzt werden, das heißt sie werden weder bei der Berechnung des Steuersatzes noch bei der Ermittlung des Betrags der Steuerschuld berücksichtigt.[280] Abzugsfähig sind die Zuwendungen allerdings nur zu einer Höhe von insgesamt 1.650 Euro (bzw. 3.300 Euro bei Zusammenveranlagung von Ehegatten).

– **Unmittelbare staatliche Zuwendungen** an Parteien sind **grundsätzlich zulässig**, und zwar unabhängig von den (früher in Bezug genommenen) „notwendigen Kosten eines angemessenen Wahlkampfes".[281] Die von den Parteien im Rahmen der freien politischen Willensbildung zu leistende Aufgabe erschöpft sich nämlich „nicht in dem nur in Abständen wiederkehrenden Akt der Wahl des Parlaments. Willensbildung des Volkes und Willensbildung in den Staatsorganen vollziehen sich in vielfältiger und tagtäglicher, von den Parteien mitgeformter Wechselwirkung".[282]

– Es darf sich bei der **staatlichen Finanzierung** allerdings nur um eine **Teilfinanzierung** handeln. Dies folgt aus dem verfassungsrechtlichen **Grundsatz der Staatsfreiheit**, wonach „eine Einflussnahme des Staates auf die Willensbildung in den Parteien und damit auf den Prozess der politischen Willensbildung insgesamt" untersagt ist.[283] Das Gesamtvolumen staatlicher Zuwendungen an eine Partei darf die **Summe ihrer selbst erwirtschafteten Einnahmen** daher nicht überschreiten (sog. **relative Obergrenze**).[284] Insgesamt darf der Staat den Parteien außerdem „nicht mehr zuwenden, als sie unter Beachtung des Gebots sparsamer Verwendung öffentlicher Mittel, die ja im wesentlichen aus den von den Bürgern erhobenen Abgaben bestehen, **zur Erfüllung ihrer Aufgaben benötigen**" (sog. **absolute Obergrenze**).[285]

Die Regelungen über die genannten Obergrenzen der zulässigen staatlichen Teilfinanzierung finden sich in **§ 18 Abs. 2 und 5 PartG**. Das in § 18 Abs. 2 PartG festgelegte jährliche Gesamtvolumen der staatlichen Mittel für alle Parteien (absolute Obergrenze) im Jahr 2019 beträgt 190 Millionen Euro.

– Allgemein gilt, dass staatliche Leistungen an die Parteien zur „Festigung ihrer gesellschaftlichen Wurzeln" am **Erfolg der Parteien** bei **Wahlen** sowie bei der **Erhebung von Mitgliedsbeiträgen und Spenden** auszurichten sind.[286]

---

279 BVerfGE 85, 264 (316) – „Parteienfinanzierung II" (ohne Hervorhebung im Original).
280 Vgl. zu diesem Beispiel *Maurer*, Staatsrecht I, 6. Aufl. 2010, § 11 Rn. 54.
281 So etwa BVerfGE 20, 56 (113) – „Parteienfinanzierung I".
282 BVerfGE 85, 264 (284 f.) – „Parteienfinanzierung II".
283 BVerfGE 85, 264 (287) – „Parteienfinanzierung II".
284 Vgl. BVerfGE 85, 264 (289) – „Parteienfinanzierung II".
285 BVerfGE 85, 264 (290) – „Parteienfinanzierung II" (ohne Hervorhebung im Original).
286 BVerfGE 85, 264 (294 f.) – „Parteienfinanzierung II".

Gemäß § 18 Abs. 3 S. 1 Nr. 1 und 2 PartG erhalten die Parteien daher für jede im Rahmen von **Europa-, Bundestags- und Landtagswahlen** auf sie entfallene **gültige Stimme** jährlich einen bestimmten Betrag – grundsätzlich 0,83 Euro, für die ersten vier Millionen Stimmen sogar 1 Euro, § 18 Abs. 3 S. 2 PartG. Entsprechend werden den Parteien gemäß § 18 Abs. 3 S. 1 Nr. 3 PartG Zuschläge auf die erhobenen **Mitgliederbeiträge und Spenden** gewährt.

Literaturhinweise:

Allgemein	*Pieroth*, Das Demokratieprinzip des Grundgesetzes, JuS 2010, 473 ff.
Zu A., B. und C.	*Böckenförde*, Demokratie als Verfassungsprinzip, in: Isensee/Kirchhof (Hrsg.), Handbuch des Staatsrechts, Bd. II, 3. Aufl. 2004, § 24 (zur Vertiefung)
Zu D.	*Badura*, Die parlamentarische Demokratie, in: Isensee/Kirchhof (Hrsg.), Handbuch des Staatsrechts, Bd. II, 3. Aufl. 2004, § 25 (zur Vertiefung)
Zu E.	*Maurer*, Staatsrecht I, 6. Aufl. 2010, § 13 Rn. 1 bis 52 (zur Vertiefung)
Zu F.	*Kühling*, Volksgesetzgebung und Grundgesetz, JuS 2009, 777 ff. (zur Vertiefung)
Zu G.	*Degenhart*, Staatsrecht I Staatsorganisationsrecht, 37. Aufl. 2021, § 2 Rn. 45 ff. *Shirvani*, Das Parteienrecht und der Strukturwandel im Parteiensystem, 2010, S. 142 ff. (vertiefend zu Art. 21 Abs. 1 GG als Grundsatznorm), S. 234 ff. (vertiefend zu den übrigen verfassungsrechtlichen Determinanten des Parteiensystems), S. 353 ff. (vertiefend zur Parteienfinanzierung)

Wichtige Rechtsprechung:

Zu C. und D.	BVerfGE 49, 89 – „Kalkar I" (Verfassungsmäßigkeit einer atomrechtlichen Regelung im AtomG, die es der Exekutive erlaubt, ein Kernkraftwerk vom Typ des „Schnellen Brüters" zu genehmigen – Notwendigkeit demokratischer Legitimation – Parlamentsvorbehalt) BVerfGE 130, 76 – „Maßregelvollzug" (Übertragung der Duchführung des Maßregelvollzugs an eine beliehene privatrechtlich organisierte Gesellschaft – Beamtenrechtlicher Funktionsvorbehalt nach Art. 33 Abs. 4 GG) BVerfGE 147, 50 – „Parlamentarischer Informationsanspruch" (Reichweite des Auskunftsanspruchs von Abgeordneten – Tätigkeit von Bundesbehörden und von Unternehmen des Bundes als Gegenstand des Auskunftsanspruchs)
Zu E.	BVerfGE 51, 222 – „5 %-Klausel" (Verfassungsmäßigkeit der 5 %-Sperrklausel im Recht der Wahlen zum Deutschen Bundestag) BVerfGE 95, 335 – „Überhangmandate II" (Verfassungsmäßigkeit von Überhangmandaten, die ohne Verrechnung anfallen oder ohne Ausgleichmandate zugeteilt werden) BVerfGE 120, 82 – „Sperrklausel Kommunalwahlen" (Verfassungswidrigkeit der 5 %-Sperrklausel im Kommunalwahlrecht Schleswig-Holstein) BVerfGE 129, 300 – „5 %-Sperrklausel im Europawahlrecht II" (Verfassungswidrigkeit der 5 %-Sperrklausel im Europawahlrecht) BVerfGE 131, 316 – „Landeslisten" (Verfassungswidrigkeit von Überhangmandaten, die ohne Verrechnung anfallen oder ohne Ausgleichmandate zugeteilt werden)

Zu G. BVerfGE 44, 125 – „Öffentlichkeitsarbeit"
(Abgrenzung zulässiger Öffentlichkeitsarbeit der Bundesregierung von der unzulässigen Wahlwerbung zugunsten der sie tragenden Parteien)
BVerfGE 85, 264 – „Parteienfinanzierung II"
(Verfassungsrechtliche Vorgaben für die Parteienfinanzierung)
BVerfGE 144, 20 – „NPD-Verbot"
(Verfassungsrechtliche Vorgaben für ein Verbot verfassungswidriger Parteien)
BVerfG, Urt. v. 15.6.2021, 2 BvE 4/20 – „Äußerungsbefugnisse des Bundeskanzlers" und BVerfGE 136, 323 – „Äußerungsbefugnis Bundespräsident"
(Recht auf Chancengleichheit der Parteien – Rechtfertigung von Eingriffen durch Staatsorgane)

§ 5 Rechtsstaat

A. Begriff und Bedeutung des Rechtsstaatsprinzips

Wenngleich das Rechtsstaatsprinzip im Grundgesetz ausdrücklich nur in **Art. 28 Abs. 1 S. 1** und in **Art. 23 Abs. 1 S. 1 GG** als Strukturprinzip auch der Länder und der Europäischen Union Erwähnung findet, wird dieses Verfassungsprinzip nach allgemeiner Auffassung als in den Bestimmungen des **Art. 20 Abs. 2 S. 2 und Abs. 3 GG** verankert angesehen, die wesentliche Elemente der Rechtsstaatlichkeit – nämlich die Gewaltenteilung und die (Verfassungs-)Rechtsbindung aller verfassten staatlichen Gewalt – enthalten.[1] **Rechtsstaat** meint dabei, allgemein gesprochen, den Staat, der in Ausübung der Staatsgewalt **in denkbar umfassender Weise rechtlich gebunden** ist. Der Rechtsstaat ist somit gewissermaßen eine Fortführung des Verfassungsstaatsgedankens: Er bezieht sich nicht allein auf die rechtliche Grundordnung des Staates, sondern unterwirft die gesamte Staatstätigkeit der Bindung an die gesetzten rechtlichen Regeln und Grundsätze. 217

Das **Rechtsstaatsprinzip des Grundgesetzes** lässt sich allerdings – seinem Wesen als Rechtsprinzip entsprechend und gleich allen anderen Staatsstrukturprinzipien[2] – nicht in einer einzigen normativen Aussage zusammenfassen.[3] Es gehört zu den die geschriebene Verfassung „verbindenden, innerlich zusammenhaltenden allgemeinen Grundsätzen und Leitideen, die der Verfassungsgesetzgeber, weil sie das vorverfassungsmäßige Gesamtbild geprägt haben, von dem er ausgegangen ist, **nicht in einem besonderen Rechtssatz konkretisiert** hat".[4] Es enthält „keine in allen Einzelheiten eindeutig bestimmten Gebote oder Verbote von Verfassungsrang, sondern ist ein Verfassungsgrundsatz, der der **Konkretisierung** je nach den sachlichen Gegebenheiten bedarf".[5] Diese einzelnen Elemente und Konkretisierungen des Rechtsstaatsprinzips gilt es im Folgenden darzustellen. 218

Üblicherweise differenziert man zwischen dem formellen und dem materiellen Rechtsstaat, um die einzelnen Elemente und **Konkretisierungen** der Rechtsstaatlichkeit zu **systematisieren**:[6] Rechtsstaatlichkeit **im formellen Sinne** meint die förmliche **Bindung der staatlichen Gewalt an das positive Recht**, insbesondere die **Gesetzmäßigkeit der Verwaltung**, ferner die **Gewaltenteilung**, die **Unabhängigkeit der Gerichte**, den Grundsatz der **Rechtssicherheit** und den **Rechtsschutz** gegen Akte öffentlicher Gewalt.[7] Diese formalen Rechtsstaatselemente finden Anklang in der verengten, vom Konstitutionalismus geprägten Vorstellung des Rechtsstaats im 19. Jahrhunderts, die vor allem die **staatseingrenzende Wirkung formaler Rechtsregeln** im Auge hatte.[8] Nach heuti-

1 Vgl. *Maurer*, Staatsrecht I, 6. Aufl. 2010, § 8 Rn. 1.
2 Vgl. dazu oben Rn. 102 ff.
3 Vgl. *Gröpl*, Staatsrecht I, 13. Aufl. 2021, § 7 Rn. 425.
4 BVerfGE 2, 380 (403) – „Haftentschädigung" (ohne Hervorhebung im Original).
5 BVerfGE 7, 89 (92 f.) – „Hamburgisches Hundesteuergesetz" (ohne Hervorhebung im Original). Vgl. ebenso BVerfGE 52, 131 (144) – „Arzthaftungsprozess".
6 Vgl. zum Folgenden übersichtlich *Gröpl*, Staatsrecht I, 13. Aufl. 2021, § 7 Rn. 426 ff.
7 Vgl. *Papier*, DVBl. 2010, 801 (802).
8 Vgl. dazu ausführlicher *Schmidt-Aßmann*, Der Rechtsstaat, in: Isensee/Kirchhof (Hrsg.), Handbuch des Staatsrechts, Band II, 3. Aufl. 2004, § 26 Rn. 13.

gem, sicherlich auch durch die Erfahrungen während der Zeit des Nationalsozialismus gewonnenen Verständnis[9] werden diese formalen Bestandteile des Rechtsstaatsprinzips allerdings **eng mit materiellen Vorgaben** bezüglich des **Inhalts** jener Rechtsregeln **verknüpft**, da das positive Recht ansonsten jeden beliebigen Inhalt annehmen und der Rechtsstaat inhaltlich zum Unrechtsstaat pervertiert werden könnte. Rechtsstaatlichkeit **im materiellen Sinne** umfasst daher, neben den genannten notwendigen Formalisierungen, insbesondere **auch** die **umfassende Bindung** aller staatlichen Gewalt **an die Grundrechte** (Art. 20 Abs. 3, Art. 1 Abs. 3 GG) und deren Sicherung durch eine **starke Verfassungsgerichtsbarkeit**.

B. Grundrechte

219 Als Inbegriff materieller Rechtsstaatlichkeit haben vor allem die an der Spitze des Grundgesetzes aufgeführten grundrechtlichen Gewährleistungen überragende Bedeutung.[10] **Grundrechte im Sinne des Grundgesetzes** sind die im ersten Abschnitt des Grundgesetzes (Art. 1 bis 19 GG) geregelten subjektiv-öffentlichen Rechte. Die übrigen subjektiv-öffentlichen Rechte des Grundgesetzes, die außerhalb des ersten Abschnitts geregelt sind, bezeichnet man als sog. **grundrechtsgleiche Rechte**. Auch diese Rechte sind im materiellen Sinne Grundrechte. Sie entfalten gemäß **Art. 1 Abs. 3 GG** gegenüber jeder Form der Staatsgewalt auf allen Ebenen der Staatlichkeit eine **umfassende rechtliche Bindungswirkung**. Als das zentrale verfassungsprozessuale Instrument zur Durchsetzung der Grundrechte und grundrechtsgleichen Rechte des Grundgesetzes ist die **Verfassungsbeschwerde zum Bundesverfassungsgericht** vorgesehen, Art. 93 Abs. 1 Nr. 4a GG.

C. Die Gewaltenteilung des Grundgesetzes

220 Gemäß **Art. 20 Abs. 2 S. 2 GG** wird die Staatsgewalt durch „besondere Organe der Gesetzgebung, der vollziehenden Gewalt und der Rechtsprechung“ ausgeübt. In dieser Vorschrift schlägt sich die – geistesgeschichtlich auf *Charles de Montesquieus* (1689–1755) Abhandlung *„De l'esprit des lois“* (zu Deutsch: „Vom Geist der Gesetze“) zurückgehende[11] – klassische Dreiteilung der Gewalten nieder. Die Gewaltenteilung erfüllt in erster Linie eine **machtbegrenzende rechtsstaatsprinzipielle Funktion**, da sie die Staatsmacht nicht in einer einzigen Instanz vereint, sondern auf mehrere „besondere“, das heißt **gesonderte Organe** verteilt, die voneinander getrennt sind und sich gegenseitig kontrollieren – und damit den Missbrauch der Staatsmacht verhindern sollen.[12] Im Grundgesetz finden sich sowohl klassische Elemente der Gewaltenteilung (I.) als auch gewisse Erweiterungen der Teilung und Verschränkungen der Gewalten, die vom klassischen Modell abweichen (II.).

9 Vgl. wiederum *Schmidt-Aßmann*, Der Rechtsstaat, in: Isensee/Kirchhof (Hrsg.), Handbuch des Staatsrechts, Band II, 3. Aufl. 2004, § 26 Rn. 15 f.

10 Vgl. zum Folgenden ausführlich *Papier/Krönke*, Grundkurs Öffentliches Recht 2, 4. Aufl. 2020, § 1 Rn. 10 ff.

11 Vgl. eingehend *Maurer*, Staatsrecht I, 6. Aufl. 2010, § 12 Rn. 8 ff.

12 Vgl. dazu und zu weiteren Funktionen ausführlich *Maurer*, Staatsrecht I, 6. Aufl. 2010, § 12 Rn. 2 ff.

I. Die klassische horizontal-funktionale Dreiteilung in Art. 20 Abs. 2 S. 2 GG

Die Bestimmung des **Art. 20 Abs. 2 S. 2 GG** normiert die klassische **horizontal-funktionale Dreiteilung der Staatsgewalt**, welche demnach auf verschiedene Organe der Gesetzgebung, der vollziehenden Gewalt und der Rechtsprechung verteilt ist. Der **Legislative**, das heißt dem Parlament als dem unmittelbar demokratisch legitimierten Staatsorgan, wird dabei die Funktion übertragen, **Rechtsnormen** in Gestalt **förmlicher Gesetze** zu setzen.[13] Der **Exekutive**, insbesondere der Verwaltung, ist dagegen der **Vollzug** der Rechtsnormen, insbesondere der formellen Gesetze, anvertraut; der Regierung, welche ebenfalls einen Teil der Exekutive bildet, kommt darüber hinaus die Funktion der **Staatsleitung** zu.[14] Die Rechtsprechung, also die **Judikative**, obliegt schließlich den „Richtern" und wird „durch das Bundesverfassungsgericht, durch die … Bundesgerichte und durch die Gerichte der Länder ausgeübt", Art. 92 GG.[15] 221

II. Erweiterungen und Verschränkungen

1. Vertikale Erweiterungen der Gewaltenteilung im Bundesstaat

Als Erweiterung der klassischen Gewaltenteilung tritt im **Bundesstaat** neben die horizontal-funktionale Dreiteilung der Gewalten die sog. **vertikale Gewaltenteilung**, das heißt die Aufteilung der Ausübung der Staatsgewalt zwischen Bund und Ländern, welche **quer durch die dreigeteilten Staatsfunktionen** verläuft.[16] Berücksichtigt man zusätzlich die zahlreichen **Selbstverwaltungsträger** – insbesondere die Träger der kommunalen Selbstverwaltung –, die in ihrem eigenen Wirkungskreis über teils erhebliche Regelungs- und Vollzugsbefugnisse verfügen, zeigt sich, dass die deutsche Staatsgewalt in vielfacher Hinsicht Teilungen unterworfen ist. 222

2. Gewaltenverschränkungen

Andererseits ist eine strikte Gewaltenteilung gewiss „nirgends rein verwirklicht. Auch in den Staatsordnungen, die das Prinzip anerkennen, sind gewisse **Überschneidungen der Funktionen** und **Einflussnahmen der einen Gewalt auf die andere** gebräuchlich".[17] So kennt auch das Grundgesetz zahlreiche derartige Verschränkungen der Gewalten: 223

13 Vgl. zur Gesetzgebung und zu den gesetzgebenden Organen ausführlich unten Rn. 266 ff.
14 Vgl. zur Regierung und Verwaltung ausführlich unten Rn. 401 ff.
15 Vgl. zur Rechtsprechung ausführlich unten Rn. 444 ff.
16 Vgl. zur Kompetenzverteilung zwischen Bund und Ländern unten Rn. 268 ff. (Gesetzgebung), 411 ff. (Verwaltung) und 446 f. (Rechtsprechung).
17 BVerfGE 3, 225 (247) – „Gleichberechtigung" (ohne Hervorhebungen im Original).

224 Vielfältige Ingerenzen bestehen nach der geltenden Verfassungsrechtsordnung vor allem zwischen **Legislative** und **Exekutive**. Zu nennen sind hier insbesondere etwa[18]

- die Mitwirkungsbefugnisse der Regierung im Rahmen des Gesetzgebungsverfahrens auf Bundesebene (**Art. 76 Abs. 1 GG** – sog. **Initiativrecht der Bundesregierung**),
- die Möglichkeit zur Delegation von **Rechtssetzungsbefugnissen** auf die Exekutive (**Art. 80 GG**),
- die Einwirkungsmöglichkeiten des Parlaments gegenüber der Bundesregierung, vgl. etwa die **Wahl des Bundeskanzlers** durch den Bundestag (**Art. 63 GG**) sowie die **Kontrollrechte** aus **Art. 43 ff. GG**,
- die **Mitwirkung der Länder**, genauer: der **Landesregierungen** an der **Gesetzgebung des Bundes** über den **Bundesrat** (**Art. 77 GG**), die wegen Art. 79 Abs. 3 GG im Grundsatz auch änderungsfest verankert worden ist sowie
- die „Überbrückung" der Gewaltenteilung im Verhältnis zwischen Parlament und Regierung[19] durch die **Parteizugehörigkeit** der Mehrheitsfraktionen („Regierungsfraktionen") im Bundestag und der Regierungsmitglieder.

225 Strenger von den übrigen Gewalten getrennt ist demgegenüber die **Judikative**, was vor allem in Art. 97 Abs. 1 GG deutlich zum Ausdruck kommt: „Die Richter sind **unabhängig** und **nur** dem Gesetze unterworfen." Allerdings bestehen auch im Bereich der Rechtsprechung gewisse Überschneidungen mit anderen Gewalten, insbesondere etwa mit Blick auf

- die Einwirkungsmöglichkeiten von Parlament und Regierung bei der **Wahl oder Berufung von Richtern**, vgl. Art. 94 Abs. 1 S. 2 GG (Wahl der Richter des Bundesverfassungsgerichts), Art. 95 Abs. 2 GG (Berufung der Richter der obersten Bundesgerichte),
- den Auftrag der Gerichte zur **Rechtsfortbildung**, die sich zumindest in einem Grenzbereich zwischen Judikative und Legislative bewegt,[20]
- die vom Bundesverfassungsgericht ernst genommene Aufgabe der **Verfassungsauslegung**, die aufgrund der Offenheit vieler Verfassungsrechtsnormen dazu führen kann, dass erst das Gericht die Einschätzungs- und Handlungsspielräume der politischen Verfassungsorgane im Wege der **Verfassungsrechtskonkretisierung** näher definiert und ggfs. begrenzt,[21] sowie
- die Befugnis des Bundesverfassungsgerichts, im Falle der Verfassungswidrigkeit eines Gesetzes eine **Zwischenregelung** auf der Grundlage des **§ 35 BVerfGG** zu erlassen,[22] die nicht selten dazu führt, dass das Gericht als „Ersatzgesetzgeber" bezeichnet wird.

226 Der Gewaltenverschränkung sind allerdings gewisse verfassungsrechtliche Grenzen gesetzt. Denn kann „der Sinn der Gewaltenteilung zwar nicht in einer scharfen Trennung

---

18 Vgl. zum Folgenden die Übersicht bei *Maurer*, Staatsrecht I, 6. Aufl. 2010, § 12 Rn. 15.
19 Vgl. zu diesem Bild *Gröpl*, Staatsrecht I, 13. Aufl. 2021, § 15 Rn. 901.
20 Vgl. zur richterlichen Rechtsfortbildung bereits oben Rn. 28 ff.
21 Vgl. zu den Besonderheiten der Verfassungsauslegung bereits oben Rn. 65 f.
22 Vgl. etwa BVerfGE 121, 317 (376) – „Rauchverbot in Gaststätten".

der Funktionen der Staatsgewalt gesehen werden, so muss doch andererseits die in der Verfassung vorgenommene **Verteilung der Gewichte** zwischen den drei Gewalten **bestehenbleiben**. Keine Gewalt darf ein von der Verfassung **nicht vorgesehenes Übergewicht** über eine andere Gewalt erhalten. Keine Gewalt darf der für die Erfüllung ihrer verfassungsmäßigen Aufgaben **erforderlichen Zuständigkeiten beraubt** werden (…). Der **Kernbereich** der verschiedenen Gewalten ist unveränderbar. Damit ist ausgeschlossen, dass eine der Gewalten die ihr von der Verfassung zugeschriebenen **typischen Aufgaben preisgibt**".[23]

Relevanz gewinnt diese Lehre vom **Kernbereich** der verschiedenen Gewalten dort, wo es um die Beurteilung der Verfassungsmäßigkeit von Übergriffen eines Verfassungsorgans in den Tätigkeitsbereich eines anderen Verfassungsorgans geht, **beispielsweise** bei der Geltendmachung von **Informationsansprüchen** einzelner Bundestagsabgeordneter gegenüber der Bundesregierung aus Art. 38 Abs. 1 S. 2 GG[24] oder im Rahmen des Herausgabeverlangens eines **Untersuchungsausschusses** nach § 18 PUAG.[25]

D. Die Bindung staatlicher Organe an das Recht

Gemäß **Art. 20 Abs. 3 GG** ist die Gesetzgebung an die „verfassungsmäßige Ordnung", **227**
die vollziehende Gewalt und die Rechtsprechung sind dagegen an „Gesetz und Recht" gebunden. Diese Rechtsbindung der staatlichen Gewalt bildet das **„Kernstück des Rechtsstaatsprinzips"**[26] und wird in **Art. 1 Abs. 3 GG** mit Blick auf die Grundrechte und in **Art. 97 Abs. 1 GG** für die Rechtsprechung konkretisierend wiederholt.

Die Bindung staatlicher Organe an das Recht lässt sich, dem Prinzip der Gewaltenteilung entsprechend, in **drei Richtungen** entfalten und umfasst

- die **Bindung des Gesetzgebers an die Verfassung**, Art. 20 Abs. 3 GG, wonach der Gesetzgeber im Rahmen der Gesetzgebung sämtliche formellen und materiell-inhaltlichen Vorgaben des Grundgesetzes (die „verfassungsmäßige Ordnung") einzuhalten hat.[27]

  Diese Bindung korrespondiert mit dem sog. **Vorrang der Verfassung**, demgemäß verfassungsrechtliche Normen Vorrang gegenüber niederrangigen Rechtsnormen, insbesondere auch förmlichen Gesetzen beanspruchen. Verfassungswidrige Gesetze sind grundsätzlich nichtig.[28]

- die **Bindung der Exekutive an „Gesetz und Recht"**, Art. 20 Abs. 3 GG, wonach die Exekutive, insbesondere die Verwaltung, alle förmlichen Gesetze, Rechtsverordnun-

23 BVerfGE 34, 52 (59) – „Hessisches Richtergesetz" (ohne Hervorhebungen im Original).
24 Siehe dazu ausführlich unten Rn. 354.
25 Siehe dazu ausführlich unten Rn. 360.
26 *Maurer*, Staatsrecht I, 6. Aufl. 2010, § 8 Rn. 13.
27 Vgl. zur Prüfung der Verfassungsmäßigkeit von Rechtsnormen allgemein oben Rn. 46 sowie speziell von förmlichen Gesetzen ausführlich unten Rn. 266 ff.
28 Vgl. dazu bereits oben Rn. 44 ff.

gen und Satzungen sowie gewohnheitsrechtliche Normen[29] **anzuwenden** hat und **nicht** von ihnen **abweichen** darf.

Aus der Bindung der vollziehenden Gewalt speziell an die **förmlichen Gesetze**, die mit Blick auf die Verwaltung auch unter dem Begriff der **Gesetzmäßigkeit der Verwaltung** firmiert, ergibt sich der sog. **Vorrang des Gesetzes**, demgemäß die parlamentarischen Gesetze allen niederrangigen Hoheitsakten – insbesondere also Rechtsverordnungen, Satzungen, Verwaltungsakten, Realakten – vorgehen. Ein Verstoß gegen ein vorrangiges Gesetz zieht als Rechtsfolge die Rechtswidrigkeit der betreffenden hoheitlichen Maßnahme nach sich, allerdings nicht notwendigerweise auch deren Nichtigkeit.[30]

– die **Bindung der Gerichte an „Gesetz und Recht“**, Art. 20 Abs. 3 und Art. 97 Abs. 1 GG, wonach „Gesetz und Recht“ auch allein maßgebend für die Rechtsfindung durch den Richter sind.

Art. 97 Abs. 1 GG greift die Gesetzesbindung des Richters auf und stellt sie in den Zusammenhang mit der **richterlichen Unabhängigkeit** – der Richter ist schließlich *nur* an das Gesetz (und nicht an Weisungen etc.) gebunden. In ein gewisses Spannungsverhältnis zur Bindung des Richters an „Recht und Gesetz“ tritt vor allem die **richterliche Rechtsfortbildung**.[31]

E. Der Vorbehalt des Gesetzes

228 Während der ***Vorrang*** **des Gesetzes** zur Folge hat, dass die Exekutive die *bestehenden* formell-gesetzlichen Regelungen beachtet und nicht davon abweicht, stellt der Grundsatz vom ***Vorbehalt*** **des Gesetzes** die Verwaltungstätigkeit in bestimmten Lebensbereichen unter den Vorbehalt einer formell-gesetzlichen Ermächtigung, das heißt die Exekutive darf in gewissen Bereichen nur tätig werden, wenn sie **durch ein förmliches Gesetz oder aufgrund eines förmlichen Gesetzes** dazu **ermächtigt** worden ist.[32]

Überwiegend wird der Vorbehalt des Gesetzes zumindest „mittelbar“ aus **Art. 20 Abs. 3 GG** abgeleitet,[33] denn die dort niedergelegte „Bindung der vollziehenden Gewalt und der Rechtsprechung an Gesetz und Recht, der Vorrang des Gesetzes also, würden ihren Sinn verlieren, wenn nicht schon die Verfassung selbst verlangen würde, dass staatliches Handeln in bestimmten grundlegenden Bereichen nur Rechtens ist, wenn es durch das förmliche Gesetz legitimiert wird“.[34] Teilweise wird zusätzlich auch das **Demokratieprinzip** zur Herleitung des Gesetzesvorbehalts bemüht, da dieses auch für das Verwaltungshandeln eine über das parlamentarische Gesetz herzustellende demokratische Legitimation fordere.[35] Im Anwendungsbereich der Grundrechte ergibt sich das Erfordernis

29 Vgl. zu den Rechtsquellen und zur Bedeutung des Begriffspaars „Gesetz und Recht“ bereits oben Rn. 7 ff. und 16 ff. Vgl. zur Reichweite der Rechtsbindung der Verwaltung (auch mit Blick etwa auf interne Verwaltungsvorschriften) *Maurer*, Staatsrecht I, 6. Aufl. 2010, § 8 Rn. 16.

30 Vgl. zu den möglichen Rechtsfolgen der Unvereinbarkeit eines Hoheitsaktes mit einer höherrangigen Norm bereits oben Rn. 47.

31 Vgl. dazu bereits ausführlich oben Rn. 28 ff.

32 Vgl. *Maurer/Waldhoff*, Allgemeines Verwaltungsrecht, 20. Aufl. 2020, § 6 Rn. 2 f.; *Sodan/Ziekow*, Grundkurs Öffentliches Recht, 9. Aufl. 2020, § 7 Rn. 25.

33 *Schmidt-Aßmann*, Der Rechtsstaat, in: Isensee/Kirchhof (Hrsg.), Handbuch des Staatsrechts, Band II, 3. Aufl. 2004, § 26 Rn. 63 (mit Fn. 192).

34 BVerfGE 40, 237 (248 f.) – „Justizverwaltungsakt“. Vgl. ebenso BVerfGE 49, 89 (126) – „Kalkar I“.

35 So etwa *Maurer*, Staatsrecht I, 6. Aufl. 2010, § 8 Rn. 20.

einer gesetzlichen Grundlage zusätzlich aus den dort statuierten **grundrechtlichen Gesetzesvorbehalten**, vgl. etwa die Bestimmung des Art. 8 Abs. 2 GG, die vorsieht, dass die Versammlungsfreiheit für Versammlungen unter freiem Himmel „durch Gesetz oder aufgrund eines Gesetzes beschränkt werden" kann.[36]

Die **Reichweite des Vorbehalts des Gesetzes** ist im Einzelnen umstritten. Hier gilt es zu unterscheiden zwischen den Bereichen[37] 229

- der **Eingriffsverwaltung**, also dort, wo es aufgrund der Verwaltungstätigkeit zu Eingriffen in die (Grund-)Rechte von Bürgern kommt;[38] hier gilt der Vorbehalt des Gesetzes **uneingeschränkt**, das heißt eine formell-gesetzliche Grundlage des Exekutivhandelns ist stets erforderlich.

  Für diesen Bereich ergibt sich das Bedürfnis nach einer gesetzlichen Grundlage aus den in den einzelnen Grundrechtsnormen enthaltenen Gesetzesvorbehalten, vgl. insbesondere das Auffangrundrecht des **Art. 2 Abs. 1 GG**. Mit dem dortigen Verweis auf die „verfassungsmäßige Ordnung" wird nach allgemeiner Auffassung ein einfacher Gesetzesvorbehalt statuiert.[39]

- der **Leistungsverwaltung**, also dort, wo der Staat nicht in die Rechte von Bürgern eingreift, sondern Leistungen gewährt; hier ist die Geltung des Gesetzesvorbehalts **umstritten**, da die Gewährung von Leistungen einerseits auch Nachteile für andere, nicht oder minder berücksichtigte potenzielle Leistungsempfänger bedeuten kann (z.B. im Bereich der staatlichen Subventionsgewährung), der Staat aber andererseits infolge einer umfassenden, nur erschwert veränderbaren oder gar rücknehmbaren Vergesetzlichung von Leistungsansprüchen erheblichen Bindungen unterläge, die seine Handlungsspielräume auf ein Minimum verengen würden.[40] Ein **Totalvorbehalt** des Gesetzes in sämtlichen Bereichen des Verwaltungshandelns ist daher abzulehnen.

  Wegen des **Budgetrechts des Parlaments** ist hier aber zumindest eine (nicht notwendig gesetzesförmige) parlamentarische Willensäußerung erforderlich, etwa durch die Zuweisung eines Budgetpostens im Haushaltsplan.[41]

Eine **intensivere** Form des Gesetzesvorbehalts stellt zum einen der sog. **Parlamentsvorbehalt** dar, aus dem sich bestimmte **inhaltliche Anforderungen** an die formell-gesetzliche Grundlage des Verwaltungshandelns ergeben.[42] Besondere Anforderungen ergeben sich teilweise auch aus den **grundrechtlichen Gesetzesvorbehalten**. 230

36 Vgl. zu den Grundrechtsschranken ausführlich *Papier/Krönke*, Grundkurs Öffentliches Recht 2, 4. Aufl. 2020, § 7 Rn. 139 ff.
37 Vgl. ebenso *Sodan/Ziekow*, Grundkurs Öffentliches Recht, 9. Aufl. 2020, § 7 Rn. 28 ff.; nach drei Bereichen differenzierend *Gröpl*, Staatsrecht I, 13. Aufl. 2021, § 7 Rn. 456 ff. Siehe zum Ganzen eingehend *Maurer/Waldhoff*, Allgemeines Verwaltungsrecht, 20. Aufl. 2020, § 6 Rn. 3 ff., insbesondere Rn. 16 ff.
38 Vgl. zu den Einzelheiten des Grundrechtseingriffs ausführlich *Papier/Krönke*, Grundkurs Öffentliches Recht 2, 4. Aufl. 2020, § 7 Rn. 131 ff.
39 Vgl. grundlegend BVerfGE 6, 32 (37 ff.) – „Elfes".
40 Vgl. *Sodan/Ziekow*, Grundkurs Öffentliches Recht, 9. Aufl. 2020, § 7 Rn. 29.
41 Vgl. etwa BVerwGE 6, 282 (287 f.).
42 Vgl. dazu bereits oben Rn. 137.

Vgl. etwa den **qualifizierten Gesetzesvorbehalt** in Art. 5 Abs. 2 GG: „Diese Rechte finden ihre Schranken in den Vorschriften der *allgemeinen* Gesetze, …". Das Merkmal „allgemein" stellt dabei besondere Anforderungen hinsichtlich der Meinungsneutralität der einschränkenden Gesetze auf.[43]

F. Rechtssicherheit

231 Eine weitere Ausprägung (auch) des Rechtsstaatsprinzips ist der Grundsatz der **Rechtssicherheit**, den das Bundesverfassungsgericht in folgende Worte fasst: „Die Grundrechte wie auch das Rechtsstaatsprinzip garantieren im Zusammenwirken die **Verlässlichkeit der Rechtsordnung** als wesentliche Voraussetzung für die Selbstbestimmung über den eigenen Lebensentwurf und damit als eine Grundbedingung freiheitlicher Verfassungen".[44] Diese Gewährleistung einer verlässlichen Rechtsordnung lässt sich in die folgenden drei Grundsätze auffächern:[45]

I. Bestimmtheitsgebot

232 Als ein Unterprinzip des Grundsatzes der Rechtssicherheit fordert das sog. **Bestimmtheitsgebot** vom **Gesetzgeber** ein in Tatbestand und Rechtsfolge bestimmt bzw. zumindest bestimmbar gefasstes Gesetz, damit „der Betroffene seine Normunterworfenheit und die Rechtslage so konkret erkennen kann, dass er sein Verhalten danach auszurichten vermag".[46] Dies bedeutet freilich nicht, dass Normen keine **Auslegungsprobleme** aufwerfen dürfen; Auslegungsschwierigkeiten werden den Anforderungen des Bestimmtheitsgebots gerecht, solange sie „mit herkömmlichen juristischen Methoden bewältigt werden können".[47]

Das Bestimmtheitsgebot wird in der Fallbearbeitung üblicherweise als Frage der **materiellen Recht- bzw. Verfassungsmäßigkeit** geprüft.[48]

233 Im Übrigen ist zu beachten, dass Rechtsnormen – zumal als abstrakt-generelle, also für eine prinzipiell unbestimmte Zahl an Sachverhalten und Adressaten geltende Regelungen – typischerweise eine je nach geregeltem Sachverhalt variierende Unbestimmtheit anhaftet, und dass es nahezu unmöglich ist, allein „mit Spezialnormen der Vielfalt der Lebensverhältnisse Herr zu werden und zugleich einen Weg zu der rechtlichen Differenzierung zu eröffnen, die im Einzelfall eine gerechte Entscheidung oft erst ermöglicht".[49] Dem Gesetzgeber ist es daher gestattet, in seinen Regelungen bei Bedarf auch **General-**

43 Vgl. dazu ausführlich *Papier/Krönke*, Grundkurs Öffentliches Recht 2, 4. Aufl. 2020, § 15 Rn. 282 ff.
44 BVerfGE 127, 1 (16) – „Verlängerung der Spekulationsfrist" (ohne Hervorhebung im Original).
45 Vgl. zum Folgenden wie hier *Maurer*, Staatsrecht I, 6. Aufl. 2010, § 8 Rn. 47 ff.
46 BVerfGE 83, 130 (145) – „Josephine Mutzenbacher", vgl. dazu bereits oben § 1 D. I.
47 BVerfGE 83, 130 (145) – „Josephine Mutzenbacher".
48 Vgl. speziell mit Blick auf die Prüfung von Grundrechtsverletzungen *Papier/Krönke*, Grundkurs Öffentliches Recht 2, 4. Aufl. 2020, § 7 Rn. 156.
49 BVerfGE 3, 225 (243) – „Gleichberechtigung".

klauseln, **unbestimmte Rechtsbegriffe** und **Ermessensermächtigungen** zu verwenden[50] – etwa zur Ergänzung bestimmter Spezialtatbestände durch einen unbestimmt gefassten, generalklauselartigen Auffangtatbestand.

Unbestimmte Rechtsbegriffe (oder: **Generalklauseln**) sind Tatbestandsmerkmale einer Rechtsnorm, die in besonderem Maße der Auslegung und der Ausfüllung durch richterliche Wertungen bedürfen, damit der jeweilige Einzelfall darunter subsumiert werden kann, z.B. in Art. 11 Abs. 1 BayPAG, der die in den übrigen Bestimmungen des Polizeiaufgabengesetzes geregelten speziellen Befugnisse der Polizei ergänzt: „Die Polizei kann die *notwendigen Maßnahmen* treffen, um eine im einzelnen Fall bestehende Gefahr für die *öffentliche Sicherheit oder Ordnung* (Gefahr) abzuwehren, soweit nicht die Art. 12 bis 48 die Befugnisse der Polizei besonders regeln." – **Ermessensermächtigungen** betreffen dagegen die Rechtsfolgenseite einer Rechtsnorm und eröffnen der Exekutive beim Vorliegen der Tatbestandsvoraussetzungen verschiedene Handlungsmöglichkeiten, die nach pflichtgemäßer Ermessensausübung zu wählen sind. Anhaltspunkt für Ermessensspielräume im Gesetzeswortlaut ist oftmals die Formulierung „kann", z.B. in Art. 16 Abs. 1 S. 1 BayPAG: „Die Polizei *kann* zur Abwehr 1. einer Gefahr oder 2. einer drohenden Gefahr für ein bedeutendes Rechtsgut eine Person vorübergehend von einem Ort verweisen oder ihr vorübergehend das Betreten eines Ortes verbieten."

Anhaltspunkte und Kriterien für eine hinreichende bzw. unzureichende Bestimmtheit 234
ergeben sich dabei insbesondere[51]

- aus der **Eigenart des zu regelnden Sachverhalts**,[52] z.B. das gesteigerte Bedürfnis nach unbestimmten Rechtsbegriffen in Sachbereichen, die besonders schnellen und unvorhersehbaren Änderungen unterliegen,

  Beispiel: Den Begriff „Stand der Wissenschaft und Technik" in § 7 Abs. 2 Nr. 3 AtomG hat das Bundesverfassungsgericht für verfassungsgemäß befunden.[53]

- aus der **Intensität etwaiger Grundrechtseingriffe**, die mit der betreffenden Rechtsnorm und ihrer Anwendung verbunden sind, weshalb etwa die sich speziell aus **Art. 103 Abs. 2 GG** ergebenden Bestimmtheitsanforderungen an Strafvorschriften besonders streng sind,[54] sowie
- aus der **Bestimmbarkeit** eines unbestimmten Rechtsbegriffs durch die Rechtspraxis, das heißt die durch den unbestimmten Rechtsbegriff aufgeworfenen Auslegungsprobleme müssen durch die (behördliche oder gerichtliche) Rechtspraxis bereits gelöst worden sein (z.B. durch bestehendes Gewohnheitsrecht oder bestehende Rechtsprechung zu Vorgängernormen) oder zumindest mit Hilfe der gängigen juristischen Methoden zu bewältigen sein.[55]

Unzulässig ist es allerdings, wenn der Gesetzgeber seine **Regelungsaufgabe** vollends an die Exekutive oder Judikative **weitergibt**. Ein schönes **Beispiel** bietet hier die vom Bundesverfassungsgericht für verfassungswidrig befundene Regelung über die sogenannte **Online-Durchsuchung**, die u.a. vorsah, dass im Rahmen der Online-Durchsuchung vorgenommene Eingriffe in das Grundrecht aus

50 Vgl. *Maurer*, Staatsrecht I, 6. Aufl. 2010, § 8 Rn. 47.
51 Vgl. zum Folgenden ausführlich *Papier/Möller*, AöR 122 (1997), 177 (185 ff.).
52 Vgl. *Papier/Möller*, AöR 122 (1997), 177 (185 f.).
53 Vgl. BVerfGE 49, 89 (136 f.) – „Kalkar I".
54 Vgl. etwa BVerfGE 71, 108 (114) – „Anti-Atomkraftplakette"; E 105, 135 (152 ff.) – „Vermögensstrafe".
55 Vgl. eingehend *Papier/Möller*, AöR 122 (1997), 177 (189 ff.).

Art. 10 GG (Brief-, Post- und Fernmeldegeheimnis) oder Maßnahmen, die einem solchen Eingriff in Art und Schwere gleichkommen, zusätzlich den Anforderungen des Gesetzes zur Beschränkung des Brief-, Post- und Fernmeldegeheimnisses (G 10-Gesetz) genügen müssen. In dieser Regelung lag in mehrfacher Hinsicht ein Verstoß gegen das Bestimmtheitsgebot:[56] Zum einen hat der Gesetzgeber „durch eine bloße tatbestandliche Bezugnahme auf ein möglicherweise einschlägiges Grundrecht die Entscheidung darüber, wie dieses Grundrecht auszufüllen und umzusetzen ist, an die normvollziehende Verwaltung" weitergereicht. Zum anderen hat er mit der Anknüpfung an Maßnahmen, die Eingriffen in das Grundrecht aus Art. 10 GG „in Art und Schwere" gleichkommen, „die tatbestandlichen Voraussetzungen des geregelten Zugriffs von einem wertenden Vergleich zwischen diesem Zugriff und einer Maßnahme, die als Eingriff in ein bestimmtes Grundrecht anzusehen wäre, abhängig gemacht" und diesen Vergleich in die Hände der handelnden Sicherheitsbehörde gelegt. Im Übrigen ließ die Regelung völlig im Unklaren, auf welche Bestimmungen des G 10-Gesetzes verwiesen werden sollte.

235 Eine besondere Ausprägung des Bestimmtheitsgebots findet sich in **Art. 80 Abs. 1 S. 2 GG**. Die Vorschrift statuiert besondere Anforderungen an die gesetzliche Ermächtigung der Exekutive zum **Erlass von Rechtsverordnungen**.[57]

Teil 8

II. Beständigkeit der Rechtsnormen

236 Der Grundsatz der Rechtssicherheit fordert weiterhin eine gewisse Beständigkeit gesetzter Rechtsnormen. Änderungen der bestehenden Rechtslage müssen daher vor allem **Rückwirkungsverbote** beachten:

1. Das spezielle strafrechtliche Rückwirkungsverbot, Art. 103 Abs. 2 GG

237 Für Straftatbestände ergibt sich ein spezielles Rückwirkungsverbot aus **Art. 103 Abs. 2 GG**. Demnach darf ein Verhalten, das nach geltendem Recht rechtmäßig bzw. straflos ist, nicht nachträglich als rechtswidrig bzw. strafbar bewertet werden. Gleiches gilt für nachträgliche Strafverschärfungen. **Strafe** meint dabei jede missbilligende hoheitliche Reaktion auf schuldhaftes Unrecht.[58] Nicht unter diesen Begriff der Strafe fallen andere, nicht repressive Sanktionen, insbesondere etwa die sog. **Sicherungsverwahrung**, welche präventiv zum Schutze der Allgemeinheit vor besonders gefährlichen Straftätern erfolgt.

Das **Bundesverfassungsgericht** misst die Regelungen über die Sicherungsverwahrung daher nicht am Maßstab des Art. 103 Abs. 2 GG, sondern anhand von Art. 2 Abs. 2 S. 2 GG (Freiheit der Person) in Verbindung mit Art. 20 Abs. 3 GG.[59] Einen anderen Ansatz verfolgt dagegen der **Europäische**

---

56 Siehe zum Folgenden BVerfGE 120, 274 (316 ff.) – „Online-Durchsuchung".
57 Vgl. dazu bereits das Beispiel oben zu Rn. 103 sowie ausführlich unten Rn. 382 ff.
58 Vgl. BVerfGE 109, 133 (167) – „Langfristige Sicherungsverwahrung".
59 BVerfGE 109, 133 (167 ff.) – „Langfristige Sicherungsverwahrung"; BVerfG (1. Kammer des Zweiten Senats) NJW 2006, 3483 (3484) – „Nachträgliche Sicherungsverwahrung".

Gerichtshof für Menschenrechte, der in der nachträglich angeordneten Sicherungsverwahrung eine rückwirkende Bestrafung erblickt und daher auf Art. 7 Abs. 1 EMRK zurückgreift.[60] Die vom Gerichtshof vorgenommene Interpretation von Art. 7 Abs. 1 EMRK berücksichtigt das Bundesverfassungsgericht allerdings nun wegen Art. 1 Abs. 2 GG im Rahmen einer **konventionsfreundlichen Auslegung** von Art. 2 Abs. 2 S. 2 GG in Verbindung mit Art. 20 Abs. 3 GG und gelangt daher im Wesentlichen zu denselben Ergebnissen.[61]

2. Das allgemeine rechtsstaatliche Rückwirkungsverbot

Auch im Übrigen sind rückwirkende Gesetze nicht uneingeschränkt zulässig. Das Bundesverfassungsgericht differenziert zwischen echter und unechter Rückwirkung: **238**

Eine **echte Rückwirkung** liegt vor, wenn der Gesetzgeber tatbestandlich an bereits in der Vergangenheit abgeschlossene Vorgänge oder Zustände anknüpft und für diese abgeschlossenen Tatbestände neue Rechtsfolgen anordnet. Eine solche **„Rückbewirkung von Rechtsfolgen“**[62] ist **grundsätzlich unzulässig**. Nur **ausnahmsweise** kann diese Rückwirkung zulässig sein, wenn **239**

- „sie durch **zwingende Gründe des gemeinen Wohls** gefordert ist, wenn
- die rückwirkende Norm eine **unklare Rechtslage bereinigt**, wenn
- die betroffene Rechtsstellung einen **Vertrauensschutz nicht genießt** oder wenn
- ein **Vertrauen auf ihren Fortbestand nicht begründet** war“.[63]

Demgegenüber liegt eine **unechte Rückwirkung** vor, wenn der Gesetzgeber an Sachverhalte anknüpft, die bereits in der Vergangenheit entstanden sind, gegenwärtig jedoch noch fortdauern, und an diese Sachverhalte für die Zukunft bestimmte Rechtsfolgen anordnet. Eine solche **„tatbestandliche Rückanknüpfung“**[64] ist **grundsätzlich zulässig**, sofern sich die durch sie bewirkten Grundrechtseingriffe als **verhältnismäßig** erweisen.[65] Für die im Rahmen der Verhältnismäßigkeitsprüfung vorzunehmende Abwägung können die oben genannten Gesichtspunkte ebenfalls relevant werden (z.B. kann berücksichtigt werden, dass das Vertrauen in den Fortbestand in die Rechtslage nicht mehr berechtigt war, nachdem ein Änderungsgesetz in das Gesetzgebungsverfahren eingebracht worden und eine Änderung der Rechtslage ab diesem Zeitpunkt konkret absehbar war)[66]. **240**

60 Siehe dazu EGMR NJW 2010, 2495 (2498 f.).

61 Vgl. nun BVerfGE 128, 326 (392 ff.) – „EGMR Sicherungsverwahrung“.

62 So die Formulierung des Zweiten Senats seit BVerfGE 72, 200 (241 ff.) – „Einkommensteuerrecht“.

63 BVerfGE 45, 142 (173) – „Rückwirkende Verordnung“ (ohne Hervorhebungen im Original). Vgl. die entsprechende Übersicht bei *Degenhart*, Staatsrecht I Staatsorganisationsrecht, 37. Aufl. 2021, § 4 Rn. 397.

64 So wiederum die Formulierung des Zweiten Senats seit BVerfGE 72, 200 (241 ff.) – „Einkommensteuerrecht“.

65 Vgl. zusammenfassend auch BVerfGE 95, 64 (86) – „Mietpreisbindung“.

66 Vgl. dazu etwa BVerfGE 148, 217 (Rn. 151) – „Gewerbesteuer“ mit umfangreichen Nachweisen aus der Rspr.

III. Bestandskraft von Verwaltungsakten und Rechtskraft von Gerichtsentscheidungen

241 Das Bedürfnis nach Beständigkeit gilt erst recht auch für die Rechtsanwendungsakte der Verwaltung (Verwaltungsakte) und der Gerichte (Gerichtsentscheidungen), da sie die abstrakt-generellen Rechtsnormen für den jeweiligen Einzelfall konkretisieren und eine verbindliche Einzelfallregelung treffen.[67] Die erforderliche Stabilisierung der dadurch geschaffenen Rechtsbeziehungen erfolgt hier insbesondere durch Regelungen zur **Bestandskraft von Verwaltungsakten** und zur **Rechtskraft von Gerichtsentscheidungen**.

Dabei wird jeweils differenziert zwischen formeller und materieller Bestands- bzw. Rechtskraft. **Formelle** Rechtskraft meint die infolge Fristablaufs, Rechtswegerschöpfung oder Rechtsmittelverzichts eingetretene Unanfechtbarkeit der Gerichtsentscheidung. **Materielle** Rechtskraft meint dagegen die mit der formellen Rechtskraft eintretende inhaltliche Bindungswirkung der in der Gerichtsentscheidung angeordneten Rechtsfolge. Beide Elemente der Rechtskraft dienen in je eigener Weise der **Stabilisierung der durch die Gerichtsentscheidung konkretisierten Rechtsbeziehungen**.

G. Der Grundsatz der Verhältnismäßigkeit

242 Von überragender Bedeutung für die Rechtsstaatlichkeit ist der im Grundgesetz nicht ausdrücklich geregelte, aber allgemein anerkannte **verfassungsrechtliche Grundsatz der Verhältnismäßigkeit staatlichen Handelns**[68] (oder: **Übermaßverbot**), welcher besagt, dass

- zur Erreichung eines bestimmten **verfassungslegitimen Zwecks** nur solche Mittel eingesetzt werden dürfen, die
- **geeignet** und
- **erforderlich** zur Erreichung dieses Zwecks sind und
- das gewählte Mittel und der verfolgte Zweck in einem **angemessenen** Verhältnis zueinander stehen müssen.

243 Im Rahmen einer Fallbearbeitung sind vor allem staatliche **Eingriffe in die Grundrechte von Bürgern** am Grundsatz der Verhältnismäßigkeit zu messen.[69] Eine Geltung des Verhältnismäßigkeitsgrundsatzes **im Verhältnis staatlicher Organe zueinander** hat das Bundesverfassungsgericht dagegen jedenfalls für den Fall einer Weisung im Rahmen der Bundesauftragsverwaltung abgelehnt.[70]

---

67 Vgl. dazu und zum Folgenden *Maurer*, Staatsrecht I, 6. Aufl. 2010, § 8 Rn. 52.
68 Zur Herleitung des Grundsatzes vgl. BVerfGE 19, 342 (348 f.) – „Wencker“.
69 Vgl. dazu ausführlich *Papier/Krönke*, Grundkurs Öffentliches Recht 2, 4. Aufl. 2020, § 7 Rn. 149 ff.
70 Vgl. dazu BVerfGE 81, 310 (338) – „Kalkar II“.

Prüfungsaufbau: Verhältnismäßigkeit einer staatlichen Maßnahme

Obersatz: „Der Grundsatz der Verhältnismäßigkeit ist gewahrt, wenn mit der *(betreffenden Rechtsnorm oder Maßnahme)* ein legitimer Zweck verfolgt wird, zu dessen Erreichung dieses Mittel geeignet und erforderlich ist, und das gewählte Mittel und der verfolgte Zweck in einem angemessenen Verhältnis zueinander stehen."

1. Legitimer Zweck

Zunächst ist zu prüfen, ob der Hoheitsträger mit der Maßnahme einen oder mehrere legitime Zwecke verfolgt. Der Gesetzgeber ist an die im Grundgesetz ge- bzw. verbotenen Zwecke gebunden (vgl. auch Art. 20 Abs. 3 GG), verfügt allerdings bei der **Festlegung der möglichen Regelungszwecke** sowie bei der **Einschätzung, Beurteilung und Prognose** von tatsächlichen **gegenwärtigen oder künftigen Gefahren** für verfassungsrechtliche Schutzgüter über **weite Einschätzungs-, Beurteilungs- und Prognosespielräume**.[71]

In der Fallbearbeitung ist daher **im Zweifelsfall** von einem **legitimen Gesetzeszweck** auszugehen. Bei der Prüfung der Verhältnismäßigkeit von Maßnahmen der **Exekutive** ist dagegen ein **strengerer Maßstab** anzulegen, da die Verwaltung an die grundgesetzlichen **und die vom Gesetzgeber vorgegebenen** Zwecksetzungen gebunden ist, vgl. Art. 20 Abs. 3 GG.[72]

2. Geeignetheit

Geeignet zur Erreichung des verfolgten Zwecks ist ein Grundrechtseingriff dann, wenn er den angestrebten Zweck zumindest fördern kann.[73] Dem Gesetzgeber kommt auch hier ein gewisser **Einschätzungs-, Beurteilungs- und Prognosespielraum** zu: Es ist vornehmlich seine Sache, unter Beachtung der Sachgesetzlichkeiten des betreffenden Sachgebiets zu entscheiden, welche Maßnahmen er im Interesse des Gemeinwohls für geeignet hält und ergreifen will.[74]

3. Erforderlichkeit

Ein Grundrechtseingriff ist **erforderlich**, wenn sich der verfolgte Zweck nicht durch ein anderes, gleich wirksames Mittel erreichen lässt, welches das jeweilige Grundrecht nicht oder weniger stark einschränkt.[75] Auch hier steht dem Gesetzgeber wiederum ein gewisser **Einschätzungs-, Beurteilungs- und Prognosespielraum** zu.[76]

4. Angemessenheit

Nach ständiger Rechtsprechung des Bundesverfassungsgerichts muss der Eingriff außerdem **angemessen** (oder: **verhältnismäßig im engeren Sinne**, **zumutbar**) sein, d.h. die Schwere des Eingriffs darf bei einer **Gesamtabwägung** nicht außer Verhältnis zu dem Gewicht des damit verfolgten Zwecks stehen.[77]

---

71 Vgl. anschaulich etwa BVerfGE 121, 317 (350 ff.) – „Nichtraucherschutz".
72 Vgl. dazu auch *Kingreen/Poscher,* Grundrechte Staatsrecht II, 37. Aufl. 2021, § 6 Rn. 399.
73 Vgl. etwa BVerfGE 30, 292 (316) – „Erdölbevorratung".
74 Vgl. etwa BVerfGE 121, 317 (354) – „Nichtraucherschutz".
75 Vgl. etwa BVerfGE 121, 317 (354) – „Nichtraucherschutz".
76 Vgl. wiederum etwa BVerfGE 121, 317 (354) – „Nichtraucherschutz". In BVerfGE 53, 135 (145 f.) – „Schokoladenosterhase" sah das Bundesverfassungsgericht dagegen den gesetzgeberischen Einschätzungsspielraum überschritten.
77 Vgl. BVerfGE 16, 194 (212) – „Liquorentnahme".

Stehen dem Grundrecht des Betroffenen insbesondere **andere grundrechtlich geschützte Interessen** (oder andere verfassungsrechtliche Güter) entgegen, so sind die kollidierenden Grundrechtspositionen (oder Verfassungsrechtsgüter) in ihrer Wechselwirkung zu erfassen und so zu begrenzen, dass sie für alle Beteiligten **möglichst weitgehend wirksam werden können**. Im Wege dieser sog. **praktischen Konkordanz**[78] ist ein angemessener Ausgleich zwischen den Grundrechtspositionen zu schaffen.

H. Rechtsschutz

244 Schließlich gehört auch der gerichtliche Rechtsschutz des Bürgers gegen rechtswidrige staatliche Maßnahmen zu den Ausprägungen des Rechtsstaatsprinzips. Im Grundgesetz ist diese **Rechtsschutzgarantie** in **Art. 19 Abs. 4 GG** in Form eines **Grundrechts** konkretisiert worden, demgemäß jedem der Rechtsweg offen steht, der „durch die öffentliche Gewalt in seinen Rechten verletzt" wird.[79] Dabei ist zu beachten, dass **öffentliche Gewalt** i.S.v. Art. 19 Abs. 4 S. 1 GG nach der Rechtsprechung des Bundesverfassungsgerichts nur die **vollziehende Gewalt**, also die Exekutive meint. Bei Rechtsverletzungen durch die gesetzgebende und die rechtsprechende Gewalt ist der Schutzbereich des Art. 19 Abs. 4 GG dagegen nicht eröffnet.[80]

245 Dieser Begriff der öffentlichen Gewalt unterscheidet sich damit von den in Art. 1 Abs. 1 und 3 GG und Art. 20 Abs. 2 GG verwendeten Begriffen, die jeweils alle drei Gewalten umfassen. Die Gewährleistung des Art. 19 Abs. 4 S. 1 GG ist als ein **Spezialfall des allgemeinen Justizgewähranspruchs** zu verstehen, der sich aus dem Rechtsstaatsprinzip (Art. 20 Abs. 3 GG) ableiten lässt und Rechtsschutz insbesondere auch gegenüber Akten der Judikative gewährleistet, wenn fundamentale Grundlagen für die Gewähr richtiger Entscheidungen missachtet werden – etwa bei Verletzungen des Anspruchs auf rechtliches Gehör.

Literaturhinweise:

Allgemein	*Voßkuhle/Kaufhold*, Grundwissen – Öffentliches Recht: Das Rechtsstaatsprinzip, JuS 2010, 116 ff.
	Schmidt-Aßmann, Der Rechtsstaat, in: Isensee/Kirchhof (Hrsg.), Handbuch des Staatsrechts, Band II, 3. Aufl. 2004, § 26 (zur Vertiefung)
Zu H.	*Papier*, Rechtsschutzgarantie, in: Isensee/Kirchhof (Hrsg.), Handbuch des Staatsrechts, Bd. VIII, 3. Aufl. 2010, § 177 (zur Vertiefung)

78 Vgl. zum Grundsatz praktischer Konkordanz ausführlich oben Rn. 66.

79 Vgl. zur Rechtsweggarantie ausführlich *Papier/Krönke*, Grundkurs Öffentliches Recht 2, 4. Aufl. 2020, § 26 Rn. 431 ff.

80 Vgl. BVerfGE 49, 329 (340 f.); E 107, 395 (403 ff.) – „Rechtsschutz gegen den Richter".

§ 6 Bundesstaat

A. Begriff und Bedeutung des Bundesstaatsprinzips

246 Mit dem Begriff des **Bundesstaates** bezeichnet man im Allgemeinen ein bestimmtes Phänomen der Staatswirklichkeit, nämlich die Verbindung mehrerer Staaten – der „Gliedstaaten" – zu einer Einheit, die ihrerseits Staatsqualität aufweist – dem „Gesamtstaat". Ein Bundesstaat unterscheidet sich damit von anderen heutigen Erscheinungsformen staatlicher oder staatsähnlicher Gebilde, nämlich zum einen von einem **Einheitsstaat** (oder: Zentralstaat), der keine Untergliederungen mit eigener Staatsqualität aufweist – so etwa Frankreich und Großbritannien –, sowie zum anderen von einem **„Staatenverbund"**[1], in dem sich mehrere Staaten zu einem völkerrechtlichen Gebilde zusammenschließen, dem zwar weit reichende hoheitliche Aufgaben und Befugnisse übertragen werden, das allerdings selbst keine Staatlichkeit besitzt – etwa die Europäische Union.[2]

Dem Staatenverbund nahe steht der **Staatenbund**, der ebenfalls einen völkerrechtlichen Zusammenschluss mehrerer Staaten bezeichnet. Im Rahmen eines Staatenbundes behalten die zusammengeschlossenen Staaten jedoch ihre **volle Souveränität**.[3] Klassisches Beispiel für einen Staatenbund war der **Deutsche Bund** (1815-1866). Aktuelle Beispiele für einen Staatenbund finden sich kaum.

247 Als **Strukturprinzip des Grundgesetzes** hat die Bundesstaatlichkeit in **Art. 20 Abs. 1 GG** und in zahlreichen anderen verfassungsrechtlichen Vorschriften eine eigene, im Folgenden allein maßgebliche Ausgestaltung gefunden. Bund und Ländern kommt unter dem Grundgesetz jeweils Staatsqualität zu (vgl. dazu unten B.). Die Kompetenzen zur Ausübung von Staatstätigkeit sind im Grundgesetz zwischen Bund und Ländern aufgeteilt (vgl. dazu unten C.). Für das dabei entstehende Neben- und Übereinander von Bundes- und Landesrechtsordnungen sind im Grundgesetz gewisse Kollisionslösungen vorgesehen (vgl. dazu unten D.). Aus dem sog. Gebot bundesfreundlichen Verhaltens als einer besonderen Ausprägung des Bundesstaatsprinzips leitet das Bundesverfassungsgericht schließlich unmittelbare Rechtswirkungen ab, die vom Bund, aber auch von den Ländern bei der Ausübung ihrer aufgeteilten Befugnisse zu beachten sind (vgl. dazu unten E.).

Das Grundgesetz folgt dabei, nach mittlerweile allgemeiner Auffassung, einem **zweigliedrigen Bundesstaatsbegriff**: Demnach ist der „Bund der durch Zusammenschluss der Länder entstandene Gesamtstaat (…). Wenn das Grundgesetz vom Bund im Gegensatz zu den Ländern spricht (…) , dann versteht es unter Bund den Oberstaat, der durch die Verbindung der Länder zu einem Bundesstaat bewirkt wird. Dieser Oberstaat ist den Ländern prinzipiell übergeordnet (…)."[4] Abgelehnt wird damit ein (theoretisch denkbarer und früher vertretener) dreigliedriger Begriff des Bundesstaates, der von den Ländern und dem – den Ländern gleichgeordneten – Bund als Gesamtstaat noch die Bundesrepublik als „Zentralstaat" unterscheidet.[5]

1 BVerfGE 89, 155 (181) – „Maastricht".
2 Vgl. *Maurer*, Staatsrecht I, 6. Aufl. 2010, § 10 Rn. 6 und 8.
3 Vgl. *Maurer*, Staatsrecht I, 6. Aufl. 2010, § 10 Rn. 7.
4 BVerfGE 13, 54 (70 f.) – „Neugliederung Hessen".
5 Vgl. dazu *Maurer*, Staatsrecht I, 6. Aufl. 2010, § 10 Rn. 5.

B. Staatlichkeit von Bund und Ländern

248 Sowohl dem Bund als auch den Ländern kommt unter dem Grundgesetz jeweils **Eigenstaatlichkeit** zu. Da auch die Länder somit originäre, nicht vom Bund abgeleitete Staatsgewalt ausüben, sind Regeln über die Zuständigkeitsabgrenzung zwischen dem Bund und den Ländern erforderlich (vgl. dazu unten C.). Zwar ist diese Abgrenzung im Grundgesetz verankert, also in der Verfassung des Bundes, und hat der Bund daher die **Kompetenz-Kompetenz**, das heißt die Befugnis zur Verteilung der Zuständigkeiten in der Bundesrepublik Deutschland, einschließlich der Länderzuständigkeiten.[6] Allerdings findet diese Kompetenz-Kompetenz ihre Schranken in **Art. 79 Abs. 3 GG**, wonach Änderungen des Grundgesetzes, welche die „Gliederung des Bundes in Länder" berühren, unzulässig sind (sog. **Bestandsgarantie der Länder**).

Art. 79 Abs. 3 GG sichert allerdings nur die **grundsätzliche Struktur** des Bundesstaates, **nicht** dagegen die **konkrete Ausgestaltung** des Bundesstaatsprinzips im Grundgesetz oder den **Bestand einzelner Bundesländer** (vgl. Art. 29 GG).

249 Aus der Eigenstaatlichkeit der Länder wird insbesondere deren **Verfassungsautonomie** abgeleitet, das heißt die originäre Befugnis des jeweiligen Landesvolkes, sich in prinzipiell freier Entscheidung eine Verfassung zu geben.[7] Diese Autonomie ist allerdings nicht schrankenlos gewährleistet: Um eine Zersplitterung der politischen und gesellschaftlichen Verhältnisse im Verhältnis der Länder untereinander zu verhindern, bestimmt das **Homogenitätsgebot** in **Art. 28 Abs. 1 S. 1 GG**, dass die verfassungsmäßige Ordnung der Länder den Grundsätzen des republikanischen, demokratischen und sozialen Rechtsstaats entsprechen muss. Diesen sehr grundsätzlichen Maßstäben muss jede landesverfassungsrechtliche Regelung genügen, wobei das Grundgesetz die Länder bei der Konkretisierung jener Grundsätze in ihren Verfassungen keineswegs strikt an das grundgesetzliche Vorbild bindet; vielmehr sind die Länder jenseits der grundlegenden Vorgaben des Art. 28 Abs. 1 S. 1 GG „frei in der Ausgestaltung ihrer Verfassung".[8]

Im Falle einer Abweichung landesverfassungsrechtlicher Vorschriften von den in Art. 28 Abs. 1 S. 1 GG genannten Grundsätzen sind die betreffenden landesverfassungsrechtlichen Normen **nichtig**. Diese **Rechtsfolge** ergibt sich, jedenfalls nach herrschender Meinung und nach Ansicht des Bundesverfassungsgerichts **direkt aus Art. 28 Abs. 1 S. 1 GG** selbst (und nicht etwa aus Art. 31 GG).[9]

C. Die Kompetenzverteilung zwischen Bund und Ländern

250 Das Nebeneinander der Hoheitsverbände des Bundes und der Länder macht es erforderlich, dass die Wahrnehmung der staatlichen Aufgaben und Befugnisse zwischen dem Bund und den Ländern (verfassungsrechtlich) aufgeteilt wird. Die **grundlegende Kom-**

6 Vgl. *Degenhart*, Staatsrecht I Staatsorganisationsrecht, 37. Aufl. 2021, § 5 Rn. 481.
7 Vgl. *Degenhart*, Staatsrecht I Staatsorganisationsrecht, 37. Aufl. 2021, § 5 Rn. 484.
8 BVerfGE 60, 175 (208) – „Startbahn West".
9 Vgl. etwa BVerfGE 83, 60 (70 ff.) – „Ausländerwahlrecht II"; zur Herleitung der Nichtigkeitsfolge ausführlich *Becker/Heckmann/Kempen/Manssen*, Öffentliches Recht in Bayern, 8. Aufl. 2022, Teil 1 Rn. 35.

petenzverteilung nimmt **Art. 30 GG** vor, demgemäß die Ausübung der staatlichen Befugnisse und die Wahrnehmung der staatlichen Aufgaben **grundsätzlich Sache der Länder** ist. Dieser Grundsatz wird im Grundgesetz an verschiedenen Stellen für besondere Staatsfunktionen speziell geregelt:

Man spricht insoweit, in Abgrenzung von der horizontal-funktionalen Aufteilung der Staatsgewalt nach Legislative, Exekutive und Judikative, von einer **vertikalen Gewaltenteilung**, die sich durch sämtliche jener Staatsfunktionen zieht.[10]

Auch die Verteilung der **Gesetzgebungszuständigkeiten** wird aus **Art. 70 Abs. 1 GG** ersichtlich prinzipiell den Ländern zugewiesen. In den Art. 71 bis 74 GG sind allerdings weitreichende Ausnahmen zu diesem Grundsatz festgelegt, so dass der Schwerpunkt der Gesetzgebung verfassungspraktisch eindeutig beim Bund liegt.[11] 251

Die grundlegende Verteilungsnorm bezüglich der Befugnisse zum Vollzug von Bundesgesetzen (sog. **Verwaltungskompetenzen**) findet sich in **Art. 83 GG**, welcher ebenfalls an den Grundsatz des Art. 30 GG anknüpft und vorsieht, dass prinzipiell die Länder die Bundesgesetze als eigene Angelegenheit ausführen, soweit das Grundgesetz nichts anderes bestimmt oder zulässt. In Art. 84 bis 91 GG werden wiederum Ausnahmen zu diesem Grundsatz und Einwirkungsmöglichkeiten des Bundes bei der Ausführung von Bundesgesetzen durch die Länder geregelt. Allerdings bleibt es – anders als bei den Gesetzgebungszuständigkeiten – auch *de facto* bei dem Schwerpunkt des Gesetzesvollzugs durch die Länder.[12] 252

Für die Ausübung der **Rechtsprechung** ist im Grundgesetz keine ausdrückliche Zuständigkeitsverteilung vorgenommen. Allerdings geht aus den **Art. 92 ff. GG** hervor, dass der Bund nur bestimmte Gerichte einrichten darf, die Rechtsprechung im Übrigen also im Zuständigkeitsbereich der Länder liegt.[13] 253

D. Das Verhältnis von Bundes- und Landesrecht

Für das Verhältnis zwischen **Bundes- und Landesrecht** gilt, aus der Kollisionsregel des Art. 31 GG ersichtlich, folgender Satz: Jede landesrechtliche Norm, auch eine solche des Landesverfassungsrechts, geht im Konfliktfall einer entgegenstehenden bundesrechtlichen Norm nach. Dies entspricht dem bereits behandelten **Stufenbau** unserer Rechtsordnung.[14] 254

10 Vgl. *Degenhart*, Staatsrecht I Staatsorganisationsrecht, 37. Aufl. 2021, § 5 Rn. 490; *Maurer*, Staatsrecht I, 6. Aufl. 2010, § 10 Rn. 75.
11 Vgl. zur Kompetenzverteilung mit Blick auf die Gesetzgebung ausführlich unten Rn. 268 ff.
12 Vgl. zur Kompetenzverteilung mit Blick auf den Gesetzesvollzug ausführlich unten Rn. 411 ff.
13 Vgl. zur Rechtsprechung ausführlich unten Rn. 444 ff.
14 Vgl. dazu oben Rn. 44 ff.

255 Der eigentliche **Anwendungsbereich** der vielzitierten Kollisionsregel des **Art. 31 GG** ist gewiss nur ein sehr beschränkter.[15] Er umfasst allein **Kollisionen** von bundes- und landesrechtlichen Normen im engeren Sinne, setzt also voraus, dass die in Rede stehenden Vorschriften denselben Regelungsgegenstand betreffen. Wegen der Aufteilung der Gesetzgebungskompetenzen in den Art. 70 ff. GG sind allerdings kaum Normenkollisionen zwischen Bundes- und Landesrecht denkbar, da die **Unvereinbarkeit** der betreffenden bundes- oder landesrechtlichen Vorschrift mit den einschlägigen Kompetenznormen des Grundgesetzes unabhängig von Art. 31 GG zur Nichtigkeit jener Vorschrift führt, es also zu einer Normenkollision im engeren Sinne gar nicht erst kommt. Für solche Unvereinbarkeiten verschiedenrangiger Rechtsnormen gilt Art. 31 GG indes nicht.[16]

Echte Normenkollisionen im Verhältnis von Bundes- und Landesrecht ergeben sich daher vor allem im Bereich des **Verfassungsrechts**, da die Art. 70 ff. GG die Verfassungsautonomie der Länder unberührt lassen und auf diesem Gebiet sowohl bundes- als auch landesverfassungsrechtliche Regelungen bestehen. Denselben Regelungsgegenstand haben hier insbesondere die **Grundrechtsbestimmungen**, für die allerdings – jedenfalls nach h.M. – nicht Art. 31 GG gilt, sondern die spezielle Regelung des **Art. 142 GG**.[17]

E. Das Gebot bundesfreundlichen Verhaltens

256 Das Gebot der Bundestreue ist Teil des in Art. 20 Abs. 1 GG normierten Bundesstaatsprinzips und verpflichtet den Bund und die Länder zu **wechselseitiger Rücksichtnahme** im Rahmen der bestehenden bundesstaatlichen Ordnung. Dieser Grundsatz des bundesfreundlichen Verhaltens hat „die Funktion, die aufeinander angewiesenen ‚Teile, des Bundesstaats, Bund und Länder, stärker unter der gemeinsamen Verfassungsrechtsordnung aneinander zu binden“.[18] Dabei können die konkreten Inhalte dieses Gebots nicht ohne Weiteres generell bestimmt werden, zumal es **„akzessorischer Natur“** ist und „für sich allein keine selbständigen Pflichten des Bundes oder eines Landes“ begründen, sondern nur „innerhalb eines anderweitig begründeten gesetzlichen oder vertraglichen Rechtsverhältnisses“ Bedeutung gewinnen kann, indem es „diese **anderen Rechte und Pflichten moderiert, variiert oder durch Nebenpflichten ergänzt**“.[19] Hervorzuheben sind dabei vor allem die folgenden, auch im Rahmen juristischer Studienarbeiten als bekannt vorauszusetzenden **unmittelbaren Rechtswirkungen**, welche sich aus dem Gebot bundesfreundlichen Verhaltens im Einzelfall ergeben können:[20]

---

15 Vgl. ebenso *Maurer*, Staatsrecht I, 6. Aufl. 2010, § 10 Rn. 34 f.

16 Vgl. zur Unterscheidung von Unvereinbarkeiten und Normkollisionen im engeren Sinne ausführlich oben Rn. 40 ff.

17 Vgl. dazu ausführlich *Papier/Krönke*, Grundkurs Öffentliches Recht 2, 4. Aufl. 2020, § 1 Rn. 14.

18 BVerfGE 8, 122 (140) – „Volksbefragung Hessen“.

19 BVerfGE 103, 81 (88) – „Pofalla I“ (ohne Hervorhebungen im Original).

20 Siehe zu den folgenden und weiteren Fallgruppen *Maurer*, Staatsrecht I, 6. Aufl. 2010, § 10 Rn. 52.

I. Kompetenzausübungsschranke

Der Grundsatz bundesfreundlichen Verhaltens wirkt im Rahmen der Ausübung der grundgesetzlich verteilten Gesetzgebungs- und Verwaltungskompetenzen in erster Linie als Kompetenzschranke, genauer: als **Kompetenz*ausübungs*schranke**. Das bedeutet: Steht dem Bund oder einem Land an sich die Zuständigkeit für den Erlass einer bestimmten gesetzlichen Regelung oder für den Vollzug einer solchen Regelung zu, kann sich aus dem Gebot des bundesfreundlichen Verhaltens im Einzelfall die verfassungsrechtliche Pflicht ergeben, von der Regelung oder der Vollzugsmaßnahme generell oder in der konkret vorgesehenen Form abzusehen, wenn sie sich ausnahmsweise als **„missbräuchlich“** erweist.[21] Ihm lässt sich insoweit das **Verbot missbräuchlicher Kompetenzausübung zu Lasten des Bundes bzw. eines Landes** entnehmen. 257

Sowohl praktisch als auch in der Fallbearbeitung ist dieses Verbot gewiss **nur sehr zurückhaltend** einzusetzen, da es die im Grundgesetz ausdrücklich festgelegte Kompetenzverteilung im Einzelfall in Frage stellt. Klausur- und hausarbeitstaktisch gilt hier: Sofern eine mögliche ausnahmsweise Verletzung des Gebots bundesfreundlichen Verhaltens im Sachverhalt nicht erkennbar angedeutet wird, sollte man dies nicht thematisieren.

Die **Missbräuchlichkeit** der Kompetenzausübung kann sich ergeben 258

- aus dem **Inhalt** einer Maßnahme oder Regelung, wenn dadurch Interessen des Bundes bzw. der Länder in besonderem Maße berührt werden,[22] oder

  Beispiel: Das Bundesverfassungsgericht hat aus dem Gebot „wechselseitiger bundesstaatlicher Rücksichtnahme“[23] gefolgert, dass es dem Landesgesetzgeber (genauer: einer vom Landesgesetzgeber zur Erhebung von Kommunalabgaben ermächtigten Stadt) verwehrt war, eine Regelung über die Erhebung einer **Verpackungsteuer** auf nicht wiederverwendbare Verpackungen zu erlassen, obwohl der Landesgesetzgeber zur Einführung dieser örtlichen Verbrauchsteuer gemäß Art. 105 Abs. 2a GG an sich befugt wäre. In „ihrer Einwirkung auf das Abfallrecht“ überschreite die Erhebung der Verpackungsteuer aber jene Kompetenz, „weil sie der abfallwirtschaftsrechtlichen Konzeption des Bundesgesetzgebers widerspricht“,[24] die dieser bei der Regelung des Abfallrechts auf der Grundlage von Art. 74 Abs. 1 Nr. 24 GG verfolgt hatte. Während nämlich der Bundesgesetzgeber etwa darauf setzte, zur Vermeidung von Verpackungsabfällen möglichst die gesamte Handels- und Produktionskette einzubeziehen, nimmt die Verpackungsteuer gezielt den Letztverkäufer und den Verbraucher in die Verantwortung.[25]

- aus dem **Erlass** der Maßnahme oder des Gesetzes selbst aufgrund einer formell bestehenden Kompetenz, wenn die Ausübung der Kompetenz dem Zweck der Kompetenz bewusst zuwider läuft oder gezielt zur Benachteiligung eingesetzt wird.

  Beispiel: Bei der Ausübung der Gesetzgebungskompetenzen durch Bund und Länder im Rahmen des Art. 72 Abs. 3 GG (sog. **Abweichungsgesetzgebung**) können sich aus dem Gebot bundesfreundlichen Verhaltens insoweit Grenzen ergeben, als die Wahrnehmung der Abweichungsbe-

---

21 So bereits BVerfGE 14, 197 (215) – „Kreditwesen“. Vgl. zum Ganzen *Maurer*, Staatsrecht I, 6. Aufl. 2010, § 10 Rn. 53.

22 Vgl. etwa BVerfGE 61, 149 (205 f.) – „Amtshaftung“.

23 BVerfGE 98, 106 (118) – „Verpackungsteuer“.

24 BVerfGE 98, 106 (126) – „Verpackungsteuer“.

25 Vgl. BVerfGE 98, 106 (131) – „Verpackungsteuer“.

fugnis auf eine bewusste **„Ping-Pong-Gesetzgebung"** zwischen dem Bund und den Ländern hinauslaufen würde, wenn also der Bund und das betroffene Land abwechselnd Regelungen erlassen, um die eigene Regelungshoheit zu wahren.[26]

II. Prozedurale Anforderungen

259 Daneben sind aus dem Prinzip der Bundestreue im Einzelfall auch **verfahrensrechtliche Anforderungen** abzuleiten, insbesondere eine Pflicht zur **Anhörung**, zur Einräumung einer **Gelegenheit zur Stellungnahme** oder zu sonstigen Formen der **Beteiligung** und **Kooperation**.[27] In diese Kategorie fallen etwa

- besondere verfahrensrechtliche Pflichten der zuständigen Bundesbehörde bei der **Ausübung des Weisungsrechts nach Art. 85 Abs. 3 S. 1 GG** im Rahmen der Bundesauftragsverwaltung,

  Hier ist zum einen erforderlich, dass „der Bund grundsätzlich – d.h. außer bei Eilbedürftigkeit – vor Weisungserlass dem Land **Gelegenheit zur Stellungnahme** gibt und dessen **Standpunkt erwägt**", und dass der Bund, zum anderen, die Weisung so **klar formuliert**, dass der Weisungsempfänger erkennen kann, dass eine Weisung erteilt wurde und welche konkreten Maßnahmen von ihm erwartet werden.[28]

- die Pflicht der Bundesregierung als des die Bundesrepublik im Rahmen der Gesetzgebung auf unionsrechtlicher Ebene vertretenden Organs, ihre rechtlichen Standpunkte mit Blick auf **Regelungsvorhaben der Europäischen Union**, die ausschließliche Gesetzgebungszuständigkeiten der Länder betreffen, **mit dem Bundesrat abzustimmen**.[29]

  Mittlerweile ist eine entsprechende Beteiligung des Bundesrates auch ausdrücklich im Grundgesetz verankert worden, vgl. **Art. 23 Abs. 2 und 4 bis 6 GG**.

Literaturhinweise:

Maurer, Staatsrecht I, 6. Aufl. 2010, § 10 Rn. 1 ff.

Jestaedt, Bundesstaat als Verfassungsprinzip, in: Isensee/Kirchhof (Hrsg.), Handbuch des Staatsrechts, Band II, 3. Aufl. 2004, § 29 (zur Vertiefung)

---

26 Vgl. zur Abweichungsgesetzgebung unten Rn. 278 f.

27 Vgl. erstmals BVerfGE 12, 205 (255) – „1. Rundfunkentscheidung".

28 BVerfGE 81, 310 (336 f.) – „Kalkar II" (ohne Hervorhebung im Original). Siehe dazu mit Beispielsfall ausführlich unten Rn. 419.

29 Vgl. dazu grundlegend BVerfGE 92, 203 (235 ff.) – „EG-Fernsehrichtlinie".

§ 7 Sozialstaat und Republik

A. Das Sozialstaatsprinzip

In bewusster Abkehr vom Konzept des „liberalen“ Rechtsstaats des 19. Jahrhunderts, welches sich in der überspitzten Vorstellung eines „Nachtwächterstaats“ verdichten lässt, charakterisiert das Grundgesetz die Bundesrepublik als **sozialen Bundesstaat (Art. 20 Abs. 1 GG)** und als **sozialen Rechtsstaat (Art. 28 Abs. 1 S. 1 GG).**[1] Stärker noch als die übrigen Staatsstrukturprinzipien bleibt das darin zum Ausdruck kommende Sozialstaatsprinzip allerdings seinem Inhalt nach **höchst unbestimmt**, zumal grundgesetzliche Konkretisierungen dieses Prinzips wie etwa in Art. 14 Abs. 2 GG (sog. Sozialpflichtigkeit des Eigentums) und in Art. 6 Abs. 4 GG (Anspruch der Mutter auf Schutz und Fürsorge durch die Gemeinschaft) eine Seltenheit sind.[2] Das Sozialstaatsprinzip ist damit in besonderem Maße auf eine **ausgestaltende Konkretisierung durch den Gesetzgeber** angewiesen[3] und steht insofern den Staatszielbestimmungen näher als den übrigen Staatsstrukturbestimmungen.[4] 260

Möchte man die **inhaltlichen Vorgaben** des Sozialstaatsprinzips dennoch auf eine möglichst prägnante Formel bringen, so lassen sich diesem Prinzip – mit *Christoph Degenhart* – **zwei wesentliche Aspekte** entnehmen:[5] Aufgabe des Staates ist es gemäß dem Sozialstaatsprinzip insbesondere, für **soziale Sicherheit** und für **soziale Gerechtigkeit** zu sorgen. 261

Zur Gewährleistung **sozialer** Sicherheit gehören insbesondere[6] 262

– die **Sicherung des Existenzminimums** sowie

Das Bundesverfassungsgericht hat daher aus Art. 1 Abs. 1 GG i.V.m. dem Sozialstaatsprinzip ausnahmsweise ein (subjektives und damit prinzipiell einklagbares) **„Grundrecht auf Gewährleistung eines menschenwürdigen Existenzminimums“** abgeleitet.[7]

– der „**Schutz** der sozialen Existenz gegen die **Wechselfälle des Lebens**“.[8]

Hierunter fallen **beispielsweise** etwa die Krankenversicherung,[9] Pflegeversicherung,[10] Unfallversicherung,[11] Hinterbliebenenversorgung[12] usw.[13]

1 Vgl. *Degenhart*, Staatsrecht I Staatsorganisationsrecht, 37. Aufl. 2021, § 6 Rn. 592.
2 Vgl. *Sodan/Ziekow*, Grundkurs Öffentliches Recht, 9. Aufl. 2020, § 10 Rn. 3.
3 Vgl. bereits BVerfGE 1, 97 (105) – „Hinterbliebenenrente I“; ebenso BVerfGE 100, 271 (284) – „Lohnabstandsklausel“.
4 Vgl. *Sodan/Ziekow*, Grundkurs Öffentliches Recht, 9. Aufl. 2020, § 10 Rn. 4.
5 Vgl. dazu *Degenhart*, Staatsrecht I Staatsorganisationsrecht, 37. Aufl. 2021, § 6 Rn. 593 ff. Eine weitergehende Differenzierung legen *Sodan/Ziekow*, Grundkurs Öffentliches Recht, 9. Aufl. 2020, § 10 Rn. 3 und 8 ff. zugrunde.
6 Vgl. ausführlich *Sodan/Ziekow*, Grundkurs Öffentliches Recht, 9. Aufl. 2020, § 10 Rn. 9 ff.
7 BVerfGE 125, 175 (222 ff.) – „Hartz IV“. Vgl. dazu eingehend *Papier/Krönke*, Grundkurs Öffentliches Recht 2, 4. Aufl. 2020, § 8 Rn. 169.
8 So treffend BVerfGE 28, 324 (348) – „Heiratswegfallklausel“ (ohne Hervorhebungen im Original). Vgl. *Sodan/Ziekow*, Grundkurs Öffentliches Recht, 9. Aufl. 2020, § 10 Rn. 11.
9 Vgl. BVerfGE 115, 25 (43) – „Gesetzliche Krankenversicherung“.
10 Vgl. BVerfGE 103, 197 (221) – „Pflegeversicherung I“.
11 Vgl. BVerfGE 45, 376 (387) – „Unfallversicherung“.
12 Vgl. BVerfGE 28, 324 (348) – „Heiratswegfallklausel“.
13 Vgl. mit weiteren Beispielen und Nachweisen Jarass, in: Jarass/Pieroth (Hrsg.), GG Kommentar, 17. Aufl. 2022, Art. 20 Rn. 157.

263 **Soziale Gerechtigkeit** wird dagegen insbesondere gewährleistet durch

– einen **„Ausgleich der sozialen Gegensätze“**[14] und

Dieser Ausgleich der sozialen Gegensätze zur Herstellung einer „gerechten Sozialordnung“[15] geschieht vor allem in Form von **Umverteilungen** bei der Gewährung von Sozialleistungen und bei der Erhebung einkommensabhängiger Abgaben oder durch den **Abbau struktureller Ungleichgewichtslagen im Privatrechtsverkehr**, insbesondere etwa im Miet- und im Arbeitsrecht.[16]

– die Herstellung von **Chancengleichheit**.

Gemeint ist damit nicht allein die rechtliche Gleichbehandlung, wie sie auch Art. 3 Abs. 1 GG gebietet, sondern die **Schaffung tatsächlich gleicher Voraussetzungen** für den „Erwerb materieller und immaterieller Güter“,[17] vor allem etwa durch die Gewährleistung eines **Zugangs** zum Hochschulstudium[18] und sonstigen **Bildungseinrichtungen**.[19]

264 Wenn man sich im Einzelfall fragt, ob der Gesetzgeber kraft des Sozialstaatsprinzips zum Erlass einer **konkreten gesetzlichen Regelung** verpflichtet ist, müssen allerdings stets zwei Aspekte bedacht werden:

– Aus der beschriebenen gesteigerten Ausgestaltungsbedürftigkeit des Sozialstaatsprinzips folgt, dass nur ein **„Kernbereich“ sozialer Sicherheit und Gerechtigkeit** unbedingt verfassungsrechtlich gefordert wird.[20] Eine über die Garantie bestimmter Mindeststandards hinausgehende **umfassende „Bestandsgarantie“** lässt sich jenem Prinzip dagegen **nicht** entnehmen, das heißt der Gesetzgeber verstößt nicht etwa schon dadurch gegen das Sozialstaatsprinzip, indem er – zur Sicherung der ebenfalls im Interesse der Sozialstaatlichkeit liegenden **Funktionsfähigkeit der sozialen Sicherungssysteme** insgesamt[21] – Teile jener Sicherungssysteme reformiert und dabei individuelle Leistungen kürzt oder streicht.[22]
– Im Bereich des Sozialstaatsprinzips herrscht der **„Primat der gesellschaftlichen Realisation“**,[23] das heißt: Die Realisierung der sozialen Sicherheit und der sozialen Gerechtigkeit obliegt primär der Gesellschaft und nur sekundär dem Staat. Das Grundgesetz fußt auf dem Gedanken der Freiheit und Eigenverantwortung der Bürger; dieser Gedanke soll nicht konterkariert werden, indem der Staat in scheinbarer sozialer Fürsorglichkeit weite Teile des menschlichen Lebens wieder an sich zieht.[24]

---

14 BVerfGE 22, 180 (204) – „Jugendhilfe" (ohne Hervorhebung im Original).
15 BVerfGE 22, 180 (204) – „Jugendhilfe".
16 Vgl. *Sodan/Ziekow*, Grundkurs Öffentliches Recht, 9. Aufl. 2020, § 10 Rn. 13.
17 So treffend *Jarass*, in: Jarass/Pieroth (Hrsg.), GG Kommentar, 17. Aufl. 2022, Art. 20 Rn. 160.
18 BVerfGE 33, 303 (331 ff.) – „Numerus clausus I".
19 Vgl. *Sodan/Ziekow*, Grundkurs Öffentliches Recht, 9. Aufl. 2020, § 10 Rn. 14.
20 *Degenhart*, Staatsrecht I Staatsorganisationsrecht, 37. Aufl. 2021, § 6 Rn. 600.
21 Vgl. BVerfGE 103, 172 (192 f.) – „Altersgrenze für Kassenärzte“.
22 *Degenhart*, Staatsrecht I Staatsorganisationsrecht, 37. Aufl. 2021, § 6 Rn. 601.
23 So *Zacher*, Das soziale Staatsziel, in: Isensee/Kirchhof (Hrsg.), Handbuch des Staatsrechts, Band II, 3. Aufl. 2004, § 28 Rn. 26.
24 Vgl. *Papier*, Recht auf Gesundheit, in: FS Knemeyer, 2012, S. 475 (476).

Überall dort, wo **Selbsthilfe** möglich und ausreichend ist, kommt ihr deswegen ein Vorrang vor staatlicher „Zwangshilfe und Zwangsversicherung“ zu.[25] Man spricht insoweit zu Recht von einer **freiheitlichen Dimension des Sozialstaatsprinzips**.[26]

B. Das Prinzip der Republik

Mit der Verankerung des Begriffs der **Republik** in Art. 20 Abs. 1 GG wird nach ganz überwiegender Auffassung zum Ausdruck gebracht, dass das Grundgesetz **keinen im Wege der Erbfolge bestimmten Monarchen als Staatsoberhaupt** erlaubt.[27] Dem Staatsoberhaupt muss das Amt vielmehr **durch Wahlen** und **auf genau bestimmte Zeit** übertragen werden.[28] 265

Literaturhinweise:

Zu A. *Degenhart*, Staatsrecht I Staatsorganisationsrecht, 37. Aufl. 2021, § 6 Rn. 592 ff.
Sodan/Ziekow, Grundkurs Öffentliches Recht, 9. Aufl. 2020, § 10 Rn. 1 ff.
Zacher, Das soziale Staatsziel, in: Isensee/Kirchhof (Hrsg.), Handbuch des Staatsrechts, Band II, 3. Aufl. 2004, § 28

Zu B. *Maurer*, Staatsrecht I, 6. Aufl. 2010, § 7 Rn. 16 f.

Wichtige Rechtsprechung:

Zu A. BVerfGE 125, 175 – „Hartz-IV“
(Verfassungswidrigkeit der Regelleistungen nach dem sog. Hartz IV-Gesetz – Inhalt des Rechts auf Gewährleistung eines menschenwürdigen Existenzminimums aus Art. 1 Abs. 1 GG i.V.m. dem Sozialstaatsprinzip)

25 *Sodan/Ziekow*, Grundkurs Öffentliches Recht, 9. Aufl. 2020, § 10 Rn. 8, unter Verweis auf *Jarass*, in: Jarass/Pieroth (Hrsg.), GG Kommentar, 17. Aufl. 2022, Art. 20 Rn. 165.

26 Vgl. *Papier*, Recht auf Gesundheit, in: FS Knemeyer, 2012, S. 475 (475).

27 Vgl. *Maurer*, Staatsrecht I, 6. Aufl. 2010, § 7 Rn. 16.

28 Vgl. *Sodan/Ziekow*, Grundkurs Öffentliches Recht, 9. Aufl. 2020, § 9 Rn. 1.

3. Teil

Staatsorgane und Staatsfunktionen

§ 8 Gesetzgebung und Gesetzgebungsorgane

A. Gesetzgebung durch Bundestag und Bundesrat: Die Prüfung eines formellen Gesetzes

266 Gemäß **Art. 20 Abs. 3 GG** ist die Gesetzgebung an die „verfassungsmäßige Ordnung" gebunden. Die Verfassungsmäßigkeit eines formellen Parlamentsgesetzes wird dabei üblicherweise nach folgendem Schema geprüft:[1]

Gegenüber der bereits oben dargelegten Struktur der Prüfung der Vereinbarkeit einer Norm mit höherrangigem Recht[2] entfällt im folgenden Schema der Prüfungspunkt **„Rechtsgrundlage"**, da der parlamentarische Gesetzgeber aus den Vorschriften der Art. 70 ff. GG ersichtlich über ein **originäres verfassungsmäßiges Recht zur Gesetzgebung** verfügt.

Prüfungsaufbau: Verfassungsmäßigkeit eines formellen Bundesgesetzes

Obersatz: „Das Gesetz ist verfassungsgemäß, wenn es mit den formellen und materiellen Vorgaben des Grundgesetzes in Einklang steht."

I. Formelle Verfassungsmäßigkeit

1. Gesetzgebungskompetenz des Bundes, Art. 70 ff. GG

a) Ausschließliche Gesetzgebungszuständigkeit, Art. 71, 73 GG *oder*

b) Konkurrierende Gesetzgebungszuständigkeit, Art. 72, 74 GG *oder*

c) Ungeschriebene Gesetzgebungszuständigkeit

2. Gesetzgebungsverfahren, Art. 76 ff. GG

a) Gesetzesinitiative, Art. 76 GG

b) Hauptverfahren, Art. 77 GG

aa) Beratung und Beschluss durch den Bundestag, Art. 77 Abs. 1 GG

bb) Beteiligung des Bundesrates, Art. 77 Abs. 2 bis 4 GG

3. Gegenzeichnung, Ausfertigung und Verkündung des Gesetzes, Art. 82 GG

II. Materielle Verfassungsmäßigkeit

Materielle Vorgaben ergeben sich für formelle Gesetze insbesondere aus den **Grundrechten**[3], aus der **Wesentlichkeitslehre**[4], aus dem **Bestimmtheitsgebot**[5] und aus den **Rückwirkungsverboten**[6].

---

1 Vgl. die entsprechenden Übersichten etwa bei *Gröpl*, Staatsrecht I, 13. Aufl. 2021, § 16 Rn. 1181; *Degenhart*, Staatsrecht I Staatsorganisationsrecht, 37. Aufl. 2021, § 3 Rn. 157.

2 Vgl. das Schema oben bei Rn. 46.

3 Vgl. zu den Grundrechten ausführlich den Band *Papier/Krönke*, Grundkurs Öffentliches Recht 2, 4. Aufl. 2020.

4 Vgl. dazu oben Rn. 137.

5 Vgl. dazu oben Rn. 232 ff.

6 Vgl. dazu oben Rn. 236 ff.

Im Folgenden sollen die Voraussetzungen der **formellen Verfassungsmäßigkeit (einfacher) Parlamentsgesetze auf Bundesebene** behandelt werden. Besondere Berücksichtigung finden dabei prüfungsrelevante Fragestellungen, zumal die Beurteilung der formellen Verfassungsmäßigkeit von Gesetzen zu den **typischen Aufgaben** im Rahmen **staatsrechtlicher Prüfungsarbeiten** zählt. **267**

Die Prüfung der formellen Verfassungsmäßigkeit orientiert sich stets an der im Grundgesetz in den **Art. 70 ff. GG** vorgegebenen Reihenfolge. Wer sich daher, vor dem Hintergrund des für die Prüfung der formellen Rechtmäßigkeit üblichen Dreiklangs **Zuständigkeit – Verfahren – Form**,[7] entlang der Bestimmungen der Art. 70 ff. GG durch die Falllösung tastet, wird hier keine Aufbauprobleme bekommen. – Bei der Prüfung der formellen Verfassungsmäßigkeit eines **Landesgesetzes** durch das **Bundesverfassungsgericht** ist der Maßstab allerdings beschränkt: Da das Bundesverfassungsgericht nicht die Einhaltung landesverfassungsrechtlicher Vorgaben überprüft, wird lediglich ermittelt, ob der Landesgesetz nach Maßgabe der grundgesetzlichen Verteilung der **Gesetzgebungskompetenzen** zur Regelung der betreffenden Materie zuständig war.

I. Gesetzgebungskompetenzen, Art. 70 ff. GG

Gemäß der in **Art. 30, 70 Abs. 1 GG** niedergelegten Verteilungsregel sind grundsätzlich die Länder für die Gesetzgebung zuständig, „soweit dieses Grundgesetz nicht dem Bunde Gesetzgebungsbefugnisse verleiht". Die Zuständigkeit des Bundes für den Erlass einer bestimmten gesetzlichen Regelung setzt daher einen **Kompetenztitel** voraus, das heißt ein **dem Bund für den konkreten Fall** durch eine bestimmte Kompetenznorm **ausdrücklich zugewiesenes Gesetzgebungsrecht**. Dabei sind **268**

- **ausschließliche** (Art. 71, 73 GG),
- **konkurrierende** (Art. 72, 74 GG) und
- **ungeschriebene**, quer zu den ausschließlichen und konkurrierenden Kompetenzen liegende

Gesetzgebungskompetenzen des Bundes zu unterscheiden, vgl. Art. 70 Abs. 2 GG.

Möchte man feststellen, ob dem **Bund** im Einzelfall ein Gesetzgebungsrecht zusteht, muss daher geprüft werden, ob der konkrete Einzelfall unter einen der – nicht nur, aber vor allem – in den Kompetenzkatalogen der Art. 73 und Art. 74 GG enthaltenen Kompetenztitel subsumiert werden kann.[8] **269**

Außerhalb dieser Kataloge finden sich vereinzelte Gesetzgebungskompetenzen des Bundes etwa in Art. 21 Abs. 3 GG (Recht der Parteien) und Art. 38 Abs. 3 GG (Wahlrecht). – **Keine** Gesetzgebungskompetenzen des Bundes begründen dagegen – so aber ein beliebter Fehler unter Studienanfängern – **grundrechtliche** Vorschriften, insbesondere etwa die besonderen grundrechtlichen **Gesetzesvorbehalte** (z.B. Art. 2 Abs. 2 S. 3 GG, Art. 5 Abs. 2 GG usw.).[9]

---

7 Vgl. oben Rn. 46.

8 Siehe dazu und zum Folgenden *Degenhart*, Staatsrecht I Staatsorganisationsrecht, 37. Aufl. 2021, § 3 Rn. 167 ff.

9 Vgl. zu deren Funktion oben Rn. 228 f. sowie *Papier/Krönke*, Grundkurs Öffentliches Recht 2, 4. Aufl. 2020, § 7 Rn. 141 f.

270 Dazu ist zum einen eine **sorgfältige Auslegung** der in Betracht kommenden Kompetenznormen erforderlich, wobei grundsätzlich die allgemeinen Regeln zur Auslegung von Rechtsnormen Anwendung finden.[10] Vor allem „der Grundsatz des **Art. 30 GG**" und die **historische Auslegung** gewinnen bei der Auslegung von Kompetenznormen praktisch besondere Bedeutung.[11] Im Rahmen einer klausurmäßigen Fallbearbeitung hilft dies freilich oft nicht weiter, zumal die Entstehungsgeschichte der einzelnen Kompetenznormen dem Bearbeiter in der Regel nicht bekannt sein dürfte. Hier ist auf die Auslegung nach dem **Wortlaut** der Kompetenznorm sowie nach ihrem **systematischen Zusammenhang** mit anderen Kompetenznormen zurückzugreifen. Die grundlegende Verteilungsregel aus Art. 30, 70 Abs. 1 GG legt dabei eine **tendenziell enge Auslegung** der die Gesetzgebungszuständigkeit des Bundes begründenden Kompetenznormen nahe.[12]

271 Zum anderen ist bei der im Rahmen der Subsumtion erforderlichen „Unterordnung" einer bestimmten gesetzlichen Regelung unter eine auf diese Weise ausgelegte Kompetenznorm im Zweifelsfalle auch der normative **Gehalt der gesetzlichen Regelung selbst** (genauer: unmittelbarer „Regelungsgegenstand, Normzweck, Wirkung und Adressat der zuzuordnenden Norm"[13]) sorgfältig zu ermitteln.[14]

Beispiel: Bei der Prüfung der Frage, ob sich der Bundesgesetzgeber beim Erlass eines **umfassenden Rauchverbotes in Gaststätten** auf die Kompetenznorm des **Art. 74 Abs. 1 Nr. 12 GG** („Arbeitsrecht einschließlich … des Arbeitsschutzes") stützen kann, sind der eigentliche Normzweck und die tatsächlichen Wirkungen einer solchen gesetzlichen Regelung zu berücksichtigen. Ein umfassendes Rauchverbot dient zwar gewiss *auch* dem Schutz der in den Gaststätten beschäftigten Arbeitnehmer, ist jedoch nach seinem eigentlichen Sinn und Zweck sowie nach seinen praktischen Konsequenzen vielmehr auf den Schutz des gesamten Gaststättenpublikums vor den Gefahren des Passivrauchens gerichtet und damit keine spezielle Arbeitsschutzregelung im Sinne des Art. 74 Abs. 1 Nr. 12 GG.[15]

272 Grundsätzlich ist zu beachten, dass sich für einzelne Normen oder Regelungsbereiche **eines Gesetzes** jeweils **unterschiedliche Kompetenznormen** ergeben können, sofern sie sich von den übrigen Regelungen des Gesetzes trennen lassen.[16] Auch ist es denkbar, dass sich eine konkrete Vorschrift auf **mehrere Kompetenznormen** stützen lässt; in einem solchen Fall ist entscheidend, worauf der **Schwerpunkt** des Gesetzesvorhabens liegt.[17] Erforderlich ist außerdem stets eine **möglichst umfassende Prüfung** sämtlicher in Betracht kommender Kompetenznormen, sofern der Sachverhalt erkennbar kompetenzrechtliche Probleme aufwirft.

---

10 Vgl. dazu mit einem Subsumtionsbeispiel aus dem Bereich Gesetzgebungskompetenzen bereits oben Rn. 59 ff.

11 BVerfGE 106, 62 (105) – „Altenpflegegesetz" (ohne Hervorhebung im Original).

12 Vgl. in diesem Sinne bereits BVerfGE 7, 39 (44) – „Pressedelikte".

13 BVerfGE 121, 30 (47) – „Parteibeteiligung an Rundfunkunternehmen".

14 Vgl. mit Verweis auf die zitierte Entscheidung *Degenhart*, Staatsrecht I Staatsorganisationsrecht, 37. Aufl. 2021, § 3 Rn. 173 f.

15 Vgl. dazu in der Sache ausführlich *Rossi/Lenski*, NJW 2006, 2657 (2659).

16 Vgl. *Degenhart*, Staatsrecht I Staatsorganisationsrecht, 37. Aufl. 2021, § 3 Rn. 172 f.

17 Vgl. mit Beispiel *Degenhart*, Staatsrecht I Staatsorganisationsrecht, 37. Aufl. 2021, § 3 Rn. 175 ff.

Ist im Rahmen einer Fallbearbeitung die **Gesetzgebungszuständigkeit eines Landes** zu beurteilen, so ist zunächst zu prüfen, ob dem Bund für die in Rede stehende Regelung die **ausschließliche** Gesetzgebungszuständigkeit (Art. 71, 73 GG) zusteht. Das Land ist dann allenfalls unter der Voraussetzung des Art. 71 GG zur Regelung der Materie zuständig, also wenn der Bund es ausdrücklich dazu ermächtigt hat. Falls diese Frage verneint wird, ist zu prüfen, ob der Bund von einer **konkurrierenden** Gesetzgebungszuständigkeit in verfassungsmäßiger Weise und abschließend Gebrauch gemacht hat und ob ihm die Zuständigkeit im konkreten Fall auch tatsächlich zusteht.[18] Ist auch dies nicht der Fall, ist das Land wegen der Grundregel aus Art. 30, 70 Abs. 1 GG zuständig.

Beispiel: Im Januar 2020 beschloss das Abgeordnetenhaus von Berlin ein Gesetz zur Mietenbegrenzung im Wohnungswesen in Berlin (MietenWoG Bln), um dem Mietanstieg in Berlin effektiv entgegenzutreten (sog. **„Berliner Mietendeckel“**).[19] Kernstücke des Gesetzes waren ein gegen Mieterhöhungen gerichteter „Mietenstopp“, wonach eine Miete verboten sein sollte, die die am 18. Juni 2019 (Stichtag) wirksam vereinbarte Miete überschreitet, sowie eine „Mietobergrenze“ bei Wiedervermietung und ein Verbot „überhöhter Mieten“, mit denen jeweils zulässige Obergrenzen der Wohnraummiete festgelegt wurden. Da der Bundesgesetzgeber allerdings auf der Grundlage des Art. 74 Abs. 1 Nr. 1 GG („bürgerliche Recht“) in den §§ 549 ff. BGB Regeln betreffend Mietverhältnisse über Wohnraum getroffen hatte, stellte sich die Frage, ob der Bund von seiner konkurierenden Gesetzgebungszuständigkeit in abschließender Weise Gebrauch gemacht hatte und es dem Land Berlin daher an einer Regelungszuständigkeit fehlte. Der Landesgesetzgeber argumentierte, dass das MietenWoG Bln – anders als das privatrechtliche Mietrecht des BGB – nicht auf die Schaffung von Vertragsparität zwischen Mietern und Vermietern abziele, sondern auf die öffentlich-rechtliche Behebung einer gravierenden, sozialschädlichen Schieflage auf dem Wohnungsmarkt. Das Bundesverfassungsgericht stellte demgegenüber fest, dass der Bund mit den Regelungen über die Miete in den §§ 556 ff. BGB in Ansehung sämtlicher Regelungsgegenstände des MietenWoG Bln eine abschließende Regelung gemäß Art. 72 Abs. 1 GG getroffen hatte, mit einem umfassenden Regelungskonzept gerade auch für die Miete für ungebundenen Wohnraum auf angespannten Wohnungsmärkten. Die Berliner Regelungen über den Mietenstopp konkurrierten vor diesem Hintergrund unmittelbar mit den BGB-Vorschriften über die Mieterhöhung (siehe § 557 BGB), und die Bestimmungen des MietenWoG Bln über die Mietobergrenze sowie das Verbot überhöhter Mieten deckten sich gegenständlich mit den Regeln über die Mietpreisbremse in den §§ 556d ff. BGB. Das MietenWoG Bln war daher wegen Verstoßes gegen Art. 72 Abs. 1 GG verfassungswidrig.

1. Ausschließliche Gesetzgebungszuständigkeiten, Art. 71, 73 GG

Unterfällt eine Regelungsmaterie einer **ausschließlichen** Gesetzgebungskompetenz des 273
Bundes nach **Art. 73 Abs. 1 Nr. 1 bis 14 GG**, sind die Länder zum Erlass einer entsprechenden gesetzlichen Regelung nicht zuständig – es sei denn, der Bund hat sie dazu ausdrücklich ermächtigt, Art. 71 GG. Der Bund dagegen kann in einem solchen Bereich ohne Weiteres Gesetze erlassen.

2. Konkurrierende Gesetzgebungszuständigkeiten, Art. 72, 74 GG

Im Falle einer **konkurrierenden** Gesetzgebungskompetenz des Bundes nach **Art. 74** 274
Abs. 1 Nr. 1 bis 33 GG haben die Länder die Befugnis zur Gesetzgebung, „solange und soweit“ der Bund von seiner Zuständigkeit nicht Gebrauch gemacht hat, Art. 72 Abs. 1

18 Vgl. zum Sonderfall der Abweichungskompetenz unten Rn. 281.
19 Vgl. dazu und zum Folgenden eingehend BVerfGE 157, 223 (Rn. 98 ff.) – „Berliner Mietendeckel“.

GG. Kann sich der Bund zur Regelung einer Materie auf eine der in Art. 74 Abs. 1 GG aufgeführten Kompetenztitel stützen, müssen allerdings noch die besonderen Voraussetzungen des Art. 72 GG geprüft werden, bevor eine Gesetzgebungszuständigkeit des Bundes bejaht werden kann.

275 Seit der Föderalismusreform I aus dem Jahre 2006[20] sind hier, wegen der besonderen Regelungen in Art. 72 Abs. 2 bis 4 GG, **drei Konstellationen** zu unterscheiden, aus denen sich eine Aufteilung der konkurrierenden Gesetzgebungskompetenzen in drei Kompetenzbereiche ergibt. Sie lassen sich mit den Begriffen der **„Kernkompetenz“**[21], der **„Erforderlichkeitskompetenz“**[22] und der **„Abweichungskompetenz“** umschreiben.[23]

a) Konstellation 1: Erforderlichkeitsklausel gilt nicht – „Kernkompetenzbereich“

276 Ist keiner der in Art. 72 Abs. 2 GG (sog. Erforderlichkeitsklausel) aufgeführten Kompetenztitel einschlägig, so **gilt die Erforderlichkeitsklausel nicht** und es besteht **keine Abweichungsmöglichkeit** für die Länder nach Art. 72 Abs. 3 GG. In diesem Fall gelten keine Besonderheiten. Der Bund ist ohne Weiteres für die Gesetzgebung zuständig.

b) Konstellation 2: Erforderlichkeitsklausel gilt, Abweichungsrecht besteht nicht – „Erforderlichkeitskompetenzbereich“

277 Ist dagegen einer der in **Art. 72 Abs. 2 GG** genannten Kompetenztitel einschlägig, **gilt die Erforderlichkeitsklausel**, es besteht aber **keine Abweichungsmöglichkeit** für die Länder nach Art. 72 Abs. 3 GG. In diesem Fall muss eine bundesgesetzliche Regelung gemäß **Art. 72 Abs. 2 GG „erforderlich“** sein

- zur **Herstellung gleichwertiger Lebensverhältnisse**,
  was dann der Fall ist, „wenn sich die Lebensverhältnisse in den Ländern der Bundesrepublik in erheblicher, das bundesstaatliche Sozialgefüge beeinträchtigender Weise auseinander entwickelt haben oder sich eine derartige Entwicklung konkret abzeichnet“,[24] **oder**
- zur **Wahrung der Rechtseinheit**,
  was **nicht** schon dann der Fall ist, wenn eine gewisse Gesetzesvielfalt auf Länderebene besteht, denn „unterschiedliche Rechtslagen für die Bürger sind notwendige Folge des bundesstaatlichen Aufbaus“, sondern **erst dann**, wenn diese Gesetzesvielfalt „eine Rechtszersplitterung mit problematischen Folgen darstellt, die im Interesse sowohl des Bundes als auch der Länder nicht hingenommen werden kann“,[25] **oder**

---

20 Vgl. dazu *Papier*, NJW 2007, 2145 ff.

21 So *Ipsen*, Staatsrecht I, 30. Aufl. 2018, § 10 Rn. 557 ff.; *Gröpl*, Staatsrecht I, 13. Aufl. 2021, § 16 Rn. 1085 ff. Von „Grundkompetenz“ spricht insoweit *Maurer*, Staatsrecht I, 6. Aufl. 2010, § 17 Rn. 32.

22 *Maurer*, Staatsrecht I, 6. Aufl. 2010, § 17 Rn. 32. Von „Bedarfskompetenz“ sprechen hier, etwas zu schwach, *Ipsen*, Staatsrecht I, 30. Aufl. 2018, § 10 Rn. 569 ff.; *Gröpl*, Staatsrecht I, 13. Aufl. 2021, § 16 Rn. 1089 ff.

23 Vgl. wie hier *Gersdorf*, Verfassungsprozessrecht, 4. Aufl. 2014, Rn. 190 ff.

24 BVerfGE 106, 62 (144) – „Altenpflegegesetz“.

25 BVerfGE 106, 62 (145) – „Altenpflegegesetz“.

– zur **Wahrung der Wirtschaftseinheit**,
was dann der Fall ist, „wenn es um die Erhaltung der Funktionsfähigkeit des Wirtschaftsraums der Bundesrepublik durch bundeseinheitliche Rechtssetzung geht" und die „Landesregelungen oder das Untätigbleiben der Länder erhebliche Nachteile für die Gesamtwirtschaft mit sich bringen".[26]

Die **„Erforderlichkeit"** einer bundeseinheitlichen Regelung nach Art. 72 Abs. 2 GG ist seit der Änderung jener Vorschrift im Jahr 1994 **voll justiziabel** (und daher auch in der Fallbearbeitung umfassend zu prüfen). Die alte Fassung des Art. 72 Abs. 2 GG, die lediglich ein „Bedürfnis" nach einer bundeseinheitlichen Regelung voraussetzte, war in der Rechtsprechung des Bundesverfassungsgerichts als nur begrenzt einer gerichtlichen Überprüfung zugänglich betrachtet worden. In seinem Urteil zum Altenpflegegesetz entschied das Gericht dann, dass die Vorschrift wegen der Verschärfung ihres Wortlauts sowie wegen des in Art. 93 Abs. 1 Nr. 2a GG eingeführten besonderen verfassungsgerichtlichen Verfahrens nunmehr in vollem Umfang justiziabel sei[27] und konkretisierte die Voraussetzungen der „Erforderlichkeit" im Einzelnen, wie oben beschrieben. An den Voraussetzungen der Erforderlichkeitsklausel scheiterte 2015 beispielsweise das vom Bundesgesetzgeber eingeführte „Betreuungsgeld" in Höhe von monatlich 150 Euro zur Unterstützung von Eltern, die keinen öffentlich geförderten Kinderbetreuungsplatz in Anspruch nehmen.[28]

c) Konstellation 3: Erforderlichkeitsklausel gilt nicht, Abweichungsrecht besteht – „Abweichungskompetenzbereich"

Die dritte Konstellation betrifft schließlich Fälle, in denen einer der in **Art. 72 Abs. 3** 278
S. 1 GG genannten Bereiche betroffen ist. Hier **gilt die Erforderlichkeitsklausel nicht**, es **besteht** jedoch eine **Abweichungsmöglichkeit** für die Länder gemäß Art. 72 Abs. 3 S. 1 GG. Die Länder können in diesen Bereichen trotz bestehender bundesgesetzlicher Regelungen eine eigene, abweichende Regelung treffen, verfügen also über eine **Abweichungskompetenz** – soweit nicht die in den Klammerzusätzen zu Art. 72 Abs. 3 S. 1 Nr. 1, 2 und 5 enthaltenen **„abweichungsfesten Kerne"**[29] betroffen sind. Für die **Gesetzgebungszuständigkeit des Bundes** ist diese Abweichungskompetenz der Länder gewiss nur von untergeordneter Bedeutung, da der Bund aus Art. 72 Abs. 3 GG ersichtlich nicht daran gehindert ist, auf einem der in Art. 72 Abs. 3 S. 1 GG aufgeführten Gebiete erneut eine Regelung zu treffen.

Für das **Verhältnis** der im Anwendungsbereich des Art. 72 Abs. 3 S. 1 GG erlassenen **bundes- und landesgesetzlichen Regelungen** gilt, in Abweichung von Art. 31 GG, das *lex posterior*-Prinzip, also nicht ein Geltungs-, sondern ein **Anwendungsvorrang** des jeweils später erlassenen Gesetzes.[30] Die frühere Regelung ist somit nicht nichtig, sondern findet lediglich keine Anwendung. **Andernfalls** wäre im Falle einer später erlassenen landesgesetzlichen Regelung die zuvor erlassene bundesgesetzliche Regelung nichtig, auch wenn nicht alle Länder eine eigene Regelung getroffen haben – was zur Folge hätte, dass in den übrigen Ländern überhaupt keine gesetzliche Regelung bestünde.

---

26 BVerfGE 106, 62 (146 f.) – „Altenpflegegesetz".
27 Vgl. BVerfGE 106, 62 (136 ff.) – „Altenpflegegesetz".
28 Vgl. BVerfGE 140, 65 (Rn. 32 ff.) – „Betreuungsgeld".
29 BT-Drucks. 16/813, S. 11.
30 Vgl. BT-Drucks. 16/813, S. 11 f.

279 Obgleich der Bund und die Länder ihre konkurrierenden Gesetzgebungszuständigkeiten **dem Wortlaut des Art. 72 Abs. 3 GG nach unbeschränkt** in Anspruch nehmen könnten, wird man zum einen eine Einschränkung der Kompetenzausübung aus dem **Gebot bundesfreundlichen Verhaltens** herleiten müssen, um eine **missbräuchliche Ausübung** der Kompetenzen zu verhindern.[31] Ansonsten bestünde die Gefahr eines dauernden „Hin und Her", also gleichsam einer „Ping-Pong-Gesetzgebung"[32] zwischen dem Bund und einzelnen Ländern.[33] Zum anderen muss die infolge der nacheinander erlassenen Regelungen entstehende **normative Gemengelage** in **materiell-rechtlicher** Hinsicht dem Gebot der Normenklarheit genügen und aus der Sicht des Normadressaten **hinreichend bestimmt** sein.[34]

Prüfungs-Schema

d) Handhabung des Art. 72 GG in der rechtsgutachtlichen Fallbearbeitung

280 Für die **rechtsgutachtliche Fallbearbeitung** ergibt sich aus dieser Unterscheidung Folgendes:[35] Geht es um die **Gesetzgebungszuständigkeit des Bundes**, so ist zu prüfen,

- ob sich der **Bund** auf einen der in Art. 74 Abs. 1 Nr. 1 bis 33 GG aufgeführten **Kompetenztitel** stützen kann **und**,
- je nach Konstellation,
  - ob eine bundesgesetzliche Regelung gemäß Art. 72 Abs. 2 GG **„erforderlich"** ist (Konstellation 2 – Erforderlichkeitskompetenzbereich) **oder**
  - ob mit der Ausübung der Kompetenz im Anwendungsbereich des Art. 72 Abs. 3 S. 1 GG das **Gebot bundesfreundlichen Verhaltens** gewahrt bleibt, also keine rechtsmissbräuchliche Kompetenzausübung vorliegt (Konstellation 3 – Abweichungskompetenzbereich),

    Die Wahrung des **Gebots der Normenklarheit** ist dagegen eine Frage der **materiellen Verfassungsmäßigkeit** der gesetzlichen Regelung.
  - im Übrigen **keine zusätzliche Voraussetzung** (Konstellation 1 – Kernkompetenzbereich).

281 Steht dagegen die **Gesetzgebungskompetenz eines Landes** in Rede, so ist zunächst zu prüfen,

- ob sich der **Bund** auf einen der in Art. 74 Abs. 1 Nr. 1 bis 33 GG aufgeführten **Kompetenztitel** berufen kann **und**
- ob und inwieweit der Bund von dieser Kompetenz bereits in verfassungsmäßiger und abschließender Weise Gebrauch gemacht hat.

---

31 Vgl. zu diesem Gebot bereits oben Rn. 256 ff.

32 So *Grimm*, in: Deutscher Bundestag/Bundesrat (Hrsg.), Dokumentation der Kommission von Bundestag und Bundesrat zur Modernisierung der bundesstaatlichen Ordnung, Zur Sache 1/2005, S. 105.

33 Vgl. zur Veranschaulichung insbesondere die Fallbearbeitung von *Lenski*, Das „Ping-Pong-Gesetz", in: v. Lewinski (Hrsg.), Öffentlich-rechtliche Berater- und Anwaltsklausuren, 2007, S. 13 ff.

34 Vgl. dazu bereits allgemein oben Rn. 232 ff. sowie speziell in diesem Zusammenhang (kritisch) *Papier*, NJW 2007, 2145 (2147 f.).

35 Vgl. die entsprechenden Übersichten bei *Degenhart*, Staatsrecht I Staatsorganisationsrecht, 37. Aufl. 2021, § 3 Rn. 201.

Hat der Bundesgesetzgeber beim Erlass einer Regelung **gegen Verfassungsnormen verstoßen** (z.B. lagen die Voraussetzungen des Art. 72 Abs. 2 GG nicht vor), so ist die gesetzliche Regelung nichtig und vermag die „Sperrwirkung“ für das Land nach Art. 72 Abs. 1 GG gar nicht erst zu entfalten.[36] – Hat der Bundesgesetzgeber **keine abschließende Regelung** in dem betreffenden Sachbereich getroffen und wollte den Ländern also (ausdrücklich oder stillschweigend) Raum für weitere, eigene Regelungen lassen, so bleiben die Länder zuständig, „soweit“ der Bund keine Regelung treffen wollte.[37] Ob und inwieweit der Bundesgesetzgeber eine abschließende Regelung treffen wollte, ist im Wege der **Auslegung der bundesgesetzlichen Regelung** zu ermitteln.[38]

Dem Land steht die Gesetzgebungszuständigkeit unter diesen Voraussetzungen **nur** im Bereich der **Abweichungskompetenz** zu, **Art. 72 Abs. 3 GG**.

3. Ungeschriebene Gesetzgebungskompetenzen des Bundes

Auch **ungeschriebene Gesetzgebungszuständigkeiten des Bundes** sind – in **engen Grenzen**, weil von der ausdrücklichen verfassungsmäßigen Verteilungsregel aus Art. 30, 70 GG abweichend – anerkannt, nämlich **282**

– die (wohl nur theoretisch unterscheidbaren) Fälle der Gesetzgebungszuständigkeit des Bundes **kraft Sachzusammenhangs** und der **Annexkompetenz** des Bundes, die dann gegeben sind, „wenn eine dem Bund zugewiesene Materie verständigerweise nicht geregelt werden kann, ohne dass zugleich eine nicht ausdrücklich zugewiesene andere Materie mitgeregelt wird, wenn also ein Übergreifen in nicht ausdrücklich zugewiesene Materien unerlässliche Voraussetzung für die Regelung einer der Bundesgesetzgebung zugewiesenen Materie ist“,[39]

Beispiel: Das Bundesverfassungsgericht hat etwa in seinem **Altenpflege-Urteil**[40] angenommen, dass zwischen den im Altenpflegegesetz enthaltenen, von Art. 74 Abs. 1 Nr. 19 GG („Heilberufen“) ohne Weiteres erfassten Regelungen über die *heilkundlichen* Aspekte des Berufs des Altenpflegers und den Regelungen über die *sozial-pflegerischen* Aufgaben ein „untrennbarer Zusammenhang“ bestehe, der eine Regelungszuständigkeit des Bundes kraft Sachzusammenhangs zu begründen vermochte.[41] – Die **Unterscheidung** von Kompetenz **kraft Sachzusammenhangs** und **Annexkompetenz** mag gedanklich durchführbar sein – es wird berichtet, die Annexkompetenz gehe „in die Tiefe“, die Kompetenz kraft Sachzusammenhangs dagegen „in die Breite“[42] –, von einem Studenten wird man sie in der praktischen Falllösung indes nicht verlangen können, zumal sie ohnehin **keine rechtliche Relevanz** hat.

---

36 Vgl. *Degenhart*, Staatsrecht I Staatsorganisationsrecht, 37. Aufl. 2021, § 3 Rn. 201.

37 Vgl. *Degenhart*, Staatsrecht I Staatsorganisationsrecht, 37. Aufl. 2021, § 3 Rn. 201.

38 Vgl. zu einem Beispiel etwa BVerfG NJW 2015, 44 (45 ff.). In der Entscheidung ging es um die (i.E. bejahte) Frage, ob der (allgemeine) Tatbestand des § 171 StGB (Strafbarkeit einer gröblichen Verletzung der Fürsorge- oder Erziehungspflicht) Raum für eine (besondere) landesrechtliche Strafnorm bezüglich des Entziehens von der Schulpflicht belässt.

39 BVerfGE 3, 407 (421) – „Baugutachten“. Vgl. auch BVerfGE 106, 62 (115) – „Altenpflegegesetz“; E 138, 261 (Rn. 30) – „Thüringisches Ladenschlussgesetz“.

40 Vgl. dazu Beispielsfall 1 ab Rn. 59 ff.

41 BVerfGE 106, 62 (115) – „Altenpflegegesetz“.

42 So etwa *Degenhart*, Staatsrecht I Staatsorganisationsrecht, 37. Aufl. 2021, § 3 Rn. 182.

– eine ungeschriebene Gesetzgebungszuständigkeit des Bundes **kraft Natur der Sache**, die gegeben ist, wenn es **praktisch nicht vorstellbar** ist, dass der in Rede stehende Sachverhalt nicht durch den Bund, sondern durch die Länder geregelt wird.

Beispiele: In diese Kategorie fallen klassischerweise etwa Regelungen über den „Sitz der Bundesregierung" und die „Bundessymbole".[43]

Teil 10

II. Gesetzgebungsverfahren, Art. 76 ff. GG

283 Im Gesetzgebungsverfahren auf Bundesebene sind – den in Art. 76 ff. GG getroffenen Regelungen entsprechend – zu unterscheiden

- die **Gesetzesinitiative** (Art. 76 GG) sowie
- das sog. **Hauptverfahren**, das heißt die Beschlussfassung durch Bundestag und Bundesrat (Art. 77 GG).

284 Die Beachtung der in den Art. 76 bis 78 GG aufgestellten Verfahrenserfordernisse ist grundsätzlich Voraussetzung für das **Zustandekommen** eines verfassungsmäßigen Gesetzes, vgl. Art. 82 Abs. 1 GG.[44]

Neben den grundgesetzlichen Bestimmungen finden sich detailliertere Regelungen bestimmter Abschnitte des Gesetzgebungsverfahrens in den **Geschäftsordnungen der am Gesetzgebungsverfahren beteiligten Verfassungsorgane**, also insbesondere auch des Bundestages. In den Sachverhalten staatsrechtlicher Prüfungsarbeiten sind oftmals Verstöße gegen Vorschriften der Geschäftsordnung angelegt. Da die Vorgaben dieser Geschäftsordnungen – ungeachtet deren exakter rechtlicher Einordnung – jedenfalls **keinen Verfassungsrang** genießen und zudem in ihrer Mehrzahl allein organ*interne* Rechtswirkungen entfalten, also einen **sehr begrenzten sachlichen und persönlichen Geltungsbereich** aufweisen, dürfen **Verstöße gegen die Geschäftsordnung eines Verfassungsorgans *als solche*** unter **keinen** Umständen automatisch als **Verfassungsverstöße** gewertet werden, die per se zur **Verfassungswidrigkeit** des in Rede stehenden **Gesetzes** führen (und damit auch organ*externe* Rechtswirkungen entfalten). Dies würde im Rahmen einer klausurmäßigen Fallbearbeitung stets als schwerer Fehler gewertet. Es empfiehlt sich hier, zweistufig vorzugehen:[45] Zunächst ist im ersten Schritt gegebenenfalls ein Verstoß gegen Geschäftsordnungsbestimmungen festzustellen und deutlich zu machen, dass dies nicht automatisch zur Verfassungswidrigkeit des Gesetzes führt. Ein Verfassungsverstoß liegt darin nur dann, wenn die in Rede stehende Geschäftsordnungsvorschrift **bereits im Verfassungsrecht selbst angelegte Vorgaben konkretisiert** oder die betreffende Vorgehensweise in sonstiger Weise **zugleich gegen das Grundgesetz verstößt**. Ob dies der Fall ist, muss dann im zweiten Schritt geprüft werden.

1. Gesetzesinitiative, Art. 76 GG

285 Im Hinblick auf die Gesetzesinitiative ist zu prüfen, ob sie durch einen Initiativberechtigten in den Bundestag eingebracht (**Art. 76 Abs. 1 GG**) und im Folgenden ordnungsgemäß behandelt worden ist (**Art. 76 Abs. 2 und 3 GG**).

---

43 BVerfGE 3, 407 (422) – „Baugutachten".

44 Vgl. zum Ganzen auch die herausragende didaktische Darstellung bei *Nolte/Tams*, Jura 2000, 158 ff., an der sich die folgenden Ausführungen orientieren.

45 Vgl. dazu etwa beispielhaft unten Rn. 290.

a) Einbringung der Initiative durch einen Initiativberechtigten, Art. 76 Abs. 1 GG

Die zur Einbringung von Gesetzesinitiativen berechtigten Verfassungsorgane sind in Art. 76 Abs. 1 GG **abschließend aufgeführt**. 286

Bisweilen werden Gesetzesvorlagen zwar formal von einem der in Art. 76 Abs. 1 GG genannten Initiativberechtigten in den Bundestag eingebracht, beruhen jedoch **inhaltlich** zu wesentlichen Teilen auf **Vorarbeiten Dritter** – etwa wenn ein Gesetzesentwurf im Wege eines **„Outsourcings"** durch eine große Wirtschaftskanzlei ausgearbeitet worden ist,[46] von einem **Lobbyverband** übernommen wurde oder von der Bundesregierung im Rahmen einer vertraglichen Einigung mit den von dem Gesetzesvorhaben Betroffenen ausgehandelt worden ist (sog. **„paktierte Gesetzgebung"**[47]).[48] Ein solches Vorgehen könnte jeweils dazu führen, dass das Gesetzgebungsverfahren auf einer „verfassungswidrigen Ausübung des Initiativrechts" beruht und das entsprechende Gesetz bereits wegen eines Verstoßes gegen Art. 76 Abs. 1 GG formell verfassungswidrig ist.[49] Im Falle der „paktierten Gesetzgebung" wird dies durch den politischen Druck verschärft, der infolge des „Gesetzgebungsvertrages" auf der Regierung lastet. Gegen die Annahme einer Verletzung des Art. 76 Abs. 1 GG selbst spricht allerdings, dass zur Zeit der Vorarbeiten das Stadium der Gesetzesinitiative, also des „Einbringens" in den Bundestag, noch nicht erreicht war. Auf diese **formelle Einbringung in das Verfahren** – und nicht etwa auf eine materielle Urheberschaft der Vorlage – stellt **Art. 76 Abs. 1 GG** ab.[50] Eine andere Frage ist freilich, ob das vom Bundestag formal ordnungsgemäß beschlossene „paktierte" Gesetz **materiell-inhaltlich** mit den verfassungsrechtlichen Vorgaben insbesondere etwa des Demokratie- und des Rechtsstaatsprinzips in Einklang steht.[51]

aa) Regierungsvorlagen

Die praktisch wohl häufigste und bedeutsamste Vorlagevariante ist die **Regierungsvorlage**, also eine durch die Bundesregierung (Art. 62 GG) beschlossene Vorlage. In der 16. Wahlperiode (2005–2009) etwa betrug die Zahl der Regierungsvorlagen 539 (davon 488 vom Bundestag verabschiedet).[52] 287

Die **interne Beschlussfassung** ist dabei in §§ 15 ff. der Geschäftsordnung der Bundesregierung (GOBReg) näher geregelt. Eine Verletzung dieser Bestimmungen zieht prinzipiell keine Rechtsfolgen mit Blick auf die Wirksamkeit der Einbringung der Vorlage nach sich.

---

46 Vgl. dazu die didaktische Aufbereitung von *Degenhart*, Klausurenkurs im Staatsrecht II, 9. Aufl. 2021, Fall 2 Rn. 214 ff. (241 ff.).

47 *Schoch*, Entformalisierung staatlichen Handelns, in: Isensee/Kirchhof (Hrsg.), Handbuch des Staatsrechts, Band III, 3. Aufl. 2005, § 37 Rn. 40; *Kloepfer*, ZG 2010, 346 (349 f., 357).

48 Vgl. dazu den didaktischen Beitrag von *Krönke*, ZJS 2011, 250 (255 ff.), online verfügbar unter http://www.zjs-online.com/dat/artikel/2011_3_453.pdf.

49 So insbesondere *Michael*, Rechtsetzende Gewalt im kooperierenden Verfassungsstaat, 2002, S. 644; *Degenhart*, Klausurenkurs im Staatsrecht II, 9. Aufl. 2021, Fall 2 Rn. 243.

50 So auch die Argumentation der wohl herrschenden Meinung bezüglich der Zulässigkeit sog. „verkappter Regierungsvorlagen", vgl. dazu unten Rn. 295.

51 Vgl. zu den rechtlichen Folgen kooperierter Rechtsetzung etwa *Schoch*, Entformalisierung staatlichen Handelns, in: Isensee/Kirchhof (Hrsg.), Handbuch des Staatsrechts, Band III, 3. Aufl. 2005, § 37 Rn. 50 ff.; zu den Erscheinungsformen der Entparlamentarisierung vor einem demokratieprinzipiellen Hintergrund bereits oben Rn. 143 f.

52 Vgl. dazu die Gesetzgebungsstatistik zur 16. Wahlperiode auf den Internetseiten der Parlamentsdokumentation des Deutschen Bundestages, verfügbar unter http://www.bundestag.de/dokumente/parlamentsdokumentation/gesetzgebung_wp16.pdf.

bb) Vorlagen des Bundesrates

288 Bundesratsvorlagen erfordern einen entsprechenden Mehrheitsbeschluss des **Bundesrates.**[53] Die Zahl der Bundesratsvorlagen betrug etwa in der 16. Wahlperiode 167 (davon 19 verabschiedet).

Der **Geschäftsgang** im Bundesrat ist in §§ 23 ff. der Geschäftsordnung des Bundesrates (GOBRat) geregelt. Auch hier gilt, dass Geschäftsordnungsverstöße grundsätzlich keine Folgen für die Wirksamkeit der Einbringung der Vorlage haben.

cc) Vorlagen „aus der Mitte des Bundestages"

289 Gesetzesvorlagen können schließlich gemäß Art. 76 Abs. 1 GG **„aus der Mitte des Bundestages"** eingebracht werden. In der 16. Wahlperiode etwa betrug die Zahl solcher Vorlagen 264 (davon 89 verabschiedet).

290 Ein auch in staatsrechtlichen Prüfungsaufgaben traditionell beliebtes Problem bildet die Frage, **wie viele Abgeordnete** hinter einer Vorlage „aus der Mitte des Bundestages" **mindestens** stehen müssen.[54] Mangels genau bezifferter Vorgabe in Art. 76 Abs. 1 GG hat der Bundestag für das Initiativrecht der Parlamentarier in **§§ 76 Abs. 1, 75 Abs. 1 lit. a) der Geschäftsordnung des Bundestages (GOBT)** eine konkretisierende Regelung getroffen, die sich deswegen als **Ausgangspunkt** der Prüfung anbietet. Hiernach können Gesetzesinitiativen von einer Fraktion oder von fünf vom Hundert der Mitglieder des Bundestages eingebracht werden, bei derzeit 736 Abgeordneten sind insgesamt also 37 Unterstützer erforderlich. Zwar sind etwaige Verstöße gegen die GOBT in Ansehung der Verfassungsmäßigkeit eines Gesetzes an sich unerheblich.[55] Denkbar wäre aber, dass eine Verletzung des § 76 Abs. 1 GOBT zugleich einen Verstoß gegen die maßgebliche Bestimmung des Art. 76 Abs. 1 GG bedeutet; dies wäre dann der Fall, wenn § 76 Abs. 1 GOBT einen verfassungsverdeutlichenden Inhalt hat, die Vorschrift also die **bereits in Art. 76 Abs. 1 GG selbst angelegten**, die Initiativberechtigung der Abgeordneten **verengenden Vorgaben zahlenmäßig konkretisiert**.[56] Hier gehen die im Schrifttum vertretenen Meinungen auseinander: Teilweise wird die Wendung „aus der Mitte des Bundestages" in Art. 76 Abs. 1 GG dahingehend verstanden, dass Entwürfe aus dem Bundestag – anders als Regierungs- und Bundesratsvorlagen, die jeweils von dem Kollektivorgan als solchem eingebracht werden müssen – auch nur von Teilen jenes Verfassungsorgans vorgelegt werden dürfen und nicht etwa einen Mehrheitsbeschluss des Bundestages erfordern,[57] dass die Vorschrift darüber hinaus aber keinerlei zahlenmäßige Vorgaben für Initiativen von Parlamentariern macht.[58] Dem könnte man indes entgegen-

---

53 Vgl. *Degenhart*, Staatsrecht I Staatsorganisationsrecht, 37 . Aufl. 2021, § 3 Rn. 213.

54 Vgl. zum Folgenden auch die gelungenen Darstellungen bei *Nolte/Tams*, Jura 2000, 158 (159); *Degenhart*, Staatsrecht I Staatsorganisationsrecht, 37. Aufl. 2021, § 3 Rn. 209 f.

55 Vgl. dazu bereits oben Rn. 284.

56 Vgl. *Nolte/Tams*, Jura 2000, 158 (159).

57 Vgl. bereits BVerfGE 1, 144 (153) – „Geschäftsordnungsautonomie"; ebenso etwa *Bryde*, in: v. Münch/Kunig (Hrsg.), GG Kommentar, Band 2, 7. Aufl. 2021, Art. 76 Rn. 21.

58 Vgl. statt vieler etwa *Degenhart*, Staatsrecht I Staatsorganisationsrecht, 37. Aufl. 2021, § 3 Rn. 209.

halten, dass Art. 76 Abs. 1 GG eben von der „Mitte" des Bundestages spricht und nicht etwa nur einzelne oder wenige Abgeordnete „vom Rande" des Parlaments adressiert, was sich durchaus als das Erfordernis einer gewissen substanziellen Unterstützung von Parlamentsinitiativen verstehen lässt, um Initiativen ohne Erfolgsaussichten im Interesse der **Funktionsfähigkeit des Parlaments** von vornherein abzuschneiden.[59] Jedenfalls Vorlagen **einzelner Abgeordneter** wird man daher als unzulässig betrachten müssen.[60] **Im Ergebnis** ist ein in der Ausübung des Gesetzesinitiativrechts durch eine Minderzahl von Abgeordneten oder durch einzelne Parlamentarier möglicherweise liegender Verfassungsverstoß aber jedenfalls dann gleichsam als **„geheilt"** zu betrachten, wenn der **Bundestag** die Initiative aufgreift, sie **wie eine reguläre Vorlage behandelt** und ihr mehrheitlich zustimmt. In diesem Falle erweist sich die Initiative nämlich nachträglich als ein erfolgreiches Vorhaben, das letztlich sogar die Mehrheit der Bundestagsmitglieder hinter sich bringen konnte.[61]

b) Weitere Behandlung der Initiative, Art. 76 Abs. 2 und 3 GG

aa) Gesetzesvorlagen der Bundesregierung, Art. 76 Abs. 2 GG

Vorlagen der Bundesregierung sind zunächst gemäß Art. 76 Abs. 2 S. 1 GG dem Bundesrat zuzuleiten. Dieser hat die Möglichkeit zur Stellungnahme, Art. 76 Abs. 2 S. 2 GG (sog. **„erster Durchgang" im Bundesrat**). **291**

Ein weiteres, im Rahmen von Studienarbeiten beliebtes Problem bildet hier die Frage, ob ein **Verstoß gegen Art. 76 Abs. 2 S. 1 GG** zur Nichtigkeit des Gesetzes führt.[62] Denkbar wäre, Art. 76 Abs. 2 S. 1 GG als bloße Ordnungsvorschrift anzusehen, die über den verfahrensordnenden Charakter hinaus keinen weitergehenden Gehalt aufweist, und damit einen Verstoß hiergegen nicht als Nichtigkeitsgrund zu werten. Dafür lässt sich vorbringen, dass die Stellungnahme des Bundesrates nicht bindend und auch nicht zwingend vorgeschrieben ist, vgl. Art. 76 Abs. 2 S. 2 GG; die Rechte des Bundesrates seien außerdem im „zweiten Durchgang" (Art. 77 Abs. 1 S. 2 GG) hinreichend gewahrt.[63] Richtig dürfte es aber sein, den Art. 76 Abs. 2 GG als wesentliche Verfahrensvorschrift zu qualifizieren und einen Verstoß hiergegen als Nichtigkeitsgrund zu werten. Neben dem insofern eindeutigen Wortlaut („sind … zuzuleiten") streiten vor allem der **Sinn und Zweck der Vorschrift** für ein solches Verständnis, denn der Bundestag soll im Interesse einer **„antizipativen Konfliktvermeidung"**[64] die Möglichkeit haben, den Standpunkt des Bundesrates bereits in einem frühen Verfahrensstadium zu berücksichtigen.[65] **292**

---

59 Vgl. *Kloepfer*, Verfassungsrecht, Band I, 2011, § 21 Rn. 195; *Nolte/Tams*, Jura 2000, 158 (159).

60 A. A. *Degenhart*, Staatsrecht I Staatsorganisationsrecht, 37. Aufl. 2021, § 3 Rn. 209.

61 Vgl. ebenso *Kloepfer*, Verfassungsrecht, Band I, 2011, § 21 Rn. 195; *Degenhart*, Staatsrecht I Staatsorganisationsrecht, 37. Aufl. 2021, § 3 Rn. 209.

62 Vgl. dazu wiederum die klausurorientierten Darstellungen bei *Nolte/Tams*, Jura 2000, 158 (159 f.); *Degenhart*, Staatsrecht I Staatsorganisationsrecht, 37. Aufl. 2021, § 3 Rn. 215.

63 Vgl. referierend *Nolte/Tams*, Jura 2000, 158 (159); *Degenhart*, Staatsrecht I Staatsorganisationsrecht, 37. Aufl. 2021, § 3 Rn. 215.

64 *Masing/Risse*, in: v. Mangoldt/Klein/Starck (Hrsg.), GG Kommentar, Band 2, 7. Aufl. 2018, Art. 76 Rn. 94.

65 Vgl. *Nolte/Tams*, Jura 2000, 158 (159 f.); *Degenhart*, Staatsrecht I Staatsorganisationsrecht, 37. Aufl. 2021, § 3 Rn. 215; *Kloepfer*, Verfassungsrecht, Band I, 2011, § 21 Rn. 182 f.

bb) Gesetzesvorlagen des Bundesrates, Art. 76 Abs. 3 GG

293 Vorlagen des Bundesrates sind dem Bundestag durch die Bundesregierung zuzuleiten, Art. 76 Abs. 3 S. 1 GG, gehen also **zunächst an die Bundesregierung**.

cc) Gesetzesvorlagen der Regierungsfraktion

294 Anders als bei Vorlagen von Bundesregierung und Bundesrat kennt das Grundgesetz für Vorlagen „aus der Mitte des Bundestages" **kein Vorverfahren** unter Beteiligung der Bundesregierung oder des Bundesrates.

295 Praktisch führt das Fehlen eines Vorverfahrens bei parlamentarischen Vorlagen häufig dazu, dass von der Regierung ausgearbeitete Vorlagen aus Zeitgründen nur oder zumindest auch von den Regierungsfraktionen im Bundestag eingebracht werden. Ob in einer solchen **„verkappten Regierungsvorlage"**[66] eine verfassungswidrige Umgehung bzw. Abkürzung des für Regierungsvorlagen in Art. 76 Abs. 2 S. 1 GG vorgesehenen „ersten Durchgangs" im Bundesrat liegt, ist umstritten.[67] Man könnte darin, mit Teilen der Literatur, einen **Verstoß gegen Art. 76 Abs. 2 S. 1 GG selbst** oder aber eine **Verletzung des Grundsatzes der Organtreue** sehen.[68] Dazu müsste man den formell durch die Regierungsfraktionen eingebrachten Entwurf als (materielle) Vorlage der Bundesregierung i.S.v. Art. 76 Abs. 2 GG betrachten oder zumindest eine analoge Anwendbarkeit des Art. 76 Abs. 2 GG annehmen. Für diese Ansicht spricht grundsätzlich, dass die in den Art. 76 Abs. 2 und 3 GG enthaltenen Regelungen bereits eine etwaige Eilbedürftigkeit von Regierungsvorlagen berücksichtigen und dem Bundesrat eine entsprechend verkürzte Frist zur Stellungnahme einräumen.[69] Hiernach müsste man einen Verstoß gegen Art. 76 Abs. 2 GG (analog) annehmen. Eine **differenzierende Variante** dieser Auffassung betrachtet dieses Vorgehen allerdings nur dann als Verfassungsverstoß, wenn dem Bundesrat nicht gleichzeitig auch der Regierungsentwurf zugeleitet worden ist (und eine rechtzeitige Stellungnahme des Bundesrates gegebenenfalls durch den Bundestag berücksichtigt wird).[70] Gegen die Verfassungswidrigkeit eines solchen Vorgehens bringt die wohl herrschende Meinung indes den **förmlichen Charakter des Art. 76 GG** vor. Da Art. 76 GG auf das formelle „Vorlegen" abstellt und nicht etwa auf ein „Erarbeiten" oder „Verfassen", verbietet sich eine materielle Betrachtungsweise des Art. 76 Abs. 2 GG, nach der man eine Vorlage der Bundesregierung i.S.v. Art. 76 Abs. 2 GG annehmen könnte.[71] Des Weiteren **fehlt** es für eine analoge Anwendbarkeit des Art. 76 Abs. 2 GG bereits an einer planwidrigen **Regelungslücke**, da Art. 76 Abs. 1 GG die Möglichkeit des Einbringens einer von der

---

66 So etwa *Masing/Risse*, in: v. Mangoldt/Klein/Starck (Hrsg.), GG Kommentar, Band 2, 7. Aufl. 2018, Art. 76 Rn. 105 ff.

67 Vgl. zum folgenden Streit wiederum *Nolte/Tams*, Jura 2000, 158 (160); *Degenhart*, Staatsrecht I Staatsorganisationsrecht, 37. Aufl. 2021, § 3 Rn. 215 f.; umfassend *Schürmann*, AöR 115 (1990), 45 (50 ff.).

68 Vgl. *Frenzel*, JuS 2010, 119 (119 f.); *Masing*, in: v. Mangoldt/Klein/Starck (Hrsg.), GG Kommentar, Band 2, 6. Aufl. 2010, Art. 76 Rn. 100 ff. (Vorauflage; a.A. mittlerweile *Masing/Risse* in der 7. Aufl. 2018, Rn. 105 ff.); *Stern*, Staatsrecht, Band I, 2. Aufl. 1984, S. 134 f.

69 Vgl. *Wolff*, in: Hömig/Wolff (Hrsg.), GG Kommentar, 13. Aufl. 2022, Art. 76 Rn. 9.

70 So etwa *Mann*, in: Sachs (Hrsg.), GG Kommentar, 9. Aufl. 2021, Art. 76 Rn. 24 ff.

71 *Nolte/Tams*, Jura 2000, 158 (160).

Regierung erarbeiteten Vorlage durch die Regierungsfraktionen formal eröffnet und sich der Gesetzgeber trotz Kenntnis der in Rede stehenden parlamentarischen Praxis bislang nicht dazu durchgerungen hat, auch für Vorlagen aus der Mitte des Bundestages einen „ersten Durchgang" beim Bundesrat vorzusehen.[72] Eine rechtsmissbräuchliche Umgehung oder ein Verstoß gegen den Grundsatz der Organtreue kann zudem im Zusammenhang mit den Art. 76 ff. GG nur in Ausnahmefällen angenommen werden, da das Recht des parlamentarischen Gesetzgebungsverfahrens aufgrund der rechtlichen Tragweite der getroffenen Entscheidungen in besonderem Maße auf **„Rechtssicherheit durch Formalisierung"**[73] angewiesen ist. Eine Einbringung von Vorlagen „aus der Mitte des Bundestages", die durch die Bundesregierung bzw. eines der Bundesministerien ausgearbeitet worden sind, ist daher grundsätzlich verfassungsrechtlich zulässig.

2. Hauptverfahren, Art. 77 GG

Der Gesetzesinitiative schließt sich das Hauptverfahren an, das heißt die **Beratung** und die **Beschlussfassung** der Gesetzesvorlage durch **Bundestag** und **Bundesrat**, Art. 77 GG. 296

a) Beratung und Beschlussfassung im Bundestag, Art. 77 Abs. 1 GG

aa) Beratung

Im Grundgesetz finden sich keine Regelungen zur eigentlichen Beratung eines Gesetzes im Bundestag, Art. 77 Abs. 1 S. 1 GG stellt lediglich fest, dass die Bundesgesetze vom Bundestag beschlossen werden. Das Grundgesetz überantwortet die Ausgestaltung dieses Abschnitts des Gesetzgebungsverfahrens dem Bundestag, der die entsprechenden Verfahrensregeln im Rahmen seiner **Geschäftsordnungsautonomie (Art. 40 Abs. 1 S. 2 GG)** erlässt.[74] Diese Regeln in den **§§ 78 ff. GOBT** bilden praktisch und im Rahmen staatsrechtlicher Prüfungsarbeiten stets den Ausgangspunkt der Betrachtung:[75] 297

(1) Die Verfahrensregeln in den §§ 78 bis 85 GOBT

Gemäß **§§ 79, 80 GOBT** werden in einer **ersten Lesung** lediglich allgemeine Erklärungen der Fraktionen abgegeben. Eine allgemeine Aussprache findet nur statt, wenn sie vom Ältestenrat empfohlen, bis zum Aufruf des entsprechenden Punktes der Tagesordnung von einer Fraktion oder von anwesenden fünf von Hundert der Mitglieder des Bundestages verlangt oder gemäß § 80 Abs. 4 GOBT beschlossen wird. Die Gesetzesvorlage wird dann an die **fachlich zuständigen Ausschüsse** verwiesen, § 80 GOBT, wo die **„parlamentarische Hauptarbeit"**[76] an dem Entwurf erfolgt.[77] 298

---

72 Vgl. *Bryde*, in: v. Münch/Kunig (Hrsg.), GG Kommentar, Band 2, 7. Aufl. 2021, Art. 76 Rn. 32.

73 *Degenhart*, Staatsrecht I Staatsorganisationsrecht, 37. Aufl. 2021, § 3 Rn. 216.

74 Vgl. dazu unten Rn. 331 ff.

75 Siehe zum Folgenden auch *Degenhart*, Staatsrecht I Staatsorganisationsrecht, 37. Aufl. 2021, § 3 Rn. 219; *Kloepfer*, Verfassungsrecht I, 2011, § 21 Rn. 198 ff. Vgl. zum Nebeneinander von grundgesetzlichen und Geschäftsordnungsbestimmungen bereits allgemein oben Rn. 284.

76 *Kloepfer*, Verfassungsrecht I, 2011, § 21 Rn. 202.

77 Vgl. zu den Ausschüssen des Bundestages unten Rn. 340 ff.

299 Mit der Fassung des Entwurfs, die dieser im Rahmen der Ausschussarbeit erhalten hat, befasst sich das Plenum des Bundestages in der **zweiten Lesung**, **§§ 81 bis 83 GOBT**, und zwar im Wege der **Beratung der einzelnen Bestimmungen** des Entwurfs mit jeweils anschließender Abstimmung, § 81 Abs. 2 GOBT. Hier kann **jeder Abgeordnete Änderungsanträge** stellen, vgl. § 82 GOBT.

300 Die **dritte Lesung (§§ 84, 85 GOBT)**, in der **Änderungsanträge** nur noch von Abgeordnetengruppen in **Fraktionsstärke** zulässig sind, § 85 GOBT, kann mit der zweiten Lesung zusammengezogen werden. Ihr schließt sich die Schlussabstimmung an, das „Kernstück der Gesetzgebung".[78]

Für **Abweichungen** von der beschriebenen Verfahrensordnung gilt **§ 126 GOBT**. Hiernach kann mit einer Mehrheit von zwei Dritteln der anwesenden Mitglieder von den Vorschriften der GOBT abgewichen werden.

(2) Rechtsfolgen bei Verfahrensfehlern, insbesondere bei der Behandlung einer Vorlage in einer Lesung

301 Zwar ziehen Verstöße gegen die GOBT nicht automatisch Verfassungsverstöße nach sich und lassen die Verfassungsmäßigkeit des betreffenden Gesetzes für sich genommen unberührt. Ein **Verstoß gegen die GOBT**, insbesondere die **Behandlung einer Gesetzesvorlage in einer Lesung**, könnte aber gleichzeitig das **Grundgesetz** verletzen, wenn die unbestimmt gefassten Vorgaben des Grundgesetzes in den Geschäftsordnungsbestimmungen eine **verbindliche Konkretisierung** gefunden haben.[79] In Betracht kommen dabei eine

- Verletzung des **Demokratieprinzips, Art. 20 Abs. 2 GG**,
  die im Ergebnis aber zu verneinen ist, da die Beratung eines Gesetzes in mehreren Lesungen nicht zu den unabdingbaren Grundsätzen einer demokratisch geordneten Gesetzgebung gehört,[80] sowie eine
- Verletzung der **Rechte der Abgeordneten** aus **Art. 38 Abs. 1 S. 2 GG**, insbesondere deren Beteiligungsrechte,[81]

  die bei der Ausgestaltung des Gesetzgebungsverfahrens eine **effektive Beteiligung** an den Verhandlungen und der Beschlussfassung im Bundestag erfordern, was zu verneinen sein könnte, wenn die Beteiligungsrechte durch die Verkürzung der Beratungszeit im Vergleich zu den sonst üblichen und möglichen Gesetzgebungsverfahren erheblich eingeschränkt ist.[82] Vorzugswürdig ist es jedoch, einen Verstoß gegen Art. 38 Abs. 1 S. 2 GG in solchen Fällen grundsätzlich abzulehnen, zumal den Abgeordneten auch im Rahmen eines verkürzten Gesetzgebungsverfahrens die **inhaltliche Auseinander-**

---

78 *Kloepfer*, Verfassungsrecht I, 2011, § 21 Rn. 205. Vgl. zur Beschlussfassung sogleich unten Rn. 302 ff.
79 Vgl. dazu bereits oben Rn. 284.
80 Anders wohl mit Blick auf besonders hastige Gesetzgebungsverfahren *Kloepfer*, Verfassungsrecht I, 2011, § 21 Rn. 201.
81 Vgl. zu den Rechten der Abgeordneten aus Art. 38 Abs. 1 S. 2 GG ausführlich unten Rn. 344 ff.
82 So wohl (mit etwas anderer Begründung) *Kloepfer*, Verfassungsrecht I, 2011, § 21 Rn. 201. Vgl. referierend *Nolte/Tams*, Jura 2000, 158 (161).

setzung mit dem Entwurf sowie die **Mitwirkung an der sachlichen Debatte** regelmäßig unbenommen bleiben;[83] neben dem Interesse an gründlicher parlamentarischer Arbeit ist im Übrigen auch die **zügige Umsetzung eines Gesetzesvorhabens** verfassungsrechtlich geboten.[84]

bb) Beschlussfassung durch den Bundestag

Nach dem Ende der dritten Lesung findet schließlich die **Schlussabstimmung** statt, § 86 GOBT. Stimmt der Bundestag dem Entwurf mit der erforderlichen Mehrheit zu, liegt ein **Gesetzesbeschluss des Bundestages** vor, Art. 77 Abs. 1 S. 1 GG. Bei der Prüfung, ob der Bundestag dem Vorhaben zugestimmt hat, sind stets zwei Punkte zu berücksichtigen: **302**

(1) Beschlussfähigkeit des Bundestages

Zunächst ist zu prüfen, ob der Bundestag zum Zeitpunkt der Abstimmung beschlussfähig war. Hier lässt sich, mit *Nolte/Tams*, zwischen formeller und materieller Beschlussfähigkeit unterscheiden:[85] **303**

Die **formelle Beschlussfähigkeit** richtet sich nach § 45 GOBT. Gemäß § 45 Abs. 1 GOBT ist der Bundestag beschlussfähig, wenn mehr als die Hälfte seiner Mitglieder anwesend ist. Die **Beschlussunfähigkeit** bedarf allerdings gemäß § 45 Abs. 2 GOBT der **positiven Feststellung** vor Beginn der Abstimmung. Hieraus ergibt sich im Umkehrschluss, dass die **formelle Beschlussfähigkeit grundsätzlich „fingiert"** wird, solange die Beschlussunfähigkeit nicht positiv festgestellt worden ist.[86] Der Bundestag kann damit unter Umständen auch dann formell beschlussfähig sein, wenn deutlich weniger als die in § 45 Abs. 1 GOBT vorgeschriebene Mitgliederzahl an der Abstimmung teilnimmt. **304**

Die Verfassungsmäßigkeit eines Gesetzes, das nur durch wenige Bundestagsmitglieder beschlossen wird, muss sich jedoch unbeschadet der fingierten formellen Beschlussfähigkeit nach Maßgabe der Geschäftsordnung am **Grundsatz der repräsentativen Demokratie** messen lassen;[87] es stellt sich insoweit die Frage nach der **materiellen Beschlussfähigkeit** des Bundestages. Denkbar wäre zunächst, aus dem Grundsatz der repräsentativen Demokratie zu schließen, dass bei einem Gesetzesbeschluss eine gewisse **Mindestzahl von Abgeordneten** im Parlament anwesend sein muss.[88] Außerdem könnten Bedenken entstehen, wenn nicht alle Fraktionen oder Gruppen bei der Abstimmung anwesend sind und es dadurch zu einer **Verzerrung der Mehrheitsverhältnisse** kommt.[89] Richtig ist es jedoch, die materielle Beschlussfähigkeit mit dem **305**

83 Vgl. *Nolte/Tams*, Jura 2000, 158 (161).
84 Vgl. *Nolte/Tams*, Jura 2000, 158 (161).
85 Vgl. *Nolte/Tams*, Jura 2000, 158 (161).
86 *Nolte/Tams*, Jura 2000, 158 (161).
87 Vgl. BVerfGE 44, 308 (315) – „Beschlussfähigkeit". Siehe zu diesem Grundsatz allgemein bereits oben Rn. 134 ff.
88 So das Vorbringen der Beschwerdeführer im Rahmen des Verfahrens zu BVerfGE 44, 308 (311) – „Beschlussfähigkeit".
89 Vgl. *Nolte/Tams*, Jura 2000, 158 (161).

Bundesverfassungsgericht auch in solchen Fällen grundsätzlich zu bejahen. Zwar fordert der Grundsatz der repräsentativen Demokratie einerseits grundsätzlich die Beteiligung aller Abgeordneten an der parlamentarischen Willensbildung, gebietet jedoch andererseits im Interesse der **Funktionstüchtigkeit des Parlaments**, dass dem einzelnen Abgeordneten die Möglichkeit belassen wird, „sich bestimmten Sachgebieten, denen sein Interesse gilt und für die er Sachverstand besitzt, besonders eingehend zu widmen und darüber die Beschäftigung mit anderen Themenkreisen, soweit dies vertretbar erscheint, hintanzustellen".[90] Außerdem „darf nicht übersehen werden, dass ein **wesentlicher Teil der Parlamentsarbeit traditionell außerhalb des Plenums** geleistet wird",[91] namentlich in den **Ausschüssen**, deren Aufgabe es ist, „die Beschlüsse des Plenums vorzubereiten",[92] und in den **Fraktionen**, die sämtliche Vorlagen parallel zu den Ausschussberatungen erörtern und den Abgeordneten die Gelegenheit geben, „ihre repräsentative Funktion außerhalb des Plenums zu erfüllen".[93] Wie viele Abgeordnete an der Schlussabstimmung teilnehmen, hängt im Übrigen „wesentlich vom Umfang des Konsenses ab, der über das betreffende parlamentarische Vorhaben besteht".[94] Eine geringe Zahl von Abgeordneten wird man – in den Worten des Bundesverfassungsgerichts – immer dann antreffen, „wenn über den Inhalt der zu treffenden Entscheidung im wesentlichen Übereinstimmung besteht. Die **Schlussabstimmung** bildet in einem solchen Falle einen zwar **rechtlich notwendigen**, in seiner **politischen Bedeutung** jedoch **geminderten letzten Teilakt** der parlamentarischen Willensbildung, während die **Entscheidung in Wirklichkeit bereits in den Ausschüssen und Fraktionen gefallen** ist. Dies kann nicht ohne Auswirkung auf das Gewicht des Einflusses bleiben, der dem Prinzip der Repräsentation auf das Zustandekommen parlamentarischer Beschlüsse beizumessen ist. **Repräsentation** vollzieht sich im parlamentarischen Bereich vornehmlich **dort, wo die Entscheidung fällt**. Geschieht dies der Sache nach bereits in den Ausschüssen und Fraktionen des Parlaments, so wird damit auch die Repräsentation in diese Institutionen ‚vorverlagert'."[95] Praktisch spricht daher auch bei einer Beteiligung von wenigen Abgeordneten eine **Vermutung für eine ausreichende Repräsentation**, die in der Fiktion der Beschlussfähigkeit in § 45 GOBT adäquat Niederschlag gefunden hat.[96]

(2) Beschlussfassung

306 Eine wirksame Zustimmung des Bundestages erfordert überdies das Erreichen eines bestimmten Quorums.[97] Gemäß **Art. 42 Abs. 2 S. 1 GG** ist zu einem Beschluss des Bundestages **grundsätzlich** die **einfache Mehrheit** der abgegebenen Stimmen nötig, vgl. auch § 48 Abs. 2 S. 1 GOBT. **Ausnahmsweise** sieht das Grundgesetz davon abweichende Regelungen vor, insbesondere etwa für **verfassungsändernde Gesetze**, vgl. **Art. 79 Abs. 2 GG**.

90 BVerfGE 44, 308 (316) – „Beschlussfähigkeit".
91 BVerfGE 44, 308 (317) – „Beschlussfähigkeit" (ohne Hervorhebungen im Original).
92 BVerfGE 44, 308 (318) – „Beschlussfähigkeit".
93 BVerfGE 44, 308 (318) – „Beschlussfähigkeit".
94 BVerfGE 44, 308 (318 f.) – „Beschlussfähigkeit".
95 BVerfGE 44, 308 (319) – „Beschlussfähigkeit" (ohne Hervorhebungen im Original).
96 Vgl. BVerfGE 44, 308 (320) – „Beschlussfähigkeit".
97 Vgl. dazu mit Beispiel bereits oben Rn. 111.

Fraglich ist, ob auch **Enthaltungen** bei der Berechnung der erforderlichen Stimmenmehrheit berücksichtigt werden müssen.[98] Dafür spricht zunächst der Wortlaut der Vorschrift („Mehrheit der abgegebenen Stimmen"), der nicht nach dem Inhalt der abgegebenen Stimmen differenziert. Richtigerweise sind jedoch Stimmenthaltungen bei der Berechnung der Abstimmungsmehrheit nicht mit einzubeziehen. Da die Berücksichtigung von Enthaltungen die Zahl der erforderlichen Stimmenmehrheit erhöhte, würden die Enthaltungen **wie Gegenstimmen** gewertet, obwohl sie sich weder für noch gegen das Vorhaben aussprechen.[99]

b) Beteiligung des Bundesrates, Art. 77 Abs. 2 bis 4 GG

Gemäß Art. 77 Abs. 1 S. 2 GG ist der Bundestagspräsident nach der Annahme des Gesetzes verpflichtet, das Gesetz **unverzüglich** – das heißt, in Anlehnung an die Definition in § 121 Abs. 1 S. 1 BGB, ohne schuldhaftes Zögern[100] – **dem Bundesrat zuzuleiten**. Ob der Bundesrat im Folgenden ordnungsgemäß am Gesetzgebungsverfahren beteiligt worden ist, hängt davon ab, ob es sich bei dem beschlossenen Gesetz um ein Einspruchs- oder um ein Zustimmungsgesetz handelt. 307

Auch in der Fallbearbeitung ist daher zunächst zu prüfen, ob das in Rede stehende Gesetz ein **Einspruchs- oder ein Zustimmungsgesetz** ist.

aa) Abgrenzung zwischen Einspruchs- und Zustimmungsgesetzen

Gesetze sind **grundsätzlich Einspruchsgesetze**, sofern das Grundgesetz nicht ausdrücklich die Zustimmung vorschreibt. Dies ergibt sich bereits aus dem Umstand, dass das Grundgesetz die Fälle, in denen der Bundesrat einem Gesetz zustimmen muss, nach dem Enumerationsprinzip ausdrücklich festgelegt hat.[101] Im Einzelfall kann es freilich problematisch sein, zu bestimmen, ob ein Gesetz einem grundgesetzlich angeordneten Zustimmungserfordernis unterfällt. Hilfreich ist es dabei, sich zu vergegenwärtigen, welchen **Sinn und Zweck** die Anordnung eines **Zustimmungsbedürfnisses** hat: „In bestimmten Fällen, in welchen der **Interessenbereich der Länder besonders stark berührt** wird, hat der Bundesrat … einen größeren Einfluss auf das Zustandekommen des vom Bundestag beschlossenen Gesetzes, nämlich das Recht der Zustimmung."[102] 308

Am **Beispiel des Art. 84 Abs. 1 S. 6 GG** zeigt sich dies besonders deutlich: Art. 84 GG betrifft die Ausführung von Bundesgesetzen durch Behörden der Länder als eigene Angelegenheit (vgl. Art. 83 GG). In Satz 1 ist dabei vorgesehen, dass die Länder grundsätzlich die Einrichtung der Behörden und das Verwaltungsverfahren regeln, da solche Regelungen die Art und Weise des Gesetzesvollzugs durch die Landesverwaltung und damit die Interessen der Länder berühren. Von (dennoch grundsätzlich zustimmungsfrei zulässigen) bundesgesetzlichen Regelungen der Behördeneinrichtung und des Verwaltungsverfahrens können die Länder daher prinzipiell abweichen, Art. 84 Abs. 1

---

98 Vgl. dazu wiederum *Nolte/Tams*, Jura 2000, 158 (161).
99 Vgl. ebenso *Nolte/Tams*, Jura 2000, 158 (161).
100 Vgl. *Mann*, in: Sachs (Hrsg.), GG Kommentar, 9. Aufl. 2021, Art. 77 Rn. 6.
101 Vgl. bereits BVerfGE 1, 76 (79) – „Steuerverwaltung". Siehe dazu auch *Mann*, in: Sachs (Hrsg.), GG Kommentar, 9. Aufl. 2021, Art. 77 Rn. 14, der sämtliche die Zustimmungsbedürftigkeit des Gesetzes begründenden Vorschriften des Grundgesetzes aufführt.
102 BVerfGE 1, 76 (79) – „Steuerverwaltung" (ohne Hervorhebung im Original).

S. 2 GG. Sofern der Bund in besonderen Ausnahmefällen diese Abweichungsmöglichkeit der Länder ausschließt (vgl. Art. 84 Abs. 1 S. 5 GG), bedarf dies der Zustimmung des Bundesrates, Art. 84 Abs. 1 S. 6 GG, da der Ausschluss der Abweichungsmöglichkeit die Länderinteressen in erheblichem Maße tangiert.

309 Ein Gesetz bedarf nach ständiger Rechtsprechung des Bundesverfassungsgerichts **„als Ganzes" der Zustimmung**, wenn es nur eine einzige Vorschrift enthält, welche die Zustimmungsbedürftigkeit auslöst. Denn wenn das Grundgesetz die Zustimmungsbedürftigkeit eines Gesetzes anordnet, so bezieht sich diese Anordnung nicht auf eine einzelne Norm, sondern stets auf das „Gesetz als **gesetzgebungstechnische Einheit**".[103]

Verfassungsrechtlich zulässig ist allerdings die **Aufspaltung** eines Gesetzes mit teils zustimmungsbedürftigen, teils nicht zustimmungsbedürftigen Regelungen in zwei Gesetze – in ein zustimmungsbedürftiges und ein nicht zustimmungsbedürftiges Gesetz. Das Bundesverfassungsgericht leitet die Zulässigkeit eines solchen Vorgehens prinzipiell aus dem „Recht zur Gesetzgebung" ab, das dem Bundestag in Art. 77 Abs. 1 S. 1 GG zugewiesen ist, und geht davon aus, dass damit weder eine Einschränkung der Mitwirkungsrechte der Länder an der Gesetzgebung noch eine „Verschiebung der verfassungsrechtlich zugewiesenen Gewichte von Bundestag und Bundesrat bei der Gesetzgebung" verbunden ist,[104] zumal der Bundestag bei einer solchen Vorgehensweise „die Gestaltung seiner Gesetzgebung gerade an der verfassungsrechtlichen Kompetenzverteilung zwischen Bund und Ländern" ausrichtet.[105]

310 Als problematisch und daher stets klausurrelevant erweist sich die Beurteilung der Zustimmungsbedürftigkeit von Gesetzen, die zwar selbst keine zustimmungsbedürftigen Regelungen enthalten, mit denen allerdings **zustimmungsbedürftige Gesetze geändert** werden sollen – und zwar in denjenigen **Teilen**, die **für sich genommen nicht zustimmungspflichtig** gewesen wären. Der Bundesrat hatte früher die Auffassung vertreten, dass jede solche Änderung eines zustimmungsbedürftigen Gesetzes auch in nichtzustimmungsbedürftigen Teilen ihrerseits zustimmungsbedürftig sei, da sich die ursprüngliche Zustimmung des Bundesrates „auf alle Normen des Gesetzes und nicht nur die, welche die Zustimmungsbedürftigkeit ausgelöst hätten", bezogen habe und der „Gesamtverantwortung", die der Bundesrat einst für alle Regelungen des Gesetzes übernommen habe, die Grundlage entzogen würde, falls die Änderung ohne die Zustimmung des Bundesrates vorgenommen werden könnte.[106] Gegen diese Auffassung spricht jedoch wiederum die Vorstellung vom Zustimmungsgesetz als einer gesetzgebungstechnischen Einheit. „Auch das **Änderungsgesetz** ist eine **gesetzgebungstechnische Einheit**, bei dessen Erlass, ebenso wie bei jedem anderen Gesetz, sämtliche Voraussetzungen der Gesetzgebung erneut und selbständig zu prüfen sind: Es muss festgestellt werden, ob der Bundesgesetzgeber für den Erlass eines Gesetzes mit diesem Inhalt zuständig und ob das Gesetz **seinem Inhalt nach** zustimmungsbedürftig ist. Enthält das Gesetz nicht selbst auch zustimmungsbedürftige Vorschriften und ändert es auch keine solchen Vorschriften

103 BVerfGE 8, 274 (294 f.) – „Preisgesetz" (ohne Hervorhebung im Original).
104 BVerfGE 105, 313 (338) – „Lebenspartnerschaftsgesetz".
105 BVerfGE 105, 313 (340) – „Lebenspartnerschaftsgesetz".
106 So die Wiedergabe dieser Auffassung in BVerfGE 37, 363 (374 f.) – „Bundesrat".

ab, so ist es nicht zustimmungsbedürftig.“[107] So lautet jedenfalls der **Grundsatz**. Das Bundesverfassungsgericht macht hiervon allerdings eine – ursprünglich zu Art. 84 Abs. 1 GG a.F. entwickelte,[108] mittlerweile auch auf andere zustimmungsbegründende Grundgesetzbestimmungen ausgeweitete[109] – **Ausnahme** für Gesetze, die in den nicht zustimmungsbedürftigen Teilen eines ursprünglich insgesamt zustimmungsbedürftigen Gesetzes solche Neuerungen in Kraft setzen, die den nicht ausdrücklich geänderten zustimmungsbedürftigen Vorschriften „eine **wesentlich andere Bedeutung und Tragweite** verleihen“.[110]

bb) Verfahrensrechtliche Vorgaben bei Einspruchsgesetzen, Art. 77 Abs. 2 bis 4 GG

(1) Zwingende Einberufung des Vermittlungsausschusses

Soweit zu einem Gesetz die Zustimmung des Bundesrates nicht erforderlich ist, kann der Bundesrat binnen zwei Wochen Einspruch gegen das Gesetz einlegen, Art. 77 Abs. 3 S. 1 GG. Zuvor ist allerdings – aus Art. 77 Abs. 3 S. 1 GG („wenn das Verfahren nach Absatz 2 beendigt ist“) ersichtlich **zwingend** – der **Vermittlungsausschuss** anzurufen, Art. 77 Abs. 2 S. 1 GG. Wird innerhalb der in Art. 77 Abs. 2 S. 1 GG genannten Frist von drei Wochen der Vermittlungsausschuss nicht angerufen, so ist das Gesetz zustande gekommen, Art. 78 Fall 2 GG. 311

(2) Kompetenzen des Vermittlungsausschusses

Ist der Vermittlungsausschuss einberufen worden und hat dieser konkrete **Änderungen** des vom Bundestag beschlossenen Gesetzes **vorgeschlagen**, Art. 77 Abs. 2 S. 5 GG, kann sich im Rahmen der verfassungsrechtlichen Beurteilung des auf dieser Grundlage beschlossenen Gesetzes die Frage stellen, ob der Vermittlungsausschuss dabei die verfassungsrechtlichen Grenzen seiner Kompetenzen eingehalten hat. Der Ausschuss ist nämlich „**kein Entscheidungsorgan**, sondern gibt **Empfehlungen** für die Entscheidungen der Gesetzgebungsorgane Bundestag und Bundesrat. Er hat kein eigenes Gesetzesinitiativrecht (Art. 76 Abs. 1 GG), sondern vermittelt zwischen den zuvor parlamentarisch beratenen Regelungsalternativen.“[111] Das Bundesverfassungsgericht sieht den Vermittlungsausschuss insofern zwar als **berechtigt** an, eine **„Änderung, Ergänzung oder Streichung“** der vom Bundestag beschlossenen Vorschriften **vorzuschlagen**; sein Vorschlag muss jedoch „die **Rechte der Abgeordneten** im Gesetzgebungsverfahren wahren und die Gesetzgebungsentscheidungen der parlamentarischen Öffentlichkeit vorbehalten, um einer weiteren Verlagerung der Entscheidungen in Ausschüsse und Frakti- 312

107 BVerfGE 37, 363 (382) – „Bundesrat“.

108 Vgl. BVerfGE 37, 363 (383) – „Bundesrat“.

109 Vgl. zu Art. 87b Abs. 2 S. 1 GG (Bundeswehrverwaltung) BVerfGE 48, 127 (180) – „Wehrpflichtnovelle“; zu Art. 87d Abs. 2 GG (Luftverkehrsverwaltung) BVerfGE 126, 77 (105); zur umstrittenen Frage, ob diese Rechtsprechung auch auf Art. 87c GG (Atomrecht) übertragbar ist, *Papier*, NVwZ 2010, 1113 ff.; *Krönke*, ZJS 2011, 250 (252 ff.), online verfügbar unter http://www.zjs-online.com/dat/artikel/2011_3_453.pdf.

110 BVerfGE 37, 363 (383) – „Bundesrat“ (ohne Hervorhebung im Original).

111 BVerfGE 101, 297 (305) – „Häusliches Arbeitszimmer“ (ohne Hervorhebung im Original).

onen und der damit verbundenen Entparlamentarisierung der Gesetzgebung entgegenzuwirken."[112] Der Ausschuss muss sich daher inhaltlich auf die **in das Gesetzgebungsverfahren „eingeführten Anträge und Stellungnahmen"** beschränken und darf „**keinen Vorschlag** unterbreiten, der **außerhalb**

- der bisherigen **Auffassungsunterschiede im Parlament** oder
- der bisherigen **Gegenläufigkeit zwischen Bundestag und Bundesrat** bleibt".[113]

Brisanz erhalten inhaltlich außerhalb jenes Rahmens liegende Vorschläge vor allem durch die Vorschrift des **§ 10 Abs. 2 der Geschäftsordnung des Vermittlungsausschusses** (GOVA) i.V.m. § 90 GOBT, wonach der Bundestag nur über den Vermittlungsvorschlag abstimmt und Anträge in der Sache unzulässig sind, eine sachliche Debatte über den Inhalt des Einigungsvorschlags also ausgeschlossen ist. Das Parlament gerät somit in eine **Drucksituation**, in der es dem vorgelegten Einigungsvorschlag nur entweder zustimmen oder ihn ablehnen kann. Da sich im Parlament eine ähnliche Lage regelmäßig nur dann stellt, wenn dem Bundestag gemäß Art. 59 Abs. 2 GG ein bereits ausgehandelter völkerrechtlicher Vertrag zur Zustimmung („Ratifikation") vorgelegt wird, spricht man insoweit von einer „Ratifikationslage". Eine vom Vermittlungsausschuss herbeigeführte Ratifikationslage erachtet das Bundesverfassungsgericht für **verfassungswidrig**.[114]

(3) Erneute Beschlussfassung des Bundestages bei Änderungsvorschlägen

313 Sofern der Vermittlungsausschuss **Änderungen** des Gesetzes **vorschlägt**, hat der Bundestag erneut über diese Vorschläge abzustimmen, Art. 77 Abs. 2 S. 5 GG. **Andernfalls** hat der **Bundesrat** über den **ursprünglichen Gesetzesbeschluss** zu befinden.[115]

(4) Einspruch des Bundesrates

314 Nach der Beendigung des Vermittlungsverfahrens (Art. 77 Abs. 3 S. 1 GG) bzw. nach erneuter Beschlussfassung durch den Bundestag (Art. 77 Abs. 3 S. 2 GG) kann der Bundesrat innerhalb von zwei Wochen **über einen Einspruch beraten und beschließen**. Wird innerhalb der Frist kein Einspruch eingelegt (Art. 78 Fall 3 GG) oder nimmt der Bundesrat seinen bereits eingelegten Einspruch zurück (Art. 78 Fall 4 GG), so ist das Gesetz zustande gekommen.

Die Bestimmung der Zustimmungsbedürftigkeit bereitet, wie bereits oben beschrieben,[116] auch in der Praxis nicht selten Schwierigkeiten und kann zu **Fehleinschätzungen durch die beteiligten Verfassungsorgane** führen. Als ein beliebtes Klausurproblem schließt sich hier die Frage an, wie zu verfahren ist, wenn der Bundesrat ein Gesetz irrtümlich für zustimmungsbedürftig hält und seine Zustimmung verweigert, in Wahrheit aber ein Einspruchsgesetz vorlag. Denkbar wäre dabei, die **Zustimmungsverweigerung in einen Einspruch umzudeuten**, da das Einspruchsgesetz ansonsten mangels wirksamen Einspruchs gemäß Art. 78 Fall 3 GG zustande kommt – anders als in der umgekehrten Konstellation, in der das Gesetz mangels wirksamer Zustimmung *nicht* zustande kommt, in der also kein Bedürfnis nach einer solchen Umdeutung besteht. Das Bundesverfassungsgericht lehnt

112 BVerfGE 101, 297 (306 f.) – „Häusliches Arbeitszimmer" (ohne Hervorhebung im Original).
113 BVerfGE 101, 297 (307 f.) – „Häusliches Arbeitszimmer" (ohne Hervorhebung im Original).
114 Vgl. zum Ganzen *Huber/Fröhlich*, DÖV 2005, 322 (325 f.) m.w.N.
115 Vgl. *Bryde*, in: v. Münch/Kunig (Hrsg.), GG Kommentar, Band 2, 7. Aufl. 2021, Art. 77 Rn. 28.
116 Vgl. oben Rn. 308 ff.

die Möglichkeit einer solchen Umdeutung indes ab, da sich aus dem Einspruchs- bzw. aus dem Zustimmungsbeschluss des Bundesrates **klar** ergeben müsse, ob der Bundesrat nun Einspruch einlegen oder seine Zustimmung verweigern möchte.[117] Im Übrigen bleibe es dem Bundesrat unbenommen, im Zweifelsfalle neben der Verweigerung der Zustimmung **vorsorglich zugleich auch den Einspruch** gegen das in Rede stehende Gesetz zu beschließen.[118]

(5) Erneute Rückgabe an den Bundestag

Wird der Einspruch mit der Mehrheit der Mitglieder des Bundesrates beschlossen, so hat der **Bundestag** Beschluss darüber zu fassen, ob er den **Einspruch des Bundesrates zurückweisen** will, vgl. Art. 77 Abs. 4 S. 1 GG. Wenn der Einspruch mit den Stimmen einer Mehrheit von zwei Dritteln der Bundesratsmitglieder beschlossen wurde, muss auch die Zurückweisung des Einspruchs mit einer qualifizierten Mehrheit ergehen, vgl. Art. 77 Abs. 4 S. 2 GG. Wird der Einspruch zurückgewiesen, ist das Gesetz zustande gekommen, Art. 78 Fall 5 GG. Andernfalls ist das Gesetzesvorhaben endgültig gescheitert und muss gegebenenfalls neu eingebracht werden.[119] **315**

cc) Verfahrensrechtliche Vorgaben bei Zustimmungsgesetzen

Bei Zustimmungsgesetzen ist die Anrufung des **Vermittlungsausschusses** aus Art. 77 Abs. 2a GG („wenn ein Verlangen nach Absatz 2 Satz 1 nicht gestellt … ist") ersichtlich **nicht zwingend erforderlich**, sondern lediglich **fakultativ**. Auch Bundestag und Bundesregierung können dabei gemäß Art. 77 Abs. 2 S. 4 GG den Vermittlungsausschuss anrufen. Im Falle der Anrufung des Vermittlungsausschusses ist dann **wie bei Einspruchsgesetzen zu verfahren**. Der Bundesrat fasst gemäß Art. 77 Abs. 2a GG „in angemessener Frist" darüber Beschluss, ob er dem Gesetz zustimmt. **316**

Das Gesetz kommt gemäß Art. 78 Fall 1 GG nur dann zustande, wenn der Bundesrat dem Gesetz mit der Mehrheit seiner Stimmen zustimmt. Andernfalls ist das Gesetzesvorhaben gescheitert. Solange der **Bundesrat untätig** bleibt, kommt das Gesetz **nicht zustande**.[120] **317**

Der **Bundestag** kann freilich im Rahmen eines Organstreitverfahrens grundsätzlich feststellen lassen, dass der Bundesrat ihn durch das Unterlassen der Beschlussfassung über die Zustimmung „in angemessener Zeit" (Art. 77 Abs. 2a GG) in seinem **Gesetzgebungsrecht** aus Art. 77 Abs. 1 S. 1 GG verletzt.[121]

---

117 Vgl. BVerfGE 37, 363 (396) – „Bundesrat".
118 Vgl. BVerfGE 37, 363 (396) – „Bundesrat".
119 Vgl. *Degenhart*, Staatsrecht I Staatsorganisationsrecht, 37. Aufl. 2021, § 3 Rn. 228.
120 Vgl. *Degenhart*, Staatsrecht I Staatsorganisationsrecht, 37. Aufl. 2021, § 3 Rn. 229.
121 Vgl. ebenso *Bryde*, in: v. Münch/Kunig (Hrsg.), GG Kommentar, Band 2, 7. Aufl. 2021, Art. 77 Rn. 29.

dd) Zustandekommen des Gesetzes, Art. 78 GG

318 Gemäß **Art. 78 GG** kommt das Gesetz zustande, wenn
- der Bundesrat ausdrücklich zustimmt (bei **Zustimmungsgesetzen**) oder
- der Bundesrat keinen Einspruch einlegt oder einen eingelegten Einspruch zurücknimmt oder der Einspruch vom Bundestag mit der erforderlichen Mehrheit zurückgewiesen wird (bei **Einspruchsgesetzen**).[122]

III. Gegenzeichnung, Ausfertigung und Verkündung des Gesetzes, Art. 82 GG

319 Die „nach den Vorschriften dieses Grundgesetzes zustande gekommenen Gesetze" werden gemäß Art. 82 Abs. 1 GG vom Bundespräsidenten schließlich – nach **Gegenzeichnung** durch den Bundeskanzler oder den zuständigen Bundesminister (vgl. Art. 58 S. 1 GG) – **ausgefertigt** und im Bundesgesetzblatt **verkündet**.

1. Gegenzeichnung durch den Bundeskanzler oder den zuständigen Bundesminister

320 Die Gegenzeichnung durch den Bundeskanzler bzw. den zuständigen Minister ist Voraussetzung für die Verfassungsmäßigkeit des Gesetzes. In der Praxis genießen die vom Bundestag beschlossenen Gesetze ganz überwiegend die politische und rechtliche Unterstützung der Bundesregierung, so dass eine Gegenzeichnung stets erfolgt.

Der **Sinn und Zweck** dieses besonderen Gegenzeichnungserfordernisses ist freilich **nicht vollends geklärt**. Während die Gegenzeichnung von Anordnungen und Verfügungen des Bundespräsidenten nach Art. 58 GG allgemein dazu dient, die „Einheitlichkeit der Staatsleitung" zu sichern und – vermittelt über die Regierung – die parlamentarische Verantwortung für die Handlungen des Bundespräsidenten zu begründen,[123] passt diese Zielrichtung nicht auf das Gegenzeichnungserfordernis in Art. 82 Abs. 1 GG, da der Bundespräsident hier ja gerade einen Akt des Parlaments vollzieht.[124] Man wird daher davon ausgehen dürfen, dass das Gegenzeichnungserfordernis in Art. 82 Abs. 1 GG der Bundesregierung ein parallel zum Prüfungsrecht des Bundespräsidenten[125] verlaufendes **„Verhinderungsrecht"** in die Hand geben soll,[126] welches praktisch gewiss keine Rolle spielt.

2. Ausfertigung durch den Bundespräsidenten

321 Die Ausfertigung des Gesetzes, das heißt die Unterzeichnung der Originalfassung, durch den Bundespräsidenten ist Voraussetzung für das **Inkrafttreten des Gesetzes**.[127]

---

122 Vgl. *Maurer*, Staatsrecht I, 6. Aufl. 2010, § 17 Rn. 76.
123 *Maurer*, Staatsrecht I, 6. Aufl. 2010, § 15 Rn. 25.
124 So zutreffend *Wallrabenstein*, in: v. Münch/Kunig (Hrsg.), GG Kommentar, Band 2, 7. Aufl. 2021, Art. 82 Rn. 26 f.
125 Vgl. dazu sogleich unten Rn. 321 ff.
126 So (kritisch) *Wallrabenstein*, in: v. Münch/Kunig (Hrsg.), GG Kommentar, Band 2, 7. Aufl. 2021, Art. 82 Rn. 26 f.
127 Vgl. *Kloepfer*, Verfassungsrecht I, 2011, § 17 Rn. 126.

Trotz der mehr feststellenden als gebietenden Formulierung in Art. 82 Abs. 1 S. 1 GG ist der Bundespräsident daher **grundsätzlich** zur Ausfertigung von Gesetzen verpflichtet, denn ansonsten würden das Gesetzgebungsrecht des Bundestages aus Art. 77 Abs. 1 S. 1 GG sowie die Initiativrechte der in Art. 76 Abs. 1 GG genannten Verfassungsbeteiligten vereitelt. Von dieser grundsätzlichen Ausfertigungspflicht könnten aber **Ausnahmen** zu machen sein, wenn das Gesetz bestimmte rechtliche Anforderungen nicht erfüllt. Es gehört zu den klassischen und gerade auch in den Anfangssemestern bedeutsamen Streitfragen des Staatsrechts, ob und inwieweit dem Bundespräsidenten eine **Prüfungskompetenz** bezüglich der Verfassungsmäßigkeit eines von ihm auszufertigenden Gesetzes zusteht. Eine solche Prüfungskompetenz kommt in Betracht mit Blick auf die **formelle** und **materielle Verfassungsmäßigkeit** des in Rede stehenden Gesetzes.[128]

In der **Fallbearbeitung** stellt sich dieses Problem zumeist im Rahmen eines **Organstreitverfahrens**, das vom Bundestag unter Verweis auf die Verletzung seines Gesetzgebungsrechts aus Art. 77 Abs. 1 S. 1 GG bzw. von einem der in Art. 76 Abs. 1 GG genannten Initiativberechtigten wegen Verletzung seines Initiativrechts angestrengt wird, nachdem sich der Bundespräsident weigert, ein bestimmtes Gesetz auszufertigen, weil er es für (formell oder materiell) verfassungswidrig hält. Ein solches Organstreitverfahren ist dann begründet, wenn der Antragsteller vom Antragsgegner, also vom Bundespräsidenten, die Ausfertigung des Gesetzes verlangen kann. Hier ist **zweistufig zu prüfen**: Zunächst ist die Streitfrage zu klären, ob dem Bundespräsidenten überhaupt ein **Prüfungsrecht** bezüglich der formellen oder – falls es im konkreten Fall darauf ankommt – der materiellen Verfassungsmäßigkeit der von ihm auszufertigenden Gesetze zusteht. Wird ein solches Prüfungsrecht bejaht, ist im zweiten Schritt inzident die (formelle und/oder materielle) **Verfassungsmäßigkeit des Gesetzes** zu prüfen.

a) Prüfungsrecht bezüglich der formellen Verfassungsmäßigkeit

Gemäß dem **Wortlaut** des Art. 82 Abs. 1 S. 1 GG fertigt der Bundespräsident nur die **322**
„nach den Vorschriften dieses Grundgesetzes zustande gekommenen Gesetze" aus. Aus der hierin liegenden **Bezugnahme auf Art. 78 GG** leitet die ganz herrschende Meinung jedenfalls ein Prüfungsrecht des Bundespräsidenten bezüglich der Einhaltung der grundgesetzlichen Vorschriften über das **Gesetzgebungsverfahren** ab.

Die Frage, ob davon auch die Prüfung der **Gesetzgebungszuständigkeit des Bundes** **323**
umfasst ist, wird im Schrifttum dagegen nicht einheitlich beantwortet. Teilweise wird dagegen vorgebracht, dass in Art. 78 GG nur der Beschluss des Bundestages und die Mitwirkung des Bundesrates als für das Zustandekommen eines Gesetzes erforderlich aufgeführt werden; die Einhaltung der grundgesetzlichen Kompetenzordnung sei daher nicht Gegenstand der Gesetzesprüfung durch den Bundespräsidenten.[129] Dabei würde freilich verkannt, dass die Frage der Gesetzgebungszuständigkeit gegenüber den Vorschriften über das Gesetzgebungsverfahren logisch vorrangig ist und dass die Gesetzgebungsorgane „bei dem Versuch, ein ‚Bundes'gesetz zu erlassen", ohne eine entspre-

128 Vgl. zum Folgenden aus jüngerer Zeit etwa die Beiträge von *Schoch*, ZG 2008, 209 ff. (dem Prüfungsrecht durchweg offen gegenüberstehend); *Meyer*, JZ 2011, 602 ff. (sehr kritisch gegenüber dem Prüfungsrecht mit guter, wenn auch zur Polemik neigender Argumentation).

129 Vgl. dazu insbesondere etwa *Meyer*, JZ 2011, 602 (603 ff.).

chende kompetenzielle Grundlage von vornherein *ultra vires* handeln würden.[130] Dementsprechend hatte auch das Bundesverfassungsgericht in der bislang wohl einzigen damit befassten Entscheidung festgehalten, der Bundespräsident müsse vor der Ausfertigung eines bestimmten Gesetzes zu der Feststellung kommen, „dass … der Bund die Zuständigkeit zum Erlass dieses Gesetzes besitzt"; er dürfe folglich „kein Gesetz ausfertigen, für dessen Erlass in diesem Augenblick keine Zuständigkeit des Bundes gegeben war".[131]

324 Neben dem Wortlaut entspricht es im Übrigen auch dem **Sinn und Zweck** der ansonsten sinnentleerten und zur bloßen Förmelei degradierten Vorschrift des Art. 82 Abs. 1 S. 1 GG, das Staatsoberhaupt mit der Beurkundung der Ordnungsgemäßheit des Zustandekommens formeller Gesetze zu betrauen; denn der Bundespräsident kann den Gesamtprozess des Gesetzgebungsverfahrens in der Regel besser überblicken als die anderen beteiligten Organe Bundesregierung, Bundestag und Bundesrat, die jeweils nur die Ordnungsmäßigkeit ihres Verfahrensteils beurteilen können.[132]

b) Prüfungsrecht bezüglich der materiellen Verfassungsmäßigkeit

325 **Stärker umstritten** und verfassungsgerichtlich bis heute nicht entschieden ist dagegen die Frage, ob der Bundespräsident auch die materielle Verfassungsmäßigkeit der von ihm auszufertigenden Gesetze prüfen darf, da dem Wortlaut des Art. 82 Abs. 1 S. 1 GG insoweit keine eindeutige Aussage zu entnehmen ist.[133]

326 **Für** ein umfassendes Prüfungsrecht, das auch die materielle Verfassungsmäßigkeit des auszufertigenden Gesetzes umfasst, lässt sich vor allem anführen, dass auch der Bundespräsident gemäß **Art. 20 Abs. 3, Art. 1 Abs. 3 GG** einer **Bindung an das Grundgesetz** im Allgemeinen und **an die Grundrechte** im Besonderen unterliegt; der dem Grundgesetz somit in umfassender Weise verpflichtete Bundespräsident darf „an der Hervorbringung" eines „verfassungswidrigen Gesetzes nicht mitwirken".[134] Vor diesen Hintergrund wird man auch die folgenden Ausführungen des Bundesverfassungsgerichts rücken dürfen: „Mit dem Akt der Ausfertigung steht der Inhalt des Gesetzes und – **kraft der Prüfungskompetenz des Bundespräsidenten** – die **Verfassungsmäßigkeit** des Gesetzes im Gesetzgebungsverfahren endgültig fest. Danach läuft nur noch eine bürokratisch-technische Phase des Gesetzgebungsverfahrens ab: die Verfügung, in welche Nummer des Gesetzblattes das Gesetz aufgenommen werden soll, der Satz, die Druckfehlerkorrektur, der Druck des Gesetzes und das Ausliefern des Gesetzblattes. (…) Der **letzte Akt**, in dem über den **Inhalt** des Gesetzes und seine **Verfassungsmäßigkeit reflektiert** und **entschieden** wird, ist die **Ausfertigung**."[135]

130 *Schoch*, ZG 2008, 209 (216).

131 BVerfGE 34, 9 (23) – „Besoldungsvereinheitlichung".

132 Vgl. *Wallrabenstein*, in: v. Münch/Kunig (Hrsg.), GG Kommentar, Band 2, 7. Aufl. 2021, Art. 82 Rn. 16.

133 Vgl. zum Folgenden mit weiteren, in der Sache allerdings weniger überzeugenden Argumenten für beide Seiten *Degenhart*, Staatsrecht I Staatsorganisationsrecht, 37. Aufl. 2021, § 10 Rn. 809 ff.

134 So mit einer gewissen Einschränkung *Schoch*, ZG 2008, 209 (219), der im Anschluss ebenfalls wie folgt aus BVerfGE 34, 9 (22 f.) – „Besoldungsvereinheitlichung" zitiert.

135 BVerfGE 34, 9 (22 f.) – „Besoldungsvereinheitlichung" (ohne Hervorhebungen im Original).

Gegen ein umfassendes Prüfungsrecht des Bundespräsidenten lässt sich aber vor allem vorbringen, dass das Grundgesetz die **letztverbindliche Entscheidung über die materielle Verfassungsmäßigkeit** förmlicher Gesetze – nicht zuletzt auch aus Gründen des Respekts vor den Entscheidungen des **unmittelbar demokratisch legitimierten** parlamentarischen Gesetzgebers – aus Art. 100 Abs. 1 GG ersichtlich – **allein dem Bundesverfassungsgericht** zuweist.[136] Diesem funktionell-rechtlichen Argument lässt sich freilich **entgegenhalten**, dass das Verwerfungsmonopol des Bundesverfassungsgerichts mit Blick auf förmliche Gesetze durch die Zubilligung eines umfassenden Prüfungsrechts des Bundespräsidenten **nicht grundsätzlich in Frage gestellt** wird, da im Falle der Nichtausfertigung des Gesetzes eine Überprüfung durch das Bundesverfassungsgericht im Wege eines Organstreitverfahrens möglich bleibt.[137] **327**

Wenngleich einige Argumente **für ein materielles Prüfungsrecht** des Bundespräsidenten streiten dürften, wird man die **Kontrolldichte dieses Prüfungsrechts** auf jeden Fall dahingehend **einschränken** müssen, dass der Bundespräsident die Ausfertigung eines formellen Gesetzes nur aufgrund von ihm festgestellter **offenkundiger** materieller Verfassungsverstöße verweigern darf (sog. **Evidenzkontrolle**).[138] Dadurch wird dem Umstand Rechnung getragen, dass das Grundgesetz die verfassungsrechtliche Beurteilung des für den Inhalt der förmlichen Gesetze primär verantwortliche, unmittelbar demokratisch legitimierte **Gesetzgeber** zuvörderst diesem selbst und den Gerichten, die Verwerfung seiner Entscheidungen gar allein dem Bundesverfassungsgericht überantwortet hat.[139] **328**

3. Verkündung des Gesetzes im Bundesgesetzblatt

Gemäß Art. 82 Abs. 1 S. 1 GG werden Gesetze im Bundesgesetzblatt verkündet. Mit **Verkündung** wird das Gesetz **„rechtlich existent (‚erlassen,)“**[140] und kann (gegebenenfalls) im Wege eines Normenkontrollverfahrens nach Art. 93 Abs. 1 Nr. 2 GG vor dem Bundesverfassungsgericht angegriffen werden.[141] Von diesem für den **äußeren Bestand des Gesetzes** relevanten Zeitpunkt zu unterscheiden ist der Zeitpunkt des **Inkrafttretens**. Dieser ist „Teil des **Inhalts des Gesetzes**, nicht Teil des Gesetzgebungsverfahrens“.[142] **329**

---

136 Vgl. zu diesem Argument etwa *Wallrabenstein*, in: v. Münch/Kunig (Hrsg.), GG Kommentar, Band 2, 7. Aufl. 2021, Art. 82 Rn 15 ff.

137 Vgl. etwa *Kloepfer*, Verfassungsrecht I, 2011, § 17 Rn. 132.

138 Vgl. etwa *Wallrabenstein*, in: v. Münch/Kunig (Hrsg.), GG Kommentar, Band 2, 7. Aufl. 2021, Art. 82 Rn. 19; *Degenhart*, Staatsrecht I Staatsorganisationsrecht, 37. Aufl. 2021, § 10 Rn. 813. Für ein uneingeschränktes materielles Prüfungsrecht dagegen *Kloepfer*, Verfassungsrecht I, 2011, § 17 Rn. 132; *Schoch*, ZG 2008, 209 (222 f.).

139 Vgl. *Degenhart*, Staatsrecht I Staatsorganisationsrecht, 37. Aufl. 2021, § 10 Rn. 813.

140 BVerfGE 34, 9 (23) – „Besoldungsvereinheitlichung“.

141 Vgl. *Degenhart*, Staatsrecht I Staatsorganisationsrecht, 37. Aufl. 2021, § 3 Rn. 235 f.

142 BVerfGE 34, 9 (23) – „Besoldungsvereinheitlichung“.

B. Der Bundestag

330 Die **herausragende Stellung** des Deutschen Bundestages als des einzigen unmittelbar demokratisch legitimierten staatlichen Organs im Verfassungsgefüge des Grundgesetzes ist bereits im Zusammenhang mit dem demokratischen Prinzip des Grundgesetzes dargetan worden.[143] Auch die Bildung des Bundestages im Wege allgemeiner, unmittelbarer, freier, gleicher und geheimer **Wahl** wurde in diesem Kontext ausführlich beschrieben.[144] Im Anschluss an die soeben erfolgte Behandlung der zentralen Aufgabe des Bundestages, der **Gesetzgebung**, soll es daher im Folgenden um **organspezifischere Fragen** gehen, die sich zumindest nicht mehr allein aus dem Demokratieprinzip heraus erklären lassen, namentlich um die organisations- und verfahrensprägende Geschäftsordnung (I.) und die wichtigsten Organe und Untergliederungen des Bundestages (II.), die Rechtsstellung seiner Abgeordneten (III.), die parlamentarischen Untersuchungsausschüsse (IV.) sowie die (regelmäßige und frühzeitige) Auflösung des Bundestages (V.).

I. Die Geschäftsordnung des Bundestages

331 **Art. 40 Abs. 1 S. 2 GG** sieht vor, dass sich der Bundestag eine Geschäftsordnung gibt, und begründet damit ausdrücklich die – im Übrigen auch den anderen Verfassungsorganen zustehende – Befugnis des Bundestages, seine internen Angelegenheiten selbst zu regeln (sog. **Geschäftsordnungsautonomie** des Bundestages). Das Bundesverfassungsgericht hat die Geschäftsordnung des Bundestages mit den folgenden Worten grundlegend charakterisiert: „Die Geschäftsordnung des Bundestages ist eine **autonome Satzung**, ihre Bestimmungen binden nur die **Mitglieder des Bundestages**. Sie gelten nur **für die Dauer der Wahlperiode** des Bundestages, der die Geschäftsordnung beschlossen hat, obwohl es möglich und sogar in der Praxis die Regel ist, dass der nächste Bundestag die in Kraft befindliche Geschäftsordnung des früheren Parlamentes übernimmt. Ungeachtet ihrer **großen Bedeutung** für das **materielle Verfassungsrecht** und das **Verfassungsleben** folgt aus dieser Rechtsnatur der Geschäftsordnung, dass sie **der geschriebenen Verfassung** und **den Gesetzen im Range nachsteht**. Die parlamentarische Geschäftsordnung sichert das **geordnete Funktionieren des Parlaments** im Staats- und Verfassungsleben. Sie regelt das **Verfahren für die Abwicklung der Parlamentsgeschäfte**."[145] Das Gericht hat damit vor allem den Geltungsbereich, die rechtliche Einordnung sowie die Bedeutung und Funktion der Geschäftsordnung herausgehoben.

332 Zunächst zum **Geltungsbereich** der Geschäftsordnung. Dieser ist, wie das Bundesverfassungsgericht betont, in persönlicher („nur die Mitglieder des Bundestages"), sachlicher („Parlamentsgeschäfte") und zeitlicher („für die Dauer der Wahlperiode") Hinsicht **stark begrenzt**.[146] Die Geschäftsordnung entfaltet somit prinzipiell nur **organinterne Rechtswirkungen**.

---

143 Vgl. dazu oben Rn. 135.
144 Vgl. dazu oben Rn. 145 ff.
145 BVerfGE 1, 144 (148) – „Geschäftsordnungsautonomie" (ohne Hervorhebungen im Original).
146 Vgl. ebenso *Maurer*, Staatsrecht I, 6. Aufl. 2010, § 13 Rn. 89 f.

Eng verbunden mit dem begrenzten Geltungsbereich der Geschäftsordnung ist die Frage nach ihrer **Rechtsnatur** und ihrer Einordnung in das herkömmliche stufenförmige Schema der anerkannten Rechtsquellen, zumal Rechtsnormen typischerweise nicht nur das erlassende Organ und seine Mitglieder bindende, interne Wirkung, sondern auch externe Rechtswirkung nach außen hin entfalten. Dies wird auch in der praktischen Fallbearbeitung relevant. In Anlehnung an die oben wiedergegebenen Formulierungen des Bundesverfassungsgerichts wird die Geschäftsordnung des Bundestages überwiegend als „autonome Satzung" qualifiziert.[147] In diesem Terminus kommt in doppelter Hinsicht – „autonom" (von griech. *autos* = selbst, *nomos* = Gesetz) meint selbst gesetzt, „Satzung" bezeichnet üblicherweise die von einer Selbstverwaltungskörperschaft zur Regelung der eigenen Angelegenheiten erlassenen Normen – zum Ausdruck, dass das Parlament mit der Geschäftsordnung seine internen Angelegenheiten selbst normiert, die exakte rechtliche Einordnung bleibt indes offen. Eine solche Einordnung kann allerdings dahinstehen, da, wie auch das Bundesverfassungsgericht festgestellt hat, weitgehend Einigkeit darüber besteht, dass die Geschäftsordnung selbst **keinen Verfassungsrang** genießt, sondern „der geschriebenen Verfassung und den Gesetzen im Range nachsteht", und dass ihre **Rechtswirkungen**, wie beschrieben, grundsätzlich **auf den parlamentsinternen Bereich beschränkt** sind. 333

Für die Bearbeitung staatsrechtlicher Prüfungsaufgaben, in denen gerne und oftmals **Verstöße** gegen die Geschäftsordnung angelegt sind,[148] hat diese Einordnung zur Folge, dass Geschäftsordnungsverstöße grundsätzlich nur parlamentsinterne Bedeutung haben und **als solche keine Verfassungsverstöße** darstellen. Soweit es um die Beurteilung der formellen **Verfassungsmäßigkeit von Parlamentsgesetzen** geht, also von formellgesetzlichen Rechtsnormen mit Rechtswirkungen auch nach außen hin, haben derartige Verstöße als solche auch keinen Einfluss auf die Verfassungsmäßigkeit der in Rede stehenden Gesetze. Diese sind daher prinzipiell auch dann wirksam zustande gekommen, wenn sie unter Verletzung von Vorschriften der Geschäftsordnung ergangen sind.[149] Verfassungsrechtlich relevant ist die Geschäftsordnung bzw. ein Verstoß dagegen allerdings dann, wenn die betreffende Vorschrift der Geschäftsordnung zugleich **Verfassungsrecht konkretisiert**. Verstöße gegen das hinter den Vorschriften der Geschäftsordnung stehende Verfassungsrecht führen, wie alle Verstöße gegen Verfassungsrecht, grundsätzlich zur Unwirksamkeit und Nichtigkeit der durch den betreffenden Parlamentsbeschluss getroffenen Regelung.[150] Umgekehrt kann dies freilich im Ausnahmefall bedeuten, dass auch Gesetze, die (formal) geschäftsordnungsgemäß ergangen sind, nicht ohne Weiteres auch (materiell) verfassungskonform zustande gekommen sind.[151] 334

---

147 Vgl. *Maurer*, Staatsrecht I, 6. Aufl. 2010, § 13 Rn. 94 f., der selbst allerdings die Bezeichnung „Regelungstyp eigener Art" präferiert, sowie *Böckenförde*, Die Organisationsgewalt im Bereich der Regierung, 1964, S. 122 f., der den Begriff „Verfassungssatzung" bevorzugt.

148 Vgl. zur Behandlung von Geschäftsordnungsverstößen in der Fallbearbeitung allgemein bereits oben Rn. 284.

149 Vgl. statt vieler etwa *Maurer*, Staatsrecht I, 6. Aufl. 2010, § 13 Rn. 93.

150 Vgl. dazu auch die Beispiele oben bei Rn. 290 und 301.

151 Vgl. zu derartigen Konstellationen etwa oben Rn. 305 sowie unten Rn. 353 (im Zusammenhang mit der Beschränkung von Abgeordnetenrechten).

335 Trotz dieser formal sehr begrenzten verfassungsrechtlichen Relevanz ist die **Bedeutung** der Geschäftsordnung des Bundestages – wie das Bundesverfassungsgericht in der eingangs zitierten Entscheidung betont hat – „für das materielle Verfassungsrecht und das Verfassungsleben" enorm. Sie ordnet die parlamentarischen Vorgänge nicht zum Selbstzweck. Vielmehr dienen ihre Regelungen – den Blick **ins Parlament** selbst gewandt – der **Sicherung der Funktionsfähigkeit des Bundestages** und lösen dabei vielfach auch verfassungsrechtliche Konflikte, die sich zwischen dieser verfassungslegitimen Zielsetzung und den verfassungsmäßigen Rechten der am Parlamentsleben Beteiligten ergeben, z.B. bei der Beschränkung der Abgeordnetenrechte aus Art. 38 Abs. 1 S. 2 GG durch die Vorschriften über die Ordnungsmaßnahmen gegenüber Abgeordneten, §§ 36 ff. GOBT.[152] Die in der Geschäftsordnung enthaltenen Verfahrensregelungen können außerdem – den Blick **aus dem Parlament heraus** gewandt – zumindest mittelbar die Wirksamkeit von Parlamentsgesetzen berühren, wenn sie **verbindliche demokratieprinzipielle Vorgaben** in konkrete Regeln fassen.

Unmittelbarer Prüfungsmaßstab im Rahmen staatsrechtlicher Fallbearbeitungen bleiben dabei allerdings, wie bereits mehrfach angesprochen, allein die **Vorgaben des Grundgesetzes**.

II. Untergliederungen und wichtige Organe des Bundestages

1. Untergliederungen des Bundestages

336 Gemeinhin mit dem Bundestag gleichgesetzt wird das **Plenum** des Bundestages, also die „Vollversammlung" aller Bundestagsmitglieder.[153] Das Plenum ist vor allem mit den **grundlegenden Aufgaben des Bundestages** betraut, insbesondere mit der Beratung und dem Beschluss von Gesetzen und mit der Besetzung anderer Verfassungsorgane.[154] Das Tagesgeschäft, also die **eigentliche Parlamentsarbeit**, wird dagegen in den Untergliederungen des Bundestages verrichtet, nämlich in den nach Parteizugehörigkeit zusammengefassten **Fraktionen** und in den nach Fachgebieten zusammengefassten **Ausschüssen**, wo jeweils die **wesentlichen Vorentscheidungen** getroffen werden.[155] Dies beruht zum einen „auf der seit Jahrzehnten zunehmenden **Kompliziertheit der Lebensverhältnisse** und dem damit verbundenen Zwang zur **Arbeitsteilung**, zum anderen auf der Tatsache, dass die **Schwerfälligkeit des Plenums** Detailarbeit naturgemäß nur in sehr beschränktem Umfang erlaubt".[156]

Plenum
Fraktionen
Ausschüsse

---

152 Vgl. zur Behandlung der Geschäftsordnung in entsprechenden Fallkonstellationen unten Rn. 353.

153 *Sodan/Ziekow*, Grundkurs Öffentliches Recht, 9. Aufl. 2020, § 12 Rn. 9.

154 Vgl. *Maurer*, Staatsrecht I, 6. Aufl. 2010, § 13 Rn. 98.

155 Vgl. *Maurer*, Staatsrecht I, 6. Aufl. 2010, § 13 Rn. 99; ebenso BVerfGE 44, 308 (319) – „Beschlussfähigkeit".

156 BVerfGE 44, 308 (317) – „Beschlussfähigkeit" (ohne Hervorhebungen im Original).

a) Fraktionen

Fraktionen sind, wie § 10 Abs. 1 S. 1 GOBT bestimmt, „Vereinigungen von **mindestens fünf vom Hundert** der Mitglieder des Bundestages, die **derselben Partei** oder solchen Parteien angehören, die auf Grund gleichgerichteter politischer Ziele in keinem Land miteinander im Wettbewerb stehen". Von den Abgeordneten des Bundestages, die im Ganzen das gesamte Spektrum der **unterschiedlichen politischen Meinungen** im Volke wiederspiegeln,[157] werden somit jeweils diejenigen Bundestagsmitglieder mit **gleichgerichteten politischen Auffassungen** in den Fraktionen **zusammengefasst**. Da die Fraktionen jede bevorstehende Parlamentsentscheidung erörtern und aufbereiten, spitzen sie die in ihnen gebündelten politischen Auffassungen mit Blick auf jede solche Entscheidung zu und machen die Sache damit abstimmungsreif.[158] Insofern tragen sie maßgeblich zur Funktionsfähigkeit des Parlaments bei. Das Bundesverfassungsgericht hat diese Funktion und die daraus resultierende Stellung der Fraktionen wie folgt beschrieben: „**Politisches Gliederungsprinzip** für die Arbeit des Bundestages sind heute die Fraktionen. Im Zeichen der Entwicklung zur Parteiendemokratie sind sie **notwendige Einrichtungen des Verfassungslebens**",[159] in ihnen „vollzieht sich ein **erheblicher Teil der Meinungs- und Willensbildung der Abgeordneten** und dadurch **des Parlaments** im ganzen".[160] 337

Als **verfassungsrechtliche Grundlage** der Stellung und Tätigkeit der Fraktionen kommen verschiedene Bestimmungen des Grundgesetzes in Frage. Das Bundesverfassungsgericht schwankte dabei gelegentlich – wie auch das Schrifttum insgesamt – zwischen einer Zuordnung zur parteienrechtlichen Grundnorm des **Art. 21 GG** einerseits – denn mit der Anerkennung der Parteien in Art. 21 GG erkenne das Grundgesetz auch die vor allem nach Parteizugehörigkeit zusammengeschlossenen Fraktionen an[161] – und einer nun offensichtlich bevorzugten Ableitung aus den Abgeordnetenrechten nach **Art. 38 Abs. 1 S. 2 GG** andererseits – die Bildung einer Fraktion beruhe nämlich auf der in Ausübung des freien Mandates getroffenen Entscheidung der beteiligten Abgeordneten[162]. 338

Regelungen über die Fraktionen finden sich – neben deren Erwähnung in **Art. 53a Abs. 1 S. 2 GG** – vor allem in der Geschäftsordnung des Bundestages, vgl. **§§ 10 bis 12 GOBT**, sowie im Gesetz über die Rechtsverhältnisse der Abgeordneten des Deutschen Bundestages (Abgeordnetengesetz – AbgG), vgl. **§§ 45 bis 54 AbgG**.

Der besondere, verfassungsrechtlich fundierte Status der Fraktionen hat zur Folge, dass Fraktionen Beeinträchtigungen ihrer **fraktionsspezifischen Stellung** oder **Tätigkeit** durch ein anderes Verfassungsorgan nach ständiger Rechtsprechung des Bundesverfas- 339

157 Vgl. *Kloepfer*, Verfassungsrecht I, 2011, § 15 Rn. 197.
158 Vgl. *Degenhart*, Staatsrecht I Staatsorganisationsrecht, 37. Aufl. 2021, § 7 Rn. 641 f.; *Kloepfer*, Verfassungsrecht I, 2011, § 15 Rn. 197.
159 BVerfGE 80, 188 (219) – „Wüppesahl"; ebenso BVerfGE 84, 304 (322) – „PDS/Linke Liste".
160 BVerfGE 43, 142 (149) – „Verfassungsbeschwerde einer Fraktion".
161 So die frühere Rechtsprechung, vgl. BVerfGE 10, 4 (14) – „Redezeit".
162 Vgl. BVerfGE 80, 188 (220) – „Wüppesahl". So auch die wohl h.M., vgl. etwa *Maurer*, Staatsrecht I, 6. Aufl. 2010, § 13 Rn. 105; *Degenhart*, Staatsrecht I Staatsorganisationsrecht, 37. Aufl. 2021, § 7 Rn. 642 f.

sungsgerichts im Wege eines **Organstreitverfahrens** nach Art. 93 Abs. 1 Nr. 1 GG geltend machen können.[163] Daneben können sie als „von der Verfassung anerkannte Teile eines Verfassungsorgans"[164], also des Bundestages, im eigenen Namen auch **Rechte des Bundestages** geltend machen, vgl. § 64 Abs. 1 Var. 2 BVerfGG.[165] Im Übrigen bestimmt § 46 Abs. 1 AbgG, dass Fraktionen **„rechtsfähige Vereinigungen"** sind und also im Rechtsverkehr als solche auftreten können (z.B. bei der Beschaffung von Arbeitsmaterial, bei der Beschäftigung von Mitarbeitern usw.), lässt dabei allerdings offen, ob sie selbst dem Privatrecht[166] oder dem öffentlichen Recht[167] zuzuordnen sind. Sofern man sie dem Privatrecht zurechnet und ihnen damit einen gewissen „Doppelstatus" beimisst, können sich bezüglich der verfassungsmäßigen Rechte der Fraktionen und deren prozessualer Durchsetzung ähnliche Abgrenzungsfragen stellen wie schon mit Blick auf die Rechte der Parteien.[168]

Mitglieder des Bundestages, die politisch gleichgerichtete Ziele verfolgen und sich zusammenschließen möchten, ohne allerdings die Fraktionsmindeststärke von 5 % der Bundestagesmitglieder zu erreichen, können sich gemäß **§ 10 Abs. 4 GOBT** zu einer **Gruppe** zusammenschließen. Abgeordnetengruppen sind mit den Fraktionen strukturell vergleichbar, genießen allerdings nicht notwendig dieselben Rechte wie diese, was sich etwa an der Berechtigung zur Einbringung von Gesetzesvorlagen (vgl. § 76 Abs. 1 GOBT) oder bei der Besetzung der Ausschüsse (vgl. §§ 12 Satz 1, 57 Abs. 1 S. 1 GOBT) zeigt. Ein möglicher verfassungslegitimer Grund für derartige (rechtfertigungsbedürftige) Ungleichbehandlungen liegt in der Gewährleistung der Funktionsfähigkeit des Parlaments, da die Berücksichtigung auch kleinerer und kleinster Abgeordnetengruppierungen bei der Vergabe aller Antrags- und Beteiligungsrechte die Arbeit des Parlaments gefährden kann.[169]

b) Ausschüsse

340 **Ausschüsse** sind demgegenüber mit bestimmten Sachbereichen betraute **Fachgremien**, deren Stellung und Funktion das Bundesverfassungsgericht in den folgenden Worten charakterisiert hat: „Wie es parlamentarischer Tradition in Deutschland entspricht, wird im Bundestag ein wesentlicher Teil der anfallenden Arbeit außerhalb des Plenums, vor allem in den Ausschüssen, geleistet. Die Ausschüsse **bereiten Verhandlungen und Beschlüsse des Plenums vor** (§ 54 Abs. 1 Satz 1 GOBT), arbeiten also stets auf die endgültige Beschlussfassung durch das Plenum hin und **nehmen** damit zugleich **einen Teil des Entscheidungsprozesses entlastend vorweg**. So wird in den Ausschüssen über **Gesetzentwürfe** einschließlich der Vorlage des Haushaltsgesetzes, über Anträge und Beschlussempfehlungen sowie über Vorlagen nach §§ 93 ff. GOBT beraten. Auch ein **wesentlicher Teil der Informations-, Kontroll- und Untersuchungsaufgaben des**

---

163 Vgl. etwa BVerfGE 70, 324 (350 f.) – „Haushaltskontrolle der Nachrichtendienste".
164 BVerfGE 43, 142 (147) – „Verfassungsbeschwerde einer Fraktion".
165 Vgl. etwa BVerfGE 123, 267 (337 f.) – „Lissabon" m.w.N. Siehe zu einer solchen prozessstandschaftlichen Geltendmachung von Rechten durch Organteile im Rahmen eines Organstreitverfahrens unten Rn. 458.
166 So etwa (mit Differenzierungen) *Maurer*, Staatsrecht I, 6. Aufl. 2010, § 13 Rn. 108; *Gröpl*, Staatsrecht I, 13. Aufl. 2021, § 16 Rn. 991.
167 So etwa *Kloepfer*, Verfassungsrecht I, 2011, § 15 Rn. 200.
168 Siehe dazu ausführlich oben Rn. 196 ff. Vgl. auch *Gröpl*, Staatsrecht I, 13. Aufl. 2021, § 16 Rn. 992.
169 Vgl. dazu BVerfGE 96, 264 (278 f.) – „Fraktions- und Gruppenstatus".

Bundestages wird durch die Ausschüsse wahrgenommen (vgl. Art. 43 Abs. 1 GG, § 62 Abs. 1 Satz 3 GOBT).“[170]

Diese wichtige Funktion der einzelnen Ausschüsse für den parlamentarischen Entscheidungsprozess hat Konsequenzen für die personale Zusammensetzung der Ausschüsse. Denn durch die beschriebene „Aufgabenstellung sind sie **in die Repräsentation des Volkes** durch das Parlament **einbezogen**; dieses Prinzip prägt den gesamten Bereich der parlamentarischen Willensbildung. Deshalb muss grundsätzlich **jeder Ausschuss ein verkleinertes Abbild des Plenums** sein und in seiner Zusammensetzung die Zusammensetzung des Plenums widerspiegeln.“[171] **341**

Allgemeine Regelungen über die Ausschüsse finden sich vor allem in den **§§ 54 ff. GOBT**.

Zu unterscheiden sind dabei zum einen die **ständigen Ausschüsse**, die teilweise bereits im Grundgesetz oder in anderen Gesetzen vorgegeben und daher zwingend einzurichten sind, vgl. Art. 45 GG (Ausschuss für die Angelegenheiten der Europäischen Union), Art. 45a Abs. 1 GG (Ausschuss für auswärtige Angelegenheiten und Ausschuss für Verteidigung) und Art. 45c GG (Petitionsausschuss) sowie § 3 WahlprüfG (Wahlprüfungsausschuss). In der laufenden 17. Wahlperiode hat der Bundestag **insgesamt 22 ständige Ausschüsse** eingesetzt, von besonders wichtigen und großen Ausschüssen, wie etwa dem Haushaltsausschuss (41 Mitglieder) und dem Finanzausschuss (37 Mitglieder), dem Rechtsausschuss (37 Mitglieder), dem Innenausschuss (37 Mitglieder) und dem Ausschuss für Wirtschaft und Technologie (37 Mitglieder), bis hin zu kleineren Ausschüssen wie etwa dem Ausschuss für Tourismus (18 Mitglieder) oder dem Sportausschuss (18 Mitglieder). Daneben können auch besondere, **nichtständige Ausschüsse** gebildet werden, etwa **Untersuchungsausschüsse**[172] oder **Enquete-Kommissionen**, vgl. § 56 GOBT. **342**

2. Wichtige Organe des Bundestages

Von den Fraktionen und Ausschüssen als den Untergliederungen des Bundestages zu unterscheiden sind die **Organe**, die **für den Bundestag handeln**. Zu nennen sind dabei vor allem **343**

- der **Präsident des Bundestages**, dem vor allem die Leitung der Bundestagssitzungen (§ 7 Abs. 1 S. 2 GOBT), die Vertretung des Bundestages nach außen (§ 7 Abs. 1 S. 1 GOBT) sowie die Ausübung des Hausrechts und der Polizeigewalt in den Gebäuden des Bundestags (§ 7 Abs. 2 S. 1 GOBT, Art. 40 Abs. 2 GG) obliegen, und der unterstützt wird durch
- die **Vizepräsidenten** (§ 2 Abs. 1 GOBT),
- das **Präsidium** (§ 5 GOBT) und
- den **Ältestenrat** (§ 6 GOBT).

---

170 BVerfGE 80, 188 (221 f.) – „Wüppesahl“ (ohne Hervorhebungen im Original).
171 BVerfGE 80, 188 (221 f.) – „Wüppesahl“ (ohne Hervorhebungen im Original).
172 Vgl. dazu ausführlich unten Rn. 358 ff.

III. Verfassungsmäßige Rechte des Abgeordneten

344 Der einzelne Abgeordnete genießt einen besonderen verfassungsrechtlichen Status, aus dem spezifische verfassungsmäßige **Statusrechte des Abgeordneten** im weiteren Sinne erwachsen. Zu unterscheiden sind dabei

- die **Freiheit des Mandats** (1.),
- die **parlamentarischen Beteiligungsrechte** (2.) sowie
- sonstige, **den Abgeordnetenstatus flankierende Rechte** (3.).

Der Begriff der **Statusrechte** des Abgeordneten wird in unterschiedlicher Weise verwendet. Während der Begriff selbst es nahelegt, wie hier **in einem weiteren Sinne alle Rechte** darunter zu fassen, die dem Abgeordneten als solchem, also speziell wegen seines besonderen „Status" (von lat. *status* = Zustand), zukommen, wird er vielfach **in einem engeren Sinne** allein auf die **parlamentarischen Beteiligungsrechte** des Abgeordneten bezogen.[173] In der Sache hat dies freilich keine Relevanz, solange man die verfassungsmäßigen Statusrechte im weiteren Sinne sauber von den ebenfalls verfassungsrechtlich verbürgten Grundrechten unterscheidet, die grundsätzlich allen Bürgern als Schutzrechte gegenüber dem Staat eingeräumt sind.

1. Die Freiheit und Gleichheit des Mandats, Art. 38 Abs. 1 S. 2 GG

345 In **Art. 38 Abs. 1 S. 2 GG** ist das sogenannte **freie und gleiche Mandat** des Abgeordneten geregelt. Hiernach ist jeder Abgeordnete in gleicher Weise Vertreter des ganzen Volkes und nimmt sein Mandat frei von Weisungen wahr, ist nur seinem Gewissen unterworfen. Die Vorschrift gewährleistet somit jedem der nach den Grundsätzen des Art. 38 Abs. 1 S. 1 GG gewählten Abgeordneten „sowohl die **Freiheit** in der Ausübung seines Mandats als auch die **Gleichheit** im Status als Vertreter des ganzen Volkes".[174]

Obgleich das Bundesverfassungsgericht Art. 38 Abs. 1 S. 1 und 2 GG zu Recht in einem sehr engen Zusammenhang sieht,[175] ist **Art. 38 Abs. 1 S. 2 GG** in der Fallbearbeitung immer **genau zu zitieren**, da Art. 38 Abs. 1 S. 1 GG und Art. 38 Abs. 2 GG grundrechtsgleiche Rechte enthalten, die streng von den Rechten aus Art. 38 Abs. 1 S. 2 GG zu unterscheiden sind.

346 Die Schutzrichtung des Art. 38 Abs. 1 S. 2 GG ist umfassend zu verstehen. Die Freiheit und Gleichheit des Mandates ist nicht nur im Verhältnis des einzelnen Abgeordneten zum **Staat** geschützt, sondern auch gegenüber **Dritten**, insbesondere etwa gegenüber **Parteien** und **Fraktionen** sowie gegenüber dem **Wähler**.[176]

347 Auch die Freiheit und Gleichheit des Mandats sind indes **„nicht schrankenlos gewährleistet"** und können „durch **andere Rechtsgüter von Verfassungsrang** begrenzt werden".[177] In Betracht kommen dabei vor allem Beschränkungen zu Gunsten der **„Repräsentations- und Funktionsfähigkeit des Parlaments"**.[178] Geht es dabei speziell um

173 Vgl. etwa *Maurer*, Staatsrecht I, 6. Aufl. 2010, § 13 Rn. 70 ff.
174 BVerfGE 102, 224 (237) – „Funktionszulagen" (ohne Hervorhebungen im Original).
175 Vgl. insbesondere BVerfGE 102, 224 (238) – „Funktionszulagen".
176 Vgl. *Maurer*, Staatsrecht I, 6. Aufl. 2010, § 13 Rn. 60; *Kloepfer*, Verfassungsrecht I, 2011, § 15 Rn. 109.
177 BVerfGE 118, 277 (324) – „Abgeordnetengesetz" (ohne Hervorhebungen im Original).
178 BVerfGE 118, 277 (324) – „Abgeordnetengesetz"(ohne Hervorhebung im Original).

Ausgestaltungen der Rechtsstellung des Abgeordneten zur Sicherung der Funktionsfähigkeit der demokratischen Repräsentation, die, wie etwa die Regelung in § 44a AbgG, **über den rein parlamentsinternen Bereich hinausragen**, greift außerdem der ausdrückliche Vorbehalt in Art. 38 Abs. 3 GG ein, das heißt jene Ausgestaltungen bedürfen einer formell-gesetzlichen Grundlage.[179]

Für die (beliebte) **klausurmäßige Prüfung** einer Verletzung der Freiheit oder der Gleichheit des Mandats bieten sich die bereits oben im Zusammenhang mit den Wahlrechtsgrundsätzen dargelegten Prüfungsstrukturen an, das heißt zunächst ist die konkrete **Beeinträchtigung** der Freiheit des Mandats bzw. eine **Ungleichbehandlung** von Mandatsträgern herauszuarbeiten (1.), sodann ist die **verfassungsrechtliche Rechtfertigung** dieser Beeinträchtigung bzw. Ungleichbehandlung zu prüfen (2.).[180] Entscheidend ist dabei zumeist die zur Herstellung **praktischer Konkordanz** zwischen dem **freien und gleichen Mandat** einerseits und den **gegenläufigen verfassungsrechtlichen Belangen** andererseits notwendige Abwägung jener Belange, die eine sorgfältige Argumentation erfordert. Ähnlich verläuft auch die Prüfung einer Verletzung der parlamentarischen Beteiligungsrechte des Abgeordneten.[181] **Prozessual** erfolgt die Durchsetzung der Rechte aus Art. 38 Abs. 1 S. 2 GG im Wege eines Organstreitverfahrens.[182]

Rechtfertigungsbedürftige **Beeinträchtigungen** der Freiheit und Gleichheit des Mandats **348**
liegen insbesondere etwa in

– der Bindung des Abgeordneten durch **Vorgaben seiner Fraktion** für das Abstimmungsverhalten,

Im Schrifttum wird hier grundsätzlich zwischen zwei verschiedenen Formen einer solchen Bindung unterschieden:[183]
Die **rechtlich unverbindliche**, also zunächst allein **politische** Bindung der Mitglieder einer Fraktion an Fraktionsbeschlüsse (sog. **Fraktionsdisziplin**) wird als verfassungsrechtlich **prinzipiell zulässig** erachtet, auch wenn an Abweichungen von den Fraktionsbeschlüssen praktisch durchaus nachträgliche Sanktionen geknüpft werden (z.B. die Nichtberücksichtigung bei der Vergabe von Redezeit der Fraktion im Plenum, der Rückruf aus Ausschüssen, der Verlust von Fraktionsämtern oder in schwerwiegenden Fällen gar der Fraktionsmitgliedschaft).[184] Rechtfertigung finden die in jenen Sanktionen liegenden Beeinträchtigungen der Freiheit des Mandats in der ihrerseits **verfassungsrechtlich anerkannten Aufgabe der Fraktion**, die unterschiedlichen politischen Auffassungen im Parlament im Hinblick auf konkrete Parlamentsentscheidungen zu bündeln, also letztlich in der **Repräsentations- und Funktionsfähigkeit des Parlaments**.
Verfassungsrechtlich **unzulässig** wird die Bindung des Abgeordneten an Fraktionsvorgaben dort, wo sie **rechtlich verbindlich geregelt** wird oder tatsächlich ein derartiger **Druck** auf den einzelnen Abgeordneten ausgeübt wird, dass die Bindung an die Fraktionsvorgaben als **„faktisch unwiderstehlich erzwungen"** anzusehen ist (z.B. wenn der Abgeordnete an die Fraktion eine pauschale Erklärung zum Mandatsverzicht abgibt für den Fall, dass er im Rahmen seines künftigen Abstimmungsverhaltens von der Fraktionslinie abweicht).[185] Man spricht insoweit von **Fraktionszwang**.

179 Vgl. dazu *Ingold/Lenski*, JZ 2012, 120 (121).
180 Vgl. dazu oben Rn. 149 (Gleichheit der Wahl) und 155 (Freiheit der Wahl).
181 Vgl. dazu sogleich mit Beispielsfall unten Rn. 353.
182 Vgl. zum Organstreitverfahren unten Rn. 458.
183 Vgl. dazu anschaulich auch *Gröpl*, Staatsrecht I, 13. Aufl. 2021, § 16 Rn. 933 f.; *Kloepfer*, Verfassungsrecht I, 2011, § 15 Rn. 118 ff.
184 Vgl. *Kloepfer*, Verfassungsrecht I, 2011, § 15 Rn. 118.
185 *Kloepfer*, Verfassungsrecht I, 2011, § 15 Rn. 119.

– der Gewährung von **Funktionszulagen** für die Wahrnehmung herausgehobener parlamentarischer Funktionen sowie

So hat das Bundesverfassungsgericht eine Regelung, die eine **Zahlung von zusätzlichen Entschädigungen** an Fraktionsvorsitzende, stellvertretende Fraktionsvorsitzende, parlamentarische Geschäftsführer der Fraktionen und an Ausschussvorsitzende für teilweise verfassungswidrig erachtet. Zwar sei es im Interesse einer **wirksamen parlamentarischen Arbeit** grundsätzlich zulässig, wenn Funktionen geschaffen und unter bestimmten Voraussetzungen besonders honoriert werden, mit deren Hilfe die politische Willensbildung im Parlament koordiniert werden kann; **unzulässig** sei es demgegenüber, wenn „durch die systematische Ausdehnung von Funktionszulagen **‚Abgeordnetenlaufbahnen'** und **Einkommenshierarchien** geschaffen werden, die der Freiheit des Mandats abträglich sind und die Bereitschaft der Abgeordneten beeinträchtigen, ohne Rücksicht auf eigene wirtschaftliche Vorteile die jeweils beste Lösung für das Gemeinwohl anzustreben".[186] Funktionszulagen dürfen daher „zum einen nur in geringer Zahl vorgesehen werden und sind zum anderen auf besonders herausgehobene politisch-parlamentarische Funktionen zu begrenzen".[187] Soweit durch die in Rede stehende Regelung Funktionszulagen für Fraktionsvorsitzende vorgesehen waren, bejahte das Bundesverfassungsgericht die Verfassungsmäßigkeit. Im Übrigen befand es die Regelung für verfassungswidrig.[188]

– der sogenannten **Mittelpunktregelung** in § 44a Abs. 1 S. 1 AbgG und in der daran anknüpfenden Transparenzregelung des § 44b AbgG.

Gemäß **§ 44a Abs. 1 S. 1 AbgG** hat die **Wahrnehmung des Mandats** im **Mittelpunkt der Abgeordnetentätigkeit** zu stehen. Gegen diese Mittelpunktregelung und die hieran anknüpfenden Offenlegungspflichten (vgl. § 44b AbgG) wandten sich mehrere Bundestagsabgeordnete u.a. mit der Begründung, die Regelung beschränke in unzulässiger Weise die Ausübung des freien Mandats, zumal es dem grundgesetzlichen Leitbild des unabhängigen Abgeordneten entspreche, dass dieser „im wirklichen Leben stehend seine mandatsexternen Tätigkeiten frei gestalten und so effektiv wahrnehmen kann, dass er mit ihnen **nachhaltig Einkünfte** zu erzielen vermag und auf diese Weise **Unabhängigkeit schöpft**, nämlich Unabhängigkeit davon, dass er in Zukunft weiter Diäten beziehen wird, und damit Unabhängigkeit von Partei und Fraktion".[189] Das Bundesverfassungsgericht lehnte dieses Leitbild des Abgeordneten indes ab, da „die Unabhängigkeit der Abgeordneten durch die ihnen zustehende Entschädigung ausreichend gesichert" werde (vgl. Art. 48 Abs. 3 GG), „die politische Einbindung des Abgeordneten in Partei und Fraktion verfassungsrechtlich erlaubt und gewollt" sei[190] und gerade im Rahmen außerparlamentarischer Tätigkeiten vielfältige Möglichkeiten bestehen, „politischen Einfluss durch ein Bundestagsmandat für die außerhalb des Mandats ausgeübte Berufstätigkeit gewinnbringend zu nutzen" und so die Unabhängigkeit der Mandatsausübung zu gefährden.[191] Vor diesem Hintergrund befand das Gericht § 44a Abs. 1 S. 1 AbgG für mit Art. 38 Abs. 1 S. 2 GG vereinbar, da die Vorschrift die **bereits in Art. 38 Abs. 1 S. 2 GG angelegte Pflicht der Mandatsträger** zur Wahrung der (so verstandenen) Unabhängigkeit und zur Wahrnehmung des Mandats in verfassungsmäßiger Weise **konkretisiere**, also an sich jedenfalls **keine von außerhalb des Art. 38 Abs. 1 S. 2 GG kommende Beeinträchtigung des freien Mandats** bedeute.[192] Das verfassungsrechtlich verbürgte freie Mandat bedeutet daher „nicht eine Freiheit von Pflichten, sondern lediglich die Freiheit in

186 BVerfGE 102, 224 (241) – „Funktionszulagen".
187 BVerfGE 102, 224 (241) – „Funktionszulagen".
188 Vgl. zum Ganzen auch *Krönke*, DVBl. 2013, 1492 ff.
189 BVerfGE 118, 277 (327) – „Abgeordnetengesetz".
190 BVerfGE 118, 277 (328) – „Abgeordnetengesetz".
191 BVerfGE 118, 277 (331) – „Abgeordnetengesetz".
192 Vgl. ausführlich BVerfGE 118, 277 (334 ff.) – „Abgeordnetengesetz".

der inhaltlichen Wahrnehmung dieser Pflichten".[193] Zu bemerken ist freilich, dass die Entscheidung mit 4:4 Stimmen ergangen ist.[194]

2. Die parlamentarischen Beteiligungsrechte des Abgeordneten

Aus der in Art. 38 Abs. 1 S. 2 GG niedergelegten Freiheit und Gleichheit des Mandats lassen sich – unter Anknüpfung an die Aufgaben und Befugnisse des Bundestages nach Art. 42 ff. GG – bestimmte **parlamentarische Beteiligungsrechte** des Abgeordneten (sog. Statusrechte im engeren Sinne) ableiten, insbesondere **349**

- „das **Rederecht** und
- das **Stimmrecht**,
- die Beteiligung an der Ausübung des **Frage- und Informationsrechts** des Parlaments" **gegenüber der Regierung**,
- „das Recht, sich an den vom Parlament vorzunehmenden **Wahlen zu beteiligen**, und
- parlamentarische **Initiativen zu ergreifen**, und schließlich
- das Recht, sich mit anderen Abgeordneten **zu einer Fraktion zusammenzuschließen**".[195]

Beispielsfall 4: Eingriff in Statusrechte des Abgeordneten[196]. In einer Bundestagssitzung steht unter anderem die Verlängerung eines Auslandseinsatzes der Bundeswehr auf der Tagesordnung, über die im Verlauf der Sitzung abgestimmt werden soll. Die Debatte zur Verlängerung des Einsatzes verläuft zunächst ruhig, da die Vertreter der meisten Fraktionen den Einsatz als alternativlos befürworten. Nur die Vertreterin der oppositionellen pazifistischen X-Fraktion spricht sich vehement gegen die Verlängerung der Mission aus. Im Anschluss an ihre Rede erheben einige Mitglieder ihrer Fraktion Spruchbänder mit den Namen von Zivilisten, die in der jüngeren Vergangenheit bei Bundeswehreinsätzen getötet worden waren. Während die übrigen Mitglieder der X-Fraktion die Kundgebung ihrer Kollegen mit zustimmendem Beifall bedenken, wird die Aktion von zahlreichen Abgeordneten der anderen Fraktionen mit deutlichen Verbalattacken quittiert. Der Bundestagspräsident B, der in dieser Kundgebung eine grobe Störung der parlamentarischen Ordnung sowie eine eklatante Verletzung der Würde des Bundestages im Sinne von § 36 GOBT sieht, erklärt daraufhin sichtlich empört: „Ich schließe alle Kollegen der Fraktion, die an dieser inakzeptablen Aktion teilgenommen haben, hiermit vom weiteren Verlauf der Sitzung aus.", und bittet sie, den Plenarsaal für den Rest der Sitzung zu verlassen. Unter Protest leisten die Abgeordneten der X-Fraktion, darunter auch die Abgeordnete A, dieser Aufforderung Folge. – Verletzt die Anordnung des Bundestagspräsidenten die Abgeordnete A in ihren Rechten aus Art. 38 Abs. 1 S. 2 GG?

193 BVerfGE 118, 277 (326) – „Abgeordnetengesetz".

194 Vgl. zum Ganzen eingehend *Möllers*, Jura 2008, 937 ff.

195 BVerfGE 80, 188 (217) – „Wüppesahl" (ohne Hervorhebungen im Original).

196 Der Fall ist den Vorfällen in der Bundestagssitzung vom 26. Februar 2010 nachgebildet, die allerdings juristisch weitgehend folgenlos geblieben sind. Vgl. den ähnlichen Übungsfall von *Reinhardt*, Fall 2 – Friedensfahnen im Bundestag, in: Coester-Waltjen/Ehlers/Geppert (Hrsg.), JURA Examensklausurenkurs, 4. Aufl. 2011, S. 119 ff., der aufgrund des hohen Schwierigkeitsgrades und des eher fragwürdigen Prüfungsaufbaus im Lösungsvorschlag indes mit Vorsicht zu studieren ist.

Beispielsfall 5: Informationsrechte des Abgeordneten. Die Bundesregierung bereitet eine Gesetzesinitiative zur Regelung einer in der Öffentlichkeit, aber auch im Kabinett und in den beteiligten Ministerialressorts intensiv diskutierten Finanztransaktionssteuer vor. Der Abgeordnete A verlangt von der Bundesregierung auf der Grundlage von § 105 Satz 1 GOBT detaillierte Auskunft über den aktuellen Stand der Initiative. Die Bundesregierung lehnt dies unter Verweis auf ihre Eigenverantwortung bei der Vorbereitung von Gesetzesinitiativen ab. – Hat A einen verfassungsrechtlichen Anspruch gegen die Bundesregierung auf Erteilung der gewünschten Auskünfte?

350 Zusätzlich zu diesen „allgemeinen" Statusrechten kommen **Fraktionsmitgliedern** gewisse Vorteile zu, die fraktionslose Abgeordnete nicht genießen, insbesondere das **Stimmrecht in Ausschüssen** (vgl. **§ 57 Abs. 2 GOBT**) sowie praktische **Beteiligungsmöglichkeiten** an der Fraktionsarbeit.[197] Problematisch sind insofern

– die Stellung des **fraktionslosen Abgeordneten**, der insoweit benachteiligt wird,

Fraglich ist hier, ob auch dem **fraktionslosen Abgeordneten** wegen Art. 38 Abs. 1 S. 2 GG ein **Stimmrecht in den Ausschüssen** eingeräumt werden muss. **Dafür** lässt sich vorbringen, dass aus Gründen der Statusgleichheit auch dem fraktionslosen Abgeordneten als einem „Vertreter des ganzen Volkes" prinzipiell alle Rechte zur Beteiligung am parlamentarischen Betrieb, einschließlich der praktisch wichtigen Ausschussarbeit zustehen müssen. **Dagegen** spricht, dass der fraktionslose Abgeordnete im Ausschuss – im Gegensatz zu den Fraktionsmitgliedern, die zugleich ihre jeweilige Fraktion vertreten – „nur für sich" sprechen und sein **Stimmrecht** daher **„überproportional" wirken** würde;[198] dem steht die „Repräsentativfunktion" des Parlaments entgegen, die eine Wiederspiegelung der parlamentarischen Mehrheitsverhältnisse in den Ausschüssen verlangt.[199] Auch fraktionslose Abgeordnete müssen indes zumindest **in Ausschüsse berufen** werden können, vgl. § 57 Abs. 2 S. 2 GOBT, und dort die Möglichkeit haben, über ein **Rede- und Antragsrecht** zu einer „Befruchtung der Sachdiskussion" beizutragen.[200]

– die Rechte eines **fraktionsangehörigen Abgeordneten**, wenn dieser **als einzelner Abgeordneter** Rechte beansprucht, die in der Geschäftsordnung der Fraktion zugewiesen sind, sowie

Denkbar ist insoweit beispielsweise, dass ein fraktionsangehöriger Abgeordneter zusätzlich zur Redezeit seiner Fraktion **individuelle Redezeit** beansprucht bzw. innerhalb seiner Fraktion einen bestimmten Redeanteil verlangt, oder dass ein Abgeordneter ein Recht zur Abgabe eines **Vorschlags zur Wahl eines Vizepräsidenten** des Bundestages geltend macht, obwohl § 2 Abs. 1 S. 2 GOBT dieses Vorschlagsrecht (nach h.M.) den Fraktionen zuweist[201]. Richtigerweise sind geschäftsordnungsmäßige Zuordnungen jener parlamentsinternen Rechte an die Fraktion (und nicht an den einzelnen Abgeordneten) prinzipiell als Eingriffe in die Mandatsfreiheit der einzelnen Abgeordneten zu werten, die einer verfassungsrechtlichen Rechtfertigung bedürfen (siehe zum Prüfungsaufbau sogleich unten Rn. 353). Bei der Beantwortung der Frage, ob derartige indi-

197 Vgl. *Maurer*, Staatsrecht I, 6. Aufl. 2010, § 13 Rn. 111.
198 BVerfGE 80, 188 (224) – „Wüppesahl".
199 *Degenhart*, Staatsrecht I Staatsorganisationsrecht, 37. Aufl. 2021, § 7 Rn. 681. Siehe zum Ganzen BVerfGE 80, 188 (217 ff.) – „Wüppesahl".
200 BVerfGE 80, 188 (224) – „Wüppesahl".
201 Vgl. zu diesem Beispiel BVerfG NVwZ 2022, 629 (636 ff.), das ein individuelles Vorschlagsrecht des einzelnen Abgeordneten nach entsprechender Abwägung zwischen Mandatsfreiheit und Fraktionsfunktionen richtigerweise ablehnt.

viduelle Abgeordnetenrechte bestehen, müssen im Einzelfall die Beteiligungsrechte des einzelnen Abgeordneten mit den (verfassungsrechtlich anerkannten) Funktionen und Rechten der Fraktionen sowie des Bundestags insgesamt in angemessenen Ausgleich gebracht werden. Individuelle Redezeiten und Wahlvorschläge zusätzlich zu den Kontingenten seiner Fraktion wird der einzelne Abgeordnete vor diesem Hintergrund wohl prinzipiell nicht beanspruchen dürfen.

– die Rechte eines Abgeordneten, der **nicht in eine Fraktion aufgenommen** bzw. **von seiner Fraktion ausgeschlossen** wird.

Ein **Recht** des Abgeordneten auf **Aufnahme in eine bestimmte Fraktion** und auf **Verbleib in der Fraktion** ist in der Geschäftsordnung des Bundestages oder im Abgeordnetengesetz nicht ausdrücklich geregelt. Aufgrund der rechtlichen und tatsächlichen Vorteile, die mit einer Fraktionsmitgliedschaft verbunden sind, muss aber die Möglichkeit, sich einer Fraktion anzuschließen und in einer Fraktion zu verbleiben, wegen **Art. 38 Abs. 1 S. 2 GG** prinzipiell zum verfassungsrechtlichen Status eines jeden Abgeordneten gehören.[202] Im Einzelfall kann diese Rechtsposition freilich mit den ihrerseits **verfassungsmäßigen Rechten der Fraktion** in Konflikt geraten, zumal die verfassungsmäßige Funktion der Fraktion mit Blick auf die Koordinierung der politischen Willensbildung im Parlament die **politische Verbundenheit der Fraktionsmitglieder** voraussetzt. Eine Versagung der Aufnahme in eine Fraktion bzw. ein Fraktionsausschluss kann daher aus sachlich-politischen Gründen durchaus gerechtfertigt sein. Allerdings sind dabei mit Rücksicht auf eine **angemessene** Beschränkung der Abgeordnetenrechte aus Art. 38 Abs. 1 S. 2 GG gewisse **formelle und materielle Voraussetzungen** zu beachten, insbesondere ist dem Abgeordneten **Gelegenheit zur Stellungnahme** zu gewähren und sind **hinreichend gewichtige sachliche Gründe** für die versagte Aufnahme bzw. den Ausschluss aus der Fraktion erforderlich, die dem Abgeordneten **mitzuteilen** sind.[203]

Beschränkungen der Beteiligungsrechte können zu Gunsten anderer **Rechtsgüter von Verfassungsrang** und unter **angemessener Gewichtung** der gegenläufigen Interessen gemäß dem Grundsatz praktischer Konkordanz erfolgen.[204] Bei diesen gegenläufigen Rechten und Rechtsgütern von Verfassungsrang handelt es sich, systematisch betrachtet, zum einen um jene Belange, die in den Bereich der **inneren Angelegenheiten des Parlaments** fallen und vom Bundestag selbst kraft seiner **Geschäftsordnungsautonomie** ausgestaltet worden sind – namentlich also um die **Funktionsfähigkeit des Parlaments** insgesamt, die **Würde des Parlaments** (str.)[205] sowie die **Beteiligungsrechte anderer Abgeordneter**. Zum anderen finden die Abgeordnetenrechte nicht nur parlamentsintern, sondern auch **im Verhältnis zu anderen Verfassungsorganen** rechtliche Grenzen, die sich aus der in Art. 20 Abs. 2 S. 2 und Abs. 3 GG verankerten grundgesetzlichen **Gewaltenteilung** sowie aus der **Funktionsfähigkeit der übrigen Verfassungsorgane** ergeben. **351**

Ob die Beschränkung der Abgeordnetenrechte zum Schutze jener verfassungslegitimen Rechtsgüter darüber hinaus auf einer **gesetzlichen Grundlage** oder zumindest auf einer **352**

202 Vgl. *Degenhart*, Staatsrecht I Staatsorganisationsrecht, 37. Aufl. 2021, § 7 Rn. 677 ff. A. A. insbesondere etwa *J. Ipsen*, NVwZ 2005, 361 (363 f.).

203 Vgl. *Degenhart*, Staatsrecht I Staatsorganisationsrecht, 37. Aufl. 2021, § 7 Rn. 682. Siehe zur Handhabung entsprechender Konstellationen bei der Fallbearbeitung ausführlich etwa LVerfG Mecklenburg-Vorpommern DÖV 2003, 765 ff. (mit Anm. *Sachs*, JuS 2004, 74 ff.); VerfGH Rheinland-Pfalz NVwZ 2019, 786 ff. und VerfGH Rheinland-Pfalz Urt. v. 30.10.2020, VGH O 52/20.

204 Vgl. zum Grundsatz der praktischen Konkordanz bereits oben Rn. 66.

205 Vgl. dazu sogleich die Lösung zu Beispielsfall 4.

rechtssatzförmigen Vorschrift der Geschäftsordnung des Bundestages beruhen muss, ist umstritten, wenn auch kaum diskutiert. Jedenfalls **im rein parlamentsinternen Bereich** besteht für Einschränkungen der Beteiligungsrechte von Abgeordneten allerdings **kein förmlicher Gesetzesvorbehalt**.[206] Ein allgemeiner ungeschriebener Gesetzesvorbehalt für alle grundlegenden Fragen im Bereich des Staatsorganisationsrechts besteht nach h.M. nicht, da die grundgesetzliche Kompetenzzuweisung insoweit Vorrang genießt.[207] Als Instrument zur Regelung der parlamentsinternen Angelegenheiten erwiese sich das Parlamentsgesetz angesichts der grundgesetzlichen Funktionszuweisung als dysfunktional, da der Bundesrat wegen seiner Einspruchsmöglichkeit in Art. 77 Abs. 3 GG eine Möglichkeit zur Einflussnahme auf die internen Angelegenheiten des Bundestages hätte, die funktionell-rechtlich nicht erklärbar wäre.[208] Eine gesetzliche Grundlage ist daher zur Beschränkung der parlamentarischen Beteiligungsrechte nicht erforderlich. Teilweise wird allerdings die Ansicht vertreten, dass die Beschränkung von Abgeordnetenrechten im parlamentsinternen Bereich zumindest auf einer **rechtssatzförmigen Grundlage** in Gestalt einer **Vorschrift der Geschäftsordnung des Bundestages** erfolgen muss. Die herausgehobene Rechtsstellung des Abgeordneten, welche sich vor allem in dem in Art. 38 Abs. 1 S. 2 GG niedergelegten Grundsatz des freien Mandates widerspiegelt, gebiete ein Mindestmaß an Rechtsstaatlichkeit, wenn es um die Einschränkung dieser Rechte geht. Jede beschränkende Ordnungsmaßnahme müsse angesichts der „wertsetzenden Bedeutung"[209] des Art. 38 Abs. 1 S. 2 GG wenigstens auf einer rechtssatzförmigen Grundlage beruhen.[210] Folgt man dieser letztgenannten Auffassung, so darf dies allerdings **nicht** so weit führen, dass man – wie im Bereich der Grundrechtsbeschränkung[211] – über das Vorliegen einer rechtssatzförmigen Grundlage hinaus auch verlangt, dass diese **Rechtsgrundlage**, zum einen, ihrerseits **verfassungskonform** ist und jede Abweichung von der Rechtsgrundlage, zum anderen, zur **Verfassungswidrigkeit der konkreten Beschränkung** der Abgeordnetenrechte im Einzelfall führt. Eine solche freihändige Übertragung der Grundrechtsdogmatik auf die parlamentsinterne Beschränkung der dem Staatsorganisationsrecht zuzuordnenden Abgeordnetenrechte würde den wesentlichen Unterschieden dieser beiden Rechtsbereiche in keiner Weise gerecht. Insbesondere in der damit verbundenen Aufwertung der Geschäftsordnung zum Maßstab der verfassungsrechtlichen und verfassungsgerichtlichen Prüfung läge eine Verkennung ihrer (beschränkten) rechtlichen Relevanz.

---

206 Vgl. dazu oben Rn. 228 ff. Siehe aber zum Eingreifen des Vorbehalts in Art. 38 Abs. 3 GG bei Regelungen der Rechtsstellung des Abgeordneten, die über den rein parlamentsinternen Bereich hinausragen, oben Rn. 347.

207 Vgl. BVerfGE 49, 89 (125) – „Kalkar I".

208 Vgl. zum Grundsatz funktioneller Richtigkeit als Prinzip der Verfassungsauslegung *Hesse*, Grundzüge des Verfassungsrechts der Bundesrepublik Deutschland, 20. Aufl. 1995, § 2 Rn. 73.

209 So LVerfG Brandenburg, Urt. v. 17.9.2009, VfGBbg 45/08, Punkt II. 5., mit Blick auf die Vorschrift des Art. 56 Abs. 2 der Landesverfassung, in der das freie Mandat der Landtagsabgeordneten geregelt ist.

210 Vgl. etwa *Morlok*, in: Dreier (Hrsg.), GG Kommentar, Band II, 3. Aufl. 2015, Art. 38 Rn. 159; in didaktischer Form *Augsberg/Augsberg/Schwabenbauer*, Klausurtraining Verfassungsrecht, 4. Aufl. 2021, S. 176 ff.

211 Vgl. dazu eingehend *Papier/Krönke*, Grundkurs Öffentliches Recht 2, 4. Aufl. 2020, § 7 Rn. 138 ff.

Für die **klausurmäßige Prüfung** von Beschränkungen des freien Mandats und der parlamentarischen Beteiligungsrechte des Abgeordneten durch **positive Maßnahmen** bietet sich folgendes Schema an: 353

Die Prüfung von Maßnahmen, wie sie Beispielsfall 4 zum Gegenstand hat, dürfte zu den **schwierigsten Aufgaben** im Bereich des Staatsrechts zählen. Dies liegt vor allem daran, dass hier oftmals unbesehen **Prüfungsschemata aus der Grundrechtsdogmatik** bzw. **aus dem Verwaltungsrecht** zugrunde gelegt werden, die dazu führen, dass die Verfassungsmäßigkeit von Geschäftsordnungsbestimmungen geprüft wird und womöglich gar unter Geschäftsordnungsbestimmungen subsumiert wird.

Prüfungsaufbau: Beschränkung von Abgeordnetenrechten aus Art. 38 Abs. 1 S. 2 GG

Obersatz: „Das *(Rede-, Teilnahme-, ...-)*Recht des Abgeordneten aus Art. 38 Abs. 1 S. 2 GG ist **verletzt**, wenn es durch *(die betreffende Regelung oder Maßnahme)* **beeinträchtigt** wurde und diese Beeinträchtigung **verfassungsrechtlich nicht gerechtfertigt** ist."

Im Rahmen einer Fallbearbeitung ist unbedingt auf die Einhaltung der **korrekten Terminologie** zu achten: Eine „Verletzung" von Rechten aus Art. 38 Abs. 1 S. 2 GG – und damit ein Verfassungsverstoß – liegt nicht bereits bei einer „Beeinträchtigung" jener Rechte vor, sondern nur dann, wenn diese Beeinträchtigung „verfassungsrechtlich nicht gerechtfertigt" ist.

Zu Beispielsfall 4 (Rn. 349): A könnte durch die Maßnahme des Bundestagspräsidenten in ihrem aus Art. 38 Abs. 1 S. 2 GG ableitbaren Recht auf Teilnahme an der Sitzung des Bundestages sowie auf Teilnahme an der Abstimmung verletzt worden sein. Dazu müssten diese ihre Rechte durch die Anordnung des Bundestagspräsidenten beeinträchtigt worden sein und dürfte diese Beeinträchtigung verfassungsrechtlich nicht gerechtfertigt sein.

1. Beeinträchtigung des Rechts aus Art. 38 Abs. 1 S. 2 GG

In einem ersten Schritt ist zu prüfen, ob das betreffende Recht aus Art. 38 Abs. 1 S. 2 GG durch eine bestimmte Maßnahme beeinträchtigt worden ist. Es muss dabei aus Art. 38 Abs. 1 S. 2 GG eine konkrete Rechtsposition des Abgeordneten hergeleitet werden.

Im Rahmen einer klausurmäßigen Fallbearbeitung empfiehlt es sich in schwierigen Fällen oftmals, die Rechte des Abgeordneten unter **Anknüpfung an die Aufgaben und Befugnisse des Bundestages** (Art. 42 ff. GG) herzuleiten.

Zu Beispielsfall 4 (Rn. 349): Zu den aus Art. 38 Abs. 1 S. 2 GG herzuleitenden Statusrechten des Abgeordneten zählen das Recht auf Teilnahme an den Sitzungen des Bundestages, das Rederecht sowie das Recht auf Teilnahme an den Abstimmungen. Nur wenn der Abgeordnete die Möglichkeit hat, die Plenarsitzungen zu verfolgen, seine Auffassungen zu äußern und an den Abstimmungen teilzunehmen, kann er seine verfassungsmäßigen Beteiligungsbefugnisse im Parlament wahrnehmen. Durch den Sitzungsausschluss werden diese Rechte für die weitere Dauer der Sitzung vollständig abgeschnitten.[212]

2. Verfassungsrechtliche Rechtfertigung der Beeinträchtigung

a) Einschränkbarkeit der Rechte aus Art. 38 Abs. 1 S. 2 GG

Im Rahmen der verfassungsrechtlichen Rechtfertigung der Beeinträchtigung ist zunächst festzustellen, dass Beschränkungen der Statusrechte prinzipiell zulässig sind, allerdings nur – wie oben dargelegt – zu Gunsten anderer Rechtsgüter von Verfassungsrang. Sodann ist zu prüfen, ob die betreffende Regelung oder Maßnahme im konkreten Fall dem Schutz eines solchen verfassungslegitimen Rechtsguts dient.

Ergeht die beschränkende Maßnahme auf der Grundlage einer konkreten Regelung, insbesondere etwa der Geschäftsordnung des Bundestages, so kann diese Regelung als **Anhaltspunkt** für die mit der Beschränkung verfolgten **Schutzzwecke** herangezogen werden (z.B. in § 38 Abs. 1 S. 1 GOBT: Schutz der „Ordnung" und der „Würde des Bundestages"). Da die Geschäftsordnung allerdings selbst keinen Verfassungsrang genießt, darf in der Fallbearbeitung nicht unter ihre Vorschriften subsumiert werden.

Zu Beispielsfall 4 (Rn. 349): Der verfassungsrechtliche Schutz des freien Mandats und der daraus folgenden Beteiligungsrechte der Abgeordneten gilt freilich nicht absolut und schrankenlos. Sie finden ihre Grenzen vielmehr in anderen Rechten und Rechtsgütern von Verfassungsrang, mit denen sie in Einklang zu bringen sind. Der Sitzungsausschluss zielt vorliegend ausschließlich auf den Schutz parlamentsinterner Belange ab. Dabei kommen im Einzelfall verschiedene verfassungslegitime Schutzgüter in Betracht.
Mit dem Schutz der **„parlamentarischen Ordnung"**, die der Bundestagspräsident gestört gesehen hat, vgl. § 38 Abs. 1 S. 1 Var. 1 GOBT, ist der geordnete Ablauf der Plenarsitzung gemeint, das heißt die Einhaltung der Rede- und Sitzungsordnung usw. Dahinter stehen als verfassungslegitime Schutzgüter die Gewährleistung der Funktionsfähigkeit des Parlaments selbst sowie der Schutz der Rechte anderer Abgeordneter, welche durch Störungen der Sitzungsordnung ihrerseits beeinträchtigt werden können. Sie kommen als Verfassungsrechtsgüter unstreitig als Schranken der Abgeordnetenrechte in Betracht.

212 Vgl. zu der im Rahmen der prozessualen Geltendmachung der Rechte aus Art. 38 Abs. 1 S. 2 GG relevanten Frage, ob der Sitzungsausschluss dem Bundestagspräsidenten selbst oder dem Bundestag zuzurechnen ist (und gegen wen der Antrag im Organstreit also zu richten ist) zutreffend *Reinhardt*, Fall 2 – Friedensfahnen im Bundestag, in: Coester-Waltjen/Ehlers/Geppert (Hrsg.), JURA Examensklausurenkurs, 4. Aufl. 2011, S. 119 (124).

Darüber hinaus hat der Bundestagspräsident eine eklatante Verletzung der **„Würde des Parlaments“** festgestellt, vgl. nun auch § 38 Abs. 1 S. 1 Var. 2 GOBT. Gemeint sind damit die Würde „im Sinne eines von gegenseitigem Respekt getragenen Diskurses“ und das „Ansehen des Hauses nach außen“.[213] Ob hierin ein verfassungslegitimer Grund zur Beschränkung der Abgeordnetenrechte liegt, ist allerdings umstritten. **Dagegen** werden vor allem rechtsstaats- und demokratieprinzipielle Argumente vorgebracht:[214] Zum einen seien die aus der „Würde des Parlaments“ folgenden Verhaltensmaßstäbe inhaltlich kaum zu erfassen, und bleibe daher völlig unklar, welche Verhaltensweisen im Einzelnen als Würdeverletzungen einzuordnen seien; dies sei mit dem rechtsstaatlich fundierten Bestimmtheitsgebot kaum vereinbar. Im Übrigen sei der Bundestag nach den demokratieprinzipiellen Vorgaben des Grundgesetzes ein pluralistisch zusammengesetztes Organ, dessen Achtungsanspruch nicht individuell konstruiert werden könne, sondern seinerseits die Pluralität des parlamentarischen Willensbildungsprozesses widerspiegele und daher nicht als Quelle eindeutiger Verhaltensmaßstäbe herangezogen werden könne. **Für** eine Schutzwürdigkeit auch der „Würde des Parlaments“ spricht allerdings, dass die Funktionsfähigkeit einer demokratischen Staatsordnung stets auch das Vertrauen der Bürger in die Verfassungsorgane voraussetzt.[215] Insbesondere die Funktionsfähigkeit des Parlaments hängt in einer repräsentativen Demokratie notwendig auch von der Akzeptanz seiner Entscheidungen ab. Vertrauen stiftend wirkt dabei nicht zuletzt auch das Ansehen, welches das Parlament nach außen hin genießt. Auch die Würde des Parlaments kommt daher prinzipiell als Schranke der Abgeordnetenrechte in Betracht.

b) Verfassungsrechtliche Grenzen der Einschränkbarkeit

Die Beschränkung muss allerdings, entsprechend dem **Grundsatz der praktischen Konkordanz**, in verhältnismäßiger Weise erfolgen.[216] Verlangt man darüber hinaus aus rechtsstaatsprinzipiellen Gründen eine **rechtssatzförmige Grundlage** der Beschränkung in Gestalt zumindest einer Vorschrift der Geschäftsordnung des Bundestages, so ist deren Vorliegen kurz festzustellen.[217]

Dieses letztgenannte Erfordernis sollte, wie bereits oben ausgeführt, gewiss **nicht** dazu führen, dass zum Gegenstand der verfassungsrechtlichen Prüfung gemacht wird, ob diese **Rechtsgrundlage** „ihrerseits **verfassungsgemäß**“ ist und „die **Geschäftsordnung eingehalten** wird“.[218] Hierin liegt, wie dargelegt, eine irrige Übertragung der Grundrechtsdogmatik auf staatsorganisationsrechtliche, parlamentsinterne Fragen.

213 LVerfG Mecklenburg-Vorpommern, Urt. v. 27.1.2011, LVerfG 4/09, Rn. 31, mit Blick auf die entsprechenden Vorgaben des Landesverfassungsrechts.

214 Vgl. zu den folgenden Argumenten *Ingold/Lenski*, JZ 2012, 120 (122 f.).

215 Vgl. zum Ansehen der Bundesrepublik Deutschland und ihrer Symbole als verfassungsrechtlich legitime (und in § 90a StGB geschützte) Rechtsgüter BVerfGE 81, 278 (293) – „Bundesflagge“.

216 Vgl. zum Grundsatz der praktischen Konkordanz bereits oben Rn. 66.

217 Vgl. dazu ausführlich oben Rn. 352.

218 So aber LVerfG Brandenburg, Urt. v. 17.9.2009, VfGBbg 45/08, Punkt II. 2. Vgl. ebenso unrichtig *Reinhardt*, Fall 2 – Friedensfahnen im Bundestag, in: Coester-Waltjen/Ehlers/Geppert (Hrsg.), JURA Examensklausurenkurs, 4. Aufl. 2011, S. 119 (125); *Augsberg/Augsberg/Schwabenbauer*, Klausurtraining Verfassungsrecht, 4. Aufl. 2021, S. 179 ff.

Zu Beispielsfall 4 (Rn. 349): Eine Beschränkung der Abgeordnetenrechte aus Art. 38 Abs. 1 S. 2 GG ist allerdings ihrerseits nicht schrankenlos zulässig, sondern muss, gemäß dem Grundsatz praktischer Konkordanz, einen möglichst schonenden Ausgleich zwischen den gegenläufigen verfassungsrechtlichen Rechten und Rechtsgütern herstellen. Der auf der Grundlage des § 38 Abs. 1 S. 1 GOBT erfolgte Sitzungsausschluss müsste eine angemessene, also im engeren Sinne verhältnismäßige Beschränkung der Abgeordnetenrechte darstellen. Dies ist dann der Fall, wenn die Intensität der mit einem Sitzungsausschluss verbundenen Beeinträchtigung der Statusrechte nicht außer Verhältnis zu dem Gewicht der damit verfolgten Zwecke steht.
Die **Intensität** der mit dem Sitzungsausschluss nach § 38 Abs. 1 S. 1 GOBT verbundenen **Beeinträchtigung der Statusrechte** der A ist vergleichsweise **hoch**. Die betroffenen Rechte – also das Recht auf Teilnahme an den Sitzungen, das Rederecht sowie das Recht auf Teilnahme an den Abstimmungen – sind dem Abgeordneten für die weitere Dauer der Plenarsitzung abgeschnitten. Besonders schwer wiegt dabei die Beschneidung des Abstimmungsrechts, da der einzelne Abgeordnete im Rahmen der Abstimmungen an den Parlamentsentscheidungen partizipiert. Die A konnte deswegen vorliegend nicht an der Abstimmung über die Verlängerung des Auslandseinsatzes teilnehmen. Als einziger mildernder Umstand ergibt sich im vorliegenden Fall, dass der Ausschluss nach § 38 Abs. 1 S. 1 GOBT nur die laufende, nicht aber weitere Sitzungen betrifft. Dennoch müssen die Anforderungen an das Gewicht der mit diesen Beschränkungen verfolgten Ziele dementsprechend hoch angesetzt werden. Nicht schon geringfügige oder mittlere, sondern nur schwere Störungen der parlamentarischen Ordnung sind daher geeignet, die Intensität der Rechtsbeeinträchtigungen seitens der A aufzuwiegen.
Andererseits war der **ordnungsgemäße Sitzungsablauf** durch die Protestaktion selbst sowie die darauf folgenden zustimmenden und ablehnenden verbalen und nichtverbalen Bekundungen der anderen Abgeordneten **zumindest vorübergehend erheblich gestört**. Die Beeinträchtigungen erschöpften sich dabei nicht in vereinzelten, punktuellen Störungen der Rede- und Sitzungsordnung durch Zwischenrufe oder Ähnliches. Für die Dauer der nichtverbalen Kundgebung sowie der anschließenden Reaktionen der Unterstützer und der Gegner war ein ordnungsgemäßer Ablauf der Plenarsitzung vielmehr bis auf Weiteres unmöglich gemacht worden. Die Funktionsfähigkeit des Parlaments war damit zeitweilig aufgehoben, die Mitwirkungsbefugnisse der übrigen Abgeordneten liefen insofern leer. Auch das prinzipiell schutzwürdige **Ansehen des Bundestages** war durch die demonstrationsartige Kundgebung insofern **beeinträchtigt**, als diese dem Bilde eines allein am jeweiligen Sachgegenstand orientiert geführten parlamentarischen Diskurses zuwiderlief. Derartige Diskussionsformen mögen zwar im Rahmen einer öffentlichen Kundgebung durchaus angemessen und begrüßenswert sein. In einer sachlichen Plenardebatte platziert sind sie indes geeignet, die Würde des Bundestages als des zentralen Forums der öffentlichen Meinungsbildung herabzusetzen.[219] Mit dem Hochhalten von Bannern wurde eine auf die Erzielung von Plakativität und Aufmerksamkeit gerichtete Kommunikationsform der Demonstrationskultur in den Bundestag getragen, die der an Sachlichkeit ausgerichteten traditionellen Diskursform des Parlaments nicht entspricht. Der Sitzungsausschluss erfolgte somit zur Beseitigung **hinreichend schwerwiegender** Störungen der parlamentarischen Ordnung und der Würde des Parlaments.

219 Vgl. im Ergebnis wohl ebenso BT-Drucks. 17/5471, S. 4.

Da der Sitzungsausschluss allerdings die schärfste Form der Sanktion von Ordnungsverstößen, also gleichsam die ***ultima ratio* der Ordnungsmaßnahmen** darstellt,[220] verlangt es ein möglichst schonender Ausgleich der betroffenen verfassungsrechtlichen Positionen, zu prüfen, ob vorliegend nicht auch **mildere, gleich effektive Mittel** zum Schutze der Ordnung und der Würde des Bundestages in Betracht kamen. Hier kommen mehrere weniger einschneidende Maßnahmen in Betracht, die der Bundestagspräsident hätte ergreifen können. Zum einen hätte er vor der Anordnung des Sitzungsausschlusses eine (in der Geschäftsordnung nicht vorgesehene, aber gewohnheitsrechtlich anerkannte) **parlamentarische Rüge** oder einen **Ordnungsruf gemäß § 36 Abs. 1 S. 2 GOBT** aussprechen und den Abgeordneten der X-Fraktion damit die Möglichkeit geben können, von weiteren Störungen der Ordnung und der Würde des Bundestages abzusehen. Zum anderen hätte der Bundestagspräsident den Abgeordneten der X-Fraktion trotz ihres Ausschlusses von der Plenardebatte jedenfalls die Gelegenheit geben können, (nur) **an der Abstimmung** über den Bundeswehreinsatz **teilzunehmen**, um zumindest das Stimmrecht der betroffenen Abgeordneten zu wahren.[221] Da der Bundestagspräsident diese relativ milderen Maßnahmen nicht erwogen und ergriffen hat, sondern vielmehr unmittelbar einen Ausschluss der Abgeordneten von der Sitzung, einschließlich der Abstimmung, angeordnet hat, liegt eine **unangemessene Beschränkung** der Rechte der A aus Art. 38 Abs. 1 S. 2 GG vor. Sie ist daher in ihren verfassungsmäßigen Beteiligungsrechten verletzt.

Geht es nicht um eine Beschränkung der Rechte aus Art. 38 Abs. 1 S. 2 GG, sondern 354
macht der einzelne Abgeordnete in Reaktion auf ein **Unterlassen** eines durch Art. 38 Abs. 1 S. 2 GG verpflichteten Verfassungsakteurs einen **Anspruch** geltend, begehrt also von diesem ein bestimmtes Handeln, so ist folgender Prüfungsaufbau zu wählen:

Prüfungsaufbau: Ansprüche des Abgeordneten aus Art. 38 Abs. 1 S. 2 GG

Obersatz: „Der Abgeordnete hat gegen *(einen anderen am Verfassungsleben Beteiligten)* einen Anspruch aus Art. 38 Abs. 1 S. 2 GG auf *(ein bestimmtes Tun oder Unterlassen)*, wenn Art. 38 Abs. 1 S. 2 GG dem Abgeordneten grundsätzlich das Recht auf *(das begehrte Tun oder Unterlassen)* durch den Anspruchsgegner gewährt und dem Anspruch keine verfassungsrechtlichen Schranken entgegenstehen."

Zu Beispielsfall 5 (Rn. 349): A hat einen verfassungsrechtlichen Anspruch gegen die Bundesregierung auf Herausgabe der Informationen aus Art. 38 Abs. 1 S. 2 GG, wenn Art. 38 Abs. 1 S. 2 GG dem A grundsätzlich ein Recht auf die Herausgabe der Informationen verleiht und dem Anspruch keine verfassungsrechtlichen Schranken entgegenstehen.

220 Vgl. *Ingold/Lenski*, JZ 2012, 120 (123).
221 Vgl. zur „Uneinschränkbarkeit" des Stimmrechts *Ingold/Lenski*, JZ 2012, 120 (123 f.) m.w.N.

1. Anspruchsgrundlage

In einem ersten Schritt ist die einschlägige Anspruchsgrundlage zu benennen, sofern Art. 38 Abs. 1 S. 2 GG nicht bereits als Anspruchsgrundlage vorgegeben ist. Dabei ist gegebenenfalls auch zu prüfen, ob sich der Anspruch noch aus anderen, spezielleren Vorschriften ergeben könnte.

Zu Beispielsfall 5 (Rn. 349): Ein Anspruch des A auf Erteilung der Informationen könnte sich vorliegend auch aus § 105 Satz 1 GOBT sowie aus Art. 43 Abs. 1 GG ergeben. § 105 Satz 1 GOBT gewährt indes zumindest keinen verfassungsrechtlichen Anspruch, da die Vorschriften der GOBT nicht zum Verfassungsrecht zählen. Auch Art. 43 Abs. 1 GG ist im vorliegenden Fall nicht einschlägig, da diese Norm keine Rechte des einzelnen Abgeordneten, sondern nur Rechte des Bundestages begründet. A möchte vorliegend aber aus eigenem Recht gegen die Bundesregierung vorgehen. Als Anspruchsgrundlage kommt somit nur Art. 38 Abs. 1 S. 2 GG in Betracht.

2. Inhalt und Reichweite des Anspruchs

In einem zweiten Schritt ist zu prüfen, ob sich aus Art. 38 Abs. 1 S. 2 GG ein Recht des Abgeordneten ergibt, das konkret begehrte Verhalten (Tun oder Unterlassen) vom Anspruchsgegner zu verlangen. Es muss also aus Art. 38 Abs. 1 S. 2 GG eine **konkrete Rechtsposition** des Abgeordneten hergeleitet werden, die mit einer **Verhaltenspflicht** des Anspruchsgegners korrespondieren muss.

Im Rahmen einer klausurmäßigen Fallbearbeitung empfiehlt es sich dabei oftmals, die Rechte des Abgeordneten unter **Anknüpfung an die Aufgaben und Befugnisse des Bundestages** (Art. 42 ff. GG) herzuleiten.

Zu Beispielsfall 5 (Rn. 349): Fraglich ist, ob Art. 38 Abs. 1 S. 2 GG dem einzelnen Abgeordneten ein **Recht auf Information** gegenüber der Bundesregierung gewährt. Als unmittelbar demokratisch legitimiertem Verfassungsorgan kommt dem Bundestag im Rahmen der grundgesetzlichen Gewaltenteilung u.a. auch die Aufgabe zu, das Handeln der Exekutive, insbesondere der Bundesregierung zu kontrollieren. Diese Funktion findet Niederschlag in den Kontrollbefugnissen nach Art. 43 und Art. 44 GG. Um seine Rechte als Bundestagsabgeordneter aus Art. 38 Abs. 1 S. 2 GG, einschließlich jener Kontrollaufgaben, effektiv wahrnehmen zu können, benötigt der einzelne Abgeordnete zunächst Informationen über die Tätigkeit der Regierung. Der Abgeordnete kann daher aus Art. 38 Abs. 1 S. 2 GG grundsätzlich verlangen, Informationen von der Bundesregierung aus den Bereichen zu erhalten, für die die Regierung unmittelbar oder mittelbar **verantwortlich** ist (vgl. in diesem Sinne auch Nr. 2 der Anlage 4 zur GOBT).[222] Da die Vorbereitung einer Regierungsvorlage nach Art. 76 Abs. 1 GG in den unmittelbaren Verantwortungsbereich der Bundesregierung fällt, hat A prinzipiell einen Anspruch auf die begehrten Informationen zum Stand der Vorbereitungen der Initiative.

222 Dazu zählen beispielsweise auch Auskünfte in Bezug auf die der Bundesregierung unmittelbar nachgeordneten Behörden (z.B. bezüglich nachrichtendienstlicher Erkenntnisse des Bundesamts für Verfassungsschutz), vgl. dazu BVerfGE 146, 1 (40 f.) – „Parlamentarisches Fragerecht". Ebenso erfasst sind die Tätigkeiten von in der Hand des Bundes befindlichen öffentlichen Unternehmen in Privatrechtsform (z.B. bezüglich der Tätigkeiten der Deutschen Bahn AG), vgl. BVerfGE 147, 50 (Rn. 216 ff.) – „Auskunftspflichten der Bundesregierung".

3. Verfassungsrechtliche Schranken
Schließlich ist in einem dritten Schritt festzustellen, dass Ansprüche aus Art. 38 Abs. 1 S. 2 GG **nicht schrankenlos** gewährt werden können, sondern ihre Grenzen – wie grundsätzlich alle verfassungsrechtlich verbürgten Rechte – in **kollidierendem Verfassungsrecht** finden. Sodann sind die im konkreten Fall kollidierenden legitimen Verfassungsrechtsgüter zu identifizieren und mit dem verfassungsrechtlichen Anspruch des Abgeordneten gemäß dem **Grundsatz der praktischen Konkordanz** in einen **angemessenen Ausgleich** zu bringen.

Zu Beispielsfall 5 (Rn. 349): Der Informationsanspruch des A gegen die Bundesregierung aus Art. 38 Abs. 1 S. 2 GG findet seine Schranken vorliegend[223] in der verfassungsrechtlichen Position der Bundesregierung. Bei der Ausübung ihrer Rechte aus Art. 38 Abs. 1 S. 2 GG haben die Abgeordneten den Funktionsbereich zu respektieren, den die Bundesregierung in eigener Verantwortung wahrzunehmen hat, insbesondere den sogenannten **„Kernbereich exekutiver Eigenverantwortung“**[224], der einen auch vom Parlament „grundsätzlich nicht ausforschbaren Initiativ-, Beratungs- und Handlungsbereich“ der Regierung bezeichnet und vor allem auch „die **Willensbildung der Regierung selbst**“ umfasst, „sowohl hinsichtlich der Erörterungen im Kabinett als auch bei der Vorbereitung von Kabinetts- und Ressortentscheidungen, die sich vornehmlich in ressortübergreifenden und -internen Abstimmungsprozessen vollzieht“.[225] Dies ergibt sich aus der institutionell-funktionalen Gewaltenteilung des Grundgesetzes. Im Rahmen dieser Gewaltenteilung sind der Bundesregierung bestimmte Funktionsbereiche zugeordnet, u.a. auch die Erarbeitung und Einbringung von Gesetzesinitiativen, Art. 76 Abs. 1 GG. Um diese Befugnis effektiv ausüben zu können, bedarf es eines Schutzes laufender regierungsinterner Beratungen über geplante Gesetzesvorlagen. Vor diesem Hintergrund muss der Informationsanspruch des A im vorliegenden Fall hinter den verfassungsrechtlich gebotenen Schutz der laufenden internen Regierungsarbeit zurücktreten. A hat daher keinen Anspruch gegen die Bundesregierung aus Art. 38 Abs. 1 S. 2 GG auf Erteilung der begehrten Informationen.

3. Absicherung der Rechtsstellung durch Indemnität und Immunität sowie durch die Gewährung einer angemessenen Entschädigung

Abgesichert sind das freie und gleiche Mandat und die genannten parlamentarischen 355
Beteiligungsrechte vor allem durch **Art. 46** und **Art. 48 Abs. 3 GG**. Die **Indemnität** schützt den Abgeordneten davor, für seine Äußerungen im Parlamentsbereich „gerichtlich oder dienstlich verfolgt oder sonst außerhalb des Bundestages zur Verantwortung gezogen“ zu werden, Art. 46 Abs. 1 GG. Die **Immunität** schützt den Abgeordneten davor, wegen einer strafbaren Handlung zur Verantwortung gezogen zu werden, ohne dass der

223 Weitere Schranken können sich letztlich aus sämtlichen Gesichtspunkten ergeben, die auch der Einsetzung parlamentarischer Untersuchungsausschüsse entgegengehalten werden können, d.h. aus der **bundesstaatlichen Kompetenzverteilung**, der mit der grundgesetzlichen Gewaltenteilung vorgenommenen **verfassungsmäßigen Zuteilung der Staatsfunktionen** (insbesondere dem sogenannten **Kernbereich exekutiver Eigenverantwortung**), dem Wohl des Bundes oder eines Landes (**Staatswohl**) sowie **Grundrechten Dritter**. Siehe dazu eingehend unten Rn. 360 (dort unter Punkt 2. b) aa)).

224 BVerfGE 67, 100 (139) – „Flick-Untersuchungsausschuss“ (ohne Hervorhebung im Original).

225 BVerfGE 67, 100 (139) – „Flick-Untersuchungsausschuss“ (ohne Hervorhebung im Original).

Bundestag seine Genehmigung erteilt hat, Art. 46 Abs. 2 GG.[226] Zur Gewährleistung der Unabhängigkeit des Abgeordneten sieht Art. 48 Abs. 3 GG schließlich vor, dass ihm ein Anspruch auf eine **angemessene Entschädigung** zusteht, damit er nicht auf andere wirtschaftliche Erwerbsquellen angewiesen ist, vgl. auch § 44a Abs. 1 S. 1 AbgG.

4. Prozessuale Durchsetzung der Statusrechte

356 Aufgrund der genannten **verfassungsmäßigen Rechte** kann der Abgeordnete gemäß Art. 93 Abs. 1 Nr. 1 GG grundsätzlich Beteiligter eines **Organstreitverfahrens** sein und eine Verletzung seiner Statusrechte im weiteren Sinne durch Maßnahmen oder Unterlassungen anderer möglicher Beteiligter im Organstreitverfahren (z.B. des Bundestages, des Bundestagspräsidenten, der Bundesregierung etc.) geltend machen – und zwar auch dann, wenn sich die beanstandete Rechtsverletzung auf einen in der Vergangenheit liegenden, abgeschlossenen Vorgang bezieht[227].

Umstritten ist, ob sich die Beteiligtenfähigkeit des einzelnen Abgeordneten aus **§ 63 BVerfGG** (als **Teil des Organs Bundestag**) oder allein aus **Art. 93 Abs. 1 Nr. 1 GG** (als **anderer Beteiligter**) ergibt. Von dieser Streitfrage hängt ab, ob der Abgeordnete **Rechte des Bundestages prozessstandschaftlich geltend machen** kann (so die Lösung über §§ 63, 64 Abs. 1 BVerfGG) oder ob er nur eigene Rechte durchsetzen kann (so die Lösung über Art. 93 Abs. 1 Nr. 1 GG). Das Bundesverfassungsgericht folgt der letztgenannten Ansicht und betrachtet als Organteile des Bundestages i.S.v. § 63 BVerfGG „nur die nach der Geschäftsordnung **ständig vorhandenen Gliederungen** des Bundestages", in erster Linie also Fraktionen.[228]

357 Nicht im Wege eines Organstreitverfahrens geltend machen kann der Abgeordnete seine **verfassungsmäßigen subjektiven Rechte *als Bürger***, also seine Grundrechte und grundrechtsgleichen Rechte. Hier kommt nur eine **Verfassungsbeschwerde** in Betracht.

Zu beachten ist, dass sich die Abgeordneten **im staatsorganisationsrechtlichen Bereich** schon gar **nicht auf die Grundrechte berufen** können. So könnten sich etwa die Abgeordneten in Beispielfall 3[229] nicht auf ihre Meinungsfreiheit aus Art. 5 Abs. 1 S. 1 GG oder ihre Versammlungsfreiheit aus Art. 8 Abs. 1 GG berufen, da sie im Parlament allein in ihren Rechten als Abgeordnete betroffen sind. Auch im Rahmen der **Ausgestaltung der Rechtsstellung des Abgeordneten**, die den rein parlamentsinternen Bereich verlässt und damit unter Art. 38 Abs. 3 GG fällt, kann sich der Abgeordnete nicht auf grundrechtliche Positionen berufen, etwa im Zusammenhang mit der Mittelpunktregelung des § 44a Abs. 1 S. 1 AbgG.[230] Einzig bei **Eingriffen in die Privatsphäre** hat das Bundesverfassungsgericht **ausnahmsweise** eine Berücksichtigung grundrechtlicher Belange für möglich gehalten.[231]

---

226 Vgl. *Maurer*, Staatsrecht I, 6. Aufl. 2010, § 13 Rn. 74.
227 Vgl. dazu etwa BVerfG NVwZ 2022, 629 (630 f.).
228 BVerfGE 123, 267 (337) – „Lissabon-Vertrag" (ohne Hervorhebung im Original). Vgl. erstmals BVerfGE 2, 143 (160) – „EVG-Vertrag".
229 Vgl. dazu oben bei Rn. 349 und 353.
230 Vgl. BVerfGE 118, 277 (327 f.) – „Abgeordnetengesetz".
231 Vgl. dazu BVerfGE 99, 19 (29) – „Gysi III".

IV. Parlamentarisches Untersuchungsverfahren, Art. 44 GG

Das in **Art. 44 GG** vorgesehene Recht, Untersuchungsausschüsse einzusetzen, „gehört zu den **ältesten und wichtigsten Rechten des Parlaments**".[232] Es verschafft „die Möglichkeiten der Sachverhaltsaufklärung, die das Parlament zur Vorbereitung seiner Entscheidungen und vor allem zur Wahrung seiner **Kontrollfunktion gegenüber der ihm verantwortlichen Regierung** benötigt".[233] **Rechtsgrundlage** für die Einsetzung, das Verfahren und die Befugnisse der Untersuchungsausschüsse bildet seit 2001 vor allem das Gesetz zur Regelung des Rechts der Untersuchungsausschüsse des Deutschen Bundestages (**Untersuchungsausschussgesetz – PUAG**), dessen Vorschriften die insoweit **lückenhaften Regelungen in Art. 44 GG** ergänzen.[234] 358

Das Recht einer parlamentarischen Minderheit, Untersuchungsausschüsse einzusetzen, ist vor allem auch ein Instrument **effektiver parlamentarischer Opposition**, deren Sicherung letztlich im Demokratieprinzip wurzelt.[235] Dies macht es allerdings nicht zum Verfassungsgebot, die in Art. 44 GG (und anderen Verfassungsnormen) vorgesehenen Quoren für die Ausübung der Kontrollrechte im Wege der Verfassungsauslegung[236] oder gar der Verfassungsänderung[237] abzusenken, damit die parlamentarische Opposition diese Rechte auch im Falle einer „Großen Koalition" wahrnehmen kann.

Vor allem die Reichweite der **Befugnisse** der Untersuchungsausschüsse gegenüber anderen Verfassungsorganen sind häufig Gegenstand verfassungsgerichtlicher Auseinandersetzungen und damit auch von Relevanz für juristische Prüfungsarbeiten. Die Voraussetzungen für die Einsetzung eines Untersuchungsausschusses sollen im Folgenden daher im Rahmen der klausurtypischen Prüfung eines Anspruchs des Untersuchungsausschusses auf **Vorlage von Beweismitteln** (vgl. **Art. 44 Abs. 1 S. 1 GG, § 18 Abs. 1 PUAG**) dargestellt werden.[238] 359

Beispielsfall 6: Rechte eines Untersuchungsausschusses[239]**.** In den Medien häufen sich Berichte über zweifelhafte Tätigkeiten von US-amerikanischen und deutschen Nachrichtendiensten, u.a. über die durch US-Stellen wegen Terrorverdachts durchgeführte Verschleppung des deutschen Staatsangehörigen S nach Afghanistan und die dort vorgenommenen Befragungen unter folterähnlichen Umständen, denen angeblich auch deutsche Stellen beigewohnt haben sollen. Auf Antrag der oppositionellen O-Fraktion wird daraufhin mit wirksamem Beschluss des Bundestages der S-Untersuchungsausschuss (S-UA) mit den Aufgaben eingesetzt, zu untersuchen, ob deutsche Stellen Informationen geliefert haben, die zur Entführung

---

232 BVerfGE 124, 78 (114) – „Untersuchungsausschuss Geheimgefängnisse" (ohne Hervorhebung im Original).
233 BVerfGE 124, 78 (114) – „Untersuchungsausschuss Geheimgefängnisse" (ohne Hervorhebung im Original).
234 Vgl. *Maurer*, Staatsrecht I, 6. Aufl. 2010, § 13 Rn. 137 f.
235 Vgl. BVerfGE 142, 25 (55) – „Oppositionsrechte".
236 Vgl. BVerfGE 143, 101 (129 f.) – „NSA-Untersuchungsausschuss".
237 Vgl. dazu BVerfGE 142, 25 (64 ff.) – „Oppositionsrechte".
238 Eine weitere mögliche Klausurkonstellation bildet die Ablehnung des Antrags eines Viertels der Mitglieder des Bundestages i.S.v. Art. 44 Abs. 1 S. 1 GG durch den Bundestag. Den ablehnenden Bundestagsbeschluss kann die Minderheit i.S.v. Art. 44 Abs. 1 S. 1 GG im Wege eines Organstreitverfahrens angreifen.
239 Der Fall ist der Entscheidung BVerfGE 124, 78 – „Untersuchungsausschuss Geheimgefängnisse" nachgebildet.

des mittlerweile wieder nach Deutschland zurückgekehrten S beigetragen haben, welche Informationen der deutsche diplomatische Dienst und die Bundesregierung über die Entführung hatten und ob deutsche Stellen an der Vernehmung des S beteiligt waren. Nachdem der S-UA seine Tätigkeit aufgenommen und ein halbes Jahr lang eine Fülle von Beweisen gesichtet hatte, beschloss er, auch Beweis zu erheben über alle zu dem für die untersuchten Vorgänge relevanten Zeitraum angefertigten Unterlagen zur sogenannten Präsidentenrunde, einem wöchentlich stattfindenden Treffen des Chefs des Bundeskanzleramtes mit den Staatssekretären des Auswärtigen Amtes, des Bundesinnenministeriums, des Bundesjustizministeriums und des Bundesverteidigungsministeriums sowie den Präsidenten des Bundesnachrichtendienstes, des Bundesamtes für Verfassungsschutz und des Bundeskriminalamtes, in dessen Rahmen grundsätzlich die aktuelle Sicherheitslage in Deutschland unverbindlich und zum gegenseitigen Informationsaustausch besprochen wird und angeblich auch der konkrete Fall S erörtert worden sein soll. Die Bundesregierung verweigert die Herausgabe der Unterlagen. Zum einen seien die Unterlagen dem Kernbereich exekutiver Eigenverantwortung zuzuordnen, da die Beratungen der Präsidentenrunde „hochrangig und mit eng begrenztem Teilnehmerkreis erfolgten und jedenfalls insoweit als Arkanbereich der Bundesregierung in Sicherheitsfragen mit dem Kabinett vergleichbar seien", zumal die Runden „die Willensbildung in den beteiligten Ressorts und gegebenenfalls des Kabinetts" vorbereiteten. Zum anderen seien die von der Runde erörterten Gegenstände „typischerweise von hoher sicherheitspolitischer Bedeutung und häufig auch von erheblicher Relevanz für sensible außenpolitische Kontakte"; es seien daher auch herausragende Belange des Staatswohls berührt, die eine Herausgabe an den Untersuchungsausschuss nicht erlaubten. Die Regierung verweist in diesem Zusammenhang darauf, dass es im Rahmen der bisherigen Beweiserhebung bereits zu einem Aktenverlust im Ausschuss gekommen sei, und dass auch im Übrigen – wenngleich nicht notwendig aus dem Ausschuss – zunehmend sicherheitsrelevante Details an die Medienöffentlichkeit gelangen. Kann der S-UA die Herausgabe der Unterlagen von Verfassungs wegen verlangen?

360 Die **prozessuale Durchsetzung** eines solchen Anspruchs auf Vorlage bestimmter Beweismittel **gegen andere Verfassungsorgane**, insbesondere die Bundesregierung, erfolgt im Wege eines Organstreitverfahrens nach Art. 93 Abs. 1 Nr. 1 GG, § 18 Abs. 3 PUAG. Dabei ist darauf zu achten, den Informationsanspruch an sich stets **unmittelbar auf Art. 44 Abs. 1 S. 1 GG** zu stützen, da es im Rahmen eines verfassungsgerichtlichen Verfahrens nach Art. 93 Abs. 1 Nr. 1 GG stets auf die Verletzung von **Verfassungsrecht** ankommt.

Obwohl mit Art. 44 Abs. 1 S. 1 GG ein verfassungsmäßiges **Recht des Bundestages** geltend gemacht wird, kommen als mögliche Antragsteller vor allem **einzelne Fraktionen des Bundestages**, die den Untersuchungsausschuss konstituierende **Minderheit i.S.v. Art. 44 Abs. 1 S. 1 GG** sowie **Antragsminderheiten i.S.v. § 18 Abs. 3 PUAG** in Betracht, die allesamt allerdings keine eigenen Rechte, sondern das Recht des Bundestages aus Art. 44 Abs. 1 S. 1 GG in Prozessstandschaft geltend machen.[240]

240 Vgl. BVerfGE 124, 78 (104 f.) – „Untersuchungsausschuss Geheimgefängnisse" m.w.N.

Prüfungsaufbau: Anspruch des Untersuchungsausschusses auf Vorlage bestimmter Beweismittel (Art. 44 Abs. 1 S. 1 GG, § 18 Abs. 1 PUAG)

Obersatz: „Der Untersuchungsausschuss hat gegen *(einen anderen am Verfassungsleben Beteiligten)* einen Anspruch auf Vorlage *(bestimmter Beweismittel)*, wenn der Ausschuss allgemein in verfassungsmäßiger Weise eingesetzt worden ist und dem konkreten Verlangen des Ausschusses keine verfassungsrechtlichen Schranken entgegenstehen."

Zu Beispielsfall 6 (Rn. 359): Der S-UA hat gegen die Bundesregierung einen Anspruch auf Herausgabe der Unterlagen, wenn der Ausschuss allgemein in verfassungskonformer Weise eingesetzt worden ist und dem konkreten Verlangen keine verfassungsrechtlichen Schranken entgegenstehen.

1. Grundlage und Reichweite des Anspruchs

Einen Anspruch des Untersuchungsausschusses auf Vorlage von Beweismitteln sieht § 18 Abs. 1 PUAG ausdrücklich vor. Diese Vorschrift konkretisiert den **unmittelbar aus Art. 44 Abs. 1 S. 1 GG** folgenden **verfassungsrechtlichen Informationsanspruch**. Dieser umfasst **sämtliche Beweismittel**, welche der Untersuchungsausschuss **im Rahmen seines Auftrags „für erforderlich hält"**.[241]

Zu Beispielsfall 6 (Rn. 359): Ein verfassungsrechtlicher Informationsanspruch des S-UA könnte sich aus der Vorschrift des Art. 44 Abs. 1 S. 1 GG ergeben, die in § 18 Abs. 1 PUAG eine einfachrechtliche Konkretisierung erfahren hat. Der Anspruch umfasst sämtliche Beweismittel, die der Untersuchungsausschuss im Rahmen seines Auftrags für erforderlich hält. Da im Rahmen der Präsidentenrunde angeblich auch das Schicksal des S besprochen worden war, durfte der Ausschuss ohne Weiteres davon ausgehen, dass die Beiziehung der Unterlagen zur Präsidentenrunde „erforderlich" i.S.v. Art. 44 Abs. 1 S. 1 GG ist.

2. Verfassungskonforme Einsetzung des Untersuchungsausschusses

In einem zweiten Schritt ist zu prüfen, ob der Untersuchungsausschuss in verfassungskonformer Weise eingesetzt worden ist.[242]

a) Formelle Verfassungsmäßigkeit

In formeller Hinsicht ist dazu erforderlich

– ein entsprechender **Beschluss des Bundestages** (vgl. § 1 Abs. 2 PUAG), der dem Untersuchungsausschuss die erforderliche **Legitimation des Bundestages** vermittelt,[243]
– wobei es sich um einen Mehrheitsbeschluss handeln kann (sog. **Mehrheitsenquête**) oder um die Umsetzung des Verlangens einer qualifizierten Minderheit (sog. **Minderheitsenquête**), vgl. Art. 44 Abs. 1 S. 1 GG, § 1 Abs. 1 PUAG, sowie
– eine hinreichend bestimmte Bezeichnung des Untersuchungsgegenstandes des Ausschusses.

241 BVerfGE 124, 78 (114) – „Untersuchungsausschuss Geheimgefängnisse" (ohne Hervorhebung im Original).

242 Vgl. *Degenhart*, Staatsrecht I Staatsorganisationsrecht, 37. Aufl. 2021, § 7 Rn. 689; *Höfling/Rixen*, Fälle zum Staatsorganisationsrecht, 6. Aufl. 2019, Fall 11, S. 121 ff.

243 Vgl. *Kloepfer*, Verfassungsrecht I, 2011, § 15 Rn. 249.

Zu Beispielsfall 6 (Rn. 359): Ein wirksamer Bundestagsbeschluss zur Einsetzung des S-UA liegt vor. Bedenken an der hinreichenden Bestimmtheit des festgesetzten Untersuchungsgegenstands bestehen vorliegend nicht, da die vom Ausschuss in tatsächlicher Hinsicht aufzuklärende Beteiligung deutscher Stellen an der Entführung und Vernehmung des S genau bezeichnet worden ist.

b) Materielle Verfassungsmäßigkeit

In materieller Hinsicht müssen mit den im Einsetzungsbeschluss festgesetzten Aufgaben des Ausschusses jeweils **zulässige Untersuchungsgegenstände** bestimmt worden sein:

aa) Zuständigkeit des Bundestages

Da der Untersuchungsausschuss als besondere Untergliederung des Bundestages nicht mehr Rechte als dieser selbst haben kann,[244] müssen sich sämtliche **Untersuchungsgegenstände allgemein im Rahmen der Zuständigkeiten des Bundestages** halten, vgl. § 1 Abs. 3 PUAG. Verfassungsrechtliche Schranken ergeben sich daher, wie das Bundesverfassungsgericht insbesondere in der Entscheidung zum Flick-Untersuchungsausschuss festgestellt hat, vor allem

- aus der **bundesstaatlichen Kompetenzverteilung**, da nur Vorgänge im Zuständigkeitsbereich des Bundes Gegenstand eines Untersuchungsausschusses des Bundestages sein können,
- unter **Gewaltenteilungsgesichtspunkten** aus dem **verfassungsmäßigen Kompetenzbereich anderer Verfassungsorgane**, insbesondere **der Bundesregierung**, denn Vorgänge gerade im Bereich der Exekutive dürfen zwar grundsätzlich Gegenstand eines Untersuchungsausschusses sein – zumal hier gerade das „eigentliche Feld parlamentarischer Untersuchung" liegt[245] –, dennoch darf dabei nicht in **laufende Verfahren** im „Initiativ-, Beratungs- und Handlungsbereich der Exekutive" (sog. **„Kernbereich exekutiver Eigenverantwortung"**)[246] eingegriffen werden, ferner
- aus dem **„Wohl des Bundes oder eines Landes (Staatswohl)"**, welches „durch das Bekanntwerden **geheimhaltungsbedürftiger Informationen** gefährdet werden kann",[247] sowie
- aus den **Grundrechten** Dritter.

---

244 Vgl. *Degenhart*, Staatsrecht I Staatsorganisationsrecht, 37. Aufl. 2021, § 7 Rn. 691.
245 *Maurer*, Staatsrecht I, 6. Aufl. 2010, § 13 Rn. 142.
246 BVerfGE 67, 100 (139) – „Flick-Untersuchungsausschuss".
247 BVerfGE 124, 78 (123) – „Untersuchungsausschuss Geheimgefängnisse" (ohne Hervorhebungen im Original).

bb) Öffentliches Interesse

Schließlich muss im Hinblick auf den Untersuchungsgegenstand ein **öffentliches Interesse** bestehen.[248] Besonderer Begründung bedarf deswegen eine parlamentarische Untersuchung im privaten Bereich und ist dort etwa zu bejahen, wenn private Unternehmen „aufgrund ‚gemeinwirtschaftlicher' Zielsetzung ihrer Tätigkeit in erheblichem Umfang aus staatlichen Mitteln gefördert oder steuerlich begünstigt werden und besonderen rechtlichen Bindungen unterliegen".[249]

Zu Beispielsfall 6 (Rn. 359): Der S-UA ist gerichtet auf die Aufklärung der Beteiligung deutscher Behörden und Regierungsstellen an der Entführung des S und seiner Vernehmung durch Angehörige eines US-amerikanischen Geheimdienstes. Der Ausschuss hat mithin in der Vergangenheit liegende, abgeschlossene (mutmaßliche) Tätigkeiten verschiedener Organe der Exekutive zum Gegenstand, die prinzipiell der Kontrolle des Bundestages unterliegen, und greift somit – jedenfalls bei allgemeiner Betrachtung – nicht in den Kernbereich exekutiver Eigenverantwortung ein. Auch berührt der Ausschuss einen Gegenstand des öffentlichen Interesses, zumal es um die Verwicklung deutscher Staatsorgane in gravierende Grund- und Menschenrechtsverletzungen geht. Der Ausschuss bezieht sich daher allgemein auf einen zulässigen Untersuchungsgegenstand.

3. Verfassungsrechtliche Schranken der konkreten Beweiserhebung

Der Anspruch des Untersuchungsausschusses auf Vorlage von Beweismitteln besteht „vorbehaltlich verfassungsrechtlicher Grenzen", vgl. § 18 Abs. 1 PUAG. Etwaige mit dem Anspruch **kollidierende verfassungsmäßige Rechte und Rechtsgüter** sind dabei im Wege der **praktischen Konkordanz** durch Abwägung in einen **angemessenen** Ausgleich zu bringen. Wie bereits bei der Prüfung der Zulässigkeit des *allgemeinen* Untersuchungsgegenstandes sind auch bei der Beurteilung der Verfassungsmäßigkeit der Beschränkung des ***konkreten*** **Beweisverlangens** typischerweise zu berücksichtigen

- die Wahrung der **bundesstaatlichen Kompetenzverteilung**,
- die Einhaltung der mit der grundgesetzlichen Gewaltenteilung vorgenommenen **verfassungsmäßigen Zuteilung der Staatsfunktionen**, insbesondere der sogenannte **Kernbereich exekutiver Eigenverantwortung**,
- das Wohl des Bundes oder eines Landes (**Staatswohl**) sowie
- die **Grundrechte Dritter**.

Zu Beispielsfall 6 (Rn. 359): Der aus Art. 44 Abs. 1 S. 1 GG grundsätzlich folgende Anspruch des S-UA gegenüber der Bundesregierung auf Herausgabe von Beweismitteln, die, wie vorliegend die Unterlagen zur Präsidentenrunde, nach Einschätzung des Ausschusses einen Bezug zum Gegenstand des Untersuchungsausschusses aufweisen, besteht indes nicht schrankenlos, sondern nur „vorbehaltlich verfassungsrechtlicher Grenzen", vgl. § 18 Abs. 1 PUAG.

248 Vgl. etwa *Degenhart*, Staatsrecht I Staatsorganisationsrecht, 37. Aufl. 2021, § 7 Rn. 695.

249 So BVerfGE 77, 1 (39) – „Neue Heimat" mit Blick auf einen Untersuchungsausschuss, der die zweifelhaften Tätigkeiten der „Neue Heimat, Gemeinnützige Wohnungs- und Siedlungsgesellschaft mbH" zum Gegenstand hatte.

Als verfassungsrechtliche Schranke des konkreten Informationsverlangens des Ausschusses kommt vorliegend zunächst der **Gewaltenteilungsgrundsatz** in Betracht, der es untersagt, dass die „Zweige der Staatsgewalt … ihrer jeweiligen Eigenheiten und ihrer spezifischen Aufgaben und Zuständigkeiten nicht beraubt werden" dürfen.[250] Die Herausgabe der begehrten Unterlagen zur Präsidentenrunde könnte in den sogenannten **Kernbereich exekutiver Eigenverantwortung** fallen und damit einer parlamentarischen Kontrolle entzogen sein. „Eine Pflicht der Regierung, parlamentarischen Informationswünschen zu entsprechen, besteht danach in der Regel nicht, wenn die Information zu einem Mitregieren Dritter bei Entscheidungen führen kann, die in der alleinigen Kompetenz der Regierung liegen. Diese Möglichkeit besteht bei Informationen aus dem Bereich der Vorbereitung von Regierungsentscheidungen regelmäßig, solange die Entscheidung noch nicht getroffen ist. Die Kontrollkompetenz des Parlaments erstreckt sich daher **grundsätzlich nur auf bereits abgeschlossene Vorgänge**. Sie umfasst nicht die Befugnis, in laufende Verhandlungen und Entscheidungsvorbereitungen einzugreifen."[251] Vorliegend geht es um bereits abgeschlossene Vorgänge, da S mittlerweile wieder nach Deutschland zurückgekehrt ist. Allerdings setzt der Gewaltenteilungsgrundsatz auch „dem **nachträglichen parlamentarischen Zugriff** auf Informationen aus der Phase der Vorbereitung von Regierungsentscheidungen" Grenzen, da ein – „auch erst nach Abschluss des jeweiligen Entscheidungsprozesses einsetzender – schrankenloser parlamentarischer Informationsanspruch … vor allem durch seine **einengenden Vorwirkungen** die Regierung" in der ihr grundgesetzlich zugewiesenen selbständigen Funktion beeinträchtigen würde[252] – schließlich müssten die beteiligten Regierungsstellen dann fortwährend befürchten, „dass ihre Äußerungen und Entscheidungen im Verhältnis zu anderen Verfassungsorganen oder gar der Öffentlichkeit publik würden".[253] Erforderlich ist insoweit eine **Abwägung der gegenseitigen Belange**, die den Besonderheiten des konkreten Einzelfalls Rechnung trägt.[254]

Die Regierung hält dem Herausgabeverlangen entgegen, die Erörterungen der hoch besetzten sogenannten Präsidentenrunde seien mit Kabinettsberatungen vergleichbar, zumal sie Regierungshandlungen vorbereiteten. Die Funktion der Präsidentenrunde besteht indes offenbar lediglich im (unverbindlichen) „Austausch von Informationen, der Beratung sowie in der Vorbereitung einer Entscheidungsfindung in den zuständigen Ressorts"; um ein echtes „Entscheidungsgremium" handelt es sich dagegen nicht, der Vergleich mit Kabinettsberatungen ist somit nicht zutreffend.[255] Aus dem Gebot der Herstellung eines angemessenen Ausgleichs zwischen den Vertraulichkeitsinteressen der Exekutive und den Informationsinteressen des Parlaments folgt aber, dass „die der Regierungsentscheidung vorgelagerten Abläufe umso geringeren Schutz genießen, je ferner sie der eigentlichen Regierungsentscheidung stehen".[256] Den Unterlagen kommt daher eine vergleichsweise geringe Schutzwürdigkeit zu. Darüber hinaus muss auch berücksichtigt werden, dass in der Präsidentenrunde möglicherweise das konkrete Schicksal des S erörtert worden war, die Unterlagen also dementsprechend den Gegenstand des Untersuchungsausschusses unmittelbar betreffen konnten. Dies spricht für ein relativ hohes Gewicht des Beweisverlangens des S-UA.

250 BVerfGE 124, 78 (120) – „Untersuchungsausschuss Geheimgefängnisse".
251 BVerfGE 124, 78 (120 f.) – „Untersuchungsausschuss Geheimgefängnisse" (ohne Hervorhebung im Original).
252 BVerfGE 124, 78 (121) – „Untersuchungsausschuss Geheimgefängnisse" (ohne Hervorhebung im Original).
253 BVerfGE 124, 78 (137) – „Untersuchungsausschuss Geheimgefängnisse".
254 Vgl. ebenso BVerfGE 124, 78 (122) – „Untersuchungsausschuss Geheimgefängnisse".
255 BVerfGE 124, 78 (137) – „Untersuchungsausschuss Geheimgefängnisse".
256 BVerfGE 124, 78 (137 f.) – „Untersuchungsausschuss Geheimgefängnisse".

Da die begehrten Unterlagen somit vorliegend bereits **abgeschlossene Vorgänge** betrafen, eventuell auch **den Untersuchungsgegenstand unmittelbar** berührten und den möglichen **eigentlichen Regierungs- und Behördenentscheidungen** bzw. ihren möglichen Unterlassungen **deutlich vorgelagert** waren, genießt das parlamentarische Informationsverlangen hier den Vorrang vor den Interessen der Exekutive.

Auch das Wohl des Bundes, also das **Staatswohl**, könnte dem Informationsanspruch des S-UA vorliegend allerdings entgegengehalten werden, da die Bundesregierung geltend macht, dass die Beratungsgegenstände der Präsidentenrunden regelmäßig „von hoher sicherheitspolitischer Bedeutung" und häufig auch „von erheblicher Relevanz für sensible außenpolitische Kontakte" seien. Dabei ist allerdings zu berücksichtigen, „dass der Umgang mit Informationen in einem Untersuchungsausschuss **eigenen Geheimschutzbestimmungen** unterliegt", vgl. insbesondere etwa die Bestimmungen des § 14 Abs. 1 Nr. 4 (Ausschluss der Öffentlichkeit), des § 15 (Geheimnisschutz) und des § 16 (Zugang zu Verschlusssachen und Amtsverschwiegenheit) sowie des § 30 PUAG (Verfahren bei der Vorlage von Beweismitteln), und „dass das **Staatswohl nicht allein der Bundesregierung**, sondern **dem Bundestag und der Bundesregierung gemeinsam anvertraut** ist".[257] Daher können das Parlament und seine Organe „nicht als Außenstehende behandelt werden, die zum Kreis derer gehören, vor denen Informationen zum Schutz des Staatswohls geheimzuhalten sind".[258] Eine Berufung auf das Staatswohl **scheidet** deswegen gegenüber dem Bundestag **„in aller Regel" aus**, sofern, wie in den genannten Vorschriften des PUAG geschehen, **„wirksam Vorkehrungen gegen das Bekanntwerden"** von Geheimnissen getroffen wurden; im Einzelfall müssen somit **ganz besondere Umstände** vorliegen, um dem Ausschuss Beweismittel aus Gründen des Staatswohls vorenthalten zu dürfen.[259]

Derartige besondere Umstände sind im vorliegenden Fall nicht ersichtlich. Zwar verweist die Bundesregierung insoweit darauf, dass es im Rahmen der bisherigen Beweiserhebung bereits zu einem Aktenverlust im Ausschuss gekommen sei, und dass auch im Übrigen – wenngleich nicht notwendig aus dem Ausschuss – zunehmend sicherheitsrelevante Details an die Medienöffentlichkeit gelangten. Diese Vorgänge stellen indes, „auch angesichts der Fülle der bislang durch den Untersuchungsausschuss erhobenen Beweise", noch keine Gegebenheiten dar, die den Geheimnisschutz im S-UA als „generell nicht hinreichend gewährleistet" erscheinen lassen, zumal darin kein Risiko des Bekanntwerdens geschützter Informationen zu sehen ist, welches „über das bei allen drei Gewalten nicht auszuschließende hinausgeht".[260] Auch der Schutz des Staatswohls steht dem Informationsbegehren des Ausschusses vorliegend nicht entgegen.

---

257 BVerfGE 124, 78 (124) – „Untersuchungsausschuss Geheimgefängnisse" (ohne Hervorhebungen im Original).

258 BVerfGE 124, 78 (124) – „Untersuchungsausschuss Geheimgefängnisse".

259 BVerfGE 124, 78 (124) – „Untersuchungsausschuss Geheimgefängnisse". Abgelehnt wurde ein Herausgabeanspruch mit Rücksicht auf das Interesse an der Erhaltung der außen- und sicherheitspolitischen Handlungsfähigkeit der Bundesregierung beispielsweise in Bezug auf die Liste der vom US-Geheimdienst NSA geführten Kriterien („Selektoren") für eine nachrichtendienstliche Überwachung des Internetverkehrs (sog. **NSA-Selektorenliste**), da die Offenlegung die Kooperation mit den US-Geheimdiensten gefährden könnte, vgl. BVerfGE 143, 101 (148 ff.) – „NSA-Untersuchungsausschuss". Ebenfalls zulässig war die Ablehnung der Vernehmung des für die Führung von Vertrauenspersonen zuständigen Mitarbeiters des Bundesamtes für Verfassungsschutz (sog. **V-Person**-Führer) bei der Aufklärung der Hintergründe des Anschlags auf den Berliner Weihnachtsmarkt 2016: Angesichts der Besonderheiten des islamistisch-terroristischen Milieus ist andernfalls zu befürchten, dass die betreffende V-Person sowie auch andere Quellen ihre Zusammenarbeit mit den Ermittlungsbehörden aus Furcht vor Enttarnung beenden würden, vgl. BVerfGE 156, 270 (Rn. 126 ff.) – „V-Person-Führer".

260 BVerfGE 124, 78 (139) – „Untersuchungsausschuss Geheimgefängnisse".

Der S-UA hat folglich einen Anspruch gegen die Bundesregierung aus Art. 44 Abs. 1 S. 1 GG auf Herausgabe der begehrten Unterlagen.

V. Das Ende der Wahlperiode und die vorzeitige Auflösung des Bundestages

1. Das Ende der Wahlperiode und der Grundsatz der Diskontinuität

361 Mit dem **„Zusammentritt eines neuen Bundestages“** – und nicht etwa automatisch mit dem Ablauf der vier Jahre, auf die der Bundestag gemäß Art. 39 Abs. 1 S. 1 GG gewählt wird[261] – endet die Wahlperiode, Art. 39 Abs. 1 S. 2 GG. Dadurch wird eine „parlamentslose Zeit“ vermieden.[262]

362 Für die jeweiligen Übergänge von einer Wahlperiode zur nächsten gilt der **Grundsatz der Diskontinuität**. Dieser Grundsatz kommt im Sprachgebrauch vor allem darin zum Ausdruck, dass man die bislang zusammengetretenen Bundestage fortlaufend durchnummeriert, also aktuell (seit 2021) etwa vom „20. Deutschen Bundestag“ spricht, der während der aktuellen 20. Wahlperiode amtiert.[263] Man unterscheidet dabei **verschiedene Formen** der Diskontinuität, namentlich[264]

- die **personelle Diskontinuität**, wonach die Bundestagsmandate (und mit ihnen die aus den Mandatsträgern zusammengesetzten Fraktionen und Ausschüsse) zum Ende der Wahlperiode verfallen und gänzlich neubesetzt werden,
- die **sachliche Diskontinuität**, wonach auch sämtliche Parlamentsvorlagen, insbesondere auch laufende Gesetzesvorhaben, zum Ende der Wahlperiode verfallen und von Neuem initiiert werden müssen.

Dass bereits eingebrachte Gesetzentwürfe mit dem Ende der Legislaturperiode der Diskontinuität anheimfallen können, ist verfassungsrechtlich hinzunehmen. Insbesondere kann aus Art. 76 Abs. 1 GG, der den darin genannten Initiativberechtigten grundsätzlich einen Anspruch auf Befassung der Gesetzgebungsorgane in angemessener Frist vermittelt, **keine Pflicht des Bundestages** oder seiner Ausschüsse abgeleitet werden, „über sämtliche vorliegenden Gesetzesvorhaben **innerhalb einer Legislaturperiode abschließend zu entscheiden**“.[265]

261 Vgl. zu der aus demokratieprinzipiellen Gründen notwendigen Periodizität der Bundestagswahlen bereits oben Rn. 183.

262 *Maurer*, Staatsrecht I, 6. Aufl. 2010, § 13 Rn. 52.

263 Vgl. *Maurer*, Staatsrecht I, 6. Aufl. 2010, § 13 Rn. 53.

264 Die Darstellung folgt hier der Differenzierung von *Kloepfer*, Verfassungsrecht I, 2011, § 15 Rn. 74 ff. Vgl. ähnlich auch *Maurer*, Staatsrecht I, 6. Aufl. 2010, § 13 Rn. 54, der zwischen materieller und organisatorischer Diskontinuität differenziert.

265 BVerfGE 145, 348 (Rn. 37) – „Entscheidung über die ‚Ehe für alle‘“.

2. Die vorzeitige Auflösung des Bundestages

Abgesehen vom Regelfall, also von dem Zusammentreten des Bundestages nach einer 363
periodisch durchgeführten Wahl, sieht das Grundgesetz **abschließend** in bestimmten Fällen eine **vorzeitige Auflösung** des Bundestages vor, nämlich in **Art. 63 Abs. 4 S. 3 GG** (nach dem wiederholten Scheitern der Wahl eines neuen Bundeskanzlers) und in **Art. 68 GG** (sog. Vertrauensfrage). Im Rahmen staatsrechtlicher Prüfungsaufgaben erlangt vor allem die letztgenannte Form der vorzeitigen Bundestagsauflösung besondere Relevanz.

Problematisch sind insbesondere die verfassungsrechtlichen **Voraussetzungen der** 364
Bundestagsauflösung nach **Art. 68 GG**, insbesondere die materiell-verfassungsrechtlichen Anforderungen an die einer Auflösung des Bundestages nach Art. 68 GG vorangehende „Vertrauensfrage" des Bundeskanzlers. Diese Anforderungen hat das Bundesverfassungsgericht im Wege einer verfassungskonkretisierenden Auslegung des Art. 68 GG entwickelt.

Hier müssen die beiden **Leitentscheidungen** des Bundesverfassungsgerichts aus den Jahren 1983[266] und 2005[267] bekannt sein. Die erste Entscheidung hatte die Bundestagsauflösung im Januar 1983 zum Gegenstand, zu der es gekommen war, nachdem **Bundeskanzler *Helmut Kohl*** im Dezember 1982 die Vertrauensfrage nach Art. 68 GG gestellt hatte. Sie war politisch und verfassungsrechtlich umstritten, da *Kohl* erst im Oktober 1982, nach dem Scheitern der rot-gelben Regierungskoalition, im Zuge eines konstruktiven Misstrauensvotums (Art. 67 GG) gegen den vormaligen Kanzler Helmut Schmidt zum Bundeskanzler gewählt worden war und die Auflösung des Bundestages gezielt herbeiführen wollte, um sich im Rahmen von Neuwahlen eine stabile Regierungsmehrheit im Bundestag verschaffen zu können. Die zweite Entscheidung betraf die Bundestagsauflösung im Jahr 2005, der eine Vertrauensfrage von **Bundeskanzler *Gerhard Schröder*** vorangegangen war. Auch hier legte es Kanzler *Schröder* darauf an, den Bundestag auflösen zu lassen, da seine SPD zuvor mehrere Landtagswahlen verloren hatte und *Schröder* zur Verwirklichung seines Reformprogramms Agenda 2010 auf eine verlässliche Mehrheit im Bundestag angewiesen war.

Das Bundesverfassungsgericht verlangt für die Verfassungsmäßigkeit einer solchen 365
Bundestagsauflösung zum einen, dass die in Art. 68 GG niedergelegten **formellen Anforderungen** gegeben sind, das heißt der Bundeskanzler muss förmlich die Vertrauensfrage gestellt haben, welche ihrerseits durch den Bundestag abgelehnt worden sein muss; außerdem muss der Bundeskanzler dem Bundespräsidenten den Vorschlag unterbreiten, den Bundestag aufzulösen, dem dieser innerhalb einer Frist von 21 Tagen, Art. 68 Abs. 1 S. 1 GG, nachkommen muss.

Darüber hinaus verlangt das Bundesverfassungsgericht, dass die auf Auflösung des Bun- 366
destages gerichtete Vertrauensfrage „dem **Zweck des Art. 68 GG** entspricht".[268] Diesen Zweck sieht das Gericht darin, eine **„handlungsfähige Regierung"** zu sichern; Handlungsfähigkeit bedeutet dabei insbesondere auch, dass der Bundeskanzler für die Gestal-

266 Vgl. BVerfGE 62, 1 (34 ff.) – „Bundestagsauflösung I".
267 BVerfGE 114, 121 (149 ff.) – „Bundestagsauflösung II".
268 BVerfGE 114, 121 (149) – „Bundestagsauflösung II" (ohne Hervorhebung im Original).

tung seiner Politik „eine Mehrheit der Abgeordneten des Deutschen Bundestages hinter sich weiß".[269] Über die Vertrauensfrage kann diese Handlungsfähigkeit grundsätzlich in zweierlei Hinsicht hergestellt werden: „Art. 68 GG umfasst nicht nur **die nicht auflösungsgerichtete (so genannte echte) Vertrauensfrage**, durch die eine in Zweifel stehende Handlungsfähigkeit hinsichtlich der tatsächlichen Kräfteverhältnisse im Parlament auf die Probe gestellt werden kann; auch **die auflösungsgerichtete (so genannte unechte) Vertrauensfrage** gehört danach zu den Instrumenten, die das Grundgesetz den Verfassungsorganen zur Verfügung stellt, um eine handlungsfähige Regierung mit hinreichender parlamentarischer Mehrheit zu sichern oder wieder zu gewinnen".[270] Die (echte und unechte) Vertrauensfrage ist daher „als eine dem Zweck des Art. 68 GG entsprechende Maßnahme gerechtfertigt, wenn sie **der Wiederherstellung einer ausreichend parlamentarisch verankerten Bundesregierung dient**".[271] Da die Auflösung des Bundestages allerdings einen „Eingriff in die Freiheit eines von Verfassungs wegen auf vier Jahre sich erstreckenden Abgeordnetenmandats (Art. 38 Abs. 1 Satz 2, Art. 39 Abs. 1 Satz 1 GG)" darstellt, verlangt das Bundesverfassungsgericht eine „**berechtigte Einschätzung** des Bundeskanzlers, die **Handlungsfähigkeit** der Bundesregierung im Hinblick auf die Mehrheitsverhältnisse im Parlament sei **beeinträchtigt**".[272]

367 Die **verfassungsgerichtlichen Überprüfungsmöglichkeiten** dieser Einschätzung sieht das Bundesverfassungsgericht allerdings als durch das Grundgesetz beschränkt an, da Art. 68 GG mit dem Bundeskanzler, dem Bundestag und dem Bundespräsidenten drei Verfassungsorgane in die Bundestagsauflösung einbindet und damit einen „anspruchsvollen Mechanismus der Gewaltenteilung" vorsieht; dieser Mechanismus könne nur dann Wirksamkeit entfalten, „wenn das Bundesverfassungsgericht die **politische Einschätzung der Lage durch die zuvor tätigen Verfassungsorgane respektiert**".[273] Es prüft in solchen Fällen nur, ob die „**allgemeine politische Lage** sowie **einzelne Umstände**" eine entsprechende Einschätzung des Bundeskanzlers im Hinblick auf die Mehrheitsverhältnisse im Parlament „**plausibel** erscheinen lassen".[274] Der auf Auflösung des Bundestages gerichteten Vertrauensfrage steht der Zweck des Art. 68 GG somit nur dann entgegen, wenn eine von der Sichtweise des Bundeskanzlers abweichende „**andere Einschätzung der politischen Lage** auf Grund von Tatsachen **eindeutig vorzuziehen** ist".[275]

Das Bundesverfassungsgericht nahm in keiner der beiden oben genannten **Leitentscheidungen** eine zweckwidrige Vertrauensfrage an. In der Entscheidung zur Vertrauensfrage ***Helmut Kohls*** stellte das Gericht fest, dass der Bundeskanzler berechtigterweise davon ausgegangen war, „dass aufgrund der außergewöhnlichen Lage, in der sich die Abgeordneten einer Koalitionspartei nach der Beendigung der bisherigen Koalition befanden, eine dauerhafte stabile parlamentarische Mehrheit nicht zustande gebracht werden konnte".[276] In der Entscheidung zur Vertrauensfrage ***Gerhard Schröders*** urteilte

269 BVerfGE 114, 121 (149) – „Bundestagsauflösung II" (ohne Hervorhebung im Original).
270 BVerfGE 114, 121 (151) – „Bundestagsauflösung II" (ohne Hervorhebung im Original).
271 BVerfGE 114, 121 (149) – „Bundestagsauflösung II" (ohne Hervorhebungen im Original).
272 BVerfGE 114, 121 (152) – „Bundestagsauflösung II" (ohne Hervorhebungen im Original).
273 BVerfGE 114, 121 (159) – „Bundestagsauflösung II" (ohne Hervorhebung im Original).
274 BVerfGE 114, 121 (160) – „Bundestagsauflösung II" (ohne Hervorhebungen im Original).
275 BVerfGE 114, 121 (161) – „Bundestagsauflösung II" (ohne Hervorhebungen im Original).
276 BVerfGE 62, 1 (52) – „Bundestagsauflösung I".

das Bundesverfassungsgericht, dass die Einschätzung der politischen Lage durch den Bundeskanzler die materiell-verfassungsrechtlichen Grenzen des Art. 68 GG gewahrt hatte, zumal das von ihm ins Werk gesetzte Reformprogramm zu einem heftigen „Streit nicht nur zwischen den Parteien, sondern auch in seiner Partei, der SPD, geführt" hatte,[277] der so weit gegangen war, „dass Vertreter der Partei-Linken den Rücktritt von Gerhard Schröder als SPD-Parteivorsitzender verlangt hatten".[278]

C. Der Bundesrat

I. Funktionen und Befugnisse des Bundesrates

Durch den Bundesrat wirken die **Länder** bei der **Gesetzgebung und Verwaltung des Bundes** und in **Angelegenheiten der Europäischen Union** mit, **Art. 50 GG**. Der Bundesrat ist somit – als eine wichtige, in der Bezeichnung als „föderatives Verfassungsorgan"[279] reflektierte Ausprägung des grundgesetzlichen **Bundesstaatsprinzips** – dasjenige Verfassungsorgan des Bundes, über das die **Länder** in die **Ausübung der Staatsgewalt auf Bundesebene** und in deren Übertragung auf die Europäische Union **eingebunden** sind. Darüber hinaus trägt er – als zusätzliches wichtiges Verfassungsorgan neben Bundestag und Bundesregierung – zur weiteren Ausdifferenzierung der Staatsgewalt bei und erfüllt somit auch eine **gewaltenteilende** Funktion. 368

Die damit allgemein beschriebenen Funktionen des Bundesrates finden sich im Grundgesetz konkretisiert in den Bestimmungen des Abschnitts über den Bundesrat (Art. 51 bis 53 GG) sowie in anderen Vorschriften, insbesondere etwa in Art. 23 GG. Die **wesentlichen konkreten Befugnisse** des Bundesrates sind 369

- die verschiedenen **Beteiligungsrechte** im Rahmen des **Gesetzgebungsverfahrens** auf Bundesebene nach Maßgabe der **Art. 76 und 77 GG**, also das Initiativrecht des Bundesrates (Art. 76 Abs. 1 GG), die frühe Beteiligung des Bundesrates im Gesetzgebungsverfahren (Art. 76 Abs. 2 GG) sowie das Einspruchsrecht und das Erfordernis der Zustimmung des Bundesrates zu bestimmten Gesetzen (Art. 77 Abs. 2 bis 4 GG),[280]
- die **Beteiligungsrechte** in **Angelegenheiten der Europäischen Union** nach **Art. 23 GG**, die in den Vorschriften des auf Grund von Art. 23 Abs. 7 GG ergangenen Gesetzes über die Zusammenarbeit von Bund und Ländern in Angelegenheiten der Europäischen Union (EuZBLG) sowie des im Rahmen der Umsetzung des Lissabon-Vertrags geschaffenen Gesetzes über die Wahrnehmung der Integrationsverantwortung des Bundestages und des Bundesrates in Angelegenheiten der Europäischen Union (Integrationsverantwortungsgesetz – IntVG) näher ausgestaltet worden sind,[281] sowie

---

277 BVerfGE 114, 121 (162) – „Bundestagsauflösung II".
278 BVerfGE 114, 121 (165) – „Bundestagsauflösung II".
279 *Maurer*, Staatsrecht I, 6. Aufl. 2010, § 16 Rn. 3.
280 Vgl. zur Mitwirkung des Bundesrates im Gesetzgebungsverfahren bereits oben Rn. 288 (Initiativrecht), 291 f. („erster Durchgang") und 307 ff. (Beteiligung nach Art. 77 GG).
281 Vgl. zu den Grundlagen der Europäischen Integration auch unten Rn. 482 ff.

– **punktuelle Beteiligungsrechte** im Bereich der **Exekutive** (vgl. Art. 80 Abs. 2 GG[282] sowie Art. 84 und 85 GG[283]) und der **Judikative** (vgl. Art. 94 Abs. 1 GG).

II. Zusammensetzung und Organisation des Bundesrates

370 Der Bundesrat setzt sich gemäß **Art. 51 Abs. 1 S. 1 GG** zusammen aus bestimmten **Mitgliedern der Landesregierungen**, welche die Landesregierungen selbst **bestellen und abberufen** können. Gemäß Art. 51 Abs. 1 S. 2 GG können sich die von den Landesregierungen bestellten Bundesratsmitglieder durch andere Mitglieder ihrer Regierungen vertreten lassen. Die (ordentlichen und vertretenden) Bundesratsmitglieder eines Landes sind dabei aus Sicht des Grundgesetzes **gleichberechtigt**.

Üblicherweise werden all diejenigen **Minister**, die **keine Bundesratsmitglieder** sind, zu **Vertretern** berufen.[284] Es genügt deswegen auch, wenn im Bundesrat nur ein einziges (ordentliches oder vertretendes) Mitglied der Landesregierung agiert, das die übrigen Mitglieder im Bundesrat vertreten kann.[285]

371 Die **Zahl der Mitglieder**, die ein Bundesland in den Bundesrat entsenden kann, hängt gemäß Art. 51 Abs. 3 S. 1 GG von der Stimmenzahl des jeweiligen Landes ab. Diese bestimmt sich wiederum gemäß Art. 51 Abs. 2 GG nach der Einwohnerzahl des Landes, vgl. § 27 der Geschäftsordnung des Bundesrates (GOBRat).

Derzeit entfallen jeweils **drei Stimmen** auf die Bundesländer Bremen, Hamburg, Mecklenburg-Vorpommern und das Saarland, jeweils **vier Stimmen** auf die Bundesländer Brandenburg, Berlin, Rheinland-Pfalz, Sachsen, Sachsen-Anhalt, Schleswig-Holstein und Thüringen, **fünf Stimmen** auf das Bundesland Hessen sowie jeweils **sechs Stimmen** auf die Bundesländer Bayern, Baden-Württemberg, Niedersachsen und Nordrhein-Westfalen.[286]

372 Wie bereits mit Blick auf das parlamentarische Tagesgeschäft im Bundestag festgestellt wurde, vollzieht sich die wesentliche Arbeit auch im Bundesrat nicht im **Plenum**, also der Versammlung aller (derzeit 69) Bundesratsmitglieder, sondern in den nach Fachgebieten gebildeten **Ausschüssen**, vgl. Art. 52 Abs. 3a und 4 GG. **Hauptorgan** des Bundesrates ist sein **Präsident**, der gemäß Art. 52 Abs. 1 GG für ein Jahr gewählt wird, vgl. §§ 6 ff. GOBRat.

Nähere Ausgestaltung hat die interne **Organisation** des Bundesrates in der **Geschäftsordnung des Bundesrates** erfahren.

---

282 Siehe zur Verordnungsgebung nach Art. 80 GG unten Rn. 382 ff.
283 Siehe zur Ausführung von Bundesgesetzen durch die Länder unten Rn. 411 ff.
284 Vgl. *Maurer*, Staatsrecht I, 6. Aufl. 2010, § 16 Rn. 6.
285 Vgl. *Degenhart*, Staatsrecht I Staatsorganisationsrecht, 37. Aufl. 2021, § 8 Rn. 725.
286 Vgl. dazu auch die Übersicht bei *Gröpl*, Staatsrecht I, 13. Aufl. 2021, § 16 Rn. 1045 ff.

III. Das Abstimmungsverfahren im Bundesrat und typische verfassungsrechtliche Probleme

1. Das Abstimmungsverfahren im Bundesrat

Das Abstimmungsverfahren im Bundesrat ist verfassungsrechtlich in Art. 51 und 52 GG geregelt und in der Geschäftsordnung des Bundesrates näher ausgestaltet. Der Bundesrat fasst seine **Beschlüsse** grundsätzlich mit **mindestens der „Mehrheit seiner Stimmen“, Art. 52 Abs. 3 S. 1 GG**, das heißt vorbehaltlich speziell geregelter Quoren sind grundsätzlich die Stimmen der **absoluten Mehrheit** der Bundesratsmitglieder erforderlich. **Beschlussfähig** ist der Bundesrat deswegen nur dann, wenn mindestens die Hälfte der Stimmen (durch die Bundesratsmitglieder selbst oder durch ihre Vertreter) abgegeben werden können.[287] 373

2. Typische verfassungsrechtliche Probleme

Die **charakteristischen verfassungsrechtlichen Probleme**, die sich mit Blick auf den Bundesrat ergeben – und gerade auch im Rahmen staatsrechtlicher Prüfungsaufgaben relevant werden können – stellen sich im Zusammenhang mit dem **Abstimmungsverhalten im Bundesrat**. Die Ursache liegt in der Zusammensetzung des Bundesrates aus Mitgliedern der Landesregierung. Zumindest potenziell unterliegt das Verhalten der Bundesratsmitglieder nämlich **rechtlichen Bindungen** sowohl des **Grundgesetzes** als auch des **Landesstaatsrechts** und kann in Konflikt zu Normen beider Rechtsschichten geraten. Im Grundsatz gilt hier Folgendes: Die **Wirksamkeit** der Rechtsakte der **Bundesratsmitglieder** und des **Bundesrates** insgesamt bestimmt sich **allein nach dem Grundgesetz**, nämlich am Maßstab der Art. 51 bis 53 GG. Etwaige **Verstöße gegen landesrechtliche Vorgaben** sind **als solche aus Sicht des Grundgesetzes irrelevant** und wirken sich prinzipiell **nicht** auf die Rechtswirksamkeit von Vorgängen im Bundesrat aus. Verfassungsrechtlich problematisch ist nun jeweils, wie weit die bundesverfassungsrechtlichen Vorgaben im Einzelnen reichen. Vor allem die folgenden drei Punkte sollten dabei angesprochen werden: 374

a) Die bundesverfassungsrechtliche Zulässigkeit von Weisungen der Landesregierungen

Anders als die Mitglieder des Bundestages verfügen die Bundesratsmitglieder nach allgemeiner Auffassung **nicht** über ein **„freies Mandat“**. Sowohl einzelne **Weisungen der Landesregierung** an die Bundesratsmitglieder ihres Landes bezüglich des Abstimmungsverhaltens im Bundesrat als auch entsprechende landesstaatsrechtliche Regelungen und Praktiken werden **vom Grundgesetz nicht verboten**. 375

Missverständlich wird dabei allerdings zumeist von einer **„Weisungsgebundenheit“** der Bundesratsmitglieder gesprochen.[288] Dass dies an der Sache vorbei geht, zeigt sich, 376

287 Vgl. *Gröpl*, Staatsrecht I, 13. Aufl. 2021, § 16 Rn. 1045 ff.
288 Vgl. statt vieler etwa *Robbers*, in: Sachs (Hrsg.), GG Kommentar, 9. Aufl. 2021, Art. 51 Rn. 19.

wenn man von folgendem Fall ausgeht: [289] Fasst ein Landeskabinett Beschluss darüber, wie die Bundesratsmitglieder des Landes im Rahmen einer konkreten Abstimmung im Bundesrat abstimmen sollen, so mögen die Bundesratsmitglieder landesrechtlich an diesen Beschluss gebunden sein. Stimmen sie im Bundesrat dennoch entgegen eines solchen Kabinettsbeschlusses, so wird ihr Stimmverhalten im Bundesrat dadurch jedoch nicht grundgesetzwidrig. **Aus Sicht des Grundgesetzes** sind vielmehr **auch weisungswidrig abgegebene Stimmen** im Bundesrat unstreitig **grundsätzlich wirksam**, solange die Voraussetzungen des Art. 51 Abs. 3 S. 2 GG erfüllt sind.[290] Die vielzitierte „Weisungsgebundenheit" der Bundesratsmitglieder wirkt sich daher auf Bundesebene gerade nicht aus. Insofern ist die hier gewählte Formulierung vorzugswürdig, wonach die Erteilung von Weisungen jedenfalls **nicht grundgesetzlich verboten** ist.

b) Die bundesverfassungsrechtliche Zulässigkeit von Vorgaben der Landesparlamente

377 Zum anderen wird in jüngerer Zeit – zumal vor dem Hintergrund des schleichenden Bedeutungsverlusts der Landesparlamente[291] – vermehrt die Frage aufgeworfen, ob es auch mit dem Grundgesetz vereinbar ist, wenn die **Landesparlamente** Beschluss über eine für die Landesregierung verbindliche **Weisung** oder zumindest eine von ihr zu berücksichtigende **Empfehlung** fassen, etwa nach dem Vorbild von Art. 23 Abs. 5 S. 1 und 2 GG („berücksichtigt"; „maßgeblich zu berücksichtigen").[292]

Eine entsprechende Regelung wurde beispielsweise in der **Verfassung des Landes Baden-Württemberg** (LVBW) eingeführt. **Art. 34a LVBW** betrifft die Befugnisse des Landtags gegenüber der Landesregierung in **Angelegenheiten der Europäischen Union** und sieht in seinem Absatz 2 u.a. vor: „Sollen ausschließliche Gesetzgebungszuständigkeiten der Länder ganz oder teilweise auf die Europäische Union übertragen werden, ist die Landesregierung an Stellungnahmen des Landtags gebunden. Werden durch ein Vorhaben der Europäischen Union im Schwerpunkt ausschließliche Gesetzgebungszuständigkeiten der Länder unmittelbar betroffen, ist die Landesregierung an Stellungnahmen des Landtags gebunden, es sei denn, erhebliche Gründe des Landesinteresses stünden entgegen."

378 Nach einer in der Literatur vertretenen, bisweilen als herrschend bezeichneten Auffassung **verstoßen landesverfassungsrechtliche Regelungen**, welche die Landesregierung insgesamt oder die Bundesratsmitglieder des betreffenden Landes an Vorgaben der Landesparlamente binden, gegen Art. 51 Abs. 1 S. 1 GG bzw. die Grundsätze der bundesstaatlichen Kompetenzverteilung. Hier wird folgende Argumentation angeboten:[293] Das Grundgesetz sehe in Art. 51 Abs. 1 S. 1 GG ausdrücklich vor, dass Mitglieder der *Regie-*

289 Vgl. zum Folgenden bereits *Krönke*, ZJS 2011, 251 (258, Fn. 47), online verfügbar unter http://www.zjs-online.com/dat/artikel/2011_3_453.pdf.

290 Vgl. wiederum *Robbers*, in: Sachs (Hrsg.), GG Kommentar, 9. Aufl. 2021, Art. 51 Rn. 19.

291 Vgl. dazu etwa *Papier*, ZParl 2010, 903 (903 ff.).

292 Die folgende Diskussion beruht auf den teils wörtlich wiedergegebenen Beiträgen von *Papier*, ZParl 2010, 903 (907 f.); *Krönke*, ZJS 2011, 251 (258 f.), online verfügbar unter http://www.zjs-online.com/dat/artikel/2011_3_453.pdf.

293 Vgl. zum Folgenden *Korioth*, in: v. Mangoldt/Klein/Starck (Hrsg.), GG Kommentar, Bd. II, 7. Aufl. 2018, Art. 51 GG Rn. 25; *Robbers*, in: Sachs (Hrsg.), GG Kommentar, 9. Aufl. 2021, Art. 51 GG Rn. 10.

rungen der Länder – und nicht etwa die *Länder* als solche – Mitglieder des Bundesrates sind. Folglich lege das Grundgesetz die Entscheidungsbefugnis mit Blick auf das Abstimmungsverhalten der Bundesratsmitglieder ausschließlich in die Hände der Landesregierungen, nicht in die Hände auch der anderen Verfassungsorgane des Landes, und verbiete damit jede Einwirkung der Landesparlamente auf das Abstimmungsverhalten im Bundesrat. Andernfalls hätte das Grundgesetz in Art. 51 Abs. 1 S. 1 GG unter den verschiedenen Verfassungsorganen der Länder nicht ausdrücklich die Landesregierung herausgegriffen, sondern auch die Landesparlamente berücksichtigt – wie etwa in den Art. 54 Abs. 3, Art. 91c, Art. 93 Abs. 1 Nr. 2a GG. Darüber hinaus könnte man in der Mitwirkung der Landesparlamente an der Gesetzgebung des Bundes einen Verstoß gegen die vertikale (also bundesstaatliche) Kompetenzverteilung erblicken, da das Grundgesetz insoweit ein *exekutiv*föderalistisches Konzept verfolge, das die Mitwirkung der Landes*parlamente* bei der Gesetzgebung auf Bundesebene gerade nicht vorsehe.[294] Teilweise wird dabei noch unterschieden, ob die Vorgaben der Landesparlamente für die Landesregierung insgesamt oder die Bundesratsmitglieder nach Landesrecht **bindend** sind oder lediglich **unverbindliche** Empfehlungen darstellen. Letztere werden nach dieser differenzierenden Ansicht als bundesverfassungsrechtlich noch zulässig erachtet.[295]

Das **Bundesverfassungsgericht** hat diese Frage bislang zwei Mal gestreift. 1958 hatte das Gericht festgestellt, dass eine „,Instruktion, der Mitglieder der Landesregierung im Bundesrat durch das Landesvolk, auch eine bloß rechtlich unverbindliche in der Weise, dass sich die Vertreter im Bundesrat daran orientieren und sie zur Richtschnur ihres Handelns im Bundesrat machen, … nach der Struktur des Bundesrats ausgeschlossen“ sei.[296] Auf diese Entscheidung berief sich das Gericht dann auch im Rahmen des Urteils zur Verfassungsmäßigkeit des Zuwanderungsgesetzes aus dem Jahr 2002.[297] In dieser jüngeren Entscheidung stellte das Gericht fest, dass „die landesrechtliche Weisung an Bundesratsmitglieder, die das Grundgesetz im Bundesrat … erlaubt, … die der Landesregierung“ sei.[298] Obgleich es in beiden Entscheidungen in der Sache nicht um die Frage der bundesverfassungsrechtlichen Zulässigkeit landesparlamentarischer Weisungen an die Landesregierung ging, werden sie im Schrifttum zur Begründung der Unzulässigkeit solcher Weisungen herangezogen. In der ersten Entscheidung aus dem Jahre 1958 hatte das Gericht über die Verfassungsmäßigkeit zweier Landesgesetze zu befinden, nach denen in den betreffenden Ländern Volksbefragungen über die Bewaffnung der Bundeswehr mit Atomwaffen durchgeführt werden sollten. Die Länder hatten zur Begründung ihrer Gesetzgebungszuständigkeit u.a. das ohnehin wenig überzeugende Argument vorgebracht, dass sich eine Länderkompetenz für die Materie schon daraus ergebe, dass die Länder im Rahmen der Gesetzgebung auf Bundesebene über den Bundesrat mitwirkten. Diesem Argument wollte das Bundesverfassungsgericht in dem besagten *obiter dictum* entgegentreten. In der Entscheidung über das Zuwanderungsgesetz aus dem Jahre 2002 ging es demgegenüber um die Frage, ob eine landesverfassungsrechtlich vorgesehene Richtlinienkompetenz des Ministerpräsidenten eines Landes ein Nachfragerecht des Bundesratspräsidenten für den Fall rechtfertigt, dass es zu einer uneinheitlichen Stimmabgabe im Bundesrat kommt.[299]

---

294 Vgl. zu diesem Argument vor allem *Korioth*, in: v. Mangoldt/Klein/Starck (Hrsg.), GG Kommentar, Bd. II, 7. Aufl. 2018, Art. 51 GG Rn. 25.

295 So etwa *Maurer*, Staatsrecht I, 6. Aufl. 2010, § 16 Rn. 8a.

296 BVerfGE 8, 104 (120 f.) – „Volksbefragung“.

297 BVerfGE 106, 310 (330 f.) – „Zuwanderungsgesetz“.

298 BVerfGE 106, 310 (334) – „Zuwanderungsgesetz“.

299 Vgl. dazu sogleich unten Rn. 380 f.

379 Nach der vorzugswürdigen Gegenauffassung verstoßen indes auch **bindende Vorgaben der Landesparlamente** und entsprechende landesverfassungsrechtliche Regelungen **nicht gegen Vorgaben des Grundgesetzes.**[300] Zwar sind unstreitig nur Mitglieder der Landesregierungen – und nicht die Länder selbst – Mitglieder des Bundesrates. Ob und inwieweit Landtagsbeschlüsse allerdings bindende Wirkung auf die Landesregierung entfalten, ist grundsätzlich eine Frage des Landesverfassungsrechts und als solche auf der Ebene des Bundesverfassungsrechts prinzipiell irrelevant;[301] die Länder verfügen insoweit über eine eigene Verfassungshoheit, regeln also die Verfassungsorganisation des Landes eigenständig.[302] Die für die Beurteilung der Rechtswirksamkeit des Stimmverhaltens im Bundesrat allein relevante Bestimmung des Art. 51 Abs. 3 S. 2 GG stellt gezielt darauf ab, wie die **anwesenden** Mitglieder des Bundesrates abstimmen und dass sie einheitlich **abstimmen**. Es dürfte, wie auch mit Blick auf das kabinettsbeschlusswidrige Stimmverhalten,[303] völlig unstreitig sein, dass im Bundesrat abgegebene Stimmen, die auf einer angeblich bundesverfassungswidrigen, aber landesverfassungsrechtlich vorgesehenen und konkret auch erteilten Weisung der Landesparlamente beruhen, rechtswirksam sind und bei der Ermittlung des Abstimmungsergebnis berücksichtigt werden. Ein solches Verständnis legt es nahe, dass dem **Grundgesetz** mit Blick auf die **Zulässigkeit** solcher **„landesparlamentarischer Weisungen“** gerade **keine Aussage** zu entnehmen ist.

c) Das Verfahren bei uneinheitlicher Stimmabgabe entgegen Art. 51 Abs. 3 S. 2 GG

380 Ein seit der Entscheidung des Bundesverfassungsgerichts zum **Zuwanderungsgesetz** aus dem Jahr 2002 sehr beliebtes Problem stellt sich schließlich mit Blick auf das Erfordernis einheitlicher Stimmabgabe nach **Art. 51 Abs. 3 S. 2 GG**. Hiernach können die Stimmen eines Landes **„nur einheitlich“ abgegeben** werden. In der Praxis ist es aufgrund dieses Erfordernisses üblich, dass die Stimmen eines Landes nicht einzeln, sondern durch einen im Voraus bestimmten sogenannten **Stimmführer** abgegeben werden, regelmäßig durch den Ministerpräsidenten oder den zuständigen Minister.[304]

Zum **Sachverhalt** der Entscheidung des Bundesverfassungsgerichts zum **Zuwanderungsgesetz** aus dem Jahr 2002: Im Rahmen der im Ergebnis denkbar eng ausgefallenen Bundesratsabstimmung über das politisch hoch umstrittene Zuwanderungsgesetz hatte der damals amtierende Bundesratspräsident, der Regierende Bürgermeister von Berlin, nach einer eindeutig uneinheitlichen Stimmabgabe des Landes Brandenburg beim Ministerpräsidenten – also dem nach den politischen Gepflogenheiten als Stimmführer angesehenen Bundesratsmitglied Brandenburgs – nachgefragt, wie das Land Brandenburg denn nun abstimmen wolle. Die Antwort des Ministerpräsidenten wertete er sodann als einheitliche Stimmabgabe der Bundesratsmitglieder des Landes Brandenburg. Das Bundesverfas-

300 Die folgende Argumentation beruht wiederum auf den Beiträgen von *Papier*, ZParl 2010, 903 (907 f.); *Krönke*, ZJS 2011, 251 (258 f.), online verfügbar unter http://www.zjs-online.com/dat/artikel/2011_3_453.pdf; vgl. ebenso etwa *Heyen*, Der Staat 21 (1982), 191 (200).

301 Vgl. auch das Sondervotum von *Osterloh* und *Lübbe-Wolff* zu BVerfGE 106, 310 (350 ff.) – „Zuwanderungsgesetz“.

302 So *Papier*, ZParl 2010, 903 (908).

303 Vgl. dazu oben Rn. 376.

304 Vgl. etwa *Degenhart*, Staatsrecht I Staatsorganisationsrecht, 37. Aufl. 2021, § 8 Rn. 725 ff.

sungsgericht befand diese Nachfrage indes als nicht geeignet, die Uneinheitlichkeit der Stimmabgabe zu beseitigen.[305] Es betrachtete die Stimmabgabe des Landes Brandenburg als ungültig, was dazu führte, dass es an der für das Zustandekommen des Gesetzes erforderlichen Mehrheit im Bundesrat fehlte.

Umstritten war bis zu jener Entscheidung die Frage, welche **Rechtsfolge** eintritt, wenn die Stimmen eines Landes **uneinheitlich** abgegeben werden. In der Entscheidung zum Zuwanderungsgesetz entschied das Gericht, dass eindeutig uneinheitlich abgegebene Stimmen ohne Weiteres **ungültig** sind.[306] In jenem Verfahren war zum einen das Argument vorgetragen worden, dass das **anerkannte Institut der Stimmführerschaft** und die nach Landesverfassungsrecht bestehende **Richtlinienkompetenz des Ministerpräsidenten** es gebieten (oder es dem Bundesratspräsidenten zumindest nicht verbieten), die Stimmabgabe durch den stimmführenden Ministerpräsidenten trotz tatsächlich bestehender Uneinheitlichkeit als einheitliche Stimmabgabe gemäß Art. 51 Abs. 3 S. 2 GG zu werten. Aus Art. 51 Abs. 3 S. 2 GG folge im Übrigen, so das zweite Argument, die Pflicht des Bundesratspräsidenten, den in der uneinheitlichen Stimmabgabe liegenden **drohenden Verfassungsverstoß** durch eine erneute, gezielt an den stimmführenden Ministerpräsidenten gerichtete Nachfrage **abzuwenden**. Diesen Argumenten trat das Gericht – unter Abgrenzung bundes- und landesverfassungsrechtlicher Fragen – mit den folgenden Worten entgegen: „Rangverhältnisse des Landesverfassungsrechts spielen auf der Bundesebene keine Rolle. Der Inhaber einer landesrechtlichen **Richtlinienkompetenz** hat **keine bundesverfassungsrechtlich herausgehobene Stellung**, die es ihm erlaubte, einen **Abstimmungsdissens** zweier anderer anwesender Mitglieder allein durch seine Willensbekundung **zu überwinden**. Die landesrechtliche Weisung an Bundesratsmitglieder, die das Grundgesetz … erlaubt, ist die der Landesregierung, nicht die des Inhabers der Richtlinienkompetenz. Besteht keine Weisung der Landesregierung und stimmen die ein Land und dessen Landesregierung repräsentierenden Mitglieder **uneinheitlich** ab, ist dies **nicht verfassungswidrig**. Art. 51 Abs. 3 Satz 2 GG verbietet es lediglich, einen gespaltenen Landeswillen im Abstimmungsergebnis des Bundesrates durch Aufteilung der Stimmen des Landes zu berücksichtigen."[307] Uneinheitlich abgegebene Stimmen sind daher **unwirksam** und werden nicht gezählt, die **Abstimmung insgesamt** verstößt indes **nicht** gegen das Grundgesetz. 381

305 Vgl. ausführlich BVerfGE 106, 310 (331 ff.) – „Zuwanderungsgesetz".
306 BVerfGE 106, 310 (330 f.) – „Zuwanderungsgesetz".
307 BVerfGE 106, 310 (334 f.) – „Zuwanderungsgesetz" (ohne Hervorhebungen im Original).

D. Gesetzgebung durch die Exekutive: Rechtsverordnungen

I. Grundsätzliches zum Erlass von Rechtsnormen durch die Exekutive

382 Die in Art. 20 Abs. 2 S. 2 GG niedergelegte Gewaltenteilung des Grundgesetzes weist der **vollziehenden Gewalt keine originäre Rechtsetzungsbefugnis** zu. Zum Erlass von für jedermann geltenden Rechtsnormen sind originär vielmehr die Organe der Legislative zuständig. Allerdings kann der Bundestag die Exekutive gemäß **Art. 80 Abs. 1 S. 1 GG** durch förmliches Gesetz zum Erlass von Rechtsnormen (sog. Rechtsverordnungen) ermächtigen.[308] Im Gegensatz zur originären Rechtsetzungsbefugnis der Legislative spricht man insoweit von einer **derivativen Rechtsetzungsbefugnis der Exekutive**. Die Möglichkeit, Organe der vollziehenden Gewalt in die Normgebung einzubinden, bildet eine der vielfältigen **Modifikationen des klassischen Gewaltenteilungskonzepts** durch das Grundgesetz.[309]

383 Der **Sinn und Zweck** dieser Delegationsmöglichkeit liegt, wie bereits oben dargelegt,[310] vor allem darin, den **parlamentarischen Gesetzgeber** zu einem gewissen Grade vom Erlass allzu detaillierter Regelungen – insbesondere etwa im technisch-naturwissenschaftlichen Bereich – **zu entlasten**, die von der sachlich und örtlich jeweils zuständigen Verwaltung mit dem entsprechenden Sachverstand getroffen und auch „rascher und einfacher auf dem neuesten Stand“[311] gehalten werden können.[312] Die Ermächtigung der Exekutive zum Verordnungserlass sowie die Verordnungsgebung selbst unterliegen allerdings gewissen verfassungsrechtlichen Vorgaben, die auch einen beliebten Gegenstand juristischer Prüfungsarbeiten darstellen.

II. Die Prüfung der Wirksamkeit von Rechtsverordnungen i.S.v. Art. 80 GG

384 In der klausurmäßigen Fallbearbeitung wird häufig die Frage nach der Rechtmäßigkeit bzw. der Wirksamkeit einer Rechtsverordnung aufgeworfen. In der Fallbearbeitung bereitet es oftmals Schwierigkeiten, die **Unterscheidung** zwischen der **Verfassungsmäßigkeit der gesetzlichen Grundlage** und der **Rechtmäßigkeit der Verordnung** selbst konsequent durchzuhalten, zumal sich aus Art. 80 GG Vorgaben für beide Ebenen ergeben. Auf diese Unterscheidung ist daher in besonderem Maße zu achten. Es bietet sich folgender Prüfungsaufbau an:[313]

---

308 Vgl. zum Begriff und zum Rang der Rechtsverordnungen bereits oben Rn. 21.

309 Vgl. dazu bereits oben Rn. 224.

310 Vgl. oben Rn. 21.

311 BVerfGE 101, 1 (35) – „Hennenhaltungsverordnung“.

312 Vgl. dazu *Maurer*, Staatsrecht I, 6. Aufl. 2010, § 17 Rn. 141.

313 Vgl. die ähnlichen Übersichten etwa bei *Degenhart*, Staatsrecht I Staatsorganisationsrecht, 37. Aufl. 2021, § 4 Rn. 356; *Gröpl*, Staatsrecht I, 13. Aufl. 2021, § 16 Rn. 1215; *Sodan/Ziekow*, Grundkurs Öffentliches Recht, 9. Aufl. 2020, § 17 Rn. 44.

Prüfungsaufbau: Rechtmäßigkeit und Wirksamkeit einer Rechtsverordnung
Obersatz: „Die Rechtsverordnung ist rechtmäßig und damit wirksam, wenn sie auf einem verfassungskonformen Ermächtigungsgesetz beruht und in formeller und materieller Hinsicht mit dem Ermächtigungsgesetz und sonstigem höherrangigem Recht in Einklang steht.“ **I. Verfassungsmäßigkeit der formellgesetzlichen Rechtsgrundlage** 1. Formelle Verfassungsmäßigkeit 2. Materielle Verfassungsmäßigkeit a) Ermächtigungsadressaten, Art. 80 Abs. 1 S. 1 und 4 GG b) Spezielles Bestimmtheitsgebot, Art. 80 Abs. 1 S. 2 GG c) Weitergehende Anforderungen des Parlamentsvorbehalts d) Vereinbarkeit mit sonstigem Verfassungsrecht (insb. den Grundrechten) **II. Rechtmäßigkeit der Rechtsverordnung** 1. Formelle Rechtmäßigkeit a) Zuständigkeit des Verordnungsgebers b) Verfahren, Art. 80 Abs. 2 und 3 GG c) Form, Art. 80 Abs. 1 S. 3 und Art. 82 Abs. 1 S. 2 GG 2. Materielle Rechtmäßigkeit a) Vereinbarkeit mit der formellgesetzlichen Rechtsgrundlage b) Vereinbarkeit mit sonstigem höherrangigen Recht (insb. den Grundrechten)

Im Einzelnen ist hier Folgendes zu beachten: **385**

1. Verfassungsmäßigkeit der formellgesetzlichen Rechtsgrundlage

Voraussetzung einer rechtmäßigen und wirksamen Rechtsverordnung ist zunächst eine **386**
verfassungskonforme (und damit ihrerseits wirksame) **formellgesetzliche Rechtsgrundlage**, da die Exekutive aus Art. 80 Abs. 1 S. 1 GG ersichtlich nur nach Maßgabe einer entsprechenden formellgesetzlichen Rechtsgrundlage zur Normsetzung befugt ist.[314] Für die **formelle** Verfassungsmäßigkeit der formellgesetzlichen Rechtsgrundlage gelten dabei die allgemeinen Grundsätze.[315] In **materieller** Hinsicht ergeben sich vor allem aus **Art. 80 Abs. 1 S. 1 und 2 GG besondere verfassungsrechtliche Anforderungen** an die gesetzliche Ermächtigung, die zusätzlich zur Vereinbarkeit mit sonstigem Verfassungsrecht (insbesondere den Grundrechten) zu prüfen sind:

a) Ermächtigungsadressaten, Art. 80 Abs. 1 S. 1 und 4 GG

Art. 80 Abs. 1 S. 1 GG führt **abschließend** die **Bundesregierung**, einen **Bundesminister** oder die **Landesregierungen** (nicht: einzelne Landesminister) als mögliche Adres- **387**

314 Vgl. *Degenhart*, Staatsrecht I Staatsorganisationsrecht, 37. Aufl. 2021, § 4 Rn. 344.
315 Vgl. zur Prüfung der Verfassungsmäßigkeit eines Gesetzes bereits ausführlich oben Rn. 266 ff.

saten einer Verordnungsermächtigung auf.[316] Darüber hinaus wird allerdings in **Art. 80 Abs. 1 S. 4 GG** die Möglichkeit eröffnet, in der Ermächtigungsgrundlage eine sog. **Subdelegation** an andere staatliche Stellen (z.B. eine Delegation durch eine Landesregierung an einzelne Landesminister) zuzulassen.

388 Im Kontext der Ermächtigungsadressaten lässt sich im Rahmen der Fallbearbeitung diskutieren, inwieweit der Gesetzgeber in der Verordnungsermächtigung **Mitwirkungsrechte des Bundestages selbst oder anderer Stellen** im Rahmen der Verordnungsgebung anordnen darf.[317] Die gesetzliche Anordnung von Mitwirkungsbefugnissen für **Dritte**, insbesondere für „korporative Gremien, Beiräte, Verbände und Sachverständigenausschüsse“, wird dabei im Allgemeinen „bis an die Grenze der Mitentscheidung“ für verfassungsrechtlich zulässig erachtet.[318] Umstritten ist dagegen die gesetzliche Anordnung von Mitwirkungsbefugnissen des **Bundestages**, insbesondere eines Erfordernisses der „vorherigen Zustimmungserteilung“ zu der Verordnung durch den Bundestag.[319] Problematisch ist dabei vor allem die in der Perspektive des **Gewaltenteilungsgrundsatzes** bedenkliche Vermischung der „Verantwortung von Exekutive und Legislative“.[320] Das Bundesverfassungsgericht hat in der Anordnung von Zustimmungsvorbehalten des Bundestages deswegen zwar „im Vergleich zur vollen Delegation der Rechtsetzung auf die Exekutive ein **Minus**“ gesehen und solche Zustimmungsvorbehalte **prinzipiell gebilligt**,[321] allerdings unter der **Einschränkung**, dass für den betroffenen Sachbereich „ein **legitimes Interesse der Legislative** anerkannt werden muss, zwar einerseits die **Rechtsetzung auf die Exekutive zu delegieren**, sich aber andererseits – wegen der Bedeutung der zu treffenden Regelungen – **entscheidenden Einfluss** auf Erlass und Inhalt der Verordnungen **vorzubehalten**“.[322]

b) Spezielles Bestimmtheitsgebot, Art. 80 Abs. 1 S. 2 GG

389 Beliebter Gegenstand staatsrechtlicher Prüfungsaufgaben ist ferner das **spezielle Bestimmtheitsgebot** aus Art. 80 Abs. 1 S. 2 GG. Gemäß **Art. 80 Abs. 1 S. 2 GG** muss die gesetzliche Grundlage **Inhalt, Zweck und Ausmaß der Ermächtigung** zum Erlass von Rechtsverordnungen bestimmen.

390 Hinter diesem speziellen Bestimmtheitserfordernis stehen, wie bereits angesprochen, zwei wichtige staatsstrukturbestimmende Rechtsgrundsätze, namentlich das **Demokratieprinzip** und das **Rechtsstaatsprinzip**:[323] Zum einen soll der demokratisch unmittelbar legitimierte parlamentarische Gesetzgeber selbst über die wesentlichen Fragen entscheiden, die in der Verordnung geregelt werden sollen, und darf diese Verantwortung

---

316 Vgl. dazu ausführlich BVerfGE 11, 77 (83 ff.) – „Ermächtigungsadressaten“.
317 Vgl. zum Folgenden *von Danwitz*, Jura 2002, 93 (96 f.).
318 *Von Danwitz*, Jura 2002, 93 (97, m.w.N. in Fn. 61).
319 *Von Danwitz*, Jura 2002, 93 (97).
320 BVerfGE 8, 274 (321) – „Preisgesetz“.
321 BVerfGE 8, 274 (321) – „Preisgesetz“ (ohne Hervorhebungen im Original).
322 BVerfGE 8, 274 (321) – „Preisgesetz“ (ohne Hervorhebungen im Original).
323 Vgl. dazu und zum Folgenden ebenso *von Danwitz*, Jura 2002, 93 (99) sowie das Beispiel oben bei Rn. 103.

nicht durch allzu unbestimmt gefasste Verordnungsermächtigungen an die Exekutive weiterreichen. Zum anderen soll der betroffene Bürger, auf dessen Rechtsposition die Verordnung einzuwirken geeignet ist, im Interesse rechtsstaatlich gebotener Vorhersehbarkeit schon aus der gesetzlichen Ermächtigung ersehen können, in welchen Fällen und in welche Richtung die Exekutive von ihrer Verordnungsermächtigung Gebrauch machen wird. Beide Prinzipien haben Einfluss auf die Auslegung des Art. 80 Abs. 1 S. 2 GG bezüglich der konkreten Vorgaben, die jene Norm für die Bestimmtheit der gesetzlichen Ermächtigungsgrundlage enthält. Ihre beschriebenen Zielvorgaben sind daher im Rahmen der Konkretisierung des Bestimmtheitsgebots zu berücksichtigen.

In der umfangreichen und vielfach von den Umständen des jeweiligen Einzelfalls **391**
geprägten Rechtsprechung des Bundesverfassungsgerichts zu Art. 80 Abs. 1 S. 2 GG klingen das Demokratie- und das Rechtsstaatsprinzip unterschiedlich stark an.[324] In der Literatur wird, wie *Hartmut Maurer* zutreffend formuliert, versucht, die unterschiedlichen **konkretisierenden Ansätze des Bundesverfassungsgerichts** durch die folgenden **drei Formeln** zu erfassen:[325]

- Nach der sog. **Selbstentscheidungsformel** muss der Gesetzgeber „**selbst entscheiden, welche Fragen** innerhalb **welcher Grenzen** und mit **welchem Ziel** durch die Rechtsverordnung geregelt werden sollen".[326]
- Nach der sog. **Programmformel** hat der Gesetzgeber das **„Programm"**[327] der zu erlassenden Verordnung so genau zu umreißen, dass dem Verordnungsgeber lediglich „die **Ausgestaltung im Detail** verbleibt".[328]
- Nach der sog. **Vorhersehbarkeitsformel** muss der Bürger „bereits **aus dem ermächtigenden Gesetz** hinreichend deutlich **ersehen** können"[329], „**in welchen Fällen** und **mit welcher Tendenz** von ihr **Gebrauch gemacht** werden wird und **welchen Inhalt** die auf Grund der Ermächtigung erlassenen Verordnungen haben können".[330]

In diesen Formeln zeigt sich der Einfluss der Staatsstrukturprinzipien auf die Auslegung des Art. 80 Abs. 1 S. 2 GG: Während in der Selbstentscheidungs- und der Programmformel eher das **Demokratieprinzip** anklingt, geht die Vorhersehbarkeitsformel mehr auf das **Rechtsstaatsprinzip** zurück.[331]

Im Rahmen einer **klausurmäßigen Fallbearbeitung** empfiehlt es sich, alle drei For- **392**
meln als gleichberechtigte Kriterien zur Prüfung der Bestimmtheit der gesetzlichen Ermächtigung heranzuziehen und den konkreten Fall nacheinander unter jede der drei Formeln zu subsumieren. Dabei ist freilich zu beachten, dass „die Bestimmtheitsanforderungen von den **Besonderheiten des jeweiligen Regelungsgegenstandes** und der

324 Vgl. *Maurer*, Staatsrecht I, 6. Aufl. 2010, § 17 Rn. 138; *von Danwitz*, Jura 2002, 93 (99).
325 Die folgende Systematisierung folgt der Darstellung von *Maurer*, Staatsrecht I, 6. Aufl. 2010, § 17 Rn. 139.
326 BVerfGE 123, 39 (78) – „Wahlcomputer" (ohne Hervorhebungen im Original). Vgl. bereits BVerfGE 2, 307 (334) – „Gerichtsbezirke".
327 BVerfGE 58, 257 (277) – „Schulentlassung".
328 *Maurer*, Staatsrecht I, 6. Aufl. 2010, § 17 Rn. 139 (ohne Hervorhebung im Original).
329 *Maurer*, Staatsrecht I, 6. Aufl. 2010, § 17 Rn. 139 (ohne Hervorhebungen im Original).
330 BVerfGE 1, 14 (60) – „Südweststaat" (ohne Hervorhebungen im Original).
331 Vgl. *von Danwitz*, Jura 2002, 93 (99).

Intensität der Maßnahme" abhängen; „[w]ährend bei vielgestaltigen und schnellen Veränderungen unterworfenen Sachverhalten geringere Anforderungen zu stellen sind, gelten höhere Anforderungen an den Bestimmtheitsgrad der Ermächtigung bei solchen Regelungen, die mit intensiveren Eingriffen in grundrechtlich geschützte Rechtspositionen verbunden sind".[332]

c) Weitergehende Anforderungen des rechtsstaats- und demokratieprinzipiellen Parlamentsvorbehalts

393 Obwohl die Vorgaben des Rechtsstaats- und des Demokratieprinzips bereits die Konkretisierung des Bestimmtheitsgebots aus Art. 80 Abs. 1 S. 2 GG lenken, wirft das Bundesverfassungsgericht zusätzlich die Frage auf, ob sich aus dem ebenfalls **rechtsstaats- und demokratieprinzipiellen Parlamentsvorbehalt** „über die Grenzen des Art. 80 Abs. 1 Satz 2 GG hinausgehende" Anforderungen an den Inhalt der Verordnungsermächtigung ergeben.[333] Es greift dabei zunächst auf den allgemeinen Gehalt des Parlamentsvorbehalts zurück, der es gebiete, „in grundlegenden normativen Bereichen, zumal im Bereich der Grundrechtsausübung, soweit diese staatlicher Regelung zugänglich ist, alle wesentlichen Entscheidungen dem Gesetzgeber zu überlassen".[334] Dabei betreffe die „Normierungspflicht" allerdings – offenbar in Abgrenzung zu den Anforderungen des Art. 80 Abs. 1 S. 2 GG – „nicht nur die Frage, **ob** ein bestimmter Gegenstand **überhaupt gesetzlich geregelt** sein muss, sondern auch, **wie weit diese Regelungen im Einzelnen** zu gehen haben".[335] Das Gericht begreift die über Art. 80 Abs. 1 S. 2 GG hinausgehenden Vorgaben des Parlamentsvorbehalts somit offensichtlich als nicht auf das „Ob", sondern **auf das „Wie"** der die zu erlassende Rechtsverordnung vorzuzeichnenden **formell-gesetzlichen Regelungen bezogen**.[336]

In der **praktischen Fallbearbeitung** dürfte es gewiss **schwierig** sein, die Differenzierung zwischen dem „Ob" und dem „Wie" gesetzlicher Verordnungsermächtigungen im konkreten Fall zu handhaben. Sofern der Sachverhalt hier keine greifbaren Ansatzpunkte enthält, wird man sich mit der Feststellung begnügen dürfen, dass auch die über Art. 80 Abs. 1 S. 2 GG hinausgehenden Vorgaben des rechtsstaats- und demokratieprinzipiellen Parlamentsvorbehalts keine weitergehende Normierung des von der Verordnungsermächtigung erfassten Gegenstandes verlangen.

2. Rechtmäßigkeit der Verordnung

394 Von der Verfassungsmäßigkeit des Ermächtigungsgesetzes streng zu unterscheiden ist die nachfolgende Prüfung der **Rechtmäßigkeit der Verordnung**. Die formellen und materiellen Anforderungen an die Verordnung ergeben sich dabei teils aus dem Ermächtigungsgesetz selbst, teils auch aus sonstigem höherrangigem Recht, insbesondere dem Verfassungsrecht.

---

332 BVerfGE 123, 39 (78) – „Wahlcomputer" (ohne Hervorhebungen im Original).
333 BVerfGE 101, 1 (33) – „Hennenhaltungsverordnung".
334 BVerfGE 101, 1 (34) – „Hennenhaltungsverordnung".
335 BVerfGE 101, 1 (34) – „Hennenhaltungsverordnung" (ohne Hervorhebung im Original).
336 Vgl. nicht ganz zu Unrecht kritisch zu dieser Abgrenzung *von Danwitz*, Jura 2002, 93 (99).

a) Formelle Rechtmäßigkeit der Verordnung

Die formelle Rechtmäßigkeit der Verordnung ist, dem üblichen Aufbau (Zuständigkeit – Verfahren – Form) entsprechend, in drei Schritten zu prüfen: 395

aa) Zuständigkeit des Verordnungsgebers

Wer für den Erlass der Verordnung zuständig ist, ergibt sich aus dem **Ermächtigungsgesetz** oder, gegebenenfalls, aus einer entsprechenden **Subdelegation** (Art. 80 Abs. 1 S. 4 GG). 396

Unter dem Gesichtspunkt „Organzuständigkeit" lässt sich an dieser Stelle das **besondere verfassungsrechtliche Problem** diskutieren, ob und inwieweit auch der **parlamentarische Gesetzgeber** bereits bestehende Rechtsverordnungen ändern darf.[337] Zum Erlass solcher verordnungsändernder Parlamentsgesetze, die „seit über fünfzig Jahren" der gängigen Staatspraxis entsprechen,[338] kommt es vor allem dann, wenn der parlamentarische Gesetzgeber sachlich zusammengehörige Regelungskomplexe im Zuge umfangreicher Reformierungen neu fassen möchte. Das Bundesverfassungsgericht räumt in dieser Frage im Ergebnis dem **praktischen „Bedürfnis"** nach verordnungsändernden Gesetzen und der **„Gestaltungsfreiheit des Parlaments"** den Vorrang ein,[339] trägt allerdings auch **gegenläufigen rechtsstaatlichen Bedenken** Rechnung – schließlich verwischen verordnungsändernde Gesetze die im Grundgesetz vorgesehene und daher an sich „nicht zur beliebigen Disposition" des Gesetzgebers stehende Unterscheidung zwischen förmlichen Gesetzen und Rechtsverordnung,[340] was vor allem der „rechtsstaatlichen Klarheit in Bezug auf Geltungsvoraussetzungen, Rang, Rechtsschutzmöglichkeiten und Verwerfungskompetenzen" des resultierenden Normengebildes zuwiderläuft.[341] Das Gericht erachtet verordnungsändernde Parlamentsgesetze daher **nur dann** für **verfassungskonform**, wenn 397

- es sich „um eine Anpassung **im Rahmen einer Änderung eines Sachbereichs** durch den Gesetzgeber" handelt – Verordnungsänderungen „unabhängig von sonstigen gesetzgeberischen Maßnahmen" sind somit unzulässig –,[342]
- der Gesetzgeber sich an das **förmliche Gesetzgebungsverfahren der Art. 76 ff. GG** hält,[343]
- der Gesetzgeber die **„Grenzen der Ermächtigungsgrundlage (Art. 80 Abs. 1 S. 2 GG)"** beachtet – „aus Gründen der Normenklarheit" sind die Bestimmungen der geänderten Rechtsverordnung insgesamt auch nach ändernden Eingriffen des parlamentarischen Gesetzgebers als Verordnungsrecht zu qualifizieren –[344] und

337 Die folgenden Ausführungen beruhen auf BVerfGE 114, 196 (233 ff.) – „Verordnungsändernde Gesetze".
338 BVerfGE 114, 196 (234) – „Verordnungsändernde Gesetze".
339 BVerfGE 114, 196 (234 f.) – „Verordnungsändernde Gesetze" (ohne Hervorhebungen im Original).
340 BVerfGE 114, 196 (235) – „Verordnungsändernde Gesetze".
341 BVerfGE 114, 196 (236) – „Verordnungsändernde Gesetze".
342 BVerfGE 114, 196 (238) – „Verordnungsändernde Gesetze" (ohne Hervorhebung im Original).
343 Vgl. BVerfGE 114, 196 (238 f.) – „Verordnungsändernde Gesetze".
344 BVerfGE 114, 196 (239 f.) – „Verordnungsändernde Gesetze" (ohne Hervorhebung im Original).

– die **Beteiligung des Bundesrates** nach Maßgabe „der **für förmliche Gesetze geltenden Normen**“ ordnungsgemäß erfolgt ist – Art. 80 Abs. 2 GG gilt insofern nicht.[345]

Das Vorliegen der beiden letztgenannten Voraussetzungen ist im Rahmen einer **Fallbearbeitung** gewiss nicht unter dem Punkt „Organzuständigkeit“ des Bundestages zur Verordnungsänderung zu prüfen. Dort ist zunächst nur die verfassungsrechtliche **Zulässigkeit verordnungsändernder Parlamentsgesetze** zur Änderung ganzer Sachbereiche zu erörtern und im Übrigen auf die vom Bundesverfassungsgericht formulierten besonderen Voraussetzungen an das Verfahren, die Form und den Inhalt des verordnungsändernden Gesetzes zu verweisen. Das Vorliegen der Voraussetzungen wird dann an geeigneter Stelle geprüft, also bei der Prüfung der Einhaltung der einschlägigen Verfahrensvorschriften sowie der materiell-rechtlichen Vorgaben.

bb) Verfahren der Verordnungsgebung, Art. 80 Abs. 2 und 3 GG

398 In das Verfahren der Verordnungsgebung können verschiedene andere Stellen eingebunden sein. Derartige Mitwirkungserfordernisse enthalten zum einen **Art. 80 Abs. 2 und 3 GG**, die in bestimmten Fällen eine Zustimmung des **Bundesrates** verlangen. Zum anderen können in der **Verordnungsermächtigung**, wie bereits oben angesprochen, Mitwirkungsbefugnisse des **Bundestages** oder **Dritter** vorgesehen sein. Während die verfassungsrechtliche Zulässigkeit der Einräumung solcher Mitwirkungsbefugnisse im Rahmen der Prüfung der Verfassungsmäßigkeit des Ermächtigungsgesetzes zu erörtern ist,[346] muss an dieser Stelle gegebenenfalls untersucht werden, ob die rechtswirksam statuierten Mitwirkungsrechte des Bundestages bzw. der sonstigen Stelle im konkreten Fall auch gewahrt worden sind.

cc) Form der Verordnung, Art. 80 Abs. 1 S. 3 und Art. 82 Abs. 1 S. 2 GG

399 Mit Blick auf die Form der Verordnung sind die Wahrung des **Zitiergebots aus Art. 80 Abs. 1 S. 3 GG** sowie die ordnungsgemäße Bekanntmachung der Verordnung gemäß **Art. 82 Abs. 1 S. 2 GG** (in Verbindung mit den Vorschriften des Gesetzes über die Bekanntmachung von Rechtsverordnungen) zu prüfen.

b) Materielle Rechtmäßigkeit der Verordnung

400 Die Rechtsverordnung ist **materiell rechtmäßig**, wenn

- sie sich **inhaltlich** „im Rahmen der Befugnisse gehalten hat, die ihr der Gesetzgeber zur Ausübung übertragen hat“, wenn also die Regelungen der Rechtsverordnung **von der Verordnungsermächtigung „gedeckt“** sind,[347] und
- sie auch **mit sonstigem höherrangigem Recht vereinbar** ist, insbesondere mit den **Grundrechten**, aber auch mit anderen Verfassungsrechtsnormen sowie – im Falle einer Überprüfung der Rechtsverordnung durch ein Fachgericht – mit höherrangigem einfachem Bundesrecht.[348]

345 BVerfGE 114, 196 (240) – „Verordnungsändernde Gesetze“ (ohne Hervorhebung im Original).

346 Vgl. dazu oben Rn. 388.

347 *Von Danwitz*, Jura 2002, 93 (101), der dies allerdings (auch) als Frage der formellen Rechtmäßigkeit betrachtet. Vgl. zur Prüfung einer Rechtsverordnung am Maßstab der Ermächtigungsgrundlage etwa BVerfGE 101, 1 (31 ff.) – „Hennenhaltungsverordnung“.

348 Vgl. *von Danwitz*, Jura 2002, 93 (101).

Ist die Rechtsverordnung Gegenstand einer Normenkontrolle durch das **Bundesverfassungsgericht**, ist in materieller Hinsicht ausschließlich die Vereinbarkeit der Rechtsverordnung mit der Ermächtigungsgrundlage und mit verfassungsrechtlichen Vorgaben zu prüfen. Sonstiges unterverfassungsrechtliches Bundesrecht ist dagegen kein Prüfungsmaßstab für das Bundesverfassungsgericht.

Literaturhinweise (Auswahl):

Zu A. *Nolte/Tams*, Das Gesetzgebungsverfahren nach dem Grundgesetz, Jura 2000, 158 ff.
Degenhart, Staatsrecht I Staatsorganisationsrecht, 37. Aufl. 2021, § 3 Rn. 141 ff.
Kloepfer, Verfassungsrecht I, 2011, § 21 (zur Vertiefung)

Zu B. *Degenhart*, Staatsrecht I Staatsorganisationsrecht, 37. Aufl. 2021, § 7 Rn. 624 ff.
Maurer, Staatsrecht I, 6. Aufl. 2010, § 13 Rn. 51 ff. (zur Vertiefung)
Klein, Status des Abgeordneten, in: Isensee/Kirchhof (Hrsg.), Handbuch des Staatsrechts, Band III, 3. Aufl. 2005, § 51 (zur Vertiefung)
Zeh, Gliederung und Organe des Bundestages, in: Isensee/Kirchhof (Hrsg.), Handbuch des Staatsrechts, Band III, 3. Aufl. 2005, § 52 (zur Vertiefung)

Zu C. *Degenhart*, Staatsrecht I Staatsorganisationsrecht, 37. Aufl. 2021, § 8 Rn. 717 ff.
Herzog, Zusammensetzung und Verfahren des Bundesrates, in: Isensee/Kirchhof (Hrsg.), Handbuch des Staatsrechts, Band III, 3. Aufl. 2005, § 59 (zur Vertiefung)

Zu D. *Von Danwitz*, Rechtsverordnungen, Jura 2002, 93 ff.
Gröpl, Staatsrecht I, 13. Aufl. 2021, § 16 Rn. 1182 ff. (zur Vertiefung)

Wichtige Rechtsprechung:

Zu A.	BVerfGE 106, 62 – „Altenpflegegesetz“ (Gesetzgebungszuständigkeit des Bundes zur Regelung von Berufen der Altenpflege – Auslegung der Erforderlichkeitsklausel des Art. 72 Abs. 3 GG)
Zu B. II. und III.	BVerfGE 80, 188 – „Wüppesahl“ (Besetzung von Ausschüssen im Bundestag – Verfassungsrechtliche Bedeutung der Fraktionen im Bundestag – Stellung des fraktionslosen Abgeordneten) BVerfGE 118, 277 – „Abgeordnetengesetz“ (Verfassungsmäßigkeit der sog. Mittelpunktregelung des § 44a Abs. 1 AbgG sowie daran anknüpfende Offenlegungspflichten – Pflicht des Abgeordneten zur Wahrung seiner Unabhängigkeit)
Zu B. IV.	BVerfGE 67, 100 – „Flick-Untersuchungsausschuss“ (Anspruch eines Untersuchungsausschusses gegen die Bundesregierung auf Vorlage von Steuerakten aus Art. 44 Abs. 1 GG)
Zu B. V.	BVerfGE 62, 1 – „Bundestagsauflösung I“ (Verfassungsmäßigkeit der Bundestagsauflösung im Jahr 1983) BVerfGE 114, 121 – „Bundestagsauflösung II“ (Verfassungsmäßigkeit der Bundestagsauflösung im Jahr 2005)
Zu C.	BVerfGE 106, 310 – „Zuwanderungsgesetz“ (Verfassungswidrigkeit des Zuwanderungsgesetzes – Erfordernis der einheitlichen Stimmabgabe im Bundesrat nach Art. 51 Abs. 3 S. 2 GG)

§ 9 Regierung und Verwaltung

A. Die Bundesregierung

I. Funktionen und Befugnisse der Bundesregierung

401 Die Bundesregierung ist das „aus dem **Bundeskanzler** und den **Bundesministern**" zusammengesetzte (Art. 62 GG) **kollegiale Verfassungsorgan**,[1] dessen wesentliche Funktion im Rahmen des politischen Systems der Bundesrepublik Deutschland in der **„Staatsleitung"** liegt.[2] Der bereits zur Zeit der Weimarer Republik gebrauchte Begriff der Staatsleitung[3] umschreibt das Erfassen und Vorbereiten, das Treffen und Umsetzen der **politischen Leitentscheidungen** in einem staatlichen Gemeinwesen. Diese Aufgaben hat das Grundgesetz der Bundesregierung gewiss nicht allein überantwortet; vielmehr steht die Staatsleitung „**Regierung und Parlament** gewissermaßen **zur gesamten Hand** zu",[4] das heißt beide Verfassungsorgane verfügen über ineinander verschränkte staatsleitende Befugnisse und greifen insoweit Hand in Hand: Während der **Bundesregierung** die **„Initiative, Planung und Durchsetzung"** der politischen Leitentscheidungen vorbehalten sind, obliegen dem Parlament „mehr die öffentliche Beratung und Beschlussfassung, die Vermittlung der demokratischen Legitimität und Kontrolle".[5]

„Regierung" in dem beschriebenen Sinne meint die Regierung als Organ (oder: **Regierung im organisatorischen Sinne**).[6] Der Begriff „Regierung" wird indes auch **im materiellen Sinne** gebraucht und bezieht sich dabei auf das „Regieren" als Tätigkeit, unabhängig davon, wer die Regierungstätigkeit ausübt. Im **förmlichen Sinne** lässt sich der Begriff schließlich als Bezeichnung der Tätigkeit der Regierung im organisatorischen Sinne verstehen, unabhängig davon, ob es sich um Regierungstätigkeit im materiellen Sinne handelt; formales Regierungshandeln schließt also etwa auch gesetzgeberische Tätigkeit wie z.B. die Verordnungsgebung nach Art. 80 Abs. 1 GG mit ein.

402 Die **konkreten verfassungsrechtlichen Befugnisse** der Bundesregierung und ihrer Mitglieder sind grundgesetzlich im Abschnitt über die Bundesregierung (**Art. 62 bis 69 GG**) sowie in einigen weiteren Bestimmungen (insbesondere etwa in **Art. 76, Art. 113 GG**) geregelt. Die **Zuweisung** dieser Befugnisse erfolgt dabei nach verschiedenen Gesichtspunkten, nämlich[7]

– nach dem **Kollegialprinzip**, das heißt bestimmte Befugnisse sind der Regierung als Kollegialorgan zugewiesen, sowie

---

1 Vgl. *Maurer*, Staatsrecht I, 6. Aufl. 2010, § 14 Rn. 4.

2 Vgl. zur „Staatsleitung" als Regierungsaufgabe bereits BVerfGE 11, 77 (85) – „Ermächtigungsadressaten"; E 26, 338 (395 f.) – „Eisenbahnkreuzungsgesetz".

3 Vgl. etwa *Heckel*, Einrichtung und rechtliche Bedeutung des Reichshaushaltsgesetzes, in: Anschütz/Thoma (Hrsg.), Handbuch des Deutschen Staatsrechts, Band II, 1932 (Nachdruck 1998), S. 374 (388 f.).

4 *Friesenhahn*, VVDStRL 16 (1958), 9 (37 f.), ohne Hervorhebungen im Original

5 *Maurer*, Staatsrecht I, 6. Aufl. 2010, § 14 Rn. 45 (ohne Hervorhebungen im Original).

6 Vgl. *Maurer*, Staatsrecht I, 6. Aufl. 2010, § 14 Rn. 45.

7 Die nachstehende Systematisierung folgt der Darstellung von *Maurer*, Staatsrecht I, 6. Aufl. 2010, § 14 Rn. 46 ff.; ebenso *Sodan/Ziekow*, Grundkurs Öffentliches Recht, 9. Aufl. 2020, § 15 Rn. 20 ff.

Die Regierung nimmt als Kollegialorgan **wichtige Befugnisse** wie etwa die (ihr durch ein konkretes Gesetz übertragene) Befugnis zum Erlass einer bestimmten **Rechtsverordnung** aus **Art. 80 Abs. 1 S. 1 GG**, das **Initiativrecht** aus **Art. 76 Abs. 1 GG**, das Recht zur **Anrufung des Vermittlungsausschusses** aus **Art. 77 Abs. 2 S. 4 GG** sowie die in **Art. 113 Abs. 1 GG** vorgesehenen Mitwirkungserfordernisse und -befugnisse bezüglich der **Haushaltsaufstellung** wahr.[8]

– nach dem **Kanzlerprinzip**, wenn einzelne Befugnisse allein dem Bundeskanzler zugewiesen werden, und

Im Mittelpunkt der allein dem Bundeskanzler zugewiesenen Befugnisse steht üblicherweise die **Richtlinienkompetenz** aus **Art. 65 Satz 1 GG**. Als **Regierungschef** bestimmt der Bundeskanzler demnach **innerhalb der Bundesregierung** die Richtlinien der Politik und trägt dafür die Verantwortung. Diese **inhaltsbezogene** Befugnis ist rechtlich gewiss nur schwer fassbar und spielt daher in staatsrechtlichen Fragestellungen nur selten eine Rolle. Daneben hat der Bundeskanzler die nicht minder effektive **personalbezogene** Befugnis, dem Bundespräsidenten die **Ernennung und Entlassung der Bundesminister vorzuschlagen, Art. 64 Abs. 1 GG**.

– nach dem **Ressortprinzip**, wenn einzelne Befugnisse dem fachlich zuständigen Minister zugewiesen sind.

Dem Ressortprinzip folgen etwa die Zuweisung der **Befehls- und Kommandogewalt über die Streitkräfte**, die gemäß **Art. 65a Abs. 1 GG** dem Bundesminister der Verteidigung zusteht, sowie das in **Art. 112 GG** vorgesehene Erfordernis der Zustimmung des Bundesministers der Finanzen zu **übermäßigen und außerplanmäßigen Ausgaben**. Im Übrigen obliegt den Ministern die selbständige und eigenverantwortliche **sachliche und personelle Leitung ihrer Geschäftsbereiche, Art. 65 Satz 2 GG**.[9]

Die genannten konkreten Befugnisnormen sind freilich nur bedingt geeignet, die Befugnisse der Bundesregierung als Organ der „Staatsleitung" abschließend zu beschreiben. Die **verfassungsmäßigen Kompetenzen der Bundesregierung** sind vor dem Hintergrund der ihr zugeschriebenen Funktion der „Staatsleitung" **weitergreifend** und **politisch offen** zu verstehen[10] und erfassen gegenüber den einzelnen expliziten Kompetenzzuweisungen ein **Mehr an Befugnissen**. Bei der Bestimmung der Reichweite der regierungsmäßigen Staatsleitungsbefugnisse sind freilich die ihrerseits verfassungsrechtlich verankerten **Befugnisse der übrigen Verfassungsorgane** zu berücksichtigen, die durch die Befugnisse der Regierung **nicht beschränkt** werden dürfen. **403**

So hat das Bundesverfassungsgericht **beispielsweise** auch eine **im Grundgesetz nicht ausdrücklich vorgesehene Befugnis** der Bundesregierung zur **Informationsarbeit** angenommen, etwa zur Warnung der Öffentlichkeit vor Jugendsekten[11] oder vor mit Diethylenglykol versetztem Wein[12]: „Die Ermächtigung zur Erteilung derartiger Informationen ergibt sich aus der der Bundesregierung zugewiesenen Aufgabe, im Rahmen ihrer Öffentlichkeitsarbeit auch auf aktuelle streitige, die Öffentlichkeit erheblich berührende Fragen einzugehen und damit staatsleitend tätig zu werden. Diese Auf-

8 Vgl. *Maurer*, Staatsrecht I, 6. Aufl. 2010, § 14 Rn. 47 ff.; *Sodan/Ziekow*, Grundkurs Öffentliches Recht, 9. Aufl. 2020, § 15 Rn. 19.

9 Vgl. *Maurer*, Staatsrecht I, 6. Aufl. 2010, § 14 Rn. 52; *Sodan/Ziekow*, Grundkurs Öffentliches Recht, 9. Aufl. 2020, § 15 Rn. 22.

10 Vgl. *Maurer*, Staatsrecht I, 6. Aufl. 2010, § 14 Rn. 45, der im Folgenden ebenfalls auf die nachstehend zitierten Entscheidungen „Osho" und „Glykol" verweist.

11 Vgl. dazu die Entscheidung BVerfGE 105, 279 (292 ff.) – „Osho".

12 Vgl. dazu die Entscheidung BVerfGE 105, 252 (264 ff.) – „Glykol".

gabe, bei der es um die politische Führung, die verantwortliche Leitung des Ganzen der inneren und äußeren Politik geht und die sich die Bundesregierung mit den anderen dazu berufenen Verfassungsorganen teilt (…), wird nicht allein mit den Mitteln der Gesetzgebung (…) und der richtungweisenden Einwirkung auf den Gesetzesvollzug wahrgenommen. Staatsleitung durch die Bundesregierung wird vielmehr auch im Wege des täglichen Informationshandelns im Wechselspiel insbesondere mit dem Parlament, aber auch mit der interessierten Öffentlichkeit sowie den jeweils betroffenen Bürgerinnen und Bürgern wahrgenommen."[13]

II. Bildung und Amtsdauer der Bundesregierung

404 Die **Bildung der Bundesregierung** nimmt ihren Ausgangspunkt in der **Wahl des Bundeskanzlers**, die unmittelbar durch den Bundestag erfolgt, vgl. das Verfahren in **Art. 63 Abs. 1 bis 4 GG**. Dem Bundeskanzler steht sodann gemäß **Art. 64 Abs. 1 GG** ein **Vorschlagsrecht** bezüglich der **Ernennung** (und **Entlassung**) der **Bundesminister** durch den Bundespräsidenten zu.

405 Die **regelmäßige Amtsdauer** der Bundesregierung richtet sich nach **Art. 69 Abs. 2 GG**, „endigt" also „in jedem Falle mit dem **Zusammentritt eines neuen Bundestages**". Daneben besteht gemäß **Art. 67 GG ausnahmsweise** die an strenge Voraussetzungen geknüpfte Möglichkeit der Abwahl des Bundeskanzlers im Wege eines sog. **konstruktiven Misstrauensvotums**, also durch Wahl eines neuen Bundeskanzlers mit der Mehrheit der Mitglieder des Bundestages.

406 Die zentrale Rolle, die der **Bundestag** bei der Wahl und Abwahl des Kanzlers sowie mit Blick auf die regelmäßige Amtsdauer der Bundesregierung spielt, ist ein wesentliches Element der **parlamentarischen Verantwortlichkeit der Bundesregierung**.[14]

III. Organisation und Verfahren innerhalb der Bundesregierung

407 Neben den grundgesetzlichen Befugniszuweisungen ergibt sich die Ausgestaltung der **Organisation** und des **Verfahrens** innerhalb der Bundesregierung vor allem aus den Bestimmungen der **Geschäftsordnung der Bundesregierung (GOBReg)** sowie teilweise auch aus den Vorschriften der Gemeinsamen Geschäftsordnung der Bundesministerien (GGO). Für die Beurteilung der Frage, ob die Bundesregierung oder eines ihrer Mitglieder **von ihren Befugnissen in verfassungskonformer Weise Gebrauch gemacht** hat, enthält freilich das Grundgesetz allein die relevanten rechtlichen Vorgaben.

Als verfassungsrechtlich bedenklich erscheint etwa im Hinblick auf Angelegenheiten, die der Bundesregierung durch das Grundgesetz als Kollegialorgan zugewiesen sind, die Durchführung eines **Umlaufverfahrens**, demgemäß ein Beschluss der Bundesregierung zustande gekommen ist, wenn innerhalb der gesetzten Frist von keinem Mitglied Widerspruch erhoben wurde. Das Bundesverfassungsgericht hat insofern mit Blick auf den Erlass einer Rechtsverordnung durch die Bundesregie-

13 BVerfGE 105, 279 (301) – „Osho".
14 Vgl. dazu bereits oben Rn. 135.

rung nach Art. 80 Abs. 1 S. 1 GG festgestellt: „Ist die Normsetzungsbefugnis der Bundesregierung übertragen worden, verlangt Art. 80 Abs. 1 Satz 1 GG folglich einen **Beschluss des Kollegiums** (…). Diesem Erfordernis ist nicht schon Genüge getan, wenn der Beschluss die Bundesregierung formell als Urheber ausweist, er muss ihr auch **materiell zugerechnet** werden können. Zurechenbarkeit verlangt allerdings weder, dass das Kollegium vollzählig war, noch dass es den Beschluss einstimmig gefasst hat. Das wird auch sonst im demokratischen Entscheidungsprozess nicht gefordert. Zurechenbarkeit setzt jedoch voraus, dass **sämtliche Mitglieder der Bundesregierung** von der anstehenden Entscheidung und ihrem Gegenstand **in Kenntnis gesetzt** werden und **Gelegenheit** erhalten, an der Entscheidung **mitzuwirken (Information)**. Des Weiteren müssen sich an der Entscheidung so viele Mitglieder der Bundesregierung **beteiligen**, dass noch von einem Handeln des Kollegiums gesprochen werden kann **(Quorum)**. Schließlich muss von den Beteiligten eine **Mehrheit** die Entscheidung befürworten **(Majorität)**."[15] Diese Vorgaben müssen im Rahmen eines Umlaufverfahrens innerhalb der Bundesregierung von Verfassungs wegen eingehalten werden.

B. Verwaltung

I. Der Begriff der Verwaltung und ihre Bedeutung im Staatsorganisationsrecht

Der Begriff der **Verwaltung** ist, wie schon der Begriff der Regierung,[16] mehrdeutig.[17] Er kann zum einen als Sammelbegriff für sämtliche Verwaltungsorgane verwendet werden; man spricht insoweit von Verwaltung **im organisatorischen Sinne**. Verwaltung **im materiellen Sinne** meint das „Verwalten", also die Verwaltungstätigkeit, unabhängig davon, ob sie von einer Verwaltungsbehörde oder einer anderen Stelle ausgeführt wird (z.B. im Rahmen der Bundestagsverwaltung durch den Bundestag); typischerweise meint „Verwalten" in diesem materiellen Sinne den **Vollzug von Gesetzen** sowie – in Lebensbereichen, die nicht vollständig gesetzlich durchgeregelt sind – die **Realisierung** allgemein vorgegebener **staatlicher Verwaltungsaufgaben**.[18] Verwaltung **im formellen Sinne** bezeichnet schließlich alle Tätigkeiten, die von der Verwaltung im organisatorischen Sinne ausgeübt wird, und zwar unabhängig davon, ob es sich dabei um Verwaltung im materiellen Sinne handelt oder um andere Formen hoheitlichen Handelns (z.B. beim Erlass einer Verordnung oder einer Satzung durch eine Gemeinde). 408

Das Verwalten gehört, wie auch das Regieren, zur Staatsfunktion der **Exekutive**. Während das Regieren indes primär die „Initiative, Planung und Durchsetzung" der politischen Leitentscheidungen (insbesondere etwa von Parlamentsgesetzen) zum Gegenstand hat,[19] dient **Verwalten** mehr dem **„Vollzug der Gesetze und der Verwirklichung der staatlichen Aufgaben im Einzelfall und damit im Alltag"**.[20]

15 BVerfGE 91, 148 (166) – „Umlaufverfahren".

16 Vgl. zur parallel verlaufenden Systematisierung des Regierungsbegriffs die Erläuterung oben zu Rn. 401.

17 Die nachstehende Systematisierung folgt derjenigen von *Maurer/Waldhoff*, Allgemeines Verwaltungsrecht, 20. Aufl. 2020, § 1 Rn. 1 ff.

18 Vgl. *Maurer*, Staatsrecht I, 6. Aufl. 2010, § 18 Rn. 8.

19 *Maurer*, Staatsrecht I, 6. Aufl. 2010, § 14 Rn. 45.

20 *Maurer*, Staatsrecht I, 6. Aufl. 2010, § 18 Rn. 8 (ohne Hervorhebung im Original).

409 Die Vorschriften der **Art. 83 ff. GG**, um die es im Folgenden zunächst gehen soll, haben den **Vollzug von (Bundes-)Gesetzen** – also einen bestimmten (wichtigen) Ausschnitt des **Verwaltens im materiellen Sinne** – im Blick und regeln die **Verteilung der Kompetenzen** für den **Vollzug von Bundesgesetzen** zwischen Bund und Ländern sowie die Ausgestaltung verschiedener **Vollzugsmodelle** (II.). Diese Kompetenzverteilung und die Eigenarten der verschiedenen Vollzugsmodelle rücken im Staatsorganisationsrecht unter den verwaltungsbezogenen Fragestellungen in den Vordergrund.

Sekundär ist im Bund-Länder-Verhältnis demgegenüber die Frage, wem die Kompetenz für die Ausführung von **Landesgesetzen** zusteht – hier sind unproblematisch und ausnahmslos gemäß **Art. 30 GG** (und **nicht** etwa nach Art. 83 GG) die Länder zuständig.

410 Quer zu der Unterscheidung von Bundes- und Landesverwaltung liegt die nicht minder bedeutsame Differenzierung zwischen **unmittelbarer und mittelbarer Staatsverwaltung**, die sowohl auf Bundes- als auch auf Landesebene denkbar ist (III.). Auch prüfungsrelevante verfassungsrechtliche Fragestellungen wirft dabei insbesondere die **kommunale Selbstverwaltung** als wohl bedeutendste Form der mittelbaren Staatsverwaltung auf.

II. Die Verteilung der Kompetenzen für den Vollzug von Bundesgesetzen zwischen Bund und Ländern und die verschiedenen Vollzugsmodelle

411 Für die Ausführung von **Bundesgesetzen** treffen die **Art. 83 ff. GG** differenzierte Regelungen und formen **drei anerkannte Vollzugsmodelle** aus, die es zu unterscheiden gilt, namentlich

- die Ausführung von Bundesgesetzen durch die Länder „als eigene Angelegenheit“ (sog. **Landeseigenverwaltung**), Art. 83 und 84 GG,
- die Ausführung von Bundesgesetzen durch die Länder „im Auftrage des Bundes“ (sog. **Bundesauftragsverwaltung**), Art. 85 GG sowie
- die Ausführung von Bundesgesetzen durch den Bund selbst (sog. **Bundeseigenverwaltung**), Art. 86 und 87 GG.

Obwohl die Art. 83 ff. GG ausdrücklich nur den **Gesetzesvollzug** betreffen, regeln sie auch die Frage, wer für die Ausführung von Verwaltungstätigkeiten in Lebensbereichen zuständig ist, die **keine gesetzliche Regelung** erfahren haben.[21] Auch hier greift der Grundsatz aus **Art. 30, 83 GG** ein und weist die Zuständigkeit grundsätzlich den Ländern zu, vorbehaltlich spezieller Befugnisse von Bundesorganen aus den **Art. 83 ff. GG** oder aus anderen (geschriebenen und ungeschriebenen) Bestimmungen des Grundgesetzes, etwa aus der staatsleitenden Funktion der Bundesregierung, die (z.B. im Rahmen staatlichen Informationshandelns, welches nicht unter Art. 83 ff. GG fällt[22]) mitunter auch in verwaltende Tätigkeit jenseits des Gesetzesvollzugs übergehen kann.[23]

---

21 Vgl. *Degenhart*, Staatsrecht I Staatsorganisationsrecht, 37. Aufl. 2021, § 5 Rn. 521 ff.
22 So ausdrücklich BVerfGE 105, 279 (304) – „Osho“.
23 Vgl. *Degenhart*, Staatsrecht I Staatsorganisationsrecht, 37. Aufl. 2021, § 5 Rn. 523 ff.

1. Landeseigenverwaltung, Art. 83, 84 GG

Gemäß **Art. 83 GG** führen die **Länder** Bundesgesetze **als eigene Angelegenheit** aus, soweit das Grundgesetz nichts anderes vorschreibt. Diese sog. Landeseigenverwaltung bildet somit den **Regeltypus** des Vollzugs von Bundesgesetzen und kommt immer dann zum Zuge, wenn das Grundgesetz nicht ausdrücklich ein anderes Vollzugsmodell vorschreibt oder zulässt. Einzelheiten der Landeseigenverwaltung sind in **Art. 84 GG** geregelt: 412

Hervorzuheben sind dabei zum einen die Regelungen in **Art. 84 Abs. 1 GG**, welche die Zuständigkeit für den Erlass von gesetzlichen Vorschriften (also die **Gesetzgebungszuständigkeit**) mit Blick auf die **Einrichtung der Behörden** und das **Verwaltungsverfahren** im Bereich der Landeseigenverwaltung zwischen Bund und Ländern verteilt und in Art. 84 Abs. 1 S. 6 GG auch eine zustimmungsbedürftigkeitsbegründende Bestimmung enthalten.[24] 413

Zum anderen enthält Art. 84 GG verschiedene **Einwirkungsbefugnisse des Bundes** auf die Landesverwaltung. Der Bund übt zwar gemäß **Art. 84 Abs. 3 S. 1 GG** nur eine **Rechtsaufsicht** über den Landeseigenvollzug aus, überwacht also nur die **Rechtmäßigkeit des Gesetzesvollzugs** durch die Länder und hat **nicht** etwa auch ein **sachliches Mitspracherecht** im Sinne einer Fachaufsicht, wie sie im Bereich der Bundesauftragsverwaltung vorgesehen ist.[25] Dennoch stehen ihm auch im Rahmen der Rechtsaufsicht gewisse, in ihrer Intensität **abgestufte Aufsichtsbefugnisse** zu, namentlich 414

- das Recht zur **Entsendung von Beauftragten, Art. 84 Abs. 3 S. 2 GG**,
- das Recht zur **Feststellung von Mängeln**, vgl. **Art. 84 Abs. 4 S. 1 GG**,
- das Recht zur Herbeiführung eines **Bundesratsbeschlusses** zur Frage, ob ein Land beim Vollzug eines Bundesgesetzes „das Recht verletzt hat“, **Art. 84 Abs. 4 S. 1 GG** sowie
- in Ausnahmefällen und nach Erlass einer entsprechenden gesetzlichen Ermächtigung das Recht zur **Erteilung von Einzelweisungen, Art. 84 Abs. 5 GG**.

Bei der Ausübung der Rechtsaufsicht hat sich der Bund an die **Grenzen** seiner in Art. 84 GG geregelten Aufsichtsbefugnisse zu halten. **Übertretungen** dieser Grenzen (z.B. durch die Erteilung einer inhaltsbezogenen Weisung) greifen in **verfassungsrechtlich unzulässiger** Weise in den **Zuständigkeitsbereich des betroffenen Landes** ein; die damit verbundene Verletzung der in den Art. 83 ff. GG geschützten **Verwaltungsautonomie des Landes** kann von diesem im Wege eines **Bund-Länder-Streits** nach Art. 93 Abs. 1 Nr. 3 GG verfassungsgerichtlich gerügt werden.[26] 415

2. Bundesauftragsverwaltung, Art. 85 GG

Ausnahmsweise führen die **Länder** Bundesgesetze **im Auftrag des Bundes** aus, **Art. 85 GG**, sofern 416

24 Vgl. zur Erläuterung des Art. 84 Abs. 1 GG bereits oben Rn. 308.
25 Vgl. dazu sogleich unten Rn. 418.
26 Vgl. zum Bund-Länder-Streit unten Rn. 464.

– das **Grundgesetz** die **gesetzliche Einführung** einer Bundesauftragsverwaltung ausdrücklich **zulässt** und diese Möglichkeit vom Gesetzgeber auch genutzt worden ist oder

So etwa ist etwa auf der Grundlage des **Art. 87c GG** in **§ 24 Abs. 1 S. 1** des **Gesetzes über die friedliche Verwendung der Kernenergie und den Schutz gegen ihre Gefahren** (Atomgesetz – AtomG) geregelt worden, dass die Ausführung des Atomgesetzes grundsätzlich „im Auftrage des Bundes durch die Länder" erfolgt. Vgl. außerdem **Art. 87b Abs. 2 S. 1 GG** (Vollzug von Bundesgesetzen, die der **Verteidigung** dienen), **Art. 87d Abs. 2 GG** (**Luftverkehrsverwaltung**) sowie **Art. 89 Abs. 2 S. 3 GG** (Verwaltung von **Bundeswasserstraßen**).

– das **Grundgesetz** die Bundesauftragsverwaltung ausdrücklich **vorschreibt**.

So sieht etwa **Art. 90 Abs. 3 GG** vor, dass die **Bundesstraßen des Fernverkehrs** (ohne die Bundesautobahnen, vgl. Art. 90 Abs. 2 GG) von den Ländern im Auftrag des Bundes verwaltet werden. Vgl. außerdem **Art. 104a Abs. 3 S. 2 GG** (Vollzug von **Bundesgesetzen über Geldleistungen**, wenn der Bund mindestens die Hälfte der Ausgaben trägt) und **Art. 108 Abs. 3 S. 1 GG** (Verwaltung von **Steuern**, die ganz oder teilweise **dem Bund zufließen**).

417 Die Modalitäten der Bundesauftragsverwaltung sind in Art. 85 GG näher geregelt. **Art. 85 Abs. 1 S. 1 GG** weist eine **konkurrierende Kompetenz** zur **Regelung** der **Behördeneinrichtung** sowie – nach herrschender, wenn auch nicht unbestrittener Ansicht[27] – trotz fehlender ausdrücklicher Erwähnung auch des **Verwaltungsverfahrens** zu.

418 Die **Einwirkungsbefugnisse des Bundes** auf die Landesverwaltung greifen im Bereich der Bundesauftragsverwaltung ungleich weiter als im Rahmen der Landeseigenverwaltung: Gemäß **Art. 85 Abs. 4 S. 1 GG** steht dem Bund hier nicht nur die **Rechtsaufsicht** zu, sondern auch die sogenannte **Fachaufsicht**. Der Bund überwacht also nicht nur die Rechtmäßigkeit des Gesetzesvollzugs durch die Länder („Gesetzmäßigkeit"), sondern auch die „Zweckmäßigkeit" des Vollzugs, das heißt der Bund verfügt – unjuristisch gesprochen – auch über ein Mitspracherecht in den Fachfragen, die sich im Rahmen des Gesetzesvollzugs durch die Länder stellen und einer Sachentscheidung bedürfen. Ausdruck dieser weitreichenden Aufsichtsposition des Bundes ist das **Weisungsrecht nach Art. 85 Abs. 3 S. 1 GG**. Demnach sind die fachlich zuständigen obersten Bundesbehörden prinzipiell befugt, den Landesbehörden im Rahmen der Bundesauftragsverwaltung **unabhängig vom Vorliegen eines bestimmten sachlich rechtfertigenden Grundes** (also nicht, wie etwa nach Art. 84 Abs. 5 GG vorgesehen, nur „für besondere Fälle") und **in Bezug sowohl auf Rechtsfragen als auch auf Sachfragen** (also nicht nur, wie im Rahmen der Rechtsaufsicht nach Art. 84 Abs. 3 und 4 GG, mit Blick auf die Gesetzmäßigkeit des Vollzugs) **Weisungen** zu erteilen.[28]

Aufgrund dieser Befugnisse stellt die Bundesauftragsverwaltung gegenüber der Landeseigenverwaltung (dort hat der Bund deutlich weniger Einwirkungsbefugnisse) und der Bundeseigenverwaltung (dort verwaltet der Bund selbst) den Vollzugstypus mit den **weitreichendsten und intensivsten Eingriffsmöglichkeiten** in den Zuständigkeitsbereich der Länder dar.

---

27 Vgl. BVerfGE 26, 338 (385) – „Eisenbahnkreuzungsgesetz"; ebenso *Maurer*, Staatsrecht I, 6. Aufl. 2010, § 18 Rn. 16.

28 Vgl. *Sodan/Ziekow*, Grundkurs Öffentliches Recht, 9. Aufl. 2020, § 18 Rn. 10.

Beispielsfall 7: Bundesaufsichtsrechtliche Weisung[29]**.** Im Bundesland L befindet sich das Atomkraftwerk AK, deren beide Kernreaktoren der privaten Energie-AG (E) gehören. Als Reaktion auf die seit dem Ukraine-Krieg anhaltenden Schwierigkeiten der Energieversorgung beschließt der Bundesgesetzgeber nach langer öffentlicher Diskussion, den Anfang der 2000er Jahre beschlossenen Ausstieg aus der Atomenergie zu verzögern, und erlässt Änderungen des Atomgesetzes (AtomG), die eine Fortsetzung der Nutzung der Kernenergie ermöglichen. Da sich die zuständige Behörde des Landes L zumal in Anbetracht der von der Nutzung der Atomenergie für die Bevölkerug ausgehenden Risiken weigert, die Betriebsgenehmigung der E gemäß den geänderten Vorschriften des AtomG zu erneuern, erteilt der Bundesminister für Umwelt, Naturschutz, nukleare Sicherheit und Verbraucherschutz (U) der Landesbehörde nach vorangehendem intensivem Schriftverkehr und unter Berücksichtigung der Bedenken der Landesbehörde eine Weisung auf der Grundlage von Art. 85 Abs. 3 S. 1 GG. Der Minister weist die Behörde darin mit ausführlicher sachlicher Begründung an, der Anlagenbetreiberin E die Fortsetzung des Betriebs der beiden Reaktoren im Atomkraftwerk AK auf der Grundlage des § 7 Abs. 2a AtomG n.F. zu gestatten, wonach unter näher festgelegten Voraussetzungen eine Genehmigung zur Fortsetzung des Anlagenbetriebs erteilt werden dürfe. Die Landesregierung hält die Weisung für rechtswidrig, da die in § 7 Abs. 2a AtomG genannten Voraussetzungen nicht vorlägen: Aufgrund der von der Nutzung der Atomenergie für die Bevölkerung ausgehenden Risiken stünden der Genehmigung „überwiegende öffentliche Interessen, insbesondere im Hinblick auf die Umweltauswirkungen" i.S.v. § 7 Abs. 2a AtomG entgegen. Die Behörde verweist insoweit auf die Grundrechte der Bevölkerung auf Leben und körperliche Unversehrtheit, welche vor den Risiken der Atomenergie geschützt werden müssten, und die potenziellen Entschädigungsforderungen, die im Falle eines nuklearen Störfalls nach der pflichtwidrigen Genehmigungserteilung auf das Land zukämen. Außerdem, so behauptet das Land, beeinträchtige die Fortsetzung der Energiegewinnung aus der Atomkraft das Vorankommen der Energiewende in ganz Deutschland. – Verletzt die Weisung des U das Land L in seinen verfassungsmäßigen Rechten?

Auch im Rahmen der Ausübung der Aufsichtsbefugnisse nach Art. 85 GG, insbesondere des Weisungsrechts nach Art. 85 Abs. 3 S. 1 GG, hat sich der Bund allerdings an gewisse **Grenzen** seiner Befugnisse zu halten, die sogleich im Folgenden ausführlich zu erläutern sind. **Übertretungen** dieser Grenzen greifen in **verfassungsrechtlich unzulässiger** Weise in den **Zuständigkeitsbereich des betroffenen Landes** ein; die damit verbundene Verletzung der in den Art. 83 ff. GG geschützten **Verwaltungsautonomie des Landes** kann von diesem im Wege eines **Bund-Länder-Streits** nach Art. 93 Abs. 1 Nr. 3 GG verfassungsgerichtlich gerügt werden.[30] Im Rahmen der **Begründetheit** eines entsprechenden Antrags eines Landes[31] hat das Bundesverfassungsgericht festzustellen, ob der Bund durch eine bestimmte Aufsichtsmaßnahme die **verfassungsgemäßen Rechte der Länder tatsächlich verletzt** hat. Mögliche Verletzungen der Rechte der Länder durch **aufsichtsrechtliche Maßnahmen**, insbesondere durch **Weisungen nach Art. 85 Abs. 3** 419

29 Der Fall ist strukturell der Entscheidung BVerfGE 81, 310 – „Kalkar II" angelehnt.

30 Vgl. zum Bund-Länder-Streit ausführlich unten Rn. 459.

31 Vgl. zur Unterscheidung von Zulässigkeit und Begründetheit unten Rn. 457.

S. 1 GG, bilden einen beliebten Gegenstand staatsrechtlicher Prüfungsaufgaben. Es bietet sich dabei folgender Prüfungsaufbau an:[32]

Prüfungsaufbau: Verletzung der Verwaltungsautonomie eines Landes durch eine aufsichtsrechtliche Maßnahme, insbesondere durch eine Weisung nach Art. 85 Abs. 3 S. 1 GG

Obersatz: „Die in den Vorschriften der Art. 83 ff. GG geschützte Verwaltungsautonomie *(des Landes)* ist verletzt, wenn sich *(die angegriffene Maßnahme der Bundesbehörde)* nicht auf eine der verfassungsmäßigen Befugnisse *(der Bundesbehörde)* stützen lässt oder die formellen oder materiellen Anforderungen und Grenzen der einschlägigen Befugnis nicht eingehalten worden sind."

Von dem für die Prüfung von Rechtsverletzungen **üblichen Schema** (Beeinträchtigung einer verfassungsmäßigen Rechtsposition – Verfassungsrechtliche Rechtfertigung)[33] wird hier **abgewichen**, weil die Vorschriften der **Art. 83 ff. GG** den **Ausgleich** zwischen der **Verwaltungsautonomie der Länder** einerseits und den erforderlichen **Einwirkungsbefugnissen des Bundes** andererseits **ausdifferenziert geregelt** haben und sich daher jede Übertretung der dort normierten Befugnisse des Bundes in einer Verletzung der verfassungsmäßigen Rechte der Länder niederschlägt.

Zu Beispielsfall 7 (Rn. 418): Die in den Vorschriften der Art. 83 ff. GG geschützte Verwaltungsautonomie des Landes L ist verletzt, wenn sich die angegriffene Weisung des Ministers U nicht auf eine seiner verfassungsmäßigen Befugnisse stützen lässt oder die formellen oder materiellen Anforderungen und Grenzen der einschlägigen Befugnis nicht eingehalten worden sind.

1. Rechtsgrundlage der Maßnahme

Jede aufsichtsrechtliche Maßnahme einer Bundes- gegenüber einer Landesbehörde bedarf einer verfassungsrechtlichen Grundlage, da die Zuständigkeit für den Vollzug von Bundesgesetzen gemäß Art. 30, 83 ff. GG grundsätzlich bei den Ländern liegt und eine aufsichtsrechtliche Maßnahme in diesen Zuständigkeitsbereich der Länder eingreift. So kommt etwa **Art. 85 Abs. 3 S. 1 GG** dann als Rechtsgrundlage in Betracht, wenn es sich bei der betreffenden Maßnahme um eine **Weisung** handelt, die **im Rahmen der Bundesauftragsverwaltung** ergeht.

32 Vgl. zur nachstehenden Lösung des in zahlreichen Lehrbüchern so oder abgewandelt behandelten klassischen Beispielsfalls 7 auch *Degenhart*, Staatsrecht I Staatsorganisationsrecht, 37. Aufl. 2021, § 5 Rn. 520, 542; *Maurer*, Staatsrecht I, 6. Aufl. 2010, § 18 Rn. 18; *Gröpl*, Staatsrecht I, 13. Aufl. 2021, § 17 Rn. 1365, 1368; *Lenski*, ZJS 2009, 46 ff. (online verfügbar unter http://www.zjs-online.com/dat/artikel/2009_1_144.pdf).

33 Vgl. dazu etwa die Prüfung von Verletzungen der Wahlfreiheit oben bei Rn. 155.

Zu Beispielsfall 7 (Rn. 418): Vorliegend kommt allein Art. 85 Abs. 3 S. 1 GG als verfassungsrechtliche Grundlage der Weisung des U in Betracht. Dazu müsste es sich um einen Fall der Bundesauftragsverwaltung handeln. Der Bund hat in § 24 Abs. 1 AtomG von der in Art. 87c GG vorgesehenen Möglichkeit Gebrauch gemacht, zu bestimmen, dass Gesetze über die friedliche Nutzung der Kernenergie durch die Länder im Auftrag des Bundes ausgeführt werden. Somit liegt ein Fall der Bundesauftragsverwaltung vor. Art. 85 Abs. 3 S. 1 GG ist daher die einschlägige Rechtsgrundlage für die Weisung.

2. Formell-verfassungsrechtliche Anforderungen und Grenzen der Aufsichtsbefugnisse

In formeller Hinsicht müssen die zuständigen Stellen gehandelt und dabei die maßgeblichen Verfahrens- und Formvorschriften beachtet haben.

a) Zuständigkeit

Die zur Ausübung und Entgegennahme der Maßnahme **zuständigen Stellen** werden in der einschlägigen verfassungsrechtlichen Befugnisnorm bestimmt. So wird insbesondere etwa die Zuständigkeit für die Erteilung einer **Weisung** nach Art. 85 Abs. 3 S. 1 GG der **fachlich zuständigen obersten Bundesbehörde** zugewiesen; **richtiger Weisungsgegner** ist die **zuständige Landesbehörde**.

b) Verfahren

Auch die **verfahrensmäßigen Anforderungen** ergeben sich zum einen aus der einschlägigen **Befugnisnorm**, zum anderen aber auch – und vor allem – aus dem in Art. 20 Abs. 1 GG verankerten **Gebot bundesfreundlichen Verhaltens**.[34] Dieses Gebot verletzt der Bund freilich „nicht schon dadurch, dass er von einer ihm durch das Grundgesetz eingeräumten Kompetenz Gebrauch macht“; die Inanspruchnahme müsste vielmehr „gegen prozedurale Anforderungen verstoßen, die aus diesem Grundsatz herzuleiten sind“.[35] Mit Blick auf die Erteilung einer Weisung nach Art. 85 Abs. 3 S. 1 GG hat das Bundesverfassungsgericht insofern festgestellt, „dass der Bund grundsätzlich – d.h. außer bei Eilbedürftigkeit – vor Weisungserlass **dem Land Gelegenheit zur Stellungnahme** gibt und **dessen Standpunkt erwägt**“.[36] **Nicht** erforderlich sei dagegen, „dass der Bund sich um ein **Einvernehmen** mit dem Land **bemühen muss**, bevor er zum Mittel der Weisung greift. Denn der Grundsatz bundesfreundlichen Verhaltens ändert nichts an der im Grundgesetz festgelegten Kompetenzverteilung.“[37]

34 Vgl. dazu bereits allgemein oben Rn. 256 ff.
35 BVerfGE 81, 310 (337) – „Kalkar II“.
36 BVerfGE 81, 310 (337) – „Kalkar II“ (ohne Hervorhebungen im Original).
37 BVerfGE 81, 310 (337) – „Kalkar II“ (ohne Hervorhebungen im Original).

c) Form

Gleiches gilt für die Form der aufsichtsrechtlichen Maßnahme. Auch hier ergeben sich **aus der Befugnisnorm** selbst, gegebenenfalls in Verbindung mit dem **Gebot bundesfreundlichen Verhaltens**, Anforderungen an die Form der Maßnahme. Im Falle einer Weisung nach Art. 85 Abs. 3 S. 1 GG etwa muss die angewiesene Behörde erkennen können,

- „**dass** ihr gegenüber eine Weisung **erteilt** worden ist und
- **welche Vorgaben** für **welches Verwaltungshandeln** diese Weisung enthält."[38]

Die Weisung muss deswegen „so abgefasst sein, dass ihr Adressat unter Zuhilfenahme seiner Erkenntnismöglichkeiten, die ihm als mit spezieller Sach- und Rechtskunde ausgestatteter Landesbehörde zu Gebote stehen, ihren **objektiven Sinn ermitteln kann**; in diesem Zusammenhang können auch die **vorausgegangenen Kontakte** mit der weisunggebenden obersten Bundesbehörde von Bedeutung sein. Das Gebot der Weisungsklarheit **verbietet** indes **nicht** die Verwendung von Begriffen, deren Konkretisierung ein Werturteil erfordert; es steht daher einer **richtunggebenden Weisung** nicht entgegen."[39]

Zu Beispielsfall 7 (Rn. 418): Die Weisung wurde vom zuständigen Bundesminister für nukleare Sicherheit erteilt und an die zuständige Landesbehörde gerichtet, Art. 85 Abs. 3 S. 1 GG. Der Minister hat der Landesbehörde im Vorfeld ausreichend Gelegenheit zur Stellungnahme gegeben und ihre Bedenken im Rahmen der Weisungserteilung berücksichtigt, wenn auch nicht im Ergebnis seiner Sachentscheidung. Dem Gebot bundesfreundlichen Verhaltens wurde somit genügt. Die Weisung erging außerdem unter Verweis auf Art. 85 Abs. 3 S. 1 GG und enthielt hinreichend bestimmte Vorgaben für das Verhalten der Landesbehörde, da der Adressat, die einfachrechtliche Grundlage, der Inhalt sowie die wesentlichen Gründe der zu erlassenden atomrechtlichen Genehmigung in der Weisung bezeichnet wurden. Sie wurde damit auch dem Gebot der Weisungsklarheit gerecht. Die Weisung hat daher insgesamt die an sie gestellten formell-verfassungsrechtlichen Anforderungen gewahrt.

3. Materiell-verfassungsrechtliche Anforderungen und Grenzen der Aufsichtsbefugnisse

In materieller Hinsicht genügt die aufsichtsrechtliche Maßnahme nur dann den verfassungsrechtlichen Anforderungen, wenn sie ihrem **Inhalt** nach die **Grenzen der konkreten Aufsichtsbefugnis** nicht überschreitet und auch nicht gegen **sonstige rechtliche Vorgaben** verstößt, auf deren Verletzung sich **gerade auch das betroffene Land** berufen kann.

38 BVerfGE 81, 310 (336) – „Kalkar II" (ohne Hervorhebungen im Original).
39 BVerfGE 81, 310 (336 f.) – „Kalkar II" (ohne Hervorhebungen im Original).

a) Grenzen der konkreten Aufsichtsbefugnis

Im Hinblick auf die Grenzen der konkreten Aufsichtsbefugnis ist zu unterscheiden zwischen der sog. Wahrnehmungskompetenz und der sog. Sachkompetenz im Hinblick auf die Ausübung der Verwaltungstätigkeit. Mit Blick auf das Weisungsrecht nach Art. 85 Abs. 3 S. 1 GG hat das Bundesverfassungsgericht insoweit festgestellt: „**Unentziehbar** steht **dem Land** nur die sogenannte **Wahrnehmungskompetenz** zu: das **Handeln** und die **Verantwortlichkeit nach außen**, im Verhältnis zu Dritten, bleibt **stets Landesangelegenheit**; ein Eintrittsrecht des Bundes sieht Art. 85 GG nicht vor. Für die **Sachbeurteilung** und **Sachentscheidung**, die sog. **Sachkompetenz**, gilt dies hingegen nicht. Zwar liegt auch sie zunächst beim Land. Aber der Bund kann sie, indem er das ihm zuerkannte Weisungsrecht in Anspruch nimmt, **nach eigener Entscheidung an sich ziehen**. Diese Inanspruchnahme ist nicht auf Ausnahmefälle begrenzt und auch nicht weiter rechtfertigungsbedürftig; sie ist, wie Art. 85 Abs. 3 GG erkennen lässt, als reguläres Mittel gedacht, damit sich bei Meinungsverschiedenheiten das hier vom Bund zu definierende Gemeinwohlinteresse durchsetzen kann. Mithin steht die Sachkompetenz dem Lande von vornherein nur unter dem Vorbehalt ihrer Inanspruchnahme durch den Bund zu."[40]

Zu Beispielsfall 7 (Rn. 418): Die Weisung betrifft vorliegend die zunächst behördenintern zu treffende Sachentscheidung, ob und wie gegenüber der Anlagenbetreiberin E zu handeln ist. Die dem Land nicht entziehbare Wahrnehmungskompetenz, also die Erteilung der Genehmigung zur Fortsetzung des Anlagenbetriebs nach § 7 Abs. 2a AtomG n.F. durch die Landesbehörde, wird dagegen durch die Weisung nicht berührt, da sich der Minister U nicht etwa direkt an die E wendet. Die Weisung bewegt sich somit innerhalb der Reichweite der Weisungsbefugnis nach Art. 85 Abs. 3 S. 1 GG.

b) Sonstige inhaltliche Grenzen der Aufsichtsbefugnis

Die aufsichtsrechtliche Maßnahme könnte ihrem Inhalt nach **in sonstiger Weise gegen Verfassungsrecht verstoßen**. Es ist fraglich, ob eine aufsichtsrechtliche Maßnahme auch dann die **Verwaltungsautonomie der Länder** verletzt, wenn sie ihrem Inhalt nach zwar **rechtswidrig** ist, der Rechtsverstoß aber **nicht** auf einer **Verletzung der konkret einschlägigen Befugnisnorm** beruht.

40 BVerfGE 81, 310 (332) – „Kalkar II".

Mit Blick auf die Erteilung inhaltlich verfassungswidriger Weisungen nach Art. 85 Abs. 3 S. 1 GG hat das Bundesverfassungsgericht festgehalten, dass ein Land **grundsätzlich nicht** geltend machen könne, „der Bund übe seine im Einklang mit der Verfassung in Anspruch genommene Weisungsbefugnis **inhaltlich rechtswidrig** aus. (…) Dass das Land eine Weisung, deren Inhalt es für rechtswidrig hält, ausführen muss und für den nach außen wirkenden Weisungvollzug insoweit einzustehen hat, als es selbst als Beklagter gerichtlich in Anspruch zu nehmen ist, ist nur die Folge des Auseinanderfallens von Wahrnehmungs- und Sachkompetenz, begründet darüber hinaus aber keine eigene Verantwortung des Landes für die nach Weisung getroffene Sachentscheidung: Die parlamentarische Verantwortlichkeit hierfür liegt beim zuständigen Bundesminister; die Pflicht, die finanziellen Lasten hieraus letztendlich zu tragen, trifft den Bund (Art. 104a Abs. 2 und Abs. 5 Satz 1 GG). Eine Verletzung des Landes in seinen kompetentiellen Rechten liegt auch dann nicht vor, wenn der Inhalt der Weisung, die das Land auszuführen hat, **wegen eines Verfassungsverstoßes**, insbesondere einer **Grundrechtsverletzung, rechtswidrig** ist. Ein Land kann kraft seiner Kompetenz vom Bund nur die Achtung solcher Verfassungsnormen verlangen, die die Bundesgewalt in ihrer Auswirkung auf das Verfassungsleben der Länder beherrschen und damit eine **rechtliche Beziehung zwischen Bundesgewalt und Landesgewalten** herstellen (…).“[41]

Nur **ausnahmsweise** könne daher ein Land die Rechtswidrigkeit des Weisungsinhalts geltend machen, wenn „eine zuständige oberste Bundesbehörde unter grober Missachtung der ihr obliegenden Obhutspflicht zu einem **Tun oder Unterlassen** anweist, welches im Hinblick auf die damit einhergehende **allgemeine Gefährdung oder Verletzung bedeutender Rechtsgüter** schlechterdings nicht verantwortet werden kann. Diese Grenze folgt daraus, dass bei der Ausführung der Bundesgesetze Bund und Länder – unbeschadet bestehender Kompetenzverteilungsregelungen – eine **gemeinsame Verantwortung** für den **Bestand des Staates** und seiner **Verfassungsordnung** sowie für die **Abwehr kollektiver Existenzgefährdungen** tragen. (…) Der grobe Verfassungsverstoß, die unmittelbare Gefährdung der Allgemeinheit in Leben und Gesundheit oder eine sonstige Überschreitung der Grenze des verantwortbaren Handelns müssen vom … Land jedoch **substantiiert dargelegt** werden, soweit sie nicht ohne Weiteres nachvollziehbar zutage liegen.“[42]

41 BVerfGE 81, 310 (333) – „Kalkar II“ (ohne Hervorhebungen im Original).
42 BVerfGE 81, 310 (334 f.) – „Kalkar II“ (ohne Hervorhebungen im Original).

Zu Beispielsfall 7 (Rn. 418): Die vom Land L behauptete Rechtswidrigkeit des Weisungsinhalts, einschließlich der angeführten Verletzung grundrechtlicher Schutzpflichten, führt grundsätzlich nicht zu einer Verletzung der Verwaltungsautonomie des Landes, da der Bundesminister U die Sachkompetenz bezüglich der Frage, ob und wie gegenüber der E eine Genehmigungserteilung nach § 7 Abs. 2a AtomG ergehen soll, an sich genommen hat und somit die alleinige Verantwortung für den Inhalt der nach außen zu erlassenden Verwaltungsentscheidung innehat. Auch etwaige Entschädigungsforderungen im Falle eines nuklearen Störfalls ändern an dieser Beurteilung nichts, da die finanziellen Belastungen im Innenverhältnis vom Bund getragen werden müssten, Art. 104a Abs. 2 und Abs. 5 S. 1 GG. Die Rechtswidrigkeit des Weisungsinhalts würde sich nur dann in einer Verletzung der verfassungsmäßigen Rechte des Landes niederschlagen, wenn U die Behörde „unter grober Missachtung der ihr obliegenden Obhutspflicht zu einem Tun oder Unterlassen" angewiesen hat, „welches im Hinblick auf die damit einhergehende allgemeine Gefährdung oder Verletzung bedeutender Rechtsgüter schlechterdings nicht verantwortet werden kann".[43] Man könnte argumentieren, dass hier mit der behaupteten Konterkarierung der Energiewende in ganz Deutschland eine derartige Gefährdung vorliege. Ein solcher grober „Verfassungsverstoß, die unmittelbare Gefährdung der Allgemeinheit in Leben und Gesundheit oder eine sonstige Überschreitung der Grenze des verantwortbaren Handelns müssen vom … Land jedoch substantiiert dargelegt werden, soweit sie nicht ohne weiteres nachvollziehbar zutage liegen".[44] Dies ist im vorliegenden Fall allerdings nicht geschehen, da das Land lediglich die Behauptung aufgestellt hat, das Gelingen der Enegiewende würde durch die Fortsetzung der Enegiegewinnung aus Atomkraft in Frage gestellt. Die Weisung des U verletzt das Land L daher nicht in seiner verfassungsrechtlich geschützten Verwaltungsautonomie.

3. Bundeseigenverwaltung, Art. 86 f. GG

Ausnahmsweise führt der Bund seine Gesetze auch durch **bundeseigene Verwaltung** 420
aus, soweit das **Grundgesetz** dies ausdrücklich **vorschreibt** (z.B. in Art. 87 Abs. 1 S. 1 GG oder Art. 90 Abs. 2 S. 1 GG) oder ausdrücklich **zulässt** (z.B. in Art. 87 Abs. 1 S. 2 GG). Man unterscheidet dabei, entsprechend der Differenzierung zwischen unmittelbarer und mittelbarer Staatsverwaltung,[45] die

- **unmittelbare** Verwaltung durch **eigene Bundesbehörden** und die
- **mittelbare** Verwaltung durch vom Bund errichtete, ihm unmittelbar unterstehende („bundesunmittelbare") **Körperschaften**, **Anstalten** und **Stiftungen**, vgl. Art. 86 und 87 GG.

4. Ungeschriebene Verwaltungskompetenzen

Entsprechend der ungeschriebenen Gesetzgebungskompetenzen sind auch **ungeschriebene Bundeskompetenzen** beim Gesetzesvollzug denkbar, namentlich 421

- die Vollzugszuständigkeit des Bundes **kraft Sachzusammenhangs** und die **Annexkompetenz** des Bundes sowie
- die Zuständigkeit des Bundes zum Gesetzesvollzug **kraft Natur der Sache**.

43 BVerfGE 81, 310 (334 f.) – „Kalkar II".
44 BVerfGE 81, 310 (334 f.) – „Kalkar II".
45 Siehe dazu sogleich unten Rn. 425 ff.

422 Von einer solchen ungeschriebenen Kompetenzen ist freilich nur **ausnahmsweise** auszugehen, da sie die im Grundgesetz niedergeschriebene Zuständigkeitsverteilung unterläuft; ihre Annahme bedarf daher **besonderer Begründung**.

Auch hier lassen sich ein weiteres Mal die Beispiele des **Informationshandelns** der Bundesregierung bemühen:

So hat das Bundesverfassungsgericht die Verbandszuständigkeit des Bundes zum einen im Falle der bewertenden Äußerungen der Bundesregierung über die **Osho-Bewegung** bejaht: „Die über die Osho-Bewegung … abgegebenen Bewertungen waren **überregional geprägt**. Sie sind durch Vorgänge und Erscheinungen ausgelöst worden, die **nicht** auf den Bereich **eines Bundeslandes** oder einiger **weniger Länder beschränkt** waren und außerdem auch Bezüge zu religiösen und weltanschaulichen Gruppierungen **im Ausland** hatten (…). Die Bundesregierung durfte davon ausgehen, dass **bewertende Äußerungen allein im Verantwortungsbereich der Länder** und ihrer Regierungen dem öffentlichen Handlungsbedarf **nicht gerecht** geworden wären.“[46]

Auch im Falle der Warnungen der Bundesregierung vor im Handel befindlichem, **mit Diethylenglykol versetztem Wein** hat das Gericht festgestellt: „Die Verbandskompetenz des Bundes zum Regierungshandeln war gegeben. Der ‚Glykolskandal' hatte … **in der gesamten Öffentlichkeit** Aufmerksamkeit gefunden und **forderte überregionale Reaktionen**. Die Vorkommnisse führten sogar **über das Bundesgebiet hinaus** nach Österreich, wo zuerst Beimengungen von DEG festgestellt worden waren. (…) Die Bundesregierung durfte davon ausgehen, dass der Informationsbedarf **durch ein Handeln nur der Regierungen der Länder nicht mit gleichem Erfolg** hätte befriedigt werden können.“[47]

5. Unzulässige Mischverwaltung, zulässige Verwaltungskooperation

423 Die Verwaltungszuständigkeiten von Bund und Ländern sind, wie das Bundesverfassungsgericht mehrfach festgestellt hat, „in den **Art. 83 ff. GG erschöpfend geregelt** und **grundsätzlich nicht abdingbares Recht** (…). Bund und Länder dürfen von der in diesen Bestimmungen vorgeschriebenen ‚Verwaltungsordnung' nicht abweichen.“[48] Das Grundgesetz schließe „eine so genannte **Mischverwaltung**, soweit sie nicht ausdrücklich zugelassen ist, aus.“[49] Daher „widerspricht es der Kompetenzordnung des Grundgesetzes, wenn **in weitem Umfang Mitverwaltungs- und Mitentscheidungsbefugnisse**“ des Bundes bzw. der Länder im Aufgabenbereich des jeweils anderen Verbandes „**ohne** entsprechende **verfassungsrechtliche Ermächtigung** vorgesehen werden. Eine **Ausnahme** von den Kompetenz- und Organisationsnormen der Art. 83 ff. GG bedarf daher eines **besonderen sachlichen Grundes** und kann nur hinsichtlich einer **eng umgrenzten Verwaltungsmaterie** in Betracht kommen.“[50]

---

46 BVerfGE 105, 279 (308) – „Osho“ (ohne Hervorhebungen im Original).

47 BVerfGE 105, 252 (275 f.) – „Glykol“ (ohne Hervorhebungen im Original).

48 BVerfGE 119, 331 (364) – „Hartz IV-Mischverwaltung“ (ohne Hervorhebungen im Original). Vgl. zum Folgenden bereits grundlegend BVerfGE 63, 1 (38 ff.) – „Schornsteinfegerverordnung“.

49 BVerfGE 108, 169 (182) – „Telekommunikationsgesetz“ (ohne Hervorhebung im Original); ebenso BVerfGE 119, 331 (365) – „Hartz IV-Mischverwaltung“.

50 BVerfGE 119, 331 (370) – „Hartz IV-Mischverwaltung“ (ohne Hervorhebungen im Original).

Das Verbot der Mischverwaltung gehört indes **nicht** zum **unabänderlichen Kernbestand** des Grundgesetzes (Art. 79 Abs. 3 GG). Vielmehr kann der verfassungsändernde Gesetzgeber eine Mischverwaltung ohne Weiteres als Ausnahme vorsehen (vgl. z.B. Art. 91e GG, der für den Bereich der Grundsicherung für Arbeitsuchende ein Zusammenwirken von Bundes- und Landesbehörden gestattet)[51].

Vor diesem Hintergrund sind der Bund und die Länder gehalten, die ihnen verfassungsrechtlich zugewiesenen Verwaltungsaufgaben „grundsätzlich **durch eigene Verwaltungseinrichtungen**, also mit eigenem Personal, eigenen Sachmitteln und eigener Organisation wahrzunehmen".[52] Der damit umschriebene Grundsatz eigenverantwortlicher Aufgabenwahrnehmung **schließt** allerdings, wie in den Formulierungen des Bundesverfassungsgerichts angeklungen ist, „die **Inanspruchnahme der ‚Hilfe‚** – auch soweit sie sich nicht auf eine bloße Amtshilfe im Einzelfall beschränkt – **nicht zuständiger Verwaltungsträger** durch den zuständigen Verwaltungsträger **nicht schlechthin aus**",[53] soweit für diese Form der **Verwaltungskooperation**, wie soeben dargelegt, ein **besonderer sachlicher Grund** dafür vorliegt und sich die Kooperation auf jeweils **eng umgrenzte Sachbereiche** beschränkt. 424

Beispiel: In der Entscheidung zur Verfassungsmäßigkeit der sog. **Hartz IV-Mischverwaltung**, wie sie in **§ 44b SGB II** vorgesehen war, hat das Bundesverfassungsgericht diese Voraussetzungen **nicht erfüllt** gesehen. Die Vorschrift bestimmte, „dass die Agenturen für Arbeit und die kommunalen Träger zur einheitlichen Wahrnehmung ihrer Aufgaben **Arbeitsgemeinschaften** bilden";[54] diese Arbeitsgemeinschaften sollten im Interesse eines **einheitlichen Vollzugs der Grundsicherung für Arbeitsuchende** zum einen die Aufgaben der als bundesunmittelbare Körperschaft des öffentlich Rechts organisierten **Agentur für Arbeit** als Leistungsträger wahrnehmen (nämlich: die Gewährung der „Regelleistungen zum Lebensunterhalt und der Leistungen zur Eingliederung in Arbeit"), zum anderen sollten die **kommunalen Träger** ihre Aufgaben den Arbeitsgemeinschaften übertragen (nämlich: die „sozialflankierenden Leistungen und die Leistungen für Unterkunft und Heizung").[55] Das Gericht sah in den Regelungen über die Grundsicherung für Arbeitsuchende zum einen **keine eng umgrenzte Verwaltungsmaterie**, da es sich bei der Grundsicherung für Arbeitsuchende „um einen der größten Sozialverwaltungsbereiche" handelt, „der einen beträchtlichen Teil der Sozialleistungen des Staates umfasst" und sowohl personell als auch finanziell eine **„besonders bedeutsame Verwaltungsmaterie"** darstellt.[56] Zum anderen **fehle** es an einem **hinreichenden sachlichen Grund** für die gemeinschaftliche Aufgabenwahrnehmung, da in dem Anliegen, „die Grundsicherung für Arbeitsuchende ‚aus einer Hand‚ zu gewähren", zwar ein **„sinnvolles Regelungsziel"** liege, dieses Ziel aber **auch im Rahmen der grundgesetzlich vorgesehenen Vollzugsmodelle** erreicht werden könne, nämlich sowohl dadurch, „dass der Bund für die Ausführung den Weg des Art. 87 GG wählt, als auch dadurch, dass der Gesamtvollzug nach der Grundregel des Art. 83 GG insgesamt den Ländern als eigene Angelegenheit überlassen wird".[57] Das Bundesverfassungsgericht erklärte

---

51 Vgl. BVerfGE 137, 108 (144 f.) – „Optionskommune". Siehe dazu sogleich das Beispiel unten in Rn. 424.
52 BVerfGE 119, 331 (367) – „Hartz IV-Mischverwaltung" (ohne Hervorhebung im Original).
53 BVerfGE 119, 331 (367) – „Hartz IV-Mischverwaltung" (ohne Hervorhebungen im Original).
54 BVerfGE 119, 331 (367) – „Hartz IV-Mischverwaltung" (ohne Hervorhebung im Original).
55 So der Entwurf des auch in Reaktion auf die Entscheidung des Bundesverfassungsgerichts erlassenen Gesetzes zur Weiterentwicklung der Organisation der Grundsicherung für Arbeitsuchende, BT-Drucks. 17/1555, S. 1.
56 BVerfGE 119, 331 (370) – „Hartz IV-Mischverwaltung" (ohne Hervorhebung im Original).
57 BVerfGE 119, 331 (371) – „Hartz IV-Mischverwaltung" (ohne Hervorhebung im Original).

§ 44b SGB II daher im Jahre 2007 für verfassungswidrig. In Reaktion auf jenes Urteil wurde die Bestimmung des **Art. 91e GG** ins Grundgesetz eingefügt, der ein **Zusammenwirken von Bund und Ländern** bzw. den nach Landesrecht zuständigen Gemeinden nun **ausdrücklich vorsieht**.

III. Unmittelbare und mittelbare Staatsverwaltung, kommunale Selbstverwaltung

1. Die Unterscheidung von unmittelbarer und mittelbarer Staatsverwaltung

425 Neben der auf die Bundesstaatlichkeit zurückgehenden Trennung von Bundesverwaltung und Landesverwaltung kennt das deutsche Staatsrecht eine weitere grundlegende Unterscheidung, nämlich die Unterscheidung von unmittelbarer und mittelbarer Staatsverwaltung. Diese Differenzierung zieht sich durch den **gesamten Aufbau der vollziehenden Gewalt**:[58]

426 Sowohl der Bund als auch die Länder können Verwaltungsaufgaben zum einen durch eigene, **hierarchisch gegliederte Behörden** wahrnehmen, im Wege sog. **unmittelbarer Staatsverwaltung**. In ihrer typischen, voll ausgeprägten Form ist die Organisation der unmittelbaren Staatsverwaltung zumindest auf der **Landesebene** dreigliedrig aufgebaut:[59] Der **obersten Landesbehörde** (also etwa der Landesregierung oder dem fachlich zuständigen Ministerium) sind die – in einigen Ländern nicht vorhandenen – **mittleren Landesbehörden** (also etwa die Bezirksregierungen) nachgegliedert, denen wiederum die **unteren Landesbehörden** unterstehen. Daneben kennt die unmittelbare Staatsverwaltung auch **Oberbehörden**, die unmittelbar dem fachlich jeweils zuständigen Ministerium unterstehen; sie führen ihre Aufgaben zentral im gesamten Landesgebiet aus und verfügen in der Regel nicht über einen nachgeordneten Behördenunterbau. Auf **Bundesebene** ist die Verwaltungsorganisation in der Regel nicht derart aufgefächert; hier sind neben den **obersten Bundesbehörden** meist nur **Bundesoberbehörden** eingerichtet.

427 Der Bund und die Länder können ihre Verwaltungsaufgaben zum anderen aber auch durch rechtlich selbständige Organisationsformen wahrnehmen lassen (sog. **mittelbare Staatsverwaltung**). Wichtige Elemente der mittelbaren Staatsverwaltung sind die **Träger der kommunalen Selbstverwaltung** (Gemeinden und Landkreise, ggfs. Bezirke), aber auch sonstige Selbstverwaltungsträger (z.B. Universitäten, Sozialversicherungsträger, Berufskammern). Grafisch lässt sich die Gliederung der mittelbaren Staatsverwaltung im Gesamtkontext der Ausübung der vollziehenden Gewalt wie folgt veranschaulichen:[60]

58 Vgl. dazu im Kontext des Erfordernisses hinreichender demokratischer Legitimation der Ausübung hoheitlicher Gewalt bereits oben Rn. 126 und 128.

59 Vgl. zum Folgenden ausführlich *Sodan/Ziekow*, Grundkurs Öffentliches Recht, 9. Aufl. 2020, § 59 Rn. 2.

60 Vgl. zu den verschiedenen Formen der mittelbaren Staatsverwaltung *Sodan/Ziekow*, Grundkurs Öffentliches Recht, 9. Aufl. 2020, § 60 Rn. 2 ff., 27 und 28.

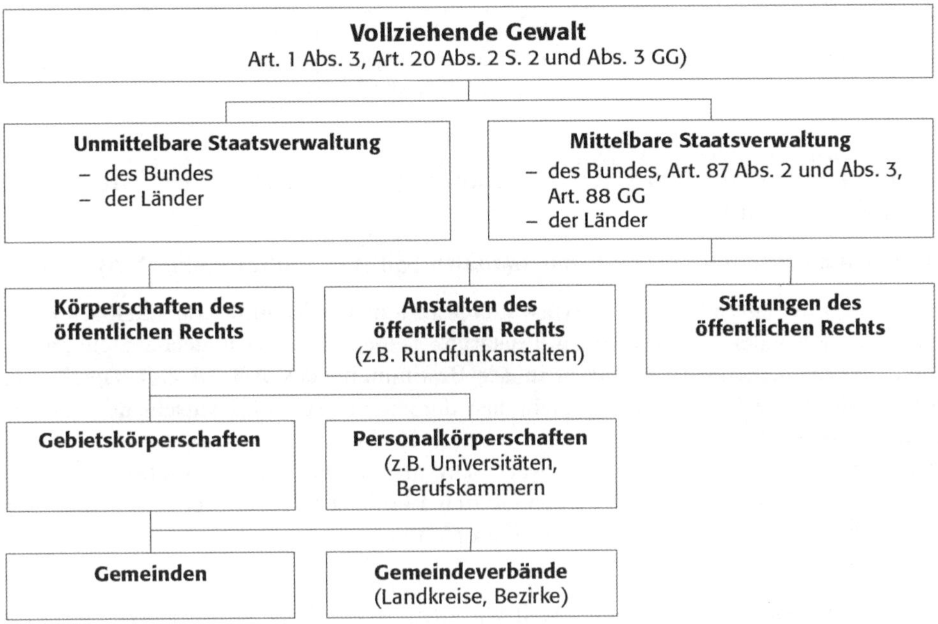

Die unmittelbare Staatsverwaltung und die mittelbare Staatsverwaltung sind zwar, wie auch die schematische Darstellung nahelegt, grundsätzlich zu unterscheiden; sie weisen allerdings auch **erhebliche Verflechtungen** auf. So unterstehen die Träger der mittelbaren Staatsverwaltung in aller Regel der **Rechtsaufsicht** staatlicher Behörden, das heißt die Rechtmäßigkeit des Gesetzesvollzugs wird durch Organe der unmittelbaren Staatsverwaltung überwacht. Des Weiteren werden vor allem die Aufgaben der staatlichen **Unterbehörden** vielfach auf die **kommunalen Selbstverwaltungsträger** bzw. auf einzelne ihrer Organe (insbesondere auf die Landratsämter) übertragen; in diesen Bereichen unterliegen die Kommunen bzw. ihre Organe auch der **Fachaufsicht** der Staatsbehörden, das heißt auch fachlich-inhaltlich wird ihre Tätigkeit von Organen der unmittelbaren Staatsverwaltung gesteuert. **428**

Beispiel: In Bayern sind dem **Staatsministerium für Umwelt und Gesundheit** als der zuständigen obersten Landesbehörde in den Bereichen Naturschutz, Abfallwirtschaft, Immissionsschutz, Wasserwirtschaft, Gesundheits- und Veterinärwesen die **7 Bezirksregierungen** als zuständige Mittelbehörden nachgeordnet. Diesen unterstehen wiederum **71 Landratsämter** und **25 kreisfreie Städte**, die zwar an sich (im Falle der Landratsämter) Behörden der Landkreise bzw. (im Falle der kreisfreien Gemeinden) selbst kommunale Gebietskörperschaften sind und als solche auch **Selbstverwaltungsaufgaben** wahrnehmen; in den genannten umwelt- und gesundheitsrechtlichen Bereichen fungieren sie aber (im Falle der Landratsämter) **zugleich als untere Staatsbehörden** bzw. **nehmen** (im Falle der kreisfreien Gemeinden) **deren Aufgaben wahr** und sind insoweit in die unmittelbare Staatsverwaltung eingebunden. Dies kommt auch in den Vorschriften der bayerischen Landkreisordnung (BayLKrO) sowie der bayerischen Gemeindeordnung (BayGO) zum Ausdruck. **Art. 37 Abs. 1**

BayLKrO sieht vor: „Das Landratsamt ist Kreisbehörde. Soweit es rein staatliche Aufgaben … wahrnimmt, ist es Staatsbehörde." Mit Blick auf die kreisfreien Gemeinden sieht **Art. 9 Abs. 1 S. 1 BayGO** vor: „Die kreisfreie Gemeinde erfüllt im übertragenen Wirkungskreis alle Aufgaben, die sonst vom Landratsamt als der unteren staatlichen Verwaltungsbehörde wahrzunehmen sind; sie ist insoweit Kreisverwaltungsbehörde."

2. Die kommunale Selbstverwaltung als bedeutendste Form der mittelbaren Staatsverwaltung

a) Normative Grundlagen der kommunalen Selbstverwaltung, Art. 28 Abs. 2 GG

429 Im Bereich der mittelbaren Staatsverwaltung kommt der **kommunalen Selbstverwaltung** eine besondere Bedeutung zu. Ausdruck findet die herausragende Stellung der kommunalen Gebietskörperschaften in der Bestimmung des **Art. 28 GG**. Bereits aus Art. 28 Abs. 1 S. 2 GG wird ersichtlich, dass die Bundesrepublik Deutschland nicht nur in den **Bund** und die **Länder**, sondern auch in **Kreise** und **Gemeinden** gegliedert ist. Die Kreise und Gemeinden treten zwar **nicht** mit **eigener Staatsqualität** neben den Bund und die Länder – formal werden sie **den Ländern zugerechnet** –, zeichnen sich aber dennoch durch ein besonderes Maß an rechtlicher Eigenständigkeit und Eigenverantwortlichkeit aus.

430 Niederschlag hat diese Eigenständigkeit vor allem in der Vorschrift des **Art. 28 Abs. 2 GG** gefunden, der die kommunale Selbstverwaltung **verfassungsrechtlich garantiert**. Aus **Art. 28 Abs. 2 S. 1 GG** werden drei Gewährleistungen abgeleitet, nämlich[61]

- eine weitgehend **objektiv-rechtliche „institutionelle Rechtssubjektsgarantie"** (also die Garantie, dass es überhaupt die rechtliche Institution der Gemeinden als mögliche Subjekte von Rechten und Pflichten gibt),[62] die die individuelle Gemeinde zwar nicht vor Bestands- oder Gebietsänderungen schützt, zumindest aber auch eine **„beschränkt subjektiv-rechtliche Bestandsgarantie"**[63] enthält (also das subjektive Recht jeder einzelnen Gemeinde darauf, dass „Bestands- und Gebietsänderungen von Gemeinden" nur unter Einhaltung bestimmter Voraussetzungen, nämlich „nur aus Gründen des öffentlichen Wohls und nach Anhörung der betroffenen Gebietskörperschaften zulässig sind"[64]),
- eine **rein objektiv-rechtliche „Rechtsinstitutionsgarantie"** (also die Garantie der Institution der kommunalen Selbstverwaltung, in deren Rahmen die Kommunen nach Maßgabe der vom Gesetzgeber zu leistenden rechtlichen Ausgestaltung bestimmte öffentliche Aufgaben in eigener Verantwortung erledigen)[65] sowie

---

61 Die nachstehende Systematisierung folgt der Darstellung von *Stern*, Staatsrecht I, 2. Aufl. 1984, S. 409 ff.; ebenso etwa *Sodan/Ziekow*, Grundkurs Öffentliches Recht, 9. Aufl. 2020, § 60 Rn. 4; *Becker/Heckmann/Kempen/Manssen*, Öffentliches Recht in Bayern, 8. Aufl. 2022, Teil 2 Rn. 46 ff.
62 *Stern*, Staatsrecht I, 2. Aufl. 1984, S. 409.
63 *Becker/Heckmann/Kempen/Manssen*, Öffentliches Recht in Bayern, 8. Aufl. 2022, Teil 2 Rn. 46.
64 BVerfGE 86, 90 (107) – „Papenburg".
65 *Stern*, Staatsrecht I, 2. Aufl. 1984, S. 409.

– eine **subjektiv-rechtliche „Rechtsstellungsgarantie“** (also das subjektive, mit einer Grundrechtsposition vergleichbare[66] Recht jeder Gemeinde, die „Angelegenheiten der örtlichen Gemeinschaft … in eigener Verantwortung zu regeln“).[67]

Gegenstand der kommunalen Selbstverwaltung sind gemäß Art. 28 Abs. 2 S. 1 GG die **Angelegenheiten der örtlichen Gemeinschaft**. Zu verstehen sind darunter, wie das Bundesverfassungsgericht in seiner Rastede-Entscheidung festgestellt hat, „diejenigen Bedürfnisse und Interessen, die in der örtlichen Gemeinschaft wurzeln oder auf sie einen spezifischen Bezug haben, die also den Gemeindeeinwohnern gerade als solchen gemeinsam sind, indem sie das Zusammenleben und -wohnen der Menschen in der (politischen) Gemeinde betreffen; auf die Verwaltungskraft der Gemeinde kommt es hierfür nicht an.“[68] 431

Eine **Aufführung traditioneller Bereiche** gemeindlicher Selbstverwaltung enthält etwa **Art. 83 Abs. 1 der Bayerischen Verfassung**, der insoweit eine **grobe Orientierung** zur thematischen Eingrenzung des Schutzbereichs geben kann: „In den eigenen Wirkungskreis der Gemeinden … fallen insbesondere die Verwaltung des Gemeindevermögens und der Gemeindebetriebe; der örtliche Verkehr nebst Straßen- und Wegebau; die Versorgung der Bevölkerung mit Wasser, Licht, Gas und elektrischer Kraft; Einrichtungen zur Sicherung der Ernährung; Ortsplanung, Wohnungsbau und Wohnungsaufsicht; örtliche Polizei, Feuerschutz; örtliche Kulturpflege; Volks- und Berufsschulwesen und Erwachsenenbildung; Vormundschaftswesen und Wohlfahrtspflege; örtliches Gesundheitswesen; Ehe- und Mütterberatung sowie Säuglingspflege; Schulhygiene und körperliche Ertüchtigung der Jugend; öffentliche Bäder; Totenbestattung; Erhaltung ortsgeschichtlicher Denkmäler und Bauten.“

Die Frage, ob eine Angelegenheit die örtliche Gemeinschaft betrifft, wird praktisch und in Prüfungen vor allem in zwei Kontexten relevant. Zum einen können sich Gemeinden auf ihr gemeindliches Selbstverwaltungsrecht berufen, wenn sich andere Träger öffentlicher Gewalt in die Angelegenheiten der örtlichen Gemeinschaft „einmischen“ – wenn z.B. ein Landesgesetzgeber den Gemeinden die Aufgabe der Breitensportförderung entzieht und den Landkreisen überträgt. Die Angelegenheiten der örtlichen Gemeinschaft markieren insoweit den **sachlichen Schutzbereich** des kommunalen Selbstverwaltungsrechts aus Art. 28 Abs. 2 S. 1 GG (dazu sogleich unten Rn. 434 ff.). Zum anderen grenzen die Angelegenheiten der örtlichen Gemeinschaft die **Verbandskompetenzen** der Gemeinde gegegenüber anderen Hoheitsträgern ab. Die Zuständigkeit einer Gemeinde für eine bestimmte Tätigkeit ergibt sich daher nur dann und insoweit aus ihrem Selbstverwaltungsrecht, als die betreffende Tätigkeit eine Angelegenheit der örtlichen Gemeinschaft darstellt. Lässt sich ein solcher Bezug herstellen, ist die Tätigkeit auch dann grundsätzlich von Art. 28 Abs. 2 S. 1 GG gedeckt, wenn ihre Zwecksetzung auch überörtliche, allgemeinpolitische Überlegungen umfasst oder sie tatbestandlich gar an jenseits der örtlichen Gemeinschaft liegende Vorgängen anknüpft. Nur wenn die Gemeinde ohne jeglichen Bezug zur örtlichen Gemeinschaft handelt, überschreitet sie 432

66 Vgl. *Stern*, Staatsrecht III/1, 1988, S. 384 f.
67 *Stern*, Staatsrecht I, 2. Aufl. 1984, S. 409.
68 BVerfGE 79, 127 (151) – „Rastede“.

ihre durch Art. 28 Abs. 2 S. 1 GG gezogenen Zuständigkeitsgrenzen.[69] Ergibt sich die Zuständigkeit der Gemeinde in einem solchen Fall auch nicht aus einer anderweitigen, gesetzlichen Aufgabenzuweisung, ist das Handeln der Gemeinde mangels Zuständigkeit rechtswidrig.

Beispiele: Einige Gemeinden sehen in ihren **Friedhofssatzungen** vor, dass das Material für Grabmale in der gesamten Wertschöpfungskette nachweislich ohne **ausbeuterische Kinderarbeit** hergestellt sein muss. Obwohl es sich dabei um ein weltweites Anliegen handelte, das aus sich heraus noch keinen konkreten Bezug zur Gemeinde hat, nahm das Bundesverwaltungsgericht einen örtlichen Bezug aufgrund der Zuständigkeit für eine schickliche Totenbestattung an, einschließlich der pietätvollen und würdigen Friedhofsgestaltung.[70] Auch in seiner Entscheidung zu der Düsseldorfer Aktion **„Lichter aus! Düsseldorf setzt Zeichen gegen Intoleranz“**, in deren Rahmen die Stadt Düsseldorf während der Versammlung der Gruppierung „Düsseldorfer gegen die Islamisierung des Abendlandes“ (Dügida) die Beleuchtung an allen öffentlichen Einrichtungen ausschalten ließ, sah das Bundesverwaltungsgericht einen hinreichenden örtlichen Bezug, da sich der Oberbürgermeister damit explizit an Düsseldorfer Bürger und Unternehmen wandte und auch der Versammlungsort Düsseldorf einen solchen Bezug begründete.[71] – **Unzulässig** sah es das Bundesverwaltungsgericht demgegenüber für die Stadt München an, sich zur **„atomwaffenfreien Zone“** zu erklären, weil der Beschluss tatsächlich so zu verstehen gewesen sein sollte, dass ohne konkreten örtlichen Bezug Atomwaffen im Allgemeinen abgelehnt wurden.[72] Ebenso wurde einer Gemeinde vom BayVerfGH die Verbandszuständigkeit dafür abgesprochen, **allgemeine Warnungen** vor der Religionsgemeinschaft „Universelles Leben“ auszusprechen – zulässig seien nur ortsspezifische Warnungen (Beispiel: „Die Gemeinschaft ist eine Gefahr für die Gemeinde!“).[73]

433 Neben den Gemeinden wird auch den „Gemeindeverbänden“ in **Art. 28 Abs. 2 S. 2 GG** ein Selbstverwaltungsrecht mit ähnlichem, wenn auch abgeschwächtem Schutzgehalt („im Rahmen ihres gesetzlichen Aufgabenbereichs“) eingeräumt. Die Vorschrift gilt unstreitig für **Landkreise**, unstreitig **nicht** für **kommunale Zweckverbände**.[74]

b) Die kommunale Selbstverwaltungsgarantie aus Art. 28 Abs. 1 S. 1 GG als subjektives Recht der Gemeinden

434 **Verletzungen** ihres **subjektiven Rechts** auf kommunale Selbstverwaltung aus **Art. 28 Abs. 1 S. 1 GG** können die Gemeinden gerichtlich geltend machen. Das kommunale Selbstverwaltungsrecht einer Gemeinde bzw. eines Gemeindeverbandes ist **verletzt**, wenn ein **Eingriff** in den **Schutzbereich** vorliegt, der **verfassungsrechtlich nicht gerechtfertigt** ist.

---

69 Vgl. *Burgi*, Kommunalrecht, 6. Aufl. 2019, § 6 Rn. 16 ff.
70 Siehe BayVerfGH BayVBl 2012, 234 (235 f.); BVerwGE 148, 133.
71 Vgl. BVerwG, Urt. v. 13.9.2017, 10 C 6/16, juris, Rn. 19. Im Ergebnis erwies sich die Aktion gleichwohl in materiell-rechtlicher Hinsicht als rechtswidrig, da sie die Grenzen des Sachlichkeitsgebots überschritten hatte.
72 BVerwG NVwZ 1991, 682.
73 BayVerfGH NVwZ 1998, 391.
74 Vgl. *Stern*, Staatsrecht I, 2. Aufl. 1984, S. 417 (mit Fn. 111).

Da die kommunale Selbstverwaltungsgarantie zumindest strukturell mit einer grundrechtlichen Position vergleichbar ist, wird im Folgenden der **für Grundrechtsverletzungen übliche dreistufige Aufbau** (Schutzbereich – Eingriff – Rechtfertigung) zugrunde gelegt.[75]

aa) Schutzbereich

Die **gemeindliche** Selbstverwaltungsgarantie schützt in **sachlicher** Hinsicht die eigenverantwortliche Regelung der Angelegenheiten der örtlichen Gemeinschaft durch die Gemeinden, Art. 28 Abs. 2 S. 1 GG. Bei der Prüfung einer Verletzung des gemeindlichen Selbstverwaltungsrechts ist daher im ersten Schritt stets zu fragen, ob die in Rede stehende Angelegenheit der **örtlichen Gemeinschaft** zuzurechnen ist (siehe dazu bereits oben Rn. 431 f.). **435**

Der Schutz der Selbstverwaltungsgarantie bezieht sich dabei sowohl auf den **Inhalt** der Selbstverwaltungsangelegenheiten, die sich – mit dem Schlagwort „**Universalität** des gemeindlichen Wirkungskreises"[76] auf den Begriff gebracht – nicht auf einen bestimmten Sachbereich beschränken, sondern **alle** örtlichen Angelegenheiten erfassen, „die nicht durch Gesetz bereits anderen Trägern öffentlicher Verwaltung übertragen sind"[77], als auch gerade auf die **Eigenverantwortlichkeit** der Erfüllung all dieser Aufgaben, also auf den **Modus** der Aufgabenwahrnehmung. Die Eigenverantwortlichkeit wird üblicherweise in ein „Bündel von Hoheitsrechten aufgefächert",[78] die die **Reichweite** des sachlichen Schutzbereichs der Selbstverwaltungsgarantie näher konkretisieren, darunter insbesondere **436**

- die **Personalhoheit** (also die Befugnis zur Auswahl und Einstellung, Beförderung und Entlassung von eigenem Personal, einschließlich der entsprechenden Disziplinargewalt),[79]
- die **Finanzhoheit** (also die „Befugnis zu einer eigenverantwortlichen Einnahmen- und Ausgabenwirtschaft im Rahmen eines gesetzlich geordneten Haushaltswesens"[80]),
- die **Planungshoheit** (also die Befugnis zu „eigenverantwortlicher Ordnung und Gestaltung des Gemeindegebiets durch verbindliche Planung hinsichtlich der baulichen und sonstigen Nutzung"[81])
- die **Organisationshoheit** (also die Befugnis, über die Zusammensetzung der Gemeindeorgane im Rahmen der gesetzlichen Regelung selbst zu bestimmen),
- die **Abgabenhoheit** (also die Befugnis, die Einwohner der Gemeinde an den im Rahmen der Erfüllung der Selbstverwaltungsaufgaben anfallenden finanziellen Lasten zu beteiligen) und

---

75 Vgl. zur Systematik der Grundrechtsprüfung ausführlich *Papier/Krönke*, Grundkurs Öffentliches Recht 2, 4. Aufl. 2020, § 7 Rn. 125.

76 BVerfGE 79, 127 (146) – „Rastede" (mit Hervorhebung im Original).

77 BVerfGE 79, 127 (146) – „Rastede".

78 So *Stern*, Staatsrecht I, 2. Aufl. 1984, S. 413 f., an dessen Darstellung sich die nachstehende Systematisierung orientiert; ebenso etwa *Sodan/Ziekow*, Grundkurs Öffentliches Recht, 9. Aufl. 2020, § 60 Rn. 4; *Becker/Heckmann/Kempen/Manssen*, Öffentliches Recht in Bayern, 8. Aufl. 2022, Teil 2 Rn. 74 ff.; *Burgi*, Kommunalrecht, 6. Aufl. 2019, § 6 Rn. 33.

79 Vgl. *Stern*, Staatsrecht I, 2. Aufl. 1984, S. 413.

80 BVerfGE 26, 228 (244) – „Sorsum".

81 *Stern*, Staatsrecht I, 2. Aufl. 1984, S. 414.

– die **Rechtsetzungshoheit** (also die Befugnis zum Erlass von Satzungen sowie, nach entsprechender formell-gesetzlicher Ermächtigung, von Rechtsverordnungen).[82]

Im Unterschied zu Art. 28 Abs. 2 S. 1 GG umschreibt **Art. 28 Abs. 2 S. 2 GG** den geschützten **Aufgabenbereich** der **Gemeindeverbände nicht**, sondern verweist lediglich auf den „gesetzlichen Aufgabenbereich" und überantwortet die Beschreibung der Kreisaufgaben damit dem einfachen Gesetzgeber.[83] „Dessen Gestaltungsspielraum bei der Regelung des Aufgabenbereichs der Kreise findet erst dort Grenzen, wo verfassungsrechtliche Gewährleistungen des Selbstverwaltungsrechts der Kreise entwertet würden. (…) Anders als bei den Gemeinden spricht bei den Gemeindeverbänden die **Vermutung** [daher] zunächst **gegen einen Eingriff** in das Selbstverwaltungsrecht; da diese auf einen gesetzlich beschriebenen Aufgabenbestand verwiesen sind, bedeutet eine Änderung in aller Regel nicht einen Eingriff in den verfassungsrechtlich garantierten Aufgabenbestand, sondern eine neue Umschreibung seines Umfangs. (…) Außerhalb eines solchen **Mindestbestands an echten Selbstverwaltungsaufgaben** schützt Art. 28 Abs. 2 S. 2 GG gegen Aufgabenentziehungen und -zuweisungen nicht; den Gemeindeverbänden ist, anders als den Gemeinden, kein bestimmter Aufgabenbereich unmittelbar durch die Verfassung zugewiesen."[84] Ein Anderes gilt freilich für die **Eigenverantwortlichkeit** der Wahrnehmung der zugewiesenen Aufgaben durch die Landkreise. Hier kommt ihnen unter Art. 28 Abs. 2 S. 2 GG derselbe Schutz zu wie den Gemeinden nach Art. 28 Abs. 2 S. 1 GG.

bb) Eingriffe

437 **Eingriffe** in den Schutzbereich der gemeindlichen Selbstverwaltungsgarantie sind alle Akte der öffentlichen Gewalt, die zu einer Beeinträchtigung der beschriebenen Befugnisse führen. Dabei kann es sich, den beiden Schutzrichtungen der Rechtsstellungsgarantie entsprechend, sowohl um Regelungen mit Auswirkungen auf den **Aufgabenbestand** als auch um Vorgaben für den **Modus der Aufgabenwahrnehmung** handeln.

Mit Blick auf den Aufgabenbestand ist zu beachten, dass nicht nur der **Entzug von Aufgaben**, „sondern auch eine Aufgaben**zuweisung** … in das Recht auf Selbstverwaltung eingreifen [kann], wenn dadurch die Möglichkeit eingeschränkt wird, Selbstverwaltungsaufgaben wahrzunehmen, die zum verfassungsrechtlich geschützten Aufgabenbestand gehören".[85]

cc) Verfassungsrechtliche Rechtfertigung von Eingriffen

(1) Beschränkungsmöglichkeiten („Schranken")

438 Die genannten Rechtspositionen der Gemeinde sind gemäß Art. 28 Abs. 2 S. 1 GG **„im Rahmen der Gesetze"** gewährleistet. Prinzipiell stehen sie mithin unter **einfachem Gesetzesvorbehalt**, können also durch ein förmliches Gesetz oder aufgrund eines förmlichen Gesetzes beschränkt werden.

---

82 Vgl. *Stern*, Staatsrecht I, 2. Aufl. 1984, S. 414.
83 Vgl. BVerfGE 119, 331 (352 f.) – „Hartz IV-Mischverwaltung".
84 BVerfGE 119, 331 (354 f.) – „Hartz IV-Mischverwaltung" (ohne Hervorhebungen im Original).
85 BVerfGE 119, 331 (354) – „Hartz IV-Mischverwaltung" (ohne Hervorhebung im Original).

(2) Verfassungsrechtliche Grenzen der Beschränkungsmöglichkeiten („Schranken-Schranken“)

Die Beschränkung der verfassungsmäßigen Rechte der **Gemeinden** unterliegt ihrerseits verfassungsrechtlichen Grenzen. „Zunächst setzt der **Kernbereich** der Selbstverwaltungsgarantie dem Gesetzgeber eine Grenze; hiernach darf der **Wesensgehalt** der gemeindlichen Selbstverwaltung **nicht ausgehöhlt** werden“.[86] Was genau unter den Kernbereich der gemeindlichen Selbstverwaltungsgarantie fällt, lässt sich allerdings kaum abschließend eingrenzen. Man wird jedoch davon ausgehen dürfen, dass jedenfalls ein **vollständiger Entzug typischer Sachbereiche und Befugnisse** gemeindlicher Selbstverwaltungsaufgaben den Kernbereich der Selbstverwaltungsgarantie berührt.[87] **439**

Auch **jenseits des Kernbereichs** ist der Gesetzgeber indes nicht frei in der Beschränkung der gemeindlichen Selbstverwaltung, sondern hat auch dort das in Art. 28 Abs. 2 S. 1 GG niedergelegte verfassungsrechtliche „Aufgabenverteilungsprinzip“ (bzw. „Regel-Ausnahme-Verhältnis) zugunsten der Gemeinden zu beachten.[88] Praktisch läuft dies darauf hinaus, dass Eingriffe in das dem Kernbereich vorgelagerte Segment des Schutzbereichs **verhältnismäßig** sein müssen.[89] **440**

Beispiel: Überträgt der Landesgesetzgeber die Zuständigkeit für **Kinderförderungsleistungen** von den Gemeinden auf die Landkreise, liegt darin ein rechtfertigungsbedürftiger Eingriff in den Aufgabenbestand der Kommunen (eine sog. „Hochzonung“). Zur Rechtfertigung nach Maßgabe des Verhältnismäßigkeitsprinzips führte das Bundesverfassungsgericht in einer Entscheidung zum Kinderförderungsgesetz des Landes Sachsen-Anhalt in Bezug auf das „Regel-Ausnahme-Verhältnis“ zugunsten der Gemeinden aus: „Das bloße Ziel der Verwaltungsvereinfachung oder der Zuständigkeitskonzentration – etwa im Interesse der Übersichtlichkeit der öffentlichen Verwaltung – scheidet als Rechtfertigung eines Aufgabenentzugs aus; denn dies zielte ausschließlich auf die Beseitigung eines Umstandes, der gerade durch die vom Grundgesetz gewollte dezentrale Aufgabenansiedlung bedingt ist (…). Gründe der Wirtschaftlichkeit und Sparsamkeit der öffentlichen Verwaltung rechtfertigen eine Hochzonung erst, wenn ein Belassen der Aufgabe bei den Gemeinden zu einem unverhältnismäßigen Kostenanstieg führen würde. Auch wenn eine zentralistisch organisierte Verwaltung rationeller und billiger arbeiten könnte, setzt die Verfassung diesen ökonomischen Erwägungen den politisch-demokratischen Gesichtspunkt der Teilnahme der örtlichen Bürgerschaft an der Erledigung ihrer öffentlichen Aufgaben entgegen und gibt ihm den Vorzug.“[90]

c) Rechtsschutz: Die Kommunalverfassungsbeschwerde nach Art. 93 Abs. 1 Nr. 4b GG

Art. 93 Abs. 1 Nr. 4b GG eröffnet Gemeinden im Falle einer Verletzung ihrer Rechte aus Art. 28 Abs. 2 S. 1 GG durch ein formelles Gesetz die Möglichkeit der Verfassungsbeschwerde zum Bundesverfassungsgericht (sog. **Kommunalverfassungsbeschwerde**). **441**

---

86 BVerfGE 79, 127 (146) – „Rastede“ (ohne Hervorhebungen im Original).
87 Vgl. *Stern*, Staatsrecht I, 2. Aufl. 1984, S. 417.
88 BVerfGE 79, 127 (150) – „Rastede“; BVerfGE 147, 185 (223, 225) m.w.N. – „KiFöG LSA“.
89 Vgl. BVerfGE 147, 185 (245 ff.) – „KiFöG LSA“; vgl. ebenso *Becker/Heckmann/Kempen/Manssen*, Öffentliches Recht in Bayern, 8. Aufl. 2022, Teil 2 Rn. 83 ff.
90 BVerfGE 147, 185 (245 ff.) – „KiFöG LSA“.

Zu beachten ist dabei die **Subsidiarität** der Kommunalverfassungsbeschwerde gegenüber Rechtsbehelfen der Landesverfassungen, sofern eine Verletzung der Rechte aus Art. 28 Abs. 2 GG durch ein **Landesgesetz** in Rede steht. Kein Fall der Subsidiarität liegt dagegen vor, wenn die landesverfassungsrechtliche Garantie der kommunalen Selbstverwaltung hinter dem Schutzniveau des Art. 28 Abs. 2 GG zurückbleibt;[91] in diesem Fall bleibt die Kommunalverfassungsbeschwerde zum Bundesverfassungsgericht zulässig.

Zu beachten ist ferner, dass die aus der Grundrechtsdogmatik bekannte **„Elfes-Logik" nicht in dem Verfahren nach Art. 93 Abs. 1 Nr. 4b GG** zum Zuge kommt, das heißt nicht jeder Verstoß einer die Selbstverwaltungsgarantie beschränkenden gesetzlichen Regelung gegen Verfassungsrecht kann im Rahmen einer Kommunalverfassungsbeschwerde zum Bundesverfassungsgericht gerügt werden.[92] Hier „können **andere Verfassungsnormen als Art. 28 Abs. 2 GG** nur insoweit als Prüfungsmaßstab herangezogen werden, als sie ihrem Inhalt nach **das verfassungsrechtliche Bild der Selbstverwaltung mitzubestimmen geeignet** sind".[93] Diese Frage ist in der Fallbearbeitung gegebenenfalls unter dem Gesichtspunkt „Verfassungsrechtlicher Prüfungsmaßstab" zu erörtern, wenn man zur Prüfung der Verletzung einer anderen grundgesetzlichen Bestimmung ansetzt.

Literaturhinweise:

Zu A.	*Degenhart*, Staatsrecht I Staatsorganisationsrecht, 37. Aufl. 2021, § 9 Rn. 750 ff. *Maurer*, Staatsrecht I, 6. Aufl. 2010, § 14 Rn. 1 ff. (zur Vertiefung) *Schröder*, Aufgaben der Bundesregierung, in: Isensee/Kirchhof (Hrsg.), Handbuch des Staatsrechts, Band III, 3. Aufl. 2005, § 64 (zur Vertiefung)
Zu B. I. und II.	*Degenhart*, Staatsrecht I Staatsorganisationsrecht, 37. Aufl. 2021, § 5 Rn. 517 ff. *Maurer*, Staatsrecht I, 6. Aufl. 2010, § 18 Rn. 9 ff. (zur Vertiefung)
Zu B. III.	*Sodan/Ziekow*, Grundkurs Öffentliches Recht, 9. Aufl. 2020, §§ 59, 60 *Stern*, Staatsrecht, Bd. I, 2. Aufl. 1984, § 12 (zur Vertiefung) *Burgi*, Kommunalrecht, 6. Aufl. 2019, §§ 2, 5 und 6 (zur Vertiefung)

Wichtige Rechtsprechung:

Zu B. II.	BVerfGE 81, 310 – „Kalkar II" (Verfassungsmäßigkeit einer atomrechtlichen Weisung – Inhalt und Grenzen des Weisungsrechts aus Art. 85 Abs. 3 GG)
Zu B. III.	BVerfGE 79, 127 – „Rastede" (Inhalt und Umfang der Gewährleistung der kommunalen Selbstverwaltung nach Art. 28 Abs. 2 S. 1 GG)

91 BVerfGE 147, 185 (212) – „KiFöG LSA".
92 Vgl. zur „Elfes-Logik" *Papier/Krönke*, Grundkurs Öffentliches Recht 2, 4. Aufl. 2020, § 4 Rn. 78.
93 BVerfGE 119, 331 (357) – „Hartz IV-Mischverwaltung" (ohne Hervorhebungen im Original).

§ 10 Der Bundespräsident

Der Bundespräsident ist das **Staatsoberhaupt** der Bundesrepublik Deutschland. Dies ist im Verfassungstext zwar nicht ausdrücklich niedergeschrieben worden, ergibt sich allerdings aus den für ein Staatsoberhaupt typischen Aufgaben und Befugnissen, die das Grundgesetz dem Bundespräsidenten zuweist – beziehungsweise nicht zuweist. Das Amt des Bundespräsidenten zeichnet sich nämlich gerade durch die im Vergleich zu den übrigen Verfassungsorganen **relativ wenigen substanziellen verfassungsmäßigen Aufgaben und Befugnisse** aus. Zu diesen Aufgaben und Befugnissen zählen insbesondere[1] **442**

- die Befugnis zur **Vertretung** der Bundesrepublik Deutschland **nach außen (Art. 59 GG)**, insbesondere zum Abschluss, genauer: zur **förmlichen Ratifikation völkerrechtlicher Verträge (Art. 59 Abs. 1 S. 2 GG)**, was allerdings – wie auch das parlamentarische Zustimmungserfordernis in Art. 59 Abs. 2 GG zeigt – die **materielle**, der Staatsleitung vorbehaltene Befugnis zum Aushandeln und zur Gestaltung jener Verträge im **Innenverhältnis** gerade **nicht** umfasst,[2]
- die Einbindung des Bundespräsidenten als **„Staatsnotar"**[3] in
  - die **Ernennung** und Entlassung bestimmter Organwalter, insbesondere der Mitglieder der **Bundesregierung (Art. 63 und 64 GG)** sowie der Bundesrichter, der Bundesbeamten und der Offiziere und Unteroffiziere **(Art. 60 Abs. 1 GG)**,
  - das Gesetzgebungsverfahren, in dessen Rahmen ihm das Recht und die Pflicht zur **Ausfertigung und Verkündung von Gesetzen (Art. 82 GG)** zukommt, einschließlich des klassischerweise umstrittenen **Prüfungsrechts** des Bundespräsidenten im Hinblick auf die Verfassungsmäßigkeit von Gesetzen,[4]
- das **Begnadigungsrecht** nach **Art. 60 Abs. 2 GG**, also das Recht zum „Verzicht auf die Vollstreckung einer rechtskräftig festgesetzten Strafe",[5]
- schließlich die sogenannten **Reservebefugnisse**, also die dem Bundespräsidenten in politischen Ausnahmesituationen zugewiesenen „echten politischen Entscheidungsbefugnisse" , insbesondere das Recht zur **Auflösung des Bundestages** nach **Art. 63 Abs. 4 S. 3 Fall 2** und **Art. 68 Abs. 1 GG.**[6]

Diese wenigen verfassungsmäßigen Befugnisse des Präsidenten geben – abgesehen von seinem Prüfungsrecht bei der Ausfertigung von Gesetzen – **nur selten** Anlass zu **verfassungsrechtlichen Problemen** und werden auch im Rahmen von staatsrechtlichen Prüfungsaufgaben nur selten relevant. Ein Beispiel für ein verfassungsrechtlich nicht unproblematisches Verhalten des Bundespräsidenten lag beispielsweise der Entscheidung des Bundesverfassungsgerichts vom 10. Juni 2014 zugrunde, die eine abwertende Äußerung des Bundespräsidenten in Bezug auf die NPD betraf. Das Bundesverfassungsgericht sah die mit der Äußerung verbundene Beeinträchtigung der Chancengleichheit der Partei als gerechtfertigt an, da es dem Bundespräsidenten in Erfüllung seiner **Repräsentations- und**

1 Vgl. zur folgenden Übersicht insbesondere *Maurer*, Staatsrecht I, 6. Aufl. 2010, § 15 Rn. 11 ff.
2 Vgl. *Maurer*, Staatsrecht I, 6. Aufl. 2010, § 15 Rn. 11.
3 Vgl. etwa *Degenhart*, Staatsrecht I Staatsorganisationsrecht, 37. Aufl. 2021, § 10 Rn. 807.
4 Vgl. zum Prüfungsrecht des Bundespräsidenten bereits ausführlich oben Rn. 321 ff.
5 *Maurer*, Staatsrecht I, 6. Aufl. 2010, § 15 Rn. 15.
6 *Maurer*, Staatsrecht I, 6. Aufl. 2010, § 15 Rn. 22.

Integrationsaufgabe zustehe, „im Interesse der Wahrung und Förderung des Gemeinwesens das Wort zu ergreifen und die Öffentlichkeit durch seine Beiträge auf von ihm identifizierte Missstände und Fehlentwicklungen" aufmerksam zu machen.[7]

443 Angesichts dieser **beschränkten operativen Befugnisse** ist zu betonen, dass das Amt des Bundespräsidenten praktisch nicht so sehr von seinem verfassungsrechtlichen Aktionspotenzial lebt, sondern vielmehr durch die Person des Amtsträgers ausgefüllt wird: Der Bundespräsident kann sich – anders als etwa die Bundesregierung – gerade nicht hinter weit reichende Befugnisse im politischen Tagesgeschäft zurückziehen, sondern ist allein **auf die Überzeugungs- und Integrationskraft seiner Person verwiesen**.

Literaturhinweise:

Maurer, Staatsrecht I, 6. Aufl. 2010, § 15 Rn. 1 ff.

Nettesheim, Amt und Stellung des Bundespräsidenten, in: Isensee/Kirchhof (Hrsg.), Handbuch des Staatsrechts, Band III, 3. Aufl. 2005, § 61 (zur Vertiefung)

ders., Die Aufgaben des Bundespräsidenten, in: Isensee/Kirchhof (Hrsg.), Handbuch des Staatsrechts, Band III, 3. Aufl. 2005, § 62 (zur Vertiefung)

7 BVerfG, Urt. v. 10. Juni 2014, Az. 2 BvE 4/13, Rn. 28. Vgl. dazu bereits oben Rn. 203.

§ 11 Rechtsprechung

A. Wesensmerkmale von Rechtsprechung

Die Staatsfunktion **„Rechtsprechung"** lässt sich in den Worten des Bundesverfassungsgerichts knapp charakterisieren als „die letztverbindliche Klärung der Rechtslage in einem Streitfall im Rahmen besonders geregelter Verfahren".[1] Aus dieser Beschreibung ergeben sich **zumindest fünf Wesensmerkmale** rechtsprechender Tätigkeit, namentlich[2] **444**

- die Entscheidung eines **konkreten Streitfalls** („in einem Streitfall") – im Gegensatz etwa zur Anfertigung eines Gutachtens zu einer abstrakten Rechtsfrage –,
- der **definitive** Charakter der **Entscheidung** („Klärung") – im Gegensatz etwa zur Ausarbeitung mehrerer verschiedener Handlungsempfehlungen für die Verfahrensparteien zur Lösung des Konflikts –,
- die Beurteilung des Streitfalls am **Maßstab von „Gesetz und Recht"** im Sinne des Art. 20 Abs. 3 GG („der Rechtslage"), also nicht nach politischen oder sonstigen außerrechtlichen Vorgaben,
- die **Endgültigkeit** und **Verbindlichkeit** der getroffenen Entscheidung („letztverbindliche"), das heißt die Entscheidung erwächst in formelle und materielle Rechtskraft, kann also nicht mehr mit ordentlichen Rechtsmitteln angefochten werden und ist zwischen den Prozessparteien auch für künftige Rechtsstreitigkeiten verbindlich, sowie
- das **besondere Verfahren** („im Rahmen besonders geregelter Verfahren"), welches durch die Formalisierung der Entscheidungsfindung die Richtigkeit der Entscheidung und die Wahrung des verfassungsrechtlich geschützten Anspruchs der Betroffenen auf rechtliches Gehör gewährleisten soll.

Ein weiteres Wesensmerkmal der rechtsprechenden Gewalt bezieht sich dagegen weniger auf die Tätigkeit als solche als vielmehr auf die **Organe**, die Recht sprechen. Gemäß **Art. 92 GG** ist die rechtsprechende Gewalt „den Richtern anvertraut" (sog. **allgemeiner Richtervorbehalt**), wodurch die besondere „Bedeutung und Verantwortung der Richter" als der Organe der Rechtsprechung hervorgehoben wird.[3] Sie zeichnen sich, wie **Art. 97 Abs. 1 GG** festhält, von anderen Organwaltern vor allem durch ihre **Unabhängigkeit** aus, die in **sachlicher** Hinsicht durch die **Freiheit von Weisungen** abgesichert ist, in **persönlicher** Hinsicht durch die Vorgabe des **Art. 97 Abs. 2 GG**, wonach Richter prinzipiell **nicht** gegen ihren Willen **versetzt** oder **entlassen** werden können.[4] Diese Unabhängigkeit der Richter soll die objektive Richtigkeit der Rechtsanwendung sicherstellen und bildet ein weiteres Wesensmerkmal der Rechtsprechung. **445**

---

1 BVerfGE 103, 111 (138) – „Wahlprüfung Hessen". Vgl. zu den verschiedenen Begriffen von Rechtsprechung *Wilke*, Die rechtsprechende Gewalt, in: Isensee/Kirchhof (Hrsg.), Handbuch des Staatsrechts, Band V, 3. Aufl. 2007, § 112 Rn. 56 ff.

2 Vgl. ähnlich *Gröpl*, Staatsrecht I, 13. Aufl. 2021, § 18 Rn. 1428 ff.

3 *Maurer*, Staatsrecht I, 6. Aufl. 2010, § 19 Rn. 11.

4 Vgl. *Gröpl*, Staatsrecht I, 13. Aufl. 2021, § 18 Rn. 1433 ff.

Der Unabhängigkeit der Richter bedienen sich das Grundgesetz und die Rechtsordnung nicht nur im Rahmen rechtsprechender Tätigkeit, sondern überall dort, wo es einer **besonderen verfahrensmäßigen Absicherung der Richtigkeit von Rechtsanwendungsakten** bedarf, insbesondere etwa im **grundrechtsrelevanten Bereich**; so sehen etwa Art. 13 GG für die Anordnung von Wohnraumüberwachungen und Art. 104 GG für die Entscheidung über die Zulässigkeit und Fortdauer von Freiheitsentziehungen sogenannte spezielle präventive Richtervorbehalte vor.[5]

B. Aufbau der Gerichtsbarkeit

446 Die Bildung der Gerichte ist aus **Art. 92 ff. GG** ersichtlich grundsätzlich **Sache der Länder**. Nur in den verfassungsrechtlich **ausdrücklich vorgesehenen** Fällen ist der **Bund** für die Bildung von Gerichten zuständig, namentlich für

- die **obligatorische** Bildung des **Bundesverfassungsgerichts**,
- die **obligatorische** Bildung der in **Art. 95 GG** genannten **obersten Gerichtshöfe**
  - der **ordentlichen Gerichtsbarkeit**, also des Bundesgerichtshofs (BGH),
  - der **Verwaltungsgerichtsbarkeit**, also des Bundesverwaltungsgerichts (BVerwG),
  - der **Finanzgerichtsbarkeit**, also des Bundesfinanzhofs (BFH),
  - der **Arbeitsgerichtsbarkeit**, also des Bundesarbeitsgerichts (BAG), und
  - der **Sozialgerichtsbarkeit**, also des Bundessozialgerichts (BSG), sowie
- die **fakultative** Bildung
  - eines Bundesgerichtes für Angelegenheiten des gewerblichen Rechtsschutzes (Art. 96 Abs. 1 GG), also des **Bundespatentgerichts** (BPatG), dessen oberster Gerichtshof gemäß Art. 96 Abs. 3 GG der Bundesgerichtshof ist,
  - von Wehrstrafgerichten (Art. 96 Abs. 2 GG) und
  - von Bundesdisziplinar- und Bundesbeschwerdegerichten (Art. 96 Abs. 4 GG).[6]

447 Aus dieser Zuständigkeitsverteilung ergibt sich momentan folgender **vereinfacht dargestellter Aufbau der Gerichtsbarkeit** für die Bundesrepublik Deutschland:[7]

5 Vgl. *Maurer*, Staatsrecht I, 6. Aufl. 2010, § 19 Rn. 14.

6 Vgl. zu den Vorschriften über die fakultativen Bundesgerichten *Maurer*, Staatsrecht I, 6. Aufl. 2010, § 19 Rn. 20.

7 Vgl. die ähnliche Darstellung bei *Gröpl*, Staatsrecht I, 13. Aufl. 2021, § 18 Rn. 1453.

	Die Fachgerichte						Die Verfassungsgerichte
	Zivil- und Strafgerichte („Ordentliche Gerichte")	**Patentsachen**	**Verwaltungsgerichte**	**Finanzgerichte**	**Arbeitsgerichte**	**Sozialgerichte**	
Gerichte des Bundes *(Art. 94 bis 96 GG)*	Bundesgerichtshof *(Karlsruhe/Leipzig)*	BPatG *(München)*	Bundesverwaltungsgericht *(Leipzig; früher: Berlin/München)*	Bundesfinanzhof *(München)*	Bundesarbeitsgericht *(Erfurt; früher: Kassel)*	Bundessozialgericht *(Kassel)*	Bundesverfassungsgericht *(Karlsruhe)*
Gerichte der Länder	Oberlandesgerichte	-	Oberverwaltungsgerichte/Verwaltungsgerichtshöfe	Finanzgerichte	Landesarbeitsgerichte	Landessozialgerichte	Landesverfassungsgerichte
	Landgerichte		Verwaltungsgerichte		Arbeitsgerichte	Sozialgerichte	
	Amtsgerichte						

Sitze der obersten Gerichtshöfe

Als Bestandteil des juristischen Allgemeinwissens bilden die **Sitze** der obersten Gerichtshöfe des Bundes einen beliebten Gegenstand mündlicher Prüfungen und sollten daher bekannt sein. Der **Bundesgerichtshof** hat seinen **Sitz** in **Karlsruhe**, § 123 GVG; einzig der **5. Strafsenat** wurde in der **Villa Sack** in **Leipzig** eingerichtet. Dies beruht auf dem Umstand, dass im Zuge der deutschen Wiedervereinigung angestrebt wurde, den Sitz des Bundesgerichtshofs nach Leipzig in das ursprüngliche Gebäude des Reichsgerichts zu verlegen, welches von 1879 bis 1945 das oberste Gericht in Zivil- und Strafsachen im Deutschen Reich war; der Standort in Karlsruhe wurde teilweise „allein" als „Folge der erzwungenen Teilung Deutschlands" betrachtet, die es „innerlich wie tatsächlich zu überwinden" galt.[8] Politisch konnten sich diese Bestrebungen indes nicht durchsetzen: Die Beschlüsse der mit der Ausarbeitung von Vorschlägen zur Verlagerung von Bundeseinrichtungen in die Neuen Bundesländer betrauten sog. „Unabhängigen Föderalismuskommission" sahen vor, dass lediglich der bis dahin in Berlin eingerichtete 5. Strafsenat nach Leipzig verlegt werden sollte.[9] Im **Reichsgerichtsbau** wurde nach der Wiedervereinigung entsprechend den Beschlüssen jener Kommission vielmehr das **Bundesverwaltungsgericht** eingerichtet (§ 2 VwGO), das zuvor im historischen Gebäude des traditionsreichen Preußischen Oberverwaltungsgerichts in **Berlin** beherbergt war (mit zwei Wehrsenaten in **München**). Im Rahmen der Wiedervereinigung wurde schließlich auch das **Bundesarbeitsgericht** von Kassel nach **Erfurt** verlegt.

448 Im Hinblick auf die Verfassungsgerichte ist zu beachten, dass der Rechtsweg zum Bundesverfassungsgericht nicht über die Landesverfassungsgerichte führt. **Bundes- und Landesverfassungsgerichtsbarkeit** bestehen insofern grundsätzlich **unabhängig** nebeneinander.

Eine **Ausnahme** gilt allein für Kommunalverfassungsbeschwerden nach **Art. 93 Abs. 1 Nr. 4 GG**. Diese sind gegenüber Rechtsbehelfen der Landesverfassungen **subsidiär**, sofern eine Verletzung der Rechte aus Art. 28 Abs. 2 GG durch ein Landesgesetz in Rede steht.

Teil 6

C. Das Bundesverfassungsgericht

I. Stellung und Befugnisse des Bundesverfassungsgerichts

449 Das Bundesverfassungsgericht ist zumindest innerhalb der deutschen Rechtsordnung ein einzigartiges Gericht. Anders als die in Art. 95 GG genannten obersten Gerichtshöfe des Bundes findet das Bundesverfassungsgericht nicht allein Erwähnung im Verfassungstext, sondern ist aufgrund seiner weit reichenden verfassungsmäßigen Zuständigkeiten und Befugnisse nach allgemeiner – auch eigener – Auffassung **„als Gericht zugleich ein oberstes Verfassungsorgan"**[10], vgl. § 1 Abs. 1 BVerfGG. Unter den (in sich verschränkten) förmlichen und materiellen Kompetenzen des Gerichts sind dabei vor allem herauszugreifen

8 So ein fraktionsübergreifender Entschließungsantrag von Bundestagsabgeordneten, mit dem die Verlegung des Sitzes des Bundesgerichtshofs nach Leipzig „innerhalb von 10 Jahren" angestrebt wurde, BT-Drucks. 12/2933, S. 3.

9 Vgl. dazu die Anlage zu Beschlussempfehlung und Bericht des Ältestenrates des Deutschen Bundestages vom 25.6.1992, BT-Drucks. 12/2853 (neu), S. 3.

10 BVerfGE 7, 1 (14) – „Berlin-Vorbehalt I" (ohne Hervorhebung im Original).

– die Befugnis zur **letztverbindlichen Auslegung und Anwendung (allein) des Grundgesetzes**, also derjenigen Rechtsquelle, welche innerhalb der deutschen Rechtsordnung einerseits **Vorrang** vor allen anderen Rechtsakten genießt[11] und zumal in ihrem **Grundrechtsteil** auf **sämtliche Bereiche** des Rechts **ausstrahlt**,[12] andererseits zugleich **teils hochgradig unbestimmte Rechtsnormen** enthält, die in besonderem Maße der Konkretisierung bedürfen und dem Rechtsanwender vergleichsweise großzügige interpretative Spielräume belassen, sowie

In diese Richtung zielt die Formulierung, wonach das Bundesverfassungsgericht **„Hüter der Verfassung“** sei.[13] Dabei sollte einerseits nicht vergessen werden, dass sämtliche staatlichen Organe wegen der Verfassungsbindung gemäß Art. 20 Abs. 3 GG zur Wahrung des Grundgesetzes verpflichtet sind.[14] Dem Bundesverfassungsgericht ist „nur“ das Recht zur **letztverbindlichen** konkretisierenden Bestimmung des Verfassungsinhalts zugewiesen. Andererseits ist zu beachten, dass der **Prüfungsmaßstab** des Bundesverfassungsgerichts **allein das Grundgesetz** ist – und nicht etwa auch das im Rang unter dem Grundgesetz stehende formell-gesetzliche und untergesetzliche Recht. Das Bundesverfassungsgericht ist daher kein weiterer höchster Gerichtshof des Bundes, **keine „Superrevisionsinstanz“**, sondern ein speziell und ausschließlich zur Verfassungsauslegung und -anwendung berufenes Gericht.[15]

– die mit den Normenkontrollzuständigkeiten nach Art. 93 Abs. 1 Nr. 2 und Art. 100 Abs. 1 GG verbundene alleinige Befugnis zur **Verwerfung von formellen Gesetzen** (auch **verfassungsändernden Inhalts**, vgl. Art. 79 Abs. 3 GG) – was unter dem Eindruck bestimmter Entscheidungen des Gerichts, durch die politisch stark umstrittene Gesetzesvorhaben zu Fall gebracht werden, nicht selten das Bild des Bundesverfassungsgerichts als eines **„Gegenspielers“** zum **parlamentarischen Gesetzgeber** beziehungsweise zu der hinter der parlamentarischen Mehrheit stehenden **Bundesregierung** hervorruft.

Diese herausragende Stellung des Bundesverfassungsgerichts hat verschiedene **statusmäßige Besonderheiten** zur Folge, insbesondere[16] **450**

– ist das Bundesverfassungsgericht – anders als die obersten Gerichtshöfe des Bundes – **keinem Ministerium zugeordnet**, verkehrt daher „auf Augenhöhe“ unmittelbar und nicht über ein Ministerium mit den übrigen Verfassungsorganen,
– erstellt das Gericht im Rahmen der Aufstellung des Entwurfs des **Haushaltsplans** einen **eigenen Voranschlag** (vgl. § 28 Abs. 3 der Bundeshaushaltsordnung) und
– findet das Gericht im **Präsidenten des Bundesverfassungsgerichts** den obersten Dienstherrn der Gerichtsbediensteten, der nach den protokollarischen Gepflogenheiten nach dem Bundespräsidenten, dem Bundestagspräsidenten, dem Bundeskanzler und dem Bundesratspräsidenten an fünfter Stelle im Staate steht; im Übrigen

---

11 Vgl. zum Vorrang der Verfassung bereits oben Rn. 101.

12 Vgl. grundlegend BVerfGE 7, 198 (203 ff.) – „Lüth“. Siehe dazu ausführlich *Papier/Krönke*, Grundkurs Öffentliches Recht 2, 4. Aufl. 2020, § 3 Rn. 53 ff.

13 So bereits BVerfGE 1, 184 (195) – „Normenkontrolle I“.

14 Vgl. *Kment*, in: Jarass/Pieroth (Hrsg.), GG Kommentar, 17. Aufl. 2022, Art. 93 Rn. 5.

15 Vgl. zu den damit verbundenen Schwierigkeiten zumal mit Blick auf die sog. Urteilsverfassungsbeschwerde ausführlich *Papier/Krönke*, Grundkurs Öffentliches Recht 2, 4. Aufl. 2020, § 4 Rn. 79 ff.

16 Vgl. zum Folgenden *Maurer*, Staatsrecht I, 6. Aufl. 2010, § 20 Rn. 8 und 18; *Schlaich/Korioth*, Das Bundesverfassungsgericht, 12. Aufl. 2021, Rn. 28 ff.

– sind die Richter des Bundesverfassungsgerichts keine „gewöhnlichen" Bundesrichter und stehen damit nicht, wie alle übrigen Richter, in einem öffentlich-rechtlichen Dienstverhältnis (vgl. zum Richterverhältnis §§ 8 ff. des Deutschen Richtergesetzes); sie sind vielmehr **Richter des Bundesverfassungsgerichts** und stehen in einem **öffentlich-rechtlichen Amtsverhältnis** (vgl. dazu §§ 2 ff. BVerfGG).[17]

II. Zusammensetzung und Organisation

451 Die **Wahl** der insgesamt 16 Richter erfolgt gemäß **Art. 94 Abs. 1 S. 2 GG, § 5 Abs. 1 S. 1 BVerfGG** je zur Hälfte durch den **Bundestag** und den **Bundesrat**. Das Wahlverfahren ist im Einzelnen in den **§§ 5 ff. BVerfGG** geregelt. Da die Wahl zum Richter sowohl im Bundestas (§ 6 Abs. 1 S. 2 BVerfGG: „Mehrheit von zwei Dritteln der abgegebenen Stimmen, mindestens die Mehrheit der Stimmen der Mitglieder des Bundestages") als auch im Bundesrat (§ 7 BVerfGG: mit zwei Dritteln der Stimmen des Bundesrates) eine qualifizierte Mehrheit erfordert, beruht die Richterwahl regelmäßig auf einem die politischen Lager übergreifenden Konsens.[18] Angesichts der auch politischen Tragweite der Zuständigkeiten und Befugnisse des Gerichts erscheint dieses Konsenserfordernis begrüßenswert, da politisch radikal ausgerichtete Richterkandidaten so von vornherein wenig Aussicht darauf haben, gewählt zu werden.

452 Das Bundesverfassungsgericht besteht aus **zwei Senaten**, die jeweils mit acht Richtern besetzt sind. Der **Erste Senat** ist gemäß **§ 14 Abs. 1 BVerfGG** zuständig für **Normenkontrollverfahren** (vgl. dazu unten III. 3. und 4.), in denen überwiegend die Unvereinbarkeit einer Vorschrift mit **Grundrechten** oder Rechten aus den Art. 33, 101, 103 und 104 GG geltend gemacht wird, sowie für **Verfassungsbeschwerden** (vgl. dazu unten III. 5.) mit Ausnahme der Verfassungsbeschwerden nach § 91 BVerfGG und der Verfassungsbeschwerden aus dem Bereich des Wahlrechts. Der **Zweite Senat** ist gemäß **§ 14 Abs. 2 BVerfGG** zuständig für **alle übrigen Verfahrensarten** (vgl. insbesondere zum Organstreitverfahren und zum Bund-Länder-Streit unten III. 1. und 2.) sowie für Normenkontrollverfahren und Verfassungsbeschwerden, die nicht dem Ersten Senat zugewiesen sind.

453 In jedem Senat werden außerdem **Kammern** gebildet, die mit jeweils 3 Richtern besetzt sind, § 15a BVerfGG. Die Kammern verfügen über Entscheidungsbefugnisse in den zahlenmäßig häufigsten Verfahren der Verfassungsbeschwerde (vgl. §§ 93a ff. BVerfGG) und der konkreten Normenkontrolle (vgl. § 81a BVerfGG) und sorgen für eine erhebliche **Entlastung des Gerichts**.

454 Des Weiteren kennt das Bundesverfassungsgericht ein **Plenum**, welches aus allen 16 Richtern besteht. Das Plenum beschließt insbesondere die Geschäftsordnung des Gerichts (§ 1 Abs. 3 BVerfGG) und entscheidet über bestimmte Rechtsfragen, in denen ein Senat von der in einer Entscheidung des anderen Senats enthaltenen Rechtsauffassung abweichen möchte (§ 16 Abs. 1 BVerfGG).

---

17 Vgl. *Maurer*, Staatsrecht I, 6. Aufl. 2010, § 20 Rn. 18.
18 Vgl. zu den Einzelheiten und m.w.N. *Maurer*, Staatsrecht I, 6. Aufl. 2010, § 20 Rn. 16.

Senatsentscheidungen werden, soweit im Gesetz nichts anderes bestimmt ist, grund- 455
sätzlich mit der **Mehrheit** der Richterstimmen getroffen. Dabei ist zu beachten, dass bei **Stimmengleichheit** (4:4) gemäß **§ 15 Abs. 4 S. 3 BVerfGG** „ein Verstoß gegen das Grundgesetz oder gegen sonstiges Bundesrecht **nicht** festgestellt werden" kann, das heißt die entsprechenden **Anträge** sind als **unbegründet** zurückzuweisen.[19] Sofern einzelne Richter im Übrigen eine vom Ergebnis oder von der Begründung einer Senatsentscheidung abweichende Meinung vertreten, haben sie die Möglichkeit, diese in einem **Sondervotum** zu formulieren, welches zusammen mit der Entscheidung in der amtlichen Sammlung veröffentlicht wird, **§ 30 Abs. 2 S. 1 BVerfGG**.

III. Einzelne Verfahrensarten

Im Folgenden sollen diejenigen Verfahren vor dem Bundesverfassungsgericht (prinzipi- 456
ell in der Reihenfolge ihrer Nennung in Art. 93 Abs. 1 GG) behandelt werden, die **in besonderem Maße prüfungsrelevant** sind. Die Darstellung beschränkt sich dabei auf die **wesentlichen Grundzüge** der Verfahrensarten.

Die Prüfung der Rechtsbehelfe ist stets in die **Zulässigkeit und Begründetheit des** 457
Rechtsbehelfs gegliedert. Die Unterscheidung von Zulässigkeit und Begründetheit eines Rechtsbehelfs zieht sich durch sämtliche Bereiche des Verfahrensrechts und erklärt sich grundsätzlich wie folgt:[20] Im Rahmen der **Zulässigkeit** wird geprüft, ob sich das angerufene Gericht mit dem Rechtsstreit überhaupt in der Sache beschäftigen darf, oder ob nicht bereits formelle Hindernisse (z.B. fehlende Beteiligtenfähigkeit, untauglicher Verfahrensgegenstand usw.) bestehen, die dazu führen, dass das Gericht überhaupt keine Sachentscheidung treffen darf – z.B. im Falle eines unzulässigen Normenkontrollantrags nach Art. 93 Abs. 1 Nr. 2 GG also weder die Verfassungs*mäßigkeit* noch die Verfassungs*widrigkeit* der angegriffenen Rechtsnorm feststellen darf. Die Zulässigkeitsvoraussetzungen werden daher oftmals auch als „Sachentscheidungsvoraussetzungen" bezeichnet. Im Rahmen der **Begründetheit** prüft und entscheidet das Gericht dann **in der Sache**, im Falle eines zulässigen Normenkontrollantrags wird also geprüft, ob die angegriffene Rechtsnorm tatsächlich gegen das Grundgesetz verstößt.

1. Organstreitverfahren, Art. 93 Abs. 1 Nr. 1 GG, §§ 13 Nr. 5, 63 ff. BVerfGG

Im Organstreitverfahren nach Art. 93 Abs. 1 Nr. 1 GG haben die **Verfassungsorgane des** 458
Bundes die Möglichkeiten, aus Anlass konkreter Organhandlungen entstandene „Streitigkeiten" über ihre Verfassungsrechtsbeziehungen untereinander beizulegen. Sieht sich also ein Verfassungsorgan des Bundes durch das konkrete Verhalten eines anderen Verfassungsbeteiligten in einem seiner verfassungsmäßigen Rechte verletzt, so ist regelmä-

19 Vgl. *Maurer*, Staatsrecht I, 6. Aufl. 2010, § 20 Rn. 26.
20 Vgl. dazu speziell mit Blick auf die Verfassungsbeschwerde auch *Papier/Krönke*, Grundkurs Öffentliches Recht 2, 4. Aufl. 2020, § 4 Rn. 59 ff.

ßig ein Organstreitverfahren zu prüfen. Für die Prüfung der Erfolgsaussichten eines Antrags im Organstreitverfahren bietet sich folgender Prüfungsaufbau an:[21]

Prüfungsaufbau: Erfolgsaussichten eines Antrags im Organstreitverfahren, Art. 93 Abs. 1 Nr. 1 GG, §§ 13 Nr. 5, 63 ff. BVerfGG
Obersatz: „Der Antrag hat Erfolg, wenn er zulässig und begründet ist.“   **I. Zulässigkeit**   **1. Zuständigkeit des Bundesverfassungsgerichts**   Die Zuständigkeit des Bundesverfassungsgerichts für Anträge im Organstreitverfahren ergibt sich aus Art. 93 Abs. 1 Nr. 1 GG, §§ 13 Nr. 5, 63 ff. BVerfGG.   **2. Beteiligtenfähigkeit, Art. 93 Abs. 1 Nr. 1 GG, § 63 BVerfGG**   Die Beteiligtenfähigkeit bezeichnet die Fähigkeit, grundsätzlich Partei eines Organstreitverfahrens zu sein. Sie ist für Antragsteller und Antragsgegner jeweils separat zu prüfen und kann sich ergeben   **a)** aus **§ 63 BVerfGG**,   nämlich für Bundespräsident, Bundestag, Bundesrat, Bundesregierung, und für im Grundgesetz oder in der Geschäftsordnung des Bundestages und des Bundesrates mit eigenen Rechten ausgestattete Teile dieser Organe (z.B. für Fraktionen und ständige Ausschüsse, nach h.M. dagegen nicht für einzelne Abgeordnete[22]),   Es empfiehlt sich, die Beteiligtenfähigkeit vorrangig nach § 63 BVerfGG zu prüfen, da für die dort genannten Teile von Bundestag und Bundesrat die Möglichkeit der **prozessstandschaftlichen Geltendmachung von Organrechten** nach **§ 64 Abs. 1 BVerfGG** in Betracht kommt.[23] **Prozessstandschaft** meint dabei die Befugnis, ein fremdes Recht in eigenem Namen geltend zu machen.   **b)** aus **Art. 93 Abs. 1 Nr. 1 GG**,   nämlich für alle nicht in § 63 BVerfGG genannten Verfassungsorgane des Bundes sowie für „andere Beteiligte“, soweit diese durch das Grundgesetz oder die Geschäftsordnung eines obersten Bundesorgans mit eigenen Rechten ausgestattet sind (insbesondere etwa einzelne Bundestagsabgeordnete).   In der Fallbearbeitung sind die **„eigenen Rechte“** der **„anderen Beteiligten“** i.S.v. Art. 93 Abs. 1 Nr. 1 GG (also z.B. die Abgeordnetenrechte aus Art. 38 Abs. 1 S. 2 GG) bereits an dieser Stelle konkret zu benennen.

21 Vgl. zum Folgenden ausführlich *Degenhart*, Staatsrecht I Staatsorganisationsrecht, 37. Aufl. 2021, § 11 Rn. 840 ff.; vertiefend *Benda/Klein*, Verfassungsprozessrecht, 4. Aufl. 2020, § 28 Rn. 1014 ff.

22 Vgl. zu der im Rahmen einer Fallbearbeitung ggfs. kurz aufzuwerfenden Frage, ob der einzelne Abgeordnete unter § 63 BVerfGG subsumiert werden kann, bereits oben Rn. 356.

23 Vgl. *Hillgruber/Goos*, Verfassungsprozessrecht, 5. Aufl. 2020, § 4 Rn. 440.

3. Streitgegenstand, Art. 93 Abs. 1 Nr. 1 GG, § 64 Abs. 1 BVerfGG
Das Bundesverfassungsgericht entscheidet gemäß Art. 93 Abs. 1 Nr. 1 GG über die Auslegung des Grundgesetzes aus Anlass von „Streitigkeiten über den Umfang von Rechten und Pflichten". Dies wird in § 64 Abs. 1 BVerfGG näher konkretisiert: Tauglicher Streitgegenstand ist hiernach jede **„Maßnahme oder Unterlassung"**, die

- **„rechtserheblich"** ist, also **nicht** etwa rein vorbereitenden Charakter hat[24] und für den Antragsgegner damit „erst infolge eines selbständigen Umsetzungsaktes rechtliche Bedeutung erlangt",[25] und
- **dem Antragsgegner zurechenbar** ist.

4. Antragsbefugnis, § 64 Abs. 1 BVerfGG
Der Antragsteller muss ferner gemäß § 64 Abs. 1 BVerfGG geltend machen, dass er oder – im Falle einer Prozessstandschaft – das Organ, dem er angehört, durch den Streitgegenstand in seinen Rechten verletzt ist, das heißt es ist zu prüfen, ob

- **verfassungsmäßige organschaftliche Rechte** des **Antragstellers** oder – im Falle einer Geltendmachung von Organrechten nach § 64 Abs. 1 Var. 2 BVerfGG – des **Organs**, dem er angehört
- **möglicherweise verletzt** sind, das heißt ob eine Verletzung der verfassungsmäßigen Rechte nach den Darlegungen des Antragstellers „nicht von vornherein ausgeschlossen" erscheint.[26]

5. Rechtsschutzbedürfnis
Wenn die Antragsbefugnis vorliegt, ist auch das Rechtsschutzbedürfnis indiziert, das heißt: wenn keine gegenteiligen Anhaltspunkte ersichtlich sind (z.B. wenn nachträglich Zulässigkeitsvoraussetzungen entfallen, wenn das Rechtsschutzziel auch auf anderem Wege erreicht werden könnte o.ä.), darf davon ausgegangen werden, dass im konkreten Fall ein Bedürfnis nach einer verfassungsgerichtlichen Klärung des Rechtsstreits besteht.

6. Form und Frist des Antrags
Der Antrag ist schriftlich einzureichen, § 23 Abs. 1 BVerfGG, und erfordert die Bezeichnung des verletzten Rechtes, § 64 Abs. 2 BVerfGG. Er muss innerhalb von 6 Monaten ab Bekanntwerden der beanstandeten Maßnahme bzw. Unterlassung gestellt werden, § 64 Abs. 3 BVerfGG.

Ist der Antrag **unzulässig**, wird er vom Bundesverfassungsgericht „verworfen".[27]

II. Begründetheit
Obersatz: „Der Antrag ist begründet, wenn die angegriffene Maßnahme oder Unterlassung den Antragsteller in seinen verfassungsmäßigen Rechten verletzt."

---

24 Mangels Rechtserheblichkeit konnten beispielsweise die nur vorläufigen gutachtlichen Einschätzungen der Bundesregierung zu einer möglichen Vernehmung von *Edward Snowden* im Rahmen des NSA-Untersuchungsausschusses nicht als Verletzungen der Beweiserhebungsrechte des Bundestages aus Art. 44 GG angegriffen werden, vgl. BVerfGE 138, 45 (Rn. 29 ff.) – „Edward Snowden".

25 BVerfGE 96, 264 (277) – „Fraktions- und Gruppenstatus". Kritisch zu dieser Einschränkung *Degenhart*, Staatsrecht I Staatsorganisationsrecht, 37. Aufl. 2021, § 11 Rn. 842.

26 So etwa BVerfGE 118, 277 (319) – „Abgeordnetengesetz".

27 So etwa die Entscheidungsformel bei BVerfGE 100, 266 (266) – „Kosovo".

Der **Aufbau der folgenden Prüfung** richtet sich nach der **materiellen Rechtsposition**, deren Verletzung im konkreten Fall in Rede steht, also z.B. nach dem Prüfungsaufbau für die Verletzung eines Abgeordnetenrechts[28] oder der Chancengleichheit einer Partei[29]. – **Alternativ** findet sich gelegentlich auch folgender Obersatz: „Der Antrag ist begründet, wenn die angegriffene Maßnahme oder Unterlassung gegen das Grundgesetz verstößt und den Antragsteller dadurch in seinen verfassungsmäßigen Rechten verletzt."[30] Im Anschluss an diesen alternativen Obersatz wird dann zweistufig zunächst die (objektive) Verfassungsmäßigkeit der angegriffenen Maßnahme oder Unterlassung geprüft und sodann festgestellt, ob der Antragsteller dadurch in seinen („subjektiven") Rechten verletzt ist. Wegen des sogleich darzustellenden beschränkten Prüfungsumfangs kann die Beurteilung der objektiven Verfassungsmäßigkeit des Streitgegenstandes indes zu unnötigen Prüfungen führen. Der **alternative Obersatz** und der entsprechende Prüfungsaufbau können daher im Folgenden **nicht empfohlen** werden.

Wird ein **Unterlassen** des Antragsgegners angegriffen, so ist dieser Obersatz wie folgt zu **ergänzen**:[31]

„Dies ist dann der Fall, wenn der Antragsteller einen verfassungsrechtlichen Anspruch gegen den Antragsgegner auf Vornahme der begehrten Handlung hat."

Für den **Aufbau der nachfolgenden Prüfung** bietet sich eine Anspruchsprüfung an, wie sie bereits oben etwa mit Blick auf die Informationsrechte einzelner Abgeordneter[32] oder den Anspruch eines Untersuchungsausschusses auf Vorlage bestimmter Beweismittel[33] angeregt wurde.

1. Prüfungsumfang

In der Begründetheit prüft das Bundesverfassungsgericht allein eine Verletzung der **geltend gemachten verfassungsmäßigen Rechte** des Antragstellers, nicht dagegen sonstige Verfassungsverstöße. Das Organstreitverfahren dient nämlich „dem Schutz der Rechte der Staatsorgane im Verhältnis zueinander, nicht einer allgemeinen Verfassungsaufsicht".[34] Der Organstreit ermöglicht damit keine „objektive Beanstandungsklage".[35]

2. Entscheidung

Das Bundesverfassungsgericht stellt gegebenenfalls den **Verstoß** der angegriffenen Maßnahme bzw. Unterlassung **gegen das Grundgesetz** fest, § 67 BVerfGG. Eine Aufhebung oder Nichtigkeitserklärung der Maßnahme bzw. eine Verurteilung zur Vornahme der begehrten Handlung wird dagegen nicht vorgenommen.[36]

Ist der Antrag **zulässig, aber unbegründet**, wird er vom Bundesverfassungsgericht „zurückgewiesen".[37]

---

28 Vgl. zur Prüfung einer Verletzung von Abgeordnetenrechten ausführlich oben Rn. 353.

29 Vgl. zur Prüfung einer Verletzung der Rechte einer Partei ausführlich oben Rn. 200.

30 Vgl. zu diesem alternativen Obersatz *Schlaich/Korioth*, Das Bundesverfassungsgericht, 12. Aufl. 2021, Rn. 97c; *Augsberg/Augsberg/Schwabenbauer*, Klausurtraining Verfassungsrecht, 4. Aufl. 2021, S. 51 f.

31 Vgl. ebenso *Augsberg/Augsberg/Schwabenbauer*, Klausurtraining Verfassungsrecht, 4. Aufl. 2021, S. 51 f.

32 Vgl. zur Prüfung der Informationsansprüche einzelner Abgeordneter gegen die Regierung ausführlich oben Rn. 354.

33 Vgl. zur Prüfung des Anspruchs eines Untersuchungsausschusses auf Vorlage bestimmter Beweismittel ausführlich oben Rn. 360.

34 BVerfGE 100, 266 (268) – „Kosovo"; BVerfG NVwZ 2019, 159 (160) m.w.N. – „Flüchtlingspolitik".

35 So explizit BVerfG NVwZ 2019, 159 m.w.N. – „Flüchtlingspolitik" in einem Organstreitverfahren bezüglich des Verhaltens der Bundesregierung während der sogenannten Flüchtlingskrise.

36 Vgl. *Degenhart*, Staatsrecht I Staatsorganisationsrecht, 37. Aufl. 2021, § 11 Rn. 846.

37 So etwa die Entscheidungsformel bei BVerfGE 68, 1 (3) – „Atomwaffenstationierung".

2. Bund-Länder-Streit, Art. 93 Abs. 1 Nr. 3 GG, §§ 13 Nr. 7, 68 ff. BVerfGG

Im Bund-Länder-Streit nach Art. 93 Abs. 1 Nr. 3 GG können der Bund und ein Land oder mehrere Länder untereinander aus Anlass konkreter Handlungen des jeweiligen Antragsgegners entstandene Streitigkeiten über die Verfassungsrechtsbeziehungen aus dem Verhältnis Bund-Land oder Land-Land beilegen. Der Bund-Länder-Streit ist damit eine **besondere Form des Organstreitverfahrens**, was sich insbesondere daran zeigt, dass in § 69 BVerfGG auf die Vorschriften des Organstreitverfahrens verwiesen wird. In der Fallbearbeitung bietet sich daher **dieselbe Prüfungsstruktur** an, mit folgenden **Modifikationen** gegenüber dem Organstreitverfahren: 459

- **Beteiligtenfähig** sind gemäß **§ 68 BVerfGG** nur der Bund und die einzelnen Länder, vertreten durch ihre jeweilige Regierung.
- Im Rahmen der **Antragsbefugnis** gemäß **§ 64 Abs. 1 i.V.m. § 69 BVerfGG** ist zu prüfen, ob der Antragsteller möglicherweise in verfassungsmäßigen Rechten **aus dem Bundesstaatsverhältnis** verletzt ist. Auch der **Obersatz in der Begründetheit** ist entsprechend anzupassen.

In der Ausbildung wird der Bund-Länder-Streit vor allem im Kontext mit der verfassungsrechtlichen Überprüfung von **Weisungen** im Rahmen der **Bundesauftragsverwaltung** nach **Art. 85 Abs. 3 GG** relevant.[38]

3. Abstrakte Normenkontrolle, Art. 93 Abs. 1 Nr. 2 GG, §§ 13 Nr. 6, 76 ff. BVerfGG

Das Bundesverfassungsgericht kontrolliert die Verfassungsbindung auch der gesetzgebenden Gewalt (Art. 20 Abs. 3 GG); diese Kontrolle kann zum einen aus Anlass bestimmter Gerichtsverfahren erfolgen („konkret"), vgl. Art. 100 Abs. 1 GG, aber auch unabhängig von solchen Verfahren („abstrakt"), und zwar auf Antrag bestimmter Verfassungsorgane im Wege einer abstrakten Normenkontrolle.[39] Für die Prüfung der abstrakten Normenkontrolle bietet sich folgender Prüfungsaufbau an:[40] 460

Prüfungsaufbau: Erfolgsaussichten eines Antrags im abstrakten Normenkontrollverfahren, Art. 93 Abs. 1 Nr. 2 GG, §§ 13 Nr. 6, 76 ff. BVerfGG
Obersatz: „Der Antrag hat Erfolg, wenn er zulässig und begründet ist." **I. Zulässigkeit** **1. Zuständigkeit des Bundesverfassungsgerichts** Das Bundesverfassungsgericht ist gemäß Art. 93 Abs. 1 Nr. 2 GG, §§ 13 Nr. 6, 76 ff. BVerfGG für Anträge im abstrakten Normenkontrollverfahren zuständig.

38 Vgl. zum Aufbau der Begründetheitsprüfung in diesen Fällen ausführlichen oben Rn. 419.
39 Vgl. *Degenhart*, Staatsrecht I Staatsorganisationsrecht, 37. Aufl. 2021, § 11 Rn. 853.
40 Vgl. zum Folgenden *Degenhart*, Staatsrecht I Staatsorganisationsrecht, 37. Aufl. 2021, § 11 Rn. 853 ff.; vertiefend *Benda/Klein*, Verfassungsprozessrecht, 4. Aufl. 2020, § 22 Rn. 692 ff.

2. Antragsberechtigung, Art. 93 Abs. 1 Nr. 2 GG, § 76 Abs. 1 BVerfGG

Antragsberechtigt sind gemäß Art. 93 Abs. 1 Nr. 2 GG, § 76 Abs. 1 BVerfGG die Bundesregierung, die Landesregierungen sowie ein Viertel der Mitglieder des Bundestages.

Einen Antragsgegner im förmlichen Sinne gibt es im abstrakten Normenkontrollverfahren nicht, da es sich nicht um ein „kontradiktorisches Verfahren" zwischen zwei streitenden Beteiligten handelt – so etwa im Organstreitverfahren –, sondern um ein **„objektives Beanstandungsverfahren"**, in dessen Rahmen der Antragsteller die objektive Verfassungsmäßigkeit des Verfahrensgegenstandes „beanstandet".[41]

3. Antragsgegenstand, Art. 93 Abs. 1 Nr. 2 GG, § 76 Abs. 1 BVerfGG

Tauglicher Gegenstand eines abstrakten Normenkontrollverfahrens ist **Bundes- und Landesrecht jeder Rangstufe**,[42] das heißt es können sowohl förmliche Gesetze als auch Rechtsverordnungen und Satzungen kontrolliert werden. Auch verfassungsändernde Gesetze unterliegen einer Prüfung im Normenkontrollverfahren, und zwar sowohl mit Blick auf die formelle Verfassungsmäßigkeit als auch bezüglich der in Art. 79 Abs. 3 GG aufgestellten materiell-verfassungsrechtlichen Anforderungen. Voraussetzung ist in jedem Falle zumindest die **Verkündung** (und damit die äußere Existenz) der in Rede stehenden Norm.

4. Antragsgrund, Art. 93 Abs. 1 Nr. 2 GG, § 76 Abs. 1 BVerfGG

Nach dem Wortlaut des Art. 93 Abs. 1 Nr. 2 GG genügt es, wenn **„Meinungsverschiedenheiten oder Zweifel"** bezüglich der Verfassungsmäßigkeit der antragsgegenständlichen Norm bestehen. Augenscheinlich davon abweichend sieht § 76 BVerfGG dagegen vor, dass der Antragsteller die zu überprüfende Norm entweder selbst für **„nichtig"** (Nr. 1) oder für **„gültig"** halten muss, obwohl ein Gericht oder bestimmte andere Organe sie für verfassungswidrig gehalten und deshalb nicht angewendet haben (Nr. 2). Sofern man die Bestimmung des Art. 93 Abs. 1 Nr. 2 GG so auslegt, dass sie keinen Raum für einfachgesetzliche Konkretisierungen lässt und gegenüber der Vorschrift des § 76 Abs. 1 Nr. 1 BVerfGG weniger strenge Voraussetzungen an den erforderlichen Antragsgrund eines Normenkontrollantrags zum Bundesverfassungsgericht stellt, wird § 76 Abs. 1 Nr. 1 BVerfGG durch Art. 93 Abs. 1 Nr. 2 GG insoweit verdrängt. Geht man demgegenüber mit dem Bundesverfassungsgericht[43] davon aus, dass § 76 Abs. 1 Nr. 1 BVerfGG die Bestimmung des Art. 93 Abs. 1 Nr. 2 GG in zulässiger Weise konkretisiert, wird § 76 Abs. 1 Nr. 1 BVerfGG nicht verdrängt, sondern kommt vorrangig zur Anwendung.[44] Im **Regelfall** hält der Antragsteller die in Rede stehende Norm indes auch für nichtig und kommt es auf die Entscheidung dieser Streitfrage nicht an.

---

41 Vgl. dazu *Augsberg/Augsberg/Schwabenbauer*, Klausurtraining Verfassungsrecht, 4. Aufl. 2021, S. 34 f., 41 f.

42 Vgl. dazu mit einer ausführlichen Aufführung der tauglichen Antragsgegenstände *Hillgruber/Goos*, Verfassungsprozessrecht, 5. Aufl. 2020, § 6 Rn. 502.

43 Vgl. BVerfGE 96, 133 (137) – „Antragsgrund".

44 Vgl. dazu bereits das Beispiel oben Rn. 50.

5. Objektives Klarstellungsinteresse
Wenn der erforderliche Antragsgrund vorliegt, ist auch das objektive Klarstellungsinteresse indiziert, das heißt: wenn keine gegenteiligen Anhaltspunkte ersichtlich sind (z.B. wenn nachträglich Zulässigkeitsvoraussetzungen entfallen, wenn die Verfassungswidrigkeit der Norm bereits im Rahmen eines anderen Verfahrens festgestellt worden ist o.Ä.), darf davon ausgegangen werden, dass im konkreten Fall ein objektives Interesse an einer verfassungsgerichtlichen Klärung der Rechtsfrage besteht.[45]

6. Form und Frist des Antrags
Der Antrag ist schriftlich einzureichen, § 23 Abs. 1 BVerfGG. Eine Antragsfrist existiert nicht.

Ist der Antrag **unzulässig**, wird er vom Bundesverfassungsgericht „verworfen".[46]

II. Begründetheit
Obersatz: „Der Antrag im abstrakten Normenkontrollverfahren ist begründet, wenn die angegriffene Rechtsnorm gegen das Grundgesetz verstößt."

Ist Antragsgegenstand eine **landesrechtliche Norm**, so lautet der Obersatz: „Der Antrag im abstrakten Normenkontrollverfahren ist begründet, wenn die angegriffene Rechtsnorm gegen Bundesrecht verstößt."

1. Prüfungsmaßstab
Im Hinblick auf die Begründetheit prüft das Bundesverfassungsgericht gemäß Art. 93 Abs. 1 Nr. 2 GG die Vereinbarkeit von Bundesrecht mit dem Grundgesetz bzw. im Falle einer landesrechtlichen Norm deren Vereinbarkeit mit dem Grundgesetz sowie „mit sonstigem Bundesrecht".

Für **formelle Bundesgesetze** sowie für **landesrechtliche Normen** ergeben sich hier **keine Probleme**. Letztere werden am gesamten Bundesrecht, also am Maßstab des Grundgesetzes, der einfachen Bundesgesetze sowie der untergesetzlichen bundesrechtlichen Normen gemessen, Art. 93 Abs. 1 Nr. 2 GG.
Umstritten ist dagegen, ob **untergesetzliches Bundesrecht** allein am Maßstab des Grundgesetzes geprüft wird, wie es Art. 93 Abs. 1 Nr. 2 GG vorsieht, oder ob es auch an sonstigem höherrangigem Bundesrecht, einschließlich der einfachen Bundesgesetze, zu messen ist, wie es § 76 Abs. 1 Nr. 1 BVerfGG vorsieht.[47] Entschärft wird dieser Streit freilich insoweit, als Rechtsverordnungen, die nicht von ihrer gesetzlichen Ermächtigungsgrundlage gedeckt sind, nicht nur gegen diese Verordnungsermächtigung, sondern zugleich auch gegen Art. 80 Abs. 1 S. 1 GG, also auch gegen Verfassungsrecht verstoßen.[48]

---

45 Vgl. *Augsberg/Augsberg/Schwabenbauer*, Klausurtraining Verfassungsrecht, 4. Aufl. 2021, S. 40 f.
46 So etwa die Entscheidungsformel bei BVerfGE 106, 244 (244) – „Beihilfefähigkeit von Wahlleistungen".
47 Vgl. dazu und zum Folgenden *Schlaich/Korioth*, Das Bundesverfassungsgericht, 12. Aufl. 2021, Rn. 131.
48 Vgl. *Benda/Klein*, Verfassungsprozessrecht, 4. Aufl. 2020, § 22 Rn. 721.

Im Übrigen lässt sich nur durch eine Prüfung der Vereinbarkeit einer untergesetzlichen bundesrechtlichen Norm mit dem einschlägigen einfachen Bundesgesetz **überhaupt „feststellen**, dass für die Prüfung, ob die Verordnung mit dem Grundgesetz übereinstimmt, ein **gültiger Gegenstand** gegeben ist. Anders als im konkreten Normenkontrollverfahren nach Art. 100 Abs. 1 GG ist hier ein anderes für diese Entscheidung zuständiges Organ nicht vorhanden“.[49] Die Prüfung erstreckt sich daher nach vorzugswürdiger Auffassung stets auch auf die Vereinbarkeit der Rechtsverordnung mit der gesetzlichen Ermächtigungsgrundlage.[50] Gleiches gilt auch für die – „ihrer Natur nach eingeschränkt[en]“ – bundesrechtlichen Satzungen.[51]

2. Entscheidung

Das Bundesverfassungsgericht stellt gegebenenfalls den **Verstoß** der angegriffenen Rechtsnorm **gegen das Grundgesetz** bzw. **sonstiges Bundesrecht** fest und erklärt sie gemäß § 78 S. 1 BVerfGG für nichtig.

Von diesem „Grundsatz“ sind **zwei Abweichungen** denkbar, nämlich einerseits mit Blick auf den **Gegenstand** des Entscheidungsausspruchs sowie andererseits bezüglich der vom Gericht ausgesprochenen **Rechtsfolge**:
Zum einen erklärt das Bundesverfassungsgericht (regelmäßig) **teilweise verfassungswidrige** Normen **grundsätzlich** auch nur für **teilnichtig**; die Nichtigkeit einzelner Vorschriften eines Gesetzes hat nur **ausnahmsweise** die Nichtigkeit des gesamten Gesetzes zur Folge, „wenn sich aus dem objektiven Sinn des Gesetzes ergibt, dass die übrigen mit der Verfassung zu vereinbarenden Bestimmungen **keine selbständige Bedeutung** haben“ oder „wenn die verfassungswidrige Vorschrift Teil einer Gesamtregelung ist, die ihren Sinn und ihre Rechtfertigung verlöre, nähme man einen ihrer Bestandteile heraus (…), wenn also die nichtige Vorschrift mit den übrigen Bestimmungen so verflochten ist, dass sie eine **untrennbare Einheit** bilden, die nicht in ihre einzelnen Bestandteile zerlegt werden kann“.[52] Diese Grundsätze sollten im Rahmen einer **staatsrechtlichen Prüfungsarbeit** durchaus beherrscht werden.
Die ausgesprochene **Rechtsfolge** beschränkt das Bundesverfassungsgericht bisweilen auf die **Feststellung der Verfassungswidrigkeit** der angegriffenen Norm. Dies kann verschiedene Gründe haben.[53] Vor allem geht es einerseits um Fälle, in denen der Ausspruch der Nichtigkeit eine Regelungslücke zur Folge hätte, die **noch weniger mit dem Grundgesetz vereinbar** wäre, als es die Rechtslage unter Fortgeltung der angegriffenen Norm ist.[54] Andererseits hält sich das Gericht mit dem Ausspruch der Nichtigkeitsfolge auch dort zurück, wo **mehrere Möglichkeiten zur Beseitigung der Verfassungswidrigkeit** denkbar sind und der Gesetzgeber (ggfs. unter Setzung einer Frist) die Gelegenheit zum Erlass einer verfassungskonformen Neuregelung erhalten soll.[55] Die Handhabung dieser Fälle kann allerdings nicht ernstlich im Rahmen einer **staatsrechtlichen Prüfungsarbeit** verlangt werden.

49 So die Begründung bei BVerfGE 101, 1 (30 f.) – „Hennenhaltungsverordnung“ (ohne Hervorhebungen im Original).
50 Ebenso *Schlaich/Korioth*, Das Bundesverfassungsgericht, 12. Aufl. 2021, Rn. 131.
51 *Schlaich/Korioth*, Das Bundesverfassungsgericht, 12. Aufl. 2021, Rn. 131.
52 BVerfGE 8, 274 (301) – „Preisgesetz“ (ohne Hervorhebungen im Original). Vgl. zur Teilnichtigkeit ausführlich *Benda/Klein*, Verfassungsprozessrecht, 4. Aufl. 2020, § 41 Rn. 1454 ff.
53 Insgesamt fünf Gruppen unterscheiden insoweit *Benda/Klein*, Verfassungsprozessrecht, 4. Aufl. 2020, § 41 Rn. 1459 ff.
54 Vgl. *Benda/Klein*, Verfassungsprozessrecht, 4. Aufl. 2020, § 41 Rn. 1461.
55 Vgl. *Benda/Klein*, Verfassungsprozessrecht, 4. Aufl. 2020, § 41 Rn. 1462.

> Die Entscheidung des Bundesverfassungsgerichts wirkt in jedem Falle **bindend für sämtliche Staatsorgane**, § 31 Abs. 1 BVerfGG, und hat **Gesetzeskraft**, § 31 Abs. 2 BVerfGG.
>
> Ist der auf Feststellung der Verfassungswidrigkeit gerichtete Antrag **zulässig, aber unbegründet**, stellt das Bundesverfassungsgericht die Vereinbarkeit der angegriffenen Norm mit dem Grundgesetz fest.[56]

4. Konkrete Normenkontrolle, Art. 100 Abs. 1 GG, §§ 13 Nr. 11, 80 ff. BVerfGG

Aus dem umfassenden **Vorrang der Verfassung** nach Art. 20 Abs. 3 GG folgt, dass alle **461** Normen, einschließlich der formellen Parlamentsgesetze, im Falle ihrer Verfassungswidrigkeit prinzipiell unwirksam sind und der Rechtsanwendung nicht zugrunde gelegt werden dürfen. Konsequent zu Ende geführt würde dies bedeuten, dass jeder Richter bei der Anwendung eines formellen Gesetzes die Verfassungsmäßigkeit dieses Gesetzes – also eines vom **unmittelbar demokratisch legitimierten Parlament** erlassenen Aktes – in Frage stellen und ihre Wirksamkeit beseitigen dürfte, indem er das in Rede stehende Gesetz unangewandt lässt. Um hier die Balance zwischen dem **Vorranganspruch des Grundgesetzes** einerseits und der **demokratischen „Autorität"**[57] der Entscheidungen des parlamentarischen Gesetzgebers andererseits zu wahren, belässt die Regelung über die **Richtervorlage nach Art. 100 Abs. 1 GG** den einfachen Gerichten zwar eine **Prüfungskompetenz** mit Blick auf die Verfassungsmäßigkeit eines Parlamentsgesetzes, nimmt ihnen allerdings insoweit die **Verwerfungskompetenz** – also die Befugnis, für verfassungswidrig befundene Gesetze unangewandt zu lassen – und überantwortet diese Befugnis **allein dem Bundesverfassungsgericht**. Bei der Prüfung der Erfolgsaussichten einer solchen Richtervorlage bietet sich folgender Aufbau an:[58]

> **Prüfungsaufbau: Erfolgsaussichten einer Richtervorlage nach Art. 100 Abs. 1 GG, §§ 13 Nr. 11, 80 ff. BVerfGG**
>
> **Obersatz:** „Die Vorlage hat Erfolg, wenn sie zulässig und begründet ist."
> **I. Zulässigkeit**
> **1. Zuständigkeit des Bundesverfassungsgerichts**
> Das Bundesverfassungsgericht ist gemäß Art. 100 Abs. 1 GG, §§ 13 Nr. 11, 80 ff. BVerfGG für Richtervorlagen zuständig.

56 Vgl. etwa die Entscheidungsformel bei BVerfGE 95, 335 (335) – „Überhangmandate II".
57 BVerfGE 6, 55 (63) – „Steuersplitting".
58 Vgl. zum Folgenden *Degenhart*, Staatsrecht I Staatsorganisationsrecht, 37. Aufl. 2021, § 11 Rn. 861 ff.; vertiefend *Benda/Klein*, Verfassungsprozessrecht, 4. Aufl. 2020, § 24 Rn. 783 ff.

2. Vorlageberechtigung, Art. 100 Abs. 1 S. 1 GG, § 80 Abs. 1 BVerfGG

Vorlageberechtigt ist gemäß Art. 100 Abs. 1 GG, § 80 Abs. 1 BVerfGG jedes **„Gericht"**, das heißt jede „Spruchstelle", „die sachlich unabhängig, in einem formell gültigen Gesetz mit den Aufgaben eines Gerichts betraut und als Gerichte bezeichnet" ist.[59] Dabei spielt es keine Rolle, ob die Verfassungsmäßigkeit des in Rede stehenden Gesetzes überhaupt durch einen der Verfahrensbeteiligten in Frage gestellt wurde.

3. Vorlagegegenstand, Art. 100 Abs. 1 S. 1 GG, § 80 Abs. 1 BVerfGG

Zulässiger Verfahrensgegenstand im konkreten Normenkontrollverfahren ist jedes **„Gesetz"**. Der Gesetzesbegriff in Art. 100 Abs. 1 GG ist vor dem Hintergrund des Normzwecks – also der Wahrung der **demokratischen Autorität der Parlamente** – zu beschränken auf

- **formelle** Gesetze, da die Verwerfung rein materieller Gesetze diese Autorität nicht in Frage stellt, und auf
- **nachkonstitutionelle** Gesetze, da die „Entscheidung über die Vereinbarkeit vorkonstitutionellen Rechts mit dem Grundgesetz ... die Autorität der gesetzgebenden Gewalt [des Grundgesetzes] unberührt" lässt[60] – **es sei denn**, ein vorkonstitutionelles Gesetz ist „in den Willen des nachkonstitutionellen Gesetzgebers ... aufgenommen" worden, insbesondere etwa, „wenn die **alte Norm als Gesetz neu verkündet** wird, wenn die **neue** (nachkonstitutionelle) **Norm auf die alte Norm verweist**, oder wenn ein begrenztes und überschaubares **Rechtsgebiet** vom nachkonstitutionellen Gesetzgeber **durchgreifend geändert** wird und aus dem engen sachlichen Zusammenhang der geänderten mit der alten Vorschrift offensichtlich ist, dass der nachkonstitutionelle Gesetzgeber die alte Vorschrift nicht ungeprüft übernommen haben kann".[61]

4. „Vorlagegrund", Art. 100 Abs. 1 S. 1 GG, § 80 Abs. 1 BVerfGG

a) Überzeugung von der Nichtigkeit des Gesetzes

Ferner muss das Gericht von der Nichtigkeit des formellen Gesetzes **überzeugt** sein, und zwar aus einem der in **Art. 100 Abs. 1 GG** aufgeführten **Nichtigkeitsgründe**. Hat das Gericht lediglich **Zweifel** an der Verfassungsmäßigkeit eines Gesetzes oder sieht es die **Möglichkeit einer verfassungskonformen Auslegung**, muss es das Gesetz anwenden.

b) Entscheidungserheblichkeit des Gesetzes

Auf die Gültigkeit der vorgelegten gesetzlichen Vorschriften **kommt es „bei der Entscheidung" an**, Art. 100 Abs. 1 GG, wenn das Gericht „im Falle der Gültigkeit der zur Prüfung gestellten Vorschriften zu einem anderen Ergebnis käme als im Falle ihrer Ungültigkeit".[62]

---

59 BVerfGE 6, 55 (63) – „Steuersplitting".
60 BVerfGE 2, 124 (129) – „Normenkontrolle II".
61 BVerfGE 11, 126 (131 f.) – „Nachkonstitutioneller Betätigungswille".
62 So etwa BVerfGE 99, 300 (312) – „Beamtenkinder".

5. Form und Frist des Antrags
Der Antrag ist schriftlich einzureichen, § 23 Abs. 1 BVerfGG, und zu begründen, § 80 Abs. 2 BVerfGG. Das Bundesverfassungsgericht stellt dabei besondere Anforderungen an das **Begründungserfordernis** aus **§ 80 Abs. 2 S. 1 BVerfGG**. Der Normzweck des Art. 100 Abs. 1 GG, also die Wahrung der Autorität des Gesetzgebers, gebiete eine **besonders sorgfältige Prüfung** der **Verfassungsmäßigkeit** und der **Entscheidungserheblichkeit** des vorgelegten Gesetzes durch das vorlegende Gericht. Dem Begründungserfordernis des § 80 Abs. 2 S. 1 BVerfGG genüge ein Vorlagebeschluss daher nur dann, wenn er erkennen lässt, dass das vorlegende Gericht die gebotene Prüfung vorgenommen hat. Das Gericht muss sich darin „mit der Rechtslage auseinander setzen, die in Literatur und Rechtsprechung vertretenen Rechtsauffassungen berücksichtigen und auf unterschiedliche Auslegungsmöglichkeiten eingehen“.[63]

Ist die Vorlage **unzulässig**, wird dies vom Bundesverfassungsgericht so festgestellt („Die Vorlage ist unzulässig.“) und nicht etwa eine Verwerfung ausgesprochen.[64]

II. Begründetheit
Obersatz: „Die Vorlage ist begründet, wenn das angegriffene Gesetz gegen höherrangiges Bundesrecht verstößt.“

1. Prüfungsmaßstab
Im Rahmen der Begründetheit prüft das Bundesverfassungsgericht, ob die angegriffene Rechtsnorm gegen höherrangiges Bundesrecht verstößt, das heißt ein **Bundesgesetz** wird am Maßstab des **Grundgesetzes** gemessen, **Landesgesetze** werden **zusätzlich** am sonstigen **höherrangigen Bundesrecht**, also insbesondere an den einfachen Bundesgesetzen, gemessen.

2. Entscheidung
Das Bundesverfassungsgericht stellt gegebenenfalls den **Verstoß** des Gesetzes **gegen das Grundgesetz** bzw. (im Falle eines Landesgesetzes) **gegen sonstiges Bundesrecht** fest und erklärt es gemäß § 78 S. 1 i.V.m. § 82 Abs. 1 BVerfGG für nichtig. Im Übrigen gilt das zum Inhalt der Entscheidungen im abstrakten Normenkontrollverfahren Gesagte entsprechend.

Ist die Vorlage **zulässig, aber unbegründet**, stellt das Bundesverfassungsgericht die Vereinbarkeit des vorgelegten Gesetzes mit dem Grundgesetz bzw. mit sonstigem Bundesrecht fest.

5. Die Verfassungsbeschwerde, Art. 93 Abs. 1 Nr. 4a GG, §§ 13 Nr. 8a, 90 ff. BVerfGG

Die Verfassungsbeschwerde schließlich ist das **„Markenzeichen“ der deutschen Verfassungsgerichtsbarkeit** und der mit Abstand am häufigsten eingelegte verfassungsgerichtliche Rechtsbehelf. Mit der Verfassungsbeschwerde kann der Bürger **speziell** die 462

63 So etwa BVerfGE 105, 48 (56) – „Entscheidungserheblichkeit“.
64 Vgl. m.w.N. *Benda/Klein*, Verfassungsprozessrecht, 4. Aufl. 2020, § 24 Rn. 900 (mit Fn. 399).

Verletzung seiner Grundrechte geltend machen. Das Wesen und die Prüfung der Verfassungsbeschwerde werden ausführlich im Grundkurs Öffentliches Recht 2 – Grundrechte behandelt.[65]

Literaturhinweise:

Zu A. und B. *Gröpl*, Staatsrecht I, 13. Aufl. 2021, § 18 Rn. 1426 ff.
Maurer, Staatsrecht I, 6. Aufl. 2010, § 19 Rn. 1 ff. (zur Vertiefung)
Wilke, Die rechtsprechende Gewalt, in: Isensee/Kirchhof (Hrsg.), Handbuch des Staatsrechts, Band V, 3. Aufl. 2007, § 112 (zur Vertiefung)

Zu C. *Degenhart*, Staatsrecht I Staatsorganisationsrecht, 37. Aufl. 2021, § 11 Rn. 833 ff.
Benda/Klein, Verfassungsprozessrecht, 4. Aufl. 2020, §§ 1, 4 bis 7, 22, 24, 28 und 29 (zur Vertiefung)

65 Vgl. ausführlich *Papier/Krönke*, Grundkurs Öffentliches Recht 2, 4. Aufl. 2020, § 4 Rn. 57 ff.

§ 12 Grundzüge der Finanz- und Haushaltsverfassung

Die Finanzverfassung (Art. 104a bis Art. 108 GG) und die Haushaltsverfassung (Art. 109 bis Art. 115 GG) spielen in der juristischen Ausbildung eine vergleichsweise untergeordnete Rolle. Dennoch sollten einige **Grundzüge** der grundgesetzlichen Regelungen bekannt sein. Im Rahmen der **Finanzverfassung** sind dies folgende Fragen: 463

- Wer **trägt** welche **Ausgaben**? (A.)
- Was für **Abgabenarten** sind zu unterscheiden? (B.)
- Wer ist **zuständig** zur **Erhebung** welcher Abgaben? (C.)
- Wem steht der **Ertrag** aus der Erhebung der Abgaben zu? (D.)

Im Rahmen der **Haushaltsverfassung** stellt sich vor allem die Frage nach den **grundgesetzlichen Vorgaben** für die Haushaltswirtschaft des Bundes und der Länder, insbesondere mit Blick auf die **Neuverschuldung** (E.). 464

A. Die Ausgabenzuständigkeit, Art. 104a f. GG

Grundsätzlich tragen der Bund und die Länder „gesondert die Ausgaben, die sich aus der Wahrnehmung ihrer Aufgaben ergeben", **Art. 104a Abs. 1 GG** (sog. „**Konnexität** von Aufgaben- und Ausgabenverantwortung").[1] **Ausnahmen** von diesem Grundsatz gelten **insbesondere** etwa im Bereich der Bundesauftragsverwaltung (Art. 104a Abs. 2 GG), für Gesetze über die Gewährung von Geldleistungen (Art. 104a Abs. 3 GG) sowie für unions- und völkerrechtlich bedingte Belastungen (Art. 104a Abs. 6, Art. 109 Abs. 5 GG).[2] Im Bereich des **Staatshaftungsrechts** gewinnen die Vorschriften des **Art. 104a Abs. 5 und 6 GG** Bedeutung. 465

B. Die verschiedenen Arten von Abgaben

Die Vorschriften des Grundgesetzes betreffen vor allem die Erhebung von **Steuern**. Eine zumindest zur Orientierung für den grundgesetzlichen Steuerbegriff heranzuziehende Legaldefinition dieses Begriffs findet sich in § 3 Abs. 1 der Abgabenordnung: „**Steuern** sind **Geldleistungen**, die **nicht eine Gegenleistung für eine besondere Leistung** darstellen und von einem öffentlich-rechtlichen Gemeinwesen **zur Erzielung von Einnahmen allen auferlegt** werden, bei denen der Tatbestand zutrifft, an den das Gesetz die Leistungspflicht knüpft; die Erzielung von Einnahmen kann **Nebenzweck** sein." 466

Charakteristisch für den Steuerbegriff ist somit zum einen der Umstand, dass die Steuer **nicht als Gegenleistung für eine vom Staat erbrachte Leistung** erhoben wird

1 *Maurer*, Staatsrecht I, 6. Aufl. 2010, § 21 Rn. 7.
2 Vgl. mit einer Übersicht zu sämtlichen Ausnahmen *Maurer*, Staatsrecht I, 6. Aufl. 2010, § 21 Rn. 9 ff.

(„nicht eine Gegenleistung für eine besondere Leistung"), zum anderen die **Erhebung nach allgemeinen Merkmalen** von prinzipiell allen Bürgern („allen auferlegt … , bei denen der Tatbestand zutrifft") sowie das – jedenfalls regelmäßige – **Fehlen** einer **spezifischen Zweckbindung der erzielten Einnahmen** und das Einfließen in den allgemeinen Staatshaushalt („zur Erzielung von Einnahmen").

Beispielsfall 8: Sonderabgabe[3]**.** Die deutsche Filmförderungsanstalt (FFA) ist als Anstalt des öffentlichen Rechts organisiert und fördert die Produktion und den Vertrieb deutscher Filme, um die noch immer in einer schwierigen Situation befindliche deutsche Filmwirtschaft zu stärken. Finanziert werden die FFA und ihre Förderprogramme durch im Gesetz über Maßnahmen zur Förderung des deutschen Films (Filmförderungsgesetz – FFG) geregelte Filmabgabe. Die Abgabe wird zum einen bei Kinos für die Veranstaltung von Filmvorführungen erhoben; sie berechnet sich dabei für jede Spielstelle nach dem Nettoumsatz aus dem Verkauf der Eintrittskarten. Ferner wird sie bei den Programmanbietern der Videowirtschaft erhoben, die einen Prozentsatz vom Nettoumsatz mit den entsprechenden Bildträgern zu entrichten haben. Schließlich werden auch die Fernsehveranstalter für die Ausstrahlung von Kinofilmen herangezogen, bemessen nach den Nettowerbeumsätzen eines bestimmten Jahres. Begründet wird die Heranziehung der Kinobetreiber, der Unternehmen der Videowirtschaft sowie der Fernsehveranstalter gleichermaßen mit der (als zutreffend zu unterstellenden) Prognose, dass sie von einem Zusammenbruch der deutschen Filmwirtschaft in besonderer Weise nachteilig betroffen wären. – Ist die im FFG geregelte Filmabgabe mit dem Grundgesetz vereinbar? Es ist davon auszugehen, dass die Abgabe mit grundrechtlichen Vorgaben vereinbar ist, die Fördermaßnahmen der FFA unter Art. 74 Abs. 1 Nr. 11 GG (Recht der Wirtschaft) fallen und die Voraussetzungen des Art. 72 Abs. 2 GG erfüllt sind.

467 Von den Steuern in diesem Sinne sind – zumal bei der Subsumtion unter eine der Kompetenzbestimmungen in Art. 105 GG im Rahmen einer staatsrechtlichen Prüfungsaufgabe – die sog. **nichtsteuerlichen Abgaben**, vor allem **Gebühren** und **Beiträge** sowie **Sonderabgaben**, abzugrenzen:

468 Eine **Gebühr** ist ein Entgelt, das – im Gegensatz zur Steuer – als Gegenleistung „für konkrete, individuell zurechenbare staatliche Leistungen" – also für bestimmte Verwaltungshandlungen oder für die Benutzung öffentlicher Einrichtungen – erhoben wird.[4] Auch ein **Beitrag** ist ein Entgelt als Gegenleistung für bestimmte staatliche Leistungen, wird allerdings nicht für einen tatsächlich gewährten Vorteil, sondern für die Möglichkeit zur Inanspruchnahme bestimmter Vorteile erhoben.[5]

Beispiele: Die Mahngebühren wegen nicht zurückgegebener Bücher der Universitätsbibliothek ist eine **Gebühr** im abgabenrechtlichen Sinne, da dem Betroffenen für eine bestimmte Verwaltungshandlung – nämlich die Ausstellung eines Mahnbescheids – eine Geldleistungspflicht auferlegt wird. Jedenfalls die für einzelne Bücher erhobene **Ausleihgebühr** ist eine **Gebühr**, da sie die

---

3 Die Lösung des Falls beruht auf der Entscheidung BVerwG NVwZ 2011, 998 ff., im Ergebnis bestätigt durch BVerfGE 135, 155.

4 *Maurer*, Staatsrecht I, 6. Aufl. 2010, § 21 Rn. 18.

5 Vgl. *Maurer*, Staatsrecht I, 6. Aufl. 2010, § 21 Rn. 18.

Gegenleistung für die konkrete Nutzung einer öffentlichen Einrichtung – nämlich der Bibliothek – darstellt. Die Abgrenzung zum Beitrag ist allerdings nicht immer einfach. So fällt etwa die Einordnung der allgemeinen **Studiengebühren** schon schwieriger aus; im Ergebnis dürften auch diese als **Gebühr** – und nicht als Beitrag – zu qualifizieren sein, obwohl der Studierende nicht für den Besuch jeder einzelnen Vorlesung einen individuellen Betrag zu entrichten hat; denn „der Gebührentatbestand knüpft an die Immatrikulation an (…), durch die die Mitgliedschaft des Studierenden in der Universität mit allen Rechten und Pflichten begründet wird (…), unabhängig davon, ob der Studierende einzelne Lehrleistungen der Hochschule tatsächlich in Anspruch nimmt".[6] Anders dagegen wird etwa der von der Studierendenschaft für das **Semesterticket** erhobene Betrag beurteilt, bei dem es sich um einen **Beitrag** handeln soll, da er sich „als Gegenleistung für die Möglichkeit zur verbilligten Nutzung des öffentlichen Nahverkehrs" darstellt.[7] Ebenfalls als „Beitrag" im verfassungsrechtlichen Sinne wurde der **Rundfunkbeitrag** eingeordnet, da dieser „für die Möglichkeit erhoben [wird], das Programm des öffentlich-rechtlichen Rundfunks zu empfangen".[8]

Sonderabgaben sind demgegenüber Geldleistungspflichten, die einerseits, **469**

- **im Gegensatz zu Steuern**, nicht nach allgemeinen Merkmalen erhoben, sondern einem **besonderen Personenkreis** auferlegt werden, und dass sie nicht der Erzielung nicht zweckgebundener Einnahmen dienen, sondern zur **Finanzierung besonderer Aufgaben** begründet werden und daher nicht in den allgemeinen Staatshaushalt einfließen, sondern ein Sondervermögen bilden sollen,[9] die andererseits aber auch,
- **im Gegensatz zu Gebühren und Beiträgen**, **keine Gegenleistungen** für konkrete staatliche Leistungen darstellen.[10]

Die Sonderabgaben sind – anders als Steuern (vgl. insbesondere Art. 105 ff. GG), **470**
Gebühren (vgl. Art. 74 Abs. 1 Nr. 22, Art. 80 Abs. 2 GG) und Beiträge (vgl. Art. 74 Abs. 1 Nr. 18 GG) – **nicht im Grundgesetz erwähnt**.

Beispiel: Nachgerade klassisch für eine Sonderabgabe ist der (vom Bundesverfassungsgericht allerdings für verfassungswidrig erklärte) **Kohlepfennig**.[11] Schuldner der Abgabe waren die Energieversorgungsunternehmen, die Elektrizität an deutsche Endverbraucher lieferten, und die industriellen Eigenerzeuger von Elektrizität, soweit sie diese selbst verbrauchten, wobei die Abgabe durch Strompreiserhöhung auf die Endverbraucher umgewälzt werden konnte. Aus dem hieraus gebildeten Sondervermögen „Ausgleichsfonds zur Sicherung des Steinkohleeinsatzes" wurden Mittel an Unternehmen gewährt, die deutsche Steinkohle zur Energieerzeugung einsetzten. Im Interesse einer sicheren Energieversorgung sollte damit der Anteil der Steinkohle an der Energieerzeugung in bestimmter Höhe erhalten und der deutsche Steinkohlenbergbau stabilisiert werden. Der Kohlepfennig war somit vom Gesetzgeber **als Sonderabgabe konzipiert**: Er wurde formal nicht der Allgemeinheit, sondern nur den Energieversorgern und -eigenerzeugern auferlegt, wurde ferner speziell zur Finanzierung einer besonderen Aufgabe, nämlich der Stabilisierung des deutschen Steinkohlenbergbaus,

6 So VGH Mannheim DVBl. 2000, 1782 (1785); ohne Übernahme der Begründung bestätigt durch BVerwGE 115, 32 (36).
7 So BVerwGE 109, 97 (110 f.).
8 BVerfG NJW 2018, 3223 (3225).
9 Vgl. etwa *Kloepfer*, Verfassungsrecht I, 2011, § 26 Rn. 30.
10 Vgl. *Gröpl*, Staatsrecht I, 13. Aufl. 2021, § 11 Rn. 712.
11 Vgl. zum Folgenden BVerfGE 91, 186 (188) – „Kohlepfennig".

eingeführt und sollte nicht in den allgemeinen Bundeshaushalt, sondern in ein Sondervermögen einfließen; der Kohlepfennig war daher keine Steuer. Außerdem stellte er keine Gegenleistung der formal betroffenen Energieversorger für eine bestimmte staatliche Leistung dar und war daher auch weder Gebühr noch Beitrag.

C. Gesetzgebungskompetenzen

I. Die Erhebung von Steuern, Art. 105 GG

471 In **Art. 105 GG** ist die Verteilung der Gesetzgebungszuständigkeiten zur Erhebung von **Steuern** geregelt. Die in Art. 105 in Verbindung mit Art. 106 GG vorgesehenen **Typen** von Steuern sind dabei als abschließende Aufzählung zu verstehen.[12] Dem Gesetzgeber steht ein **Steuererfindungsrecht** daher nur im Rahmen der vorgegebenen Steuertypen zu; neue Steuertypen darf er dagegen nicht einführen.

Beispiele: So ist der Gesetzgeber etwa bei der Erhebung von Verbrauchsteuern nicht auf bestimmte Güter beschränkt, sondern darf das zu besteuernde Verbrauchsgut prinzipiell frei wählen, solange diese nur der Befriedigung eines ständigen privaten Bedarfs dienen (z.B. „Salz, Tabak, verschiedene Alkoholika, Essig, Zucker, Leuchtmittel, Spielkarten, Zündwaren, verschiedene Energieerzeugnisse, Mineralwasser, Süßstoffe, Fette, Kaffee und Tee")[13]. Die im Jahr 2010 eingeführte Steuer auf Kernbrennstoff, der zur gewerblichen Erzeugung von elektrischem Strom verwendet wurde (sog. Kernbrennstoffsteuer), ließ sich dagegen nicht mehr dem Typus der Verbrauchsteuer (oder einer anderen Steuerart des Grundgesetzes) zuordnen; ihre Erhebung war daher verfassungswidrig.[14]

472 Gemäß **Art. 105 Abs. 1 GG** hat der **Bund** die **ausschließliche** Gesetzgebungszuständigkeit für **Zölle** – eine Zuständigkeit, die im Rahmen der Europäischen Union mittlerweile bedeutungslos geworden ist – und für **Finanzmonopole** – also solcher wirtschaftlicher Tätigkeiten, die allein „dem Staat zur Erzielung von Einnahmen vorbehalten sind".[15] Für **alle übrigen Steuern** hat der Bund gemäß **Art. 105 Abs. 2 GG** die **konkurrierende** Gesetzgebungszuständigkeit, wenn ihm das Steueraufkommen dieser Steuern ganz oder teilweise zusteht (Art. 106 GG) oder die Voraussetzungen des Art. 72 Abs. 2 GG vorliegen.

473 Die **Länder** haben dagegen die **ausschließliche** Gesetzgebungszuständigkeit für örtliche Verbrauch- und Aufwandsteuern, **Art. 105 Abs. 2a GG**. Eine **Verbrauchsteuer** belastet „den Verbrauch vertretbarer, regelmäßig zum baldigen Verzehr oder kurzfristigen Verbrauch bestimmter Güter des ständigen Bedarfs",[16] wobei sie „in der Regel bei demjenigen Unternehmer erhoben [werden], der das Verbrauchsgut für die allgemeine Nachfrage anbietet", gleichzeitig aber „auf Überwälzung auf den Verbraucher angelegt"

12 Vgl. dazu und zum Folgenden BVerfGE 145, 171 (Rn. 69 ff.) – „Kernbrennstoffsteuer".
13 BVerfGE 145, 171 (Rn. 98) – „Kernbrennstoffsteuer".
14 Vgl. dazu BVerfGE 145, 171 (Rn. 134 ff.) – „Kernbrennstoffsteuer".
15 *Maurer*, Staatsrecht I, 6. Aufl. 2010, § 21 Rn. 21.
16 BVerfGE 98, 106 (123) – „Kommunale Verpackungssteuer".

sind.[17] Eine **Aufwandsteuer** belastet demgegenüber „die Aufwendungen für das Halten bzw. den Gebrauch von Gütern",[18] wobei beide Steuerarten entscheidend an „die in der Einkommensverwendung für den persönlichen Lebensbedarf zum Ausdruck kommende **wirtschaftliche Leistungsfähigkeit**" anknüpfen.[19] **Örtlich** sind diejenigen Steuern, „die an örtliche Gegebenheiten, vor allem an die Belegenheit einer Sache oder an einen Vorgang im Gebiet der steuererhebenden Gemeinde anknüpfen und wegen der Begrenzung ihrer unmittelbaren Wirkungen auf das Gemeindegebiet nicht zu einem die Wirtschaftseinheit berührenden Steuergefälle führen können".[20]

Beispiele: Die (vom Bundesverfassungsgericht für verfassungswidrig erklärte) **kommunale Verpackungssteuer** auf nicht wiederverwendbare Verpackungen, sofern darin Speisen und Getränke zum Verzehr an Ort und Stelle verkauft wurden, war eine **örtliche Verbrauchsteuer**, mit der die Endverkäufer der verpackten Speisen und Getränke belastet wurden: Zum einen ist die Einwegverpackung „ein **verbrauchsfähiges Gut**. Sie ist nach dem Verzehr der darin enthaltenen Getränke oder Speisen funktions- und wertlos geworden, also verbraucht".[21] Zum anderen war der Steuergegenstand begrenzt „auf Einwegverpackungen für Speisen und Getränke zum **Verzehr an Ort und Stelle**", das heißt es wurde typisierend darauf abgestellt, „dass die Verpackung im Gemeindegebiet verbraucht wird".[22] – Eine **örtliche Aufwandsteuer** ist dagegen etwa die **Zweitwohnungsteuer**, mit der das Halten einer zweiten neben der Hauptwohnung besteuert wird. „Das Innehaben einer weiteren Wohnung für den persönlichen Lebensbedarf (Zweitwohnung) neben der Hauptwohnung ist ein Zustand, der gewöhnlich die Verwendung von finanziellen Mitteln erfordert und in der Regel **wirtschaftliche Leistungsfähigkeit** zum Ausdruck bringt."[23]

Bei der Prüfung der Kompetenzmäßigkeit sogenannter **Lenkungssteuern des Bundes oder der Länder**, welche sich dadurch auszeichnen, dass neben der Einnahmenerzielung auch bezweckt wird, die Betroffenen mit der Auferlegung der Abgabenpflicht zu einem gewissen Verhalten zu „lenken", muss der Gesetzgeber neben der Steuergesetzgebungszuständigkeit zwar nach h.M. **nicht notwendig auch die Sachkompetenz** haben; gleichwohl hat er bei der Ausübung seiner Steuerkompetenz die bundesstaatliche Verteilung der Sachgesetzgebungszuständigkeiten zu beachten. Der jeweilige **Steuergesetzgeber** darf über die Einführung einer Lenkungssteuer **„nicht Regelungen** herbeiführen, die den **vom zuständigen Sachgesetzgeber getroffenen Regelungen widersprechen"**.[24] 474

17 BVerfGE 98, 106 (124) – „Kommunale Verpackungssteuer".
18 *Kment*, in: Jarass/Pieroth (Hrsg.), GG Kommentar, 17. Aufl. 2022, Art. 105 Rn. 39.
19 BVerfGE 65, 325 (346) – „Zweitwohnungsteuer" (ohne Hervorhebung im Original).
20 BVerfGE 65, 325 (349) – „Zweitwohnungsteuer".
21 BVerfGE 98, 106 (124) – „Kommunale Verpackungssteuer" (ohne Hervorhebung im Original).
22 BVerfGE 98, 106 (124) – „Kommunale Verpackungssteuer" (ohne Hervorhebung im Original).
23 BVerfGE 65, 325 (348) – „Zweitwohnungsteuer" (ohne Hervorhebung im Original).
24 BVerfGE 98, 106 (118) – „Kommunale Verpackungssteuer" (ohne Hervorhebungen im Original). Vgl. dazu bereits oben im Zusammenhang mit dem Gebot bundesfreundlichen Verhaltens Rn. 258.

Zu Beispielsfall 8 (Rn. 466): Zweifel an der Verfassungsmäßigkeit der Filmabgabe ergeben sich vorliegend allein mit Blick auf die **Zuständigkeit des Bundes zur Einführung der Filmabgabe**. Diese könnte sich aus Art. 105 Abs. 2 GG ergeben. Dazu müsste es sich bei der Filmabgabe um eine Steuer im verfassungsrechtlichen Sinne handeln. Steuern sind demnach Geldleistungen, die nicht eine Gegenleistung für eine besondere Leistung darstellen und von einem öffentlich-rechtlichen Gemeinwesen zur Erzielung von Einnahmen allen auferlegt werden, bei denen der Tatbestand zutrifft, an den das Gesetz die Leistungspflicht knüpft; die Erzielung von Einnahmen kann dabei auch Nebenzweck sein. Zwar stellt die Filmabgabe keine Gegenleistung für eine vom Staat konkret erbrachte Leistung dar und besteht insoweit eine gewisse Ähnlichkeit zu einer Steuer. Allerdings wird die Filmabgabe zum einen nicht nach allgemeinen Merkmalen allen Bürgern auferlegt, sondern nur eng begrenzten Personengruppen; zum anderen dient sie nicht unspezifisch der Erzielung von Einnahmen, sondern der Finanzierung einer ganz konkreten Aufgabe, nämlich der Förderung der deutschen Filmwirtschaft. Die Filmabgabe ist daher keine Steuer im verfassungsrechtlichen Sinne. Die Zuständigkeit des Bundes zu ihrer Erhebung richtet sich somit nicht nach Art. 105 GG.

II. Die Erhebung nichtsteuerlicher Abgaben

475 Die Gesetzgebungskompetenz für **nichtsteuerliche Abgaben** richtet sich **nicht** nach dem allein für Steuern geltenden **Art. 105 GG**, und zwar auch nicht analog. Vielmehr folgt die Zuständigkeit für die Erhebung einer nichtsteuerlichen Abgabe den **allgemeinen Sachkompetenzen**, deren Verteilung in **Art. 70 ff. GG** geregelt ist.

Zu Beispielsfall 8 (Rn. 466): Der Bund muss die nichtsteuerliche Filmabgabe auf eine Sachgesetzgebungskompetenz stützen können. Laut Bearbeitervermerk ist davon auszugehen, dass sich der Bund bezüglich der Fördermaßnahmen der FFA auf Art. 74 Abs. 1 Nr. 11 GG (Recht der Wirtschaft) berufen kann und die Voraussetzungen des Art. 72 Abs. 2 GG erfüllt sind.[25] Eine Zuständigkeit des Bundes zur Regelung der Materie und damit auch zur Erhebung der Abgabe liegt daher an sich vor.

476 Dabei ist allerdings zu beachten, dass sich aus der **„Begrenzungs- und Schutzfunktion der bundesstaatlichen Finanzverfassung (Art. 104a ff. GG)"** gewisse verfassungsrechtliche „Grenzen für die Auferlegung von Abgaben in Wahrnehmung einer dem Gesetzgeber zustehenden Sachkompetenz" ergeben:[26] „Der Finanzverfassung liegt die Vorstellung zugrunde, dass die Finanzierung der staatlichen Aufgaben in Bund und Ländern einschließlich der Gemeinden in erster Linie aus dem Ertrag der in Art. 105 ff. GG geregelten Einnahmequellen erfolgt."[27] Die Erhebung nichtsteuerlicher Abgaben durch-

25 Tatsächlich ist die Frage nach der Sachkompetenz des Bundes hier durchaus problematisch, vgl. dazu ausführlich (und im Ergebnis bejahend) BVerwG NVwZ 2011, 998 (998 ff.); BVerfGE 135, 155 (Rn. 100 ff.) – „Filmabgabe".

26 BVerfGE 93, 319 (342) – „Wasserpfennig" (ohne Hervorhebung im Original).

27 BVerfGE 93, 319 (342) – „Wasserpfennig".

bricht diesen Grundsatz und bedarf daher einer **besonderen verfassungsrechtlichen Rechtfertigung**, die je nach Art der nichtsteuerlichen Abgabe unterschiedlichen Anforderungen zu genügen hat:

– **„Keinen grundsätzlichen Bedenken"** begegnen die herkömmlichen nichtsteuerlichen Abgaben, also die **Gebühren** und **Beiträge**, da die Erhebung dieser sogenannten „Vorzugslasten" durch ihre **„Ausgleichsfunktion"** legitimiert wird: „So empfängt, wer eine öffentliche Leistung in Anspruch nimmt, einen besonderen Vorteil, der es rechtfertigt, ihn zur Tragung der Kosten der öffentlichen Leistung heranzuziehen oder die durch die öffentliche Leistung gewährten Vorteile ganz oder teilweise abzuschöpfen."[28]

> **Zu Beispielsfall 8 (Rn. 466):** Aus der „Begrenzungs- und Schutzfunktion der bundesstaatlichen Finanzverfassung (Art. 104a ff. GG)" ergeben sich indes gewisse verfassungsrechtliche Grenzen für die Auferlegung von Abgaben in Wahrnehmung einer dem Gesetzgeber zustehenden Sachkompetenz. Die Anforderungen hängen dabei im Einzelnen von der Einordnung der nichtsteuerlichen Abgabe ab. Vorliegend handelt es sich **nicht** um eine **Gebühr** oder um einen **Beitrag**, da die Filmabgabe keine unmittelbare Gegenleistung für eine konkrete staatliche Leistung darstellt. Die mit den Mitteln bezweckte Förderung der deutschen Filmwirtschaft genügt hierfür nicht. Es handelt sich vielmehr um eine **Sonderabgabe**.

– Ungleich **strengere Anforderungen** stellt das Bundesverfassungsgericht indes an die verfassungsrechtliche Zulässigkeit von **Sonderabgaben**, da diese keine unmittelbare Ausgleichsfunktion haben und insofern „eine große Ähnlichkeit mit Steuern aufweisen",[29] also gleichsam in **Konkurrenz zur Steuer** treten, zugleich aber **außerhalb des Regimes der geschriebenen Finanzverfassung** stehen;[30] im Übrigen berühren sie das **Budgetrecht des Parlaments**, da sich das aus ihnen jeweils geschöpfte Sondervermögen außerhalb des allgemeinen Staatshaushalts bewegt. Der Gesetzgeber darf sich des „Finanzierungsinstruments der Sonderabgaben" daher nur bedienen, wenn
  - er einen Sachzweck verfolgt, „der **über die bloße Mittelbeschaffung hinausgeht**", wobei in dem betreffenden Gesetz „außer der Belastung mit der Abgabe und der Verwendung ihres Aufkommens auch die **gestaltende Einflussnahme auf den geregelten Sachbereich** zum Ausdruck kommen" muss,[31]
  - er mit der Abgabe „eine **vorgefundene homogene Gruppe** in Finanzverantwortung" nimmt, die „durch eine vorgegebene Interessenlage oder durch besondere gemeinsame Gegebenheiten von der Allgemeinheit und anderen Gruppen abgrenzbar" sein muss und „dem mit der Erhebung **verfolgten Zweck evident näherstehen** [muss] als jede andere Gruppe oder die Allgemeinheit der Steuerzahler",[32]
  - aus dieser Sachnähe „eine **besondere Gruppenverantwortung** für die Erfüllung der mit der außersteuerlichen Abgabe zu finanzierenden Aufgabe" entspringt,[33]

28 BVerfGE 93, 319 (342) – „Wasserpfennig" (ohne Hervorhebungen im Original).
29 BVerfGE 93, 319 (342) – „Wasserpfennig" (ohne Hervorhebung im Original).
30 Vgl. *Kloepfer*, Verfassungsrecht I, 2011, § 26 Rn. 31.
31 BVerfGE 82, 159 (179) – „Absatzfonds" (ohne Hervorhebung im Original).
32 BVerfGE 82, 159 (180) – „Absatzfonds" (ohne Hervorhebungen im Original).
33 BVerfGE 82, 159 (180) – „Absatzfonds" (ohne Hervorhebung im Original).

wobei eine fehlende Gruppenverantwortung durch eine **evidente Gruppennützigkeit** (dazu sogleich) ausgeglichen werden kann,[34] und
- „zwischen den von der Sonderabgabe bewirkten Belastungen und den mit ihr finanzierten Begünstigungen eine **sachgerechte Verknüpfung** besteht", genauer: „wenn das Abgabenaufkommen im Interesse der Gruppe der Abgabepflichtigen, also **gruppennützig**, verwendet wird"; dagegen sind „fremdnützige Sonderabgaben" unzulässig, „es sei denn, dass die Natur der Sache eine finanzielle Inanspruchnahme der Abgabepflichtigen zugunsten fremder Begünstigter aus **triftigen Gründen** eindeutig rechtfertigt".[35]

Hinter diesen von der Rechtsprechung entwickelten Voraussetzungen steht folgende **„Grundidee" der Rechtfertigung von Sonderabgaben**:[36] Steuern fließen in den Staatshaushalt ein und dienen, so der Leitgedanke des in den Art. 105 ff. GG zum Ausdruck kommenden gerechten „Steuerstaates", *in gleicher Weise* der Finanzierung *aller* öffentlicher Aufgaben – und sind deswegen von der *Allgemeinheit* zu tragen; Sonderabgaben sind als Belastungen *besonderer* Personenkreise zur Finanzierung *besonderer* öffentlicher Aufgaben, als Abweichungen von jenem Leitgedanken, nur dann sachlich zu rechtfertigen, wenn zwischen dem belasteten **Personenkreis** und der finanzierten **Aufgabe** ein **qualifizierter Zusammenhang** besteht. Diesen Zusammenhang gestalten die eben aufgeführten Voraussetzungen aus.

Zu Beispielsfall 8 (Rn. 466): An die verfassungsrechtliche Zulässigkeit solcher Sonderabgaben sind ungleich strengere Anforderungen zu stellen als an die Erhebung von Beiträgen oder Gebühren, da Sonderabgaben zum einen große Ähnlichkeit mit Steuern aufweisen, aber dennoch außerhalb der Finanzverfassung stehen und im Übrigen das Budgetrecht des Parlaments berühren, da sich das aus ihnen jeweils geschöpfte Sondervermögen außerhalb des allgemeinen Staatshaushalts bewegt.

Das Bundesverfassungsgericht verlangt dabei zum einen, dass mit der Abgabe ein Sachzweck verfolgt wird, der **über die bloße Mittelbeschaffung hinausgeht**. Der Gesetzgeber verfolgt „mit der Erhebung der Filmabgabe über die bloße Mittelbeschaffung hinaus den Sachzweck der wirtschaftlichen Filmförderung".[37]

Des Weiteren muss der Gesetzgeber eine **homogene Gruppe** in die Finanzierungsverantwortung genommen haben, die **dem verfolgten Zweck evident näher** steht als die Allgemeinheit, wobei aus dieser Sachnähe eine **besondere Gruppenverantwortung** für die Erfüllung der finanzierten Aufgabe entspringen muss. Vorliegend werden die Kinobetreiber, die Unternehmen der Videowirtschaft sowie die Fernsehveranstalter in die Pflicht genommen. Ihnen ist gemeinsam, „dass sie auf der Stufe der Endverbraucher Kinofilme im Inland verwerten", die „von Dritten" produziert worden sind; diese Verwertung der Filme durch Zugänglichmachung bildet „eine wichtige Grundlage ihrer Tätigkeit, die sie **zu einer Gesamtgruppe** zusammen-

34 Vgl. BVerfGE 122, 316 (338) – „Sonderabgabe Absatzfonds".
35 BVerfGE 82, 159 (180) – „Absatzfonds" (ohne Hervorhebungen im Original).
36 Siehe zur folgenden Erläuterung *Kloepfer*, Verfassungsrecht I, 2011, § 26 Rn. 31.
37 BVerwG NVwZ 2011, 998 (1002); vgl. BVerfGE 135, 155 (Rn. 130) – „Filmabgabe".

führt".[38] Ausdruck findet diese Homogenität auch in der „gemeinsamen Interessenlage" der Betroffenen mit Blick auf die „Produktion von Filmen": „Um Filme dem Publikum zugänglich zu machen und durch Vorführungen, den Verkauf, die Vermietung oder die Fernsehausstrahlung Einnahmen erzielen bzw. ihren gesetzlichen Auftrag erfüllen zu können, sind die Gruppenangehörigen auf die kontinuierliche Versorgung mit Neuproduktionen angewiesen", auch mit deutschen Produktionen.[39] In Anbetracht der beschriebenen Interessenlage stehen die Kinobetreiber, die Unternehmen der Videowirtschaft sowie die Fernsehveranstalter ferner „der zu finanzierenden Aufgabe, nämlich der Förderung der deutschen Filmwirtschaft und der Erhaltung ihrer Leistungsfähigkeit bei der Herstellung von Filmen, evident näher als jede andere Gruppe und die Gesamtheit der Steuerpflichtigen" und „weisen zu der mit der Filmabgabe finanzierten Aufgabe somit eine **besondere Sachnähe** auf".[40] Allerdings **fehlt** es vorliegend an der erforderlichen **Gruppenverantwortung**, da eine „zurechenbare Verantwortlichkeit der Kino- und Videowirtschaft sowie der Fernsehveranstalter für die Leistungsfähigkeit sowie den Fortbestand der deutschen Filmwirtschaft … nicht ersichtlich" ist; der Gesetzgeber hat den Betroffenen die Verantwortlichkeit für die Stärkung gerade der *deutschen* Filmwirtschaft vielmehr von sich aus zugedacht.[41]

Die zur Rechtfertigung der Einführung der Filmabgabe ohnehin erforderliche **Gruppennützigkeit** muss daher eine **evidente** sein.[42] Dass die Förderung der deutschen Filmwirtschaft für die Betroffenen eine solche evidente Gruppennützigkeit aufweist, wird man prinzipiell bejahen müssen: Die Heranziehung der Kinobetreiber, der Unternehmen der Videowirtschaft sowie der Fernsehveranstalter wird vom Gesetzgeber mit der (laut Sachverhalt als zutreffend zu unterstellenden) Prognose begründet, dass sie von einem Zusammenbruch der noch immer in einer schwierigen Situation befindlichen deutschen Filmwirtschaft in besonderer Weise nachteilig betroffen wären.[43] Die Abwehr einer solchen möglichen existenzbedrohenden Gefährdung der betroffenen Gruppe genügt zur Begründung der evidenten Gruppennützigkeit.[44] Da die aus der Filmabgabe geschöpften Mittel zur Förderung der deutschen Filmwirtschaft eingesetzt werden, kommt die Abgabe der betroffenen Gruppe aus den genannten Gründen auch tatsächlich evident zugute.

Die Erhebung der Filmabgabe erweist sich daher als ausnahmsweise verfassungsrechtlich zulässig.

---

38 BVerwG NVwZ 2011, 998 (1002 f.), ohne Hervorhebung im Original; vgl. BVerfGE 135, 155 (Rn. 131 ff.) – „Filmabgabe".
39 BVerwG NVwZ 2011, 998 (1003).
40 BVerwG NVwZ 2011, 998 (1004), ohne Hervorhebung im Original.
41 BVerwG NVwZ 2011, 998 (1004), ohne Hervorhebung im Original; vgl. BVerfGE 135, 155 (Rn. 127) – „Filmabgabe".
42 Vgl. BVerfGE 135, 155 (Rn. 127) – „Filmabgabe".
43 Vgl. mit ausführlicher Begründung BVerwG NVwZ 2011, 998 (1004 f.); vgl. BVerfGE 135, 155 (Rn. 149) – „Filmabgabe".
44 Vgl. BVerfGE 122, 316 (338) – „Sonderabgabe Absatzfonds".

D. Die Verteilung des Steueraufkommens („Ertragshoheit"), Art. 106 f. GG

477 Im Rahmen der **Verteilung** des Steueraufkommens zwischen **Bund** und **Ländern** ist, der Regelung in **Art. 106 GG** entsprechend, zu unterscheiden zwischen

- **Bundessteuern** (Art. 106 Abs. 1 GG)
- **Landessteuern** (Art. 106 Abs. 2 GG), wobei den Ländern insofern auch die Gemeinden zugeordnet sind (vgl. Art. 106 Abs. 5 bis 7 GG) und
- **Gemeinschaftssteuern**, die dem Bund und den Ländern gemeinsam zustehen (Art. 106 Abs. 3 GG).

478 Die Grundzüge der **Verteilung der Landessteuern unter den Ländern** sind in Art. 107 Abs. 1 GG normiert. Die Verteilung erfolgt für **Einkommensteuer** und **Körperschaftsteuer** nach dem **örtlichen Aufkommen** – das heißt den Ländern stehen die Steuern insoweit zu, als sie von den Finanzämtern in ihrem Gebiet vereinnahmt werden –, für die **Umsatzsteuer** (im deutschen Sprachgebrauch üblicher: „Mehrwertsteuer") dagegen nach Maßgabe der **Einwohnerzahl** – denn Schuldner der Umsatzsteuer sind zwar formal die Unternehmen, die materielle steuerliche Belastung wird indes letztlich auf die Verbraucher, also auf die Allgemeinheit, abgewälzt.[45] Die **nähere Aufteilung** ist durch ein zustimmungsbedürftiges **Bundesgesetz** näher zu bestimmen; dabei ist gemäß Art. 107 Abs. 2 GG auch die unterschiedliche Finanzkraft der Länder angemessen auszugleichen (sog. **Länderfinanzausgleich**).

Die einfachgesetzliche Ausgestaltung des Länderfinanzausgleichs ist **politisch** meist **umstritten**. Auch das Bundesverfassungsgericht hatte sich mehrfach mit der Prüfung der Verfassungsmäßigkeit des Finanzausgleichsgesetzes zu befassen.[46] Für staatsrechtliche Prüfungsaufgaben sind derartige Fragestellungen gewiss kaum geeignet.

E. Verfassungsrechtliche Vorgaben für die Haushaltswirtschaft von Bund und Ländern, Art. 109 ff. GG

479 Gemäß **Art. 109 Abs. 1 GG** sind Bund und Länder in ihrer Haushaltswirtschaft selbständig und unabhängig voneinander (sog. **Grundsatz der Haushaltstrennung**). **Art. 109 Abs. 2 GG** verweist Bund und Länder auf die sich für die Bundesrepublik aus dem **Unionsrecht** ergebenden Verpflichtungen, vgl. Art. 126 AEUV. Die Vorschriften der **Art. 110 bis 115 GG** betreffen allein die Haushaltswirtschaft des **Bundes**.

480 **Art. 109 Abs. 3 GG** enthält die sog. **Schuldenbremse**, mit der sich die Beratungen der sogenannten Föderalismusreform II (2007–2009) schwerpunktmäßig befasst hatten. Diese Verschuldensregelung sieht in Art. 109 Abs. 3 S. 1 bis 3 GG für den Bund und die Länder

45 Vgl. *Maurer*, Staatsrecht I, 6. Aufl. 2010, § 21 Rn. 48.

46 Vgl. BVerfGE 1, 117 (127 ff.) – „Finanzausgleichsgesetz"; E 72, 330 (382) – „Finanzausgleich I"; E 86, 148 (211 ff.) – „Finanzausgleich II"; E 101, 158 (214 ff.) – „Finanzausgleich III".

nun gleichermaßen vor, dass ihre **Haushalte** grundsätzlich ohne Einnahmen aus Krediten, also **ohne Neuverschuldung ausgeglichen** werden müssen (S. 1) und die Aufnahme von Krediten nur ausnahmsweise zulässig ist, nämlich einerseits in Phasen des konjunkturellen Abschwungs – soweit vorgesehen ist, dass die Kreditaufnahme durch Überschüsse aus Phasen des Aufschwungs ausgeglichen wird – sowie andererseits im Falle von „Naturkatastrophen" oder „außergewöhnlichen Notsituationen" (S. 2 und 3). Für den Bund sehen Art. 109 Abs. 3 S. 4, Art. 115 Abs. 2 S. 2 GG allerdings vor, dass sein Haushalt bei einer Schuldenaufnahme von bis zu 0,35 % des Bruttoinlandsprodukts als ausgeglichen gilt. Für die Landeshaushalte soll dies nicht gelten, Art. 109 Abs. 3 S. 5 GG.

In seiner **vormaligen Fassung** enthielt **Art. 115 GG** keine mit dem Gehalt des heutigen Art. 115 Abs. 2 GG vergleichbaren detaillierten und strengen Vorgaben für die Kreditaufnahme, sondern sah in Absatz 1 Satz 2 lediglich vor, dass die Einnahmen aus Krediten die Summe der im Haushaltsplan veranschlagten Ausgaben für Investitionen nicht übersteigen durften, und dass Ausnahmen nur „zur Abwehr einer Störung des gesamtwirtschaftlichen Gleichgewichts" zulässig waren. Das Bundesverfassungsgericht hat in seiner Entscheidung zur Verfassungsmäßigkeit des Gesetzes über den Bundeshaushalt 2004 **diese alte verfassungsrechtliche Regelung** als **ineffektiv** erachtet und dabei auch die **Bedeutung** einer **wirksamen „Schuldenbremse"** für die **Leistungsfähigkeit des demokratischen und sozialen Rechtsstaats** hervorgehoben: „Das Regelungskonzept des Art. 115 Abs. 1 Satz 2 GG hat sich als verfassungsrechtliches Instrument rationaler Steuerung und Begrenzung staatlicher Schuldenpolitik in der Realität nicht als wirksam erwiesen. Eine übermäßige Staatsverschuldung und die damit verbundene wachsende Zinslast hemmen das langfristige Wachstum der Wirtschaft, verengen die aktuellen Handlungsspielräume des Staates und verlagern Finanzierungslasten in die Zukunft auf künftige Generationen. Vieles spricht deshalb dafür, die gegenwärtige Fassung des Art. 115 GG in ihrer Funktion als Konkretisierung der allgemeinen Verfassungsprinzipien des demokratischen Rechtsstaats für den speziellen Bereich der Kreditfinanzierung staatlicher Ausgaben (...) nicht mehr als angemessen zu werten und verbesserte Grundlagen für wirksame Instrumente zum Schutz gegen eine Erosion gegenwärtiger und künftiger Leistungsfähigkeit des demokratischen Rechts- und Sozialstaats zu schaffen."[47]

Art. 110 GG gilt als „Kernbestimmung des Haushaltsverfassungsrechts" des Bundes[48] **481**
und normiert insbesondere die wesentlichen **Haushaltsgrundsätze**. Demnach sind alle Einnahmen und Ausgaben des Bundes in den Haushalt einzustellen, mithin also in einem einheitlichen Gesamtplan zusammenzustellen (Art. 110 Abs. 1 S. 1 Hs. 1 GG – sog. **Einheitsprinzip**). Ergänzend dazu wird aus jener Formulierung („*Alle* Einnahmen und Ausgaben") das sog. **Vollständigkeitsprinzip** abgeleitet, wonach sämtliche kassenwirksamen Vorgänge in jenen Plan eingestellt werden müssen, und zwar auf der Basis korrekter Angaben und möglichst zutreffender Schätzungen, (sog. Prinzip der **Haushaltswahrheit**).[49] Sondervermögen des Bundes und Bundesbetriebe werden gemäß Art. 110 Abs. 1 S. 1 Hs. 2 GG von den in Hs. 1 enthaltenen Vorgaben explizit ausgenommen. In Art. 110 Abs. 1 S. 2 GG ist das förmliche Gebot des **Haushaltsausgleichs** normiert, wonach der Haushaltsplan – unbeschadet der den materiellen Haushaltsausgleich betreffenden Neuverschuldungsregeln – nach Einnahmen und Ausgaben ausgeglichen sein

47 Vgl. BVerfGE 119, 96 (142) – „Bundeshaushalt 2004".
48 BVerfGE 79, 311 (329) – „Staatsverschuldung".
49 Vgl. *Hillgruber/Drüen*, in: von Mangoldt/Klein/Starck, GG, 7. Aufl. 2018, Art. 110 Rn. 39 ff.

muss. Als sichtbarer Ausdruck der Haushaltsautonomie des Parlaments sieht Art. 110 Abs. 2 S. 1 GG vor, dass der Haushaltsplan durch **formelles Bundesgesetz** festgestellt wird. In der Folge wird die Verwaltung dazu ermächtigt, die veranschlagten Ausgaben und Verpflichtungen zu tätigen bzw. einzugehen (siehe § 3 Abs. 1 HGrG). Damit das Parlament seine Budgethoheit wirksam wahrnehmen kann, müssen die Ausgabenansätze hinreichend spezifiziert sein und dürfen keine pauschalen Ausgabenbewilligungen enthalten (sog. **Spezialitätsgrundsatz**).[50]

Vor allem die mittlerweile zahlreichen **Sondervermögen** des Bundes sind vor dem Hintergrund der verfassungsrechtlichen Haushaltsgrundsätze kritisch zu sehen. Dabei handelt es sich um rechtlich unselbständige abgesonderte Teile des Bundesvermögens, die durch Gesetz oder auf Grund eines Gesetzes entstanden und zur Erfüllung einzelner Aufgaben des Bundes bestimmt sind.[51] Ein Beispiel für ein Sondervermögen ist etwa der vom Bundesfinanzministerium verwaltete Klima- und Transformationsfonds, (KTF), der als Energie- und Klimafonds (EKF) errichtet wurde und der Finanzierung von Fördermaßnahmen, die der Erreichung der Klimaschutzziele sowie der Transformation Deutschlands zu einer nachhaltigen und klimaneutralen Volkswirtschaft dienen, mit Rücklagen in Höhe von mittlerweile rund 76 Milliarden Euro (2022). Vorteile und prinzipiell legitime Gründe der Errichtung eines Sondervermögens sind typischerweise eine **flexible, effiziente und effektive Bewirtschaftung und Aufgabenerledigung**, da in **Abweichung von den Haushaltsgrundsätzen** zumal der Einheitlichkeit und Vollständigkeit keine gesonderte Veranschlagung der einzelnen Ausgaben im Haushaltsgesetz erforderlich ist. Zwar werden Sondervermögen in Art. 110 Abs. 1 S. 1 Hs. 2 GG explizit als Ausnahme anerkannt, und sind sie daher grundsätzlich rechtlich zulässig. Gleichwohl sind sie aus Art. 110 Abs. 1 S. 1 GG ersichtlich als Ausnahmen gedacht und bedürfen daher zumindest einer gewissen Rechtfertigung.[52] Das einzelne Sondervermögen muss daher tatsächlich der effizienten Erfüllung einer bestimmten Aufgabe dienen, und insgesamt muss die Finanzierung über Sondervermögen die Ausnahme bleiben und darf nicht den Regelfall stellen. Problematisch können im Einzelfall auch mögliche Konflikte mit den **Neuverschuldungsregeln** sein, wenn Sondervermögen dazu genutzt werden, um schuldenfinanzierte Rücklagen zu bilden. So wurden beispielsweise dem besagten EKF Anfang 2022 insgesamt 60 Milliarden Euro zugeführt, die aus Kreditermächtigungen aus dem Jahr 2021 zur Beseitigung der wirtschaftlichen Folgen der Corona-Pandemie (!) stammten und in Abweichung von der „Schuldenbremse“ auf der Grundlage von Art. 115 Abs. 2 S. 6 GG („außergewöhnliche Notsituation“) erteilt, letztlich aber nicht genutzt worden waren. Zwar dürfte es grundsätzlich nicht von vornherein unzulässig sein, wenn der Staat eine unstreitig eingetretene Notsituation wie die Corona-Pandemie zum Anlass nimmt, bei der Beseitigung ihrer wirtschaftlichen Folgen über den EKF auch umwelt- und klimapolitische Maßnahmen zu fördern, die in keinem inneren Zusammenhang mit der Pandemie und ihrer Folgenbeseitigung stehen. Sobald solche Nebenziele allerdings gleichberechtigt neben die notstandsbezogenen Ziele treten oder diese gar verdrängen, stehen sie außer Verhältnis zur Beseitigung der Notsituation und können die Neuverschuldung richtigerweise nicht mehr rechtfertigen.

50 Vgl. *Hillgruber/Drüen*, in: von Mangoldt/Klein/Starck, GG, 7. Aufl. 2018, Art. 110 Rn. 85.

51 So die Definition in Nr. 2.1 der Allgemeinen VwV zu § 26 BHO.

52 Vgl. zur Rechtfertigung eines Sondervermögens auch StGH Hess NVwZ 2022, 147 (150 ff.) zum Hessischen Corona-Sondervermögen. Dabei ist freilich zu beachten, dass die Hessische Verfassung – anders als das Grundgesetz – Sondervermögen nicht explizit erwähnt, so dass ihre Anforderungen an die Rechtfertigung von Sondervermögen strenger sein dürften als diejenigen des Grundgesetzes.

Literaturhinweise:

Maurer, Staatsrecht I, 6. Aufl. 2010, § 21 Rn. 1 ff.

Kloepfer, Verfassungsrecht I, 2011, § 26 Rn. 1 ff. (zur Vertiefung)

Vogel, Der Finanz- und Steuerstaat, in: Isensee/Kirchhof (Hrsg.), Handbuch des Staatsrechts, Band II, 3. Aufl. 2004, § 30 (zur Vertiefung)

4. Teil

Grundgesetz und europäische Integration

§ 13 Grundgesetz und europäische Integration

482 Die europarechtlichen Bezüge sämtlicher Bereiche des deutschen Rechts gewinnen zunehmend an Bedeutung auch in der juristischen Ausbildung. Schon frühzeitig sollte man sich daher mit den Grundmechanismen der vielzitierten Europäischen Integration vertraut machen, vor allem im Rahmen der **Europäischen Union**. Diese Mechanismen finden ihren rechtlichen Ausgangspunkt im Grundgesetz: Gemäß **Art. 23 Abs. 1 GG** wirkt die Bundesrepublik bei der Entwicklung der Europäischen Union mit (Satz 1) und kann zu diesem Zwecke Hoheitsrechte auf die Union übertragen (Satz 2). Das Grundgesetz enthält damit den Auftrag und die Ermächtigung zur **Übertragung von Bestandteilen staatlicher Souveränität** auf die Europäische Union, um zur Verwirklichung eines vereinten Europas beizutragen.

Der Begriff der **„Integration"** (von lat. *integrare* = wiederherstellen) meint in diesem Zusammenhang **Vergemeinschaftung** und ist in verschiedenen Hinsichten uneindeutig. Er bezieht sich zum einen auf ganz verschiedene Bereiche, primär auf die **Wirtschaft** (durch die Schaffung eines gemeinsamen europäischen Binnenmarktes ohne faktische und rechtliche Beeinträchtigungen des innereuropäischen Wirtschaftsverkehrs), aber auch auf das **Recht** (durch Übertragung von Rechtsetzungs- und Verwaltungskompetenzen auf die europäische Ebene und durch Setzung und Vollzug gemeinschaftlichen Rechts) und – zunehmend – auf die **politische Entscheidungsfindung** (durch Verlagerung der politischen Willensbildung auf die europäische Ebene). Zum anderen ist der Begriff der Integration bewusst **prozesshaft** und **ergebnisoffen** gehalten, ohne diesem Einigungsprozess ein konkretes Leitbild – etwa die Schaffung eines europäischen Bundesstaates o.ä. – vorzugeben. Auch ist die Europäische Integration nicht auf die Europäische Union beschränkt, sondern bezieht sich etwa auch auf das gemeinsame Menschenrechtsregime unter der EMRK. In der juristischen Ausbildung spielt freilich vor allem die **Integration durch gemeinschaftliches Recht** im Rahmen der **Europäischen Union** eine herausragende Rolle, die deswegen den Gegenstand der folgenden Darstellung bilden soll.

483 Um ein Grundverständnis für diesen Vorgang der europäischen Integration und seine Konsequenzen für das nationale Recht zu entwickeln, sollen im Folgenden einführend die für das Verhältnis zwischen dem Grundgesetz und dem Recht der Europäischen Union wesentlichen Fragen angedeutet werden. Dabei ist darauf einzugehen, was die **Europäische Union** ihrem **Wesen**, ihren **Zielen** und ihrer **Organisation** nach überhaupt ausmacht (A.), was zum **Recht der Europäischen Union** gehört (B.), wie die **Übertragung von Hoheitsrechten** auf die Union erfolgt (C.) und wie sich die **Unionsrechtsordnung** gegenüber der nationalen Rechtsordnung, insbesondere **gegenüber dem Grundgesetz verhält** (D.).

A. Wesen, Ziele und Organe der Europäischen Union

Was ist die Europäische Union? – Die **Europäische Union** ist ein „**Staatenverbund**, der von den Mitgliedstaaten getragen wird"[1] und **eigene Rechtspersönlichkeit** besitzt, Art. 47 EUV, mit anderen Worten: eine **juristische Person**,[2] hinter der eine Mehrheit von Staaten steht, die Mitgliedstaaten. Die (völkerrechtlichen) Rechtsgrundlagen der EU bilden der Vertrag über die Europäische Union (EUV) sowie der aus dem früheren EG-Vertrag hervorgegangene Vertrag über die Arbeitsweise der Europäischen Union (AEUV), vgl. Art. 1 Abs. 3 EUV. 484

Mit Inkrafttreten des **Vertrags von Lissabon** zum 1. Dezember 2009 ist die EU Rechtsnachfolgerin der Europäischen Gemeinschaft (EG) geworden. Zuvor hatte nur die auf dem EG-Vertrag basierende EG über eigenständige Rechtspersönlichkeit verfügt, die EU war lediglich eine rechtliche Rahmenordnung für die EG und für die Zusammenarbeit der Mitgliedstaaten.

Was soll und darf die Europäische Union? – Die Mitgliedstaaten übertragen der EU Aufgaben und Befugnisse zur Verwirklichung der gemeinsamen Ziele der Union, Art. 1 Abs. 1 EUV. Diese **Ziele der Europäischen Union** sind in **Art. 3 EUV** formuliert: Zum Kern der Ziele der Europäischen Union gehört nach wie vor die Herstellung und Sicherung einer **Wirtschaftsgemeinschaft** durch die Schaffung eines **Binnenmarktes** (Art. 3 Abs. 3 UAbs. 1 S. 1 EUV) und einer **Währungsunion** (Art. 3 Abs. 4 EUV) sowie durch die Gestaltung einer **gemeinsamen Außenpolitik in Handelssachen** (vgl. etwa Art. 218 AEUV). Immer bedeutender wird daneben das Ziel der Union, ihren Bürgern einen **Raum der Freiheit, der Sicherheit und des Rechts** zu gewährleisten (Art. 3 Abs. 2 EUV), und zwar insbesondere durch eine gemeinsame Politik im Bereich der Grenzkontrolle, des Asyls und der Einwanderung (Art. 77 ff. AEUV), durch Zusammenarbeit in Zivilsachen (Art. 81 AEUV) und in Strafsachen (Art. 82 ff. AEUV) sowie durch polizeiliche Zusammenarbeit (Art. 87 ff. AEUV). Auch die **Umweltpolitik** (Art. 191-193 AEUV) und die **Sozialpolitik** (Art. 151 ff. AEUV) der Union genießen einen wachsenden Stellenwert, vgl. Art. 3 Abs. 3 UAbs. 1 S. 2 EUV. Zur Verfolgung dieser Ziele räumen die Europäischen Verträge der EU **ausdrücklich** bestimmte **konkrete Befugnisse** ein, auf deren Grundlage allein – und nicht etwa auf der Grundlage der allgemeinen Zielbestimmungen in Art. 3 EUV – die Union tätig werden darf. Besteht für eine bestimmte Maßnahme (z.B. den Erlass eines Rechtsaktes) keine konkrete Befugnis, darf die Union nicht tätig werden; zuständig sind dann gemäß dem **Grundsatz der begrenzten Einzelermächtigung** allein die Mitgliedstaaten, vgl. Art. 5 Abs. 1 und 2 EUV. 485

Wer handelt für die Europäische Union? – Die **Organe der EU** sind gemäß **Art. 13 Abs. 1 UAbs. 2 EUV** das Europäische Parlament, der Europäische Rat, der Rat, die Kommission, der Gerichtshof der Europäischen Union, die Europäische Zentralbank sowie der Rechnungshof. Der **Europäische Rat** (Art. 15 EUV) setzt sich aus den Regierungschefs zusammen und gibt der Union die „für ihre Entwicklung erforderlichen 486

1 BVerfGE 89, 155 (181) – „Maastricht" (ohne Hervorhebung im Original).
2 Vgl. zum Begriff der juristischen Person bereits oben Rn. 22.

Impulse" und die „allgemeinen politischen Zielvorstellungen" vor. Im Europäischen Rat werden somit die **wesentlichen politischen Entscheidungen** getroffen, die von den übrigen Institutionen der Union, insbesondere durch den Rat, rechtsförmig umzusetzen sind. Nicht zu verwechseln ist der Europäische Rat mit eben jenem **Rat** (Art. 16 EUV), der aus je einem Vertreter der Mitgliedstaaten auf Ministerebene besteht („Ministerrat") und als **Gesetzgeber** tätig wird, **Art. 16 Abs. 1 und 2 EUV**. Über substanzielle Befugnisse im Rahmen der Gesetzgebung verfügt aus Art. 16 Abs. 1 EUV ersichtlich auch das **Europäische Parlament** als das „unmittelbar von den Unionsbürgern gewählte **Vertretungsorgan der Völker**" Europas (nicht: *des Volkes* Europas):[3] Rechtsakte der Union werden grundsätzlich im **ordentlichen Gesetzgebungsverfahren** vom Parlament und vom Rat angenommen, **Art. 289 AEUV**. Die **Kommission** „ergreift" demgegenüber „geeignete **Initiativen**" zur Förderung der Interessen der Union, **Art. 17 Abs. 1 S. 1 EUV**, und sorgt für die **Anwendung und Einhaltung des Unionsrechts, Art. 17 Abs. 1 S. 2 und 3 EUV**; ihr sind somit, in den Kategorien der staatlichen Gewaltenteilung gesprochen, **exekutive Aufgaben** zwischen Regierungs- und Verwaltungstätigkeit zugewiesen. Der **Gerichtshof der Europäischen Union** schließlich sorgt im Rahmen seiner förmlichen Zuständigkeiten (Art. 251 ff. AEUV) für die „**Wahrung des Rechts** bei der Auslegung und Anwendung der Verträge", Art. 19 Abs. 1 EUV.

Kein Organ der EU ist dagegen der **Europarat**. Er ist vielmehr eine eigenständige internationale Organisation mit derzeit 47 Mitgliedstaaten, darunter auch Staaten wie die Schweiz und die Türkei, die nicht Mitgliedstaaten der Europäischen Union sind. Im Rahmen des Europarats werden u.a. völkerrechtliche Abkommen ausgearbeitet, insbesondere etwa die EMRK. – **Verwechslungsgefahr** besteht des Weiteren auch im Hinblick auf den **Gerichtshof** (EuGH) und den **Europäischen Gerichtshof für Menschenrechte** (EGMR). Der EGMR ist von den Mitgliedstaaten des **Europarates** errichtet und damit betraut worden, die Vereinbarkeit von Akten der Mitgliedstaaten des Europarates mit der EMRK zu prüfen.

B. Das Recht der Europäischen Union

487 Im Rahmen der Europäischen Union haben die Mitgliedstaaten und die Organe der Union eine **eigene Rechtsordnung** geschaffen, die über **eigenständige Rechtsquellen** verfügt. Das Europarecht umfasst das sog. **Primärrecht**, also insbesondere

- die **völkervertraglichen Grundlagen** der Europäischen Union, darunter etwa auch die in der juristischen Ausbildung wichtigen **Grundfreiheiten** (Art. 34 f., Art. 45, Art. 49, Art. 56 und Art. 63 AEUV) und die **Charta der Grundrechte** (vgl. Art. 6 Abs. 1 UAbs. 1 EUV),
- das europäische **Gewohnheitsrecht** und
- die **allgemeinen Rechtsgrundsätze**

3 BVerfGE 123, 267 (368) – „Lissabon" (ohne Hervorhebung im Original).

sowie das von den Organen der Union geschaffene **sekundäre Recht**, also insbesondere

- **Verordnungen** (Art. 288 Abs. 2 AEUV),
- **Richtlinien** (Art. 288 Abs. 3 AEUV) und
- **Beschlüsse** (Art. 288 Abs. 4 AEUV).

Zwar geht das gesamte Unionsrecht im Grundsatz auf völkerrechtliche Verträge zurück, **488**
die als solche im innerstaatlichen Bereich keine unmittelbaren Rechtswirkungen entfalten. Im Gegensatz zu völkervertraglichen Bestimmungen können **unionsrechtliche Normen** im innerstaatlichen Bereich ohne weitere Durchführungsakte **unmittelbare Anwendung** finden und für den einzelnen sogar subjektive Rechte begründen (sog. unmittelbare Wirkung), soweit sie **ihrem Inhalt nach hinreichend bestimmt und unbedingt gefasst** sind.[4]

C. Die Übertragung von Hoheitsrechten auf die Europäische Union und ihre Grenzen

Die Übertragung von Hoheitsrechten der Bundesrepublik Deutschland auf die Europäi- **489**
sche Union – darunter vor allem die Befugnis zum Erlass von im innerstaatlichen Bereich wirksamen Rechtsakten – erfolgt nach Maßgabe des **Art. 23 GG**, der sog. **Integrationsermächtigungsnorm**. Da die Übertragung von Hoheitsrechten zumindest im Regelfall mit einer Änderung der vertraglichen Grundlagen bzw. einer vergleichbaren Regelung einhergehen dürfte, sind dabei die Vorgaben des **Art. 23 Abs. 1 S. 1 GG** (sog. **Strukturklausel**) sowie gemäß **Art. 23 Abs. 1 S. 3 GG** die formellen und materiellen Grenzen des **Art. 79 Abs. 2 und 3 GG** zu beachten.

Das **Verhältnis von Art. 23 Abs. 1 S. 2 und 3 GG** ist umstritten. Nach einer Ansicht bedeutet eine Übertragung von Hoheitsrechten i.S.v. Art. 23 Abs. 1 S. 2 GG stets auch eine Änderung der vertraglichen Grundlagen und unterfällt daher immer auch Art. 23 Abs. 1 S. 3 GG.[5] Die Gegenauffassung bestreitet dies mit dem Argument, dass Art. 23 Abs. 1 S. 2 GG ansonsten bedeutungslos würde.[6]

Die Erwähnung des Art. 79 Abs. 3 GG in Art. 23 Abs. 1 S. 3 GG stellt klar, dass auch mit **490**
der Übertragung von Hoheitsrechten **„die in den Artikeln 1 und 20 niedergelegten Grundsätze"** nicht berührt werden dürfen, diese Grundsätze also die maßgebliche verfassungsrechtliche **Integrationsschranke** bilden. Das Bundesverfassungsgericht hatte vor allem in den Verfahren zum **Vertrag von Maastricht**[7] und zum **Vertrag von Lissabon**[8] zu prüfen, ob die deutschen **Zustimmungsgesetze** zu den genannten Verträgen sowie die entsprechenden Verfassungsänderungen und die Begleitgesetze mit jenen Integrationsschranken vereinbar waren – wobei es im letztgenannten Verfahren die Begleit-

4 Vgl. m.w.N. *Herrmann*, Examens-Repetitorium Europarecht, Staatsrecht III, 7. Aufl. 2019, § 1 Rn. 39 ff.
5 Vgl. etwa *Streinz*, in: Sachs (Hrsg.), GG Kommentar, 9. Aufl. 2021, Art. 23 Rn. 72.
6 Vgl. etwa *Jarass*, in: Jarass/Pieroth (Hrsg.), GG Kommentar, 17. Aufl. 2022, Art. 23 Rn. 31.
7 BVerfGE 89, 155 – „Maastricht".
8 BVerfGE 123, 267 – „Lissabon".

gesetze für teilweise verfassungswidrig befand, da die Beteiligungsrechte des Bundestages und des Bundesrates an gegenständlich begrenzten Vertragsänderungen nach Art. 48 Abs. 7 UAbs. 3 EUV nicht in hinreichendem Maße ausgestaltet worden waren.[9] Das Gericht arbeitete in den beiden genannten Entscheidungen vor dem Hintergrund vor allem des **Demokratieprinzips** heraus,[10] dass

- es, mit Blick auf die **Form** der Übertragung von Hoheitsrechten, der Bundestag ist, der „über die Mitgliedschaft Deutschlands in der Europäischen Union, ihren Fortbestand und ihre Entwicklung bestimmen" muss,[11] dass das in den entsprechenden grundlegenden völkerrechtlichen Verträgen niedergelegte **Integrationsprogramm**, dem der Bundestag zustimmt, deswegen **„voraussehbar im Vertrag umschrieben"** und „durch ihn im Zustimmungsgesetz **hinreichend bestimmbar normiert**" sein muss[12] und dass auch jede „**Veränderung** der textlichen Grundlagen" jener Verträge von der damit umschriebenen **„Integrationsverantwortung" des Bundestages** umfasst ist,[13] und dass
- das Demokratieprinzip, mit Blick auf den **Gegenstand** der Übertragung von Souveränitätsrechten, verlange, „gerade **in zentralen politischen Bereichen** des Raumes persönlicher Entfaltung und sozialer Gestaltung der Lebensverhältnisse, die Übertragung und die Ausübung von Hoheitsrechten auf die Europäische Union in vorhersehbarer Weise **sachlich zu begrenzen**", zumal in den „für die demokratische Selbstgestaltungsfähigkeit eines Verfassungsstaates" seit jeher „besonders sensibel" geltenden „Entscheidungen über das materielle und formelle **Strafrecht** (1), die Verfügung über das **Gewaltmonopol** polizeilich nach innen und militärisch nach außen (2), die **fiskalischen Grundentscheidungen** über Einnahmen und – gerade auch sozialpolitisch motivierte – Ausgaben der öffentlichen Hand (3), die **sozialstaatliche Gestaltung** von Lebensverhältnissen (4) sowie **kulturell besonders bedeutsame Entscheidungen** etwa im Familienrecht, Schul- und Bildungssystem oder über den Umgang mit religiösen Gemeinschaften (5)".[14]

D. Das Verhältnis von Unionsrecht und nationalem Recht

491 Mit Blick auf die Frage nach dem **Rangverhältnis** zwischen Unionsrecht und nationalem Recht, welche im Falle von Konflikten zwischen Rechtsnormen beider Rechtsordnungen aufgeworfen wird, hat das Bundesverfassungsgericht einen **grundsätzlichen**

9 BVerfGE 123, 267 (433 ff.) – „Lissabon".
10 Vgl. zu diesem Zusammenhang bereits oben Rn. 142, mit Hinweisen auf die Entscheidungen zu den vom Bundestag beschlossenen Rettungsmaßnahmen im Zuge der Euro-Krise; das Gericht zog in jenen Entscheidungen ähnliche Maßstäbe heran und betonte insbesondere, dass der Bundestag nicht sein Budgetrecht aufgeben dürfe, vgl. BVerfGE 129, 124 (177 ff.) – „Euro-Rettungsschirm".
11 BVerfGE 89, 155 (187) – „Maastricht".
12 BVerfGE 89, 155 (188) – „Maastricht".
13 So BVerfGE 123, 267 (351 ff.) – „Lissabon".
14 So BVerfGE 123, 267 (359) – „Lissabon" (ohne Hervorhebungen im Original).

Anwendungsvorrang des Unionsrechts[15] vor nationalem Recht aus dem „dahingehenden innerstaatlichen Rechtsanwendungsbefehl" abgeleitet, den die auf der Grundlage der grundgesetzlichen Integrationsermächtigung des Art. 23 Abs. 1 GG ergangenen Zustimmungsgesetze zu den völkervertraglichen Grundlagen der Europäischen Union enthalten.[16] Allerdings leitet das Bundesverfassungsgericht hieraus zugleich **zwei Ausnahmen** vom Vorrang des Unionsrechts ab:

– Zum einen sind der mit dem innerstaatlichen Rechtsanwendungsbefehl verbundenen **Übertragung von Hoheitsrechten** – wie soeben beschrieben – **verfassungsrechtliche Grenzen** gesetzt. Diese Integrationsschranken sind zwar zunächst an den deutschen Gesetzgeber gerichtet, verbieten jedoch auch „**Rechtsetzungsakte der zwischenstaatlichen Einrichtung**, die, gegebenenfalls zufolge entsprechender Auslegung oder Fortbildung des zugrundeliegenden Vertragsrechts, **wesentliche Strukturen des Grundgesetzes aushöhlten**".[17] Das Bundesverfassungsgericht hat es deswegen als verfassungsrechtlich unzulässig erachtet, dass die Unionsorgane ihre Befugnisse „im **nicht übertragbaren Bereich nationaler Verfassungsidentität** (Art. 79 Abs. 3 i.V.m. Art. 1 und 20 GG)"[18] ausüben (sog. **Identitätskontrolle**).

Zu diesem Bereich gehören sicherlich auch die „Rechtsprinzipien, die dem **Grundrechtsteil des Grundgesetzes** zugrundeliegen".[19] Da jedoch im Hoheitsbereich der Europäischen Union „ein Maß an Grundrechtsschutz erwachsen ist, das nach Konzeption, Inhalt und Wirkungsweise dem Grundrechtsstandard des Grundgesetzes im wesentlichen gleichzuachten ist", nimmt das Bundesverfassungsgericht die Prüfung von sekundärem Unionsrecht am Maßstab der Grundrechte des Grundgesetzes nicht (mehr) vor, „solange" die Europäische Union einen derartigen „wirksamen Schutz der Grundrechte gegenüber der Hoheitsgewalt der Gemeinschaften gewährleiste[t]".[20] In Anlehnung an die vom Gericht in seinen dazu ergangenen Leitentscheidungen verwendeten „solange"-Formulierungen spricht man insoweit von der **Solange-Rechtsprechung** des Bundesverfassungsgerichts. Diese Rechtsprechung hat das Gericht allerdings jüngst modifiziert. Für die Überprüfung einer einzelnen unionsrechtlichen Norm war bislang die (praktisch kaum zu erbringende) Darlegung erforderlich, dass der *generelle* Grundrechtsstandard der Europäischen Union nicht mehr angemessen sei. Diese strengen Anforderungen greifen nach einer Entscheidung, die das Gericht Ende 2015 zu einem Auslieferungsfall unter dem Rechtsakt zum Europäischen Haftbefehl getroffen hat, indes nicht, wenn der Beschwerdeführer in hinreichend substantiierter Weise eine Verletzung seiner **Menschenwürdegarantie** (Art. 1 Abs. 1 GG) geltend macht.[21] In einem solchen Fall sei das sekundäre Unionsrecht und in seinen Anwendungsbereich fallende Einzelfallentscheidungen wegen der gebotenen Identitätskontrolle stets und in vollem Umfang nach Maßgabe des Art. 1 Abs. 1 GG überprüfbar.[22]

---

15 Vgl. zur Unterscheidung von Anwendungs- und Geltungsvorrang bereits oben Rn. 47.

16 Vgl. dazu und zum Folgenden grundlegend BVerfGE 73, 339 (374 ff.) – „Solange II" sowie jüngst BVerfGE 126, 286 (301 ff.) – „Honeywell".

17 BVerfGE 73, 339 (376) – „Solange II" (ohne Hervorhebung im Original).

18 BVerfGE 126, 286 (302) – „Honeywell" (ohne Hervorhebung im Original).

19 BVerfGE 73, 339 (376) – „Solange II" (ohne Hervorhebung im Original), unter Verweis auf BVerfGE 37, 271 (279 f.) – „Solange I". Vgl. zum Folgenden *Papier/Krönke*, Grundkurs Öffentliches Recht 2, 4. Aufl. 2020, § 6 Rn. 118.

20 BVerfGE 73, 339 (387) – „Solange II". Anders noch BVerfGE 37, 271 (280 ff.) – „Solange I".

21 Vgl. BVerfGE 140, 317 (333 ff.) – „Identitätskontrolle".

22 Vgl. dazu bereits *Papier/Krönke*, Grundkurs Öffentliches Recht 2, 4. Aufl. 2020, § 6 Rn. 118.

– Zum anderen dürfen die **Organe der Union** nur **so viel an Befugnissen ausüben**, wie ihnen die Bundesrepublik auf der Grundlage des Art. 23 GG auch **tatsächlich übertragen** hat, wobei im Interesse der Funktionsfähigkeit der Unionsrechtsordnung nicht jeder streitbare Kompetenzverstoß, sondern nur offensichtliche und wesentliche Befugnisüberschreitungen verfassungswidrig einzustufen sind. Das Bundesverfassungsgericht erachtet es deswegen als verfassungsrechtlich unzulässig, wenn Rechtsakte der Union „aufgrund **ersichtlicher Kompetenzüberschreitungen**" erfolgen (sog. ***Ultra vires*-Kontrolle**).[23] **„Ersichtlich"** ist eine Kompetenzüberschreitung in diesem Sinne nur dann, wenn „das kompetenzwidrige Handeln der Unionsgewalt **offensichtlich** ist und der angegriffene Akt **im Kompetenzgefüge** zwischen Mitgliedstaaten und Union im Hinblick auf das Prinzip der begrenzten Einzelermächtigung und die rechtsstaatliche Gesetzesbindung **erheblich ins Gewicht fällt**".[24] Nach diesen Maßstäben hat das Bundesverfassungsgericht bislang lediglich, aber immerhin in seinem PSPP-Urteil (2020) einen Rechtsakt der Europäischen Union – nämlich das PSPP-Anleihekaufprogramm der EZB – als *Ultra-vires*-Akt eingestuft.[25]

Soweit – wie in aller Regel – die Vorbehalte der Identitäts- und der Ultra-vires-Kontrolle nicht eingreifen, gelten im Anwendungsbereich des Unionsrechts gemäß **Art. 6 Abs. 1 EUV, Art. 51 Abs. 1 GR-Charta** die in der „Charta der Grundrechte der Europäischen Union" niedergelegten **Unionsgrundrechte**.[26] Maßnahmen in jenem **Anwendungsbereich des Unionsrechts** – d.h. **(1) Rechtsakte** der Europäischen Union sowie **(2)** die zu ihrer Durchführung im innerstaatlichen Bereich ergangenen mitgliedstaatlichen **Umsetzungs- und Vollzugsmaßnahmen**, einschließlich mitgliedstaatlicher Regelungen, die sich als Beschränkungen der Grundfreiheiten erweisen – sind daher stets (zumindest auch) an den Unionsgrundrechten zu messen. Im Rahmen der **Überprüfung nationaler Umsetzungs- und Vollzugsmaßnahmen** am Maßstab der Grundrechte stellt sich die Frage, ob dabei (ausschließlich) Unionsgrundrechte der GR-Charta oder (auch) die Grundrechte des Grundgesetzes zur Anwendung kommen. Auf der Grundlage der neueren Rechtsprechung des Bundesverfassungsgerichts seit den „Recht auf Vergessen"-Beschlüssen aus 2019 ist insofern wie folgt zu unterscheiden: Unionsrechtlich **vollständig determinierte** innerstaatliche Rechtsakte sind **allein** am Maßstab der **Unionsgrundrechte** zu prüfen.[27] Der Betroffene kann sich auch im Rahmen einer Verfassungsbeschwerde zum Bundesverfassungsgericht auf die Unionsgrundrechte berufen. Unionsrechtlich **nicht vollständig determinierte** innerstaatliche Rechtsakte sind dagegen **primär** am Maßstab der Grundrechte des **Grundgesetzes** zu prüfen.[28] Denn wo das Unionsrecht den Mitgliedstaaten rechtliche Gestaltungsspielräume einräumt, zielen die Unionsgrundrechte regelmäßig nicht auf eine Einheitlichkeit des Grundrechtsschutzes ab, sondern lassen „Grundrechtsvielfalt" zu. Es gilt dann die Vermutung, dass das Schutzniveau der Charta der Grundrechte der Europäischen Union durch die Anwendung der Grundrechte des Grundgesetzes mitgewährleistet wird. Die sachlich einschlägigen Grundrechte der **Grundrechtecharta** sind allerdings **subsidiär** danach zu befragen, ob sie über die Gewährleistungen des Grundgesetzes hinaus ein **„Mehr an Schutz"** bieten. Die Grundrechte des Grundgesetzes und

---

23 BVerfGE 126, 286 (302) – „Honeywell" (ohne Hervorhebung im Original).
24 BVerfGE 126, 286 (304) – „Honeywell" (ohne Hervorhebungen im Original).
25 Vgl. dazu BVerfGE 154, 17 – „PSPP – Programm der EZB".
26 Vgl. grundlegend EuGH, Urt. ERT/DEP, C-260/89, EU:C:1991:254, Rn. 41 ff. An dieser Rechtsprechung hat sich trotz des engeren Wortlauts des Art. 51 Abs. 1 S. 1 GR-Charta („Durchführung") auch nach dem Verbindlichwerden der Charta nichts geändert, vgl. dazu EuGH, Urt. Åkerberg Fransson, C-617/10, EU:C:2013:105, Rn. 19 ff.
27 Vgl. BVerfG NVwZ 2020, 63 – „Recht auf Vergessen II".
28 Vgl. dazu und zum Folgenden BVerfG NVwZ 2020, 53 – „Recht auf Vergessen I".

die Charta-Grundrechte sind bei unionsrechtlich nicht vollständig determinierten staatlichen Maßnahmen somit – im Unterschied zur früheren Rechtsprechung[29] – grundsätzlich **parallel anwendbar**.[30]

Literaturhinweis:

Streinz, Europarecht, 10. Aufl. 2016, §§ 3 bis 5, Rn. 86 ff. (zur Vertiefung)

Wichtige Rechtsprechung:

Zu C. BVerfGE 89, 155 – „Maastricht"
(Verfassungsmäßigkeit des Zustimmungsgesetzes zum Vertrag von Maastricht sowie der entsprechenden Grundgesetzänderung und der Begleitgesetze)
BVerfGE 123, 267 – „Lissabon"
(Verfassungsmäßigkeit des Zustimmungsgesetzes zum Vertrag von Lissabon sowie der entsprechenden Grundgesetzänderung und der Begleitgesetze)

Zu D. BVerfGE 73, 339 – „Solange II"
(Anwendungsvorrang des Europarechts kraft verfassungsrechtlicher Ermächtigung – Überprüfbarkeit von europäischen Rechtsakten am Maßstab der Grundrechte des Grundgesetzes – Identitätskontrolle)
BVerfGE 126, 286 – „Honeywell"
(*Ultra vires*-Kontrolle von Rechtsakten der Europäischen Union, insbesondere von Entscheidungen des Europäischen Gerichtshofs)
BVerfGE 140, 317 – „Identitätskontrolle"
(Vollumfängliche Identitätskontrolle von sekundärem Unionsrecht speziell am Maßstab des Art. 1 Abs. 1 GG)
BVerfGE 152, 152 – „Recht auf Vergessen I"
(Ausschließliche Anwendbarkeit der Unionsgrundrechte bei der Überprüfung vollständig unionsrechtlich determinierter Durchführungsakte – Geltendmachung von Unionsgrundrechten im Wege einer Verfassungsbeschwerde)
BVerfGE 152, 216 – „Recht auf Vergessen II"
(Anwendbarkeit der Grundrechte des Grundgesetzes neben den Unionsgrundrechten bei der Überprüfung nicht vollständig unionsrechtlich determinierter Durchführungsakte)
BVerfGE 154, 17 – „PSPP – Programm der EZB"
(Einordnung des PSPP-Programms der Europäischen Zentralbank als *Ultra vires*-Akt)

29 Früher galt insoweit ein strenges „Trennungsprinzip": Soweit die unionsrechtliche Determinierung reichte, sollten allein die Unionsgrundrechte maßgeblich sein; soweit das Unionsrecht den Mitgliedstaaten Spielräume überließ, sollten allein die Grundrechte des Grundgesetzes maßgeblich sein. Vgl. dazu BVerfGE 118, 79 (95 ff.) – „Emissionshandel"; für eine Maßgeblichkeit ausschließlich der Unionsgrundrechte wohl EuGH, Urt. The Queen/Ministry of Agriculture, Fisheries and Food, C-2/92, EU:C:1994:116, Rn. 16.

30 Vgl. zum Ganzen ausführlich *Papier/Krönke*, Grundkurs Öffentliches Recht 2, 4. Aufl. 2020, § 6 Rn. 119a.

Stichwortverzeichnis

Die Zahlen verweisen auf die Randnummern.